CB050766

Caridade com os criminosos

"A verdadeira caridade é um dos mais sublimes ensinamentos de Deus para o mundo. Entre os verdadeiros discípulos da sua doutrina deve reinar perfeita fraternidade. Devem amar os infelizes, os criminosos, como criaturas de Deus, para as quais, desde que se arrependam, serão concedidos o perdão e a misericórdia, como para vós mesmos, pelas faltas que cometeis contra a sua lei. Pensai que sois mais repreensíveis, mais culpados que aqueles aos quais recusais o perdão e a comiseração, porque eles quase sempre não conhecem a Deus, como o conheceis, e lhes será pedido menos do que a vós."

(Elizabeth de França - Havre, 1862)

Texto extraído de O Evangelho Segundo o Espiritismo, de Allan Kardec, capítulo XI - Amar o próximo como a si mesmo - tradução de J. Herculano Pires.

Annamaria Dias é atriz, autora, diretora, jornalista e empresária. Natural de São Paulo, começou sua carreira no início de 1965 nos programas de Lúcia Lambertini, na TV Cultura. De 1965 a 1981 já contratada pela antiga Tupi, atuou em diversas telenovelas e teleteatros. Participou também do projeto Telescola ganhador do prêmio Japão — Internacional — com a categoria de melhor programa educativo do ano de 1980.

Ganhadora dos prêmios: Roquete pinto, APCA, Teatro Troféu Comunicação, Prêmio Governador do Estado, Troféu Magnífico, Prêmio Quality Brasil e Teatro Prêmio Anchieta, **Me leva nos braços, me leva nos olhos** é seu primeiro livro.

O GRANDE SIGNIFICADO
DO MEU TRABALHO NA FEBEM

Conhecedora da vida marginal por meio de notícias, artigos, reportagens e pela dramaturgia de Plínio Marcos, Zeno Wilde e Graça Mello, o contato direto com os internos da Febem foi uma das experiências mais marcantes na minha vida. Uma oportunidade preciosa de viver num mundo diferente de tudo aquilo que eu imaginava ou percebia.

Por duas vezes representei personagens marginais no Teatro. Nesses trabalhos, entrei a fundo no que chamávamos de "laboratório". Visitei locais onde as prostitutas ficavam, fui ao presídio feminino, conversei com pessoas que me inspiraram e forneceram subsídios para embasar e enriquecer a construção das minhas personagens. Na construção de Célia, na peça "Abajur Lilás", tive contato com a presidiária de codinome "Sandra", que segundo o diretor Fauzi Arap, reunia características importantes e um histórico de violência como chefe de quadrilha, que podia me ajudar a entender melhor meu papel nas peças. Fui feliz em interpretar duas personagens tão fortes e marcantes, que me honraram com prêmios importantes do teatro. Mas, a aproximação com aquela vida marginal, foi significante, porém breve e não mergulhei de fato naquele universo.

Na Febem, a convivência com aqueles meninos, meninas e com todos que ali estavam, me fez descobrir pessoas e não personagens. Compartilhando emoções que misturavam sentimentos tão intensos que lapidaram relacionamentos valorosos e sedimentaram efetivos elos de confiabilidade, integridade e verdade. O exercício constante de integração, de aprendizado e de conscientização através do teatro, me fez compreender o poder extraordinário que uma peça teatral exerce sobre os indivíduos, e mais que nunca, entender por que o teatro é a primeira arte a ser escalada nos regimes fortes e despóticos.

A experiência admirável que obtive nesses dois anos como coordenadora de teatro da Fundação Estadual do Bem-Estar do Menor (1986-1988), transformou-me em uma pessoa melhor, mais forte e combativa – numa artista mais amadurecida e esclarecida sobre a realidade de meu país.

Annamaria Dias

© 2010 por Annamaria Dias

Direção de Arte: Luiz A. Gasparetto
Capa, Projeto Gráfico e Diagramação: Bruno Bega Harnik e Fernando Capeto

1ª edição
setembro 2010
5.000 exemplares

Dados Internacionais de Catalogação na Publicação (CIP)
(Câmara Brasileira do Livro, SP, Brasil)

Dias, Annamaria
Me leva nos braços, me leva nos olhos / Annamaria Dias.
São Paulo : Centro de Estudos
Vida & Consciência Editora, 2010.

ISBN 978-85-7722-116-5

1. Arte - Aspectos sociais 2. Arte na educação 3. Dramaturgos - Brasil 4. Experiências de vida 5. Febem 6. Jovens - Aspectos sociais 7. Jovens - Educação 8. Narrativas pessoais 9. Projetos sociais 10. Teatro na educação I. Título.

10-08788   CDD-361.25

Índices para catálogo sistemático:
1. Dramaturgos : Experiência e vivência como coordenadora de teatro da Febem : Arte na educação : São Paulo : Cidade : Projetos sociais : Bem-estar social 361.25

Publicação, distribuição, impressão e acabamento
Centro de Estudos Vida & Consciência Editora Ltda.
Rua Agostinho Gomes, 2312
Ipiranga — CEP 04206-001
São Paulo — SP — Brasil
Fone/Fax: (11) 3577-3200 / 3577-3201
E-mail: grafica@vidaeconsciencia.com.br
Site: www.vidaeconsciencia.com.br

Proibida a reprodução total ou parcial desta obra, de qualquer forma ou por qualquer meio eletrônico, mecânico, inclusive através de processos xerográficos, sem permissão expressa do editor (Lei nº 5.988, de 14/12/73).

Me leva nos braços me leva nos olhos

de Annamaria Dias

Revisão de Benezet MB Morgado e Ivania Almeida

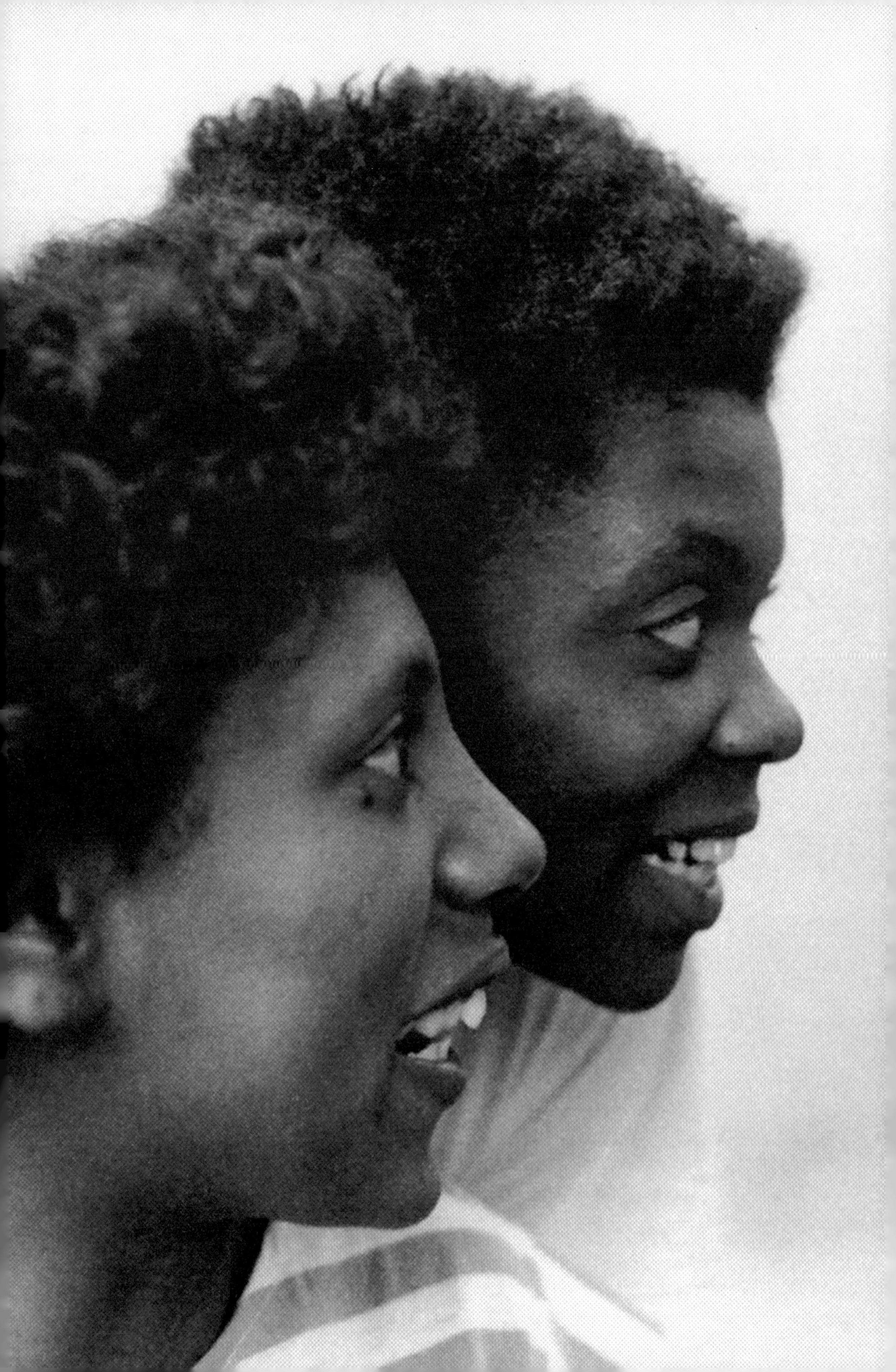

Prefácio

Assumi,

em 21 de março de 1986, a presidência da Febem — Fundação Estadual do Bem-Estar do Menor.

Durante anos, trabalhei na área adaptada ao acolhimento de menores, ainda assim, indignei-me ao ter me deparado com a situação caótica de semidestruição, a exibir entulho de incêndio e depredação.

Tive de assumir o encargo e todo esse impacto não obscureceu meu propósito de iniciar uma observação participante diuturna com a equipe técnica emergencial.

Nos encontros informais com funcionários e meninos, percebi que apesar de toda a tragégia, havia muitas vidas pulsantes desejosas de se expressarem. Baseado na experiência de se fazer educação, por meio da arte, e injetada na área penal, esbocei um acervo de hipóteses a ser concretizado em reunião com a equipe técnica, que ofereceria abertura a uma equipe de artistas a ser contratada.

Ao mesmo tempo, dei abertura a que funcionários em geral, que tivessem aptidão artística, pudessem participar do elenco que, aos poucos, foi sendo ampliado conforme nosso projeto, a todas as demais atividades que, tradicionalmente, abrangiam apenas educandos internos. Assim, esportes, trabalhos manuais, horta comunitária, piscicultura e o mais que viesse, dispunham de mãos de obra, realizações e satisfações somadas. Era uma interação individual ou grupal, que passou a assumir um caráter mais social.

Toneladas de entulho já tinham sido removidas. Restava a reconstrução do teatro, que estava reduzido às cinzas. Veio a verba. A esperança ficou para a inauguração.

Em meio a tudo isso, vale pontuar as experiências das penitenciárias sediadas nos bairros do Carandiru e Santana. Exceto a teatral, outras artes eram tradicionais. Antes as chamadas "Artes e Ofícios" (profissionalizantes), hoje extintas.

A música era predominante, o canto dos corais e os grupos de instrumentistas provocavam admiração e gosto em todos daquela comunidade.

Excepcionalmente, um pianista internacional, cujo contrato incluía o dever de incluir a população pobre da periferia, em suas exibições, recebeu a indicação da Penitenciária do Estado para tal. Ele, o intérprete e representantes do Secretário de Estado fizeram então o contato. A apresentação contaria com: vocal, repertório e piano afinado.

O concerto foi dividido em duas partes: uma para o pianista e outra para os presidiários músicos. No final todos eles dividiram um só palco e o desfecho virou carnaval, com a participação entusiasmada da plateia.

Outra expressão artística foi a pintura, que se tornou, pelo interesse e adesão, setor permanente e atuante.

Fui procurado por Annamaria Dias que, gentilmente, me pediu para fazer o prefácio. Autorizou-me a ampliar o texto o quanto quisesse. Resisti à tentação. Detive-me apenas na expressão artística dos prisioneiros. Depois me veio à lembrança, que muitos deles foram artistas menores nos Recolhimentos e que prosseguiram na arte, mas infelizmente, também no crime.

Lembrei também que ao conseguirem liberdade, a maioria a recebeu de volta, tendo ainda que enfrentar vários conflitos, tornando-se mais vulnerável à reincidência, conforme comprovação de estudos na área. A eles se destinou, nada mais, nada menos, que o refugo da liberdade: pobres, sem experiência profissional, alquebrados, invadidos por uma subcultura do nada e de ninguém. Foram contemplados tão somente com um grande quinhão de tédio, tendo que cumprir suas penitências dezenas e dezenas de anos em celas monásticas, vivendo de forma extemporânea a Idade Média. Sobrevivendo...

A vida é misteriosa: no Brasil, muitos que sequer têm um punhadinho de quase nada dizem que vivem. E um tal, alcunhado de PODER PÚBLICO, também acredita que isso é população. Na matemática vale tudo!

Gostaria de não trazer isso a este prefácio. Desculpe-me, Anna. Você é grande em seu espírito festivo e alegre, por isso não quero estragar o seu "pedaço". Minha profissão não "dá pé" pra arte, e minha especialização é criminologia. Desde criança não podia fazer arte!

Hoje estou certo de que fazer arte é considerado crime para o preso pobre e brasileiro. Talvez seja uma distorção semântica, já que os ricos dos Poderes Públicos e Privados são os donos de liberdade variada, pontilhada de privilégios, e a têm a qualquer preço. Tudo é ético, bonito, gracioso — um encanto! Um paraíso imune de pecados; "corpo fechado" mesmo.

Prezada Anna, sou testemunha de que ninguém melhor do que você é capaz, não somente de falar a respeito, mas de executar a educação por meio da arte, lançando mão do mundo teatral e de tudo que o compõe.

A batuta está em suas mãos, continue sua vida regendo sua orquestra!

Nazih Meserani

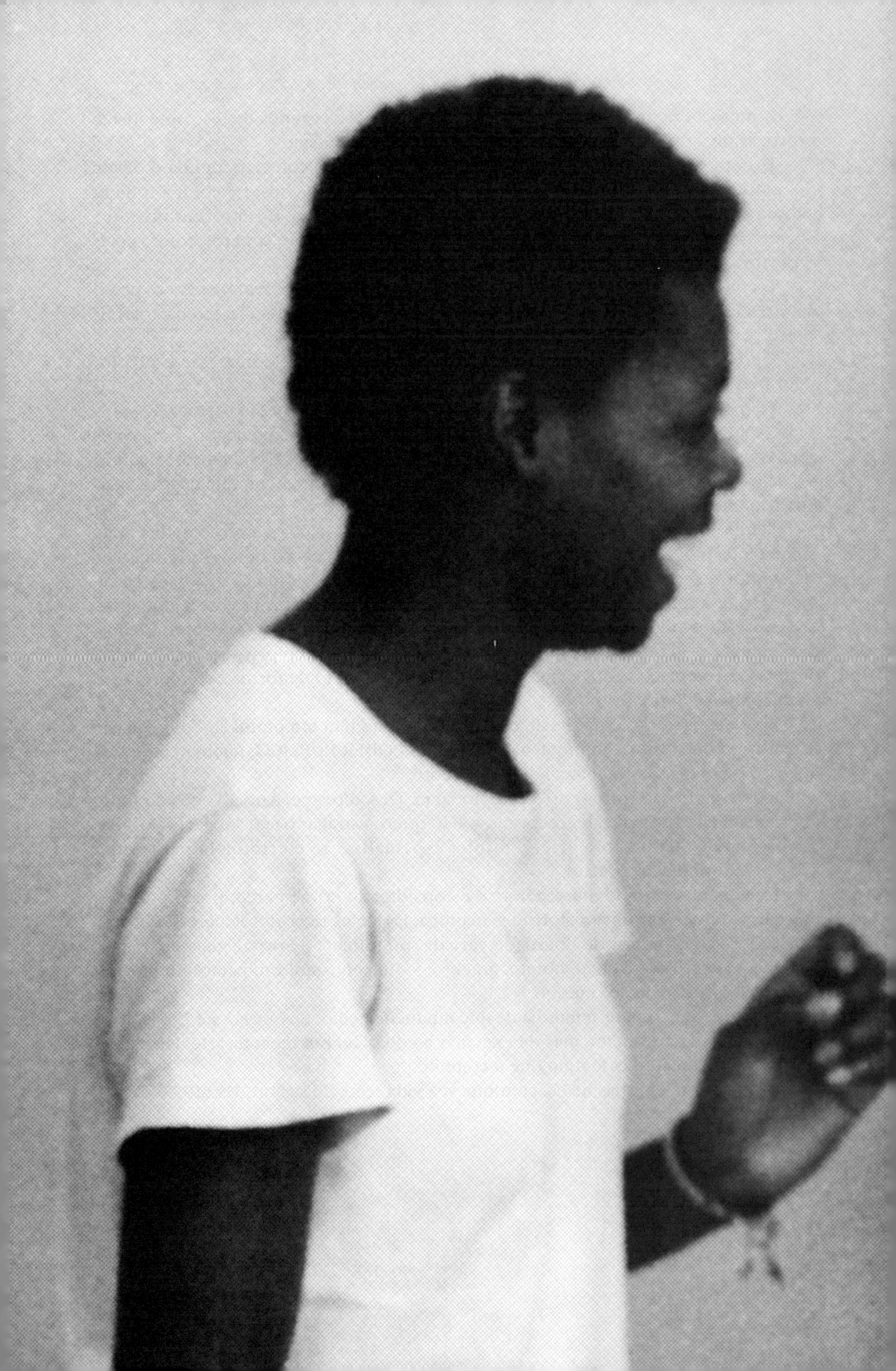

01.

O chamado

1986 —

iniciava-se, verdadeiramente, a abertura política, após a Ditadura Militar. Um ano muito importante para o Brasil. Um ano decisivo na minha vida e na minha carreira.

Já havia passado cinco anos, desde o fechamento da Rede Tupi, em 1981, onde eu havia sido contratada por quinze anos, realizado grandes trabalhos como atriz e aprendido muito em todas as áreas da emissora.

Depois do encerramento da Tupi, eu já havia feito as peças teatrais "Abajur Lilás", de Plínio Marcos, direção de Fauzi Arap; "Um tiro no Coração" de Oswaldo Mendes, direção de Plínio Rigon; "Aqui entre nós" de Esther Góis, direção de Iacov Hilel. Tinha sido contratada por dois anos na TVS de Sílvio Santos, onde atuei em cinco novelas: "Destino", A força do Amor", "A Justiça de Deus", "Sombras do Passado" e "Jerônimo, o herói do Sertão". Trabalhado na área empresarial, atuando, escrevendo roteiros e dirigindo vídeos. Após tudo isso, estava determinada a morar no Rio de Janeiro.

Muitas vezes estive prestes a me transferir para lá, mas sempre um trabalho me trazia de volta a São Paulo.

Mas dessa vez era para valer. Henrique Martins, a quem chamo de Mestre (porque sabe tudo sobre TV), tinha me chamado para fazer um trabalho na Rede Globo, cujos estúdios ainda eram no Jardim Botânico. Então, aproveitei minha estada e comecei a procurar um lugar para morar. Hospedada no apartamento de uma amiga minha, Tereza de Góis, então umas das Proprietárias da IOB — Informações Objetivas, depois de gravar até depois do almoço, resolvi tomar um banho de mar para relaxar. O apartamento da Tereza ficava em Copacabana e era muito espaçoso e gostoso. Depois da praia, fiquei na janela vendo um pouco o movimento. Naquela época o bairro ainda era muito valorizado e muito bem cuidado. Tinha um chapéu-de-couro — árvore típica de região praieira, bem em frente ao prédio. Da janela dava para ver bem porque o andar não era muito alto. Eu fiquei olhando tudo lá embaixo. Sentia-me muito feliz no Rio e naquele tempo eu sonhava morar lá.

Sempre gostei de praia, de calor, do agito de uma cidade turística e maravilhosa como Rio, que, naquela época, ainda era um lugar seguro para se morar.

Estava apreciando toda a paisagem, porque da janela eu também via o mar. Era um entardecer lindo! Aí ouvi um piado já conhecido e vi, pousado num galho do chapéu-de-couro, um passarinho que até hoje não sei bem se é pardal, mas que é meio grande, tem um peito amarelo esverdeado, e canta alto. Toda vez que esse passarinho aparece cantando, acontece uma transição na minha vida, normalmente indica que vai me suceder algo de bom. Pensei: "Vou achar um apartamento legal, me transferir para cá e continuar trabalhando na Rede Globo! E também vou fazer teatro aqui!". Tive uma sensação deliciosa, de prazer mesmo!

A empregada que Tereza mantinha no apartamento veio me avisar que havia preparado um lanche para mim.

Essa empregada, a Gislaine, era muito louca! Morava no apartamento com duas maritacas que ficavam soltas e que dormiam com ela, na cama. E elas tinham nome: Susy e Lili. O dia inteiro ela conversava com essas maritacas como se conversasse com suas duas filhinhas! E comigo, gostava de conversar também. Perguntava tudo sobre a televisão, sobre os artistas, se era verdade isso, se era verdade aquilo, quem namorava quem... E eu percebia que ela sentia muita solidão, morando sozinha naquele apartamento. Então dava bastante atenção e ficávamos batendo papo. Ela estava torcendo para eu ir morar lá perto, para vir almoçar ou jantar com ela. Tereza já havia me alertado para não dar muito espaço, porque senão eu não iria ter sossego. Mas não era fácil deixar de conversar com a Gislaine, sempre tão prestativa e carinhosa comigo.

Ela havia preparado uma mesa muito bonita. Com frutas, pães, sucos, queijos, doces, café com leite. Falei para me fazer companhia e ela sentou, já falando sem parar. A conversa estava animada, quando o telefone tocou. Era para mim.

— Interurbano, o senhor Mazi — disse ela.

Mazi? Estranhei. Era o Nazih Meserani, cunhado de uma amiga minha, Ângela, com quem eu sempre conversava em festas, eventos. Formado em Sociologia e Política, Direito e Serviço Social, era responsável por toda a área prisional no Governo de Franco Montoro. Várias vezes me convidou para fazer um trabalho de Teatro na Penitenciária. Eu nunca aceitei. Uma noite ele conseguiu me levar para dar uma palestra sobre defesa pessoal. Eu fazia Kung Fu.

Conhecia um pouco aquele espaço. Quando fiz "Abajur Lilás", o Fauzi Arap me "escalou" para fazer um "laboratório" com algumas presas. Ele queria que eu me inspirasse numa dela em especial — Patrícia, para interpretar Célia, uma personagem da peça. Eu não gostava do lugar, não me sentia bem lá. Mas gostei muito de ter ido fazer a tal da palestra. E, lógico, o Nazih me fez falar também da importância da arte e da cultura na formação de um indivíduo. O assunto foi longe...

Ele era uma figura! Inteligente, bem-humorado, sempre com tiradas críticas e precisas sobre a situação geral do país. Nazih assumiria a Presidência da Febem no dia seguinte e estava formando sua equipe. Queria que eu trabalhasse com ele.

— Fazendo o quê?
— Teatro.
— Teatro na Febem? — perguntei — De que maneira?

— De maneira simples e objetiva — me respondeu.

Disse que tinha um projeto bem interessante e que eu iria adorar o que tinha para me propor. Marcamos uma reunião para a semana seguinte, quando eu já estaria de volta. Depois de desligar, nem preciso dizer que perdi o sono. Que convite era aquele, e exatamente naquele momento da minha vida? Será que o meu destino era ficar mesmo em São Paulo?

Havia, no ano anterior, concluído meu Curso de Educação Mediúnica na Federação Espírita do Estado de São Paulo. Pensei: "Será um chamado? Uma tarefa que o plano espiritual planejou para mim?".

Minha cabeça fervilhava! Só consegui dormir tarde da noite.

No dia seguinte, 21 de março, Nazih assumiu a Presidência da Febem. E, em seu discurso de posse, ressaltou: "Lamentavelmente, confessamos em público que estamos nas fronteiras da técnica e somos cobrados pela sociedade por soluções que variam entre a pena de morte, a redução da idade para imputação, ou então, contraditoriamente, por soluções grifadas pela pieguice. Os menores e seus educadores são cotidianamente culpados pela sociedade, numa convergência a esse binômio, como se fossem os únicos responsáveis por todo o mal que ocorre... É difícil firmar na opinião pública que a infração, que o crime são fenômenos sociopolíticos".

Prometeu uma ação de esclarecimento público, um convite à comunidade para participar da gestão dessa problemática, numa visão centrada na Liberdade Assistida. E afirmou que programas educativos, profissionalizantes e terapêuticos, deviam dispor do máximo de recursos para que se conseguisse uma mudança de conduta. Nazih estava disposto a comandar a Febem, trabalhando em favor daqueles menores infratores, fazendo daquela Fundação um local condigno, seguro e adequado a uma ação educacional eficaz, sem características punitivas.

Acompanhei tudo pelo noticiário. Na semana seguinte, retornei a São Paulo e comecei a me preparar psicológica e espiritualmente para a reunião.

02.

A chegada, a primeira impressão

Sou meio

"estrangeira" na minha própria cidade. Paulistana, urbanoide, não sei me locomover muito além de onde moro. Mesmo com um mapa ao meu lado, não foi tão fácil chegar à avenida Celso Garcia, no Tatuapé, onde ficava a Febem.

Meu nome já estava na portaria, os dados da placa de meu carro também. O acesso foi fácil. Logo na entrada, no portão de fora, vi homens e mulheres perguntando por seus filhos, com cara de medo, choro e apreensão. Já fiquei meio impressionada com aquilo... mas segui adiante. O espaço, lá dentro, parecia imenso. A sede da Presidência ficava do lado esquerdo de quem entrava. Um prédio grande, meio antigo. Já na porta, estavam me aguardando e me conduziram à sala do Nazih. Fui recebida com carinho e forte abraço. Dois assessores da presidência também estavam presentes. Depois das devidas apresentações, nos sentamos à mesa e Nazih pediu que me fosse mostrada a planta baixa do Quadrilátero. Assim era chamado o espaço que abrigava a Febem.

— Quero que, em primeiro lugar, conheça o local onde vai trabalhar (ele estava mesmo decidido a contar comigo).

Eu sorri, comecei a ver a planta e a ouvir as explicações sobre a disposição dos prédios e das Unidades de Internamento. Aquilo tudo era bem maior do que eu imaginava! Evidentemente, a minha primeira pergunta foi:

— Onde fica o teatro?

Nazih e seus assessores se entreolharam. Você vai ver, respondeu o presidente.

Estava ansiosa por saber o que Nazih pretendia de mim, mas ele continuava dissertando sobre a localização dos diversos setores e não falava nada a respeito.

Depois de tudo mostrado e compreendido, esperei que viesse a proposta, mas Nazih levantou e disse:

— Agora você vai conhecer de perto o que pôde observar na planta baixa. — Fez um sinal para um dos assessores, que prontamente falou:

— O carro já está à disposição.

Saímos da sala e lá fui eu conhecer o Quadrilátero. Nazih, que tinha sido Membro do Conselho de Bem-Estar do Menor, conhecia tudo e me explicou detalhadamente as funções de cada prédio e das Unidades de Internação. Os dois assessores também me davam informações sobre o trabalho que se fazia lá. Estranhei a ausência de menores por ali.

Nazih esclareceu que, lamentavelmente, eles estavam ficando a maior parte do tempo, internos, confinados, saindo só quando necessário. Mas que seu desejo era realizar, o mais breve possível, atividades que os levasse para fora do pátio de suas Unidades.

Não entendi direito o que significava pátio de suas unidades. Seria um pátio de recreio, como nas escolas? Deixei para perguntar depois.

Nazih me mostrou uma horta. Disse que iria incrementar aquela atividade, contratando uns monitores que ensinassem aos internos como trabalhar com a terra, plantando, colhendo. Achei bem interessante. Continuamos a rodar. Eu pensava: "E o teatro?".

Por fim, entraram numa das ruas e pararam em frente a uma edificação toda destruída, destroçada, queimada. Descemos do carro. Nazih falou:

— Aqui era o Auditório que, na última rebelião, foi incendiado e colocado no chão.

— E era utilizado como teatro?

— Era, também — respondeu o Nazih.

Comecei a tentar localizar um teatro naqueles estragos. Era lamentável. Pareciam restos de uma guerra. Fiquei muito triste vendo tudo arrebentado, com resquícios de incêndio, tudo destruído. Olhei para os três e só consegui dizer:

— Que pena!

— Já vimos tudo. Vamos, então, conversar? — finalmente falou o Nazih.

O carro foi se encaminhando para o prédio da Presidência. Silêncio total. Com a janela aberta, "sentindo" aquele espaço que nos rodeava, pensei: "Que lugar é esse? O que é que eu estou fazendo aqui?".

Os dois assessores se despediram e me desejaram boa sorte.

Já na sala, Nazih mandou que me servissem um café, enquanto ele se ausentava uns instantes para resolver um assunto urgente. Fiquei sozinha na sala, sentada num sofá de couro, bem confortável. E enquanto saboreava o meu cafezinho, bem devagar, fiquei pensando, refletindo. Sempre acreditei que nada acontece por acaso. Fechei os olhos, me concentrei e pedi uma luz. Não sabia realmente o que fazer. Nazih retornou. Sentou ao meu lado e perguntou:

— E então, o que achou do que viu?

— Fiquei impressionada. É uma grande responsabilidade cuidar de tudo isso! Como é que você veio parar aqui, na presidência?

— O governador, Franco Montoro, simplesmente me chamou e disse que eu tinha que assumir, porque ninguém queria o cargo e estava certo de que eu era a pessoa mais categorizada para aceitar esse desafio. E aqui estou eu! Quer trabalhar comigo, Anna?

— Você sabe que eu estava pretendendo ir para o Rio de Janeiro, morar lá?

— Ainda bem que você só estava pretendendo — falou sorrindo.

— O que você espera de mim, Nazih?
— Que você me ajude a tirar a Febem das páginas policiais e levar para as páginas culturais.
— Não sei, sinceramente não sei...
— Está com medo?
— Não, medo não... Na verdade eu não sei bem o que fazer aqui para conseguir o que você deseja.
— Teatro!
— Teatro? Não sei como fazer isso aqui!
— Você é inteligente e vai encontrar a melhor maneira. E eu estarei pronto para ajudá-la, no que for preciso!

Eu nunca demorei muito para tomar decisões na minha vida, mas precisava de mais um tempo.
— Posso te dar a resposta amanhã?
— Por que não hoje, agora?
— Preciso pensar melhor.
— Olha, nós vamos fazer um contrato de um ano, a princípio.
— Tempo integral?
— Não existe um horário determinado, mas... você vai ter de se dedicar bastante... e diariamente.
— Vou ter de abdicar de meu trabalho artístico durante um ano.
— Você vai ter de ser muito artista aqui dentro. E vai realizar uma arte diferente... Mais realidade e menos ficção...
— Mas o teatro está desativado. Onde vou trabalhar?
— Dentro das unidades.
— E tem espaço lá dentro?
— A gente arruma...
— É importante que você reconstrua o teatro.
— Preciso de um tempo para isso. E de verba.
— E eu preciso de um espaço neutro, longe do confinamento, um espaço livre.
Ele sorriu. Percebeu que eu já estava me rendendo.
— Prometo que vou priorizar a reconstrução do teatro — disse prontamente, Nazih.
— E... — a pergunta profissional — quanto vou receber?
— Bem mais do que iria ganhar no Rio de Janeiro!
— Você nem sabe o quanto eu poderia ganhar lá!
— Não importa, você aqui vai receber um bom salário! Porque vai ter muito trabalho pela frente! — brincou.

Eu nem imaginava como ele estava falando a verdade! Aceitei e acabamos por acertar tudo. Saí de lá e resolvi dar uma volta, a pé mesmo. Olhei tudo mais detalhadamente. Parecia uma universidade, sei lá. Prédios, ruas, espaços verdes...

Andando, tive uma visão mais clara, diferente do que tinha visto de dentro do carro. Se descuidasse, podia me perder por lá. Era um espaço realmente grande e plano. Vi a horta novamente, verde e bem cuidada. Andando mais em direção do lado contrário da entrada principal, pude ver, nitidamente, os muros altos que cercavam tudo. Fiz o caminho de volta e, retornando por outra rua, me deparei com o teatro destruído. Sentei nos tijolos de uma das paredes que estava no chão e fiquei olhando, olhando e imaginando aquele teatro reerguido, recuperado, em pleno funcionamento...

Veio um sentimento forte, fulgente, de que o trabalho que eu iria realizar lá, era uma missão a cumprir.

Quando cheguei em casa, por ironia do destino, recebi um telefonema do Rio de Janeiro. Era o Perry Salles, me convidando para fazer a peça "Negócios de Estado", produzida por ele e Vera Fischer. Uma das atrizes do elenco tinha que sair e ele me chamou para substituí-la. O espetáculo ficaria ainda um tempo no Rio para depois viajar, em excursão, para outros estados. Não pude aceitar e expliquei o porquê. Contei-lhe que iria fazer um trabalho com teatro na Febem. Lembro claramente das palavras do Perry:

— Você deve estar muito iluminada para ter sido escolhida para fazer esse trabalho!!!

Eu duvidei:

— Será?!

E nos despedimos, com desejos de boa sorte...

Naquela noite o sono demorou a chegar. Coisa rara, porque agito tanto durante o dia, que assim que deito para dormir... desmaio. Mas naquela noite, fiquei um bom tempo acordada, até pegar no sono.

Tive um sonho. Estava numa avenida tentando atravessar. Muitos carros, muita gente andando, muito movimento. Vi um casal com muitas crianças vindo a minha direção. Todos pararam do meu lado e ficaram lá, esperando para atravessar também. De repente, uma gritaria. Do outro lado da Avenida, um corre-corre. Polícia chegando a toda. Comecei a ouvir:

— Assalto! Assalto!

O homem ao meu lado falou:

— Estão assaltando o banco!

Ele, a mulher e a criançada começaram a correr. E eu fiquei lá, sem saber o que fazer. Tentava correr, mas não conseguia sair do lugar. Aí, começou a tocar uma espécie de campainha. Todos pararam e olharam em minha direção. E aquela campainha continuava, sem parar. Era o meu despertador: 7h45. Acordei zonza.

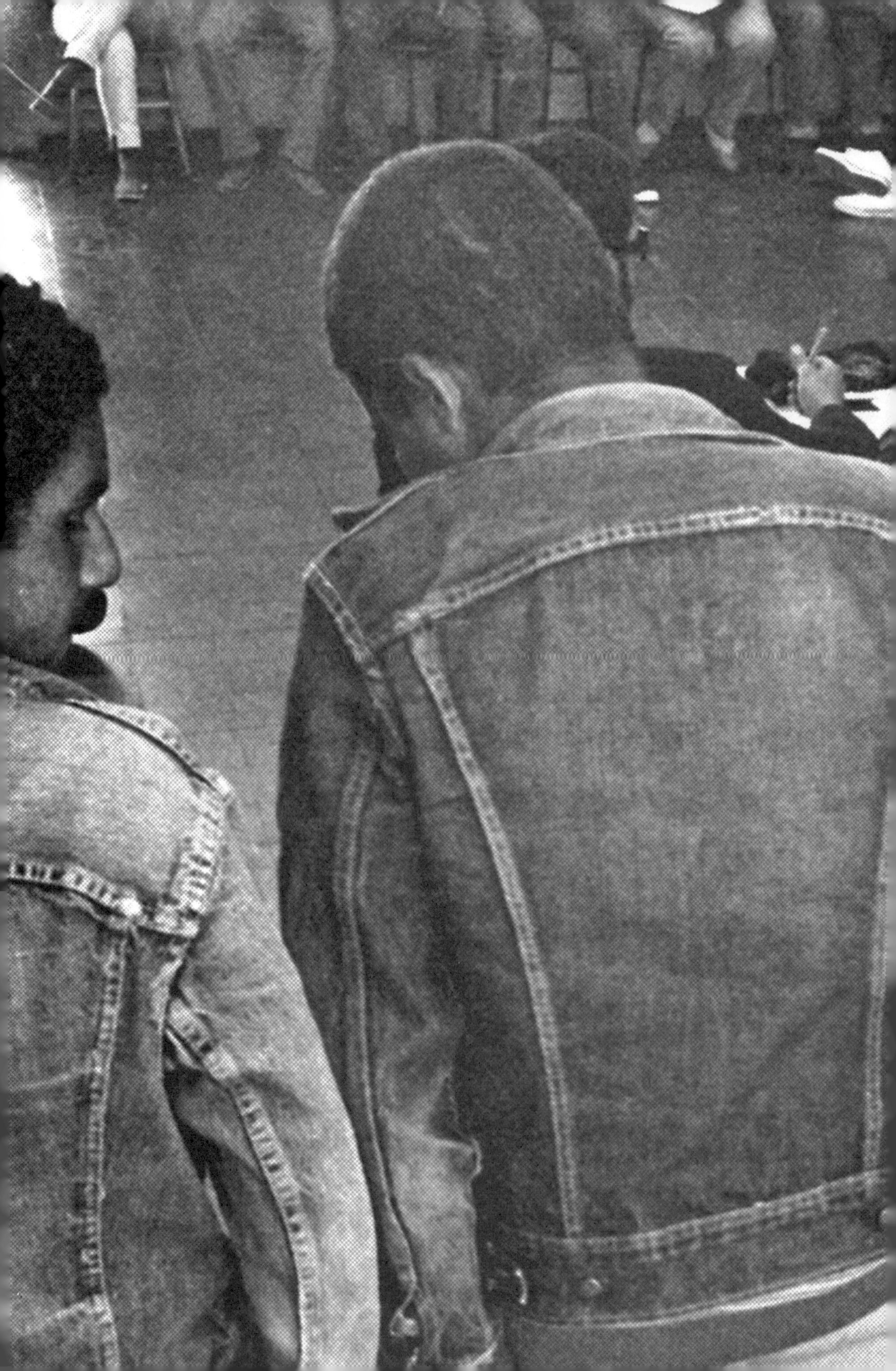

03.

O primeiro dia

Não sou

uma pessoa matutina. Aliás, sou como o poema de Vinicius de Moraes que diz:

"De manhã, escureço, de dia tardo, de tarde anoiteço, de noite... ardo!"

Detesto mesmo acordar cedo. Nenhum ator gosta. E de manhã tenho um ritual. Faço uns exercícios de Kung Fu, tomo banho, faço minhas orações, cuido do meu cachorrinho poodle, dos meus dois gatinhos, demoro. Mas saí a tempo, não queria me atrasar. Fui ainda pensando se estava mesmo fazendo a coisa certa. Tentei decifrar aquele sonho, mas logo desisti. Não tinha muita paciência para ficar tentando encontrar um significado para o que sonhava, mesmo que a maioria das vezes eu achasse que tinha a ver com as coisas que me aconteciam. Tenho um lado esotérico, mas cartesiano ao mesmo tempo, ou seja, conflitante e contraditória mesmo!

Cheguei uns dez minutos antes da hora marcada.

Nazih já estava na sala trabalhando e me recebeu com aquele sorriso bondoso e bem-humorado.

— E aí, Anna... preparada?

Intimamente me perguntava: "Preparada para que mesmo?!" — mas, respondi:

— Estou.

— Veja isto — e me entregou uma folha de papel datilografada (na época, ninguém usava computador). Li o título: "Projeto do Presidente".

Bem objetivamente, no documento, ele me apresentava como uma pessoa de sua confiança, que estava contratada para realizar o trabalho de "Teatro de Integração na

Febem". E que aquele era um projeto dele, presidente, portanto todos os funcionários deveriam colaborar.

Explicou-me então:

— Coloquei "Teatro de Integração", porque minha ideia é integrar os internos e os funcionários por meio do teatro. O que você acha?

— Interessante... Para eles se relacionarem melhor?

— Para eles se conhecerem melhor.

Nazih era muito louco. Aquela era uma ideia de louco! Eu sempre tinha ouvido e lido que os menores eram tratados com bastante dureza lá dentro. Por isso as rebeliões... teatro para eles se conhecerem melhor?

— De onde você tirou isso Nazih?

— Eu acho o Teatro poderoso, Anna.

— E é mesmo! A primeira forma de arte a ser calada num regime autoritário.

— E eu quero acabar com isso aqui. Com essa forma autoritária de se tratar esses meninos.

— Só tem menino interno?

— Só. A Unidade das meninas fica em outro local, na rodovia dos Imigrantes.

— E eu vou fazer teatro só com homem?

— E com as funcionárias! Tem muita mulher trabalhando aqui!

— Tudo bem.

— Vamos, então, começar a trabalhar?

— Por onde eu começo?

— Pela UE-JOV.

— UE-JOV?

Você vai conhecer. É uma unidade onde os internos são um pouco mais velhos, beirando, os dezoito. Vou pedir que um assessor meu a leve até lá. Entregue o projeto do presidente aos responsáveis e mãos à obra, menina!

— Tudo bem.

— Você precisa de alguma coisa, de algum material?

— Não. Por enquanto não. Vamos ver o que acontece.

— Qualquer coisa me acione. Hoje vou ficar por aqui. E venha falar comigo antes de ir embora.

— Tenho hora para sair?

— Você vai fazer o seu horário, Anna. O que eu quero é que alcance bons resultados!

Pensei: "Tirando a Febem das páginas policiais e levando para as páginas culturais". Em seguida, falei com uma repentina e firme convicção:

— Nós vamos ter excelentes resultados, Nazih. Você vai ver!

Acho que falei isso pela voz de algum espírito, porque eu mesma não tinha certeza de nada! E lá fui eu para o meu primeiro dia de trabalho. Não podia imaginar que ia começar um dos períodos mais importantes e mais significativos de minha carreira e de minha vida. Fui para a UE-JOV.

O trajeto tinha sido curto, mas em tempo suficiente para começar a achar que aquilo que, no dia anterior me pareceu uma universidade, depois uma prisão, estava mais parecendo uma Colônia de Assistência Espiritual. Isso me fortaleceu e me deu mais ânimo e coragem.

O assessor bateu na porta de ferro. Era possível ouvir o barulho de trancas. Abriu a porta, um homem magro, sério, meio estranho. Fiquei um pouco afastada, não ouvi o que o assessor falou com ele. Logo me deixaram entrar. O assessor despediu-se de mim, desejando um bom dia de trabalho.

Senti um frio na barriga. O que me esperava lá dentro?

O homem me encaminhou para uma sala. Era tudo muito soturno, tudo cinza, esquisito. Pediu que eu sentasse e aguardasse a diretora da Unidade.

Foram longos e intermináveis minutos. Fechei os olhos e pedi proteção e orientação.

Tive impressão de que aquele papel com o projeto do presidente estava tremendo na minha mão. Respirei fundo. Enfim ela chegou.

Levantei para cumprimentá-la. Era uma mulher assim... forte mesmo. Nada feminina. Cabelos curtos, calça, camisa, tênis preto, de fala firme e seca.

Apresentamo-nos. Ela olhou bem para mim:

— Eu não a conheço de algum lugar, não?

Já tinha ouvido muitas vezes essa célebre pergunta. E sempre respondia:

— Sou atriz.

E quase sempre ouvia:

— Ah, então é isso! Que novela você faz?

Não foi diferente. Só que ela não me perguntou que novela eu fazia. Sabia meu nome e citou algumas novelas que tinha visto comigo, na Tupi. E começou a me parecer muito simpática, muito solícita.

— O que uma atriz como você está fazendo aqui na Febem?

— Vim fazer teatro.

Entreguei o papel com o projeto do presidente. Ela leu atentamente. Colocou o papel em cima de sua mesa. Ficou um tempo em silêncio, pensando.

— Você já conhecia a Febem?

— Não.

— Sabe que esta é a Unidade onde estão os menores de maior periculosidade?

— É mesmo?! — Pensei: "O Nazih me aprontou uma!".

— Vamos fazer o seguinte — disse ela — vou mandar preparar uma sala e separar uns internos para você conhecer e já começar a dar aula de teatro para eles.

— Bem... não sei se vou dar aula... Acho que vou logo começar a fazer alguns exercícios com eles.

— Que tipo de exercícios?

E eu lá sabia o que iria fazer? — questionei-me.

— Para desbloquear emoções — respondi sem muita convicção.

— Desbloquear emoções... Atrapalha se eu deixar uns monitores por perto? Para te dar, vamos dizer... tranquilidade, segurança...

— Não, claro que não. Eles até podem tomar parte dos exercícios.

Ela fez uma cara de total perplexidade.

— Os monitores fazendo teatro com os menores?

— Não seria bom?

Ela riu. Dentes brancos e saudáveis. Sou muito ligada em dentes, neurótica mesmo, com cuidados demasiados. Depois das refeições ou quando como doce, não fico um minuto sem escovar os meus.

— Comece hoje só com os internos, tudo bem?

— Tá. Tá ótimo.

— Quer um café, uma água?

— Aceito os dois. Água sem gelo.

— E café bem quente, — ela falou sorrindo — aguarde aqui mesmo, enquanto vou cuidar de tudo.

— Obrigada. Não sei o seu nome!

— Cleusa — e saiu.

E eu tive vontade de sair também. Mas sair correndo, ir embora... Comecei a achar que aquilo não tinha nada a ver comigo, que era um equívoco. Mas fiquei lá, quieta, esperando a Cleusa!

Chegou a água, o café, pelas mãos de uma espécie de servente toda sorridente, que logo quis saber se eu trabalhava na Globo.

Depois de um tempinho, a diretora retornou.

— Vamos? A sala já está preparada.

Entrei numa sala com carteiras de escola, todas enfileiradas. Não tinha ninguém.

— E os meninos, perguntei?

— Já estão vindo. O espaço está bom pra você?

— Está sim.

— Depois eu mudo tudo — pensei.

Um zum-zum-zum. Olhei para a porta e vi os "meninos", que não eram nem um pouco meninos. Todos bem grandinhos, meio adolescentes, meio homens.

Foram sentando. Os monitores ficaram lá atrás.

A diretora disse que eu podia iniciar a atividade e pediu que eu parasse na hora do almoço, ao meio-dia e meia. Depois saiu informando que tinha de cuidar de outros assuntos.

Fiquei parada, olhando para todos eles. Uns dez, quinze, sei lá. Como será que aquele grupo tinha sido selecionado?

Eles me olhavam com um ar de interrogação.

E eu lá, em silêncio. A verdade é que não sabia mesmo o que falar, o que fazer.

Resolvi me apresentar. Contei um pouco da minha história como pessoa, como artista, o que eu já tinha feito em teatro, televisão e cinema. E que estava lá, a convite do presidente Nazih Meserani, para fazer com eles um trabalho de teatro. Perguntei se eles já tinham ido ao teatro. Ninguém tinha ido, e a maioria não sabia dizer exatamente o que era. "Uma história que se passava num palco"— foi a definição mais adequada que ouvi.

Perguntei se estavam dispostos a participar daquele trabalho, a conhecer melhor o que era fazer teatro. E já me vi falando com muita paixão e muita emoção...

Eles pareciam meio desconfiados, mas me ouviam atentamente. Todos se mostravam interessados. Não sei se por vontade mesmo, ou por falta de alternativa naquele momento. Aí eu quis conhecer um por um, pelo nome.

Pedi que afastassem as carteiras. Abrimos um espaço. Sentamos no chão. Fizemos uma roda. Senti uma certa preocupação por parte dos monitores, que se posicionaram mais perto de nós. Propus aquele exercício de memorização de nomes, onde um fala seu nome e o próximo fala o nome de quem já falou e, em seguida, o seu próprio nome, até que o último fala o nome de todos e, por fim, o seu próprio nome. Expliquei como era. E comecei:

— Annamaria.

O próximo disse o meu nome e, em seguida o seu. E assim por diante. Foi demorado, mas começamos a nos divertir. Todos disseram seus nomes. E eu procurei guardar bem quem era quem. E no final, falei o nome de todos, sem errar um.

Aí sugeri que levantássemos, que déssemos as mãos e que cada um falasse uma palavra positiva, para começarmos bem o trabalho. Quando a roda foi formada, de mãos dadas com aquelas criaturas, senti uma sensação tão forte, tão profunda, que até hoje não sei explicar. Meus olhos se encheram de lágrimas. E eu me segurei para não dar vexame, logo no primeiro dia. Falei a primeira palavra: confiança!

E ouvi outras tantas, mas o que predominou foi: amor e liberdade.

Sentamos nas carteiras, que naquele momento estavam em círculo, todos se olhavam e se enxergavam e comecei a falar de como se preparava uma peça de teatro, de como um ator preparava seu personagem. Percebi que eu não sabia usar palavras e expressões simples para que eles entendessem. Fui buscando, aos poucos, a melhor maneira de me expressar. E tendo ouvido o que falavam e perguntavam, as gírias que usavam, me dei conta do quanto, até então, tinha estado distante daquela realidade, daquela triste e cruel realidade.

Ainda tínhamos um tempo até o horário do almoço. Resolvi partir para ação. Propus que fizéssemos uma improvisação. Expliquei o que era e como poderíamos fazer. Escolheríamos um tema, faríamos um roteiro rápido das ações e depois deixaríamos a criatividade agir. Eles ficaram superanimados.

E qual seria o tema, então? Pedi sugestões. Eles estavam meio desnorteados, não sabiam bem o que sugerir. E nem eu. De repente, como num flash de imagem, me veio aquele sonho. Falei:

— Vamos improvisar um assalto a banco?

Nem preciso falar que acertei em cheio. Eles vibraram! E os monitores conversaram entre si, baixinho, mas percebi a inquietação. Fiquei na minha, numa atitude profissional.

Começamos a conversar como seria o assalto. Eles eram mestres em orientar e direcionar a cena. Foram dando todas as dicas e se entusiasmando como se fôssemos mesmo realizar um assalto.

— E as armas? — foi a pergunta óbvia!

— Vamos usar mímica, falei.

Noções de mímica eles tinham! Imaginei que em suas armações marginais, deviam usar muito desse recurso para se comunicar. Exibi o dedo indicador e o dedão em ângulo reto, apontando — uma arma perfeita! Eles aderiram. Aí me veio uma ideia muito legal:

— Vamos fazer um tribunal e um julgamento depois do assalto?

Minha proposta foi, por um momento, avaliada pelo grupo.

— É uma boa, senhora! — um deles falou finalmente.

Eles tinham o hábito de chamar todo mundo de senhor e senhora. Logo pedi que me chamassem de Anna ou Annamaria. Ficou Anna mesmo.

— Quero ser o juiz, Anna! — muitas vozes falavam ao mesmo tempo.

Parece que a maioria queria ser o juiz. Comecei a ficar bastante atenta às reações de todos eles.

Contamos quatorze meninos e então decidimos que no banco haveria:
— um caixa;
— um segurança;
— duas pessoas na fila;
— três menores assaltantes;
— dois policiais.

No tribunal:
— um juiz;

— dois jurados;
— um advogado de defesa;
— um advogado de acusação.

A ação seria a seguinte:

Assalto:
Combinamos o plano de assalto da quadrilha. Quem faria o quê. Ficou acertado, com a participação de todo o grupo, que um assaltante renderia o segurança do banco; outro, as pessoas que estivessem por lá e o outro, o caixa, que seria obrigado a dar o dinheiro.

Essa parte foi muito expressiva mesmo. Como eles entendiam de assalto! Sabiam tudo e mais um pouco! Enquanto falavam, demonstravam um misto de entusiasmo, medo, inquietação, mas muito planejamento e organização.

Tomariam drogas para assaltar?

Sim — a resposta foi unânime. De cara limpa ninguém teria coragem de agir.

Chegariam a pé. Um outro comparsa, que não apareceria na improvisação, ficaria no carro, aguardando para fugir com todos.

No banco:
Dia 1º— dia de pagamento. O melhor dia para se assaltar — informação dada por eles. Mas o mais perigoso. Segurança redobrada.

Os assaltantes chegariam, dariam voz de assalto, renderiam todos e pegariam o dinheiro.

Haveria vítima? Ficou combinado que sim. Que o segurança reagiria e seria morto pelo garoto que o estava rendendo.

Em seguida, chegaria a polícia. Os dois policiais prenderiam os três assaltantes.

Enquanto combinávamos tudo, senti que os monitores começaram a ficar bem apreensivos, mas ninguém interferiu em nada.

No Tribunal:
Os assaltados estariam sentados para assistir ao julgamento. Os advogados falariam. Os dois jurados ouviriam e votariam. O juiz daria a sentença e votaria se houvesse empate, ou seja, se um jurado votasse a favor da condenação e o outro a favor da absolvição dos réus. Por fim, a sentença seria dada.

Esse foi o encerramento de nosso exercício de improvisação. Em seguida, partimos para a distribuição dos personagens.

Quem faria parte da quadrilha?

Houve uma espécie de silêncio. Um olhou para o outro. Parecia que ninguém queria se comprometer.

— Ué, todo mundo aqui quer ser juiz e ninguém quer ser assaltante, que história é essa? — falei.

Eles só me olhavam, sem dizer nada.

Então resolvi propor que todos colocassem seus nomes em papeizinhos dobrados e os personagens seriam sorteados. O grupo aceitou.

Enquanto agilizávamos o sorteio, comecei a introduzir algumas noções sobre o que deve ser um personagem. Eles ouviram muito interessados. Houve até um comentário muito engraçado de um deles:

— Quer dizer que quando a gente finge que não é a gente mesmo, vira um personagem?

— É... vamos considerar que sim...

— Nossa, como eu já fui personagem na vida!!!

Todos riram e partimos para o sorteio.

Após todos os papéis distribuídos, com o elenco já completo, pedi que levassem a sério o exercício. Falei da importância da atenção e da concentração. Quem não participasse da ação, devia assistir em silêncio, sem dar palpites. Que falassem alto, para que todos ouvissem, e que não saíssem de seus personagens. Nada de piadinhas ou brincadeiras. Todos deviam estar achando tudo aquilo muito estranho... e os monitores mais ainda.

Resolvi dar uma olhada nos monitores e percebi que o número tinha aumentado. Contávamos com uma pequena plateia naquele momento. "Todos a postos para qualquer eventualidade", pensei.

Fomos montando os cenários com as carteiras e uma mesa disponível. Usamos toda a sala. Todos participaram, dando opiniões. Aproveitei para falar da importância do cenário no teatro.

Depois de tudo montado, disse que direcionaria a trama, se necessário fosse. Enfim, Ação!

A quadrilha começou a combinar o assalto.

Eles estavam levando a sério, para a minha tranquilidade. No começo estavam meio inibidos, mas, aos poucos, foram se soltando.

Fiquei emocionada vendo aqueles garotos. Nunca tinha me imaginado fazendo um trabalho daqueles.

A gíria, que usavam era peculiar. Comecei a ouvir palavras como: fita, bagulho, mano, não vai embarrerar, pegada, dominado, e outras que tive de decifrar.

Distribuíram as armas. Simularam o uso de drogas: maconha, bebida, cocaína. Levantaram-se já diferentes. Pareciam realmente drogados. Já estavam mais arrogantes, mais violentos, falando mais alto. Incrível!

Foram para o local que seria assaltado. Dei sinal para o pessoal do banco se posicionar. De repente, a coisa pegou fogo. Começava o assalto. Uma gritaria fenomenal. Fiquei atenta.

Vi que chegou mais gente da Unidade por ali. E a Diretora também, assustada, veio ver o que estava acontecendo. Eu procurei fazer um sinal para que todos se acalmassem. Demonstrei segurança e tranquilidade. Mas estava bem apreensiva e alerta. Os assaltantes comandavam toda a ação. Dois estavam armados com revólveres — dedo indicador e polegar apontados. Outro, com uma arma que parecia uma metralhadora, dois braços estendidos para a frente e as duas mãos fechadas. Um dos que estava na fila do banco começou a rir e ouviu um sonoro:

— Cala a boca palhaço, senão te apago!

Botaram todos no chão. Um pegou o segurança, o outro foi pro caixa.

Eu estava bem atenta para que ninguém se machucasse.

Pegaram o dinheiro. Lembrei o segurança que ele tinha que reagir. Tudo com gestos, sem interferir na ação. O segurança reagiu e foi morto no ato. Um dos assaltantes falou:

— Sujou! Vam'bora, vam'bora!

Dei sinal para a polícia chegar. Os dois garotos que faziam os policiais foram logo chegando e dando voz de prisão. Mais gritaria. Quase saiu uma briga corporal. Ainda bem que foi quase. Os assaltantes acabaram se rendendo. E os policiais, bem trogloditas, os levaram embora dali.

Para não perder a dinâmica, falei:

— Tribunal, tribunal!

Percebi que eu estava suando muito...

O Juiz logo sentou atrás da mesa.

Fui direcionando a ação, sem sair do clima.

Os dois advogados se acomodaram em suas cadeiras. O júri idem. E as pessoas que estavam no banco assaltado também sentaram em cadeiras. Os policiais empurraram os assaltantes para o centro do cenário. Eles xingaram. Aí vieram alguns palavrões, evidentemente. A situação ficou tensa novamente. Comecei a suar mais ainda. Uma xingação memorável! Assaltantes e policias se atracando. Os policiais revidaram mandaram todos calar a boca.

O juiz levantou e gritou:

— Silêncio! Silêncio! E começou a bater, fortemente, com a mão na mesa.

E... todos ficaram caladinhos... olhando para ele.

— Aqui quem manda sou eu! Não quero muvuca aqui dentro, tá certo? Fica todo mundo de boca fechada. Só fala quando eu mandar, falou?

Tive vontade de rir do jeito dele falar.

O juiz dirigiu-se aos policiais:

— Deixa esses bandidos aí, de pé mesmo. A gente vai julgar eles. Fala aí, o advogado!

— Qual dos dois? — perguntou um dos garotos que fazia o advogado de defesa.

— Você mesmo. Pode falar.

E o garoto começou a defender os assaltantes. Disse que eles não tinham intenção de matar ninguém. Só queriam roubar, conseguir alguma grana. Que eles nunca tinham cometido assalto antes. Que a vida da família deles era muito dura, muita pobreza, muita fome.

Aí o pessoal do banco começou a falar:

— Mentira. Eles são bandidos, não prestam!

— Tem que mofá na prisão!

Um dos garotos gritou:

— Assassinos! Sacanas!

Outro se juntou a ele:

— Bando de maconheiro!

Começou um bate-boca geral. O juiz bateu na mesa.

— Silêncio, silêncio! Não quero mais palavrório aqui dentro! Se continuar vai todo o mundo pra rua!

Eu não acreditava no que estava vendo! Se tivesse redigido um texto, não seria tão perfeito. E os palavrões saíram mesmo! Não tinham sido proibidos!

— Tem mais alguma coisa pra falar, seu doutor?

E o garoto disse:

— Quero que esses garotos não sejam presos, porque eles não são delinquentes. Não! Não são bandidos! Só estavam querendo pegar dinheiro para levar uma vida melhor. Sair da miséria, matar a fome, ajudar a família, seu juiz!

— Tá bom, tá bom. Sente aí. Próximo!

Ninguém se mexeu.

— Fale o outro doutor!

O outro advogado se levantou. Não sabia o que falar direito. Mas depois começou, falando bem alto:

— Esses pilantras têm que ser presos, sim. Mataram um pai de família!
Houve um zum-zum-zum. Depois fiquei sabendo que era grave matar pai de família.
— O homem era trabalhador, tinha seis filhos pra criar! A mulher tá doente. E eles apagaram o coitado! Tem que meter no xadrez, seu juiz! É tudo bandido, maconheiro, sem vergonha! Prende os malandro! Prende mesmo! E senta o pau neles!
Alguém riu alto. Nem vi quem foi. Aí o exercício deu uma parada. Ninguém sabia como continuar. Entrei no clima, falando:
— Seu juiz, o júri tem que julgar. Eles têm que decidir se os réus são culpados ou inocentes.
O juiz falou, olhando para os garotos que faziam os dois jurados:
— Já decidiram aí, se eles vão pra prisão?
Os dois garotos fizeram que sim.
— Você... — disse o Juiz apontando para um dos jurados — pode falar:
— Eles são culpados. Têm de ir pra prisão, sim.
A plateia do banco aplaudiu.
— Quieto! — disse o Juiz — E o senhor, o que fala? — perguntou a outro jurado.
— Eles são bandidos sim. Roubaram, mataram, têm que pagar!
Mais aplausos. O juiz aplaudiu também.
— Vão todos pra prisão. Uma cela bem pequena, bem fechada. Sem direito de sair nem pra tomar sol. Vão ficar lá o tempo todo, falou? — o juiz estava muito bravo.
Eu perguntei, também dentro do clima:
— Quantos anos de prisão, Senhor Juiz?
— Cinquenta anos! — ele foi implacável.
— Então está encerrado o julgamento, Senhor Juiz? — falei para dar um final.
— Está. Todo mundo pode sair.
Em seguida, falou aos policiais:
— Algema neles e leva os malandro para cela!
Os dois policiais obedeceram e saíram com os garotos pra mais distante do cenário do tribunal.
Eu comecei a aplaudir. Os monitores e a pequena plateia formada também. A diretora não aplaudiu, mas sorriu. Aí, meus olhos se encheram d´água. Fiquei muito, mas muito emocionada mesmo. Disfarcei e fiz todos sentarem nas carteiras. Comecei a fazer considerações sobre o trabalho. O mais impressionante era como tinham sido duros no julgamento, condenado os ladrões sem piedade. Era de se pensar... Enfim, aquele primeiro dia, tinha sido abençoado!
Depois do almoço, no restaurante da Febem, resolvi voltar e conhecer a UE-JOV. Os quartos, ou melhor, o que chamavam de quartos. Para mim, verdadeiras celas. Vi os banheiros, com chuveiros em comum, fui ao lugar onde faziam as refeições. Só com colher, nada de garfo ou faca — verdadeiras armas, diziam. Umas mesas grandes. Não dava para todos. Comiam por revezamento.
Vi os internos que circulavam pelas dependências. Sempre acompanhados por um monitor. Pela primeira vez, entrei no pátio. Os monitores me davam segurança. Os jovens estavam espalhados pelo espaço. Uns em pé, outros sentados, conversando sei lá o quê. Sempre vigiados.
Quando apareci, todos me olharam. A maioria era negra, mulata, mestiça. Nenhum loirinho de olhos azuis. Alguns bonitos até, mas com cara de quem já tinha se desgastado muito na vida. Fiquei olhando atentamente a todos.

— Boa tarde! — falei.
— Boa tarde, senhora! — alguns responderam.
Não vi os meninos que tinham participado da improvisação pela manhã.
— Estão descansando depois do almoço — foi a resposta que ouvi. Achei estranho.
— Descansando?
— É. Depois eles vão jogar bola.

Aí me levaram para uma quadra que havia dentro da Unidade, com trave, aro de basquete. Ali eles tinham atividades esportivas. Fiquei achando que aquele grupo da manhã tinha sido escolhido a dedo para participar das atividades teatrais. Devia ser o grupo menos, digamos assim, perigoso de se tratar.

Conheci as salas das psicólogas e das assistentes sociais. Conversei rapidamente com alguns profissionais da área e combinamos de nos falar mais calmamente durante a semana.

Parecia que tudo corria na mais perfeita organização e tranquilidade, mas eu sentia que aquilo era um estopim prestes a ser aceso para detonar uma bomba, a qualquer momento. Tinha uma sensação muito forte de que me escondiam algo. Artistas têm essas sensações. Atores, então, nem se fala. Nossa inspiração vem da realidade. E aquela era uma realidade que só sabíamos falar e representar.

Estar ali, era estar convivendo com a verdade. Deparando-se com um mundo marginal, confinado, no meio de jovens infratores, que podiam estar em situação bem diferente daquela, se tivessem tido oportunidades melhores de vida, quem sabe. Assim eu pensava naquele momento. Tive uma espécie de aperto no estômago. Não era dor, só um aperto mesmo, uma espécie de queimação. Eu costumava sentir isso em momentos de intensa pressão ou de preocupação e em véspera de estreia teatral. Não me importei, sabia que ia passar.

De volta à presidência, Nazih quis logo saber como tinha sido. Contei tudo. Ele ouviu atentamente. Depois sorriu e falou:
— Foi muito bem. E isso é só o começo.

Eu tinha uma enxurrada de perguntas a fazer, mas ele estava para receber o secretário da Promoção Social. Adiei minhas perguntas e dei o dia por encerrado. Eu me sentia exausta.

À noite, em casa, no momento de dormir, aquelas carinhas dos garotos eram imagens que invadiam meus pensamentos, sem cessar. Demorei a pegar no sono de novo. E, antes de dormir, agradeci pela proteção e inspiração do Plano Espiritual. Sabia que estava sendo orientada. E que tinha uma grande tarefa a cumprir...

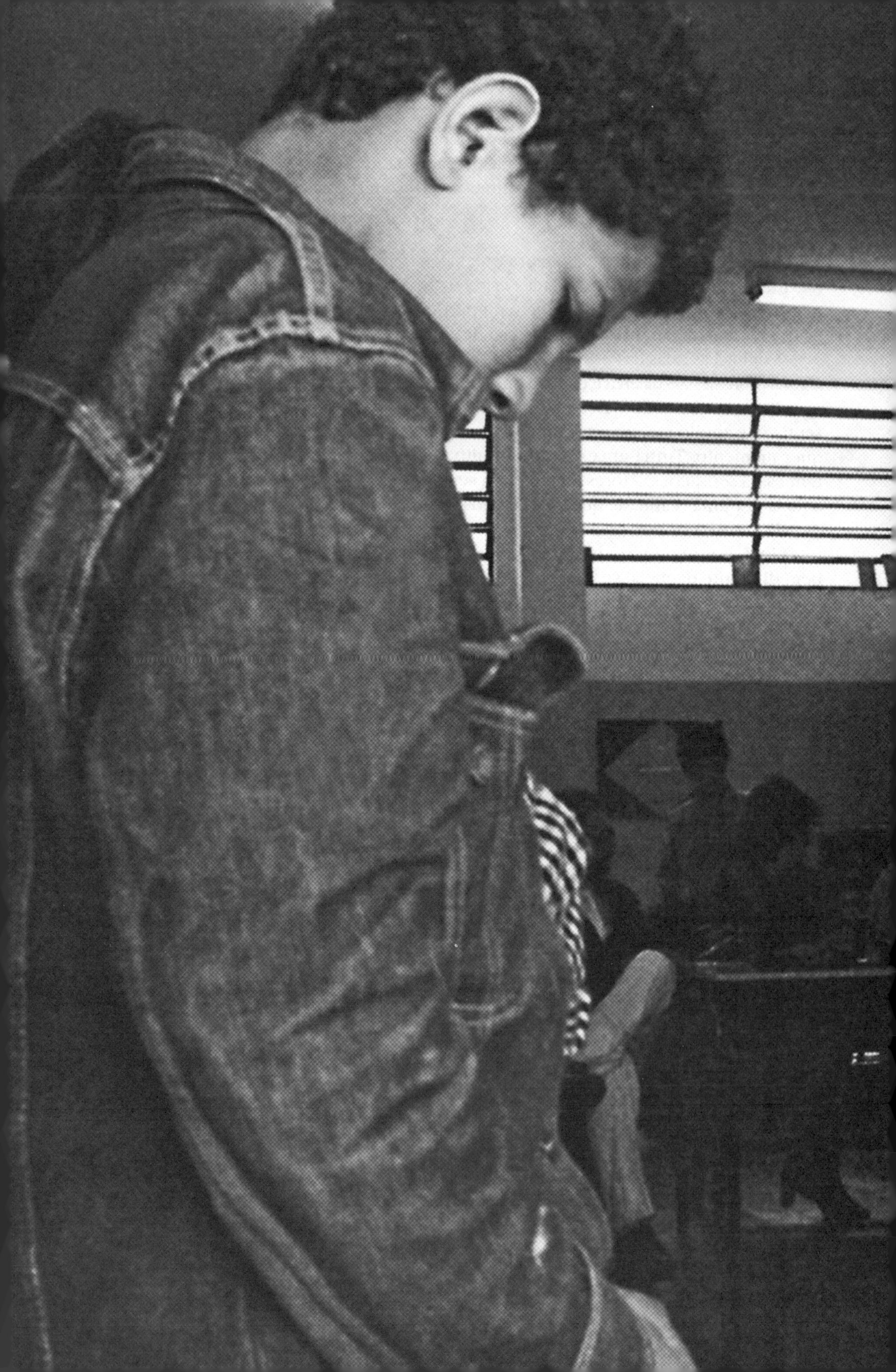

04.

Os agregados

Na semana

seguinte, se apresentou a mim um psicólogo que trabalhava com meninos de outra Unidade, a UE-15, um local de internos com infrações mais leves. Agenor era um nordestino arretado, às vezes sério, às vezes irônico, mas muito bem-humorado. Contou que fazia teatro com os meninos de sua Unidade, espécie de psicodrama que ele batizou de "Psicoteatro", conforme explicou. Colocou-se a minha disposição. Aceitei sua ajuda, logo de cara. E naquele dia, ficamos nós dois fazendo exercícios teatrais de manhã e à tarde, com turmas diferentes na UE-JOV. Ele estava bem mais familiarizado com o cotidiano da Febem. Fizemos exercícios de voz, expressão corporal, mímica. Tudo procurando sempre partir da vivência daquelas criaturas que se entregavam meio às cegas ao que nós propúnhamos fazer.

No grupo da manhã, quando realizamos uns exercícios de articulação e projeção, para soltarem mais a voz, falarem mais claramente, se expressarem melhor, me deparei com uma colocação inusitada, mas muito espontânea. Um dos garotos, durante o decorrer da aula, começou a falar mais alto, a soltar o verbo — como eles mesmos diziam. E, contente com o resultado alcançado, falou:

— Aí Anna, gostei! Agora todo mundo vai ouvir melhor quando eu falar: É um assalto! — foi só risada.

Eu parei, pensei rápido e disse:

— Olhe aqui, a sua voz melhorou mesmo! Agora, você é quem vai decidir como usar o que aprendeu. Se vai ser para falar: É um assalto! Ou pra dizer: Eu vou sair dessa vida! A escolha é sua!

E, claro, projetei bem minha voz e interpretei firmemente o texto das frases pronunciadas.

Silêncio. depois começaram a rir meio baixinho, num misto de prazer e gozação com o garoto que tinha ficado sem jeito e sem palavras.

Continuamos a fazer exercícios e não toquei mais no assunto com ele. Nem ele comigo. Aquele rapaz acabou sendo ótimo para participar das aulas. Muito interessado mesmo.

À tarde, outra situação enfrentada. Num papo com o grupo sobre relacionamento afetivo, porque íamos fazer uma cena de ciúme entre um casal e um terceiro — eu faria a tal namorada — uma monitora muito simpática e sorridente apareceu e disse que queria participar. Logo dei o papel da namorada para ela. Mas os meninos ficaram meio ressabiados. Fazer teatro com uma monitora? E ainda fazendo papel de namorada de um deles? Discutimos a questão e eles acabaram concordando. A cena começou meio aos trancos e barrancos, mas a monitora, depois que o nervosismo pela "rejeição" passou, começou a interpretar muito bem o papel da namorada que estava sendo acusada, injustamente, de traição. Foi um bate-boca entre ela e dois garotos: o namorado e o suposto amante. A situação ficou quente, quase partindo para a baixaria, mas no fim, ela conseguiu convencer o namorado de sua inocência. Não só o namorado, mas o grupo todo ficou convencido. Todos aplaudiram.

Eu e o Agenor ficamos muito contentes. Impressionante como aqueles garotos eram vivos, criativos! E a monitora, então, era uma verdadeira atriz e sabia improvisar muito bem!

No final da tarde, trabalho encerrado, veio outro monitor e se apresentou: Saulo. Disse que gostava de teatro, que costumava levar os filhos para assistir peças infantis no Teatro da Escola, pois tinha sempre uma programação variada. Já havia feito umas "experiências" com os grupos que ele monitorava. Agora estava tomando conta de um grupo mais ou menos fixo e já tinha feito umas "peças" com eles. Ali na UE-JOV mesmo.

— Que tipo de peça? — perguntei.

— Sobre a vida deles. Cada um conta um pouco da sua vida e a gente faz a peça. Na semana passada, falamos das drogas.

Aquele monitor, um pouco humilde, meio desengonçado e falando errado, tinha me mostrado um caminho. Acertei com Agenor, que já contava como meu parceiro de trabalho, que faríamos uns exercícios, umas improvisações, sobre a vida dos meninos. Pedi para que pensasse como poderíamos realizar isso da melhor maneira e prometi pensar também.

O monitor ficou de trazer, pela manhã, o seu grupo para participar da aula. Ele queria trabalhar ao nosso lado. Aceitei. Terminei o dia feliz, mas novamente exausta. Precisava arrumar um meio de não me cansar tanto! Sabia que eu doava muita energia naquele trabalho e tinha que encontrar uma maneira de repor logo. Resolvi ir toda a semana tomar um passe na Federação Espírita do Estado de São Paulo e não faltar mais às aulas de Kung Fu. Eu estudava com o Mestre Chan e, desde o início do trabalho, não tinha tido forças para ir à academia treinar.

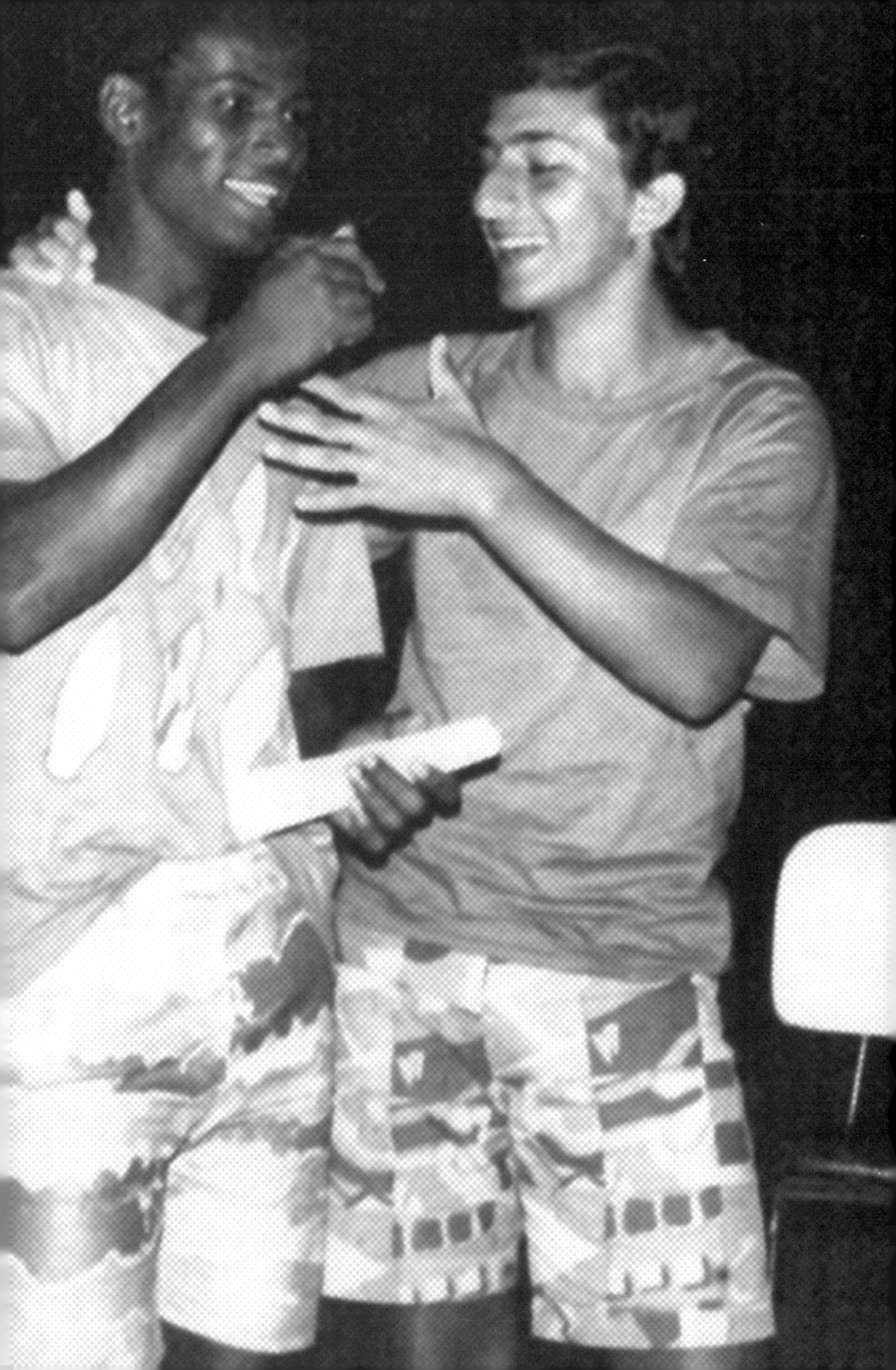

05.

Um grupo promissor

Todos tinham

cara de homens! Fortes, sérios, meio emburrados até. Saulo, o monitor, chegou e apresentou um por um.

— Meus alunos, falou com orgulho.

Eram onze ao todo. Pedi que sentassem nas carteiras. Saulo me chamou de lado e contou que estava com eles há algum tempo e que também estavam lá na UE-JOV há algum tempo. Eram infratores graves, que ao completarem dezoito anos, poderiam ir para Penitenciária, conforme a decisão do juiz. No início, eram muito fechados, mas depois, com o trabalho que ele fazia com eles, foram melhorando. Mesmo assim, fui orientada a ficar sempre bem atenta, evitando me arriscar muito, principalmente naquele início de convivência.

Ao ter olhado melhor para aquele monitor, achei que tinha cara de caubói texano. Aloirado, olhos verdes, pele meio avermelhada e um sotaque que beirava o caipira. Era falante, procurava demonstrar conhecimento e desenvoltura, mas cometia muitos erros de português. Agradeci-lhe as informações e fui à frente da sala. Estava sozinha. Agenor ainda não tinha aparecido, ele também tinha tarefas em sua Unidade, a UE-15.

— Bom dia a todos!

Novamente ouvi um:

— Bom dia, senhora!

Percebi que eram meio injuriados e um pouco arrogantes. Tinha um, sentado bem na minha frente, com cara de estivador de cais, que me olhava sorrindo. Foi o primeiro a quem me dirigi:

— Seu nome?

— William, com dois *eles*.

— William, você já assistiu a alguma peça de teatro?
— Já.
— Que teatro?
— Lá em Santos, numa festa do meu bairro, fizeram uma peça.

Pensei estar certa na minha avaliação. Santos, porto — será que ele tinha trabalhado nas docas?

— Venha aqui na frente, conte pra mim e pra todos como foi a peça.

Ele riu e não saiu do lugar.

— Vem!
— Não.
— Tudo bem. Então conta daí mesmo. Mas vamos fazer o seguinte, vire a sua cadeira para a frente da sala, para que todos ouçam, tá legal?

Ele parou um pouco para pensar, se levantou e veio ao meu lado. Logo se ouviu um som de gozação, um ligeiro falatório. Eu o abracei pelo ombro.

— Estou muito contente que você esteja aqui conosco.

Aliás, dirigi-me à classe:

— Estou muito contente que todos vocês estejam aqui. Acredito que a gente possa, junto com o Saulo, fazer um trabalho legal.

Era estranha a sensação, mas parecia que já conhecia o William há tempo!

— E então, William, sobre o que era peça de teatro que você viu?
— A crucificação do Cristo.

O pessoal começou a rir do jeito que ele falou. Assim meio orgulhoso de dizer o nome da peça. Pedi silêncio.

— Foi então um drama.
— Não sei.
— Você teve vontade de rir ou de chorar quando assistia?
— Nem um nem outro.
— Quando você ri, a peça é... — ele ficou me olhando, sem saber o que dizer. Dirigi-me aos outros.
— Quando uma peça de teatro tem uma história engraçada, podemos dizer que é...
— Saulo interveio:
— Eu falei disso pra vocês, hein!

Percebi que ficou irritado com a suposta ignorância de seus pupilos. Continuei:

— Então rapaziada, quando a gente ri muito de uma história que assiste em teatro, no cinema, a gente está assistindo a uma...
— Chanchada! — falou um deles.
— Quem falou chanchada?

Um dos últimos da sala falou:

— Eu!
— Seu nome?
— Richardson.
— Venha aqui Richardson.

Ele veio. Era moreno, quase mulato, forte, dentes brancos, cabelo raspado à máquina zero. Aí senti que a hora era de conversar com eles, nada mais. Pedi que fizéssemos um círculo com as cadeiras e, um em frente ao outro, começamos a levar um papo bem descontraído. Tive o cuidado de colocar Saulo sentado ao meu lado, para não me apropriar, logo de cara, do grupo que era dele.

O Richardson falou que era do interior, de Limeira, e que o avô sempre vinha para São Paulo assistir a uns filmes feitos aqui no Brasil mesmo, com aquele pretinho baixinho e o amigo dele.

— Grande Otelo e Oscarito.

— Acho que sim, não me lembro os nomes direito. Depois ele comprou uma máquina de passar filmes.

— Um projetor.

— Isso mesmo, senhora, e ele chamava a criançada, a família e passava os filmes num lençol, no quintal, à noite. A gente se matava de rir com as palhaçadas daqueles dois.

— E como você sabe que o que via era chanchada?

— Porque meu avô falava, quando ia passar o filme: vocês vão morrer de rir com essa chanchada que eu vou passar! Meu vô era louco por cinema.

— Preste atenção gente: chanchada é um gênero de... comédia. Isso é o que eu queria que vocês me respondessem: comédia! Então, quando normalmente a gente ri, é...

— Comédia, quase todos responderam.

— A chanchada é uma espécie de comédia, que podemos dizer, é mais apelativa, para provocar um riso mais fácil, entenderam?

Não tinham entendido.

— Vou dar um exemplo — já me dirigindo a outro:

— Você... é o...?

— Clayton.

— O Clayton vai representar alguém que escorrega numa casca de banana na rua e cai. Como é que ele deve fazer?

— Levar o maior tombão, um deles respondeu logo.

— Diz aí, então... seu nome?

— Mauro

— Diz aí, então, Mauro. Se o Clayton representa esse tombão de uma maneira natural, vamos dizer assim, se ele escorrega e cai como a maioria das pessoas cairia, ele está fazendo comédia. Mas, se ele exagera no tombo, grita e ainda leva outras pessoas a cair com ele, se bate numa barraca de frutas, cai por cima das frutas, fica todo lambuzado, cada vez que tenta se levantar, cai de novo... E aí vai escorregando, escorregando e esbarra numa banquinha de doce, onde tem bolo com creme, cai de novo e se lambuza ainda mais com creme, até ficar estatelado no chão com a cara toda suja, isso é uma chanchada e um pastelão também.

— Pastelão? — perguntou um outro, o mais magro de todos. O nome dele era Lorimar.

Expliquei que chanchada e pastelão eram quase a mesma coisa. Que pastelão era quando as pessoas se lambuzavam a cara, fazendo guerra com tortas de creme, bolos de chocolate. Enfim, quando havia exageros, era comédia. Eles começaram a se interessar pelo assunto.

— E quando a gente chora então é drama — falou um garoto com cara de índio, cabelos lisos, olhos bem negros. Nome: Anselmo. Apelido: Esquisito.

Ele era meio esquisito mesmo. Seu tom de voz era grave, às vezes arrastado, às vezes rápido. Não fixava muito o olhar e, no geral, parecia meio agitado.

— Isso mesmo, Anselmo. Quando a história faz chorar é um drama. O teatro que o William assistiu era um drama. Devia ser "A Paixão de Cristo".

— Isso mesmo! — disse logo o William. E meu irmão menor fazia um anjo que ia ficar do lado do Cristo, depois dele morrer na cruz. Eles chamavam algumas pessoas lá do bairro pra fazer o teatro.

— E você não ia?

— Eu não! Não tava a fim não.

— Mas com a gente aqui, você vai participar, não vai?

— Vai sim, — falou logo Saulo, o monitor — ele já participou e foi muito bem, não foi? — perguntou ao grupo.

— Foi... — falaram meio sem convicção.

— Ele só gosta de fazer papel de bandido, de mau — contou um outro garoto, o Sidney.

— É verdade isso, William?

— Não é não. Eu até já fiz um papel de bonzinho, de trabalhador da roça, não foi Saulo?

— Foi sim, — respondeu o Saulo — a gente fez um teatro falando da vida no campo, e o William fez o papel de boia-fria.

— De boia-fria ele não tem nada! — falou o Sidney.

— Foi só risada.

Aí a gente engatou um papo que não parava mais. Ficamos falando sobre muitos assuntos. Eles queriam saber como é trabalhar na televisão, fazer novela. Se dá pra ficar rico como jogador de futebol, se quando a gente beija, beija de verdade, se o marido não fica com ciúme. Quiseram saber se precisava estudar pra ser ator, enfim, conversamos bastante e, aos poucos, fomos nos entrosando e eu fui sabendo o nome de todos. Quando entramos no terreno do casamento, a célebre pergunta: por que ator fica tão pouco tempo casado?

— Porque gente comum não é notícia. A gente só fica sabendo da separação dos atores porque a imprensa divulga. Mas tem muita gente se separando mais do que ator e ninguém fica sabendo de nada! — respondi.

Não consegui convencer muito, não. Mas um garoto que usava óculos, o Marcelinho, me surpreendeu com uma colocação:

— É porque a mulher resolveu trabalhar fora. E aí esqueceu do marido, dos filhos.

Bem, foi um assunto que alongou mais ainda a nossa conversa. Falamos da necessidade que a vida impôs à mulher, de trabalhar fora e ajudar nas despesas, que o homem não podia ser considerado o único provedor da família. Falamos também que o homem tinha que dar uma força na organização e limpeza da casa, na educação dos filhos. Porque se marido e mulher tinham que trabalhar, os filhos, a casa, precisavam ser, por justiça, cuidados pelos dois.

A maioria era contra a mulher sair para trabalhar fora. E a colocação do garoto Maicon foi firme e forte:

— Olha senhora, eu acho que a mulher pode trabalhar fora sim, mas não tem que largar marido e filhos, não. Tem que maneirar. Não pode deixar de ser mulher, falou?

— Olha, eu falo por mim, — disse o Gevaldo (Geva), um garoto que, até então parecia tímido — mulher tem que ser mulher mesmo, ficar em casa, e se quiser trabalhar, só um pouquinho, pode. Mas o único lugar que eu não ia deixar minha mulher trabalhar era aqui na Febem. Aqui é lugar só de bandido, malandro, não é um lugar bom pra mulher nenhuma trabalhar, não!

Ficou um certo clima, que eu procurei quebrar, sorrindo e logo falando:

— Quer dizer que se eu fosse sua mulher...

— Não ia deixar trabalhar aqui não. De jeito nenhum!

— O que vocês acham disso?

A maioria concordou com o Geva. Só o William, o santista, discordou.

— Comigo não ia ter problema, não. Eu ia falar pra minha mulher tudo o que ela tinha que fazer pra não se encrencar com os mal-encarados daqui. Ia prevenir muito bem ela, sacou? E ia trazer e levar ela pra casa todo o dia! E, bobeou, eu encarava os malandro pra mostrar que ela tinha proteção.

— Ah que bom, agora melhorou — disse eu.

O William riu e muito espontaneamente disse:

— Pode casar comigo, sou um marido bacana!

Todos riram, comentaram. Só teve um garoto que não falou nadinha durante a aula: o Fabiano, que tinha um nariz torto.

— Você não disse nada até agora. Só o seu nome. Não está gostando?

— Tô sim — disse ele com uma voz meio abafada.

— E por que não participou?

— Hoje eu tava a fim de ouvir, só.

— Tudo bem. Mas da próxima vez vou querer você mais ligado com a gente, participando mais, dando a sua opinião.

— Tá limpo — disse ele, sério e de olhos meio baixos.

— Então... Acabou por hoje — e assim dei a aula por encerrada.

O Saulo ficou bem contente com o resultado do seu grupo. Disse para eu não ligar para o jeito do Fabiano, que ele estava assim porque soube que a mãe estava muito doente. Eu falei que não tinha problema algum, que estava tudo certo. E ele prometeu trazer todos de volta. Só ia me avisar o dia, antes, porque eles tinham outras atividades dentro da Unidade. Esporte era uma delas. Faziam ginástica, jogavam futebol.

— Por isso são todos bem fortinhos, com o corpo trabalhado — falei.

— É, eles têm que fazer bastante exercício.

"Deve ser para acalmar as feras" — pensei. "Muita testosterona comprimida naquele espaço!"

Saíram se despedindo e me chamando de Anna. O William me chamou de Aninha e me contou que era especialista em fazer pôster de fotografia, que se eu quisesse, poderia trazer uma foto que faria um pôster pra mim. Agradeci e fiquei de trazer uma foto para ele fazer o tal do pôster.

Fiquei na sala, dando uma geral nas cadeiras. Depois sentei e dei uma respirada, procurando relaxar. Por mais que o trabalho transcorresse bem, me sentia bem cansada, depois.

Quando estava sentada, chegou uma das psicólogas e disse que seria bom se eu trabalhasse na UE-3 também. Era a Unidade ao lado. Disse que os meninos de lá precisavam muito daquele tipo de trabalho que eu fazia e que tinha ficado ouvindo grande parte da conversa que tínhamos tido na aula. Eu nem tinha notado a presença dela por ali. Fiquei de levar o assunto para ser avaliado pela presidência.

Ela se colocou à disposição para o que eu necessitasse. Era jovem, uns vinte e poucos anos. Falava suavemente e era meio gordinha. Tinha um rosto bem expressivo. E um sorriso largo, de dentes perfeitos. Como sempre, uma das primeiras coisas que olho em alguém são os dentes. Uma das minhas manias...

Depois do almoço, resolvi conversar com a diretora, que não havia falado mais comigo, saber o que estava achando do trabalho, ter um retorno de como os meninos estavam se sentindo. Afinal, já estava na segunda semana. E também queria ver se conseguiria uma sala na Unidade para eu ficar, para poder levar uns livros, uma máquina de escrever, — naquela época ninguém usava computador ainda — um som, enfim um local em que pudesse me estabelecer.

Eu sou assim, preciso ter um espaço meu para trabalhar, pensar, criar, me organizar. Como boa virginiana que sou, gosto de tudo arrumadinho, no lugar. E bem limpo. Já que eu ia trabalhar naquela Unidade, queria ter um espaço todo meu.

O retorno que ela me deu, sobre o trabalho foi muito bom. Quem tinha participado tinha gostado e queria continuar com a atividade. A diretora só me pediu que não fizesse exercícios que os estimulassem à violência, porque eu poderia perder o controle e colocaria em risco a segurança da Unidade. Entendi o que ela quis dizer. A improvisação do assalto a banco tinha causado uma certa apreensão. Eu disse que, enquanto tivessem representando personagens, acreditava que não haveria o que temer. Era tudo ficção.

— Eles podem não entender isso direito, principalmente aquele grupo do Saulo. — Mas o Saulo disse que eles já vêm fazendo teatro há tempos...

— Um teatro bem ingênuo, sem grandes consequências.

— Não entendi.

— O Saulo não é muito preparado. Com boas intenções, mas tem pouca formação principalmente em artes. Pra dizer a verdade, nem sei se é bom você trabalhar com aquele grupo.

— Eu gostei muito dos rapazes.

— Eles são muito dissimulados, não se engane.

— Se eu sentir algo estranho, ameaçador, paro no ato. Mas eu tenho certeza de que nada de ruim vai acontecer. Eu quero trabalhar com eles.

— Você é quem sabe. Mas fique sempre alerta, não se exponha tanto. Trabalhe sempre com o Saulo por perto. É bom que ele te dê retaguarda.

— Tudo bem. Vi muitos garotos no pátio. Eles também vão participar das atividades de teatro?

— Nós vamos encaminhando aos poucos. E aqueles que realmente estiverem a fim, deixe isso com a gente.

— Bem, eu vou querer montar algum espetáculo depois, misturando elementos de cada grupo. Ou talvez, um miniespetáculo por grupo, ainda não sei direito. Vou decidindo de acordo com os resultados.

— O que você decidir, peço que me comunique. De vez em quando, vou dar uma sapeada pelas aulas, posso?

— Claro. Será sempre bem-vinda, desde que não iniba meus atores! — sorri. — E se quiser participar, é só dizer.

— Não dou pra isso, não.

"Pena" — pensei.

— Seria muito bom colocar os internos contracenando com a diretora.

— E quanto à sala?

— Você precisa de uma sala grande?

— Não. Dando para por uma mesa com uma cadeira, um armário ou prateleira para eu colocar umas coisas, está bom.

— Vou ver o que posso fazer.

— Agradeço. Bem, eu já vou. Amanhã estarei de volta. Começarei o primeiro grupo às 9h30 — disse levantando para sair.

— Ótimo.

— Então, até amanhã.

E dei um beijo no rosto dela. Mania de ator, de ficar beijando todo mundo. Ela estranhou um pouco o beijo, parecia uma pessoa muito rígida, sei lá. Mas se despediu com um sorriso acolhedor.

Para variar, estava me sentindo exausta. Resolvi tomar um passe na Federação Espírita. Lá coloquei o nome da Febem nas vibrações. Pedi proteção para o meu trabalho.

Naquela noite, senti sono cedo. Adormeci logo. Dormi profundamente. Sonhei que estava andando numa floresta, fazendo uma trilha. Eu e umas garotas vestidas com uniformes de bandeirante. O uniforme delas era verde e o meu era azul. Eu ia à frente, indicando o caminho, que era meio pedregoso. Aí, demos numa ponte de madeira bem comprida, dessas do tipo filme de aventura. Passava acima de uma espécie de canyon, com um rio lá embaixo. Já fui logo atravessando a tal da ponte. Tinha umas madeiras meio soltas e balançava, mas eu não estava com medo. Fiz sinal para as garotas virem. De repente, começou tudo a balançar, balançar. Do outro lado, surgiu um grupo de garotos vestidos com uma roupa esquisita, de short meio prateado e botas transparentes, que dava para ver a perna deles e os pés. A gente começou a pedir ajuda e eles fizeram uma corrente com as mãos dadas, assim foram tirando uma a uma de cima da ponte, que começava a ruir. No final, estávamos todas do outro lado — agora uma praia, com bastante gente de todas as idades.

Começamos a jogar queimada. Mulheres de um lado e homens do outro. Todos com uns trinta, quarenta anos.

A bola ia e vinha e eu me desviava correndo e me atirando no chão. E, de uma hora para outra, era um campo de futebol e eu já estava adulta, com chapéu virado na cabeça, jogando como atacante. Levei um empurrão e escorreguei no campo, que era todo de grama amarelada. Escutei um apito. Era um juiz bem grandão, de cabelos compridos e olhos amarelos. Aí entendi que tinha sofrido um pênalti. Peguei a bola bem branquinha e fui cobrar. Quando olhei, o goleiro era o Warren Beatty. Lindo, como era quando jovem. Fui cobrar o pênalti e vi dois goleiros. Dois Warrens Beattys pela frente. Comecei a ficar nervosa. Como é que eu podia marcar gol com dois goleiros pela frente? Aí comecei a ouvir um miado muito forte e insistente. Acordei com meus gatinhos miando na porta do meu quarto, querendo entrar. Olhei no relógio: 7 horas. Que cedo! Mas abri a porta. E lá estavam os bichanos e também meu poodle, com a coleira na boca, querendo passear. Acabei levantando, totalmente zumbi. Entrei no chuveiro para acordar. Dei leite para os gatos, levei meu cãozinho para passear, depois sentei para tomar "minha gororoba" (meio copo de leite desnatado; meio copo de água; uma colher de sopa, bem cheia, de leite de soja; outra de farinha Láctea; outra de aveia; outra de farelo de trigo com gelatina em pó, sem sabor; uma colher de sobremesa de gergelim preto; uma colher de chá de semente de linhaça e uma banana — tudo bem batido no liquidificador). E tomando esse "energético matinal", comecei a pensar um pouco naquele meu sonho maluco: garotas com uniformes de bandeirante — eu havia sido bandeirante na adolescência, uma ponte perigosa com um rio embaixo — eu não era nem um pouco dada a fazer programas com esportes radicais, eu jogando no gol, de chapéu virado na cabeça — era assim que, quando criança, jogava no gol do time do meu irmão Toninho e do meu primo Nelson. E ainda não apenas um, mas dois Warrens Beattys — por quem sempre tinha sido apaixonada! Nem perdi tempo tentando decifrar aquela maluquice toda! E voltando à realidade, me dei conta: já fazia um mês que trabalhava na Febem.

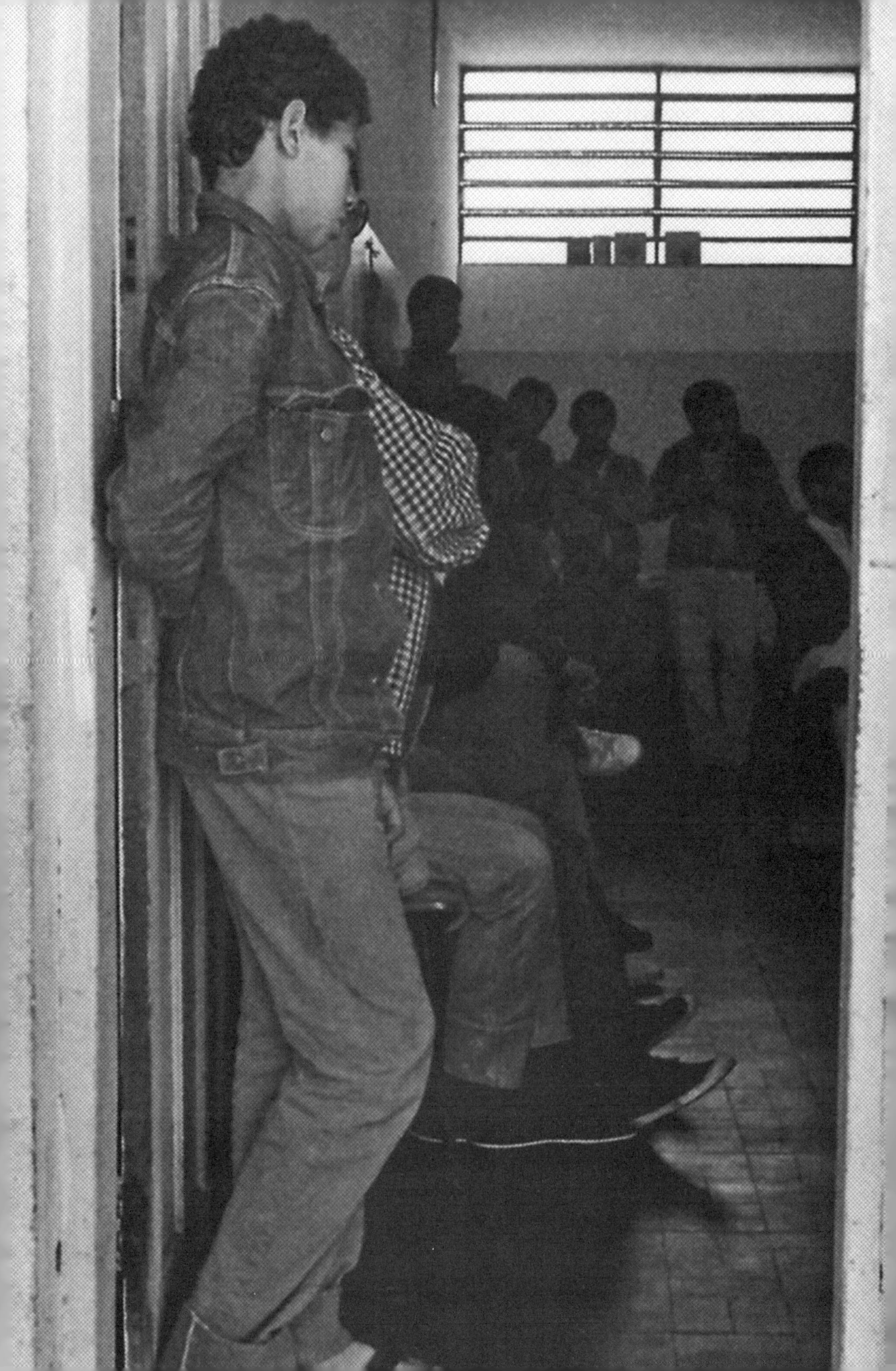

06.

Surpresas do dia a dia

Ia ter jogo

de futebol na UE-JOV, com a presença de muitos internos jogando e assistindo. E também de funcionários da Unidade e convidados. Resolvi assistir. Adoro futebol. Meu pai, Wilson Scarcelli (já falecido), foi jogador do Palestra Itália e treinador do Juventus. Meu tio Mario Frugiuelle (também falecido) foi presidente da Federação Paulista de Futebol. E meu irmão, Antonio Jorge, foi jogador do São Paulo. Meu pai costumava levar eu e meu irmão para assistirmos futebol na várzea, atual Glicério, aos sábados. Havia um time que meus tios, por parte de mãe, jogavam — o Huracan Futebol Clube. Era também uma maneira de deixar nossa mãe um pouco mais sossegada em casa. Eu, meu irmão e nossa cadelinha Dalila, éramos terríveis. Só aprontávamos.

Na várzea, meu pai também dava instruções ao time de meus tios, sempre com bons resultados. O Huracan era quase imbatível no Campeonato de Várzea.

Eu também ia com meu pai ao Campo do Juventus, na Mooca, para ver os treinos. Ele era muito bom treinador. Competente. Mas, como tinha que viajar muito nessa função, minha mãe acabou se sentindo muito sozinha, e deu o ultimato: ou o futebol ou ela. Meu pai acabou tirando o time de campo. E ficou sendo só competente como executivo da empresa da família: Móveis de Aço Fiel. A irmã de meu pai, Julieta, era casada com meu tio Mario Frugiuelle, empresário do aço. E lá ficou meu pai, até se aposentar. Só assistia futebol pela TV e ouvia pelo rádio também. Ele dizia que a narração pelo rádio era muito mais emocionante. E é verdade. Cada vez que ouço futebol pelo rádio lembro de meu pai.

Quando eu era criança, minha mãe me colocava para dormir à tarde. E, aos sábados, eu acordava ouvindo um jogo de futebol, sendo transmitido por um radinho que ficava no banheiro, e sentindo cheiro de loção após barba. Meu pai se barbeava e tomava banho ouvindo futebol. Depois, levava a família para passear. Íamos ver filme na Igreja Nossa Senhora da Paz. Normalmente filme do Carlitos e do Cantinflas. E também, íamos ao Parque Xangai, lá perto. Eu ficava um tempão me matando de rir, na entrada do parque, com uma mulher toda desengonçada, era um manequim de saia marrom, plissada e blusa vermelha, com uma bolsinha na mão.

Ela ficava dentro de uma vitrine, se mexendo para frente e para trás, rindo sem parar. A gente ouvia a risada dela, bem alto, por uma gravação que saía de um alto-falante. Eu ficava olhando a mulher rindo e ria com ela, sem parar também. Era um custo me tirar da frente da vitrine!

Nós morávamos numa casa bem aconchegante na praça Conde de Sarzedas. Essa casa ainda existe. A praça foi tomada por uma construção e não existe mais. Foi nessa casa que meu pai passava uns filmes com o projetor emprestado de meu primo Tito. Filmes de aventura e do Tarzan. A meninada ficava de fora, vendo o filme pela janela. Ele estendia um lençol branco na parede do nosso quarto, abria as duas janelas que davam para a rua e passava os filmes. Era o máximo! Quando o Richardson, da UE-JOV, contou a história do avô que passava filmes de chanchada para eles verem, lembrei dessa minha época de criança.

Naquela casa, também recebemos o primeiro aparelho de TV! Meu pai mandou vir, importado! Foi o maior sucesso na vizinhança. Todos queriam ir assistir. Minha mãe já não aguentava tanta bagunça. Aliás, foi dela que herdei a mania de ordem e limpeza!

Em casa, eu também ouvia com minha mãe, um programa de rádio de muito sucesso na época "Os Milagres da Fé", apresentado por Sarita Campos, que eu viria interpretar anos depois, na peça "Aqui entre nós" — com Éster Góis e Helloisa Millet (e depois Imara Reis). Lembro que minha mãe fazia limpeza no dia em que o programa era transmitido. Eu e ela ficávamos deitadas na cama do quarto dela ouvindo, à tardinha. Ela aproveitava para descansar da limpeza e eu acompanhava. As histórias eram muito tristes, mas sempre com final feliz, com milagres acontecendo. Eu e minha mãe chorávamos juntas, sentindo um forte cheiro de removedor e cera, que ficava na casa depois da limpeza. Cada vez que sinto esse cheiro, me remeto a essa época.

Nessa casa, também tivemos um enorme susto. Meu irmão começou a sentir fortes dores no joelho e minha mãe, apavorada, achava que podia ser paralisia infantil. Felizmente era só uma forte nevralgia, adquirida por jogar botão, ajoelhado no cimento frio do corredor da cozinha. Lá também tive grandes aniversários. Meu pai mandava cobrir o quintal com lona, mandava entregar em casa barris de chopp, e o carro da Doceira Paulista estacionava na porta, com muitos doces e um bolo feito especialmente pra mim. A família toda vinha e era uma festa de verdade. Minha mãe tinha mais nove irmãos e meu pai três irmãs. Juntando todos, casados, com filhos, era muita gente mesmo. E, como toda família italiana, falava-se tão alto, que dava para se ouvir da esquina.

Eu adorava ver meu tio Olindo contando piada. Ele era ator, casado com minha tia Dalva, também atriz e irmão de minha tia Olga, também atriz (todos já falecidos). Trabalhavam no Pavilhão Simões e no teatro. Sempre chegavam mais tarde nas festas. Deles, resolvi usar o mesmo sobrenome artístico: Dias. De vez em quando, passo em frente àquela casa e fico olhando, lembrando dessa época tão gostosa da minha vida.

O time de futebol de que era goleira era também dessa fase de minha vida. Meu primo Nelson tocava a campainha de casa e me chamava para jogar. Minha mãe ficava louca da vida, mas lá ia eu, de chapeuzinho virado na cabeça, defender o gol do time. A brincadeira só acabou quando ralei feio o joelho num jogo, e tive que levar uns pontos que me deixaram marca até hoje Naquela época, os pontos eram dados com uma chapinha de metal que apertava e fechava o corte.

Meu pai, mesmo gostando de futebol, me proibiu de jogar, atendendo às súplicas de minha mãe que afirmava que aquilo não era coisa para menina. Meu pai obedecia minha mãe e era superprotetor. Se ele estivesse vivo, jamais teria me deixado trabalhar na Febem. Ele, que também teve umas incursões pela polícia e pelo Juizado de Menores, conhecia bem o mundo da bandidagem e da contravenção. Mas lá estava eu, assistindo a um jogo de futebol de menores infratores, dentro da UE-JOV, a Unidade que abrigava os internos de maior periculosidade.

Os dois times até que jogavam razoavelmente. Uns de camisa azul e outros de camisa vermelha. Mas não tinha saído nenhum gol ainda. Comecei a prestar atenção àqueles jogadores. Eram fortes, viris, bem aparentados e com o corpo trabalhado. Fiquei pensando: essa força toda aí, desarticulada, sem função no momento, anestesiada por uma internação obrigatória... Uma força tão jovem e tão desperdiçada. Elementos em pleno vigor, retirados da sociedade por serem nocivos, indesejáveis, marginais. A maioria, por falta de oportunidade de ter uma vida mais digna, mais promissora. Muita gente, um dia, teria que responder por isso. E olhando assim, pareciam jovens estudantes, jogando seu futebol na quadra de um colégio.

De repente vi um meio-campo que se sobressaía. Não só porque jogava bem, mas porque era realmente lindo. Estava no time azul. A pele era queimada de sol, cabelos bem pretos, um pouco ondulados, um corpo perfeito. Pernas bem torneadas, braços volumosos e fortes, tudo no lugar. Um metro e oitenta, por aí.

Ele se deslocava na quadra com uma nobreza, uma altivez que poucas vezes vi num jogador de futebol. Dava palavras de ordem para os companheiros em campo. Era obedecido e respeitado. Seria o capitão do time? O uniforme ficava muito bem nele. Parecia sob medida.

Não consegui olhar para mais ninguém, a não ser para aquele "príncipe indiano". Quem seria? Parecia muito vaidoso também, um pouco exibido até.

Logo notou minha presença e meus olhares em sua direção. Eu estava lá, sozinha, e não conseguia disfarçar. Ele começou a aproximar suas jogadas cada vez mais perto de mim e acabou me dirigindo um olhar e um sorriso meio sedutor. De perto, ele era mais lindo ainda. O sorriso revelava dentes muito brancos e certinhos.

Aí começou uma espécie de jogo de sedução, em silêncio. Eu, que também não era nada bobinha, comecei a curtir aquele momento. Estava me divertindo com a situação. Claro que não estava a fim de me envolver com nenhum menor lá dentro, mas como toda mulher, era bom trocar olhares com um homem tão bonito.

— Oi, Anna! Ouvi um vozeirão do meu lado e levei o maior susto.

Era o Agenor.

— Está vendo futebol?

— Estou, adoro futebol! Estou me distraindo, relaxando um pouco.

— Tive que ficar lá na Unidade esses dias e não deu pra vir aqui, na quadra, assistir a um jogo dos garotos. Só hoje, agora à tarde, consegui me liberar um pouco.

Eu queria dar atenção ao Agenor, mas meus olhos continuavam fixos no lindo meio-campo.

— O trabalho está indo bem?

— Maravilhosamente, respondi.
— Vamos almoçar juntos, hoje?
Olhei para ele, desviando o olhar do campo.
— Vamos.
— Depois poderemos tomar café lá na UE-3. Fazem um café muito gostoso lá e é aqui ao lado.

Nesse momento, lembrei da sugestão da psicóloga, uns dias atrás, de fazer meu trabalho naquela unidade e então disse:
— Vamos sim. Assim aproveito para conhecer mais uma Unidade de Internação.

Repentinamente, percebi que o garoto estava bem perto, quase do meu lado, em campo. Eu fiz um sinal de positivo para ele, querendo dizer que ele jogava bem. Ele retribuiu com um sorriso.
— Seu aluno? — perguntou Agenor.
— Não ainda. Você o conhece?
— Não muito. Vi algumas vezes em atividades esportivas e no pátio. Bonitão, faz o maior sucesso com a mulherada aqui da Unidade.
— Sabe o nome?
— Não me lembro direito. Mas posso perguntar.
— Parece uma pessoa diferenciada...
— Em quê?
— Não sei, tem um porte diferente de todos os outros.
— Tem sim. Disseram que a família está muito bem, e que iam deixá-lo um tempo aqui. Uma espécie de castigo.
— É mesmo? Seria bom se ele se integrasse em algum grupo de teatro.
— Fale com a assistente social dele antes.
— E como é que fico sabendo quem é assistente?
— Vou me informar tudo e te falo.
— Ótimo, obrigada.
— Não vai você também ficar apaixonada, hein?
— Tá maluco, Agenor? Sem essa.

E o jogo continuava. Aí comecei a notar que o bonitão gostava de jogar charme. Havia umas funcionárias e mais outras mulheres que eu não sabia quem eram, assistindo ao jogo e todas só tinham olhares para ele. Ele devia estar se sentindo o maioral, e deslizava atraente, extravagante, pelo campo. Seu jogo de sedução era visível e descarado. Fiquei percebendo tudo. E tive vontade de ter uma câmera de vídeo naquele instante, para captar aquelas imagens.
— Ele sabe que é bonito e que agrada — eu disse.
— Pois é! E não agrada só as mulheres não...
— Você sabe de tudo, hein?
— Aqui tudo se sabe, minha amiga!

Agenor e eu já estávamos muito entrosados... ele era uma pessoa realmente especial. Rimos.
— Estou com fome. Mais de meio-dia, vamos comer?
— Boa ideia, meu estômago está roncando.

E saí dando uma última olhada para o jogador galã que, evidentemente, percebeu.

Enquanto almoçava um franguinho caipira com arroz e feijão (que eu adoro), fiquei me lembrando do sonho que tivera umas semanas antes. Será que tinha alguma coisa a ver com aquele jogo de futebol e o garoto metido a galã? Afinal eu tinha sonhado com Warren Beatty, em dose dupla, no gol! Contei para o Agenor. Ele, como bom psicólogo, começou a interpretar meu sonho, mas parou na metade, porque eu não estava levando a sério sua explicação.

Só bem depois, com o decorrer do tempo, fui aprendendo a dar importância a meus sonhos. E percebi que tinham sim algo a ver com a realidade que iria vivenciar quase em seguida, pode-se dizer que, às vezes, possuíam caráter premonitório.

A telepatia sempre se manifestou em mim. Foi isso que me levou a procurar a Federação Espírita. Eu pensava numa coisa, sentia, e a coisa ou estava acontecendo, ou acontecia logo depois. Era impressionante! Até hoje ainda é assim. Na época, comecei a achar que era uma manifestação de algo além do meu entendimento.

Quando fui buscar orientação lá na FEESP (Federação Espírita do Estado de São Paulo), ainda estávamos em plena ditadura. E, numa das palestras, uma oradora fez uma colocação política (coisa rara e até não recomendada), que, em minha opinião, estimulava o conformismo e a inércia diante da situação de opressão que estávamos vivendo. Aí contestei em voz alta e me retirei do auditório, mas fiquei na porta, esperando a oradora sair. Ela deixou o salão com os outros participantes da palestra. Travamos uma discussão bem acirrada e eu decidi que não iria mais pôr os pés lá.

Depois de um bom tempo, resolvi retornar e nunca mais saí. Também nunca mais vi a tal da oradora por lá. Esqueci do episódio. E afinal, acabamos nos livrando do Regime Militar. Também não ouvi mais ninguém falar de política lá dentro. A Federação é o lugar onde renovo minhas forças. Tudo o que aprendi, nos vários anos de estudo, em todos os cursos que fiz, foi da maior importância para minha formação moral, ética, filosófica e religiosa. Eu era de formação católica, tinha estudado em colégio de freiras, o Liceu Sagrado Coração de Jesus, mas, com o Espiritismo, realmente me transformei numa pessoa melhor. E procuro fazer diariamente minha reforma íntima. Agora, acredito que todos os caminhos levam a Deus e respeito todas as religiões que procuram levar o indivíduo a fazer sempre o bem.

Na verdade, estava conseguindo levar a diante aquele meu trabalho na Febem, porque tinha o respaldo e o apoio espiritual daqueles incansáveis trabalhadores voluntários da Federação, sempre dispostos a me dar assistência. E, lógico, porque sou determinada mesmo, por natureza. Quando decido que vou fazer uma coisa, não sossego enquanto não consigo. E eu tinha decidido que realizaria um bom trabalho com aqueles menores infratores.

07.

Conhecendo a UE-3 e a UE-15

Como

o futebol devia ainda estar correndo à solta e, à tarde, haveria mais jogo na UE-JOV, resolvi conhecer outras unidades. O Agenor foi meu cicerone.

Fomos tomar um café na UE-3. O café era ótimo mesmo e a Unidade parecia assim... uma casa. O clima era mais leve do que o da UE-JOV. Parecia tudo mais claro, mais bem cuidado. A cozinha, onde fomos tomar café, parecia uma cozinha de casa de família. Toda arrumadinha, limpinha, cheirosa. Fomos andando pelo espaço. Não tinha muitos garotos no pátio. Eles estavam em atividades lá dentro. Fui ver uma das atividades. Estavam tendo aula de pintura. Gostei de ver. Os internos tinham idade entre doze, quatorze anos, se tanto. Um deles se aproximou de mim, sorrindo. Era meio gordinho e ficava só sorrindo, sem dizer nada. Fez um sinal de positivo e depois se afastou. O Agenor me contou que ele tinha ficado meio "ausente" de tanto cheirar cola. Depois vi outros meninos vindo pelo corredor da parte interna, e indo para o pátio. Já esses, achei que estavam meio cabisbaixos, injuriados. Devia ser muito difícil ficar confinado naquela idade. Então veio a diretora da Unidade. Uma gaúcha, pelo sotaque. Muito simpática e falante. Loira, jovem, bem articulada. O nome dela era Thaís. Conversamos bastante. Ela comandava tudo lá dentro. Ao primeiro contato, me pareceu meiga, mas pelo tom direto e objetivo com que se dirigia às pessoas, deu pra perceber que devia ser muito exigente. Agenor falou sobre o trabalho de teatro que eu estava fazendo na UE-JOV. Ela achou muito interessante e perguntou se podíamos fazer o mesmo na UE-3, porque vários garotos queriam demais ter uma atividade artística. Nem que fosse algumas vezes por semana, meio período. Fiquei de pensar. Só estranhei não ter sido levada para conhecer a Unidade inteira, conheci somente algumas salas de aula, onde os meninos estavam fazendo trabalho em papel, desenhando, executando algum tipo de trabalho manual.

Tudo visto, despedimo-nos e eu fui conhecer a UE-15, Unidade do Agenor. Era do outro lado, mais perto do prédio da presidência. Tivemos que dar uma boa andada até lá.

Quando entrei, tive a sensação de que estava entrando num casario colonial, num dia de domingo. Senti cheiro de carne assada e descobri de onde estava vindo. Era lá do pátio de entrada, estavam fazendo uma espécie de churrasquinho, tomando suco e tocando violão. Agenor explicou que comemoravam o aniversário de um dos monitores. Achei tudo muito descontraído por lá. Os meninos eram menores ainda, beirando os doze, treze anos. Havia uns bem bonitinhos, simpáticos. E outros mais fechados, sérios. Estavam ao redor do monitor aniversariante, que tocava flauta, enquanto outro monitor tocava violão.

Agenor logo pegou uma cadeira para eu sentar, ficou ao meu lado e ia me dizendo baixinho quem era quem. E eu fiquei lá, ouvindo música. Eles tocavam bem. E estavam tocando uma música que eu gostava muito: "Gente Humilde", de Garoto, Vinícius de Moraes e Chico Buarque. Aí apareceu um menino com sua flauta. Logo foi se ajeitando por lá. Era moreninho, cabelo curto e encaracolado. Muito compenetrado, concentrado na música. Usava óculos e tinha cara de intelectual. Fiquei olhando para ele. Pegou sua flauta, limpou com uma flanela amarelinha e se colocou atento, em silêncio. Os monitores encerraram a música e foram aplaudidos.

Aí veio mais um outro rapaz, que parecia ser monitor também, com um violão. Todos se colocaram, se olharam, deram uma afinada no tom e começaram a tocar. Eram dois violões e duas flautas, agora. O monitor moreno, Matheus, parecia um maestro a quem todos obedeciam. Olhando bem aquele monitor-maestro, achei que podia até ser um músico profissional. Ele era bom mesmo. E o menino também tocava bem sua flauta. O que se ouvia era música da melhor qualidade — Música Popular Brasileira. Logo me ofereceram suco e espetinho de carne. Estava sendo muito gostoso estar na UE-15. Nem podia imaginar que esse tipo de lazer, de descontração pudesse ocorrer dentro daquele Quadrilátero, como costumavam chamar. Aquela paz, todos curtindo aquela música... Alguns momentos deveriam ser congelados e guardados para sempre. Aquele era um.

Quis conhecer o garoto flautista. O nome dele era João. Ele estava vestido com uma espécie de uniforme. Fiquei sabendo que havia salas de ensino, com professores contratados especialmente para os menores internos daquela unidade. Eles tinham cometido infrações mais leves e estavam autorizados a sair de lá para assistir à aula.

Cheguei a ver um menino que, conforme o Agenor me disse, roubava muito em feira livre, não dinheiro, mas frutas, queijo, doces, roupas e outros objetos das bancas. Os feirantes o pegaram e chamaram a polícia. Estava na Febem há meses.

"Quanto tempo João, o flautista, que não tinha o menor jeito de infrator, deveria ficar lá? E que tipo de infrações poderia ter cometido"? — essas perguntas vieram ao meu pensamento.

Eu jamais quis saber o que tinha levado os meninos com quem eu trabalhava a irem parar naquela Fundação. Mas, às vezes, ouvia da própria boca de meus aprendizes de teatro, as razões pelas quais tinham ido para lá. E quase todas as causas se mesclavam: pobreza, falta de estrutura familiar, analfabetismo, falta de moradia, de estudo, drogas, cooptação por quadrilhas de traficantes e ausência total das mínimas condições para que sobrevivessem mais dignamente. E outros, uma minoria, por tendência à marginalidade mesmo.

Procurava minimizar e neutralizar qualquer reação de surpresa, espanto ou algo parecido, quando tomava conhecimento de suas histórias, até porque de vez em quando, eu tinha a nítida sensação de que alguns se vangloriavam ao contar seus "grandes feitos marginais", só para elevar a autoestima e me impressionar. Nessas ocasiões eu ouvia tudo e ficava impassível, buscando logo mudar a conversa para outros assuntos, sempre ligados à arte, cultura em geral. Ou até ao futebol.

Logo o Nazih ficou sabendo de minhas visitas a outras unidades e mandou me chamar. Fazia um bom tempo que não conversávamos. Encontrei-o todo animado. Disse que estava sempre informado do bom andamento do trabalho. E queria que eu estendesse as atividades teatrais para a UE-3. Achei pertinente o pedido, que coincidia com o da diretora da Unidade.

— Só que eu preciso de suporte, de mais alguém trabalhando comigo, você pode contratar?

— Quem, por exemplo?

— Alguém que pudesse trabalhar junto e também dividir o trabalho comigo.

— Traga o nome.

— Vou pensar e te falo. O Agenor da UE-15 tem me ajudado, mas ele tem o trabalho dele e não pode ficar disponível todo o tempo.

— Entendo. Vamos ver o que é possível fazer. Traga a pessoa.

— E o teatro? Quando vai ser reerguido?

— Tenha calma, estou vendo isso.

— Se houvesse o teatro, seria mais fácil de atender a outras unidades também. Poderíamos fazer aulas e atividades integradas.

— Esse é o meu desejo, — disse ele — quero o quanto antes, tirar os menores das Unidades para atividades externas.

— Vai ser ótimo. Num espaço mais livre de cerceamento, eles vão poder desenvolver melhor seu potencial artístico.

— Sem dúvida.

— Tem que ser logo, Nazih!

— Estou formatando um projeto mais abrangente. Em breve falaremos sobre isso — e brincou. — Você quer tudo muito rápido!

— Não me conhece?!

— Vai dar aulas de Kung Fu também no teatro?

— E por que não? Nas cenas de ação, por exemplo!

Ele riu. Iríamos nos encontrar no domingo próximo, na casa de uma amiga em comum, para um almoço. Ficamos de conversar melhor na ocasião. Prometi encontrar alguém para me ajudar no trabalho.

Resolvi ir direto para casa. Tinha sido um dia bem movimentado aquele e eu tinha um encontro no teatro Lua Nova, à noite. Lá, uma vez por semana, eu me encontrava com Fausi Arap, Renata Pallotini, Timochenko Wehbi, Aziz Bajur, Walcyr Carrasco, Lauro César Muniz, Chico de Assis, Gianfrancesco Guarnieri, Analy Álvares, Walter Quaglia, Murilo Dias César, Zeno Wilde e outros tantos autores, para aprimorar conhecimentos sobre dramaturgia. Líamos textos, discutíamos técnicas, dramatizávamos cenas, trocávamos conhecimento e informação. E lá também funcionava a sede da Apart — Associação Paulista de Autores Teatrais.

Naquela noite, especialmente, íamos ler e discutir um texto do Timochenko Wehbi "Morangos com Chantilly", e eu estava escalada para ler e interpretar uma das personagens da peça. Chegando ao teatro, que ficava na Rua Treze de Maio, no Bixiga, logo encontrei o Walcyr Carrasco, que veio me perguntar sobre o trabalho que eu fazia na Febem. Walcyr, jornalista e autor, queria fazer uma matéria comigo. Ficamos conversando um tempo e apareceu o Zeno. Quando ele chegou para nos cumprimentar, logo me veio a ideia: o Zeno! Vou convidar o Zeno para trabalhar comigo! Ele escreve sobre menores de rua. É especialista na temática do pequeno marginal, suas peças são contundentes. Ele vai poder me ajudar! Entramos, lemos a peça do Timochenko que era muito boa e fizemos uma pausa para o café, antes de começarmos uma espécie de análise e debate sobre o que tínhamos lido. Consegui ficar a sós com o Zeno e fiz o convite. Ele ficou muito interessado. Do teatro mesmo, já liguei para o Nazih e combinamos que, no dia seguinte, levaria o Zeno para que o conhecesse.

Tudo estava sendo encaminhado para a evolução daquele trabalho na Febem. E, como sempre, minha cabeça começou a funcionar a mil. Comecei a imaginar tudo o que eu e Zeno poderíamos fazer lá. Montar uma das peças dele com os meninos para inaugurar o teatro, levar outras peças para lá, escrever com eles uma peça específica, trabalhada durante as aulas... E já estava eu, no meio do debate sobre "Morangos com *Chantilly*", com outros tantos pensamentos invadindo minha cabeça, fervilhando de ideias!

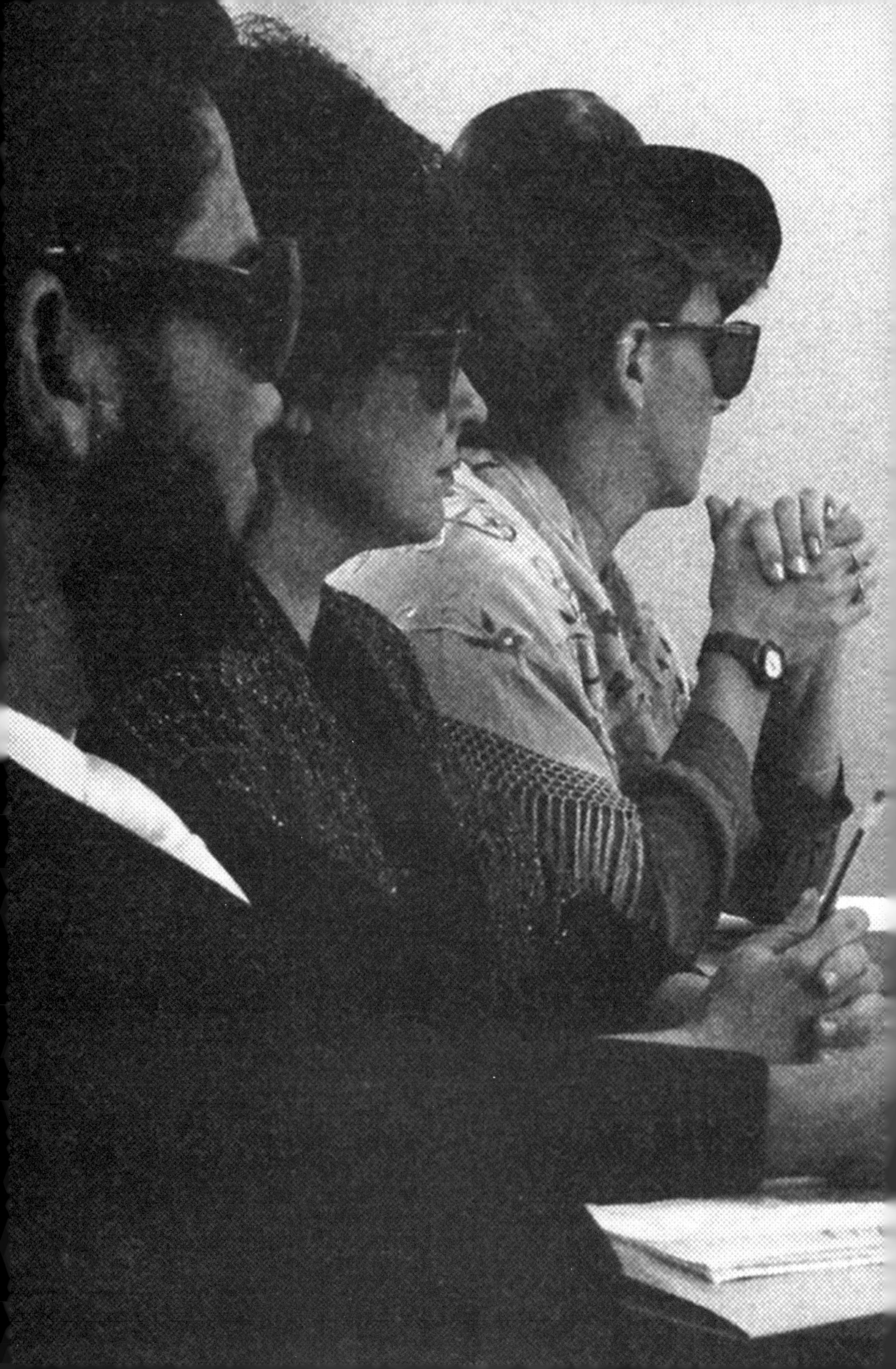

08.

Trabalho em parceria

Nazih gostou

muito do jeito manso e pacífico do Zeno e acertou tudo com ele. Pediu que continuássemos na UE-JOV até o Zeno se inteirar do trabalho, e que depois fôssemos atuar na UE-3.

Eu e o Zeno andamos por toda a Febem. Eu vi, então, numa alameda, umas salas envidraçadas que até então eu nem havia notado. Eram as salas de aula! E tinha uns meninos lá dentro estudando, com professores. Comentamos que era uma boa medida eles terem estudo lá. Vimos que estavam muito atentos, concentrados. Ficamos do lado de fora, olhando aqueles garotos estudantes. Depois fomos notados e nos afastamos. Zeno estava impressionado com o tamanho daquele espaço todo. E, evidentemente, deixei por último a ida ao teatro desmoronado.

Ao chegarmos lá, ele teve a mesma sensação que eu tive quando me deparei com aquelas ruínas pela primeira vez. Um profundo pesar de ver um teatro destruído daquela maneira, por uma rebelião interna.

— O Nazih prometeu reerguer este teatro.

— Tomara — e continuou olhando para aquele monte de tijolos e cimento pelo chão. Portas e janelas destroçadas.

— Que tristeza! — disse ele. — Parece que teve uma guerra aqui.

— E deve ter tido mesmo. Tem mais prédios destruídos ao redor. Mas vamos acreditar que tudo vai ser reformado e ficará bonito de novo. Principalmente o teatro.

— Deve ser barra uma rebelião aqui dentro, não Anna?

— Se deve...

Continuamos andando até a UE-JOV. Eu já tinha adiantado umas informações sobre o funcionamento daquela Unidade. Chegando lá, o apresentei a todos. Procurei pela Cleusa, diretora. Ela estava fora da Unidade, resolvendo assuntos relativos aos internos. Logo fomos informados de que os rapazes já estavam nos aguardando na sala de aula. Era o Grupo do Saulo. Zeno quis conhecer um por um. E, naquele jeito suave e manso de ser, conversou muito com todos eles. E gostou do jeito simples e sincero do monitor Saulo.

Os rapazes já estavam bem soltos, descontraídos. William, o estivador (o apelido pegou), já começou a contar vantagem, disse que era o melhor comediante da turma. E era verdade. Todos os personagens que eu dava pra ele fazer ficavam logo engraçados. Ele tinha um dom especial para fazer rir. Zeno foi, aos poucos, se entrosando com todos. Fez mil e uma perguntas e respondeu outras tantas. O único que não falava era o Fabiano. Só respondia o que lhe era perguntado. Zeno percebeu, e não se intimidou. Sempre que falava, se dirigia ao Fabiano também.

Ficou à vontade. Percebi que ele precisava daquele bate-papo com todos. Quando me dei conta de que faltava pouco tempo para terminar nossa aula, propus um exercício. Pedi ao Saulo que participasse e, também, a mais dois monitores que estavam lá por perto. Um alto e bem magro e o outro baixinho e gordinho. "Gordo e o Magro"— não pude deixar de pensar.

Eles ficaram indecisos no início, mas o Saulo e eu acabamos por convencê-los a participar. Eu já havia maquinado aquele exercício na minha cabeça: "Inversão de Papéis".

No meio da sala, o cenário seria o pátio da Unidade. Num canto, três rapazes suspeitos de estarem aprontando algo seriam representados pelos três monitores. Então chegariam três monitores (personagens interpretados pelos internos) que haviam sido chamados para apurar o que os garotos estavam tramando.

Claro que tivemos que sortear. Todos queriam ser os monitores. Os escolhidos foram: Richardson (aquele que o avô adorava chanchada), o Esquisito (com cara de mestiço de índio) e o Fabiano, o que falava pouco.

Os monitores ficaram meio apreensivos. Zeno percebeu de imediato o objetivo da cena. Fui descrevendo como iria ser. Como bom dramaturo que era, Zeno direcionou a ação.

A proposta da cena:

Três garotos estavam sendo vigiados, por três monitores de tocaia, já havia algum tempo. E, naquele dia, pegaram-nos falando em código, então, desconfiaram que estavam escondendo algo. Queriam saber do que se tratava.

Os três garotos internos fariam o papel dos monitores (o Saulo, o monitor gordo e o monitor magro). Os monitores que iriam descobrir a "fita" interpretariam os três rapazes (o Richardson, o Esquisito e o Fabiano). Do nada, começaram a surgir alguns espectadores, formando uma pequena plateia. Armamos a cena. Avisei:

— Tudo tem que ser feito com emoção e verdade, mas é uma cena teatral. Tudo simulado, sem ninguém se machucando. Lembrem-se do que eu falei numa das aulas: tem que fazer de verdade, mas usando técnica, sem esquecer de que é teatro. Está claro rapaziada? — falei me dirigindo ao Richardson, Esquisito e Fabiano.

— Todos fizeram que sim.

— Está claro para vocês também? — perguntei ao Saulo e aos dois monitores.
Eles também concordaram.

— Então vamos nessa. Concentração!

E foi dada a palavra de ordem: Ação!

Saulo e os dois outros monitores ficaram um pouco inibidos a princípio, mas acabaram entrando no jogo cênico. Começaram a representar os três garotos que cochichavam entre si, fazendo gestos muito suspeitos.

De repente, entraram Richardson, Esquisito e Fabiano, representando os três monitores que estavam de tocaia.

— O que é que vocês estão aprontando aí, hein? Fala logo, senão vai ter porrada! — falou o Richardson.

O Saulo foi o primeiro a falar:

— Não estamos fazendo nada de errado, senhor. Só estamos trocando uma ideia aqui.

— E bandido lá tem ideia, malandro? Bandido só tem pensamento porco. Diz logo, cadê os bagulho? — falou firme e forte o Fabiano, para surpresa minha e do Zeno.

— Que bagulho? — respondeu o monitor mais magro. — Aqui não tem bagulho nenhum, senhor!

— É claro que não tá aí, seu trouxa. Vai falando logo, onde é que vocês esconderam? — mandou o Esquisito.

— Não escondemos nada não, senhor! De onde é que tirou essa ideia? Tamo falando de outra coisa aqui — falou o monitor gordinho.

Aí começou o maior bate-boca entre eles. De repente, o Fabiano começou a chutar os monitores. Os outros dois agarraram-nos pelo pescoço e começaram a torcer os braços deles. Eu me posicionei bem em frente à ação, monitorando. Eles estavam indo bem, sem violência de fato.

— Vai rolar sangue aqui se vocês não abrirem a boca e falarem a verdade, seus pilantras! Cadê os bagulho? Vai fala duma vez, senão a gente arrebenta vocês! — disse o Fabiano, num tom mais violento.

Zeno se juntou a mim. Ficamos um ao lado do outro, assistindo mais de perto.

Fabiano pegou (na mímica) um pedaço de pau e começou a bater.

— Toma, toma! — e batia, batia.

Saulo e os dois monitores se defendiam, se protegiam.

— Fabiano investia mais e mais.

— Fala ou morre! E batia com um porrete imaginário, na cabeça e em todo o corpo dos monitores já estirados no chão.

— Não vão falar, é? Vamos por eles no pau de arara. Vamos ver se eles contam ou não contam — disse o Fabiano completamente alterado. — Vai correr sangue aqui, hoje!

Saulo resolveu a parada:

— Tá dentro do meu colchão!

— Fabiano, Esquisito e Richardson se entreolharam.

— Tá lá mesmo? Você não tá mentindo não, seu safado? — perguntou o Esquisito.

— Tá lá sim, pode procurar! Bem no cantinho — continuou o Saulo.

— Vai lá ver — Fabiano falou para o Richardson. — Se for mentira, vocês vão virá comida de piranha! Pode começar a rezar!

O Richardson fez que saiu. Tirou a camisa, enrolou e voltou logo.

— Achei, tá aqui ó! É muito bagulho!

— Como é que vocês conseguiram? Vão falando! — disse o Fabiano muito tenso.

— Minha namorada trouxe na visita. Dentro do bolo — falou logo o Saulo.

Os outros dois monitores (Gordo e o Magro) estavam com cara de apavorados.

— Mentira, não entrou ninguém com bolo aqui, no dia de visita — disse o Esquisito.

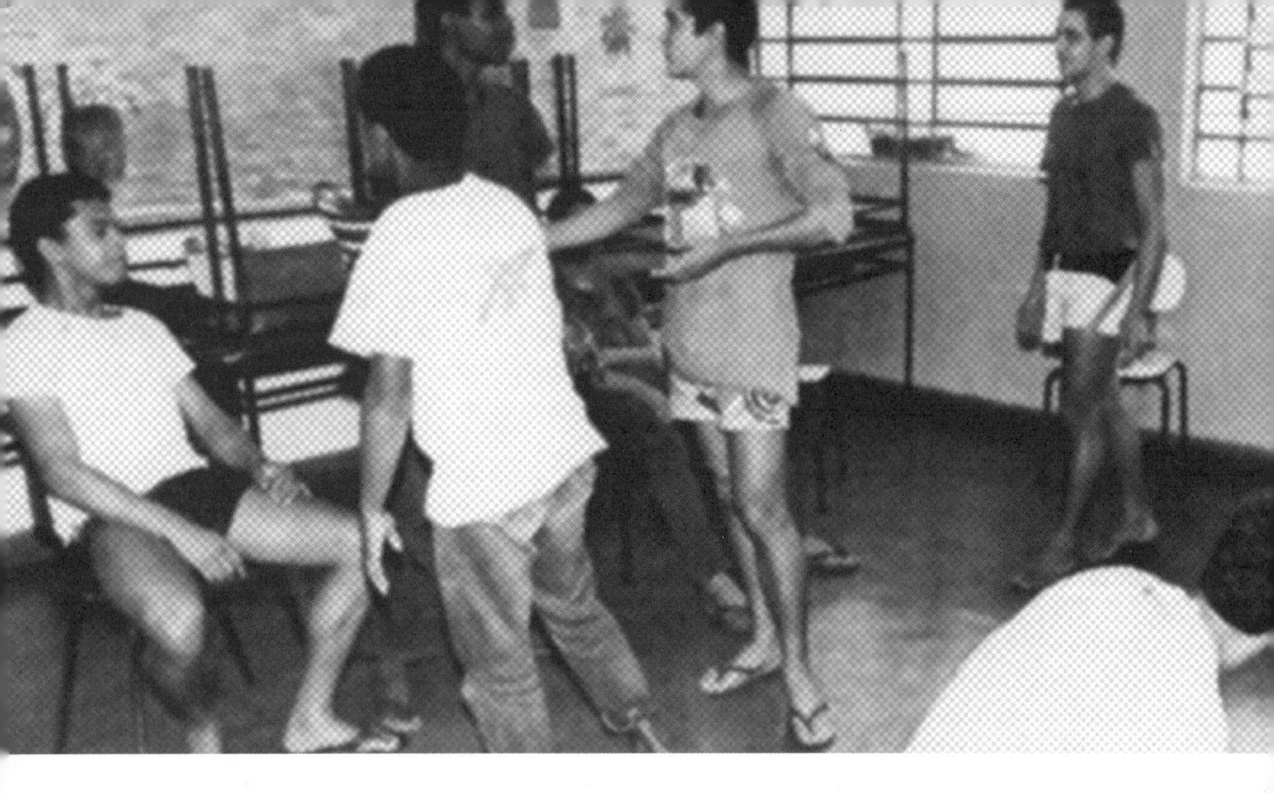

— Qual foi o monitor que trouxe esses bagulho pra vocês? — gritou o Fabiano. — E quanto ele recebeu por isso? Fala logo, seus bunda mole! — Fabiano dominava a cena. — Fala! Fala de uma vez seus merda!!

Richardson e Esquisito cercaram o Saulo e os dois monitores, que ainda permaneciam no chão.

— Aqui não tem disso, não senhor. Monitor nenhum faz isso — disse titubeante o monitor gordinho.

— Conta outra, seu frouxo. Quem foi? Diz logo! Senão eu te apago, sem dó! — o Fabiano espumava de raiva.

— Eu e o Zeno estávamos bem próximos, nossos corpos se tocavam. Estávamos atentos, focados.

O Saulo teve jogo de cintura:

— Foi o monitor da noite. Mas já foi mandado embora, senhor. Nem deu tempo da gente pagar nada pra ele.

— É sim! Ele foi pego no fraga. Saiu escorraçado daqui. Foi mandado pra delegacia, tá preso — disse logo o monitor magro.

Fabiano olhou desconfiado para Esquisito e Richardson

— Foi, alguém, mandado embora daqui?

— Não! — foi a resposta.

— Foi sim! Ele foi levado pela polícia ontem de madrugada. Todo mundo viu!

— Vou averiguar — disse o Fabiano usando o verbo corretamente. — Agora tranca os três pilantra no cafua! Só pão e água por uma semana — falou Fabiano para Richardson e Esquisito.

— Tá falado — disse o Esquisito.

— Olha aqui, seus merda, se for mentira o que vocês disseram, vou quebrar os dentes de vocês, até contarem quem foi daqui de dentro que deu esses bagulhos pra vocês! — falou duramente o Fabiano, mostrando a camisa enrolada. — Só que antes... nós vamos fazer uma festinha com os três... — e riu maliciosamente, provocando riso ainda mais maroto no Richardson e no Esquisito.

65

— Arrasta eles diretão! E nós vamo se divertir! — ordenou Fabiano.

Os três monitores foram colocados em pé, aos trancos e barrancos, e sendo levados embora. O Fabiano ficou sozinho, em cena, com a camisa enrolada. Sentou no chão, abriu a camisa e falou rindo:

— Vou vender todo esses bagulho e descolar uma boa grana! — riu satisfeito.

Ficou o maior silêncio. O clima pesava mais do que uma tonelada. Eu e Zeno nos olhamos. Aplaudimos. Zeno falou bem alto, entusiasmado:

— Muito bem! Muito bem!

— Excelente! — eu disse.

Os garotos todos do grupo aplaudiram. O Saulo também aplaudiu. E mais ninguém. Só aí é que percebemos a presença da Cleusa. Ela foi a primeira a se retirar da sala. A plateia que tinha se formado sumiu em seguida. Pensei: "O exercício não pegou nada bem aqui".

Eu e Zeno cumprimentamos os meninos, os monitores que atuaram, agradecemos e elogiamos a participação de todos. Propusemos um ligeiro debate. Todos aderiram, inclusive o Saulo e o "Gordo e o Magro". Sentamos no chão e, em completa e total sintonia, analisamos o exercício apenas sob o prisma teatral. Falamos da ação de cada personagem, da verdade com que todos representaram seus papéis. Da postura, projeção de voz, caracterização, da boa expressão corporal e da emoção que todos conseguiram, atuando com verdade. Fizemos considerações gerais a respeito de tudo, principalmente de como todos tinham conduzido bem a cena, do princípio ao fim. Corrigimos algumas falhas de ritmo, falamos da necessidade de um ouvir o outro para não embolar as falas e de reagir, trocando energia, na base do "olho no olho". No final, mostramos nosso contentamento com o bom resultado. Demos a aula por encerrada. Saímos para almoçar.

Lá fora, um olhou para a cara do outro. Estávamos tensos ainda. Tinha sido tudo muito louco. Os rapazes "escancararam" sem dó nem piedade algumas das mazelas da Fundação do "Bem-Estar" do Menor. Ficou tudo muito claro.

— Que loucura, hein Zeno! — eu disse.

— Eles abriram as comportas! — falou exultante.

— Foi muito legal a gente ter analisado o trabalho só sob o ponto de vista teatral.

— Senão... Ana e Zeno pro cafua!

— O que é isso? Nunca ouvi falar.

— Uma cela subterrânea, tipo solitária.

— Nossa, já imaginou a diretora mandando eu e você pra lá? A pão e água por uma semana?— falei rindo, para descontrair um pouco.

— O buraco é mais embaixo, companheira! Isso aqui é barra pesada!— disse ele, nem um pouco manso, como de costume.

— Onde será essa tal cela?

— Nunca vão deixar a gente saber.

— A que horas a diretora chegou, você viu?

— Não, só vi no final, estava super entretido com o que estava rolando.

— Eu também. Será que ela assistiu à cena toda? — perguntei

— Seria bom que tivesse assistido. Ela deve saber muito bem o que se passa lá dentro.

— Será?— duvidei.

— Não tenho a menor dúvida!

— É... Vou comentar sobre o exercício com o Nazih — falei.

— Ele é confiável?
— Claro que é! E deve saber muito bem o que ocorre aqui...
— Será? — agora ele que duvidou.
Dessa vez fui eu que disse com a maior convicção:
— Não tenho a menor dúvida que ele sabe!
— Será que vão penalizar os garotos?
— Vamos ficar de olho, Zeno!
— Vamos marcar logo uma próxima aula com eles.
— Vamos sim.

Depois do almoço fomos caminhando para a UE-JOV. O Agenor apareceu. Veio já sabendo de tudo o que tinha acontecido de manhã, no exercício. As notícias correm por lá. Ele acabou nos convencendo a voltar lá só no dia seguinte. Disse que seria mais prudente.

— E se eles programaram algum grupo para a gente trabalhar? — perguntei.
— Eles não vão programar nada de teatro por hoje, pode ter certeza, Aninha.
— É verdade. E o que é que nós vamos fazer à tarde?
— Vão descansar.
— Sabe que não é uma má ideia? Eu estou moída!
— Eu também, disse Zeno.
— Merecemos uma pausa por hoje. O dia foi muito produtivo! Vamos embora então, Zeno?
— Vamos sim. Vou aproveitar e passar na escola de minha filha. Estou precisando acertar umas coisas lá.
— Legal. Agenor, você foi o nosso bálsamo! — dei um beijinho nele.
— Eu e Zeno fomos embora.

No caminho, Zeno adormeceu no banco do carona. E eu, acendi. Resolvi deixar o Zeno em casa e ir para a Academia de Kung Fu. Precisava desestressar lutando um pouco. Mas antes passei na Federação Espírita para tomar um passe.

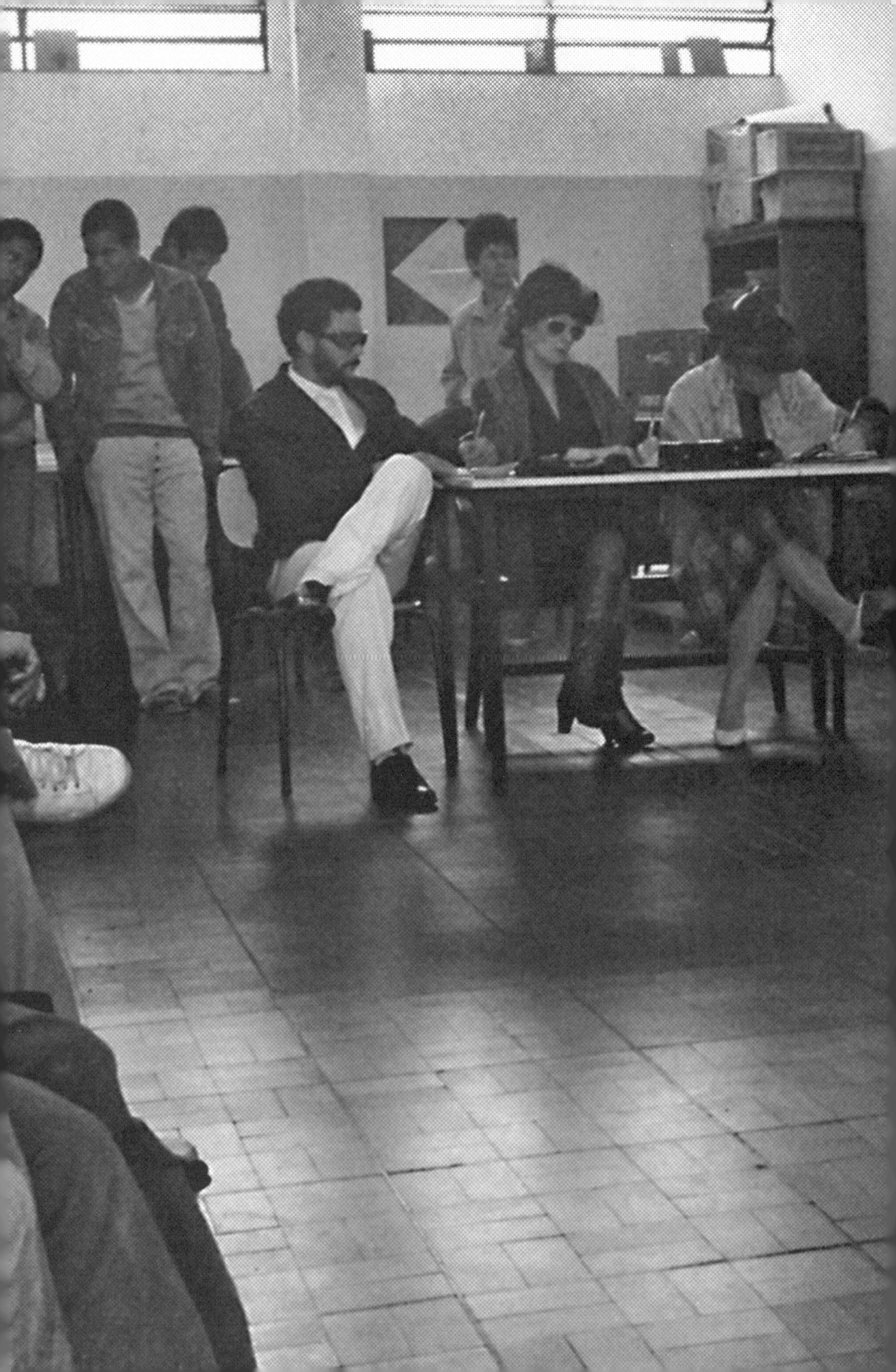

09.

Trabalho em andamento

Nós já

estávamos trabalhando juntos, havia mais de um mês. Às vezes, Agenor se juntava ao trabalho. Continuamos na UE-JOV e ninguém tocou no assunto sobre aquele exercício de inversão de papéis. O grupo de Saulo continuou conosco. E quando fui colocar o Nazih a par do que tinha ocorrido na aula, ele já sabia e mostrou-se muito satisfeito.

— É por isso que eu coloquei vocês lá! Preciso mudar muita coisa na UE-JOV, aliás em todas as Unidades. Vá trabalhando e me colocando a par de tudo.
— Vou sim, na medida do possível.
— Vocês estão precisando de alguma coisa?
— De uma sala.
— Posso ver se tem uma sala livre por aqui.
— Não — disse eu. — Prefiro uma sala na UE-JOV mesmo.
— Já pediu para a diretora?
— Já, mas ela ainda não se pronunciou a respeito.
— Ela tem colocado algum empecilho ao trabalho de vocês?
— Não, de jeito nenhum. Tem sido... bem profissional, digamos assim.
— Menos mal, disse meio brincando. Quer que eu veja essa sala para você, lá?
— Pensando bem, melhor não. Vai parecer imposição, vinda da presidência. Eu vou conseguir... do meu jeito. Com paciência e perseverança — ri.
— Mês que vem já dá para fazer alguma atividade na UE-3?
— Claro, estava esperando seu sinal verde.
— Pode começar no mês que vem, então. A UE-3 é um pouco mais leve, mas carente do mesmo jeito.

— Eu já fui lá com o Agenor. Conheci a diretora e gostei do jeito dela. Parece dinâmica, eficiente.

— E é. Mas não fica vinte e quatro horas por dia na Unidade. Há muita coisa para ser mudada lá também.

— Tudo bem. Vou falar com o Zeno. Vamos dar uma boa sondada antes de formatar um trabalho.

— Os internos lá não são marmanjos como os da UE-JOV, mas... são meninos infratores... e precisam ser trabalhados.

— Certo Nazih, pode deixar conosco.

Conversei com Zeno. No mês seguinte começaríamos na UE-3. E seria bom que antes conhecesse a Unidade, a diretora e os meninos. Eu também queria me familiarizar melhor com tudo, minha visita lá tinha sido muito rápida.

Estávamos nos dando muito bem. Era gostoso estar com o Zeno, porque ele era o oposto de mim. Calmo, fala mansa, gostava de conversar muito com os meninos, obter e passar conhecimento. Eu era mais da ação. Então juntávamos a teoria e a ação e estava dando certo. Fomos trabalhando, sempre procurando inovar o que fazíamos. Realizamos muitos exercícios teatrais com eles, muitas improvisações, muita mímica, expressão corporal. Sempre procurando fazer um paralelo com a realidade deles.

Lemos alguns trechos das peças do Zeno. Essa era a parte mais trabalhosa, porque os meninos liam muito mal e nós tínhamos que ter paciência e dar um tempo maior para que assimilassem bem o que estavam lendo. Só depois de tudo bem compreendido, partíamos para a representação. Eles estavam gostando muito e nós também.

Sabíamos e sentíamos que estávamos sendo vigiados lá dentro. E sempre tínhamos, de repente, surgindo do nada, uma plateia de supostos funcionários assistindo ao nosso trabalho. O Zeno se incomodava muito com aquilo. Comecei a perceber que, por trás daquela aparente tranquilidade, existia um ser bem intransigente com a questão da censura e da repressão. Também me desagradava saber que nosso trabalho estava sendo vigiado, só que eu tinha mais flexibilidade do que o Zeno, que às vezes ficava alterado mesmo. Afinal, tínhamos nos livrado da ditadura militar havia pouco tempo e as lembranças daquele período não eram nada agradáveis. O teatro tinha sofrido muito com a censura, repressão e violência. Senti que ele andava meio injuriado com essa situação e pedi que procurássemos não nos intimidar, que trabalhássemos livremente, deixando de lado qualquer tipo de pressão interna. O importante, a meu ver, era que os grupos estavam sendo receptivos e aprendendo conosco. Prova disso era o grupo do Saulo. Os rapazes tinham evoluído, estavam bem mais conscientes, mais focados, e muito mais integrados conosco. O próprio Saulo, mostrava-se mais maduro, mais atento. Ele concordou comigo, prometeu não se deixar mais influenciar por aquelas "forças ocultas".

De minha parte, estava realmente contente com o resultado de nossas incursões teatrais na UE-JOV. Só que, tinha a sensação de que estávamos atingindo muito poucos internos. Via o pátio sempre tão cheio de garotos e as nossas aulas ainda com um número tão restrito! Mas decidi não ficar me atormentando com aquilo. Tínhamos que nos dedicar aos grupos possíveis, naquele momento, e depois, tentar ampliar a frequência.

De todos os grupos, o que eu mais gostava era o do Saulo. O Fabiano estava desenvolvendo uma boa sintonia conosco. Era quieto, mas realizador. Sabia raciocinar e refletir. Era um ser pensante. Agora, o William era um verdadeiro palhaço. Só fazia a gente rir, era um tremendo gozador. Os outros rapazes também se mostravam muito sintonizados conosco. Eu tinha pendurado, na parede de minha casa, um pôster feito pelo William, com uma foto da peça "Leonor de Mendonça", de Gonçalves Dias — um dos trabalhos que havia feito no Teatro Popular do Sesi, sob direção de Osmar Rodrigues Cruz. Para isso fui contratada por três anos seguidos. As outras peças em que atuei no Sesi, foram: "Um Grito de Liberdade", de Sérgio Viotti e "Caiu o Ministério", de França Júnior. Bem, esse foi um dos assuntos de nossas aulas: o teatro popular, destinado a quem não podia pagar ingresso.

Assim, fomos trabalhando todos os dias, de segunda a sexta. O horário a gente mesmo fazia. O Zeno também não gostava de acordar cedo, mas fazer o quê? Todas as manhãs eu passava, às oito horas, na casa dele. E depois de um tempo, comecei a perceber que ele estava ficando meio cansado porque, na verdade, não tinha conseguido mudar seu estilo de vida — dormia tarde todas as noites. Artista não nasceu para levantar cedo mesmo. Nós somos da noite! E somos produtivos nas madrugadas! Eu, até que já estava me acostumando. Procurava, com muito custo, dormir perto da 1 hora da manhã.

Numa de nossas idas, o Zeno falou que estávamos tendo muito prestígio, na classe teatral, pelo que estávamos fazendo. Ouvi o comentário com certa restrição, já que a famosa "classe", sempre costumava endeusar e destruir o trabalho das pessoas com a maior facilidade! Hoje em dia, isso nem mais existe. É cada um por si, pela sua sobrevivência, e só. Nem os espetáculos para a classe teatral existem mais.

Naquele dia, tínhamos decidido trabalhar os meninos, a partir de letras de algumas músicas. Zeno e eu estávamos levando uns LPs do Chico Buarque, do Milton Nascimento e do Caetano Veloso. Tínhamos arrumado uma vitrolinha portátil de outra Unidade, emprestada. Estávamos nos preparando para receber o grupo do Saulo, mas chegou um outro de jovens para trabalharmos. Achamos estranho porque não podíamos começar o trabalho de improvisação, com a letra de uma música, junto a um grupo novo. Quisemos saber o motivo. A resposta foi que o grupo do Saulo estava se preparando fisicamente para uma espécie de "olimpíada", que haveria nos próximos dias. A resposta não convenceu, mas procuramos atender àquele grupo, afinal era nosso desejo contar com garotos novos nas aulas.

Eram dez rapazes. Franzinos, meio ressabiados, porém comunicativos. O Zeno recomeçou com a conversa de sempre. Quis conhecer um por um, papear, com aquele seu jeito malemolente de ser. Zeno enveredou por uma análise e apreciação da vida nas ruas, nas favelas, nos becos, na marginalidade. Os relatos eram bem tristes, amargos, cheios de ressentimento. Mas às vezes, surpreendiam pelas pitadas de heroísmo. Falavam com a maior empáfia de como tinham conseguido escapar da polícia milagrosamente, se esconder, livrar a cara. Também de como trocavam tiros com a polícia e com as gangues rivais e saíam ilesos, como os mocinhos dos filmes de bangue-bangue. De como se agrupavam, rapidamente, para novos assaltos. Só eram muito reticentes quanto às quadrilhas às quais se juntavam. Era de se esperar. Dedo duro tinha sentença de morte.

Assim o papo ia longe e eu, como de costume, quis partir para um pouco de ação, levantar os meninos das cadeiras e fazer um pouco de exercício corporal. Zeno entendeu. Então mostrei a importância de cada gesto, de cada movimento corporal. Aí resolvi propor alguns exercícios de construção de personagens.

O Morrison, que já havia aprendido a dançar com uma namorada dançarina, foi o primeiro a se propor a fazer, tinha um corpo leve, era ágil. Ele falou que tinha dezessete anos. Pedi que envelhecesse setenta anos e ficasse com oitenta e sete. Foi muito legal o resultado. Ele logo se curvou, começou a andar com dificuldade, quase caiu. Dois rapazes o ampararam já com texto pronto:

— Cuidado vozinho, vai se machucar. Vai manso...

— Zeno também propôs outros personagens e fomos instigando-os a representar: um mendigo, um policial, um halterofilista, um padre, um feirante, um jogador de futebol, um conquistador de mulheres, um pastor, um cantor de sucesso...

Lembramos dos LPs. Pusemos o do Chico Buarque, a música "Construção". Para nossa surpresa, nenhum deles conhecia a música e muito menos o Chico Buarque. Só um já tinha ouvido falar. Mostramos os outros LPs do Milton e do Caetano. Eles desconheciam. Gostavam das músicas do Zeca Pagodinho, do Almir Guineto e do Bezerra da Silva. Então eu e o Zeno é que mostramos nossa ignorância a respeito. Não conhecíamos nenhuma música desses cantores. Zeca Pagodinho e Almir Guineto não eram tão conhecidos ainda, mas o Bezerra já era famoso. Mesmo com a diferença de gosto musical, ouviram atentamente a música do Chico. Repetimos algumas vezes, para que pudessem prestar bastante atenção à letra. Depois, analisamos e discutimos a situação do operário retratado. Foi um momento realmente rico em imaginação e criatividade. Cada um dava sua interpretação e contava uma história diferente, inspirada no que tinha ouvido. Eu e Zeno ficamos muito contentes e emocionados com o resultado. Enfim, Chico Buarque e sua arte foram apresentados aos dez rapazes da UE-JOV.

À tarde, levei o Zeno para conhecer a UE-15. O Agenor não estava na Unidade, mas eu já estava mais familiarizada com o pessoal de lá. Por essas coincidências da vida, o monitor músico — que era profissional mesmo, como eu havia imaginado — tinha um grupo musical e se apresentava na noite. Estava ensinando alguns meninos a tocar flauta. E aquele garoto com cara de intelectual, o João, também estava lá. Pedimos licença e ficamos assistindo à aula. Como era talentoso o Matheus — o monitor. Zeno logo se enturmou com ele. Ficamos um bom tempo conversando. Onde o Zeno ia o papo era longo!

Estávamos com os LPs nas mãos, e aqueles meninos sabiam muito bem quem eram Chico, Milton e Caetano. Mas claro, gostavam também do Zeca Pagodinho, do Almir Guineto e do Bezerra da Silva.

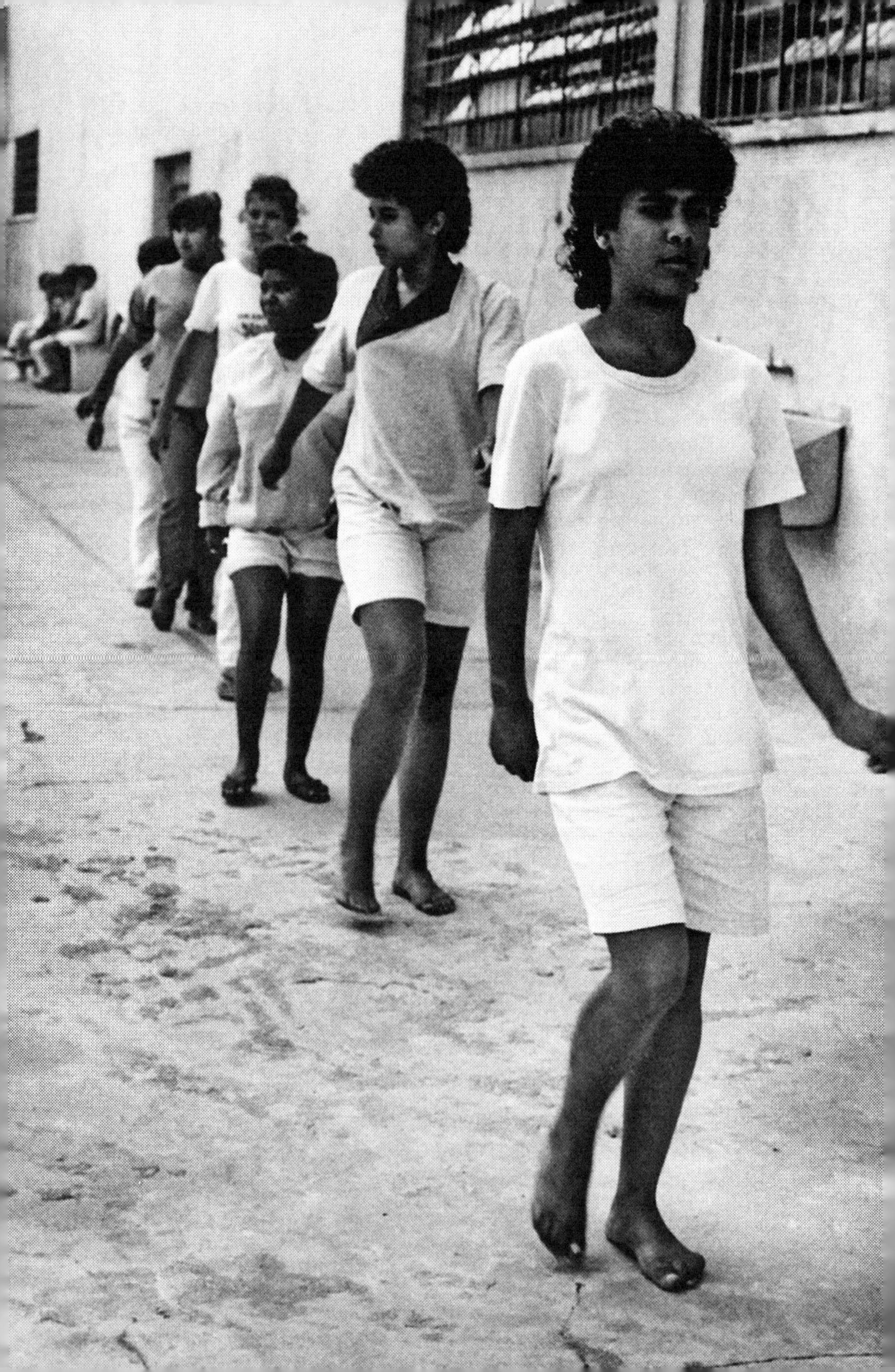

10.

Caminhando contra o vento

Na manhã

seguinte, eu e Zeno resolvemos ir ao centro da cidade comprar os discos dos cantores que os meninos gostavam. Fomos a umas casas de disco na Praça da Sé e Praça Clóvis Bevilácqua. Aquele centro da cidade era muito interessante. Parecia centro de uma cidade do Nordeste. Procuramos e achamos logo os LPs dos cantores preferidos dos nossos alunos. Ouvimos um pouco. Eram muito bons de samba. Só não precisamos comprar o do Bezerra da Silva, porque lembrei que em casa havia uma fita cassete que ganhara do Jofre Soares, quando dirigi uma peça com ele. Ainda não a tinha ouvido.

    Numa ocasião, escutamos a fita no num trajeto até a cidade. As letras do Bezerra eram incríveis, muito irreverentes. A primeira música falava de dois vizinhos. Um tinha jogado semente de "erva" no quintal do outro, no meio das plantas que ele cultivava. A erva cresceu, a polícia baixou e prendeu o inocente, que nem sabia que planta era aquela. Aí alguém dedou e prenderam o vizinho sacana, que não só tinha jogado a semente, como também, de madrugada, ia colher a plantinha, para fazer seus cigarrinhos e vender, para fazer um dinheirinho.

    A segunda música começava com o refrão: "me diz vovó, me diz vovó, tenha dó, quem foi que botou maizena no meu pó?".

    A terceira falava de um padre que, no sermão, falava em latim, mas só para quem entendia. Na verdade era um código, para quem quisesse fazer transação de droga com o sacristão, dentro da sacristia. Avisava que o negócio agora era feito só em dólar, porque o produto era de primeira.

    A quarta começava assim: "vou apertar, mas não vou acender agora, se segura malandro, para fazer a cabeça tem hora...".

A quinta falava do presídio de Ilha Grande. E o refrão era assim: "Ilha Grande, osso duro de roer, onde sofrendo... filho chora e mãe não vê...".

Enfim, a maioria das músicas era "da pesada"!

O Zeno estava adorando e queria teatralizar todas! Já eu, achava que devíamos escolher músicas com letras não tão escancaradas da malandragem, que a hora era de irmos ganhando terreno, aos poucos, sem grandes provocações. Foi a nossa primeira discordância. Ele disse que eu estava cedendo à censura interna e eu me defendi, dizendo que não era nada disso, que nós tínhamos que ter uma estratégia para ganhar mais terreno, mais espaço e não bater de frente, correndo o risco de por tudo a perder. Ele não concordava. Queria que falássemos a língua deles, a língua das favelas, dos becos, a língua que eles entendiam. Ele estava certo, mas nós tínhamos que ir devagar, procurar dar um "tratamento mais artístico" ao que queríamos focalizar e passar como mensagem. Eu ainda lhe disse que tínhamos as músicas dos LPs do Zeca Pagodinho e do Almir Guineto para ouvir e trabalhar. O Zeno não queria saber, insistia, afirmava que não tínhamos que "enfeitar" nada, que devíamos era não ter medo e ir direto ao ponto, à verdade dos fatos.

Depois de muito custo, muita argumentação de minha parte, ele, finalmente, concordou em escolher uma música do Bezerra menos "chamativa". Mas não ficou muito satisfeito não, eu percebi. O Zeno não queria mais caminhar contra o vento, eu entendia o lado dele.

O Grupo que apareceu para trabalharmos era um misto de rapazes de outros grupos e alguns novos. Eu achei bom, pelos garotos novos, mas ao mesmo tempo, muito estranho. Comecei a pensar que estavam querendo nos desarticular, mas não comentei nada com Zeno, para não criar mais conflito. E, como ele também não falou nada a respeito comigo, resolvi partir logo para a ação. Coloquei na vitrolinha, a música escolhida do Bezerra e pedi que ouvissem com atenção. Zeno explicou que depois iríamos fazer exercícios teatrais baseados na letra. Começamos a ouvir bem concentrados na letra, que dizia o seguinte:

"Eu vi um cruel da pesada chorando
No lamento que estou lhe falando
Que assaltou um barraco na favela
E deu à vítima todos os seus pertences
Porque lá não tinha nem um pão pros filhos inocentes
Aí eu cheguei à conclusão, à conclusão
Doeu demais a consciência do ladrão
Aí, eu cheguei à conclusão, à conclusão
Que o gatuno também tem seu lado bom
Ele em seu desespero deu um golpe errado
Assaltou um descamisado, sem futuro e sem razão
Chorou diante daquela situação
De ver tanta criança, morrendo de inanição
Muito mais humano do que esse político vilão
Que usa os favelados somente pra ganhar eleição
Com todo o respeito aos donos da minha Nação
Sou obrigado a elogiar esse ladrão."

Os rapazes começaram a ouvir e a cantar junto com o Bezerra.

E o Zeno começou a cantar junto com eles. E eu também entrei na cantoria.

Começamos a sentir a presença das "forças ocultas" por ali. Não tomamos conhecimento.

O Saulo apareceu sozinho. Chegou perto e começou a cantar também. Repetimos a música umas três vezes e cada vez aparecia um para cantar junto. E vieram uns rapazes internos, soltos por ali, que também se aproximaram já cantando. Formou-se um grupo razoável, descontraído, sentado no chão, cantando e curtindo a letra da tal música do Bezerra. Foi muito legal. Muito bacana mesmo.

Depois, começamos a discutir a letra. O Zeno, evidentemente, tomou a frente e já partiu para um debate sobre a situação do bandido, do favelado, sempre levando para o lado social. Os rapazes entraram de cabeça no assunto. Eram mestres da malandragem! Defenderam o gatuno, defenderam o ladrão. Acusaram a situação, acabaram com a polícia, com o governo e com os políticos, Estava sendo uma lavação de roupa suja para eles. E o papo esquentou de verdade. Aí, eu vi o Saulo se afastando, outro monitor vindo e tirando os rapazes que não eram do grupo de lá. O Zeno já se irritou. E foi logo falando:

— Deixe eles aqui!

— O monitor se fez de surdo.

— O Zeno falou mais alto

— Deixe os garotos aqui com a gente, eles estão curtindo.

O monitor, então, falou:

Eles têm que cortar o cabelo!   resposta totalmente furada, os garotos já estavam com cabelo quase à máquina zero.

Aí Zeno levantou e se dirigiu aos garotos:

— Vocês estão a fim de participar da nossa aula?

— Tamo sim, na maior, numa boa! — foi a voz geral.

Então, — disse o Zeno, mansamente —, você pode deixar eles aqui? Se quiser, fique você também.

O monitor concordou em ficar com os garotos. Contei: eram dez do grupo que tinham vindo e mais os quatro garotos. Pensei: "quatorze, meu número de sorte".

— Vamos, então, falar da história que a letra da música sugere. Quem vai contar pra nós? — falei.

— Eu conto, falou o Cacau — garoto de um de nossos grupos. Ele era metido a fazer discurso. Gostava de falar, de expor ideias. Falava uma tremenda gíria, mas se expressava bem. Pedi que sentasse num local onde todos pudessem vê-lo.

Cacau começou a contar a história que a letra da música propunha. Eu interrompi e pedi que outro garoto continuasse, e assim por diante, até chegar ao final. Lógico que, como num telefone sem fio, a narrativa atingiu contornos mirabolantes. Eles gostavam de exacerbar tudo. Colocaram, no final, um político aparecendo na favela e levando a maior surra do bandido e do dono do barraco, o assaltado.

— Vamos contar agora a história dos personagens, — falou Zeno —, nome deles?

O assaltante iria se chamar Miro, nome do personagem que o Miguel Falabella fazia na novela Selva de Pedra, da Rede Globo, e que eles adoravam. O pobre favelado que seria assaltado era o seu Pedrão. Os filhos do seu Pedrão: Pedrinho, Serginho e Jonas. A mulher: dona Nena.

Precisávamos mudar, não havia nenhuma monitora disponível para fazer a dona Nena. O seu Pedrão era viúvo, pronto. Aí um garoto muito exibido, o Césinha (César), disse que podia fazer a mulher.

— Mas não é pra sacanear, hein? É pra fazer bem feito, de verdade — eu disse.

— Vou fazer, Anna, deixa comigo!

Esse Césinha vivia peitando os outros garotos, gostava de ser o dono da verdade. Às vezes, tinha que dar um chega pra lá nele.

— O que é que vocês acham? — perguntei ao grupo. E todos concordaram em deixar o Césinha fazer a dona Nena.

O Zeno distribuiu os outros personagens entre os garotos. Foi introduzido, por sugestão deles, o papel de um político. Ficaram, então, sete garotos na encenação.

Os outros oito foram divididos em tarefas: cenário, figurino e figuração. Armamos tudo e foi dada a partida: Ação!

A Família estava dormindo, o bandido arrombou a porta, rendeu a família toda e começou a roubar. Mas não achou nada de valor por lá. Então começou a torturar o seu Pedrão, a vítima, para que ele contasse onde estava a grana. Seu Pedrão dizia que era pobre, que não tinha nem dinheiro para comprar o leite das crianças, que estava desempregado havia um tempão, que a mulher era faxineira e ganhava uma merrequinha, que eles teriam ter até que desocupar o barraco e morar na rua.

O bandido, então, saiu com esta:

— E os seus filhos, estão na escola?

— De que jeito moço? A escola é muito longe. Tem que tomar duas condução! Não tenho dinheiro pra pagar condução de ida e volta pra todos eles! Vão ficar fora da escola esse ano, o que é que eu posso fazer?

O Césinha, exibido, mandou, afinando a voz:

— Eu tô com reumatismo de tanto esfregar o chão descalça, pisando na água fria! Nem tô podendo trabalhar direito. Tenha pena da gente seu ladrão, a gente é pobre!

E não é que ele estava fazendo a dona Nena, direitinho? Ninguém riu!

— Tenha piedade da gente, pelo amor de Deus! — implorou seu Pedrão.

Os filhos começaram a chorar. Juntou o pessoal da favela (a figuração). Todos rodearam o ladrão, em defesa da família, pobre coitada...

— O Bandido parou, pensou, pensou e disse:

— Tá certo. O Miro aqui tem bom coração, viu rapaziada? Olha só, tô devolvendo tudo. Toma aí — e devolveu umas coisas que já tinha surrupiado: colher, panela, caderno, boné e uma camiseta.

— Mas vê se bota uma tranca bem forte na porta de seu barraco, ô Mané — arrematou.

— Boto, boto sim, vou trancar a porta direitinho. Obrigado viu, seu Miro! — falou com voz de choro, seu Pedrão.

Aí apareceu o político todo metido, falando alto:

— Como é que é isso, seu ladrão? Tá roubando gente humilde, é? Não tem vergonha nesta cara, não?

Engraçado que o garoto Genilson ficou até meio barrigudo fazendo o político.

— Olha aqui, seu safado. Tu só lembra de gente pobre quando precisa, né? Só vem na favela pra ganha voto! Tu é mais malandro que eu, falou?

— Vou mandar te prender, tá faltando com respeito, sou uma autoridade!

— Que autoridade porra nenhuma! Tu não merece respeito, seu político de merda, seu mentiroso, salafrário, tu vai virá presunto!

Começou uma discussão, em que ninguém entendia ninguém e nem a gente entendia direito o que eles estavam falando. Seu Pedrão tomou as dores do ladrão. Dona Nena também. Xingavam o político de tudo quanto era nome, cheguei a ouvir, no meio das falas encavaladas, um ligeiro "cuzão". Aí dona Nena pegou uma panela e começou a dar na cabeça do político. O político revidou, o ladrão investiu, seu Pedrão agarrou o político e um dos filhos deu uma rasteira, derrubando-o no chão. O povo partiu para cima dele também.

O Zeno se matava de rir, mas tive que interromper pra que ninguém se machucasse.

— OK, OK, tá legal! — eu tive que gritar, interrompendo e apartando a briga. — Está muito bom! Podem parar! Podem parar!

Eles pararam. Estavam ofegantes. Todos caíram na risada e eles mesmos começaram a bater palmas. Nós também. A música do Bezerra tinha rendido uma boa encenação!

Depois da costumeira análise do desempenho teatral e, dessa vez, evidentemente, de uma discussão a respeito do aspecto social do que havia sido apresentado, o garoto Dirley saiu com esta:

— Aí, ó. Eu acho que no final, o ladrão podia era ter dado um bote no dindim do político, porque ladrão que rouba ladrão, tem mil anos de perdão!

Todos riram, eu e o Zeno mais ainda, porque ele tinha feito um novo ditado. Em vez de cem, o ladrão tinha mil anos de perdão!

Fim da aula. Fomos almoçar. Estávamos bem contentes com o resultado do trabalho. Era mesmo impressionante ver a espontaneidade, a criatividade daqueles garotos infratores. Eu, em minha reflexão espírita, ficava me perguntando, o que será que eles fizeram em encarnações anteriores para merecerem estar naquela situação? Ao mesmo tempo me questionava por que não se fazia nada, de fato, nem por parte do governo, nem da sociedade, para melhorar a condição de vida desses menores marginalizados. A aula rendeu muito para todos!

Fomos almoçar. E, depois do almoço, ficamos um tempo lá no restaurante da Febem, conversando sobre aquela situação dos garotos. Na melhor fase da vida, quando podiam estudar, curtir a juventude, se divertir, planejar o futuro, sonhar... estavam ali, largados, à deriva, destituídos de um amparo efetivo que os fizesse encontrar um novo rumo. E o que tinham pela frente? Pouca esperança de uma vida mais digna e o presságio de uma provável morte prematura.

Ficamos um tempo em silêncio, pensando, pensando... E o Agenor apareceu. Estava saindo da UE-15. Ele sempre filava um bom cafezinho na UE-JOV, depois do almoço, e estava a fim de participar da aula da tarde, conosco.

O Zeno perguntou onde poderia mandar tirar umas cópias da letra de uma música, usada numa peça de sua autoria e direção, para a gente trabalhar com o grupo da tarde. O Agenor se ofereceu para ir com ele à assessoria de comunicação, onde poderia ser feito isso.

Enquanto foram, eu ainda fiquei um tempo para comer mais uma sobremesa, que estava deliciosa. Depois resolvi andar um pouco para fazer a digestão, antes de voltar à UE-JOV. No caminho encontrei uma moça, Mara, que se apresentou como uma monitora meio coringa, ou seja, trabalhava para todas as unidades, levando internos ao ambulatório, dentista e a outras atividades externas. Fiquei sabendo por ela, que só os garotos com infrações mais leves e de bom comportamento podiam sair de suas Unidades para terem aulas. Os demais tinham aulas, mas permanecendo confinados. Achei estranho, nunca tinha visto ninguém em sala de aula na UE-JOV, só em atividades físicas, esportes. A Mara me contou que era atriz e bailarina e que gostaria de juntar-se a nós, em algum trabalho. Anotei seu ramal de recados e convidei-a a participar de alguma aula nossa, se quisesse. Ela me perguntou o que eu estava achando do trabalho na Febem. Respondi que estava gostando muito e que estava trabalhando em parceria com o Zeno Wilde, autor de teatro. Ela já sabia quem era o Zeno, mas ainda não tinha assistido a nenhuma de suas peças. E também me conhecia, já tinha visto novelas comigo, na TV Tupi. Era muito comunicativa e, apesar de pouca estatura, possuía corpo e porte de bailarina. Despedimo-nos, foi um encontro agradável. Mais uma pessoa lá dentro que poderia colaborar com o nosso trabalho.

Fui para a UE-JOV. Chegando à sala de aula, encontrei o Zeno e o Agenor lá, sentados. O grupo da tarde logo apareceu, era o do Saulo, finalmente! Todos estavam lá. Não faltava ninguém. E vieram muito animados, me dando beijinhos, abraçando o Zeno e o Agenor. O Saulo estava queimado de sol. Brincamos com ele:

— Foi à praia se bronzear?
— Não, fiquei cimentando o quintal da minha casa, debaixo de sol!

Imediatamente foram sentando e colocando-se à vontade. O Zeno disse que íamos fazer uma encenação com a letra de uma música. E foi logo distribuindo os papéis com a letra. O primeiro ele deu para mim e o outro para o Agenor. O título era "Estão me devendo", a letra dizia:

"Estão me devendo
Carinho de mãe/ unhas aparadas
Bicho de estimação/ roupas costuradas
Me devem Q-suco/ radinho de pilha
Me devem groselha/ me devem cartilha
Estão me devendo
Punheta sem culpa/ trem balançando
Devem banho quente/alguém me cuidando
Me devem TV/ Chicletes de bola
Desenho animado/ e um cheirinho de cola

Estão me devendo
Revista em quadrinho/ domingo de festa
Sorvete com creme/ autópsia honesta
Me devem medalhas/ me devem patente
Me devem uma missa/ e um enterro decente.

Refrão: Estão me devendo! Estão me devendo!"

Terminei de ler e percebi que o Agenor olhava para mim, significativamente.

O Zeno começou a ensinar a música para eles e pediu que todos fossem cantando juntos até aprender. Pedia que repetissem o refrão com bastante ênfase: "Estão me devendo! Estão me devendo!".

Os garotos adoraram e, na hora do refrão, falavam cada vez mais alto. Eu e o Agenor começamos nos preocupar. O Zeno nem aí, parecia tomado de uma emoção muito forte. Buscava estimular e até mesmo sugerir um tom bem agressivo ao refrão. E a música continuou com os garotos já gritando o refrão. Parecia uma catarse geral. Foi quando surgiu a diretora. Entrou no meio de todos, batendo palmas bem fortemente, estava com uma cara transtornada. Todos pararam de cantar, ficou um clima muito tenso. Zeno empalideceu. Ela disse:

— Essa música está chegando até o pátio e deixando os garotos alterados. Não pode continuar! — e sua voz soou como uma ordem a ser cumprida.

Zeno olhou bem para ela, não disse uma palavra. Levantou e retirou-se da sala.

— Você pode ir falar comigo lá na minha sala, Anna? — disse ela.

— Agora?

— Sim.

— Vou em seguida.

Ela se retirou.

— Bem, parece que tivemos um impasse aqui. Vou procurar resolver da melhor maneira, não se preocupem, vai ficar tudo bem — falei, me dirigindo a todos.

O Saulo não sabia o que falar, o que fazer, estava passado. O Agenor veio perto de mim e colocou a mão sobre meu ombro. Ficou ali, ao meu lado, numa atitude de proteção.

— Os garotos ficaram bem revoltados com aquilo.

Fabiano foi o primeiro a falar:

— Tem que trazer o Zeno de volta aqui!

— Depois, Fabiano. Agora não é hora de forçar nada, certo?

— Não tinha nada que mandar parar a música! Falou o Esquisito.

— É isso aí! — completou o Geva.

E todos começaram a falar ao mesmo tempo, injuriados, contra a atitude da diretora.

— Calma! Vamos manter a calma. Eu vou lá falar com a dona Cleusa, vou saber o que realmente houve.

O Saulo veio ao meu lado também.

— Não quero ninguém nervoso. A aula está terminada, vocês podem sair. E vamos aguardar com calma, com tranquilidade, até que fique tudo esclarecido, certo?

— Mas foi mal Anna, ela não tinha que mandar a gente parar, não! — disse o Maicon.

— Dona Cleusa deve ter tido motivos para fazer isso. Vamos embora, na paz, e depois a Anna conversa com a gente, não conversa, Anna? — apaziguou o Saulo.

— Converso, claro! Vocês vão ser os primeiros a saber o que aconteceu. Mas até lá, eu peço, por favor, que fiquem numa boa para não prejudicar o nosso trabalho.

— Aí, tá limpo. Não vamo dar pano para atrasar o lado do teatro pessoal! —falou o Fabiano.

— Perfeito! Essa é a melhor atitude que vocês podem ter a nosso favor!

Olhei direto para o Fabiano e disse:

— Confio em vocês!

Ele fez um sinal de positivo. Os outros concordaram, mas sem muita convicção. Saulo saiu como o grupo. Ficamos eu e o Agenor.

— É Agenor, vamos ver o que vem pela frente.

— Vá lá falar com ela.

— Vou procurar o Zeno e conversar com ele.

— Vá sim, é bom. Depois encontro vocês.

Saímos da sala, agora totalmente vazia. Não encontramos ninguém pelo caminho. Eu fui em direção à sala da diretoria. Antes de entrar, pedi proteção ao meu Anjo da Guarda, depois bati na porta. Escutei um sonoro:

— Entra!

Entrei. Cleusa estava em pé, apoiada na parede, perto da janela, fumando.
— Você fuma?
— Não mais.

Ela apagou o cigarro rapidamente, aproximou-se e me convidou para sentar num pequeno sofá de dois lugares, que ficava debaixo de uma janela, com um único vitrô. Ela o fechou e sentou-se ao meu lado.

— Eu tive de interromper a aula, Anna. Aquela música, cantada daquele jeito e por aquele grupo, que é um grupo muito forte aqui dentro, poderia provocar uma rebelião, você sabia?
— Não, não sabia.

Claro que a letra era provocativa, ela estava com a razão, mas eu não podia dizer que só havia tomado conhecimento da letra na hora da aula, para não comprometer o Zeno.

— Vocês estão fazendo um bom trabalho, reconheço, mas é preciso ter consciência de que não podem exaltar os ânimos desses internos. Porque depois, vocês vão embora e nós é que temos que segurar o rojão aqui dentro. E não é fácil não, o negócio aqui é jogo duro, Anna.
— Entendo perfeitamente.

Ela abaixou a cabeça, fez uma pausa longa e depois me encarou:
— Vocês podem amenizar suas aulas?
— Amenizar, como?
— Não usando, vamos dizer, recursos tão explícitos que possam estimular mais ainda a revolta deles.
— Cleusa, não é o teatro que estimula revolta, são as condições em que eles vivem aqui dentro.
— Eles são infratores.
— Eu sei. E aqui é a Fundação do "Bem-Estar" do Menor.

Senti que ela contou até dez para não revidar.

— Você não sabe, nem pode supor o que é o dia a dia aqui dentro! Isso aqui é um barril de pólvora!
— Posso imaginar.
— Não, não pode não. Você está chegando agora, vem de um mundo completamente diferente, da televisão, do teatro.
— E por isso mesmo é que estou aqui, para estimular a sensibilidade desses garotos, fazer surgir o potencial criativo de cada um. Isso pode até melhorar a convivência aqui dentro!
— Mas vocês só abordam assuntos sociais, políticos!
— Não é verdade. Temos trabalhado com várias técnicas e usado nossos recursos teatrais para falar sobre vários assuntos.
— Mas, na maioria das vezes, extrapolam!
— Em quê?
— Na maneira como tratam esses garotos. Anna, vamos falar claro: os internos desta Unidade cometeram infrações graves.
— Eu sei, mas não posso pensar nisso! O que eu quero é, com o teatro, aliviar um pouco a angústia, a tensão que existe por eles estarem aqui, presos!
— Para isso temos as assistentes sociais, as psicólogas.
— E o teatro pode ser um suporte a mais! Eu estava pensando em chamar as psicólogas, as assistentes sociais daqui, para virem às nossas aulas e até nos ajudarem, se necessário! Tudo soma!

Fez-se outra pausa.

— É uma ideia. Precisamos ver se há possibilidade de conciliar horários. De qualquer modo, peço que sejam mais conscientes na escolha dos temas e na forma de abordá-los. Todo o cuidado é pouco!

— Tudo bem, Cleusa, vou pensar na melhor forma de continuar realizando nosso trabalho, sem provocações.

— Você promete que vai fazer isso? E esse rapaz, o Zeno, também?

— Estou falando só por mim, mas vou conversar com o Zeno e saber o que ele pensa a respeito.

— Ótimo.

— Você chegou a ver a sala que pedi?

— Estou vendo. Estamos com falta de espaço por enquanto, mas assim que surgir uma oportunidade, aviso.

— Aguardo, então.

— Vocês vão dar aula amanhã?

— Eu vou, com certeza.

Ficou um certo silêncio. Eu me levantei.

— Até amanhã.

Despedimo-nos com um aperto de mão profissional, mas significativo. Ali estavam duas mulheres persistentes e resistentes, com certeza.

Saí, andei pelas imediações, mas não vi nem Zeno e nem Agenor. Continuei andando, meio sem rumo, estava muito tensa. Parei um pouco, respirei fundo e expirei lentamente, várias vezes, como fazia no final das respirações de Kung Fu. De repente, dei de cara com um assessor do Nazih, aquele que havia me levado à UE-JOV, no meu primeiro dia. Muito simpático e sorridente me cumprimentou:

— Olá Annamaria! Como vai? E então, como está indo o trabalho?

— Hoje foi o pior dia de todos!

— O que aconteceu?

Contei tudo. Ele percebeu que eu estava sob forte tensão.

— Já falou com o doutor Nazih?

— Não. Só vou conversar com ele depois de ter falado com o Zeno.

Eis que vejo o Agenor vindo a nossa direção, sozinho.

— Cadê o Zeno? — perguntei.

— Fui acompanhá-lo até um táxi. Ele foi embora para casa.

Fiquei um pouco em silêncio, sem saber o que fazer, o que falar.

— Posso te ajudar de alguma forma, Anna? — disse o assessor.

— Não, você já fez muito em ter me ouvido. Só peço que não antecipe nada com Nazih, por favor.

— Fique tranquila, não vou comentar nada. E se precisar de mim, pode chamar — e me deu seu cartão de visita.

— Se precisar, eu chamo sim, obrigada.

— Vai dar tudo certo, você vai ver — disse.

Deu-me um beijo no rosto, afastando-se em seguida.

— Eu contei tudo para ele, Agenor, foi um desabafo necessário.

— Fez bem. Ele é um cara muito bem considerado aqui dentro. Boa gente.

— E o Zeno, estava muito irado?

— Muito. Não quis me escutar.

— Eu acho que vamos perder o Zeno. Se bem o conheço, ele não voltará mais aqui.
— Será que ele não pode esfriar a cabeça, pensar melhor?
— Por trás daquela aparente calma, existe um ser bem contundente.
— Pena, ele estava gostando tanto de estar perto dos garotos, de poder trabalhar com eles. Afinal eles são os personagens de suas peças.
— Por isso mesmo, não admite ser censurado.
— Mas Anna, vamos falar francamente, ele deu uma forçada, você não acha?
— Deu sim. Puxa vida, se ele tivesse me mostrado a letra daquela música, antes.
— Se ele tivesse mostrado, você deixaria o grupo cantar?
— Daquela maneira, lógico que não! Eu sabia que nós estávamos sendo vigiados, que não era hora de provocações!
— E qual seria o caminho?
— Podíamos ter analisado a letra, cantado um pouco, só para conhecer a melodia, sem grandes brados, e depois feito como fizemos com as outras músicas, criado uma história e teatralizado. E o recado teria sido dado da mesma maneira, sem grandes consequências.
— E como acha que ele iria topar fazer isso?
— Não sei, mas se ele não mostrou a letra antes, nem me consultou, é porque estava a fim de fazer realmente o que fez! Foi muita ingenuidade da parte dele!
— Parece que ele pensa totalmente diferente de você, Anna. É bom você conversar com ele.

Eu entendi o que ele quis me dizer. Talvez o temperamento do Zeno não se adaptasse mesmo ao tipo de trabalho que deveríamos fazer lá dentro.

— É isso o que vou fazer. Vou embora para casa e ligar para ele.
— Espero que tudo dê certo, Anna, vou ficar torcendo! — e me deu um abraço apertado e demorado.

Diante daquelas circunstâncias, ele tinha sido solidário, amigo e psicólogo também. Era tudo o que eu precisava!

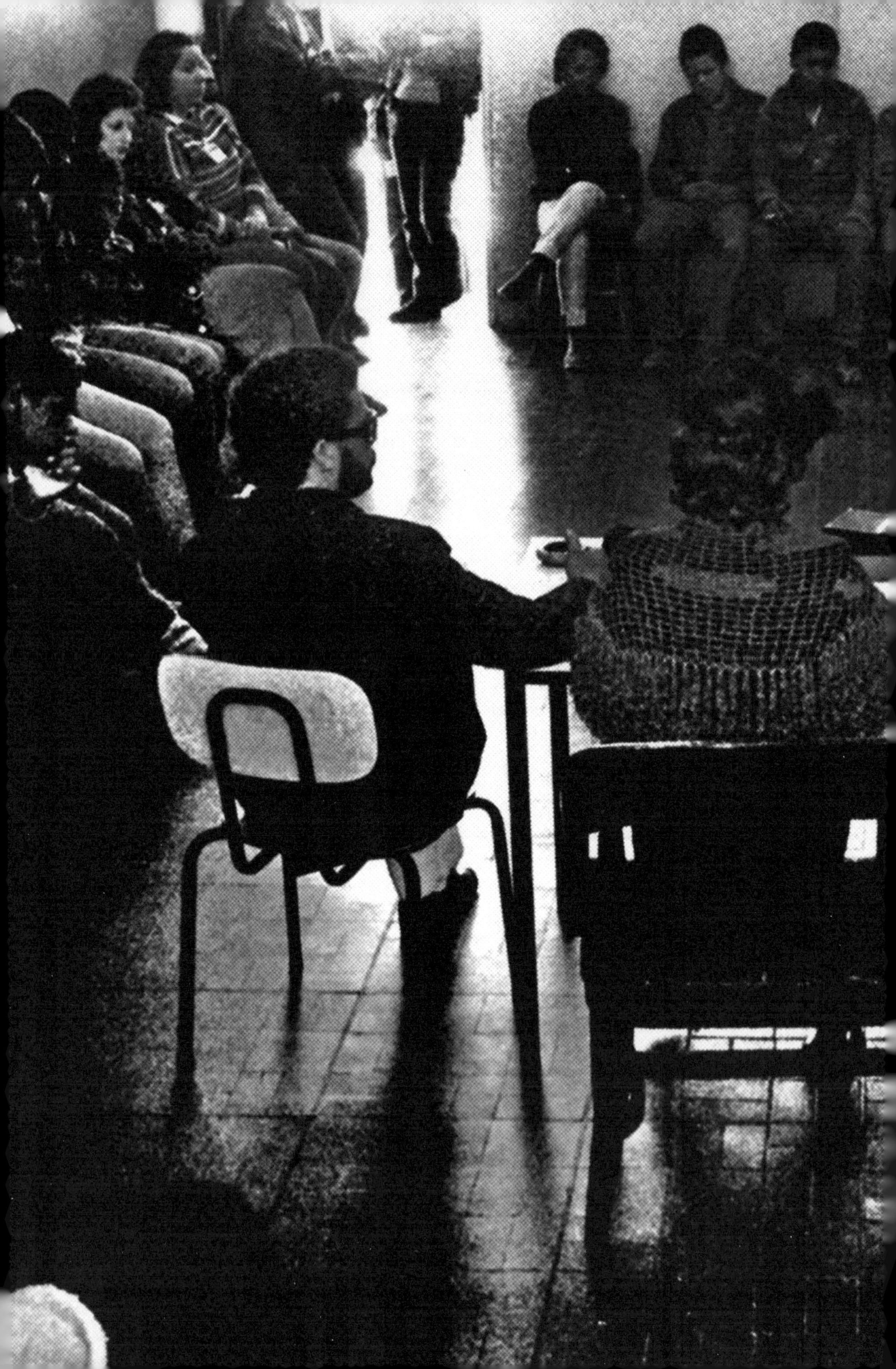

11.

O trabalho continua

Não liguei

para o Zeno, resolvi dar um tempo para ele. Fui dormir.
　　Estava agitada, mas consegui, depois de um tempo, pegar no sono e sonhei:
　　Estava dentro de um avião, ninguém ao meu lado. Era noite, o avião estava na penumbra. Veio um comissário de bordo mulato, baixinho e pediu para eu colocar o cinto de segurança. Não conseguia encaixar direito a fivela e ele me ajudou. Depois foi andando pelo corredor, indo para o fundo do avião. Eu comecei a sentir muito sono, adormeci e tive um sonho. Foi um sonho dentro do outro. Uns índios pintavam o meu corpo com tinta azul e amarela, mas eu não queria, porque o cheiro da tinta era muito forte.
　　Eles me seguraram. Eu estava nua. Pintaram meu corpo e minha cara. Depois chegou uma índia que não tinha cara de índia, era branca, cabelo castanho e meio crespo. Colocou uma colher com um líquido branco na minha frente e falou para eu tomar. Fiquei apavorada, me recusei. Aí ela tomou, depois encheu de novo a colher com o líquido branco que estava numa tigela de barro e colocou na minha boca. Engoli. Tinha gosto de maçã. Comecei a tremer.
　　Acordei no avião, em meio a uma turbulência. Havia uma tempestade lá fora, com raios, trovões. O avião balançava. Fiquei apavorada e comecei a suar. Fui ficando enjoada, com vontade de vomitar. Aí acordei mesmo, na minha casa, e fui correndo ao banheiro. Vomitei tudo o que estava no meu estômago. Não tinha mais nada para pôr para fora, mas continuava com ânsia. Tentei respirar fundo. Fiquei sentada numa banquetinha, com a cabeça apoiada nas mãos. Mentalizei uma luz dourada sobre minha cabeça (para me dar força e energia). Depois uma luz azul (para me purificar e acalmar) e depois uma luz lilás (para me conectar com meus protetores espirituais).

Senti a presença de um índio ao meu lado, achei que estava recebendo ajuda e comecei a me sentir melhor. Desci para a cozinha, tomei bastante água. Depois voltei para a cama. Estava meio zonza, mas bem mais tranquila. Acho que consegui botar para fora tudo o que tinha ficado bloqueado dentro de mim no dia anterior.

Acordei com o telefone tocando. Olhei o relógio: 8 horas. Eu não tinha ouvido o despertador, que me chamava às sete e meia. Atendi, era o Zeno. Ele foi direto:

— Anna, eu não vou mais trabalhar com você na Febem.

Eu já esperava.

— Quero que fale com o Nazih, por favor. Eu não quero mais aparecer lá, nem ver ninguém.

— É definitivo, mesmo?

— É. Decisão tomada e sacramentada.

— Vou sentir muito a sua falta.

— Mas vai sobreviver sem mim... (riu). Não quero conversar nada com você, por enquanto. Depois a gente sai, toma umas e fala tudo.

— Eu compreendo sua atitude e respeito. Se não quiser mais falar sobre o assunto, tudo bem.

— Deixe rolar. Vamos dar um tempo.

— Tudo bem, meu amigo.

— Foi bem legal trabalhar com você.

— Eu também gostei muito do que a gente conseguiu realizar.

— Legal.

— O trabalho continua...

— Falou, Aninha. Boa sorte.

— Obrigada, para você também. Não some, hein!

— Não, claro. Vamos nos encontrar nas reuniões da Apart. Um beijo — e desligou.

A sensação que ficou era a de um casamento desfeito.

Peguei o "Evangelho Segundo o Espiritismo", codificado por Allan Kardec, meu livro de cabeceira, fechei os olhos, pedi orientação e abri numa página qualquer como costumava fazer. Li:

Capítulo XIII — Instrução dos espíritos — A caridade material e a caridade moral.

"Há várias maneiras de se fazer a caridade, que muitos dentre vós confundem com a esmola: há, todavia, uma grande diferença. A esmola, meus amigos, é quase sempre útil porque alivia os pobres, mas é quase sempre humilhante para aquele que a faz e para aquele que a recebe. A caridade, ao contrário, liga o benfeitor ao beneficiado, e depois se disfarça de tantas maneiras! Pode-se ser caridoso mesmo com os parentes, com os amigos, sendo indulgente uns para com os outros, em se perdoando as fraquezas, em tendo o cuidado de não ferir o amor próprio de ninguém."

Levantei, tomei um banho morno. Não consegui comer nada. Fui para a Febem. O dia estava ensolarado. Liguei o rádio do carro. Estava tocando uma música do Gonzaguinha — "Começaria tudo outra vez" —, cantada pela Maria Bethânia, que eu tinha aprendido a tocar no violão, quando andei tomando umas aulas com a Helodi, uma violonista e arranjadora muito competente, que circulava nas minhas rodas de amizade. Incrível poder ouvir essa música de uns dez anos atrás. Mas, como nada acontece por acaso, fui cantando junto com a Bethânia:

> *"Começaria tudo outra vez, se preciso fosse meu amor*
> *A chama no meu peito ainda queima*
> *Saiba, nada foi em vão*
> *A cuba-libre da coragem em minha mão*
> *A dama de lilás me machucando o coração*
> *A febre de sentir seu corpo inteiro coladinho ao meu*
> *E então eu cantaria a noite inteira*
> *Como eu já cantei e cantarei*
> *As coisas todas que já tive, tenho e sei que um dia terei*
> *A fé no que virá e a alegria de poder olhar pra trás*
> *E ver que voltaria com você*
> *De novo a viver nesse imenso salão*
> *Ao som desse bolero, a vida, vamos nós*
> *E não estamos sós, veja meu bem*
> *A orquestra nos espera, por favor*
> *Mais uma vez, recomeçar..."*

Não havia melhor música para eu ouvir e cantar. Começou a me dar uma sensação de alento, de fortalecimento, mesmo. E lá fui, em direção à Febem, para recomeçar...

O Nazih estava fora da Fundação. Não pude falar com ele. Fui direto à UE-JOV, com os LPs de Almir Guineto, Zeca Pagodinho e a fita do Bezerra. Chegando lá, passei pelo pátio e vi o Fabiano. Entrei e fui falar com ele. Um monitor já ficou por perto.

— E aí Fabiano, tudo bem?
— Tudo bem, Anna. E o Zeno?
— Não virá mais.
— Por quê?
— Ele decidiu que não quer mais vir.
— E as nossas aulas?
— Vão continuar. Vou procurar outra pessoa para me ajudar.
— O Zeno era gente boa.
— Era não, é! E devemos respeitar a decisão dele.
— Sacanagem, viu...
— Fabiano, escute, essas coisas acontecem em qualquer lugar. Diferenças de opinião, de postura. Cada um é cada um, entende?
— O pessoal ficou puto da vida com essa história.
— É, não foi legal mesmo. Mas passou, e o trabalho continua! Quando montarmos uma peça, vamos chamar o Zeno para assistir!
— Será que ele vem?
— Quem sabe?! Ele é um artista sensível, mas de opinião já enraizada! Eu estranharia se, depois do que aconteceu, ele continuasse aqui. O importante é que ele deixou uma boa lembrança.

— Como assim, Anna?
— Vocês gostaram de cantar aquela música, não gostaram?
— Demais! Tremendo barato.
— Então, ele deixou um momento de liberdade de expressão, de presente para vocês.
Fabiano ficou me olhando sem entender direito o que eu havia falado.
— Guarde na sua memória!
— Eu escondi a letra da música. Um dia ainda vou cantar aqui no meio do pátio.
— Melhor você cantar lá na rua, quando estiver livre.
— Não vejo a hora de isso acontecer!
Chegou um monitor perto da gente. Eu já tinha visto e falado com ele, mas não lembrava do seu nome.
— Anna, seus alunos já estão lá na sala.
— Estou indo. Tchau Fabiano. Cadê os outros do grupo?
— Por aí...
— Tá, a gente se vê...
Saí. O monitor me chamou a atenção, sussurrando:
— Anna, cuidado quando entrar no pátio, viu? Precisa sempre entrar junto com um monitor! É perigoso entrar assim sozinha, sem proteção! Eles podem fazê-la refém!
— Ninguém vai me render, não. Fique tranquilo.
— Não facilite... Você não sabe do que eles são capazes!
Resolvi não estender a conversa.
— Que grupo está na sala de aula?
— Nenhum, foi só uma desculpa para tirá-la de lá.
— E não terá ninguém para eu trabalhar, hoje?
— Vai, eles já devem estar chegando. Um grupo novo.
— Que bom. Gosto de gente nova.
— Você não vai cantar aquela musiquinha com eles, vai? — falou fazendo graça.
E como eu não achei graça nenhuma, nem respondi. Ele se afastou, mas não deixou de me alertar:
— Cuidado, Anna, cuidado!
Verdade verdadeira: nunca tive medo nenhum de entrar no pátio, de ser atacada. Fui para a sala, ainda vazia. Sentei numa carteira. Veio um *flashback* do dia anterior, do Zeno cantando com o grupo do Saulo, da diretora interrompendo, do clima tenso que ficou... Senti falta dele ali, do meu lado.
— Oi!!! Ouvi a voz de um garoto! Olhei. Era um garoto loiro, de olhos verdes. Muito bonitinho e muito sorridente.
— Você é que é a famosa Annamaria?
Vi que ele estava acompanhado de outros garotos.
— Sou a Annamaria, famosa é por sua conta.
Ele riu.
— Olhe, eu adoro teatro viu? Fiz muitas peças na minha escola.
— Que bom! Onde você estuda?
— Estudava, né...agora tô aqui. No Colégio Bandeirantes...
— Bom colégio! — respondi.
— O colégio era bom sim, eu é que não prestava... E deu uma gargalhada.
Pensei: "Quem será essa peça?".
— Qual seu nome?

— Lauro.
Dirigi-me ao grupo:
— Vamos sentar?
Sentaram e se acomodaram nas cadeiras.
— Todos me conhecem?
Fizeram que sim.
— Os mano falam muito na senhora — disse o garoto que se chamava Gilberto, o Giba.
— Mas eu não conheço vocês...
— Nem precisa, tudo da mesma farofa! — falou o garoto cujo nome era Lininho.
Ao todo eram doze. Resolvi fazer um tipo de apresentação diferente da que eu fazia até então. Coloquei uma cadeira na frente da sala e chamei um por um, para se apresentar. Fiquei sentada no meio deles, numa carteira. A apresentação tomou todo o tempo da aula, porque resolvi fazer com cada um que ia à frente, uma espécie de entrevista coletiva. Todos podiam fazer uma pergunta para quem estivesse se apresentando. As perguntas eram as mais variadas e a mais comum: Qual seu maior desejo? — e a resposta mais frequente: Sair daqui da Febem! Uma outra era: Que minha mina viesse passar uma noite aqui comigo. Outras perguntas e respostas bastante comuns:

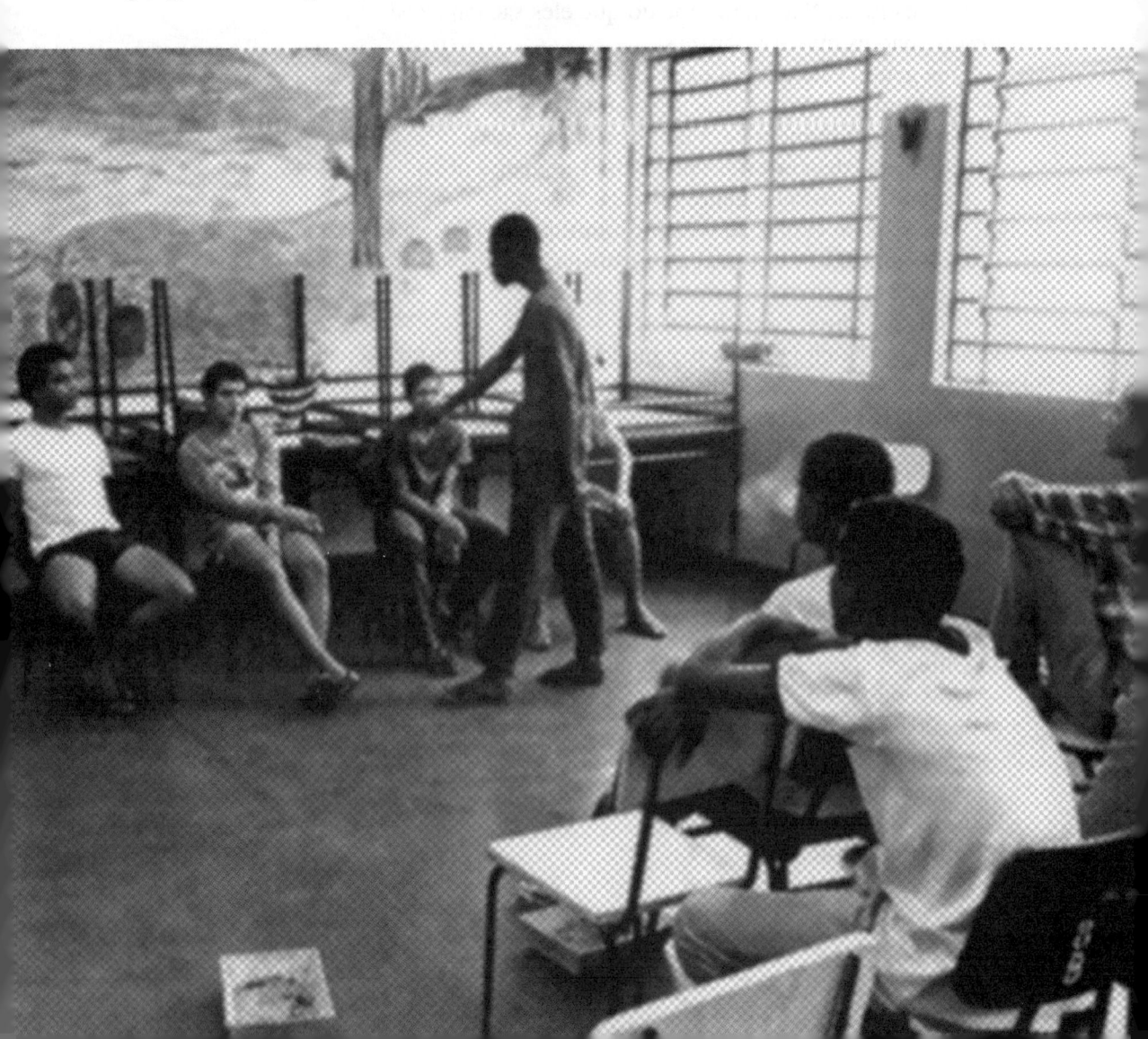

P.: Qual a pessoa que você mais ama?
R.: Minha mãe! — a maioria respondia.

P.: Pra que time você torce?
R.: Corinthians — resposta quase unânime.

P.: De onde você é?
R.: De São Paulo mesmo, da periferia — resposta da maioria.

P.: Do que você mais gosta?
R.: De sair à noite, pra zoar...

P.: Qual mulher você acha mais bonita?
R.: Namorada — vencia essa resposta.

P.: O que você mais detesta?
R.: De ficar aqui dentro — era a resposta óbvia.

P.: Já esteve na Febem?
R.: Sim — todos já tinham estado; alguns até muitas vezes.

Só houve um garoto, com cabelo totalmente raspado, que atendia pelo apelido de Dendê (igual ao nome do azeite), um mulato muito bonito, que deu umas respostas diferentes dos demais:

Maior desejo: Ir à Itália — porque o pai era italiano, depois fiquei sabendo que a mãe era negra.

Ele estava triste e sem ninguém, desde que a namorada terminara com ele, fazia dois anos. Ela era a pessoa que ele mais amava.

Perguntaram por que a namorada tinha dado o fora nele. E a resposta:

— Por causa das drogas... — respondeu baixando a cabeça — eu fiquei meio doente por causa disso.

Depois fiquei sabendo que havia contraído aids, por usar droga injetável com seringa infectada. Torcia pelo Palmeiras, era de Sorocaba, mas morava um tempão na capital. Gostava de ir à praia pegar onda e detestava leite. Era a primeira vez que tinha ido parar na Febem. E a mulher que ele achava mais bonita era a Xuxa.

Usamos todo o tempo nas apresentações. E foi muito divertido. No final, resolvi brincar de telefone sem fio com eles. Sentei todos no chão e falei uma palavra no ouvido do primeiro. Esse ouvia e ia passando, até que o último dissesse que palavra era. A primeira foi "coragem". O último que ouviu, repetiu: "garagem".

A segunda foi "valentia". O último revelou a palavra: "ventania". Depois o dito popular: "Antes só do que mal acompanhado". A frase que acabou saindo foi: "Depois do sol matou o cunhado". E, por fim, o ditado: "Quem com ferro fere, com ferro será ferido". O último disse com toda a certeza: "Quem tem berro de ferro, nunca será ferido!" — berro significa arma, na gíria deles.

Então falei sobre a necessidade de se ouvirem bem e entenderem o que as pessoas falavam, que não dessem ouvido a tudo o que diziam, porque as palavras eram, na maioria das vezes, distorcidas e poderiam não representar a verdade.

Disse que os atores, quando contracenavam, faziam uma cena falando um com o outro, tinham que se ouvir, que prestar atenção ao que o outro falava, para poderem reagir às palavras e trocarem emoções. Que era muito importante não se distrair e estar sempre concentrado.

Contei a história de dois atores que fizeram uma mesma peça de teatro, por muito tempo, e começaram a trabalhar na base do "piloto automático", ou seja, de forma maquinal, sem sentir, sem se emocionar, sem se ouvir. Os personagens que faziam eram dois amigos. Um deles morava em outro estado, tinha se separado da mulher, estava muito deprimido. Tinha vindo passar uns dias na casa do outro, para se distrair e esquecer um pouco o abalo emocional pelo qual tinha passado. Só que o amigo, dono da casa, andava muito ocupado, trabalhando muito, sem tempo para nada e pediu para sua mãe dar uma força, distrair o amigo, levando-o para conhecer os lugares turísticos e culturais da cidade. Na cena, o amigo, chegava a casa à noite, cansado, depois de muito trabalho, e encontrava o hóspede sentado na sala. Então perguntava:

— E aí, saiu com a minha mãe hoje?

E o amigo respondia:

— Sim, e foi ótimo!

Depois de muitas e muitas vezes de representação, uma noite o amigo chegou a casa e, errando o verbo, perguntou:

— E aí, dormiu com a minha mãe? E o hóspede respondeu:

— Sim, e foi ótimo!

Quando os dois se deram conta do erro, começaram a rir em cena, sem parar. O público percebeu e também começou a rir. Precisaram de um bom tempo para se recompor e continuar a peça.

Os garotos demonstraram gostar da história ouvida e o Lauro concluiu:

— O negócio é ouvir bem para falar direito! Senão o bicho pode pegar!

O Richard, um garoto que bocejou a aula inteira, falou:

— Em boca fechada não entra mosca!

Aí todos riram. Eles eram engraçados. Parecia ser o grupo mais leve com o qual tinha trabalhado.

A aula terminou, nos despedimos. Eles me viram pegando os LPs e logo quiseram saber do que se tratava. Viram que eram do Almir Guineto e do Zeca Pagodinho. Mostrei também a fita cassete do Bezerra da Silva. Eles me fizeram prometer que, na próxima aula, a gente iria ouvir e dançar as músicas. Achei boa a ideia de dançar, poderia trabalhar a expressão corporal deles, por meio dos movimentos da dança. Ficou combinado.

Havia corrido tudo bem, felizmente. Acho que foi para amenizar a situação. Mas eu sentia uma espécie de vazio. Saí para almoçar e encontrei aquela monitora, a Mara (atriz, bailarina), acompanhando nada mais nada menos do que o galã do futebol, o príncipe indiano sedutor. Ele estava com um jogging branco, de tênis, todo bonitão! A Mara veio toda simpática, me beijou, falou que tinha sido convidada para fazer uma peça infantil que iria estrear em Osasco, onde ela morava: "A Gata Borralheira ". Que seria um musical e que dançaria. Contou como seria a produção. Enquanto isso, o galã me media de cima a baixo.

Quando ela terminou de contar tudo, eu disse que gostaria muito de assistir ao espetáculo. Ela ficou feliz com a possibilidade e já íamos nos despedindo, quando o galã se deu ao luxo de falar. Tinha uma voz bonita, grave.

— Você é a Annamaria, não é?

— Sou.

— Está fazendo teatro aqui, com os garotos, não está?

— Por enquanto só dando aulas, usando técnicas teatrais. Depois pretendo montar um espetáculo. Um não, vários.

— Não gosto muito de teatro, prefiro cinema.

— Cinema também é muito bom, mas não dá para fazer aqui dentro, por enquanto.

— Por que não? Não é só ter uma câmera e filmar?

Até que ele tinha razão: "Uma câmera na mão e uma ideia na cabeça" — como dizia o grande cineasta Glauber Rocha.

— Quem sabe, futuramente, eu faça um filme aqui, também.

— Aí você me chama para participar? Se eu ainda estiver por aqui, é claro.

— Chamo sim. Você quer ser ator do filme?

— Quero fazer o papel principal! — e riu com jeito de canastrão.

— Vamos ver se você tem talento primeiro!

— Ator tem é que ser bonito!

Mas era metido o cara!

A Mara logo falou:

— Ele tem um tipo bem bonito, não tem Anna?

— Tem sim, mas muita vaidade às vezes estraga! — falei ironicamente, olhando bem para o rosto dele.

Ele continuou com aquela cara de atrevido.

— Bem, vamos? — falou Mara para o galã. — Vou levar o Bernardo ao dentista.

— Ator tem que ter dentes bem tratados, não é? — falou em um tom provocativo, olhando para mim.

— Tem sim, e também tem que saber falar bem, ter boa formação, conhecimento, estudar bastante.

— Ah... não precisa de tudo isso, não! — e foi se afastando.

A Mara ainda me deu um olhar circunstancial e foi atrás dele.

"Mas que sujeitinho mais pretensioso!" — pensei — "Bernardo..."

Anos depois, acabei dando o nome dele a um personagem de minha peça "Quem está fora quer entrar, quem está dentro quer sair". Um garotão bonito e transado, por quem a personagem Beatriz, casada, se apaixona perdidamente.

Comecei a ficar com muita fome e fui almoçar. Estranhei não ter encontrado com o Agenor no restaurante. Estranhei também ele não ter ido à UE-JOV. Depois do almoço, resolvi ir até a presidência para ver se o Nazih já tinha voltado, eu precisava falar com ele, contar do Zeno, principalmente. Passei em frente à UE-15 e encontrei o Matheus. Perguntei pelo Agenor.

— Não veio trabalhar hoje, parece que está doente.

— Doente? O que é que ele tem, você sabe?

— Não sei não. Acho que indisposição, coisa assim.

"Deve ser resultado da tensão de ontem" — pensei. Foi para o plexo solar, direto no estômago.

— Está tudo bem com você, Matheus?

— Tudo bem. Estou formando um conjunto de flautas com os garotos.

— Que legal!

— Está ainda no começo. Quando der para ouvir, chamarei você.

— Chame mesmo, quero ouvir. Bem, tenho de ir — dei um beijinho nele e fui ao prédio da Presidência. Como seria mais fácil se, naquela época, houvesse telefone celular! Será que o Nazih tinha chegado? E será que podia me receber? Liguei no ramal da secretária. Ele estava sim e queria falar comigo. "Já deve saber de tudo" — pensei. E fui para a sala dele.

Como sempre, me recebeu com carinho e já sabia o que tinha havido no dia anterior na UE-JOV, só não sabia da decisão do Zeno de não trabalhar mais lá. Quando contei para ele, ficou um tempo em silêncio, sério.

— Vou tratar o mais rápido possível de conseguir uma verba para reerguer o teatro. Assim vocês podem ter um espaço para trabalhar com os garotos fora das Unidades. Vai ser bom para vocês e para eles.

Aquilo me confortou.

— Espero que você consiga logo! Agora eu preciso encontrar uma outra pessoa para substituir o Zeno.

— Quem?

— Não tenho a menor ideia, mas há de aparecer! Vou pensar, dar uma pesquisada.

— Por que você não procura uma atriz?

— Será? Não sei, gosto de ter um homem trabalhando junto. Uma visão feminina e uma masculina, dá uma equilibrada.

— Mas as mulheres sabem lidar melhor com certas situações, como a de ontem... São mais ponderadas, mais condescendentes, mais flexíveis...

— É, pode ser... vamos ver...

— Estou com mil ideias Anna, formatando um projeto que você vai gostar, tenho certeza. Um projeto grande, abrangente, que vai mudar muito a forma de trabalhar com os internos aqui dentro, e o teatro será parte integrante do projeto!

— Que bom! Conte comigo!

— Logo, logo vamos nos reunir para falar sobre isso!

— Nossa, já estou curiosa!

— Ótimo. Já vou então! Levantei, dei um beijo nele e fui saindo.

— Assim que encontrar a atriz me avise!

Eu ri, e saí. Ele queria, mesmo, uma mulher trabalhando comigo. Mas quem poderia ser?

12.

A pessoa certa

Havia três

semanas que estava trabalhando sozinha. Quando podia, o Agenor me dava apoio. Não era fácil, muitas vezes eu ficava extenuada mesmo. Mas o Kung Fu, o Tai Chi Chuan e a Federação Espírita renovavam minhas forças. Uma das coisas que mais me distraía era jogar pôquer. Eu adoro jogar pôquer. Aliás, existe jogo melhor para um ator? O jogador representa o tempo inteiro! E ganha o jogo quem souber interpretar melhor, convencer mais, porque no pôquer não se ganha tendo jogo, mas blefando! Eu tinha um grupo fixo que todos os sábados se reunia para jogar, cada vez na casa de um. Naquela época, eu morava numa casa, o que me permitia jogar até o amanhecer, sem me preocupar em incomodar vizinho algum. O grupo era grande, jogávamos o pôquer texano. Duas cartas para cada jogador e cinco cartas na mesa, que iam sendo descobertas. O jogador podia utilizar no máximo três cartas da mesa para fazer seu jogo. Era uma delícia!

    O grupo era composto por amigos: Luiz Fernando, que era dono de quase todos os franchisings do Boticário em São Paulo e revendedor exclusivo dos produtos para todo o estado; A Tereza, uma das proprietárias da IOB — Informações Objetivas; a Célia, a primeira mulher a ocupar o cargo de superintendente num banco; a Cida, uma renomada advogada; a Salma, que depois veio a ser reitora da PUC; a Ângela, uma grande publicitária — quem, aliás, me apresentou o Nazih, seu cunhado; o Eduardo, um empresário bem-sucedido; a Glorinha, professora aposentada, mas de família rica, e o Jacques Lagoa, ator como eu. Eu e ele éramos sempre os últimos a chegar, porque íamos depois do espetáculo e o jogo começava mais cedo. Nós éramos muito metidos mesmo, porque vivendo de teatro não era para estarmos numa mesa de pôquer junto a pessoas com poder de cacife tão alto. Mas a gente se divertia muito e, como bons atores que éramos, raramente saíamos de lá sem haver ganho no jogo! E, como tudo se conversa numa mesa de pôquer, além de jogar propriamente, eu falava do meu trabalho na Febem. E contei ao grupo que estava à procura de alguma atriz para me ajudar lá, no trabalho.

Grupo de pôquer é muito unido. Um sempre estava pronto a dar uma força para o outro, quando necessário. A Tereza, por exemplo, logo depois que a TV Tupi fechou as portas, me convidou para criar um teatro, enfocando a renovação de assinaturas dos boletins IOB para uma convenção, cujo público eram as próprias renovadoras. Eu criei o espetáculo "Renovar é viver!", que fez o maior sucesso na convenção. Já o Luiz Fernando me pediu para escrever uma peça de teatro que treinasse os futuros donos de *franchisings* do Boticário. Também escrevi, dirigi e atuei no espetáculo "Espelho, espelho meu!", que também fez muito sucesso e foi repetido algumas vezes no interior de São Paulo e na capital. Graças a esses trabalhos, acabei mais tarde me especializando em dramaturgia empresarial, fundando a VTeatro Produções, empresa de Comunicação Empresarial Diferenciada, onde desenvolvi mais de vinte produtos artísticos para a área empresarial, juntamente com a Cléo Ventura, também atriz e minha sócia durante treze anos consecutivos.

Quem joga pôquer sabe o poder que os parceiros têm, de se ajudar mutuamente, fora do jogo evidentemente... Então, entre uma rodada e outra, coloquei minha necessidade de encontrar urgentemente uma pessoa para trabalhar comigo na Febem. Contei que já havia contatado vários atores, atrizes e diretores, sem chegar a alguém que tivesse o perfil certo. Aí, o Jacques, que tinha trabalhado no Teatro Popular do Sesi, como eu, lembrou da Silvinha Borges, uma excelente atriz. Jacques lembrou, inclusive, que ela era assistente social. Atriz e assistente social? *Royal Straight Flush*!!! Foi realmente uma luz! Só que nem ele nem eu tínhamos o telefone dela. Mas isso não seria difícil conseguir!

Como jogávamos até o amanhecer e depois íamos tomar o café da manhã num hotel, naquele domingo fui dormir tarde e acordei mais tarde ainda. Meu relógio biológico funciona bem assim: dormindo tarde e acordando tarde. Eu fico ótima! De manhã sou uma ameba... Muito tempo fazendo teatro! Os atores não costumam jantar antes de fazer espetáculo, só depois. E aí, até fazer a digestão, nosso horário de dormir é lá pelas duas, três horas da manhã. Nesse ritmo, não dá para levantar cedo mesmo! Mas quando é necessário, temos que nos adaptar e produzir, mesmo que seja pela manhã. Gravações de novela, em São Paulo, começam cedo. No Rio, só a uma da tarde. Ator que trabalha no Rio é mais feliz!

Naquele domingo então, acordei às 15 horas, com o firme propósito de encontrar o telefone da Silvinha. Liguei para um, liguei para outro e ninguém tinha o telefone dela! Silvinha tinha feito muito sucesso em 1970, com a peça "Bonitinha, mas Ordinária" de Nelson Rodrigues, dirigida pelo Antunes Filho. Só que ela andava meio afastada do meio artístico. Realmente não estava fácil localizá-la. Enfim, o domingo estava terminando e, no dia seguinte, teria que iniciar mais uma semana de trabalho, sozinha. Mas como as coisas acontecem de maneira incrível quando você começa e projetar uma vontade firme no astral, às 11 horas da noite, o telefone tocou. E era a Silvinha, dizendo que estava sabendo que eu precisava de alguém para trabalhar junto comigo na Febem e ela estava muito a fim!

Eu tinha convivido bastante com a Silvinha, na época em que fazia a peça "Caiu o Ministério", no Teatro Popular do Sesi, onde o Antônio Natal, ex-marido dela, também atuava. Nós nos reuníamos muito na casa de meu saudoso amigo Benjamim Cattan, ator e diretor, responsável por minha contratação na TV Tupi, que também integrava o elenco. Sempre gostei da Silvinha. Era bem-informada, inteligente, uma cabeça pensante. E tinha um ótimo temperamento, estava sempre sorridente e bem-humorada. Conversamos um tempão ao telefone, sobre o trabalho que eu estava desenvolvendo com os garotos e como era o ambiente lá dentro. Falei sobre o Nazih, contei a história do Zeno e falei dos grupos da UE-JOV. Ela contou que até bem pouco tempo estivera fazendo trabalhos teatrais com fundo social — experiências maravilhosas nas comunidades carentes. Tudo se encaixava! Combinamos de nos encontrar na Febem, logo pela manhã, no dia seguinte. Fiquei muito contente e fui dormir com uma sensação de leveza, de alívio, parecia que um fardo de várias toneladas tinha sido retirado de minhas costas.

Dormi o sono dos anjos. Sonhei que estava viajando por uma galáxia, numa espécie de nave espacial. Eu flutuava com a falta de gravidade, impulsionava meu corpo para cima e para baixo, girava, dava cambalhotas, brincando e me divertindo feito criança. Ouvi a voz de alguém que me chamava para ir até uma janela. Eu não conseguia ver ninguém, só escutava aquela voz forte e potente me falando para olhar pela janela. Fui, abri a janela da nave, senti uma brisa suave no rosto e comecei a olhar no horizonte. O que vi foi deslumbrante! Muitas estrelas, uns cometas que passavam deixando um rastro dourado pelo céu, de cor azul marinho. Via outros planetas, uns tinham anéis coloridos ao redor: anéis verdes, amarelos e lilases. Então, um astronauta que vestia uma roupa dourada, cheia de lantejoulas brancas, brilhantes, veio se aproximando até chegar bem perto da janela. Vi que era uma mulher com imensos olhos azuis. Sorriu para mim, seus dentes eram transparentes e translúcidos. Levantou a mão direita e virou a palma para mim, num gesto que parecia uma transmissão de energia. Depois se afastou, deixando um cheiro forte, que parecia o cheiro da flor dama-da-noite. Fechei os olhos e comecei a respirar aquele ar perfumado. Acordei sentindo aquele cheiro pelo quarto. Olhei o relógio: 5 horas da manhã. Dormi de novo, com uma sensação tão gostosa, tão agradável, que fez com que, no dia seguinte, acordasse como quem tivesse descansado horas e horas seguidas. Estava completamente descansada e revitalizada, pronta para começar um novo dia de trabalho com a perspectiva de ter, para me auxiliar, a pessoa certa.

13.

Mãos à obra

Daria aula

para o grupo do Saulo naquele dia. A Silvinha iria me encontrar lá. Deixei seu nome e número de RG, liberei a entrada dela e solicitei que a acompanhassem até a UE-JOV. Eu havia combinado com os garotos que escreveria um roteiro para que desenvolvessem o diálogo e a ação dramática.

O roteiro criado foi o seguinte:

Um pai milionário, cansado de tanto trabalhar, exausto da vida desgastante na cidade, estava se despojando de todos os bens e indo morar com a esposa numa cidadezinha do interior. No entanto, não queria ir sem antes transferir sua imensa fortuna, fruto de seu trabalho de anos e anos a fio, para um de seus filhos. Como não sabia qual o real merecedor dessa fortuna, tinha resolvido fazer uma reunião com todos os filhos, para formular algumas perguntas e ouvir suas respostas. Quem, ao responder, se mostrasse mais interessado, mais competente, mais digno de ser seu herdeiro, ficaria com tudo. Um conselho estabelecido, o ajudaria a analisar e a decidir.

Cheguei à sala e o grupo do Saulo já estava lá — todos muito bem-dispostos. Contei a novidade a eles, que estava chegando uma atriz que, possivelmente, iria substituir o Zeno. Falei um pouco sobre a Silvinha, como profissional e como pessoa, eles concluíram que iria ser bom ter mais uma mulher ensinando nas aulas de teatro.

Estávamos acabando de conversar, quando a Silvinha entrou toda sorridente, com aquele seu jeitinho meigo e jovial. Depois das devidas apresentações, deixei que conversassem com ela, que fizessem perguntas para haver um primeiro entrosamento. Ela contou um pouco de sua trajetória de vida e se mostrou bem à vontade diante do grupo. O Saulo foi muito simpático com ela também, lhe dando as boas-vindas.

Mãos à obra, começamos a trabalhar. Convidei a Silvinha para participar daquele exercício conosco. Coloquei-a a par do roteiro. O Saulo mostrou-se disposto a fazer o papel do pai. Ficaram então: seis filhos, cinco conselheiros e o pai — ao todo, doze participantes.

Por sorteio, os filhos seriam: Sidney, William, Geva, Marcelinho, Richardson e Fabiano. Os conselheiros: Clayton, Mauro, Esquisito, Lorimar e Maicon. Conforme o combinado, Saulo seria o pai milionário.

Eles queriam saber como o pai havia enriquecido. Colocamos o caso para discussão. Por consenso, o pai tinha ficado milionário, abrindo vários supermercados no Brasil todo. Ficou combinado, também, que a fortuna era de dez milhões de cruzados (na época, a moeda corrente nacional).

Montamos uma sala com as carteiras, duas cadeiras e uma mesa. Todos se acomodaram. Relacionei sete perguntas que deveriam ser respondidas por todos:

Qual a primeira coisa que vai fazer ao receber o dinheiro?

Pretende abrir algum tipo de negócio? Se a resposta for afirmativa, que negócio?

Que tipo de vida deseja viver, sendo milionário?

Dará algum dinheiro para os irmãos? Se a resposta for afirmativa, quanto para cada um?

Doará algum dinheiro para obras de caridade? Se a resposta for afirmativa, para quais?

O pai, aposentado, precisará receber uma mesada para se manter. Quanto pretende dar ao pai?

Você acredita que será uma pessoa feliz, tendo bastante dinheiro?

Os "filhos" saíram da sala. Saulo, o pai, se inteirou das perguntas. Reuniu-se com o conselho para adotar critérios de votação. Tudo muito organizado. Depois, colocou-se numa cadeira que ficava em frente de seis carteiras, a serem ocupadas pelos filhos. O conselho ficou sentado ao lado, entre a cadeira do pai e a dos filhos. Tudo estabelecido, os filhos entraram. Espontaneamente, todos foram beijar e tomar a benção do pai e também cumprimentar cada um dos conselheiros.

O pai convidou todos a se acomodarem nas carteiras e explicou o porquê da reunião. Deu então início à sessão de perguntas. Todos estavam com um ar circunspecto. Eu tive até vontade de rir da cara séria e compenetrada de todos. Eu e Sílvia nos entreolhamos e ficamos sérias também.

Saulo consultou o conselho e começou a fazer perguntas. As respostas foram as mais variadas. E o mais interessante é que eles não se viam como personagens do roteiro, mas como si mesmos. As respostas eram dadas de acordo com esse sentimento.

Eu e a Silvinha não interferimos, deixando-os livres para criar e improvisar. Eles se olhavam, se desafiavam com ares arrogantes, ora bajulavam o pai, ora o chantageavam. Era muito interessante de se ver, aqueles garotos eram mesmo imprevisíveis.

O Sidney foi o primeiro a responder. Disse que a primeira coisa que faria seria comprar uma mansão para morar, depois um carrão e depois muitas roupas e muitos tênis. Depois viajaria para conhecer o Brasil todo. Iria de carro, parando em todas as cidades. E, curiosamente, sozinho, para não ter ninguém ao seu lado "enchendo o saco"— afirmou com convicção. Não daria nada aos irmãos, teriam de trabalhar para ganhar o próprio sustento. Doaria dinheiro para os albergues de mendigos. Ao pai, daria 10 mil cruzados por mês. Deixou claro que não mais trabalharia, pois o dinheiro seria muito e daria para a vida toda, disse que levaria uma vida boa, com muito divertimento e seria bem feliz.

O segundo foi o Geva. Disse que logo viajaria pelo mundo todo, durante bastante tempo, e que só depois disso pensaria no que fazer com o dinheiro. Pretenderia ir de avião, de navio e também de moto. Só daria dinheiro ao pai: 5 mil cruzados por mês, porque o pai já estava velho e não precisava de muito dinheiro para viver. Falou que teria lindas namoradas, de todos os tipos e que seria o homem mais feliz do mundo!

O terceiro a responder foi o William. A primeira coisa que o William faria seria comprar casa para a família toda, incluindo o pai, a mãe e os irmãos. Doaria dinheiro ao Santos Futebol Clube, para a compra dos melhores jogadores, a fim de que fosse campeão de todos os campeonatos. Casaria com a namorada, compraria um caminhão e um... trailler (ajudamos a dizer o nome corretamente) para morar na estrada e conhecer um montão de lugares. Daria dinheiro para ajudar as prostitutas do cais a melhorar de vida. Ao pai, daria também 5 mil cruzados por mês. Disse que já era feliz pobre e, com dinheiro, seria mais feliz ainda, porque poderia viver sem preocupação.

O quarto foi o Marcelinho. Marcelinho pensou, pensou e falou que daria dinheiro para a família ficar bem de vida, também ajudaria o pessoal da favela onde morava, construindo casas pra poderem sair de lá. Estudaria para ser piloto, compraria um avião, o encheria de mina bonita e voaria pelo mundo. Depois formaria um conjunto de pagode. Ao pai, daria 20 mil cruzados por mês, seria mais feliz rico do que sendo pobre.

O Saulo, como pai, anotava tudo e conversava baixinho com os conselheiros. Percebi que o Fabiano prestava muita atenção nas respostas e ia ficando, propositadamente, por último.

O quinto a responder foi o Richardson. Ele falou que a primeira coisa que faria seria comprar o time do Corinthians e mudá-lo todo. Seria o treinador e faria com que o time ficasse sempre em primeiro lugar.

O William foi logo dizendo que o Richardson estava imitando-o. Começou um ligeiro bate-boca que foi logo interrompido por mim. Eu disse que cada um tinha liberdade de fazer o que quisesse com o dinheiro, que ninguém podia criticar. O Richardson continuou dizendo que daria dinheiro às crianças da família dele, para estudarem nos melhores colégios e comprarem boas roupas. Que levaria a avó doente para se tratar num hospital bacana. Compraria um carrão para poder fazer bonito às minas do bairro. Iria formar-se advogado, depois compraria um sítio, uma casa na praia e construiria uma "casona" para toda a família, no lugar mais bonito do bairro. Teria piscina, churrasqueira, campo de futebol e salão de festas para realizar muitas festanças. O pai poderia, todos os meses, pedir a ele o dinheiro que quisesse. Seria muito feliz tendo bastante capital, para realizar todos os desejos.

Por fim, o Fabiano começou a responder as perguntas. Disse que a primeira coisa que faria seria abrir um supermercado no bairro, depois em outros bairros para poder ganhar mais dinheiro ainda. Ajudaria os meninos de rua, abrindo uma escola de graça para todos que quisessem estudar, pagaria bem os professores. Daria dinheiro e casa para a mãe, para não precisar depender do marido. Procuraria uma clínica bacana para internar-se e largar o vício. Depois terminaria os estudos e se formaria médico. Não sabia se seria mais feliz com bastante dinheiro, mas tinha certeza de que viveria bem melhor. Daria tudo o que o pai quisesse porque ele tinha trabalhado muito e merecia.

Fabiano tinha sido astuto, perspicaz. O Saulo pediu um tempo, conversou com o conselho e, claro, resolveu deixar toda a fortuna para o Fabiano, porque continuaria no mesmo ramo, abrindo supermercados e honrando o nome do pai. Também porque usaria o dinheiro abrindo escola para os meninos de rua, e porque sentia que seria mais bem amparado por esse filho, já que reconhecia o quanto e duramente seu pai trabalhara a vida toda. Por isso julgava merecer uma velhice mais tranquila.

Houve contestação por parte dos outros, porque todos acharam que Fabiano foi deixando para responder por último, objetivando fazer uma boa argumentação e conquistar o pai. Houve mais um ligeiro bate-boca, Fabiano defendia-se das acusações e nós resolvemos colocar isso em questão. O pai e o conselho voltaram a se reunir. Por fim, o pai decidiu que daria a maior parte da fortuna ao Fabiano mesmo. Porém, queria que ajudasse o Richardson a se formar advogado e que desse dinheiro aos irmãos, se quisessem estudar também. Fabiano concordou em fazer isso.

Perguntamos quais tinham sido os critérios para a decisão. Os garotos do conselho disseram que os outros estavam mais a fim de torrar o dinheiro do pai e de se divertir, que não fariam nada de útil com a grana. O Saulo, todo imponente, disse que levou em conta a vontade de trabalhar e de estudar. E também de dar ao pai o que ele merecia. Assim, o exercício terminou.

Perguntei se tinham gostado da aula e eles disseram que havia sido uma das melhores. Mas saíram meio sérios, meio pensativos. Entendi que, com o exercício, tinham pensado melhor na sua própria condição de vida e na realidade em que viviam.

Silvinha achou que tinha sido bem legal e que aquela reação deles era perfeita, já que tínhamos estimulado todos a pensarem numa perspectiva diferente de vida, por terem recebido herança de um pai rico, que possibilitaria dinheiro e poder.

Na saída, Silvinha quis dar uma olhada na UE-JOV. Mostrei as dependências que conhecia e tinha acesso. Disse que já havia solicitado uma sala para que pudéssemos nos situar. Ela ficou impressionada com aquele pátio cheio de garotos, e também com a aparência deles, todos já com cara de homens.

Não vi a Cleusa, diretora, por lá, mas também se a visse, não apresentaria a Silvia, sem antes falar com o Nazih.

Fomos almoçar. Durante o almoço, comentamos o exercício teatral realizado. Era bem evidente que todos priorizavam a morada, a ajuda à família e também o direito ao prazer. O sonho era viajar, ter namoradas, viver bem, consumir, mudar o status de vida. Também aparecia a paixão pelos times do coração e alguma ação caridosa. Três demonstraram vontade de estudar, mesmo depois de estarem milionários. E o Fabiano assumiu que tinha problemas com drogas e que estava a fim de se livrar do vício. Com dinheiro, poderia internar-se numa boa clínica de recuperação.

Eu já tinha aprendido que precisava filtrar bem o que eles falavam, porque não representava inteiramente a verdade. Eram bem dissimulados, na maioria das vezes, prevenidos, pelo aprendizado dos códigos de malandragem das ruas, a não se exporem com muita facilidade. Mas mesmo assim percebia quando estavam sendo sinceros. O teatro estava abrindo caminhos para que, aos poucos, se formasse um elo de confiabilidade entre todos nós.

Silvinha estava muito estimulada a ir fundo nesse trabalho. Ela era muito visceral, passional mesmo. O que era muito bom para contrabalançar comigo, que era mais cerebral, mais racional. E a nossa união poderia convergir para um trabalho equilibrado pela emoção e pela razão.

Após o almoço fomos falar com o Nazih. Ele foi solícito, gentil e demonstrou ter gostado muito da Silvinha

— Viu, Anna? Uma atriz e ainda assistente social. Melhor do que você queria!

Expliquei para a Silvinha que o Nazih queria que eu trouxesse uma mulher, uma atriz para me ajudar. E ele acabou por dizer que sendo ela uma assistente social, em havendo vaga, poderia contratá-la na função. Tudo o que um ator deseja é, dentro de sua profissão, ter segurança financeira para organizar sua vida e poder pagar suas contas no final do mês.

Silvinha saiu da sala do Nazih muito feliz e eu também, por tudo ter dado certo. Naquele momento, dava início uma parceria que produziria excelentes frutos!

14.

Ampliando horizontes

Nazih tinha

total razão. A vinda da Silvinha para trabalhar comigo tinha dado super certo. Ela era muito positiva, conhecia bem a problemática daqueles menores internos e mostrava-se cada vez mais dedicada ao trabalho. Apresentei-a para a Cleusa, que a recebeu educadamente, mas sem nenhuma afetividade. Agenor, ao contrário, gostou da Silvinha logo de cara, foi muito receptivo e, bem depressa, começaram a se dar bem.

Nós fizemos muitos exercícios teatrais na UE-JOV e os garotos começaram a se adaptar ao nosso método aberto e descontraído de trabalhar. Abordávamos assuntos variados: educação, cultura, televisão, namoro, noivado, casamento, família, nudez feminina e masculina nas revistas, comunidade, locais para diversões em geral, animais de estimação, escola, sonhos e desejos, momentos que marcaram a vida... Nessa etapa, evitamos falar de sexo, política e religião. Eles estavam mergulhando num processo bem interessante: pensavam, refletiam e se expressavam mais livremente.

Resolvemos, um dia, enfocar o trajeto das drogas: o início, o uso, implicações e sequelas. Eles se ligaram muito quando abordamos os aspectos vício adquirido e a dificuldade de se afastar dele. Consideravam os traficantes e suas quadrilhas como sendo suas verdadeiras famílias, demonstrando extrema ligação à segurança que isso lhes dava. Tivemos reações muito impactantes. Uma vez um garoto de um dos grupos, o Claudiney, teve um acesso de choro e quase entrou em desespero quando se identificou com um dos personagens da história. A cena mostrava a degradação de um garoto que perdia sua identidade, sua namorada, deixava sua casa, os estudos, os amigos e se perdia no consumo irrefreável de *crack*. Felizmente, quando íamos teatralizar assuntos muito contundentes, nos cercávamos do apoio da área de psicologia. Nesse dia, além do Agenor que era psicólogo, estavam também mais duas psicólogas que atuavam na UE-JOV.

Foi difícil e demorado segurar o Claudinei e dar um pouco de tranquilidade e conforto a ele, naquele momento. Os demais integrantes do grupo, por conhecer de perto essa problemática, foram solidários com ele. Foi um momento de grande tensão e, ao mesmo tempo, de grande emoção. Nesse dia, como sempre, tivemos alguns funcionários assistindo à aula.

Depois de tudo harmonizado, conversamos muito sobre o prejuízo que as drogas causavam na vida de um indivíduo. Todos saíram muito sensibilizados da aula. Eu e Silvinha também ficamos muito impressionadas com aquela realidade cruel que cercava aqueles menores. Uma coisa era ter conhecimento, outra era vivenciar de perto.

Nossas aulas estavam sendo muito produtivas e o Agenor nos acompanhava quando podia. Depois de algumas semanas, o Nazih contratou um músico e compositor brasileiro, de família americana e que tinha morado um bom tempo nos Estados Unidos, o Robert, para dar aulas de música para os garotos. Ele era também uma pessoa muito bacana e logo se juntou à nossa equipe, incrementando algumas cenas com efeitos musicais.

Depois de quase dois meses de trabalho em conjunto, ampliamos nossa atuação à UE-3. Os menores foram muito comunicativos e espontâneos logo de início, e começamos a desenvolver muitos exercícios com eles, alguns inspirados nos que já tínhamos realizado na UE-JOV, mas adaptados a uma população bem mais jovem e menos agressiva, embora também envolvida com drogas, pequenos delitos, desajustes emocionais e desagregação familiar. Tínhamos ótima acolhida por parte da diretora da Unidade, que já havia solicitado que eu fizesse teatro ali, sentia-me gratificada por estarmos trabalhando no local. Os funcionários eram bem interessados e, frequentemente, tomavam parte de nossas ações teatrais.

Já que todos estavam mais familiarizados com as nossas aulas, tive a ideia de realizar um exercício interessante: trazer autoridades (personagens) para conversar com os meninos. Consultamos as bases da Unidade, Thaís, a diretora, em primeiro lugar, e foi dada permissão. Com isso, ficamos devidamente respaldados.

Avisamos nossos alunos que iríamos trazer até a UE-3, uma assessora do governador de São Paulo, a secretária da Promoção Social e o presidente da Febem, para terem uma conversa franca e aberta com eles. Estabelecemos a data e orientamos todos a pensar no que iam dizer ou perguntar aos ilustres visitantes.

Foi disponibilizado um espaço mais adequado, um pouco maior, mas mesmo assim insuficiente para que coubessem todos os grupos. Decidimos, em comum acordo, que cada grupo indicaria quatro representantes para falar com as autoridades. Eram cinco grupos, portanto dava um total de vinte participantes, além de alguns monitores e da diretora. Eu mediaria o encontro.

Chegado o grande dia, todos estavam muito ansiosos e nervosos. Armamos um cenário com uma mesa grande e três cadeiras, para acomodar as autoridades. Ao lado da mesa, uma carteira, onde deveria sentar o menino que fosse dirigir-se às autoridades. Colocamos também cadeiras para formar uma plateia. Já tínhamos combinado que cada um teria, no máximo, três minutos para falar, e a réplica também teria de ser três minutos. Com a participação da plateia, que com certeza aconteceria, estávamos calculando que o exercício duraria umas duas horas.

O início da atividade estava marcado para 9 horas da manhã. Às 7h30, já estávamos dentro de um banheiro da unidade que tínhamos transformado num camarim. Levamos algumas peças de roupa de casa para fazer o figurino. O monitor André, que havia participado de espetáculos com a Mara, monitora, era nosso conhecido e seria o presidente da Febem. Estava de calça e camisa brancas, paletó preto, gravata creme, sapatos pretos, óculos e usava um relógio grande e dourado. Passou gel no cabelo, um pouco de perfume que tinha trazido também e assumiu um ar bem austero.

A Mara era a assessora do governador e estava com uma saia em tecido xadrez, blusa preta, sapatos creme, de salto alto, xale bege e chapéu com um enfeite preso de lado. Trazia uma pasta preta.

A Silvinha era a secretária de Promoção Social e estava de vestido preto, xale dourado, chapéu com uma redinha preta que descia um pouco pela sua testa, óculos escuros, bolsa, botas pretas e com uma piteira. Tinha um ar de *vamp* dos anos 30.

Todos iriam com papel e caneta para anotar tudo que fosse preciso. Ajudei na escolha e criação dos figurinos e tive vários acessos de riso enquanto se aprontavam.

Eu estava de Anna mesmo, só que com uma roupa mais transada para mediar o acontecimento.

Tínhamos tido alguns encontros antes, para acertarmos e ensaiarmos o comportamento de cada autoridade. Precisariam de muito jogo de cintura para poder responder seriamente às perguntas e argumentar com os garotos. Seria conveniente que estimulassem a plateia a interagir.

Estávamos todos muito ansiosos e nervosos, parecia uma estreia de teatro, só que o texto rolaria na hora e ninguém sabia no que tudo aquilo iria dar. Combinamos de levar a sério até o fim, por mais custoso que fosse — sem rir ou sair dos personagens.

Todos prontos. Sem que ninguém os visse, ficaram escondidos no banheiro, com a porta fechada e encostados nela, para ninguém abrir, porque de acordo com o regulamento interno, não era permitido trancar portas com chaves.

Saí para ver como andavam as coisas. Notei um frisson geral. Os garotos estavam quase instalados na sala. A diretora para lá e para cá. Perguntei quem ficaria na plateia, além de alguns garotos selecionados dos nossos grupos. Ela me contou que havia convidado um psicólogo, uma psicóloga, duas assistentes sociais, dois monitores, duas monitoras mulheres, e que ela também estaria lá.

Eu tinha levado um gravador com uma caixa de som, para reproduzir uma fita cassete da trilha sonora feita lá em casa mesmo. Havia uma música grandiosa de abertura e outras que dariam musicalidade a alguns momentos do encontro.

Foram todos se ajeitando no espaço. Muito falatório, até que pedi silêncio. Fiz uma ligeira abertura, ressaltando o fato inédito de estarmos recebendo, para uma conversa aberta e franca, três pessoas muito importantes e atuantes na elaboração dos programas que conduzem a infância e a juventude no estado de São Paulo. Disse, ainda, que seria uma honra para todos nós da Febem, podermos nos dirigir àqueles dignos e nobres convidados. Pedi silêncio total. Falei:

— Que entrem o presidente da Febem, a assessora do governador e a secretária da Promoção Social.

Antecipadamente, já havia combinado com dois garotos que um apagaria as luzes e o outro ligaria o gravador com a música de abertura. Com as luzes apagadas, ouviu-se a música vibrante de abertura. As autoridades (os atores) entraram em cena.

Como não se conseguia um completo blecaute, deu para ver quando chegaram à mesa. Dei sinal para que as luzes fossem acesas. Todos se depararam com aquelas figuras, típicas de um filme do Fellini. Mas, incrível, ninguém riu, ninguém questionou nada. Houve um silêncio total. E, naquele momento mágico, que só o teatro pode proporcionar, todos se envolveram na proposta cênica e se entregaram como se tudo fosse verdade. Os atores estavam sérios e compenetrados. Cada um falou solenemente, mas de maneira direta e comunicativa, dirigindo-se a todos os presentes.

Olhei para a diretora e seus colaboradores. Estavam completamente inseridos no jogo teatral. Perguntei quem seria o primeiro a fazer perguntas. Veio um garoto bonito, de uns treze, quatorze anos, musculoso, com cara de bem nutrido, sorriso meio irônico, com ar de superioridade. Sentou-se na carteira, em silêncio. Pedi que dissesse seu nome e há quanto tempo estava na Febem. Ele respondeu baixo, com uma voz meio velada:

— Altamirando. Estou há seis meses aqui na Febem, pela terceira vez.

— Altamirando, pode fazer sua pergunta ao Presidente da Febem.

— Quando é que eu vou sair daqui?

André respondeu:

— Eu não posso precisar isso para você. Mas garanto que assim que merecer a liberdade, estará de volta à sua casa.

O garoto reagiu com cara de descrente.

— Continue, — falei —, agora faça sua pergunta à assessora do governador!

— Por que proibiram minha mãe de vir me visitar?

Mara respondeu:

— Não sei exatamente, mas posso apurar e depois lhe darei uma resposta concreta. Você tem ideia do motivo que impediu a visita de sua mãe?

— Não sei, não! Eu cansei de perguntar, mas ninguém fala nada!

Ficou um clima. Perguntei:

— Alguém da Unidade quer falar a respeito? A diretora Thaís levantou-se e disse:

— Altamirando, quem disse a você que sua mãe estava proibida de vir visitá-lo?

— O senhor que fica com a gente.

— Sabe o nome dele?

— Sei, é o seu Murilo.

— Bom, eu prometo a você que vou averiguar o que está havendo e darei retorno a respeito, certo? — afirmou a diretora.

— Certo, senhora.

Ficou claro que ela não sabia do ocorrido e aproveitou a oportunidade para apurar. Continuei:

— Agora, pergunte à secretária da Promoção Social!

— Se eu ainda não for solto, posso passar o Natal fora daqui?

Silvinha foi diplomática:

— Eu vou verificar essa possibilidade, primeiro com a direção daqui da Unidade, para ver como anda seu comportamento. Depois com o juiz, para ver se é possível. E dirigiu-se à plateia onde estavam os colaboradores da UE-3:

— Ele anda bem comportado?

Silêncio total.

— Ninguém pode me responder se o Altamirando anda aprontando alguma coisa ruim por aqui?

A diretora pronunciou-se:

— Os monitores que cuidam dele não estão presentes, mas se algo de ruim estivesse acontecendo, eu saberia.

Aí, uma voz falou lá no fundo:

— Ele anda dando porrada em todo mundo lá no pátio!

Outro clima. Silvinha, que não tinha entendido direito, disse:

— Pode repetir? Não entendi. Melhor quem estiver falando, se levantar para que possamos ver quem é.

Ninguém mais falou. Silvinha, escolada, insistiu:

— Nós estamos aqui para ajudar vocês, não tenham receio de se expressar, de falar o que desejam!

Mais um pouco de silêncio.

— Falem! Não sei se haverá outra oportunidade de virmos até aqui para escutar vocês! Não tenham medo! Podem falar! — insistiu Silvinha, como secretária da Promoção Social.

Um garoto do fundo da plateia levantou-se, falando:

— O Altamirando aí, vive revoltado porque de noite uns monitores fazem ele de mulher. Aí fica nervoso e, no dia seguinte, dá porrada em tudo quanto é garoto. Já tirou sangue de uma dúzia!

Aí ficou uma situação bem esquisita mesmo.

A diretora levantou, olhou para o menino e disse:

— Seu nome?

Então, antes que ele respondesse, resolvi encarar um confronto entre os dois.

— Por favor, venha até aqui à frente para que possamos conversar melhor.

Ele não vinha.

— Pode vir, tornei a dizer.

Ele veio. Recebi o garoto com carinho e um sorriso:

— Obrigada por trazer informações importantes. Seu nome?

— Tonhão.

O menino era negro baixinho e gordinho, devia ser uma das vítimas do Altamirando. Pedi à diretora que também viesse à frente. Os dois ficaram em pé, frente a frente.

— Pode contar à diretora o que está havendo.

— Bom... o Altamirando quase quebrou meu nariz. Olha só a marca! E mostrou um machucado cicatrizando, bem visível até.

Silvinha interveio:

— E por que aconteceu isso?

— Já falei.

— Fale de novo, eu quero ouvir melhor — disse a diretora.

Ele baixou a cabeça, depois olhou para o Altamirando e disse:

Ele fica sendo usado como mulher de noite e depois desconta na gente.

— Isso é verdade? — disse a diretora, olhando para o Altamirando.

— Não é não! — respondeu ele. — Este cara é um mentiroso, frouxo. Ele é que vive desandando por aí!

Desandar, na gíria deles, era servir de mulher para outro homem.

— Mentira! — retrucou o Tonhão. — Ele tá com medo de falar!

— Pode falar, estamos entre pessoas nas quais pode confiar — falou a Silvinha.

— Se eu contar, apanho até sangrar! — disse o Altamirando, com cara de pavor mesmo.

A diretora disse mansamente:

— Se você não me contar o que está havendo, não vou poder tomar providências para punir os responsáveis por esses atos absurdos, que não podem acontecer aqui dentro!

Se desse para pesar o clima no momento, deveria ser de muitas toneladas. Altamirando começou a chorar. Silvinha interferiu, como assistente social que era:

— Vamos fazer o seguinte, depois de nosso encontro, falaremos em particular com você, está bem? A diretora estará junto e você vai dizer tudo o que está se passando, com calma e serenidade. Está bem assim?

Ainda chorando, ele fez que sim. Então, falei amenizando a situação:

— Agora pode voltar ao seu lugar e fique tranquilo Altamirando, tudo vai ser resolvido. Foi muito bom ter você falando aqui conosco.

Era visível a reação de perplexidade da diretora, que se sentou em seguida.

Eu só não sabia se era porque ela não tinha conhecimento mesmo do que ocorria por lá, ou se porque o Tonhão e o Altamirando tinham exposto uma das chagas ocultas daquela Unidade. Dei sequência:

— Pode vir o segundo garoto!

O segundo era o retrato do desalento: magro, amarelado, com falhas na dentição superior, olhos tristes, meio cabisbaixo. Também se sentou em silêncio.

— Seu nome e há quanto tempo está aqui?

Para surpresa nossa, ele falou com um timbre de voz firme e forte:

— Messias. Faz quatro meses que tô aqui. É a primeira vez que me trouxeram pra Febem.

— Pode fazer sua primeira pergunta para a assessora do governador, Messias! — eu disse.

— Por que não tem colchão dos bom pra todos os manos daqui?

— Como assim, Messias?

— É que pra uns pouco tem colchão coisa chique, mas pra maior parte só geringonça!

— Vocês não dormem no mesmo tipo de colchão? — Mara perguntou, interpretando a tal assessora.

— Não senhora! Uns dormem no bem bom o outros tem que dormir em colchão tão duro que deixa a gente todo arrebentado no dia seguinte!

Thaís, a diretora da Unidade interveio:

— Messias, você está falando a verdade?

— Estou sim senhora!

— Assim que eu cheguei aqui, por causa de uma confusão que vocês armaram nos dormitórios, tivemos que trocar todos os colchões que tinham sido danificados. E eu tenho conhecimento de que foram adquiridos colchões muito bons!

— Olha senhora, eu não tive nada a ver com essa treta que armaram, não! Só sei que chegou pouco colchão que preste! — depois dirigiu — se à Mara e continuou:

— A senhora que veio pelo governador, pode ir lá nos dormitórios e levantar a verdade do que eu tô falando aqui!

Como a Silvinha percebeu que a Mara ficou sem ação, diante do que ela já devia saber, foi logo dirigindo-se à diretora da Unidade:

— O que o Messias está dizendo pode realmente estar acontecendo, senhora diretora.

— Preciso averiguar! Sempre achei que os colchões adquiridos para as Unidades fossem iguais e de boa qualidade!

— Desculpe a sinceridade, mas a senhora não tá por dentro das coisa ruim que acontece por aqui! Vou contá um caso dos que acontece toda a noite: os manos precisam tirá no par ou impar pra ver quem vai dormir nos colchão macio! Isso não é de direito!

A diretora, enrubescida, levantou e falou:

— Não é mesmo, você tem toda a razão, Messias! Eu vou verificar o que acontece de fato e prometo solucionar o que estiver errado.

— Tá certo senhora, isso vai ser bom pra nóis!

— Agora, quero perguntar uma coisa, por que vocês nunca falaram nada a esse respeito, nunca reclamaram?

Ele ficou em silêncio.

— Pode falar Messias! — incentivei.

— Ninguém aqui quer dá a cara a tapa, ninguém é loque de abrir o bico pra ficá ferrado!

"A 'máfia dos colchões' agindo", pensei. Nazih já havia me falado sobre isso. Na emergência, a troca de colchões era feita sem licitação e superfaturada. E, nesse caso relatado, fraudada. Messias continuou:

— Eu só falei agora porque essas autoridade vieram aqui ouvir nossa voz e vão dá pano pra gente!

Houve um silêncio e todos da mesa se entreolharam. Retomei:

— Pode continuar a perguntar, Messias!

Ele continuou, encarando o André, que interpretava o presidente da Febem.

— Sucede mais um grilo aí: tem dia que quando chega a nossa comida, a melhor parte sai fora.

— Como é que é? — perguntou o André.

— É isso mesmo seu presidente, tem dia que a gente vê que vem frango inteiro, batata frita, mas pra gente sobra só arroz e feijão.

Mais clima.

Silvinha, para amenizar um pouco a tensão, falou:

— Parece que tem gente mais faminta do que vocês por aqui!

— Mas a comida é nossa! Ou não é?

— Claro que é de vocês! E tenho certeza de que isso também não vai mais acontecer, não é senhora diretora? — Silvinha contemporizou.

— Não vai não, eu te afirmo.

— Sua pergunta para a secretária da Promoção Social, Messias! — falei para dar continuidade.

— Bom... a gente queria ter mais aula, pra aprender bastante.
— Vocês têm quantas aulas por semana?
Silvinha tomou a palavra:
— Umas duas, três só, quando tem.
— E quantas vocês gostariam de ter?
— Já que a gente fica aqui o tempo inteiro trancado, podia ter todo o dia, que nem na escola.
— Vamos providenciar para que isso ocorra, não é senhora diretora? — falou a Silvinha.
— Se tivermos mais verbas, mais apoio da presidência, com certeza que sim! — respondeu a diretora, firmemente.
— Vocês terão todo o meu apoio para isso! — falou o André, com a postura de presidente da Febem.
— E mais aula de teatro também. Pra mais manos que tão a fim — continuou Messias.
— Vamos falar com a equipe de teatro para atender mais gente. Vocês gostam das aulas de teatro? — a Silvinha aproveitou para dar uma equilibrada no clima.
— A gente gosta sim. E os outro manos que não vão querem ir também. A gente se diverte e aprende.
— Vamos providenciar, junto à direção da Unidade, para ampliar as aulas, tudo bem?
— Tudo bem, senhora.
— Agora, sua última pergunta para o Excelentíssimo Presidente da Febem — eu disse.
— Por que a gente não pode sair daqui para fazer atividade fora? A gente fica meio pancado da cuca ficando só aqui dentro. Não pode não! A gente não é prisioneiro de cadeia!
André, com muita propriedade, respondeu:
— Eu já estou pensando nisso e vou encontrar uma forma de vocês saírem das Unidades mais vezes.
— Tá bom então. Posso falar mais uma coisa? Só uma?
— Claro.
— A gente não podia namorar um pouco nos dias de visita?
— Namorar? — André olhou para a diretora.
— Eles podem receber as namoradas em dia de visita — disse a diretora.
— Mas só receber e conversar... Não é justo, a gente tem que... — riu Messias bem sacana.
A plateia riu também. Somente os garotos, evidentemente.
— Esse é um assunto de ordem interna que vamos discutir melhor depois — logo se safou André.
— É bom mesmo, viu seu Presidente? Porque o senhor é homem e sabe que a gente precisa de sexo pra ficar legal, né?
Mais risos na plateia.
— Sei sim. Vamos ver o que será possível fazer. Depende da ordem do juiz.
— O juiz vai ser bacana com a gente...os mano aqui merece! Não merece rapaziada?
Aplausos e comentários da plateia. O garoto franzino era um líder, tinha carisma! Percebi por que tinha sido indicado por seu grupo. E também entendi a indicação do Altamirando, que estava bem preparado para denunciar as sevícias noturnas que os garotos sofriam.
Olhei no relógio. Dei o tempo de Messias por encerrado. Não daria para chamar todos para falar. Estabeleci um horário para terminar o encontro, dizendo que nossos convidados tinham outros compromissos. Deu para chamar só mais oito. E, com isso,

foram dez a falar, a metade do previsto, mas foi sensacional! Eles perderam a timidez e mandaram ver! Falaram tudo! De como eram roubados, ameaçados, estuprados, torturados e que isso acontecia em todas as Unidades da Fundação. Sim, porque eles sabiam de tudo o que acontecia por lá. E viviam cheios de mágoa, de ódio, de vontade de se vingar. Era completamente impossível recuperar alguém naquelas condições. E quem agia errado, agia por trás dos panos, fazendo com que as vítimas permanecessem caladas sob ameaças. E ficavam cada vez mais impunes.

Só senti não ter gravado aquele encontro em áudio ou em vídeo! Foi uma marcada federal! Tirei apenas algumas fotos em preto e branco, que acabaram não saindo muito boas. Ainda bem que ficou registrado na minha memória!

No final, Silvia, Mara e André saíram debaixo de efusivos a acalorados aplausos. A diretora Thais me abraçou bem forte e disse:

— Muito obrigada, Anna! Obrigada a todos de sua equipe! Vocês foram uma luz para mim! Vou agir! A partir de hoje, muita coisa vai mudar aqui dentro!

Senti que estava sendo sincera.

— Peça apoio ao doutor Nazih!

— Vou pedir sim. E vou me unir aos bons, porque tem muita gente boa aqui também. Sei disso! Que você tenha muita proteção em tudo o que fizer!

Não pude deixar de me lembrar de uma citação do livro do mestre de teatro Jerzy Grotowski (1933 - 1999), decorada e guardada em minha memória:

"Por que nos preocupamos com a arte? Para cruzar fronteiras, vencer limitações, preencher nosso vazio — para nos realizar. Não se trata de uma condição, mas de um processo através do qual o que é obscuro em nós torna-se paulatinamente claro. Nessa luta com a nossa verdade interior, neste esforço de rasgar a máscara da vida, o teatro, com sua extraordinária perceptibilidade, sempre me pareceu um lugar de provocação."

15.

Mudanças, mudanças

Ficamos

sabendo que aquele exercício da UE-3 trouxe grandes resultados e que providências foram tomadas para punir os responsáveis pelos desvios na Unidade. Soubemos também que a mãe do Altamirando acabou contando que tinha sido proibida de entrar, porque se recusara levar parte dos roubos do menino às mãos de alguns achacadores que transitavam pela Unidade. Nazih não deixou por menos e resolveu efetuar mudanças para valer. Muita gente acabou sendo enquadrada.

    Um dia, chegamos à UE-JOV e demos de cara com um novo diretor. Ele era jovem, loiro, com cara de nórdico. Chegou, apresentou-se dizendo que era o Richard, que estava assumindo a Unidade e que gostaria de contar com o pessoal do teatro, para ajudá-lo a acertar em sua administração. Gostei dele, só achei que não tinha nada a ver com Febem, tinha cara de publicitário, de produtor de eventos, menos de diretor de Unidade da Febem. Era simpático, falante, agitado, vestia-se com roupas super transadas, bem extravagante para aquele lugar. Mas logo demonstrou ser eficiente. A Unidade começou a ficar bem mais organizada e, até no aspecto limpeza, tinha melhorado. Para satisfação, depois de uma semana já tínhamos nossa sala. A sala não era muito grande, mas de bom tamanho. Ficava no corredor de entrada da Unidade e era de fácil acesso. Logo começamos a decorar aquele espaço e, em pouco tempo, tornou-se um ambiente artístico, com pôsteres de peças de teatro, fotos de atores, fotos das nossas aulas, livros e um aparelho de som. Também ficou bem aconchegante porque levamos plantinhas, vasinhos com flor, porta-lápis, canetas e alguns enfeites. Em cima da mesa, coloquei o "Evangelho Segundo o Espiritismo", de Allan Kardec; uma "Bíblia Sagrada" e dois livros de mensagens psicografadas por Chico Xavier: "Palavras de Vida Eterna" e "Respostas da Vida". Todos os dias abríamos um livro, aleatoriamente, e líamos em voz alta uma mensagem. Alternávamos com a leitura de um salmo da Bíblia e os livros permaneciam lá para quem quisesse ler. Acendíamos incenso e colocávamos música new age de fundo. Na porta, colocamos uma plaquinha feita com cartolina branca, com os dizeres: SALA DE TEATRO.

Nem preciso dizer que, sempre que podiam, os garotos circulavam por lá. Era uma recreação, um relax para eles. Conversávamos, ouvíamos música, elaborávamos textos para as aulas. Robert, quando precisava, utilizava a sala para dar alguma aula de violão ou para fazer suas composições para o teatro. Agenor também transitava por lá de vez em quando. Estávamos muito felizes com a nossa sala, que tinha ficado uma delícia!

O local também acabou virando, com o tempo, um espaço seguro para que os garotos pudessem conversar conosco algo mais particular. Ali, muitas vezes, iam pedir uma força, uma orientação. E nós fazíamos tudo o que estivesse a nosso alcance, mas tomando o cuidado de evitar grandes envolvimentos em questões de ordem interna, sabíamos muito bem os limites de nossa intervenção. Richard, o diretor, de vez em quando também aparecia por lá. Tínhamos uma garrafa térmica com chazinho, uns biscoitinhos, um bolinho trazido de casa... Coisas do lado feminino mesmo.

Já me sentia até mais estimulada a levantar cedo e ir à UE-JOV. Virginiana tem que ter seu espaço, seus objetos todos no devido lugar, tudo arrumadinho, tudo bem limpinho. Silvinha felizmente era aquariana e fazia um bom contraponto à minha maneira metódica e organizada de ser.

Nosso trabalho frutificou nas duas Unidades UE-JOV e UE-3. Aumentamos o número de menores em cada sala, ampliamos as turmas. Estava indo tudo muito bem mesmo. Comecei a achar que já era hora de fazer um evento em cada Unidade. Eu e Silvinha começamos a pensar no que fazer. Decidimos que podíamos utilizar os pátios das Unidades para realizar os trabalhos. Na UE-3, criaríamos um teatro ao ar livre, que tivesse características de Teatro de Rua, com participação e envolvimento do maior número de menores, funcionários e interação do público convidado. Poderíamos convidar internos, funcionários e, se fosse permitido, familiares dos atuantes de cada evento. Na UE-JOV, montaríamos uma peça com menores tirados de grupos distintos. Nas duas Unidades escolheríamos histórias baseadas em narrativas dos nossos alunos. Como não dava para fazer os dois eventos ao mesmo tempo, estabelecemos prazos, projetamos datas possíveis e começamos pela UE-3.

Durante as aulas na Unidade, os grupos davam ideias e sugestões. Depois de muito matutar, raciocinar e criar, chegamos à conclusão de que podíamos projetar uma praça pública, onde várias ações se desenvolvessem simultaneamente. Seria uma mistura de teatro, música, dança, folclore, coisas do cotidiano, jogos — tudo ao mesmo tempo. Desenhamos uma planta baixa de como deveria ser a tal praça, depois segmentamos o espaço e o subdividimos em pequenos quadriláteros, conservando a parte central. Imaginamos o que deveria conter cada subespaço. Não era nada fácil, levou um bom tempo para preenchermos a praça toda, mas a proposta tinha ficado excelente. Daria muito, mas muito trabalho realizá-la. Resolvemos, então, deixar o evento da UE-JOV em estado de hibernação e só continuamos com as aulas, que já tomavam bastante do nosso tempo. Foi até bom, porque nesse compasso mais lento, poderíamos pensar melhor o que desenvolver para, depois, criarmos a peça.

Estava sendo muito bom trabalhar num clima mais ameno, menos ameaçador. As mudanças para melhor eram percebidas de fato. Sentíamos, da parte dos funcionários, mais interesse e respeito pelo trabalho que estávamos realizando. Durante as aulas da UE-3, fomos desenvolvendo quadros, esquetes, ações e intervenções teatrais — tudo inspirado no que os garotos traziam como ideia para colocar na "Praça". Só que para alinhavar tudo, tínhamos de ter um texto. Então, numa das aulas, quando estávamos nos reunindo com vários grupos ao mesmo tempo, para pensar no que escrever, um dos garotos, o Calixto, trouxe um caderno com muitas páginas escritas com inúmeros erros de português e com uma letra infantil, quase ilegível. Dizia ser um texto de teatro que havia criado para o evento e o título era "Menino de Rua". Prometemos ler e depois dar nossa opinião.

O Calixto parecia um menino bastante inteligente, mas problemático. Era bonito, tinha traços finos, aristocráticos até. Ficava sempre em silêncio, nas aulas, mas quando emitia qualquer opinião era de maneira arguta e perspicaz, chegando até a ser irônico, às vezes. Mas sabia também ser carinhoso, costumava trazer para mim e para Silvinha, macinhos de flores tiradas dos vasos da Unidade.

Tínhamos, num dos grupos, um outro garoto também bastante complicado, o Wagner, que devia ter uns quinze anos. Ele era tão carente que chegava a ser pegajoso. Vivia de braço dado com a gente, gostava de abraçar, dar beijinhos no nosso rosto e tinha necessidade de estar sempre perto, sempre junto. Era bonitinho, sorridente, solícito, mas às vezes aquela sua atitude servil demais me incomodava.

Depois, ficamos sabendo que ele tinha sérios transtornos psíquicos e que já havia tentado suicidar-se várias vezes. Precisava sempre estar muito bem vigiado.

O Wagner era sempre o primeiro a chegar e o último a "desgarrar". Quando o Calixto trouxe o caderno, sentimos logo uma ponta de ciúme do Wagner, que logo foi dizendo que ia escrever uma história também. Estabeleceu-se logo um confronto entre os dois que eu procurei administrar, dizendo que todos deviam trazer histórias para lermos e analisarmos. Mas nem o Wagner e nem outro aluno conseguiram escrever nada no decorrer das aulas. Só ficamos mesmo com o caderno do Calixto.

Eu e Silvinha já tínhamos lido sua história, "decifrado" o que ele havia escrito com letra quase ininteligível. Narrava a trajetória de um menino de rua que perambulava por uma praça. O menino era totalmente rejeitado por todos e era sempre tratado como um ladrão. Até que, um dia, aparece um garoto que se mostra seu amigo. Exibe uma carteira recheada de dinheiro e o convida para entrar no mundo da malandragem. O menino de rua fica indeciso, mas acaba aceitando a proposta e, ao se retirar da praça, dá seu recado dizendo, em outras palavras, que estava entrando no mundo das drogas e da criminalidade por absoluta falta de opção. Era bem simples, mas depois de transformada num roteiro, com uma estrutura mais dinâmica e definida, com ações dramáticas alinhavadas, com a participação de personagens, permitiria uma encenação do tipo Teatro de Rua.

Comecei a trabalhar no roteiro. Eu tinha trazido uma máquina de escrever de casa (na época não havia computador) e reservei um período da tarde para fazer isso.

Assim que terminei, chamei Silvinha para ler e dar sua opinião. Depois de ler atentamente, exclamou:

— Ficou ótimo Anna! Tudo o que o Calixto quis dizer está aqui. Você conservou a simplicidade e tornou a história clara, de fácil entendimento! Vamos fazer um espetáculo muito lindo! Abraçamo-nos.

O roteiro, então, apresentou-se assim:

MENINO DE RUA

Roteiro de: Annamaria Dias.

Baseado na história de: Calixto da Silva.

A AÇÃO SE PASSA NUMA PRAÇA PÚBLICA QUE, AOS POUCOS, VAI ADQUIRINDO O ASPECTO MOVIMENTADO. AMBULANTES, VENDEDORES, PESSOAS DE TIPOS E IDADES DIFERENTES COMEÇAM A CIRCULAR POR LÁ. ENTRA UM GRUPO QUE SE POSICIONA E COMEÇA A TOCAR UMA MÚSICA COM RITMO CADENCIADO. ALGUMAS PESSOAS COMEÇAM A DANÇAR AO SOM DA MÚSICA.

DEPOIS DE UM TEMPO, ENTRA A NARRADORA E A MÚSICA VAI DIMINUINDO PARA QUE ELA POSSA FALAR E SER OUVIDA.

NARRADORA:
Numa praça, que representa o mundo em que vivemos, um menino de rua (SURGE NA PRAÇA O MENINO DE RUA), perdido e sem rumo, procura se aproximar de alguém, para se sentir menos sozinho.

O MENINO DE RUA PROCURA SE APROXIMAR DAS PESSOAS, SE ENTURMAR COM OS AMBULANTES DA PRAÇA, MAS É SEMPRE REJEITADO POR TODOS.
CHEGA PERTO DO GRUPO QUE ESTÁ TOCANDO NA PRAÇA E É REJEITADO TAMBÉM. FICA TRISTE E SOLITÁRIO.

NARRADORA:
O menino fica cada vez mais sozinho. Ninguém quer saber dele.

DE REPENTE SURGEM NA PRAÇA DOIS HOMENS. O JIPE DELES TINHA QUEBRADO E ELES PRECISAVAM DE AJUDA. PERGUNTAM POR UM MECÂNICO E NINGUÉM TOMA CONHECIMENTO DELES.
O MENINO DE RUA TENTA AJUDAR, MAS OS DOIS HOMENS ACHAM QUE ELE É UM TROMBADINHA E SE AFASTAM RAPIDAMENTE.

NARRADORA:
Um casal de namorados, muito apaixonado, vem passear na praça divertindo-se, curtindo tudo.

O CASAL PASSEIA E RESOLVE JOGAR FORMINHA NA BANQUINHA DO CAMELÔ. HOMEM E E MULHER JOGAM, PERDEM E DEPOIS VÃO ANDAR MAIS UM POUCO POR LÁ. NA PASSAGEM, A MOÇA ESBARRA NO MENINO DE RUA E DEIXA CAIR A BOLSA NO CHÃO. O MENINO DE RUA PEGA A BOLSA PARA DEVOLVER À MULHER, MAS O RAPAZ FAZ O MAIOR ESCÂNDALO, CHAMANDO O MENINO DE LADRÃO! A MOÇA ACALMA O NAMORADO, DIZENDO QUE TINHA DEIXADO CAIR A BOLSA NO CHÃO. MAS NEM ASSIM ELE SOSSEGA E VAI SE AFASTANDO DA PRAÇA, COM A NAMORADA.
O MENINO FICA LÁ, PARADO, AINDA MAIS TRISTE.

NARRADORA:
O menino fica ainda mais triste. Afinal de contas, ele só estava querendo ajudar.

O MENINO COMEÇA A CHORAR.
UMA SENHORA QUE PASSA PELA PRAÇA VAI FALAR COM O MENINO. ELE DIZ QUE NINGUÉM O ENTENDE, QUE ELE É SEMPRE TRATADO COMO LADRÃO E QUE ESTÁ COM MUITA FOME. DE REPENTE, SURGE UM OUTRO CASAL E AVISA A SENHORA

PARA SE AFASTAR DAQUELE MENINO, QUE ELE É PERIGOSO, QUE HÁ POUCO TENTOU ROUBAR A BOLSA DE UMA MOÇA. A SENHORA SE AFASTA, APAVORADA.

NARRADORA:
É muito difícil para o menino fazer amizade com alguém nessa Praça. As pessoas têm medo dele, sempre o veem como ladrão. Ele quer se aproximar, mas todos o rejeitam e se afastam dele. O menino de rua continua triste e com fome.

O MENINO ANDA PELA PRAÇA CABISBAIXO, TRISTE.
AÍ APARECE OUTRO GAROTO, COM PINTA DE MALANDRO, UM VERDADEIRO TROMBADINHA.

NARRADORA:
Aí aparece outro garoto: esperto, malandro, que começa a dar um giro pela Praça.

O MALANDRINHO COMEÇA A RODAR PELA PRAÇA E A FICAR OBSERVANDO O MENINO DE RUA.

NARRADORA:
Ele se aproxima do menino de rua e começa a se enturmar.

O MALANDRINHO CHEGA PERTO DO MENINO DE RUA E COMEÇA A FALAR COM ELE, MOSTRANDO-SE AMIGO. PAPO DE MALANDRO.
O MENINO DE RUA VACILA, NÃO ESTÁ MUITO A FIM DE SE APROXIMAR DAQUELE GAROTO SUSPEITO, MAS COMO É A ÚNICA PESSOA QUE REALMENTE CHEGA PERTO PARA CONVERSAR, COMEÇA A SE ENTENDER COM ELE.
O MALANDRINHO APROVEITA, PAGA PIPOCA, CACHORRO-QUENTE E REFRIGERANTE PARA O MENINO QUE, MUITO FAMINTO, DEVORA TUDO.
O MALANDRINHO MOSTRA A CARTEIRA RECHEADA DE DINHEIRO. DEPOIS DÁ UM CIGARRO DE MACONHA PARA ELE. NO COMEÇO, O MENINO RELUTA, MAS O MALANDRO O INCENTIVA A FUMAR. FUMAM OS DOIS, NUM LOCAL MEIO ESCONDIDO. AÍ, O MALANDRO CONVIDA O MENINO PARA FAZER PARTE DO SEU BANDO. O MENINO AINDA VACILA, MAS ACABA ACEITANDO.
OS DOIS VÃO ANDANDO PELA PRAÇA, JÁ TOTALMENTE ENTURMADOS.

NARRADORA:
E assim, aquele menino de rua, por não ter encontrado nenhuma pessoa que o ajudasse, que o amparasse, que lhe estendesse a mão, acaba se juntando a um amigo marginal, tornando-se ladrão. Até o dia da morte ou regeneração!

O MENINO DE RUA, DE REPENTE, PARA DE ANDAR, SE SEPARA DO MALANDRINHO E FALA, DIRIGINDO-SE A TODOS:

MENINO DE RUA:
— Eu sou um menino de rua, mas nunca fui ladrão! E eu não quero ser ladrão...

NARRADORA:
Ele só precisa de um pouco de amor, de ajuda e compreensão!

O MENINO DE RUA OLHA PARA TODOS E VOLTA PARA PERTO DO MALANDRINHO.

OS DOIS SE AFASTAM, JÁ BEM AMIGOS.

O GRUPO DE MÚSICA RECOMEÇA A TOCAR PARA FINALIZAR A AÇÃO.

FIM.

Preferi não desenvolver diálogos, para permitir um trabalho de improvisação, mais centrado em mímica e expressão corporal, porque a apresentação seria no pátio — um espaço aberto, sem nenhuma acústica. E também, para buscar desenvolver uma linguagem própria dos garotos, para que falassem o texto naturalmente e com emoção. Já que todos tinham dificuldade em ler e decorar, o melhor caminho seria mesmo a improvisação.

Enfim, o roteiro estava feito. Daria bastante trabalho realizá-lo, mas prometia ficar muito bom. Resolvemos que, no dia seguinte, já começaríamos os ensaios. Fomos embora gratificadas por aquele dia produtivo. Assim que cheguei a minha casa, recebi um telefonema do Goulart de Andrade, que queria muito fazer uma reportagem sobre o trabalho que estava realizando na Febem. Pedi que aguardasse mais um pouco, porque estávamos preparando um evento teatral numa das unidades, e eu poderia solicitar ao presidente que liberasse a entrada dele e de sua equipe para cobrir tudo, na ocasião. Também poderia dar entrevista ao programa no mesmo dia. Goulart adorou a ideia.

"Enquanto a gente trabalha, o Plano Espiritual trabalha junto e os caminhos se abrem" — pensei.

Liguei para a Silvinha e contei sobre o telefonema do Goulart. Ela exultou. Fizemos mil planos. Tínhamos um bom trabalho pela frente e tudo precisava sair perfeito, não podíamos deixar por menos!

Naquela noite, dormimos o sono dos anjos e eu tive um sonho completamente maluco, que misturava acontecimentos marcantes vividos por mim, no palco, quando fazia um dos textos mais importantes do Teatro Romântico Brasileiro: "Leonor de Mendonça", de Gonçalves Dias, no Teatro Popular do Sesi, sob a direção de Osmar Rodrigues Cruz. Lembro que tinha pavor de esquecer o texto. Naquela época, ainda fazíamos teatro de terça a domingo, com duas sessões no sábado e duas no domingo. Portanto, tínhamos oito sessões por semana, trinta e duas por mês. Quando a peça ia bem, dava perfeitamente para viver só de teatro. Hoje, temos três sessões semanais — às sextas, sábados e domingos, totalizando doze por mês, ou seja, perdemos vinte sessões mensalmente. E, mesmo assim, o melhor dia é o sábado, quando o borderô é maior. E ninguém tem salário atualmente, todos ganham uma porcentagem sobre a venda de ingressos na bilheteria.

A grande atriz Cacilda Becker estava certa quando dizia: "Não me peçam a única coisa que tenho para vender", ou seja, não me peçam convites, comprem ingressos. Aliás, as pessoas têm mania de ficar pedindo convites. Ninguém pede a um médico, dentista, oculista, uma consulta grátis. Mas basta alguém ficar sabendo que você está com uma peça em cartaz, que logo vem o pedido:

— Dá para você me arranjar uns convites?

— Não posso. O produtor proibiu convites nesta temporada — é a resposta que sempre dou. Convite só para convidado meu mesmo ou para ator, que se nutre do trabalho dos colegas para seu aperfeiçoamento. E, mesmo assim, em número limitado.

Enfim, quando eu fazia a Leonor, de "Leonor de Mendonça", chegava todos os dias duas horas e meia antes de começar o espetáculo, me trancava no camarim e passava, em voz baixa, todo o meu texto da peça. As falas eram muito bem elaboradas, num português castiço, impossível de se improvisar, se houvesse um esquecimento. Numa temporada de mais de um ano, só houve um esquecimento e a consequente crise de risada em cena. Foi quando o Ewerton de Castro, que fazia na ocasião o Alcoforado, substituindo o Carlos Alberto Ricelli, que tinha saído da peça, teve um branco tão extraordinário, e ao tentar inventar um texto substituto, inventou uma frase tão ininteligível, tão mal articulada, que trazia no meio a palavra "fogão", em alto e bom som. Era um diálogo entre a Leonor e o Alcoforado. Eu, que tenho o riso muito frouxo, fiquei me contendo a todo o custo, mas comecei a ouvir as risadas que vinham da coxia e então não segurei, comecei a rir mesmo. O Ewerton começou a ficar mais nervoso ainda. O público, que não tinha entendido direito o que tinha acontecido, se contagiou com o meu riso e começou a rir também. Foi um vexame. Depois, com muito esforço e concentração, conseguimos retomar o espetáculo. Quando relembro essa história, o Ewerton jura de pé junto que quem cometeu o equívoco fui eu. Na verdade, nunca checamos isso com outros colegas que compunham o elenco. De qualquer maneira, aquilo ficou tão registrado na minha mente, que eu vivia sonhando que durante a peça alguém esquecia o texto. Depois da temporada encerrada, em 1976, fiquei seguramente uns cinco anos sonhando, de tempos em tempos, que na cena de maior impacto dramático, quando a duquesa Leonor se recusava a ser levada pelos criados para ser morta, por ordem de seu marido, o Duque, interpretado pelo ator Claudio Correa e Castro, era eu quem esquecia o texto. E esquecia literalmente, não conseguia lembrar de uma só palavra, branco absoluto. Eu ficava tomada de um pavor tão grande que acordava com o coração disparado. E demorava em me recompor.

Outro acontecimento que me marcou muito em relação à peça, foi quando o Cláudio Correa e Castro, que fazia o duque, marido de Leonor, entrou em cena, com seu casaco enorme e felpudo. O figurino da peça era da Ninette Von Vuchen, uma excelente figurinista, muito premiada, mas que não tinha acertado na criação daquele figurino, que deixava o Cláudio parecendo um urso. E o elenco não conseguia se acostumar com aquela figura em cena. Sempre dava vontade de rir. Eu procurava me concentrar ao máximo porque qualquer descuido me tirava do sério. O tal do casaco era tão pesado que o Cláudio o deixava pendurado atrás do cenário para só vesti-lo na hora de entrar em cena. O cenário tinha três praticáveis circulares. Na cena em que a duquesa Leonor ficava desesperada, aguardando o veredicto do duque, que a acusava de adultério, eu ficava no praticável central. O Cláudio entrava com aquele casaco felpudo e se colocava no praticável à direita, mais próximo à plateia. Dizia um texto contundente e acusatório e não dava a menor chance de defesa à sua mulher, que chorava e bradava por clemência. O espetáculo estava em cartaz no TBC — Teatro Brasileiro de Comédia. Numa noite, o Claudio entrou, se colocou, começou a dizer o seu texto e o público começou a rir. Era só o Cláudio se movimentar, abrir a boca, e o público ria sem parar. Eu não sabia o que estava acontecendo. Ele ficava de frente para o público e de costas para mim.

    O clima foi ficando cada vez mais tenso, mas ele, ator tarimbado e de grande domínio cênico foi, de risada em risada, de silêncio em silêncio, encarando firmemente a plateia e interpretando seu texto. Mesmo assim, ainda se ouviam algumas risadas e ele foi ficando cada vez mais irritado, misturando sua emoção com a emoção de seu personagem. Quando se virou para mim, entendi o motivo das risadas. Ele estava com um cabide de alumínio, pendurado naquele casaco de urso. Na coxia, os atores da peça já estavam às gargalhadas. Eu, suando frio e me segurando para não rir também, fiz um sinal de cabeça indicando o casaco. E só então ele percebeu e viu o cabide. Ele ficou com tanta raiva que atirou longe o dito cujo. O público percebeu seu gesto de furor. Ele estava bem alterado, mas conseguiu prosseguir com o espetáculo até o final. Mas recusou-se a voltar para os agradecimentos. Até hoje, quando me lembro dessa história, acabo rindo, mesmo que naquela ocasião o clima tenha ficado sobrecarregado.

    Outro acontecimento, também marcante, ocorreu bem no início de minha carreira, quando fazia a peça infantil "O Anjo Peralta", no Teatro Ruth Escobar. A peça tinha no elenco o Sílvio de Abreu, a Ivone Hoffman, o Benê Silva, a Blandina Bibas, entre outros. Era dirigida pelo Eloy de Araújo. Nós tivemos uma substituição de emergência. O Benê ficou com uma forte indisposição estomacal e não conseguia parar de vomitar. Estávamos com a plateia totalmente lotada. Não houve alternativa, o diretor teve que substituir o ator. Eloy entrou em cena de repente, sem saber o texto direito e aos trancos e barrancos. O elenco não conseguia deter o riso diante daquele feiticeiro aloprado que trombava em tudo, até nos outros atores, em cena. O Eloy era míope e tinha resolvido entrar no palco sem os seus óculos. Já não sabia o texto direito, andava depressa e a esmo no palco, esbarrando em tudo e ainda ficava ofegante, olhando para todos nós com os olhos arregalados. Ninguém estava mais aguentando de tanto rir. O Sílvio, para sair da confusão, resolveu se distanciar e subiu num andaime que fazia parte do cenário e da peça que era encenada à noite, e que ficava atrás dos elementos cênicos que utilizávamos na infantil. Ele subiu no último andar do andaime e, inesperadamente, o piso ruiu. Ele ficou com as pernas penduradas, pedindo socorro. Foi uma gargalhada geral e aí é que o caos foi instalado mesmo. Eu confesso que fiz xixi na calça de tanto rir. O público também rolava de tanto rir e tivemos que interromper ali mesmo o espetáculo. Só depois de um bom espaço de tempo pudemos retomar. O Benê já estava melhor, retomou o papel do feiticeiro, ajustamos o espetáculo no improviso para adaptar a entrada dele e fomos em frente. O espetáculo terminou uma hora depois do horário habitual. Foi um momento antológico em nossas carreiras iniciantes. Depois, sempre que nos encontrávamos e nos lembrávamos do episódio, dávamos boas e gostosas gargalhadas!

E não é que, depois de falar com a Silvinha, adormeci e tive um sonho verdadeiramente incrível, que embaralhava esses episódios todos, com situações vividas na Febem? Meu sonho foi o seguinte:

Eu estava fazendo uma peça, num palco instalado no meio de um lugar que parecia um bosque, onde havia muitas árvores e muito verde em volta. Estava vestida com uma roupa feita de um material que lembrava pele de animal. Estava com um graveto de árvore e procurava água. Aí apareceu um lobo todo branco que veio a minha direção em "slow motion". Dentro dele, estava o Bernardo, o garoto metido a galã da Febem, que saiu da roupa do lobo e começou a fazer uma declaração de amor para mim, tentando me beijar. Aí apareceu, no meio das árvores, o duque da peça Leonor de Mendonça. Só que o Claudio Correa e Castro estava com a roupa do feiticeiro do "Anjo Peralta". Veio se coçando com um cabide prateado e, de tanta coceira, começou a gaguejar sem parar, e então comecei a rir. Ele ficou muito sério, olhou bem firme para mim e disse, com voz empostada:

— Fale o texto Anna!

E eu esqueci o que tinha de dizer, não lembrava de uma palavra! Comecei a entrar em pânico. Aí apareceu a Silvinha com um livro e começou a dizer as falas para mim. Só que eu não ouvia direito, porque ela falava muito baixo, quase sussurrando. Então, de repente, entrou em cena o Sílvio de Abreu, com roupa de juiz de futebol, e começou a apitar. Todos nós começamos a ter um ataque de riso. E a plateia começou a aplaudir. Na plateia, estava o Nazih, muitos menores da Febem e também o Zeno. Em seguida, estávamos todos debaixo do chuveiro, tomando um banho gostoso e quente, com a roupa da peça e tudo, muito alegres e felizes! Acordei sem saber o que poderia significar aquele sonho maluco, mas como terminou tudo bem, achei que era um bom sinal.

16.

"Menino de Rua" — preparativos e apresentação

Ficamos todos

envolvidos diretamente com os ensaios e a preparação do espetáculo na UE-3. Como sempre gostei muito de trabalhar em equipe, fiz uma reunião com todos e dividi tarefas para podermos agilizar tudo. O Robert ficou com a música, o Agenor juntou-se a nós na preparação dos meninos e Silvinha ficou com a produção e também cuidando, junto com o Agenor, do trabalho de interpretação. Eu fiquei atuando em todas as áreas e coordenando tudo: elaboração dos figurinos, confecção dos elementos cênicos, ambientação da praça na quadra da Unidade, som, fazendo a direção geral do espetáculo, enfim. Ensaios e mais ensaios para preparar a encenação do roteiro. Ao dirigir, foquei mais na expressão corporal, mímica, intenções e interpretação das ações dramáticas propostas. Enfim, pouco texto e muita ação.

Na UE-JOV, continuávamos com as aulas. Inesperadamente, começaram a frequentar nossa sala, alguns garotos que nem faziam parte dos grupos que trabalhávamos. Queriam conversar, ouvir música. Gostavam de ler os livros que ficavam em cima da mesa, o Evangelho, as mensagens. E, para nossa surpresa, surgiram os poetas da UE-JOV. Esses meninos começaram a trazer poesias para nós lermos. E surgiram umas bem interessantes. Começamos com isso, a estimular nossos alunos a escrever poesias também. E acabamos tendo a ideia de fazer o evento da UE-JOV, não só com uma peça de teatro, mas com aquele material significativo e inspirado. Como não podíamos misturar as estações naquele momento, a ideia ficou meio na incubadeira, enquanto preparávamos a apresentação de "Menino de Rua".

O Calixto, autor da peça, andava tão ansioso que às vezes chegava a irritar. Ficava dando opinião em tudo, se metia no trabalho dos outros meninos, falava alto nos ensaios. Chamei sua atenção particularmente, mas ele não quis aceitar e continuou interferindo. Então tive de conversar firmemente com ele e colocar limites em sua intervenção. A coisa ficou tão séria que acabei falando que se ele não respeitasse o trabalho do grupo, iríamos mudar de peça, não faríamos a tal, baseada na história dele. Disse também que eu mesma escreveria outra para encenarmos. Aí, finalmente ele sossegou. Preferi mantê-lo a distância para podermos ensaiar em paz. Mas parece que ele ficava ligado em tudo, porque toda tarde, quando terminávamos de ensaiar, ele aparecia para saber do andamento de tudo. Só que eu não deixava que tivesse contato com os meninos para não atazanar ninguém. Fiquei sabendo que, de vez em quando, o Wagner e ele andavam se estremecendo pelos corredores da Unidade. Na verdade, um era mais carente que o outro. Colocamos o Wagner como figurante, porque vivia grudando em todos e também porque era comunicativo. Ia bem como "povo" da praça.

O bom do trabalho era que os monitores também estavam se envolvendo no processo teatral. Traziam coisas de casa, participavam dos ensaios, ofereciam sua colaboração em tudo. É impressionante como o teatro agrega as pessoas! O sucesso da apresentação ficou sendo uma meta a ser alcançada! Um acontecimento aguardado com muita fé e entusiasmo! Estávamos nos dedicando quase que inteiramente a isso. O Nazih acionou a área de divulgação e o trabalho começou a ser acompanhado, fotografado, documentado. Finalmente decidimos o dia da estreia. Seria num domingo para todos os internos da Unidade, familiares dos integrantes da peça e demais convidados. O Goulart de Andrade foi informado da data da apresentação. Ele achava melhor fazer a entrevista comigo um pouco antes, com mais calma, e depois fazer também a cobertura no dia da estreia. Ficou combinado, com o consentimento do Nazih, que a equipe do Programa poderia entrar e fazer a entrevista no pátio onde seria encenada e peça. Os dias foram passando rapidamente e nós trabalhando enormemente. Já estávamos a duas semanas da apresentação. O Goulart veio fazer a entrevista. Sentamos descontraidamente no meio da quadra da UE-3. Muito competente, ele foi bem feliz nas perguntas elaboradas e no enfoque dado ao nosso trabalho. Porém, só quis falar comigo, mas eu citei toda a equipe envolvida. Contei tudo o que tínhamos realizado, até então. Falei sobre a reação dos internos, a respeito da resposta positiva que conseguíamos a partir das aulas de teatro, do envolvimento por parte dos funcionários e, principalmente, de como aquele trabalho tinha se tornado importante e significativo para todos os internos e para nós também. Ele se emocionou, eu me emocionei. Foi um momento de muita inspiração. No final, sentimos que tínhamos captado um excelente material. Toda a equipe do programa ficou muito satisfeita com o resultado obtido. Depois que foram embora, voltei para a nossa sala. Silvinha, Agenor, Robert, estavam lá, aguardando para saber como tinha sido. Falei, entusiasmada:

— Foi muito legal! Estamos começando a tirar a Febem das páginas policiais!

Abraçamo-nos e comemoramos com um bom chá de erva-cidreira adoçado com mel. Alguns alunos nossos vieram à sala e, vendo nossa alegria, ficaram muito enciumados. Queriam porque queriam que fizéssemos logo o evento da UE-JOV. Eles encarnaram tanto na gente, cobraram tanto, que nós resolvemos sair da sala e deixá-los ali, falando sozinhos. Ô garotos ciumentos e impacientes!

Fomos checar a produção, item por item. Ainda faltava muita coisa para resolver. Precisávamos de um bom aparelho de som para colocar a trilha de abertura, dos momentos dramáticos e do encerramento. Tínhamos que conseguir alguns caixotes para montar as banquinhas dos camelôs, um carrinho de pipoca para o pipoqueiro, bexigas para o vendedor de balões de gás, um isopor para colocar sorvetes para o sorveteiro vender, uns bancos de praça e um carrinho de cachorro-quente. Precisaríamos também de umas forminhas de empada e uma bolinha, para o garoto Dirley fazer aquele joguinho de esconder a bolinha e apostar com os visitantes, em que forminha a bolinha estaria. Ficamos trabalhando até tarde. E marcamos o ensaio geral para a quarta-feira seguinte, dois dias antes da apresentação.

Estávamos bem cansados, demos o trabalho por terminado e nos despedimos. Eu e Silvinha voltamos à nossa sala na UE-JOV para pegar nossas coisas e ir embora. Fechamos a porta para não falarmos com mais ninguém. Já passava das 9 horas da noite. De repente, batidas na porta. Uma olhou para a outra. Nosso limite de resistência já estava ultrapassado, mas fazer o quê? Abri. Era uma senhorinha de cabelos grisalhos.

— Com licença. Vocês são do teatro, não são?

— Somos sim, respondi.

— Eu sou a Josefa, servente da noite daqui da Unidade. A Zuleide, cozinheira da UE-3, falou que vocês estavam precisando de forminhas de empada para usar na peça que vão fazer lá...

Realmente tínhamos pedido para a cozinheira da UE-3 as tais forminhas para o joguinho do Dirley, mas ela não tinha.

— Estamos sim.

— Eu trouxe umas para vocês. São daqui da cozinha. De vez em quando a gente faz empadinha... — e estendeu umas forminhas para mim. — Olha, pode ficar, viu? Eu trago mais de casa.

— Puxa, muito obrigada!

— De nada! Se precisarem de mais alguma coisa, é só falar. Trabalho das 8 em diante.

— Tudo bem. Mais uma vez obrigada viu, dona...?

— Josefa, mas podem me chamar de Zefa. Olha... sabe... eu escrevo poesias... escrevo aqui mesmo, quando todo mundo já está dormindo... Eu trouxe umas aqui, que eu escrevi nesses dias. Se vocês não se importarem de ler, pra dar opinião... — e estendeu umas três folhas de papel sulfite, escritas à mão. Eu peguei as folhas, dei uma olhada rápida.

— Dona Zefa, nós vamos ler sim, só que não agora. Vamos ler com calma, amanhã. Estamos aqui desde cedo, todo o mundo cansado, já estávamos de saída, inclusive.

— Vocês querem um cafezinho? Eu faço!

— Não precisa não, obrigada. Já estamos de saída mesmo. Nós vamos ler sim as suas poesias e depois vamos conversar com a senhora.

— Que bom! Muito obrigada, viu? Desculpe incomodar.

— Imagine... e, obrigada pela ajuda!

Ela saiu.

— Uma servente poetisa! Brinquei.

— Aqui tem muito artista anônimo — falou a Silvinha.

— E que bonitinha... ela trouxe as forminhas! — contei e eram quatorze.

— Puxa, quatorze forminhas! O Dirley vai adorar!

Aliás, aquele joguinho do Dirley, que durante os ensaios me ensinou a jogar, com todos os truques para ganhar dos apostadores, acabou causando-me uma situação muito embaraçosa, em Nova York, uns anos depois. Numa viagem que eu fiz com minha mãe e uma amiga dela, estava eu lá, numa das ruas centrais de Manhattan, quando me deparei com um negro forte, de turbante, comandando uma banquinha com esse joguinho. À sua volta, muitos apostadores e um, em especial: um rapaz alto, mulato, bonito, vestido com um jogging vermelho, que apostava sem parar e perdia na mesma medida. Começou colocando notas de um dólar como aposta e depois, pensando em recuperar o dinheiro perdido, já estava colocando notas de cinco e dez dólares. Estava ficando cada vez mais nervoso, porque não acertava uma. Eu, que tinha aprendido muito bem com o Dirley os truques do jogador, comecei a, discretamente, dar dicas para o rapaz, do lugar onde a bolinha estava. Então ele começou a ganhar todas as partidas. Animado, aumentou o valor das apostas, colocando notas de vinte dólares — e ganhava, claro! O rapaz ficou tão entusiasmado que pegou na minha mão e ficou ali, de mãos dadas comigo, jogando, na maior euforia. Fiquei sem ação. O dono da banquinha, já tinha sacado o que estava acontecendo e ficou me olhando com um olhar raivoso. Mas eu continuei lá, procurando ser mais discreta ainda, fazendo sinal com os dedos, indicando de um a três, qual das três forminhas abrigava a bolinha. E não é que o maluco do rapaz coloca uma nota de cem dólares como aposta? Com as narinas bem abertas e muito irritado, o dono da banquinha afastou a nota e não aceitou. Disse que a aposta máxima era vinte dólares. Eu estava sozinha porque tinha saído para ir ao *Tkts*, local de venda de ingressos mais baratos, para comprar entradas para ver *Cats*, um musical de muito sucesso, na *Broadway*. Comecei a ficar com medo, quis ir embora, mas o rapaz segurava minha mão, com firmeza. O dono do jogo juntou as forminhas, colocou a bolinha dentro da boca e cruzou os braços ostensivamente, assumindo um ar provocativo. O rapaz ficou tão irado, que ameaçou derrubar a banquinha com um chute. Travou-se então, a maior discussão entre os dois. O pessoal que estava em volta logo tomou partido do rapaz. Aí apareceram três comparsas mal-encarados, que deviam estar por perto e já partiram para a briga. Estabeleceu-se a maior zona, a maior confusão! Em seguida, ouvi um barulho de sirenes. Eram carros de polícia chegando a toda. Não quis ver mais nada, saí correndo feito uma maluca! Corri tanto e tão depressa que acabei tropeçando e caindo na calçada. Dei uma bela ralada no joelho! Voltei ao hotel mancando. Minha mãe queria me matar!

— Como é que você foi se envolver numa confusão dessas?

E, como boa descendente de italianos, já dramatizou a situação, quase chorando. Meu joelho sangrava. A amiga de minha mãe saiu para ver se no hotel havia primeiros socorros para fazer um curativo. Foi o maior contratempo! Quando me lembro dessa história, acabo rindo. O Dirley tinha sido mesmo um mestre e tanto ao me ensinar o tal joguinho... mas não tinha me avisado que deveria tomar cuidado, porque os donos das jogadas não perdoavam quem demonstrasse conhecer os truques.

Guardei as forminhas na gaveta de nossa mesa.

— Vamos duma vez? — falei para a Silvinha.

Ela só fez que sim com a cabeça. Estávamos tão cansadas que a vontade era de dormir ali mesmo, na sala. Finalmente fomos embora. Exaustas, mas felizes, o dia tinha sido afortunado.

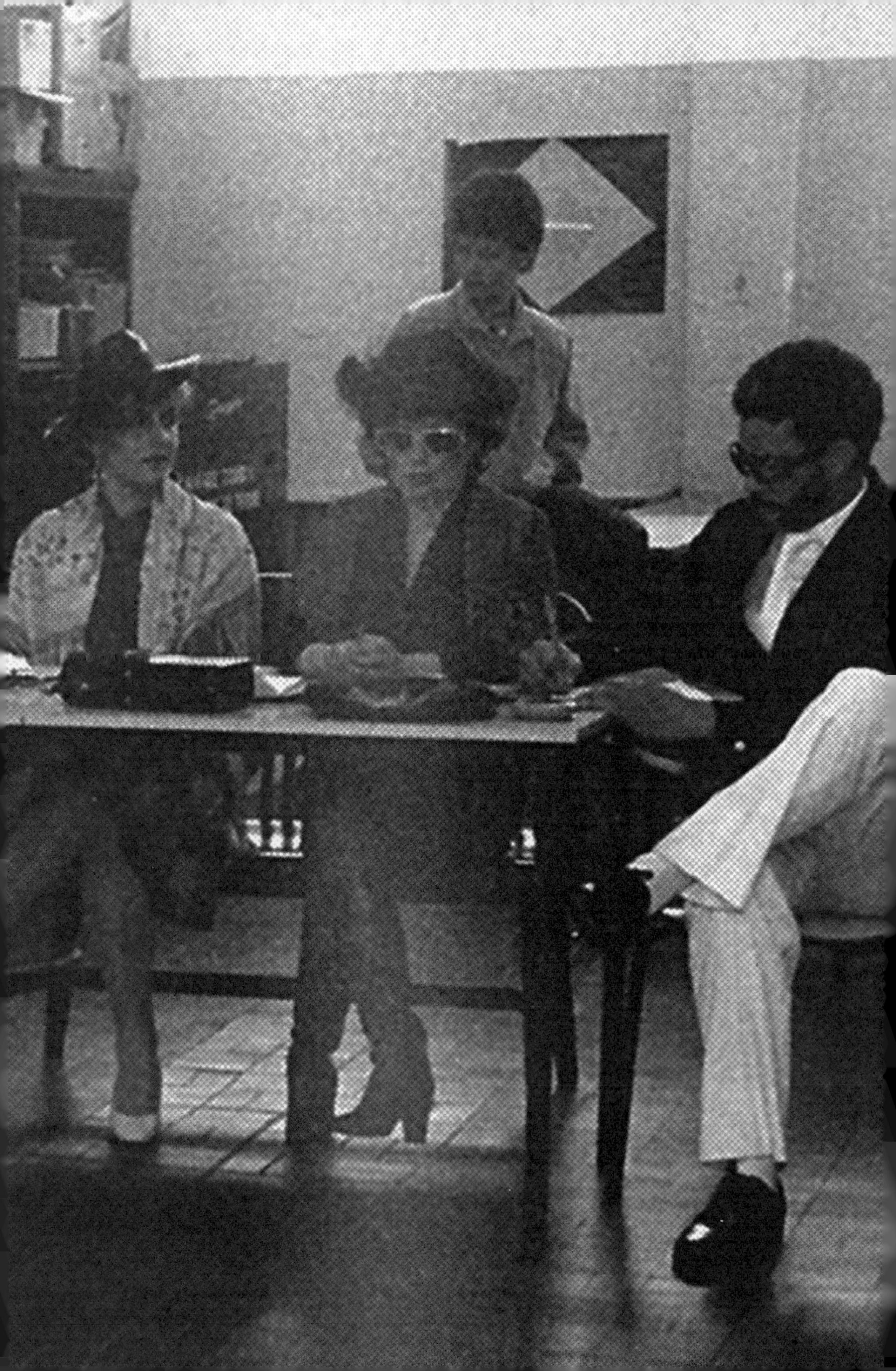

17.

A estreia de nossa primeira apresentação

Uma grande

agitação e correria naquela manhã de sábado. Todos envolvidos nos preparativos finais para apresentar "Menino de Rua", às 14 horas, na quadra de esportes da UE-3. Eu, Silvinha e nossa equipe de apoio tínhamos madrugado por lá. Os meninos estavam alvoroçados, em clima de estreia. Sabíamos que viria bastante gente: os pais e familiares dos garotos participantes da peça, também alguns convidados nossos, o presidente da Febem com sua esposa, diretores de outras Unidades, jornalistas e fotógrafos da área de comunicação da Fundação e a TV.

Nazih tinha autorizado a entrada de uma equipe reduzida do Programa Goulart de Andrade para registrar o acontecimento. Era extraordinário aquele movimento todo, onde se trabalhava sem cessar para que tudo desse certo. Aquela clássica correria que sempre acompanha os momentos que antecedem uma estreia de teatro.

Mesmo com todo o planejamento, a execução diária de tarefas, a disciplina, a dedicação de todos para alcançar o objetivo desejado, parecia que não daria tempo das coisas ficarem prontas. Fora a somatização do medo e da apreensão. Dois garotos ficaram com uma tremenda dor de estômago, um com intestino solto, outro com dor de garganta. Eu fiquei com uma tremenda dor de cabeça desde cedo (tinha acordado às 6 da matina), e Silvinha estava com uma alergia inesperada. Mas tínhamos um compromisso e isso nos unia. Um analgésico aqui, um antialérgico ali, um antiácido acolá e a tropa estava em pé para o combate! Sim, porque fazer aquele evento era uma verdadeira ação de guerra. Primeiro, porque estávamos enfrentando muitos desafios desde o início de nossa intervenção teatral na Febem, depois, e principalmente, porque aquele espetáculo era a nossa primeira realização cênica, de fato. Um vaivém, carrega daqui, leva para lá, parecia uma grande mudança. E... na verdade era mesmo.

Às doze horas paramos para fazer uma avaliação geral. Comendo um sanduíche e tomando um refrigerante, começamos a fazer nossa checagem. Figurinos — criados e confeccionados na Unidade mesmo, com a ajuda de funcionárias que sabiam costurar — organizados e prontos. Trilha sonora no ponto, já colocada no gravador do aparelho de som emprestado da UE-15. Na quadra, tudo em ordem. Bancos no lugar, um caixote para o joguinho de forminhas, plantas distribuídas pelo espaço cênico arredondado e demarcado — tal qual uma praça. Havia também um chafariz funcionando para teste. Esse chafariz foi uma obra de arte! Uma mangueira comprida, verde, que procuramos esconder e disfarçar no meio de uns vasos grandões de plantas e arbustos. A mangueira ficava depois, na vertical, bem amarradinha no centro de uma espécie de caixa de madeira, que os meninos construíram e enfeitaram com apliques de revistas, colados e plastificados com verniz de barco. Até purpurina usaram para dar brilho à artística e criativa fonte de nossa praça. Tinha sido um trabalhão mesmo. E todos ajudaram, inclusive os colaboradores da UE-3 e de outras Unidades, que vieram dar uma força. Foi uma grande e providencial ajuda. Só faltava mesmo posicionar os carrinhos de pipoca, *hot-dog*, algodão doce e dar uma marcação para o sorveteiro e para o homem dos balões de gás. Nazih havia liberado uma verba para contratarmos esse pessoal, que já estava chegando. Os convidados usufruiriam de tudo isso.

Após o lanche tomado pela equipe e os meninos já terem almoçado, terminamos a montagem do cenário, distribuindo os carrinhos estrategicamente pela praça e orientando o sorveteiro e o homem dos balões de gás. Demoramos mais de uma hora para colocar tudo no seu devido lugar. Quando o cenário ficou totalmente pronto, nem pudemos acreditar. Tínhamos conseguido reproduzir uma praça de verdade. E essa foi a primeira grande emoção. Ficamos todos juntos, olhando aquela praça em silêncio. Estava linda! O Calixto se aproximou de nós e falou, com muita emoção:

— Puxa, que linda esta praça! Está do jeitinho que eu imaginei! Todos nós ficamos também muito emocionados. O Dirley puxou um aplauso. Todos nós aplaudimos, nos abraçamos e rimos de satisfação pela vitória alcançada!

E foi isso que a apresentação da encenação foi. Uma verdadeira vitória e um grande acontecimento. Incrível, não houve atraso, não houve erro, não houve nada que impedisse o sucesso daquele evento. Os garotos foram brilhantes. Mauriney, como o menino de rua, deu um *show* de improvisação e de interpretação também. Foi chegando pela praça, pedindo esmolas, contando sua vida para os presentes, levando todos atrás dele, em peregrinação pela praça, até o banco que o abrigava. Todos acompanharam sua vida dura, seu histórico familiar sofrido, o relato das privações que sofria.

A figuração se comportou de maneira impecável, eram verdadeiros frequentadores da praça, o Wagner estava muito bem comportado e presente em todas as ações desenvolvidas. Os ambulantes, os vendedores, os transeuntes, estavam todos muito bem sintonizados. O público entrou de cabeça na história. Todos acompanhavam a trajetória daquele menino de rua. A sua chegada à praça, sua tentativa de aproximação com as pessoas, sua indignação e tristeza, diante de todos aqueles que o rejeitavam.

Quando apareceu o garoto marginal e começou a assediar o menino, todos se compadeceram dele e se afligiram com sua indecisão entre atender ao apelo daquele pequeno ladrão já comprometido como o crime, ou se livrar da tentação de ganhar dinheiro fácil.

Jussê, na pele do garoto malandro, estava um autêntico bandidinho, com aspecto de quem já estava devassado pelas drogas. Tudo decorria lindamente. E quando o garoto oferecia maconha ao menino, todo o povo da praça se juntava e torcia para que o menino de rua não cedesse, não entrasse naquela vida perigosa, naquele caminho sem volta. Mas o malandrinho continuava lá, firme, marcando o menino de rua sob pressão. Público e participantes estavam inteiramente entregues à encenação e em expectativa.

No final, quando o menino decidiu seguir o malandrinho, a reação da plateia foi de perplexidade diante da situação, reagindo com algumas interjeições e frases do tipo: Ah!, Ichi!, Ave!, Não vai, não!, Que pena!, Miou!, Coitadinho desse menino!

No final, ao som de uma emocionante música de encerramento, quando o menino virava para todos, dizia sua frase final, depois se unia ao trombadinha e seguiam juntos, deixando a praça, dava pra ver gente com lágrimas nos olhos e cabeça baixa.

As palavras da Mara, que falava ao microfone, ecoaram contundentes quando disse a frase final, referindo-se ao menino de rua: "Ele só precisava de um pouco de amor, de ajuda e compreensão!". Dessa forma, a encenação chegou ao fim. Fez-se um silêncio, como seu fosse uma pausa para reflexão. Então o Dirley puxou os aplausos.

Todos, um total de 35 participantes, entre garotos, monitores, pedagogo, assistente social, psicólogo, tinham se entregado de tal forma à representação, com tanta verdade, que aquilo tudo tinha parecido real. Mesmo com poucas palavras, poucos diálogos, a história do "Menino de Rua" tinha sido apresentada e absorvida com a maior clareza e entendimento. Os garotos estiveram esplêndidos! Tínhamos ensaiado um agradecimento que foi seguido à risca. Primeiro agradeciam os figurantes, depois os coadjuvantes, depois os ambulantes e, por fim, o menino de rua. Todos foram aplaudidos, mas Mauriney foi aplaudidíssimo. Funcionários, familiares, internos, convidados, estavam extasiados com o que tinham acabado de ver. Programado para durar uns quarenta minutos, demorou bem mais, porque houve uma participação incrível de todos e uma integração excepcional entre os participantes e a plateia — um momento mágico que o teatro é mestre em proporcionar.

Mesmo antes de abraçar seus familiares, eles correram e nos abraçaram. Abraços fortes e calorosos. Em seguida abraçaram os funcionários da Unidade que tinham apoiado o trabalho e a Thaís, diretora da Unidade, que recebeu muitos beijos. Também aconteceu uma coisa muito bacana, o Wagner e o Calixto deram um demorado abraço. Nazih fez um pronunciamento emocionado e agradeceu a todos, dizendo que nunca tinha visto um trabalho tão bonito e tão perfeito.

Por fim, a festa! A confraternização geral, com demonstrações de carinho e admiração por parte dos familiares dos internos. A mãe do Calixto chorou muito. Depois, conversando comigo, disse que sempre achou o filho um pouco louco, porque gostava dessas coisas de arte. Fazia uns bonecos de lata, escrevia em tudo quanto era papel e adorava fazer objetos em madeira. Ela não entendia como aquele filho podia ter ido parar na Febem. Devia ser por causa das más companhias, falava com raiva.

As mães dos garotos internos da Febem pensavam como a maioria das mães: seus filhos eram uns "inocentes", os culpados eram os outros, as más companhias! Calixto abraçou muito aquela mulher baixinha, magra e mirrada, de cabelos brancos. Os dois ficaram um tempão abraçadinhos, conversando baixinho.

Depois que tudo terminou, a quadra ficou vazia. Os meninos se recolheram. A desmontagem ficou para o dia seguinte A equipe também se despediu. Só ficamos eu e a Silvinha por lá. Estávamos exaustas, mas energizadas pela maravilhosa sensação de nossa primeira missão cumprida. Aquela encenação tinha sido realizada com um vigor extraordinário, com a alma! A alma do teatro tinha estado ali.

18.

Preparando o evento da UE-JOV

Como

na Febem tudo acabava sendo notícia e sabido por todos, o sucesso da apresentação teatral da UE-3 repercutiu na UE-JOV e os integrantes dos grupos de aprendizado teatral logo começaram a cobrar o evento deles.

Eu e Silvinha, na verdade, não sabíamos o que faríamos. Trocamos muitas ideias, mas nada nos motivava como tema. Outra peça teatral na quadra? Não era o caso de repetir a fórmula. Demos um tempo. Uma tarde, final de dia, dois rapazes, o Toddy (apelido porque tinha a pele cor de chocolate) e o Carlinhos vieram à nossa sala e trouxeram algumas poesias que tinham escrito. Eles eram sorridentes, afáveis. Cara de malandros!

Pegamos as poesias. Eles pediram que interpretássemos as poesias para eles. Uma audição particular?! Mas eram pretensiosos mesmo! Eu e Silvinha já conhecíamos as "duas peças", faziam parte de um novo grupo que frequentava nossas aulas.

— Vamos ler em aula, está bem? — falei.

— Não! — disse o Toddy. A gente tem vergonha!

— Por quê?

— Porque os mano falam que quem escreve poesia é frutinha!

— Como é que é?

— Virou moça dos mano, lava a roupa da malandragem — falou o Carlinhos, rindo.

— Isso é a maior besteira! — disse. — Nós vamos sim ler e interpretar as poesias de vocês em aula, e não vai ter nenhum problema!

— Não, não! — o Toddy tentou reaver os papéis escritos.

— Opa, nada disso! Vocês trouxeram as poesias e elas vão ficar com a gente!
Passei logo as ditas cujas para a Silvinha.
— Pô Anna, eles vão tirar uma da nossa cara! — falou o Toddy.
— Nós não vamos deixar! Poesia é muito importante também!
— Não dá então pra botar dentro do teatro? Porque assim não fica parecendo coisa de menininha, que a gente não é! — falou firme e forte o Carlinhos.
Eu e Silvinha nos olhamos.
— É uma ideia, respondi.
— Quando será nossa aula com eles, Silvinha?.
— Amanhã à tarde, disse o Toddy.
Eles sabiam melhor do que nós.
— Então amanhã a gente conversa.
Eles ficaram lá parados, sem dizer nada, meio ressabiados.
— Tudo bem? — perguntei.
—Tudo bem. Amanhã a gente conversa, então.
E foram embora. Silvinha comentou:
— Esses dois são unha e carne. Do mesmo bando, da mesma favela.
— Ahn? Não sabia.
— São da pá virada!
— E poetas! — rimos.
No dia seguinte, o grupo da tarde veio. O Toddy e o Carlinhos não apareceram. Começamos a aula. O grupo normalmente tinha doze garotos. Naquela tarde, dez, com a falta dos dois poetas.

Eu e Silvinha já tínhamos conversado pela manhã e resolvido falar sobre poesia nas próximas aulas. Começamos a falar sobre descrever sentimentos, pôr no papel frases de amor para a namorada, frases de amizade para os amigos, frases de saudade para os entes queridos. Falamos de rima, de versos. Eles gostavam de acrósticos.

Começamos a incentivar que escrevessem então, usando as letras da palavra AMOR. Todos do grupo se diziam alfabetizados, mas, na verdade, eram analfabetos funcionais. Demoraram um pouco, mas escreveram. Saíram algumas pérolas como:

Estes foram os piores:

"A cada dia que paço aqui
Mais me sinto que a vida é cruel com migo
O mundão la fora me xamano
Rindo de mim com um castigo.

A minha mina num quer me ver aqui drento
Me falô que num casa cum es detendo
O eu me arumo ou ela me dexa
Rua da margura isso é que vai ser meu fim de linia".

Os mesmos acrósticos corrigidos por nós:

"A cada dia que passo aqui
Mais sinto que a vida é cruel comigo
O mundão lá fora me chamando
Rindo de mim como castigo.

A minha mina não quer me ver aqui dentro
Me falou que não casa com ex-detento
Ou eu me arrumo, ou ela me deixa
Rua da amargura, isso é que vai ser meu fim de linha".

Corrigimos todos, respeitando as gírias e mantendo algumas "liberdades poéticas". Mas nenhum, nenhum mesmo tinha um português correto. Triste realidade brasileira.
No fim da aula, apareceram os "lindinhos", Toddy e Carlinhos, que vieram sorrindo.
— E aí, Silvinha?
— E aí, Anna? Leram nossas poesias?
— Não — respondi. — Só lemos as de quem estava presente.
— E eles também sabem escrever poesia? — perguntou o Toddy.
— Claro! Pensam que só vocês são os poetas aqui?
— Lemos poesias muito legais, viu? — acrescentou a Silvinha.
— Puxa, foi manero então — falou o Carlinhos.
— Foi sim. Vocês perderam uma aula bem legal. Mas na próxima a gente lê a poesia de vocês, tá bom?
— Tá, tá bacana, fica pra próxima.
Estavam sem jeito.
— Tchau.
Fomos para a nossa sala. E não é que logo depois os dois pestinhas apareceram lá?
— Ô Anna, Silvinha, a gente tava aqui trocando umas ideia, por que a gente não faz uma roda de poesia? — falou o "cara de safado", o Toddy.
— Uma roda de poesia?
— É! Cada um escreve uma e a gente lê junto.
Olhei para a Silvinha, ela riu.
— Vamos fazer uma roda de poesia, Silvinha?
— Vamos sim! Ótima ideia, seus pilantrinhas — falou ela brincando.
— Aí vocês duas podem ler as nossas! — falou o Carlinhos.
— Mas vocês não desistem, hein? Vão ter de pagar cachê, viu?
— Cachê? — perguntou o Toddy.
— É, o pagamento que se dá ao artista depois de um trabalho.
— Mas vocês já não recebem salário aqui? — perguntou o Toddy, todo imponente.
— A gente não ganha para interpretar poesia de interno, tá sabendo?
— Bom, então a gente paga depois, né mano? Falou o Toddy para o Carlinhos.
— Paga! A gente paga sim! Com o dinheiro do primeiro assalto que a gente fizer quando sair daqui!
E caíram na risada. Eu e Silvinha também acabamos rindo.
— Vocês não valem nada, sabiam?

Eles eram hilários. Tinham "time" de comédia e tudo! Uma dupla do barulho mesmo.
— Nós vamos ler as poesias de vocês sim. Se forem boas!
— Mas vocês ainda nem leram nenhuma?
— Não Toddy, não tivemos tempo ainda. Eu vou ler hoje, tá bom? Você lê depois, Silvinha?
— Leio. Leio sim!
— Legal, valeu! — e foram embora contentes da vida.

Eu tinha um carinho muito grande pelo Carlinhos. Gostava dele. Era encorpado, cabelo meio ondulado, bem preto, pele clara e com uma cara de desconfiado, sempre um sorrisinho meio irônico nos lábios, mas quando falava, não sei como e nem por que, me inspirava confiança. Carlinhos viria a ser, mais tarde, pessoa de minha confiança no grupo de teatro.

Lemos as poesias naquela hora mesmo. E eram bonitas, com erros de português, para variar, mas tinham conteúdo. De repente seus textos me inspiraram a realizar o evento da UE-JOV. As poesias dos rapazes internos seriam interpretadas por atores e atrizes, convidados especialmente para o dia da apresentação. E acreditar que os reais inspiradores dessa minha ideia tinham sido dois rapazes insistentes, atrevidos e infratores!

141

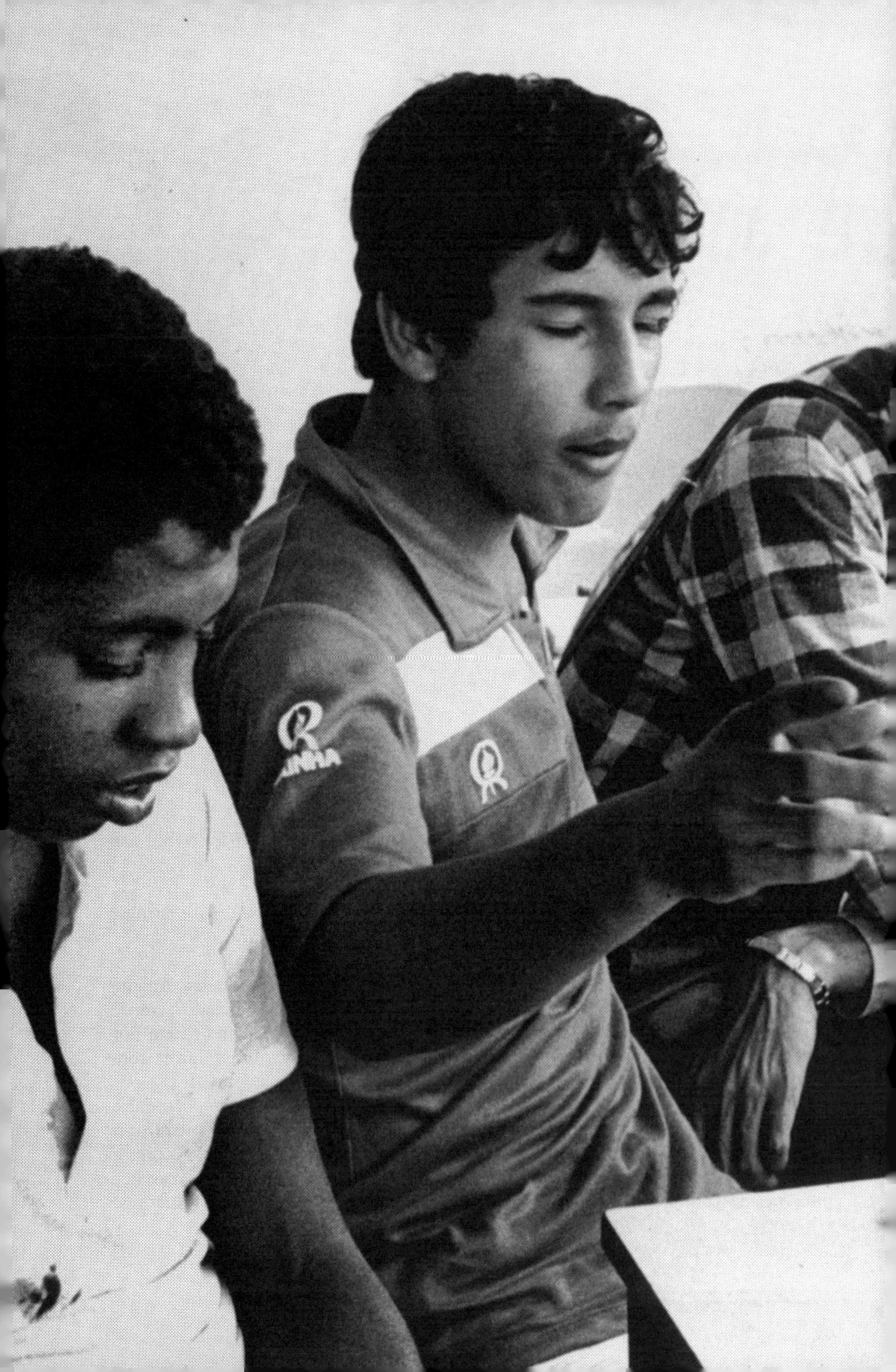

19.

A criação de texto e roteiro de poesias para o evento da UE-JOV

Marcamos

para a última semana de setembro o evento da UE-JOV. Tínhamos, praticamente, dois meses pela frente. Era um tempo meio apertado, mas resolvemos encarar. Incrementamos nossas aulas, estimulando os meninos a escrever poesias. Os rapazes já tinham escrito várias, que lemos e interpretamos em aula. Nunca eu e Silvinha havíamos lido tanta poesia! Dava para fazer vários saraus!

Levamos a sugestão para os outros grupos e iniciamos uma imersão em poesia, com todos os garotos interessados. Mas, só poesia não contentava o grupo dos mais "afoitos", diríamos assim: o grupo do Saulo. Esse era o único que permaneceu com a mesma formação de rapazes internos, desde o início das aulas, em razão de serem infratores mais graves e, por tão cedo, não poderem sair da Fundação. Eles não queriam poesia, queriam uma peça de teatro. E porque esse era o desejo geral, fizemos um acordo: teriam de desenvolver uma história para que eu escrevesse o texto.

Na aula seguinte, ninguém apresentou nada. É verdade que não tinham mesmo facilidade para escrever, mas também era fato que estava existindo uma certa morosidade no processo criativo de todos. Então, resolvemos fazer uma roda e começar um exercício. Um começava a contar um caso qualquer e o seguinte continuava. Havia onze garotos na aula, naquele dia. O grupo estava completo e o Fabiano resolveu começar a contar:

— Um garoto chegou em casa e encontrou a mãe chorando porque o pai, bêbado, tinha batido nela.

O Richardson continuou:

— Aí o menino ficou muito irado, porque já estava de saco cheio daquele pai que só bebia, não trabalhava e vivia dando surra na mãe.

O Sidney foi em frente:

— O garoto ficou sem dormir, esperando o pai voltar. E quando ele chegou de porre, como sempre, já começou a xingar e a soltar o verbo pela casa.

O William falou:

— O garoto mandou o pai calar a boca e partiu pra cima e deu um soco nele.

O Clayton emendou:

— A mãe começou a chorar, pedindo que o pai não batesse no filho. E o pai começou a bater nela também.

O Maicon mandou:

— O garoto defendeu a mãe e empurrou o pai contra a parede. O pai veio outra vez pra cima do filho.

O Mauro prosseguiu:

— Começou a maior pancadaria. Pai e filho se pegando pra valer.

O Esquisito pensou um pouco para continuar:

— O pai pegou uma faca e tentou acertar o filho. A mãe entrou no meio pra separar.

O Lorimar deu sequência:

— O garoto conseguiu tomar a faca do pai. A mãe chorava e gritava feito maluca.

O Marcelinho foi logo falando:

— Mas o pai queria era briga! Foi pra cima dos dois, na maior violência.

O Geraldo disse num fôlego só:

— O garoto enfiou a faca no peito do pai.

— Pô, essa história eu conheço! — falou o Fabiano. Era a vez dele.

— Aconteceu lá na favela que eu moro, com um truta meu — afirmou com muita propriedade.

— Pode deixar, que daí pra frente eu escrevo e trago na próxima aula.

Todos concordaram. Ainda continuamos conversando sobre as consequências da bebida na vida da família, da comunidade. Aquele assunto era bem familiar e todos deram sua opinião. Uns defendiam a bebida como uma espécie de saída para esquecer os problemas, outros achavam que beber era legal somente em festa. Mas a maioria concordava que beber demais levava o cara a perder o rumo da vida. E o Geraldo foi radical:

— Bebum tinha mais é que se danar de vez e não ficar enchendo o saco de ninguém! — Ele não aguentava bêbado.

O Fabiano ficou ausente da discussão, parecia noutro mundo. Depois da aula perguntei o porquê daquele seu estado tão absorto. Ele simplesmente falou:

— Eu estava usando a cuca para pensar na história que vou escrever...

Eu e Silvinha nos entreolhamos e depois, já na nossa sala, nos perguntamos se aquela não seria a história do próprio Fabiano.

As aulas continuaram intensamente e depois de poucos dias já tínhamos material para fazer um texto de teatro. O Fabiano entregou sua história do mesmo jeito que o Calixto da UE-3. Escrita a mão, em folhas arrancadas de um caderno e num português sofrível, quase incompreensível. Estava tudo escrito nas folhas. Ele tinha dado continuidade ao que havíamos levantado em aula e elaborou uma história que a gente teve que decodificar, mas que tinha princípio, meio e fim. Não foi difícil, para mim, transformar aquela narrativa do Fabiano numa peça de teatro. Precisei levar de volta minha máquina de escrever e usei uma que foi transferida da presidência para a nossa sala. Dessa vez decidi colocar diálogos, porque os garotos da UE-JOV eram maiores e, mesmo sendo analfabetos funcionais, seriam capazes de, com um pouco de ajuda, decorar e mandar bem na emoção.

O título foi dado pelo autor: "Além da Fraternidade". A peça ficou com dez personagens, cinco cenários e um texto bem de acordo com a linguagem deles, com erros de português e tudo.

ALÉM DA FRATERNIDADE

Peça de teatro em um ato

de Annamaria Dias.

Baseada na história de Fabiano Martins.

PERSONAGENS

JEREMIAS — menino com 14, 15 anos
MÃE DE JEREMIAS — mulher com 30, 35 anos
PAI DE JEREMIAS — homem com 40 anos aproximadamente
MANÉ — membro da quadrilha com 18, 19 anos
TINHO — membro da quadrilha com 18, 19 anos
PAULINHO — membro da quadrilha com 18, 19 anos
SEU JOAQUIM — português, dono da padaria
POLICIAL 1 — participação
POLICIAL 2 — participação
ENFERMEIRA — participação

CENÁRIOS

CASA DE JEREMIAS
MOCÓ
BARRACO DA QUADRILHA
CORREDOR DE HOSPITAL
PADARIA
SALA DE TORTURA NA POLÍCIA
RUA QUALQUER

ÉPOCA ATUAL

CASA DE JEREMIAS

A MÃE DE JEREMIAS ESTÁ NUM CANTO DA CASA, CHORANDO. JEREMIAS ENTRA.

JEREMIAS:
— O que foi que aconteceu mãe?

MÃE:
— Seu pai, de novo! Me bateu, de novo!

JEREMIAS (NERVOSO):
— Cadê ele? Cadê ele, mãe?

MÃE:
— Saiu, pra beber mais ainda!

JEREMIAS:
— Já falei pro pai, que se ele batesse de novo na senhora, ia ter que me encarar!

MÃE:
— Deixa, meu filho!

JEREMIAS:
— Deixa não!! Ele vai bater na senhora até quando? Até matar de pancada? Só que antes dele matar a senhora, eu mato ele!

MÃE:
— Não fala desse jeito Jeremias, ele é seu pai!

JEREMIAS:
— Pai! Pai que só sabe beber e bater na mãe? Por que é que ele não pensa em trazer nem um quilo de arroz pra casa? Só eu e a senhora é que damos duro aqui!

MÃE:
— Seu pai tá doente!

JEREMIAS:
— Doente da cabeça, de tanta cachaça na goela! Eu cato papelão o dia inteiro, me arrebento, pra depois chegar aqui e ver a senhora espancada por esse vagabundo?

MÃE:
— Não fala assim do seu pai, filho!

JEREMIAS:
— Ele é vagabundo mesmo! Fala aí mãe, ele é ou não é safado com a senhora? Safado, pilantra!

PAI ENTRA E OUVE O FINAL DA FRASE.

PAI:
— Quem é safado e pilantra?

JEREMIAS:
— O senhor! O senhor mesmo!

PAI:
— Ô moleque sem-vergonha!

O PAI PARTE PRA CIMA DE JEREMIAS. A MÃE SE INTERPÕE, DEFENDE O FILHO, EMPURRA O MARIDO, QUE CAI NO CHÃO

PAI:
Mulher nenhuma me joga no chão, sua vagabunda!

PAI PARTE PRA CIMA DA MÃE E COMEÇA A BATER NELA. ELA GRITA. OUVE-SE CHORO DE BEBÊ.

JEREMIAS:
— Para! Para!

JEREMIAS TENTA SEGURAR O PAI, NÃO CONSEGUE, ELE CONTINUA ESPANCANDO A MULHER.

JEREMIAS:
— Para, senão eu te mato!

O PAI NEM ESCUTA, CONTINUA VIOLENTO. GRITARIA DA MÃE.

JEREMIAS PEGA UMA FACA E ENFIA NA BARRIGA DO PAI, QUE CAI NO CHÃO, GEMENDO.

MÃE:
— Meu Deus do céu! Olha só o que você fez!

JEREMIAS, APAVORADO, SAI CORRENDO.

MÃE (ACUDINDO O MARIDO.):
— Olha só que você aprontou, velho pinguço!

PAI (COM DOR.):
— Aquele lazarento do teu filho vai me pagar!

MÃE:
— Cala essa boca! (VAI LEVANTANDO ELE.) Vem, vamo pro pronto-socorro!

OS DOIS SAEM DE CENA.

UM MOCÓ QUALQUER NO MATO

ENTRAM PAULINHO, TINHO E MANÉ.

PAULINHO:
— Pronto, aqui a gente sabe que tá bom, que tá limpo. Vai mano, manda aí, logo!

ACENDEM UM CIGARRO DE MACONHA BEM GRANDINHO E FICAM FUMANDO, DIVIDINDO. DEPOIS DE UM TEMPINHO, ENTRA JEREMIAS, APAVORADO. TODOS SE ASSUSTAM, ESCONDEM O CIGARRO.

MANÉ:
— Porra Jeremias, que susto, caramba! (RETOMA O CIGARRO.) Que que é? Tá fugindo da polícia?

JEREMIAS:
— Tô enrascado, tô todo ferrado! Furei meu pai!

PAULINHO (PARA OS OUTROS.):
— Vamo apagá, que a barra pesou. Vamos se mandá daqui.

MANÉ:
— Pô malandro, tá a fim de complicar a gente, tá?

JEREMIAS:
— Eu é que to complicado! Não tenho pra onde ir!

MANÉ:
— Se vira mano, que a gente não tem nada a ver com as tuas treta! (PARA OS OUTROS.) Vamo dá o fora pessoal!

JEREMIAS:
— Deixa eu ir com vocês!

PAULINHO:
— Sai fora, você tá a mais!

TINHO:
— Deixa ele ir com a gente!

PAULINHO:
— Que nada, mano! Esse cara só vai atrasar o nosso lado!

TINHO:
— Que nada, ele vai ser uma boa pra gente!

JEREMIAS:
— Opa aí! Não sou mulher de malandro!

TINHO:
— Não se trata disso!

MANÉ (PARA O TINHO.):
— Qual é o teu movimento?

TINHO:
— Esse cara pode dá um pano pra gente lá naquela fita!

MANÉ:
— Ah é...! É isso aí! Cê tá bom da cabeça, hein mano!

PAULINHO:
— Ceis são loque, esse cara é o maior lesado!

JEREMIAS:
— Fala aí, do que se trata?

TINHO:
— Vamo lá pro nosso barraco, que eu te conto os esquema.

VÃO SAINDO.

PAULINHO:
— Olha que ceis vão se daná com esse moleque!

E SAEM DE CENA.

PRONTO-SOCORRO

O PAI DE JEREMIAS ENTRA AMPARADO PELA MULHER

MÃE:
— Vamo ver se aqui eles atendem a gente! Tá vendo, seu pinguço, se você trabalhasse e pagasse INPS a gente tinha pra onde ir!

PAI:
— Cala a boca mulher, não vê que eu tô mal?

MÃE:
— Você devia era morrer. Aí eu te enterrava junto com a cachaça!

PAI (COM MUITA DOR.):
— Ai, ai! Não tô aguentando!

MÃE (NERVOSA, GRITA.):
— Como é que é? Não tem ninguém pra atender a gente? (AMPARANDO O MARIDO.) Vem cá, vamo arrombá a porta de algum dotor aqui!

O PAI GRITA DE DOR. VÃO SAINDO DE CENA.

BARRACO DA QUADRILHA

OS GAROTOS VÃO ENTRANDO.

TINHO (PARA O JEREMIAS.):
— Tu entendeu bem, então, como é que deve ser tudo?

JEREMIAS NÃO RESPONDE.

TINHO:
— Ô meu, se liga!

JEREMIAS:
— É que eu to preocupado de ter furado o meu pai. Nem sei o que tá acontecendo a essa hora lá na minha casa! Será que ele morreu?

TINHO:
— Sai dessa! Tô falando de um assunto do teu interesse mano!

JEREMIAS:
— Não tô a fim, não.

PAULINHO:
— Tô falando, esse cara não tá com nada! (PARA O JEREMIAS.) Só vai ficar aqui parasitando no nosso barraco, é?

MANÉ:
— Olha aí, Jeremias, a gente tá a fim de ajudar, mas cê vai ter que pegar coletividade com a gente, se quiser se entrutar, tá ligado?

JEREMIAS:
— Tá bom, tá bom!

MANÉ:
— Assim é que se fala! Então vamo trocá umas ideia numa boa, senta aí! (PEGA UM BASEADO E DÁ PRA ELE.) Toma, fuma esse classe A, que cê fica mais manso.

JEREMIAS:
— Nunca fumei isso aí, não.

MANÉ:
— Pega aí, mano, isso não faz mal pra ninguém!

JEREMIAS:
— Tô com medo!

MANÉ:
— Fuma aí, que o medo passa, mano!

JEREMIAS PEGA O BASEADO E FUMA. TOSSE, TENTA DAR UMA TRAGADA E QUASE PERDE O AR.

PAULINHO:
— Esse cara é galinha!

MANÉ:
— Deixa que ele se ajeita!

JEREMIAS FUMA COM MAIS CUIDADO, CONSEGUE TRAGAR, SEGURAR E NÃO TOSSIR E FICA COM O CIGARRO NA MÃO.

TINHO:
— Vai, acaba logo com esse bagulho, pra gente tratar dos esquema do tesouro.

JEREMIAS:
— Tô me sentindo esquisito! (RI.) Tô achando o maior barato!

TINHO:
— Dá pra gente se entender, agora?

JEREMIAS:
— Dá. Pode falar!

TINHO:
— Vai ser como o Tinho te falô. Cê entra lá na padoca do português, leva um lero com ele, pede emprego, fica engambelando lá o velho, aí, a gente chega e enquadra.

MANÉ:
— Nessa, ce vai falá: não façam isso, coisa e tal. Aí a gente te pega como refém, pro portuga acreditar em nóis, tá ligado?!

TINHO:
— O portuga se caga de medo de assalto e vai passá toda a grana pra nóis, rapidinho.

TINHO:
— A gente já sondou qual o dia dele pagá os cara que vende mercadoria pra ele.

MANÉ:
— Vai ter muita grana!

JEREMIAS:
— Mas ele nem me conhece! Vai ligar que voceis tão me enquadrando?

PAULINHO:
— Até que esse cara não é tão debão, tá falando certo! O portuga não vai dar nada por ele. Esse esquema tá furado! (PRO JEREMIAS.) A maconha te fez bem!

MANÉ:
— Então vamo fazer o seguinte (PRO JEREMIAS.) Cê vai lá bem mais antes, pega o emprego, que a gente sabe que ele tá precisando de um menor no balcão, aí trabalha uns dia e depois a gente faz a festa! Pra empregado ele tem que dar cobertura!

TINHO:
— Falô mano, é isso aí!

JEREMIAS:
— Mas eu nunca roubei!

TINHO:
— E nem vai roubá. Só vai ser espião!

JEREMIAS:
— Nunca fui dessa coisa!

MANÉ:
— Jeremias, diz pra mim: o que é que você faz na rua, mano?

JEREMIAS:
— A vida que eu levo não é fácil, não. Eu tenho que catá papel pra sustentá minha mãe e meu irmãozinho, porque meu pai não dá nada em casa!

MANÉ:
— E quanto é que dá pra tirar, de grana?

JEREMIAS:
— Eu tiro uns trocados por dia.

TINHO:
— Só isso, Jeremias? Uns trocados? Que mixaria! Se você se enturmá com a gente, vai faturá muito mais, garoto!

JEREMIAS (DEPOIS DE PENSAR UM POUCO.):
— Tá pela ordem, vamo nessa que eu tô mesmo precisando ajudá minha mãe. Ainda mais agora que acho que eu deixei ela viúva! Vamo nessa!

PAULINHO:
— Tá com a gente mano! Agora ta falando a nossa língua, que nem gente grande!

MANÉ:
— Então vamo lá que nóis vamo te mostrá a padaria. Vai ser o maior lance!

SAEM TODOS DE CENA.

PADARIA

JOAQUIM ESTÁ NERVOSO.

JOAQUIM:
— Ô raios, não aguento mais essa bagunça! Não vejo a hora que o Manuelzinho, o Joaquinzinho e o Antoninho cresçam para me ajudarem na padaria! (VENDO UMA LATA.) Mas quem foi o cretino que colocou sabão em pó na lata de açúcar? Ai, minha Nossa Senhora de Fátima, dai-me forças!

JEREMIAS ENTRA NA PADARIA E FICA PARADO, OLHANDO PARA O JOAQUIM.

JOAQUIM:
— Que queres, ó gajo?

JEREMIAS:
— O senhor está precisando de alguém pra trabalhar?

JOAQUIM (NEM ACREDITA.):
— Não pensei que a santinha fosse me atender tão depressa! (OLHA BEM PARA O JEREMIAS.) Tu tens boa cara. Qual é o teu nome?

JEREMIAS:
— Jeremias.

JOAQUIM (MEDE BEM ELE.):
— Podes começar a trabalhar já, queres?

JEREMIAS:
— Tá bom!

JOAQUIM:
— Vem cá. Vou te arranjar um avental!

SAEM DE CENA.

CORREDOR DO HOSPITAL

O PAI DE JEREMIAS NUMA CADEIRA. A MULHER AO LADO DELE.

PAI:
— Eu não gosto de hospital, quero ir embora pra casa!

MÃE:
— Não pode! O doutor falou que é pra você ficar aqui até amanhã. Eles vão arrumar um leito pra você!

PAI:
— Mas eu já to me sentindo bem, a faca pegou só de raspão!

MÃE:
— Vai ver você não vai ficar aqui por causa do corte, vai ficar por causa da bebida!

PAI:
— Não fala besteira, mulher!

MÃE:
— Não é besteira não! Será que você não percebeu que tá todo estragado por causa dessa maldita cachaça?

PAI:
— Tô? Tô todo ruim mesmo?

MÃE:
— Tá um trapo. Um jegue velho!

PAI (PENSA UM POUCO.):
— Vou parar.

MÃE:
— Sei. Já falou isso mais de mil vezes!

PAI:
— Mas dessa vez eu vou mesmo, tô falando! Tive um sonho esquisito quando o médico estava me examinando. Um sonho acordado. A morte estava vindo me buscá...

MÃE:
— É mesmo? E ela estava com um garrafão de pinga nas mãos?

PAI:
— Não escracha que é sério, mulher! A morte estava toda de vermelho e tinha a cara do Jeremias.

MÃE:
— Com a cara do nosso filho, toda vestida de vermelho? Cê tava delirando!

PAI:
— Num tava não! Vermelho é a cor do sangue! E falou assim pra mim, com a cara do Jeremias; se você não parar de beber, vou te levar pro buraco!

MÃE:
— Essa morte sabe o que diz!

PAI:
— Se sabe! Só de falá fico todo arrepiado! Não quero mais saber de beber! De branquinha só quero saber de água!

MÃE:
— Acho bom mesmo!

PAI:
— É mulher, isso que aconteceu tem uma razão de ser. Acho que foi um aviso, foi pro meu bem!

MÃE:
— Sabe que fazia tempo que eu não te ouvia falar assim, com raciocínio, homem?

PAI:
— É, acho que eu tinha perdido o juízo mesmo!

ENTRA UMA ENFERMEIRA.

ENFERMEIRA:
— Ele já pode ir para o ambulatório. Vamos!

A MULHER LEVANTA O MARIDO DA CADEIRA E VAI INDO COM ELE.

ENFERMEIRA:
— A senhora não vai poder entrar agora não. Já é tarde da noite. Só amanhã de manhã, no horário de visita.

MÃE:
— Mas ele vai ficar sozinho?

ENFERMEIRA:
— Claro que não! O quarto tem oito pacientes e tem as enfermeiras lá pra cuidar!

MÃE (ARGUMENTANDO.):
— Mas eu sou esposa dele...

PAI:
— Deixa, mulher! Não pode, não pode e pronto. Amanhã você vem!

MÃE FAZ QUE SIM.

PAI:
— Olha, fala pro Jeremias que eu quero falar com ele. Conversa de pai pra filho.

MÃE:
— Falo pra ele vir amanhã. E se você já puder sair, ajuda a te levar pra casa.

PAI:
— Tá bom, tá bom!

O PAI SAI COM A ENFERMEIRA POR UM LADO, A MÃE POR OUTRO.

PASSAGEM DE TEMPO — DIA SEGUINTE.

PADARIA DO SEU JOAQUIM

JEREMIAS VEM CHEGANDO.

JEREMIAS:
Bom dia, seu Joaquim!

JOAQUIM:
— Bom dia, ó menino! Estou gostando de ver. Chegando adiantado. Isso tudo é vontade de trabalhar?

JEREMIAS:
— É sim.

JOAQUIM:
— Olha, vais ficar sozinho na padaria, porque vou ter de sair agora de manhã.

JEREMIAS:
— O senhor vai ficar a manhã toda fora?

JOAQUIM:
— Não! Só vou levar o Manuelzinho, o Joaquinzinho e o Antoninho ao Posto de Saúde, pra tomar vacina e volto logo.

JEREMIAS:
— Ah, bom!

JOAQUIM:
— Ah bom, por quê? Não gostas de ficar sozinho na padaria?

JEREMIAS:
— Não, não se trata disso.

JOAQUIM:
— Estás com medo de sofrer algum assalto, é?

JEREMIAS:
— É isso aí, senhor. Nunca se sabe...

JOAQUIM:
— Não te preocupes. Eu estou muito bem protegido!

JEREMIAS:
— O senhor tá com a proteção da polícia?

JOAQUIM:
— Não menino! Estou protegido pela santinha de Trás-os-Montes!!! (E SAI.).

JEREMIAS:
— Santinha de Trás-os-Montes... Esse português é piradão!

BARRACO DE JEREMIAS

MÃE ESTÁ LÁ, PREOCUPADA.

MÃE:
— Meu Deus do céu! Mais um dia que o Jeremias não dorme em casa! O que será que aconteceu com meu filho? Já andei por tudo quanto é canto e nada, ninguém sabe dele! E o que é que vou dizer pro pai dele, agora? Minha Nossa Senhora, me ajude! Vou ter que ir pro hospital sem ele mesmo!

VAI PEGANDO BOLSA, PONDO SAPATOS E VAI SAINDO.

PADARIA DO JOAQUIM

JEREMIAS TRABALHANDO, ARRUMANDO CAIXAS.

ENTRA MANÉ, DISFARÇANDO. VÊ QUE JEREMIAS ESTÁ SOZINHO.

MANÉ:
— Cadê o português?

JEREMIAS:
— Saiu, foi até o Posto de Saúde!

MANÉ:
— Como é que é? Então tu tá sozinho, mano?!!!

JOAQUIM, VOLTANDO.
JOAQUIM ENTRA COM UM CHAVEIRO NA MÃO. MANÉ DISFARÇA, SE AFASTANDO UM POUCO, COMO QUEM ESTÁ ESCOLHENDO MERCADORIA PRA COMPRAR.

JOAQUIM:
— Ó menino, tive de voltar! Olha aí (ESTENDE O CHAVEIRO.), esqueci de te dar a chave do banheiro. Podes precisar...

ENTRAM PAULINHO E TINHO ARMADOS.

PAULINHO:
— Todo mundo quieto! Aqui se trata de um assalto! (PRO TINHO.). Pega o pivete!

TINHO ENQUADRA JEREMIAS.

JEREMIAS:
— Não! Não!

TINHO:
— Cala a boca, moleque!

PAULINDO APONTA A ARMA PARA O JOAQUIM. MANÉ TAMBÉM JÁ PEGOU SUA ARMA.

MANÉ:
— Dá a grana, senão a gente acaba com ele!

JOAQUIM (APAVORADO.):
— Não, não façam isso! Eu dou dinheiro a vocês!

JOAQUIM PEGA O DINHEIRO NUM LUGAR LÁ E DÁ PARA ELES.

PAULINHO (PEGA O DINHEIRO.):
— Só isso? Dá a grana toda, Portuga! Vai anda!

JOAQUIM:
— Eu só tenho isso! É dinheiro de meu trabalho!

TINHO:
— Chega de chaveco! Dá a grana toda, senão eu apago este moleque aqui!

JOAQUIM:
— Mas isso é tudo o que eu tenho! Juro! Juro pela mãe dos meus filhinhos!

PAULINHO:
— Deita no chão! Deita no chão!

JOAQUIM DEITA NO CHÃO.

PAULINHO:
— Vamo embora logo! E vamo levar o pivete aí!

JOAQUIM:
— Não! Não façam mal ao menino, ele é trabalhador!

PAULINHO:
— Vou apagar esse cara!

JEREMIAS:
— Não! Não faz isso, Paulinho!

PAULINHO:
— Não fala meu nome, loque! Apago quem eu quiser!

JOAQUIM (GRITA, IMPLORA.):
— Não me mate, pelo amor de Deus!

PAULINHO:
— Cala a boca!

JOAQUIM:
— Eu tenho mulher e três filhos pra criar!

PAULINHO:
— Cala já essa boca, porra! Quer morrer?

JEREMIAS:
— Não apaga ele, Paulinho!

PAULINHO ATIRA, JOAQUIM CAI FULMINADO. CLIMA TENSO.

PAULINHO (PARA JEREMIAS.):
— Tava afim de me entregar de bandeja, pixote do caralho! Falá duas veiz meu nome! (PARA OS OUTROS.) Vam'bora! Vamo saí de espianto!

OUVE-SE UMA SIRENE DE POLÍCIA.

MANÉ:
— Os tira! Sujou a fita! Cada um prum lado!

OS TRÊS SAEM CORRENDO, SE DISPERSANDO.

JEREMIAS AINDA DÁ UMA OLHADA PARA O PORTUGUÊS, NO CHÃO, ANTES DE SAIR.

HOSPITAL, CORREDOR

MÃE E PAI DE JEREMIAS VÊM ANDANDO, ESTÃO DE SAÍDA.

PAI:
— Hoje mesmo eu vou procurar o Jeremias e vou encontrá ele!

MÃE:
— Vai nada, você vai é chegá em casa e descansá! Deixa, que eu vou ver o que faço. Pode até ser que ele já tenha chegado.

PAI:
— Vai vê ele sumiu de medo. Achou que tinha me apagado, coitado!

MÃE:
— Coitada de mim que tenho que aguentar tanto sofrimento. Você vai parar com essa cachaça, hein homem? Você prometeu!

PAI:
— Já parei! E num vou mais deixá que a pinga me vença!

MÃE:
— Porque olha o que eu vou te dizer: se não parar, nunca mais entra em casa, tá entendendo? Nunca mais quero ver você bêbado! E vai me tratá muito bem, viu? Senão a morte te pega!

PAI:
— Não fala isso mulher! Vira essa boca pra lá! Não vou beber e vou te tratar direito, pronto!

MÃE:
— Acho bom, acho muito bom!

VÃO SAINDO.

BARRACO DOS TROMBADINHAS

CHEGA PRIMEIRO TINHO, DEPOIS JEREMIAS, DEPOIS MANÉ. SÓ FICA FALTANDO PAULINHO. OS TRÊS ESTÃO CANSADOS DE TANTO CORRER. DÃO UM TEMPO.

TINHO:
— E o Paulinho? Será que ele rodou?

MANÉ:
— Só se ele rodou com a nossa grana, o pilantra.

JEREMIAS:
— Ele não precisava ter matado o português. Ele era pai de família. A gente podia ter ido embora na moral!

TINHO:
— O Paulinho é assim mesmo, não se toca com nada! Ainda mais quando tá muito louco!

MANÉ:
— Mas podia se tocá que o tiro ia trazer logo a polícia pra cima da gente! E ainda deixou todo mundo falando sozinho aqui. Sem grana e com uma morte nas costas!

JEREMIAS COMEÇA A CHORAR:

MANÉ:
— Não amolece, mano! Não amolece não, que aqui não tem lugar pra geleia, não!

TINHO (MUITO NERVOSO):
— Mas cadê o Paulinho? Esse cara vai acabar levando a gente pra grupo! Ele já tinha que estar aqui!

OS TRÊS FICAM LÁ SENTADOS, QUIETOS. JEREMIAS CONTINUA CHORANDO, MAS SEM EMITIR SOM.

A SALA DE TORTURA DE UMA DELEGACIA.

PAULINHO, TODO MACHUCADO, É JOGADO NO CHÃO, E AINDA O ENCHEM DE PONTAPÉS. PAULINHO GEME DE DOR, ESTÁ MUITO MACHUCADO APAVORADO, SE CONTORCE, FICA ACUADO. UM TEMPO DEPOIS, A TORTURA CONTINUARIA.

PAULINHO:
— Não, Chega! Chega que eu não aguento mais! Eu falo! Eu dou toda a ficha!

BARRACO DOS TROMBADINHAS

OS TRÊS MALANDRINHOS ESTÃO LÁ, CLIMA DE TENSÃO. O BARRACO É INVADIDO POR DOIS POLICIAIS ARMADOS. OS GAROTOS TENTAM REAGIR.

POLICIAL 1:
— Quieto aí! Quieto aí! Todo mundo pra parede, mão na nuca!

POLICIAL 2:
— Ninguém se coça!

POLICIAL 1 PEGA AS ARMAS DELES.

POLICIAL 1:
— Cadê o bagulho?!

NINGUÉM RESPONDE.

POLICIAL 2 DÁ UM SOCO NO ESTÔMAGO DO TINHO.

POLICIAL 2:
— Cadê a grana que vocês roubaram da padaria?

TINHO (COM DOR.):
— Ô senhor, nem sei do que o senhor está falando!

POLICIAL 1:
— É melhor vocês abrirem o bico, que nós já sabemos de tudo!

MANÉ:
— De tudo o quê, senhor?

POLICIAL 1:
— De tudo o que vocês aprontaram.

MANÉ:
— Dá licença senhor, como é que o senhor sabe que era a gente?

POLICIAL 2:
— Vocês estão caguetado, seus trouxas! Vamos, cadê o resto da grana? (DÁ AGORA UM SOCO EM JEREMIAS, QUE CAI.).

TINHO:
— Ô senhor, se trata do seguinte, a gente não roubou nada não! A gente só estava de laranja, não tinha nada a ver.

MANÉ:
— O mano aí tá certo! A gente não viu cara de grana nenhuma, não! A gente só foi de laranja!

POLICIAL 2:
— Laranja? Vocês vão é virar laranjada agora, seus vagabundos!

OS DOIS POLICIAIS VÃO PARTINDO PARA CIMA DOS GAROTOS, ESPANCANDO À VONTADE, COM BASTANTE VIOLÊNCIA. MAIOR GRITARIA.

POLICIAL:
— Vamos botar tudo no camburão e levar pra Febem!

OS POLICIAIS LEVAM OS GAROTOS COM VIOLÊNCIA.

JEREMIAS (SAI GRITANDO.):
— Eu sou de menor, sou trabalhador! Eu sou trabalhador!

SOM DE EFEITO. DEPOIS SILÊNCIO. UM TEMPO.

ENTRAM TINHO MANÉ E JEREMIAS, FALAM PARA O PÚBLICO.

TINHO:
— Eu fiquei um mês no distrito, numa cela com uns trinta, onde cabia uns dez. Apanhei mais um bocado da polícia e depois fui pra rua.

MANÉ:
— Eu também fiquei no distrito, pouquinho só mais de um mês, não me bateram mais não, mas cheguei a passar fome lá. Depois me empurraram pra vida, de novo.

JEREMIAS:
— Eu era de menor e fui pra Febem. Fiquei lá só uns tempo e depois consegui fugir.

OS TRÊS SAEM DA POSIÇÃO. ENTURMAM-SE, COMO SE JÁ ESTIVESSEM LÁ, TRAMANDO. MANÉ E TINHO ESTÃO ARMADOS NOVAMENTE. JEREMIAS NÃO ESTÁ COM ARMA.

BARRACO DOS TROMBADINHAS

MANÉ:
— Ele vem mesmo?

TINHO:
— Só vem! Nem tá aí! Pensa que nóis não sabemos que ele caguetou a gente, o canalha!

MANÉ (DANDO UMA ORDEM.):
— O Jeremias vai fazê ele!

JEREMIAS:
— Eu, por que eu?

MANÉ:
— Você é de menor, se complica menos se der treta!

JEREMIAS:
— Não tô a fim de meter em crime! Tô pensando até em sair dessa, voltar pra casa.

TINHO (VIOLENTO.):
— Tu não medra não, ô Jeremias, senão a gente faz. É tu mesmo, moleque burro!

JEREMIAS:
— Que é isso, mano?

MANÉ:
— É o que tu ouviu! Tá nessa com a gente até o pescoço, não vai se livrar agora, não!

TINHO:
— Tem que ir até o final, falô?

MANÉ:
— Depois tu vaza pra onde quiser, mas antes tem que completar o serviço. Esse cara tem que pagar pelo que fez. Cagueta tem que morrer!

TINHO:
— Ou tu faz ele ou nóis fazemo você, tá ligado?! E olha que cê ta sem arma pra se defende, malandrinho!

JEREMIAS:
— Tá bom, tá bom.

UM TEMPO. TENSÃO ENTRE OS TRÊS.

PAULINHO ENTRA E CUMPRIMENTA TODOS.

PAULINHO:
— E aí, rapaziada! Que tempão, hein? Sabe que eu tava pensando em vocês, ainda hoje mesmo?! E aí, vamos se enturmá pra armar uma fita?

MANÉ E JEREMIAS SACAM SUAS ARMAS E APONTAM PARA ELE.

PAULINHO:
— Que treta é essa agora? Ceis tão maluco?

MANÉ TIRA A ARMA DO PAULINHO E DÁ PRO JEREMIAS. MANÉ E TINHO VÃO CERCANDO PAULINHO.

MANÉ:
— Aí Paulinho, tu deu mancada e por isso nóis vamo te matá!

PAULINHO:
— Nem sei de nada, não! Vão me matá por que, mano?

TINHO:
— Porque você tem mais é que morrer mesmo! Ficou com a grana, toda...

PAULINHO:
— Fiquei nada! Tive que entregar tudo pra polícia!

MANÉ:
— Além de ser pilantra, quer continuar enganando a gente? Cagueta!

TINHO:
— Chegou sua hora, Paulinho de Estâner!

PAULINHO:
— Calma aí mano, vamo trocar umas ideias!

TINHO FAZ SINAL PRO JEREMIAS.

JEREMIAS ATIRA NO PEITO DE PAULINHO. ELE CAI MORTO.

MANÉ:
— Fim de barraco, cagueta dos inferno! (COSPE NELE.). Tá feito, vam'bora!

JEREMIAS É O PRIMEIRO A SAIR. TINHO E MANÉ SE MANDAM EM SEGUIDA PAULINHO FICA LÁ ESTENDIDO. DE REPENTE DOIS POLICIAIS INVADEM O MOCÓ E DÃO COM PAULINHO, LÁ NO CHÃO, ESTENDIDO. OLHAM, PERCEBEM QUE ELE ESTÁ MORTO.

POLICIAL 1:
— Um a menos pra encher nosso saco!

VÃO ARRASTANDO PAULINHO PARA FORA. SAEM.

UM BECO QUALQUER

JEREMIAS ENTRA EM CENA, ANDA UM POUCO PENSATIVO, TIRA A ARMA E OLHA BEM PARA ELA. DECIDE JOGAR A ARMA FORA. SAI.

BARRACO DE JEREMIAS

O PAI DE JEREMIAS ENTRA CARREGANDO UMA TELEVISÃO GRANDE. COLOCA EM CIMA DE UMA MESA. A MÃE VEM E FICA OLHANDO.

MÃE:
— Ué, o que é isso?

PAI:
— É uma "bichicleta", pra tu dá umas volta pelas viela aqui da favela! (T) O que é que tu acha que é isso mulher?

MÃE:
— É uma televisão grandona!

PAI:
— E colorida! Pra você não ficar mais com inveja da vizinha!

MÃE:
— Que linda, né? E funciona?

PAI:
— Mas tu acha que eu ia comprar uma televisão estragada?! Sou panaca, eu? Só não é novinha, mas tá perfeita! (VAI LIGANDO A TV.) O Tonho falou que essa daqui é importada, tudo com válvula estrangeira!

MÃE:
— Agora vou poder ver tudo direito!

PAI:
— Sem ficar apertando os olhos!(JÁ LIGOU.) Olha só!

MÃE:
— Vou poder ver as novelas com os artista, bem grandão!!!

PAI:
— E eu vou ver futebol e ver bem quando o juiz tá roubando!

MÃE:
— Bota aí na novela!

PAI:
— Quero ver o Jornal da Periferia!

MÃE:
— Não! Bota na novela!

PAI:
— Primeiro o jornal!

COMEÇA UMA DISCUSSÃO ENTRE OS DOIS. JEREMIAS ENTRA NA CASA, SEM SER NOTADO. FICA ASSISTINDO À DISCUSSÃO.

DEPOIS DE UM TEMPO OS DOIS PERCEBEM O FILHO ALI.

MÃE:
— Jeremias! Por onde é que você andou, por que não deu notícia, o que aconteceu? Onde você ficou todo esse tempo?

JEREMIAS NÃO RESPONDE.

PAI:
— Lembrou que tem casa, que tem pai e mãe?

JEREMIAS:
— Eu nunca esqueci disso, pai.

PAI:
— Então fala! Qual a razão do teu sumiço?

JEREMIAS:
— Eu tô voltando, não tô? Não quero falar nada, nem lembrar de nada! (OLHA.) Televisão nova!

MÃE:
— Seu pai que comprou! Ele parou de beber!

PAI:
— Não tomo nem aperitivo.

JEREMIAS:
— Legal, manero pai!

PAI:
— Você se meteu em alguma encrenca?

JEREMIAS:
— Que é isso, tá me estranhando? Sô disso não!

MÃE:
— Quer um prato de sopa, filho?

JEREMIAS:
— Quero, tô com fome.

ELA VAI PEGAR UM PRATO DE SOPA PARA ELE.

JEREMIAS SENTA. FICA ASSITINDO À TELEVISÃO.

O PAI FICA OLHANDO PARA ELE. JEREMIAS CONTINUA ASSISTINDO.

A MÃE TRAZ UM PRATO DE SOPA E UM PÃOZINHO E PÕE NA FRENTE DELE. COM FOME, JEREMIAS COMEÇA A TOMAR.

MÃE SERVE O PAI E SE SERVE. OS TRÊS FICAM TOMANDO SOPA

O PAI OLHA PARA A MÃE E PARA O FILHO.

A MÃE FAZ SINAL PARA O PAI NÃO PERGUNTAR MAIS NADA E TOMAR A SOPA.

NA TELEVISÃO, O NOTICIÁRIO — VOZ (OFF - GRAVADA):
Mais um garoto é encontrado morto, jogado no meio do mato. Tudo indica que tenha sido morto por traficantes. E hoje, em entrevista coletiva, o governador afirmou que vai mandar intensificar o patrulhamento nas favelas da capital. Não vai dar espaço para bandidos. Os policiais têm ordem de prender e levar para averiguação todo e qualquer suspeito de roubo ou tráfico de drogas. É a guerra contra os marginais! "POR UMA PERIFERIA MAIS LIMPA"! Esse é o lema de mais uma ação policial para tornar a cidade mais segura!

OS TRÊS CONTINUAM TOMANDO SOPA.

SOBE MÚSICA.

FIM.

Decidimos fazer o espetáculo com o grupo do Saulo mesmo. Como eles teriam uma permanência mais longa na Unidade, não correríamos o risco de ensaiar alguém que logo fosse posto em liberdade, deixando o trabalho.

Eu e Silvinha reunimos o grupo para fazermos a primeira leitura do texto, mesmo não sendo dia de aula. Li as rubricas e nós duas fizemos todos os personagens. Eles reagiam a tudo, rindo, dando opinião como se estivessem na plateia. Só o Fabiano não movia um músculo, ouvia quieto, muito compenetrado. Eu e Silvinha, de vez em quando, olhávamos para ele, que parecia estar num outro mundo.

Quando terminamos de ler o texto, aconteceu uma coisa muito curiosa. Os garotos que tinham estado super engajados na história, que tinham participado de tudo, gesticulando e se expressando em voz alta, ficaram em silêncio. E todos olharam para o Fabiano, como se esperassem a opinião dele, antes de tudo. Fabiano, então, parecendo acordar e voltar para a realidade, falou:

— Nossa, parece que eu estava vivendo esse teatro! Eu me vi lá, sendo o Jeremias! Como é que você leu meu pensamento e escreveu isso, Anna?

— Sintonia! Sabe o que é? Quando a gente se envolve num trabalho, acaba trocando ideias por meio do pensamento, do espírito! — falei.

Ele ficou me olhando fixamente.

— Você ficou feliz com o texto, Fabiano?

— Não, fiquei triste.

— Por quê?

— Porque o Jeremias podia ter saído do crime e não saiu, continuou. E acabou vindo parar de novo aqui na Febem..

Ele tinha se identificado totalmente com o personagem e, como já imaginávamos, aquela era a história da vida dele. Ficou um clima meio esquisito e a Silvinha, que era boa para quebrar clima de tensão, falou brincando com ele:

— Mas fala pra gente se você gostou, Fabiano! Está todo mundo esperando a opinião do autor da história!

E todos completaram com frases assim: É, fala aí, mano!, Diz se era isso mesmo!, Escancara!

Fabiano falou daquele seu jeito, de quem é profundamente crítico, porém sorrindo:

— Ficou legal à pampa! Nunca pensei que ia sair uma peça assim, tão de verdade mesmo!

E só aí ele abriu um sorriso e falou animado:

— Nóis vamo deixá os cara abestalhado com essa peça, vamo abafá a banca rapaziada!

Silvinha puxou aplauso. Aplaudimos muito. Fabiano também aplaudiu. E acabou dizendo:

— Eu quero fazer o Jeremias!

Eu e Silvinha nos entreolhamos, olhamos para o grupo. Perguntei a todos:

— Ele merece, não merece?

Todos concordaram que ele tinha que fazer o papel. Foi mais um momento emocionante para nós. O Saulo ficou muito comovido e orgulhoso de seu grupo.

Combinamos de, na próxima aula, decidir quem faria os outros personagens. Pedi que todos fossem pensando a respeito.

Eu e Silvinha respiramos aliviadas. O texto do teatro ficou definido e aprovado! O de poesias também ficou pronto em seguida. Eu e Silvinha passamos horas escolhendo as poesias que os garotos tinham escrito. Não foi difícil encontrar uma ligação entre as emoções que se intercalavam em poesias tão distintas, mas que convergiam para temas comuns como: amor, saudade, solidão, sonhos, liberdade.

Juntei as poesias todas, melhorei a gramática, formatei um roteiro e criei um final para ligar com o título. Dividi também as poesias para serem lidas e interpretadas, por três atrizes e três atores, diante dos futuros convidados no evento.

Na aula com o nosso outro grupo da UE-JOV, mais uma vez, eu e Silvinha, lemos e interpretamos as poesias do roteiro. Eles gostaram muito e perguntaram se a gente é que leria as poesias. Eu disse que não, mas que escolheríamos as pessoas certas para não só ler, mas também interpretar, com sentimento e emoção, tudo o que eles haviam expressado naquelas poesias. Não contamos a ideia de trazer atores convidados, pois queríamos fazer surpresa. Propositadamente, também não coloquei um título, assim o grupo poderia pensar em um. A primeira sugestão veio do Rinaldo, um rapaz que parecia ter uma escolaridade melhor e gostava de ler, embora também escrevesse com erros crassos:

— Tem que ter a palavra PRIMAVERA, porque a apresentação vai ser em setembro!
— Muito bem pensado — falei, e todos concordaram!

Fomos estimulando todos a sugerirem títulos com a palavra-chave e, finalmente, fechamos como "Abre as Asas Primavera!", aprovado por unanimidade.

O texto ficou assim:

ABRE AS ASAS PRIMAVERA!

Roteiro de Annamaria Dias.

Com poesias dos alunos de teatro da Febem.

Poesias escritas por: Sérgio Leonardo (Serginho), José Mauro (Toddy), Carlos Davi (Carlinhos), Rosemiro, Flaviney, Waldemir, Davidson, Moisés e Hugo Robson.

ATOR 1 —
Sol, brilho da terra
Luz do Universo
Que flutua em cada olhar
Cada mundo com seu suspense
Com seu mistério
Gente
Que é símbolo deste lugar

ATRIZ 1 —
Toda a vez que olho para o céu
Vejo uma coisa misteriosa
Talvez seja fruto de uma imaginação
Ou simplicidade
Que vem do coração

ATRIZ 2 —
O jardim da primavera
O prado, as flores brancas e vermelhas
Os alegres e arvorados campos verdes
As águas de cristal

ATOR 2 —
As cabeças estão voando
Ao som divino
Da doce primavera!

ATRIZ 3 —
Eu?
Eu sou mais
Eu sou eu
Eu sou quem sou
Eu serei sempre eu
Eu sou você!

ATOR 3 —
Eu sei que você sou eu
Eu sou você
Eu sinto que sou você
Enfim
Somos dois

ATOR 2 —
Um dia
Deus criou as flores
Ficou admirado com tanta beleza
Tanto perfume e frescor
Que teve uma ideia
Juntar tudo isso
Numa única flor
Então criou a mulher

ATRIZ 2 —
Uma lágrima eu queria ser
Para em seu rosto escorrer
Em seus lábios beijar
Em sua boca morrer

ATOR 3 —
Se amar é pecado
Estou condenado...!

ATRIZ 1 —
 O amor, em si, tudo sabe
Sem que se saiba por quê
Escuta o que ninguém ouve
Enxerga o que ninguém vê

ATOR 1 —
Malandro é assim mesmo
Ama a vida
E namora a morte

ATRIZ 3 —
Descobri um jardim
Que nunca será visto
Pelo homem que não preserva a natureza...

ATOR 2 —
Ficava na rua
Ficava na praia
No fim da praia
Ficava Maria

ATRIZ 2 —
Cobrindo Maria
Uma rosa
Cobrindo Maria
Uma bandeira...

ATOR 2 —
Com duas tíbias
E uma caveira

ATRIZ 1 —
Não lhe mando uma rosa
Porque tem muito espinho
Mas lhe mando um cartão
Com muito amor e carinho

ATOR 1 —
Se eu soubesse escrever na água
Como sei escrever na areia
Gravaria seu lindo nome
No sangue da minha veia

ATOR 2 —
Sua mãe é uma rosa
Seu pai é um jasmim
Os dois, brincando na cama
Fizeram você só para mim

ATRIZ 3 —
Pense em mim no seu silêncio
Pois eu não espero o silêncio
Para pensar em você

ATOR 3 —
Este silêncio é dor gritando
Dentro de nós
É um rosto que aos poucos
Está perdendo a voz

ATRIZ 3 —
Saudade não é tristeza
Saudade é lembrança
Enquanto houver saudade
Ainda existe esperança!

ATOR 2 —
Saudade é como liberdade
A gente sente
Quando falta

ATRIZ 2 —
O tic-tac do relógio
Pode estar falando
De um momento que passou
Ou anunciando
O começo
De uma nova vida
Que ainda não se revelou

ATOR 1 —
Não me queira separado
Nem um minuto sequer
Meu passo segue o seu passo
Enquanto vida eu tiver

ATOR 3 —
Olha amor, eu quero lhe dizer
Que te amo tanto
Que quando estou aqui
Derramo meu pranto
De saudade de você!

ATOR 2 —
Porque a vida aqui dentro
É um sufoco
E quando estou no meu quarto
De sentir tanta falta de você
Acabo ficando louco!

ATOR 1 —
Você está em meus passos
E nos meus pensamentos

ATOR 3 —
Quando estou lá fora
Ou aqui dentro
Nem penso em te perder

ATOR 2 —
Quando começo a pensar
Nos atrasos da vida
Parece que nasce uma nova ferida
Dentro do meu coração

ATRIZ 3 —
O machado corta a árvore
O machado corta a flor
O machado só não corta
A raiz do nosso amor!

ATRIZ 1 —
Nesta primavera
Digam poucas e boas
Poucas palavras
Boas razões

ATRIZ 2 —
Caminhe até o infinito
Seja feliz! Seja criança!
Acredite que há sempre claridade
No caminho de quem tem esperança!

ATRIZ 1 —
Acredite que há sempre claridade!

ATRIZ 3 —
No caminho de quem tem esperança!

ATRIZ 2 —
No caminho de quem tem esperança
Há sempre claridade!

ATOR 1 —
Claridade!

ATOR 3 —
Claridade!

ATOR 2 —
Abre as asas Primavera
Para a nossa liberdade!

ATRIZ 1 —
Abre as asas Primavera

TODOS —
Para a nossa liberdade!

FIM.

Mostramos o texto para o Richard, diretor da UE-JOV. Ele adorou e se colocou à disposição para o que precisasse. Era mesmo uma pessoa especial. Ficou muito animado e, a partir dali, ficou sempre em contato conosco, auxiliando em tudo.

Resolvi também mostrar os textos originais e os adaptados para as professoras de reforço escolar que o Nazih tinha contratado, e que eu conhecia desde quando iniciara as aulas. Pedi a elas que mostrassem aos garotos os erros de português que foram cometidos. E também explicassem a diferença entre um texto de teatro, em que os diálogos são escritos da maneira como cotidianamente se fala, e um texto literário, redigido em português correto.

Para o Nazih, só falei como seria o evento, sem mostrar nada, para não tirar o impacto quando tomasse conhecimento de tudo, pela primeira vez, na hora do evento. Mesmo curioso, ele compreendeu e aceitou, confiava em nosso trabalho. E, como sempre, abriu as portas da presidência para o que precisássemos.

Partimos para ação. Ensaios e mais ensaios, no mesmo esquema de trabalho em equipe, que já tinha dado muito certo na UE-3. Quando a ideia de convidar atores vazou (era muito difícil manter algum segredo na Febem), os garotos começaram a fazer a maior pressão para que um dos atores fosse o Miguel Falabella, que na época fazia o personagem "Miro", na novela "Selva de Pedra". Eles assistiam e veneravam o Miro! Todos queriam porque queriam que o Falabella fosse à UE-JOV, no dia do evento.

E lá fomos nós à caça do ator tão desejado. Na época, ele estava em cartaz no Auditório Augusta, em São Paulo, com a peça "Batalha de Arroz num Ringue para Dois", com a Bia Nunes. Conseguimos, a muito custo, um contato direto com ele. Eu liguei e conversei com o Wainer, administrador da peça, que era meu amigo, mas foi a Silvinha, na verdade, que deu prosseguimento às conversações e conseguiu falar diretamente com o Falabella, que se prontificou a ir, se não estivesse gravando no dia determinado.

Não contamos nada aos garotos e nem aos nossos auxiliares. Ficou sendo segredo de estado, para não criar expectativas. Mas eu e Silvinha trabalhávamos com tanto empenho e determinação, que tínhamos certeza de que tudo daria certo.

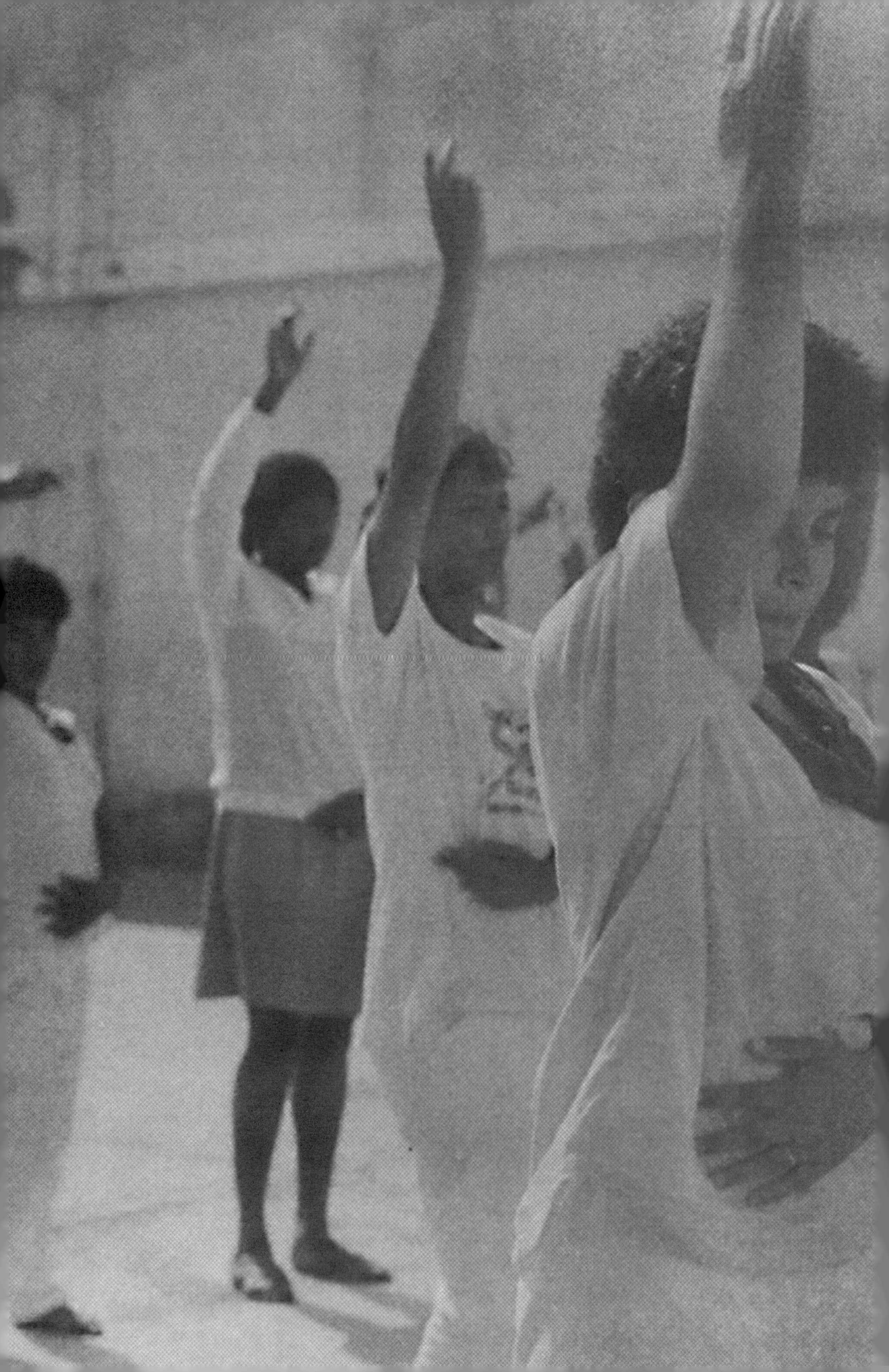

20.

Enfim, o evento!

Não dá para

descrever o quanto trabalhamos para realizar esse evento. Foi uma verdadeira loucura! Tivemos que ensaiar muito a peça até que os garotos se sentissem seguros no texto e na marcação. Eles não podiam estar conosco todos os dias da semana, em virtude de outras atividades que começaram a ter, como aulas de reposição escolar.

O elenco escolhido foi:

JEREMIAS: Fabiano
MÃE DE JEREMIAS: Marta Lúcia (monitora)
PAI DE JEREMIAS: Saulo (monitor)
MANÉ: Richardson
TINHO: Sidney
PAULINHO: Clayton
SEU JOAQUIM: Geraldo José
POLICIAL 1: William
POLICIAL 2: Agenor
ENFERMEIRA: Josefa (servente)

Tudo planejado e programado. Construir um palco, com uma coxia ao fundo, dentro da quadra da UE-JOV, foi bem trabalhoso e tivemos que contar com a ajuda de marceneiros e até do serralheiro seu Giácomo, que era um perfeito faz-tudo.

Organizar toda a logística, tirar cópias das poesias, encadernar, colocar em pastas, alugar refletores, som, prever a montagem de tudo na quadra, arranjar os figurinos, fazer a trilha sonora, buscar os adereços — enfim — cuidar de tudo o que envolvia a produção da peça tomava nosso tempo integral e ainda mais um pouco, porque estávamos saindo após as 21h00 da Febem, quase que diariamente.

Tínhamos também de administrar os humores de todos e os nossos próprios que, com a proximidade do dia do evento, iam ficando cada vez mais acirrados, como era de se esperar. Ainda precisávamos correr atrás de uma autorização, para que usássemos revólveres de brinquedo no espetáculo. Mesmo com a permissão do Dr. Nazih Meserani, presidente da Fundação, era necessário um documento da Vara de Menores, formalizando a autorização das pseudoarmas para aquele dia.

Em seguida, partimos para contatar os atores que, possivelmente, participariam do evento. Essa foi a parte menos atribulada, porque todos os contatados se dispuseram a participar. Outros colegas, sabendo do evento, também se ofereceram para estar no dia delineado. Isso, inclusive, fez com que preparássemos mais poesias, além do roteiro já elaborado, para que os atores excedentes pudessem interpretar também.

Diariamente, junto com a área de divulgação, procurávamos auxiliar nos *releases* sobre o acontecimento, fazer fotos, agendar entrevistas, bem como, facilitar o contato com jornalistas da área cultural e de entretenimento dos jornais, rádio e TV. Quem nos ajudou muito foi a jornalista Liba Fridman, que, mais tarde, veio ser contratada para a área de comunicação da Fundação. Também foi necessário viabilizar a vinda e a entrada de todos na Febem.

Uma coordenação bem feita era fundamental para que tudo corresse bem na data e horário previstos. Havia também a questão da segurança da Unidade, porque o Nazih queria que todos os menores da UE-JOV, sem exceção, fossem incluídos no evento. E era necessário um esquema perfeito para garantir um acontecimento tranquilo, sem tumulto ou confusão.

Quando tudo estava praticamente pronto, tivemos notícia de que não estava autorizado o uso de armas na peça, mesmo que de brinquedo. Isso para nós foi um sério problema, porque estávamos contando com a tal autorização. Os garotos ficariam injuriados por ter de usar mímica para simular as armas. Já estávamos fazendo isso durante os ensaios, mas no dia do espetáculo, seria realmente desanimador. Foi um grande impasse. Sem as armas, os garotos poderiam se recusar a fazer a peça e, por outro lado, achávamos que merecíamos esse voto de confiança. Fomos atenuando a situação junto ao "elenco", mas ficando cada vez mais nervosas também. Apelei para o Nazih, que interveio firmemente. No último instante, essas armas de brinquedo chegaram às nossas mãos. Vieram embaladas numa caixa. Quando abrimos, entendemos a relutância em autorizar: pareciam armas de verdade. Eram perfeitas, embora de brinquedo. Alguns anos depois, uma lei proibiu sua fabricação.

Enfim, o dia tão esperado chegou. Estávamos estourados, quase sem dormir, mas como sempre felizes e no maior pique. Os atores foram chegando. Distribuímos as pastas aos que interpretariam as poesias do roteiro: Françoise Fourton, Ruthnéa de Moraes, Jussara Freire, Ricardo Blat, Carlos Moreno, Benjamim Cattan, Benê Silva e Marcos Caruso.

Fizemos um breve ensaio em nossa sala, para que pudessem se inteirar do que se tratava. Vieram também: Lígia de Paula (presidente do Sindicato dos Artistas), Liba Fridman, Paco Sanches, entre outros. E, chegou o tão esperado Miguel Falabella, o "Miro" que eles tanto gostavam. Eu havia escolhido uma poesia especial para ele interpretar. A poesia era do Flaviney. É curioso, a classe média e a classe alta dão nomes simples e únicos a seus filhos: Pedro, Kim, Tom, João, Nino, Antônio,

Bento, e a classe menos favorecida gosta de escolher nomes complicados como Flaviney. Nunca tinha ouvido falar nesse nome. Acredito que é uma forma de valorizar seus filhos, dando-lhes nomes mais sofisticados. No SBT — Sistema Brasileiro de Televisão — tinha um motorista que se chamava "Abran Lincom", ele soletrava seu nome com muita pompa e muito orgulho!

Pois bem, o Flaviney era um garoto de temperamento muito intenso. Vivia dramatizando os fatos. Não fazia parte do nosso grupo de teatro porque não tinha sido liberado ainda para tal. Na verdade, era muito irregular em suas atitudes, ora alegre em demasia, ora depressivo, de ficar no fundo do poço. Hoje, pensando melhor, acredito que fosse portador de transtorno bipolar e, olhando mais ainda pelo lado espiritual, ele devia ter muitos obsessores. Digo muitos, porque obsessores todos nós temos e, segundo o que dizia o grande médium Chico Xavier, quem tem poucos, tem pelo menos uns sete tentando um envolvimento. É só dar uma brechinha, um espaço para um sentimento ruim como: raiva, ódio, ressentimento, vingança... é só ter um pensamento menos positivo, ter uma atitude mesquinha, egoísta, para que encontrem sintonia para se aproximar e se apossar de sua vida.

Todo final de tarde, começo do anoitecer, quando ainda ficávamos por lá, eu principalmente, porque Silvinha tinha de ir para casa cuidar de seus afazeres domésticos e de sua querida filha Isabella, o Flaviney aparecia com cara de pavor.

Eu sempre colocava o nome de todos e o dele, em particular, na caixa de vibrações da Federação Espírita.

O Flaviney chegava, sentava e ficava me olhando, sem dizer nada, mas eu já sabia que ele vinha com alguma história tenebrosa. Uma sexta-feira, começo do anoitecer, entrou na sala, sentou, baixou a cabeça e a colocou entre as mãos. Parecia meio ofegante.

— O que foi Flaviney?

Ele não respondia.

— Flaviney, fala, o que está acontecendo?

— Não quero ver aqueles monstrinhos de novo.

— Que monstrinhos?

Aí ele me contou que já fazia tempo que não conseguia dormir porque andava vendo monstros.

— Que monstros?

— Um montão, pendurados pelos muros do pátio!

— Mas você vai à noite ao pátio?

— Não, eu vejo da janela lá da cela.

— Do seu quarto, corrigi.

— Do meu quarto, que é cela mesmo. Eu fico ouvindo gritos, vou até a janela e vejo.

— O que você vê?

— Aqueles monstrinhos que eu matei. Sabe Anna, eles sobem pelos muros e ficam me encarando, gritando e me xingando. E eu fico mudo, não consigo revidar. Eles querem me levar e eu fico paradão, sem conseguir sair do lugar! Nunca fui de medrar pra nada, mas ando apavorado!

"São os seus obsessores" — logo pensei.

— Por que você não faz uma oração antes de dormir?!

— Não gosto, não gosto. Ele tinha mania de repetir as palavras.

— Não gosta, por quê?

— Deus não vai me ouvir, sou muito ruim. Já apaguei muita gente, sabe?

— Eu prefiro não saber o que você fez, Flaviney.

— Mas eu apaguei sim, até gente que não devia. Por isso não tenho coragem de falar com Deus. E tô ficando com muito medo de ver a noite chegar. E hoje é sexta-feira, noite de lua cheia.

— E o que tem isso?

— Vai ter monstros e lobisomem querendo me agarrar e me matar!

— Pare com isso! Escute, você contou essas coisas para a sua psicóloga?

— Contei só hoje, porque ontem à noite não deixei ninguém dormir. Consegui abrir o bico e comecei a gritar para todo mundo que estava pendurado no muro ir embora e me deixar em paz. Acordei a rapaziada toda e aí então me deram um comprimido, eu caí duro. Hoje cedo me levaram para falar com a dona Suzana e ela conversou comigo. Agora tô mais numa boa.

— Então, se você já está se sentindo melhor, não pense nisso!

Ele ficou em silêncio, de cabeça baixa.

— Você vai embora agora?

— Daqui a pouco, por quê?

— Conte uma história pra mim.

— Flaviney, largue de ser criança, vai. Veja se consegue fazer alguma coisa útil para não ficar pensando em besteira.

— Mas fazer o quê? O quê?

— Leia alguma coisa, uma revista, um livro, eu tenho uns aqui, posso te emprestar.

— Não gosto de ler, não gosto.

— E de escrever, você gosta?

— Gosto, gosto.

Aí me veio uma ideia, acho que inspirada pelo Plano Espiritual, só pode ter sido.

— Olhe, nós vamos fazer um espetáculo de poesia, por que você não escreve uma poesia, para nós colocarmos no roteiro que vamos fazer?

— Como é que é escrever poesia?

Peguei umas poesias de outros garotos

— Olhe, é mais ou menos assim, dê uma olhada.

Ele ficou lendo um tempo, depois olhou para mim com ar incrédulo.

— Será que eu vou saber fazer isso? Será?

— Vai sim! Procure escrever o que você sente! E depois você também pode pedir ajuda para algum monitor, para sua professora, na aula de reposição escolar! Você tem ido?

— Faltei esses dias, mas vou ver, vou ver... Se eu escrever, depois você lê?

— Claro! E se for legal, ponho no roteiro!

— Vou ver, vou ver.

— Vai ver nada, vai escrever!

— Tá, tá.

— E olhe, Deus fala com todos viu, principalmente com quem precisa ser ouvido. Vê se hoje à noite você procura ter uma conversa com Ele. Peça proteção!

— Tá bom, tá bom.

E ficou lá, parado, sem dizer mais nada. Peguei umas folhas de papel em branco e apontei uns lápis de cera pequenos — eles não podiam usar caneta, nem lápis comum, porque podiam virar arma — e dei para ele.

— Vá lá, comece a escrever. E pode levar essas poesias com você.

Ele pegou e ficou me olhando.
— Agora me deixe terminar o que estou fazendo. Quando escrever a poesia, traga para mim.
— Trago, trago.
E foi saindo. Da porta virou e falou:
— Obrigado, viu?
— Vai com Deus, Flaviney!
Ele saiu. Imediatamente abri o Evangelho, numa prece para afastar os maus espíritos, e li, pedindo por ele. Quatro dias depois, o Flaviney trouxe sua poesia. Disse que a Suzana, psicóloga, tinha dado uma força para ele escrever direito. Li e passei para Silvinha. Ele ficou esperando.
— Muito bem! — falou a Silvinha, emocionada como sempre.
— Vamos colocar no roteiro do evento! Eu disse!
— Claro!
Flaviney sorriu, não disse nada e foi embora. Silvinha continuava emocionada. Conhecia a história daquele garoto.
— Vamos dar essa poesia para o Falabella ler?
— Maravilha! — respondeu Silvinha!
— Tomara que ele possa vir!
E ele pôde e foi. Ficamos muito contentes.
Coloquei a poesia em suas mãos e solicitei ao Miguel que ficasse em nossa sala, até que o chamássemos ao palco, queríamos criar expectativa! E como todo ator que se preza, começou imediatamente a ler o texto.
— Gostei. Vou ficar dando uma estudada.
— Legal. Então, fique à vontade, vamos começar o evento. Viremos buscá-lo quando for a hora.
A quadra estava preparada, mas os internos foram sendo acomodados no chão, um ao lado do outro, enfileirados. Foi exigência da segurança. Cadeiras não podiam ser utilizadas, porque poderiam virar verdadeiras armas nas mãos daqueles garotos, segundo nos informaram.
Quando foram todos entrando no pátio, nos demos conta de que eram muitos. E nem tínhamos conhecimento disso! Nossos grupos de teatro formavam uma pequena parcela do número de menores que aquela Unidade abrigava. Onde estavam aqueles garotos todos que não víamos no dia a dia? Eu fiquei impressionada com a quantidade, Silvinha ficou perplexa!
Ao olhar todos eles espremidos, sentados no chão, me deu impressão de ver um campo de concentração. Aquela era uma plateia de excluídos.
Quando os atores entraram e foram tomando seus lugares, formou-se um burburinho, logo aplacado pelos "psius" dos monitores ao redor. A maioria dos monitores também não era conhecida por nós. A segurança era bem aparente. Só pedi ao Nazih que não houvesse policiais e ele, felizmente, me atendeu. Fiquei pensando como reagiria aquela plateia reprimida.
Bem, hora de começar. Subi ao palco, fui muito bem recebida e agradeci a presença de todos, citando um a um dos artistas presentes. Os garotos olhavam curiosos, batiam palmas a cada referência, e eu percebia que estavam procurando, no meio de todos, o Falabella, que continuava em nossa sala. Dissertei sobre nosso trabalho, falei de toda a nossa equipe. Sentia em minhas costas, uma enorme onda de calor.

Sabia que todos, lá atrás nas coxias e no camarim improvisado, deviam estar muito ansiosos e muito tensos.

Respirei fundo e continuei, até dizer tudo o que desejava sobre aquela nova fase da Febem. Chamei ao palco, o maior responsável por tudo aquilo: o presidente da Fundação, doutor Nazih Meserani. Nazih estava muito elegante, com um terno escuro e gravata azul. Os sapatos brilhavam e seu cabelo estava assentado como nunca! Senti o cheiro de Lavanda Inglesa, quando se aproximou do microfone. Sua esposa, Miriam, estava sentada nos lugares laterais da plateia, ao lado de alguns convidados especiais da sede da presidência.

Nazih tomou a cena e discursou de improviso. Ele tinha uma voz suave, pausada, era muito calmo, sereno. Parecia um "mentor espiritual" falando! E falou bonito, dirigiu-se a todos e, principalmente, aos garotos que estavam sentados no chão, não deixando escapar aquele momento para prometer que, no próximo evento, todos estariam sentados em cadeiras, bem mais confortáveis. Houve um ligeiro silêncio e os garotos começaram a aplaudir!

Nazih não se estendeu muito, mas falou o que desejava, expressou-se como "homem de bem", centrando suas palavras na vontade e determinação de realizar uma gestão humana, educativa e evolucionista, no comando daquela Fundação. Ao término de seu pronunciamento, disse, brincando, que já era hora do espetáculo começar e que estava tão curioso quanto todos os presentes, para ver o que iríamos apresentar naquele palco. Foi muito aplaudido.

Anunciei, então, o momento de poesia. Chamei ao palco, os atores que iriam participar. Mais aplausos. Localizei vários alunos nossos na plateia, inclusive o Flaviney, o Toddy e o Carlinhos, que aplaudiam com muito entusiasmo.

Fui às coxias e dei sinal ao Marcito, garoto treinado por Robert para ser sonoplasta, pedindo que colocasse a música de fundo, que havia escolhido e gravado, para embalar o clima sugerido pelas poesias.

Os atores começaram a ler e a interpretar o roteiro e ficando cada vez mais emocionados. Todos os espectadores prestavam muita atenção, ninguém se mexia. No final, quando a palavra "liberdade" foi pronunciada vibrantemente, eles gritaram e aplaudiram ao mesmo tempo, repetindo: Liberdade! Liberdade!

Pensei que algo pudesse acontecer naquele momento, senti uma animosidade entre os monitores ao redor, que olhavam e gesticulavam. Mas a manifestação foi se tornando, naturalmente, mais branda e terminou só com palmas efusivas. Os atores aplaudiram e a plateia também. Vi lágrimas nos olhos de todos. Nem sempre os artistas têm oportunidade de exercer a função social de sua arte!

Lígia de Paula subiu ao palco e deu seu depoimento como presidente do Sindicato dos Artistas. Suas palavras foram muito bem recebidas. Durante o pronunciamento de Lígia, Silvinha foi buscar o Falabella em nossa sala, que ficou aguardando estrategicamente.

Retomada a apresentação, depois que todos retornaram a seus lugares, anunciei que havia mais uma poesia a ser interpretada e por alguém que eles tinham desejado muito que viesse. Anunciei o "Miro"! Miguel Falabella!

Ele entrou no pátio. Os garotos que fariam a peça, imediatamente saíram da coxia para ver tudo de perto, e o Agenor também.

Quando Falabella subiu ao palco, sorriu para todos e acenou. Nesse momento, ouviu-se um grande coro aclamando seu personagem da novela: Miro! Miro! Miro!

Ele foi ovacionado. Precisou de um tempo para se recuperar de tanta emoção. Então interpretou a poesia:

"Quando chega a madrugada
E o sono não vem
Começo a pensar
E fico com medo, tremendo sem parar

Vou para a janela
Tentar respirar
De lá fico vendo o pátio
E não tem ninguém por lá

De repente pelos muros
Vejo gente chegando
Subindo pelas paredes
Falando e gritando

Reconheço um por um
São todos que eu apaguei
Alguns por vingança
Outros, porque nem sei

Fecho os olhos de pavor
E mesmo assim continuo vendo
Queria afastar todo o mundo
E depois sair correndo

Ir para bem longe, para outro planeta
Onde meu pai, minha mãe, meus irmãos
E todos aqueles lá do muro
Sorrissem para mim e me dessem o seu perdão."

Quando finalizou, foi mais aplaudido ainda e também fez seu depoimento, dirigindo-se a todos os garotos, de maneira espontânea, inteligente, com palavras de amor e generosidade. Foi um momento lindo! Miro, o malandro idolatrado da novela, falando para os garotos da Febem, de igual para igual.

Sempre penso, quando vivencio um momento muito sublime, que aquele momento deveria ser congelado para a eternidade! Foi o que pensei, vendo o Falabella — um astro — em completa sintonia com aquela plateia de menores infratores, destituídos de uma vida digna e decente.

Falabella foi brilhante, a plateia ficou vidrada nele e, no final, os aplausos foram demorados e intermináveis. Ele só não foi aplaudido em pé, porque os garotos eram obrigados a permanecer sentados.

Tentei encontrar o Flaviney na plateia, para ver sua reação. De repente ele surge não sei de onde, com um papel na mão, e se aproxima do Falabella, que tinha descido do palco:

— Por favor, Miro, me dá um autógrafo?

Só que não havia caneta para escrever! Naquele momento, ninguém tinha caneta, nem lápis, nada!

O Flaviney ficou desconsolado.

— Puxa vida, queria tanto guardar uma lembrança sua! Essa poesia que você falou, fui eu que escrevi!

O Falabella ficou parado, olhando para ele, depois tirou um relógio lindo que tinha no pulso e deu de presente para o Flaviney.

Ele ficou com aquele relógio na mão, paralisado!

— É seu! Toda vez que você for olhar as horas, lembre de mim!

O Flaviney abraçou o Falabella e não separava mais! Um monitor que estava por perto, vendo tudo, foi tirando o Flaviney de lá.

— Vem, vem, deixa o moço em paz!

Ele se desvencilhou, chegou perto do Falabella e disse:

— Hoje é o dia mais feliz da minha vida!

Depois foi se afastando e colocando o relógio no pulso.

"Tomara que esse relógio fique nos pertences do garoto" — pensei.

Eis que chega o momento da apresentação da peça. O elenco da peça volta à coxia atrás do palco, junto comigo. E a primeira pergunta é lançada:

— Cadê as armas?

— Já estão conosco — respondi.

— Onde?

— Naquela caixa — mostrei.

A caixa tinha sido trazida pelo Agenor, durante o depoimento do Falabella, e estava na mão dele.

— Vamos distribuir, um pouco antes da apresentação. E depois elas têm que voltar para o mesmo lugar, direitinho. Esse foi o trato para podermos usá-las — expliquei.

— Tudo bem! — foi a resposta geral.

Naquele momento, estávamos mais do que nunca muito concentrados, incrivelmente sintonizados — em silêncio. Voltei ao palco para anunciar o espetáculo. Falei sobre o grupo, sobre o trabalho, sobre a peça. Anunciei que a peça "Além da Fraternidade" iniciaria em poucos minutos. Esses minutos eram necessários para que distribuísse as armas para eles. Eram todas de brinquedo, mas réplicas perfeitas.

Até hoje não me esqueço da reação dos garotos, quando abri aquela caixa e revelei seu conteúdo! A cara de felicidade, de satisfação! Uma notória autossuficiência aflorou em todos, ao empunharem aquelas armas! Eles se transformaram em seres poderosos. Viraram bandidos, de verdade! Vestiram seus personagens e si mesmos com aquelas armas! Esse também é um encantamento, uma mágica que acontece no teatro. Ensaiamos, ensaiamos, estudamos profundamente e construímos nossos personagens, mas, quando vestimos o figurino, tomamos posse de nossos objetos e adereços cênicos, aí sim, ficamos completos, inteiros e nos transformamos nos personagens, de fato!

Os garotos estavam prontos. Fiz com que todos dessem as mãos, armadas mesmo. Fizemos um pensamento positivo, pedimos a proteção de Deus para o espetáculo. Fabiano era o mais concentrado. E falamos a palavra que dá o estímulo necessário aos atores, em dia de estreia: merda!

Marcito colocou a música de abertura. O espetáculo foi iniciado. E, já nos primeiros minutos, a plateia começou a interagir, logo se identificando com aquela realidade que conheciam tão de perto. Passados os primeiros instantes de nervosismo, os garotos passaram a representar com garra, com vigor, eram os próprios personagens. E foram se soltando cada vez mais. A plateia também. Aos poucos, os garotos que estavam praticamente atados e amordaçados pela presença maciça dos monitores ao redor, foram se envolvendo inteiramente com o que se passava no palco e, muitas vezes, falavam, opinavam em voz alta. Riam também, e era um riso nervoso, de quem reconhecia a marginalidade estampada naqueles atores internos, que mandavam o verbo, para valer. Palco e plateia integrados. Os garotos eram donos daquela história. Saulo e Marta também estavam arrasando nos personagens do pai e da mãe de Jeremias. Dona Josefa, a servente poetisa, incorporou uma enfermeira arrogante e mal-educada William e Agenor eram policiais violentos, implacáveis. Fabiano dava um *show*, interpretando o Jeremias. Se Stanislawski, o mestre de interpretação, estivesse presente, redivivo, diria que ele estava "tomado". E foram muitos os aplausos em cena aberta.

Quando o espetáculo terminou, as palmas recomeçaram, firmes e fortes. Os agradecimentos finais foram intensificados e entremeados com frases, palavras de ordem, gírias, códigos, que só eram compreensíveis entre aqueles que conheciam de perto a marginalidade.

Os garotos tiveram de voltar umas três vezes ao palco, para receber aplausos. Depois vieram me buscar. Aí, não resisti à emoção e chorei. Chorei muito mesmo. E chamei toda a equipe ao palco, inclusive o diretor da Unidade, que tinha colaborado tanto conosco. Ele também chorou e foi muito aplaudido.

Os atores convidados, muito comovidos, vieram nos abraçar, inclusive os garotos, que estavam demais emocionados e choravam. Enfim, foi uma choradeira explícita. Quando os garotos voltaram à coxia, nos abraçamos novamente. Estávamos em êxtase.

O evento terminou. Os garotos tiveram que retornar à realidade e foram sendo levados de volta para o interior da Unidade. Os atores despediram-se e foram embora. O Falabella foi convidado pelo Nazih a ir conhecer melhor a Febem e a visitar outras Unidades. Ele aceitou o convite e foi com muita satisfação.

Nós começamos a recolher as coisas, os materiais e adereços usados na peça — dar uma organizada geral em tudo. Quando olhei para a caixa de armas, vi que estavam todas lá, intactas, devolvidas pelos garotos, sem que tivesse sido preciso pedir.

21.

A reconstrução do teatro e a criação do núcleo desportivo e cultural

Nossas aulas

continuaram dentro das UE-JOV e UE-3. Começamos a nos aproximar também da UE-15, conhecer mais de perto o trabalho que eles realizavam. Depois da grande ajuda que Agenor tinha dado nos dois eventos realizados, agora estava mais voltado para a sua Unidade, desenvolvendo e orientando grupos de "dramatização". Lá também estavam sendo ministradas aulas de artesanato, pintura, mas a música continuava em evidência, com os alunos dando preferência à MPB (música popular brasileira).

Como na UE-15, a faixa etária dos meninos internos era mais baixa e as infrações cometidas por eles de menor gravidade, lá reinava um clima mais leve e mais livre também. Eu e Silvinha detectamos vários talentos para o teatro e muitos garotos pediram para ingressar em nossos grupos, mas não queríamos e nem podíamos, naquele momento, assumir mais aulas além das que nós já possuíamos. A UE-15 ficava no lado oposto, era uma boa andada até lá. Ficava, inclusive, mais próxima da presidência. E, por isso, naquela manhã, encontramos o Nazih chegando. Fazia algum tempo que não nos víamos. Na verdade, nos falamos logo depois do evento da UE-JOV, quando fez questão de chamar à sua sala, toda a equipe que havia trabalhado nos eventos realizados na UE-3 e na UE-JOV, para dar os cumprimentos.

Nazih desceu do carro oficial muito sorridente e foi logo dizendo quando me viu com a Silvinha:

— Iam falar comigo?

— Não, respondi. Estamos indo até a UE-15.

— Mas vocês estão dando aulas lá também?

— Não, só conhecendo melhor as atividades artísticas e culturais dos garotos da Unidade.

— Eles são ótimos, muito sensíveis e acessíveis — falou Nazih.

— É, nós estamos percebendo.
— Anna, até o final da semana terei boas novidades!
— Hoje ainda é segunda-feira, será que vou aguentar esperar? — falei brincando.
— Aguarde, aguarde. Falou em tom jocoso e foi indo para a presidência.
A Silvinha, ainda mais ansiosa do que eu, logo me perguntou:
— O que será? O que será?
— Não sei, vamos aguardar — respondi. — Ele falou "boas" novidades...

Em nossa caminhada de volta à UE-JOV, ouvi o canto do passarinho de barriguinha em tom amarelo esverdeado, que sempre vinha me anunciar boas novas. Fiquei procurando por ele, dando uns assoviozinhos para ele responder e eu poder localizá-lo. Silvinha não entendia nada. O bonitinho estava em cima do telhado que cobria uma espécie de rede de luz. Falei para o passarinho:

— Oi lindão! Tudo bem? — e não é que ele piou bem alto?
— Silvinha, vem notícia boa por aí! — falei animada. Então contei-lhe o significado daquela aparição, ela logo se envolveu com a história e acreditou no bom presságio.

A semana demorou a passar.

— Quinta-feira, Silvinha! Será que o Nazih não vai falar nada? — perguntei inquieta.
— Vai falar sim! — respondeu a Silvinha, com seu costumeiro otimismo.

Às 18 horas do dia seguinte, sexta-feira, Silvinha já tinha ido embora e eu estava de saída, só dando uma organizada na nossa sala, quando o telefone, sobre a nossa mesa, tocou.

— Está ocupada? — era a voz do Nazih.
— Não, estava de saída.
— Venha até a minha sala, quero falar com você.
— Já estou a caminho!

Arrumei tudo rapidinho, apanhei minhas coisas e lá fui eu, já com a adrenalina a mil, ansiosa para saber o que tinha para me falar.

Nazih estava de costas, arrumando umas pastas, quando cheguei. Virou-se para mim, e em tom brincalhão, disse:

— Veio rápido! Mulher é curiosa mesmo, adora uma novidade!
— Eu adoro mesmo, principalmente quando a novidade é boa, como você disse.
— Consegui uma verba para a reconstrução do teatro, Anna!
— Verdade? Que maravilha, Nazih! E quando vamos começar a reconstrução?
— Calma, menina! Recebi a confirmação agora à tarde. Preciso ainda viabilizar tudo, formalizar a parte burocrática.

Eu dei o maior abraço nele. Estava muito feliz com a notícia.

— Posso contar para a Silvinha?
— Pode, está tudo certo! A verba é do governo e virá através da Secretaria da Promoção Social.
— Nem acredito! Que coisa boa!
— Assim que eu receber, de fato, o dinheiro, voltaremos a nos falar para traçarmos metas.
— E quando você acha que isso acontecerá?
— Pedi urgência, espero que seja rápido.
— Maravilha!
— Eu tenho que levantar em nosso quadro de funcionários, algum Arquiteto para fazer a obra.
— Seria bom também que ele conversasse conosco, antes de fazer o projeto, nós sabemos tudo o que é necessário num teatro.

— Boa ideia! Amanhã mesmo já começo a ver isso.
— O que precisar de mim, é só chamar, Nazih. A qualquer hora, pode contar comigo.
— Ótimo, vou colocando-a a par de tudo, então.
— Nossa, nem acredito! Que legal!
— Prometi, não prometi? E vou cumprir! — falou com determinação.

Saí de lá super feliz, louca para chegar em casa, ligar para Silvinha e contar as novidades! E foi o que fiz. Silvinha exultou.

No dia seguinte, já começamos a sonhar com nosso teatro! Antes de iniciarmos o trabalho de relacionar tudo o que seria essencial para o bom funcionamento do teatro, resolvemos ir até o espaço onde ele seria reerguido. Olhamos tudo, mais detalhadamente, e já fomos imaginando aquele teatro reerguido, em pleno funcionamento. A sensação foi muito boa. Logo pensamos em como seria a inauguração. Coisa de artista mesmo, que se preocupa com a parte artística, antes mesmo da parte material concretizada. Teríamos um longo caminho pela frente, até a reconstrução de tudo, mas já estávamos querendo criar um espetáculo de estreia. É isto que move a mente do artista: a constante criatividade e a inquietude. Esse fervilhar leva-o sempre a criar coisas novas e inovadoras. É a paixão pela arte. Sem ela, o artista estaria morto.

Na semana seguinte, Nazih me chamou e me apresentou a um arquiteto e a uma arquiteta da Febem. Eles eram jovens e entusiasmados. Adorei. E, no mesmo dia, indo para casa, tive a ideia de conversar com o seu Mariano, na época zelador do Teatro Maria Della Costa. Contei-lhe sobre o trabalho que estava fazendo na Febem, sobre a reconstrução do teatro e pedi sua ajuda para nos acompanhar numa visita, àquele que eu considerava um dos nossos melhores teatros. Ele foi muito solícito e me atendeu prontamente. Dois dias depois, já estávamos lá: eu, Silvinha a arquiteta Marina e o arquiteto Jayme. Seu Mariano nos levou para fazer uma visita bem demorada. Mostrou-nos tudo: palco, plateia (com uma inclinação excelente para facilitar a visão do palco), urdimento, quadro de luz, camarins e a parte de baixo, onde os cenários eram construídos. Lá existia uma passagem que ligava o palco à entrada do teatro. O Teatro Maria Della Costa foi muito bem projetado. É uma pena que hoje se localize num local de acesso difícil, sem muita segurança. Hoje o público prefere os teatros localizados nos shoppings centers. Mas, na época, foi muito bom ter apresentado o Teatro Maria Della Costa aos arquitetos que reconstruiriam o teatro da Febem. Por conta do terreno, não tínhamos condições de erguer nada muito parecido com o que acabávamos de ver, o importante é que ficaram sabendo das necessidades básicas para o bom funcionamento de um espaço teatral.

No dia em que tudo começou, o entulho foi retirado e o terreno preparado. Fui bem mais cedo para lá e fiz uma oração para que tudo desse certo. Pedi aos deuses do teatro que abençoassem o início dos trabalhos e facilitassem a reconstrução. Assim a obra começou.

Eu me organizava para poder fazer visitas constantes à obra. Os nossos alunos estavam cada vez mais ansiosos para ter um espaço próprio para suas atividades artísticas. Eles amavam a ideia de poder sair daquelas unidades sombrias. E nós também.

Tudo ia bem e começamos a pensar no que apresentaríamos no dia da estreia, como faríamos a divulgação e quem convidaríamos. A gente queria mesmo muita festa para comemorar.

Eu costumo ter grandes ideias na hora da vigília. Quando estou quase dormindo, parece que me vem uma grande inspiração, é impressionante! Já cheguei a escrever o roteiro de um espetáculo de *ballet*, que dirigiria em parceria com os bailarinos Brenno

Mascarenhas e Lucia Aratanha, num cartão de visitas que estava no meu criado-mudo. Estava quase dormindo, quando vislumbrei claramente o espetáculo, mas como não estava a fim de levantar e ir até o escritório pegar um papel, escrevi lá, no cartãozinho mesmo. No dia seguinte, comecei a trabalhar naquelas anotações que havia feito. E deu certo! O espetáculo acabou ficando muito bonito!

E assim, foi do mesmo jeito com o espetáculo de abertura de nosso teatro! Eu estava quase pegando no sono, quando me veio à mente um *show* com a participação de artistas da Febem. Não só com internos, mas com todos os que tinham algum talento e queriam tomar parte. Seria composto por vários quadros: teatro, música, dança, poesia, enfim, várias expressões artísticas.

No dia seguinte, contei à Silvinha, que, animadíssima, logo aderiu à ideia! E como tudo se desencadeia de uma maneira muito bem conduzida pelo Plano Espiritual, naquela semana Nazih me chamou para conversar e me contou que estava formatando um projeto que integraria funcionários e internos, em várias atividades, seria o Projeto Integração. Ele estava muito animado com a reconstrução do teatro, querendo, também, montar e adaptar uma academia de ginástica — com dança e expressão corporal — num espaço desativado. Mandaria colocar espelhos nas paredes, para que os internos e os funcionários pudessem se ver e se enxergar de corpo inteiro. Acrescentou que pretendia reformar o campo de futebol, ampliar os trabalhos com a horta, retomar as salas de aulas diárias, as aulas de marcenaria, de artesanato e criar, lá dentro, um Núcleo Cultural. Nazih era mesmo um idealista, uma cabeça pensante, um homem de ação.

Quando contei minha ideia de garimpar talentos no Quadrilátero, para fazer o *show* de inauguração do teatro, ele exultou. Isso estava dentro do projeto que estava idealizando, porque integraria e revelaria os artistas da Febem. Acabou por me contar que já tinha um nome para o teatro: Auditório Teatro Teotônio Vilela. Gostei, porque homenageava um político brasileiro muito importante na condução do movimento democrático das " Diretas já!".

Não demorou muito, e ele marcou uma reunião com todos os funcionários e contratados que trabalhavam com os internos, desenvolvendo alguma atividade interessante. Teve que descobrir pessoas que nem mesmo conhecia, que trabalhavam no anonimato. No dia da reunião, a mesa enorme não deu para acomodar todos. Participaram, também, profissionais recém-contratados pelo Nazih. Eu e Silvinha conhecemos gente muito interessante, que nem imaginávamos que trabalhasse lá. Instrutores esportivos, psicólogas que faziam um trabalho corporal, artistas plásticos, músicos, pintores, artesãos e educadores.

Nazih discorreu sobre o Projeto Integração. Era um projeto e tanto, muito bom mesmo, e contribuiria para melhorar as condições de vida dentro da Febem. Com a interatividade e a inclusão de vários setores e segmentos, numa nova metodologia de trabalho integrado, os garotos internos seriam os primeiros a se beneficiar. Teríamos uma enorme tarefa pela frente! Todos ficaram muito animados.

Depois, Nazih falou da criação do Núcleo Desportivo e Cultural. Ele disponibilizaria uma edificação que ficava, estrategicamente, no meio do Quadrilátero, para que a coordenação das atividades artísticas e desportivas pudesse concentra-se lá, em várias salas distribuídas pelo espaço.

Para o trabalho corporal com os internos, transformaria um salão que estava desativado, em Academia de ginástica. Também reformaria um campo de futebol e uma quadra que ficavam em área externa.

Para o trabalho artístico, o teatro seria reerguido e concentraria as atividades teatrais e musicais. No próprio Núcleo, havia um galpão anexo, que seria revitalizado para os trabalhos artesanais e atividades na área de artes plásticas.

Em suma, seu principal objetivo era tirar os garotos de suas Unidades e levá-los para fora, deixando-os mais livres para exercerem suas atividades. Dessa forma, almejava minimizar a sensação de prisão que todos eles tinham e que os deixava tão contrariados e insatisfeitos.

A proposta do Projeto Integração era muito boa e todos aplaudiram. Mas, uma pergunta que não podia faltar veio de uma moça desconhecida por mim, e que parecia ser da área educacional:

— Quem vai dirigir os Núcleos?

O Nazih já tinha na manga os dois diretores. Ele já havia pesquisado, evidentemente. Para o Núcleo Desportivo nomeou um instrutor de ginástica e de futebol, funcionário efetivado há cinco anos, o Maurício. A indicação foi bem recebida. Maurício estava sentado em minha frente. Era jovem, bonito, atlético. E, ao se pronunciar, falou com voz firme, de maneira simpática, comunicativa.

Para o Núcleo Cultural, nomeou um artista plástico, também funcionário efetivado, que já desenvolvia seu trabalho com os menores, há quase oito anos, o Welton. Essa indicação criou, mesmo que dissimulado, um clima de insatisfação, logo percebido por mim e por Silvinha. É difícil enganar um ator, que sempre trabalha com o "subtexto" e com as "máscaras".

Welton estava sentado mais à frente e, quando seu nome foi citado, ele se evidenciou, assim pude notar bem sua figura. Um mulato alto, magro, com ar pomposo, mãos expressivas, com dedos longilíneos e cheios de anéis. Mostrou-se verdadeiramente surpreso com sua indicação, levantou de sua cadeira e se expressou de maneira emotiva, com voz afetada, coração aberto e trejeitos um tanto efeminados. Entendi o motivo da rejeição.

A reunião estendeu-se por um bom tempo e todos se mostravam empenhados e determinados a desenvolver um trabalho inovador, junto aos menores internos. Pareciam imbuídos de muito entusiasmo e propensos a cumprir a grande missão.

Nazih deu um prazo de, no máximo, quatro meses, para estar tudo pronto e organizado.

— Incluindo o reerguimento do teatro? — perguntei.

— Esse é o objetivo.

— Nossa, precisamos correr! — falei para Silvinha, ao meu lado.

Reunião terminada, fomos conhecer os locais das futuras instalações e caminhamos, mais uma vez, até o local onde seria reerguido o teatro. Estava sem entulho, bom sinal. Agora dava para ver melhor a dimensão do terreno e o que, realmente tinha sobrado da edificação.

"Quatro meses? Só por um milagre!" — pensei.

Convoquei uma reunião geral com nossa equipe e a finalidade era conversar sobre os novos rumos de nosso trabalho.

Tínhamos de continuar com nossas aulas dentro das Unidades e acompanhar, de perto, as obras do teatro para que não tivéssemos surpresas depois da edificação concluída. Eu já tinha experiência nesse quesito. Toda vez que um teatro era construído, sem acompanhamento de profissionais da área, as surpresas absurdas sobravam para os artistas que acabavam se deparando com um espaço inadequado e cheio de imperfeições para poder trabalhar. Isso aconteceu muito no interior do estado, principalmente quando a construção tinha sido de cunho político e não cultural. Em São Paulo, capital, foi lamentável a falta de conhecimento de quem derrubou um teatro maravilhoso como o Bela Vista e construiu o Teatro Sérgio Cardoso, com tantos erros de projeto. Até Oscar Niemeyer, grande arquiteto, errou na concepção do teatro de Araras, onde as escadas que dão acesso ao palco são tão estreitas, que os mais gordinhos têm dificuldade para utilizá-la. Sendo assim, atrizes de uma peça de época, com vestidos volumosos, então, não conseguem nem passar!

Quando "Laços Eternos", adaptação teatral de minha autoria para o livro de Zibia Gasparetto/Lucius, história passada no século XVIII, foi para Araras, a produção teve que improvisar camarins nas coxias, para as atrizes que trajavam vestidos compridos e armados.

Enfim, os arquitetos da Febem eram muito bem-intencionados, mas precisavam ser supervisionados. Combinamos de nos revezar nos intervalos de nossas aulas. Mas era evidente que eu, particularmente, não conseguiria deixar de ir lá todos os dias.

O dia já estava terminando para nós. Ficamos de pensar num plano de ação para quando nos transferíssemos para o Núcleo Desportivo e Cultural. Eu já estava pegando meu carro para ir embora, mas minha ansiedade falou mais alto. Será que os arquitetos estariam por lá? Queria conversar com ambos, estranhei a ausência deles na reunião. Fui até a sede e, como minha ansiedade estava sempre interligada com minha intuição, cheguei bem no momento em que estavam entrando na sala do Nazih. Na verdade, vinham de um encontro com a assessoria do governador, ao qual tinham levado não só o projeto do teatro, mas os projetos de adequação para os novos espaços de trabalho. Nem preciso dizer que acabamos ficando até mais tarde, conversando. Nazih era o mais animado. Falamos sobre vários assuntos pertinentes à reforma dos espaços e, claro, à reconstrução do teatro. Eles se comprometeram a entregar a obra dentro do prazo previsto, mas eu duvidava. Quando nos demos conta do horário, percebemos que já era tempo de encerrar. Os arquitetos levantaram-se para sair e eu fiz o mesmo, mas o Nazih pediu que eu ficasse um pouquinho mais. Ele queria ouvir minha opinião sobre o Projeto Integração.

— Será muito bom, Nazih, para o teatro principalmente, porque poderá contar com o suporte de profissionais de outras áreas! Os cenários e figurinos poderão ser criados pelo pessoal de artes plásticas, os adereços cênicos pelos artesãos, o pessoal da academia poderá trabalhar o corpo dos garotos e assim por diante. E poderemos, também, arregimentar funcionários que contribuam com o que sabem fazer, como: marceneiros, serralheiros, costureiras... O Robert poderá descobrir compositores e músicos para as trilhas sonoras! Com todos os segmentos trabalhando integrados, será mais provável atingir a excelência no tratamento dos internos. É um projeto e tanto!

Ele ficou contente com o que ouviu e disse que não via a hora de ver colocado em prática tudo o que havia planejado. Despedimo-nos e fui embora. Nazih disse que ainda ficaria mais um pouco. Saí da sala.

A sede estava vazia, com pouca luz. Portas altas e fechadas, aqueles corredores na penumbra. Tive a sensação de estar num mosteiro. Olhei tudo em volta. Senti fortes presenças espirituais por ali. E, mais uma vez, tive a certeza de que estava cumprindo uma missão, fazendo aquele trabalho.

No trajeto até minha casa, fiquei rememorando tudo o que já havia vivenciado durante aqueles sete meses na Febem. Nossa, sete meses já! O tempo voou!!!

Nem bem cheguei, o telefone tocou. Era o Nazih, dizendo que tinha recebido um telefonema da produção do Globo Repórter, solicitando, no dia seguinte, uma entrevista com ele e permissão para mostrar a Fundação. O tema do programa era "menores infratores". E quem faria a entrevista seria o Pedro Bial e uma equipe reduzida. Nazih concordou, e estava me ligando para pedir que eu falasse sobre o teatro e mostrasse alguma performance com os garotos. Eles chegariam no período da tarde. Achei bem interessante, embora um pouco em cima da hora. Mas como eu sabia que em televisão as coisas aconteciam assim mesmo, tudo tinha que ser para ontem, eu disse ao Nazih que podia contar comigo. A ideia que me veio foi a de reunir nosso grupo mais atuante da UE-3 para fazer uma performance sobre o "Menino de Rua", e chamar os garotos da UE-JOV que tinham atuado em " Além da Fraternidade", para reproduzirem umas cenas da peça. Nazih gostou. Perguntei se poderia levar o Pedro Bial e equipe às duas Unidades para captar as imagens. Ele disse que sim, mas que nos limitássemos às nossas salas de aula, para não causar tumulto, principalmente na UE-JOV. Concordei. Tudo acertado e logo telefonei para Silvinha e para todos da equipe, colocando-os a par do que aconteceria e pedindo para que chegassem mais cedo, no dia seguinte, assim poderíamos agilizar tudo.

    Que dia mais cheio de surpresas tinha sido aquele! Merecia um bom banho quente e depois uma sopinha, para relaxar! Naquela noite não dormi, desmaiei! E sonhei:

    Estava num iate muito bonito, todo estofado de branco, com pessoas muito sorridentes, que dançavam e cantavam. Eu estava bebendo um coquetel esbranquiçado, parecido com *piña colada*, que, aliás, eu adoro e aprendi a tomar em Acapulco, México, onde também tomava margueritas e cerveja Sol quase congelada, com sal na borda e limão dentro.

No sonho, eu sorvia aquele coquetel com gosto e prazer. O iate seguia em direção ao alto mar e comecei a ver um submarino emergir. De dentro, apareceram dois marinheiros com uniformes que lembravam os da polícia militar, só que eram brancos, usavam também bonés verdes, que mais pareciam capacetes. Começaram a acenar para o pessoal do iate, que começou a gritar, feliz:

— Chegamos, chegamos!

Aí o iate grudou no submarino e todos começaram a descer e a entrar, por uma escotilha, que levava para baixo. Eu fiquei meio indecisa, se iria ou não, mas tomei o último gole da bebida e fui. Quando entrei, me deparei com uma sala muito bonita, cheia de plantas e com sofás e poltronas muito grandes e confortáveis, onde todos já estavam acomodados. Fiquei sem lugar e, então, um daqueles marinheiros-policiais veio e me levou até um banco pintado de amarelo. Era a única coisa de cor diferente que havia lá, porque o resto era azul e de vários tons. Fiquei sentada e começaram a servir umas tigelas com um líquido que parecia sopa, mas era meio gelatinoso e azul também. Começamos a tomar. Resolvi olhar através de uma janela grande e redonda, de vidro, que mostrava o fundo do mar. Aí comecei a ver uns peixes com caras achatadas, que mais pareciam *bulldogs*, e estavam presos por umas correntes. Eles latiam e rosnavam debaixo d'água. Eu achei muito estranho aquilo e comecei a sentir um medo enorme de que investissem contra o vidro, quebrassem e nos atacassem. Então, ouvi um estrondo e o submarino começou a balançar. Eu comecei a ficar tonta e a sentir muito calor e falta de ar, logo comecei a pingar de suor, como se estivesse numa sauna. As pessoas também estavam suando muito e pareciam amedrontadas. Aí apareceu uma mulher vestida com uma roupa de mergulho e falou:

— É melhor sair e nadar lá em cima!

Ela, então, abriu a escotilha para a gente sair. Estávamos no fundo do mar! Mas a água não entrava dentro do submarino, ficava parada e parecia um espelho. Aí, todos foram nadando para fora.

— Eu não sei nadar direito! — comecei a gritar — me ajudem a sair! Me ajudem!

Ninguém ouviu. Então apareceu um daqueles peixes que tinha se soltado das correntes e ficou me olhando. Eu me afastei, com medo, mas a cara feia de bulldog dele foi se transformando numa cara de anjo, com olhos azuis e cabelos loiros cacheados. Entrou pela escotilha e começou a me puxar para fora. "Montei" no peixe e ele foi subindo comigo, me conduzindo do fundo até a tona, deslizando pelo mar como se fosse um *jet ski*. Eu sentia um vento gelado no corpo, mas a sensação era muito gostosa! Ele me levou de volta ao barco todo azul. As pessoas estavam lá me esperando, com cobertores para me aquecer. Quando subi no convés do barco, tremia de frio. Acordei. Estava mesmo tremendo de frio! Peguei um cobertor, coloquei uma camiseta de mangas compridas, meias de lã nos pés e dormi de novo, profundamente, até o despertador tocar às 6h30.

22.

Um dia daqueles...

Depois de

todos os rituais matinais, que demoraram mais de uma hora, saí para pegar meu carro e ir à Febem. Aí aconteceu uma coisa muito estranha. Quando fui abrir o portão da garagem para sair, vi um passarinho morto. Era o meu passarinho! Aquele de barriguinha meio alaranjada, que quando aparece sempre traz boas notícias! Mas morto?... Senti um arrepio. Peguei um paninho, embrulhei e o coloquei ao pé de uma árvore que tinha na rua. Orei um Pai Nosso. Aquele não era um bom sinal. Eu já tinha feito minhas orações matinais, lido um trecho do Evangelho, uma mensagem do livro Sinal Verde, psicografado pelo Chico Xavier e procurei não me impressionar, até porque o dia seria longo e de muito trabalho. Liguei o rádio, comecei a ouvir música, ocupei minha mente com coisas relativas ao que nos aguardava, e fiquei selecionando as ações mais urgentes para deixar tudo preparado.

Cheguei à Febem e todos já estavam lá, na nossa sala. Silvinha, que me conhece muito bem, logo falou:

— Aconteceu alguma coisa, Anna?

— Por quê?

— Está com uma cara esquisita...

— Preocupação com o que temos para fazer hoje! — estalei os dedos — ritmo de televisão, minha gente!

Não sei se consegui convencer, mas não queria tocar no assunto do passarinho morto, aliás queria era esquecer o fato.

Logo nos organizamos. Chamamos o Saulo e pedimos para ele reunir os garotos que tinham encenado a peça no evento. Ele pediu um tempo para isso, porque precisava procurá-los nos lugares onde poderiam estar: no pátio, em atividades físicas, em aulas de reforço, com a psicóloga ou assistente social. Enfim, ele precisava de pelo menos uma hora para isso. Concordamos e ele foi. Enquanto isso, resolvemos adiantar o que inventaríamos com os garotos da UE-3. Precisávamos armar alguma coisa no pátio, com alguns adereços que estavam guardados, reunir os meninos e fazer um resumo do "Menino de Rua" para ser mostrado na TV. Estávamos num agito só. Fomos à UE-3. Informamos a Thaís, a diretora, e fomos procurar os meninos que, por sorte, estavam reunidos numa sala, ouvindo a palestra de um médico sobre higiene, alimentação, saúde, doenças e qualidade de vida. Ficamos assistindo um pouco, estava no final. O que conseguia escutar do que ele falava, me parecia completamente fora da realidade daqueles meninos, que mal tinham o que comer... e onde morar. Mas, enfim, valia como informação e orientação para, quem sabe, um futuro melhor...

O médico, por fim, terminou e se despediu de todos. Imediatamente tomamos a frente da sala e eu expliquei a eles que o Globo Repórter faria uma matéria, enfocando o menor (omiti o termo infrator para não discriminar), mostrando, dentre outras atividades, o teatro dentro da Febem, e que deveríamos apresentar um resumo do "Menino de Rua", para que pudesse ser gravado. Eles ficaram alvoroçados, aparecer na televisão, fazendo teatro, era o máximo para eles! Mesmo os que não tinham participado queriam estar lá, mostrar suas carinhas. Tive a ideia, então, de fazer com que os "excedentes" ficassem como plateia convidada, reagissem de acordo com o combinado, batendo palmas, rindo e, pudessem, no final, dar sua opinião sobre o que tinham visto. Tudo um pouco "arranjado", como se faz em programa de auditório ao vivo.

Era o tempo de tomarem um lanche rápido, para logo depois se dirigirem ao pátio e já começarmos a trabalhar. Enquanto isso, fomos ver onde estavam os adereços da "praça", que tínhamos criado na ocasião. Achamos quase tudo numa sala, no fundo da quadra interna de esportes, e começamos a levar para o pátio. Alguns meninos tinham dispensado o lanche e vieram nos ajudar. Falavam sem parar, faziam perguntas. Que força tinha a televisão! Fomos arrumando tudo e os outros logo chegaram. Já eram quase onze horas! Tínhamos de correr! Então, sentamos todos no chão, para delinear o que fazer. Um roteiro simples, mas de efeito cênico, sem a narradora, apenas mostrando a ação dramática. Eu, de prancheta, papel e caneta, para anotar tudo e depois bater à máquina, para orientação de todos. Começamos a criar o novo roteiro, com os meninos. E nem bem iniciamos o prólogo, a Thaís veio até o grupo, pediu licença e, chegando perto de mim, disse ao meu ouvido:

— O Dr. Nazih quer falar com você, urgente!

Pensei: "A Globo já deve ter chegado!".

Atendi. Nazih, com voz pausada falou:

— Anna, procure não demonstrar nenhuma surpresa e reaja naturalmente — a UE-JOV está em rebelião!

Fiz cara de nada e perguntei:

— Como é que é?

— A UE-JOV se rebelou! Estão com uma refém e já está a maior quebradeira lá dentro. Eu quero que você faça duas coisas urgentemente. Primeira: que fale com a Globo e impeça-os de virem aqui. Vou te passar o telefone, só confio em você para fazer isso. Invente uma desculpa qualquer, que o pedido foi em cima da hora e não deu tempo de preparar nada para apresentar, enfim, o que você quiser. Anote o telefone.

Eu estava sem nada para anotar e mesmo que tivesse, se fosse escrever, daria a maior bandeira, porque estava tremendo muito.

— Pode falar Nazih, eu guardo o número. Ele disse e eu memorizei.

— Segunda coisa Anna: entretenha todos os meninos aí da UE-3, para que não percebam e nem tenham notícia do que está acontecendo ao lado (A UE-JOV era próxima da UE -3), porque senão, aí também eles vão se rebelar!

— Está certo Nazih. A diretora daqui já sabe?

— Não. Fale para ela agora e montem um esquema de segurança por aí, tudo na maior normalidade, sem deixar transparecer nada, entendeu?

— Entendi.

— Boa sorte e me dê notícias.

— Certo, certo.

Antes de falar com a diretora, fui chamar a Silvinha.

— Silvinha, faça cara de nada — a UE-JOV caiu!

— O quê?

— Estão se rebelando! Nazih pede que façamos de tudo para manter os meninos daqui distraídos. Se eles souberem o que está acontecendo, a rebelião se alastrará por aqui também.

— Será que tem gente ferida?

— Não sei. Eles estão com uma refém, segundo o que o Nazih falou. Por favor, vá lá e arme uma improvisação, seja lá o que for. Avise o Agenor, o Robert, sem que ninguém perceba. Vou informar a diretora e tentar impedir que a Globo venha para cá.

Silvinha estava sem cor, com as pernas bambas.

— Temos que manter a calma. Vá lá para o pátio e sangue frio! Assim que resolver as coisas, aqui dentro, vou para lá também.

Silvinha foi. Chamei a diretora e a coloquei a par do que estava sucedendo. Ela disse que ainda tinha meninos em outras atividades.

— Traga todos para o pátio. Vamos inventar atividades teatrais, o que for necessário para mantê-los entretidos. Veja quem pode nos ajudar.

— Se os meninos ficarem sabendo, é rebelião na certa, aqui também.

— Eu sei, Nazih me avisou.

— Vou telefonar para a produção da Globo e tentar impedir que venham aqui, hoje.

Liguei. Expliquei que a reportagem tinha que ser adiada, porque o presidente não estaria na Fundação naquela tarde. Mas o produtor que atendeu falou que o Pedro Bial e a equipe já estavam na rua, gravando outras matérias para o Programa e depois iriam direto para lá. Se alguém ligasse, daria o recado. Deixei o telefone da UE-3 para me chamarem. Que falta fazia telefone celular naquela ocasião!

— Liguei para o Nazih e dei a notícia.

— Vamos nos preparar para o que vier. Vá me dando notícias. Como está tudo aí, na UE-3?

— Por enquanto, tudo normal. Colocaremos todos os meninos no pátio e faremos uma supermaratona de teatro!

— Vá lá Anna! Segure a barra aí!

Fui. Cheguei ao pátio sorridente, embora com um enorme aperto no estômago. Todos os meninos da Unidade já estavam lá. Nem sei quantos eram, mas eram muitos. Vi que a Mara, a monitora bailarina, estava junto. Fora chamada para nos ajudar. E também vieram mais monitores e monitoras, uma psicóloga e uma assistente social. A diretora Thaís tinha ficado dentro da Unidade. E o que fazer? Acho que fui sendo inspirada por Deus, só pode ter sido. Pedi que pegassem duas mesas, daquelas grandes e quadradas, do refeitório e trouxessem para o pátio. Serviriam de palcos.

Enquanto isso, pedi que todos se aproximassem. Subi numa cadeira e falei com voz projetada e colocada, usando todas as técnicas vocais e de respiração que tinha aprendido em quase vinte anos de profissão.

— Meninos, silêncio, por favor, prestem atenção. O pessoal do teatro já sabe e quero que todos saibam: hoje à tarde, vamos receber aqui, o Pedro Bial — jornalista da Rede Globo —, que irá mostrar o trabalho de teatro aqui na UE-3. Então, para que todos apareçam na televisão criaremos agora improvisações teatrais para todos participarem, certo?

— Certo! Todos falaram.

— E como vai ser? Nós vamos nos dividir em dois grupos. Um grupo junto com aqueles que já fizeram "Menino de Rua" vão reproduzir o espetáculo, que vai ter mais gente agora. Vamos criar uma história mais longa e mais detalhada. Esse grupo vai trabalhar com a Silvinha. O outro grupo usará bastante criatividade e inventará o que fazer, para apresentar-se. Esse grupo vai ficar comigo, e eu vou orientar tudo, certo?

— Certo! — mais uma vez responderam.

— Então, vamos nos dividir. O grupo da Silvinha vai também contar como apoio do Robert e da Mara. Tudo bem, Silvinha?

— Tudo, Aninha!

— O meu grupo contará também com a ajuda do Agenor e da monitora Olga (ela já tinha participado das aulas de teatro conosco).

— Os outros profissionais que estão aqui, vão participar da improvisação também! — falei olhando para a psicóloga, assistente social e demais monitores.

Todos concordaram.

— Então vamos! Silvinha, seu grupo, do lado direito da quadra.

Silvinha rapidamente começou a separar os meninos, ajudada por Robert e Mara.

— Meu grupo, do lado esquerdo — comecei a separar os meninos, também ajudada por Agenor e Olga.

As mesas já estavam na quadra. Começamos a colocar uma de cada lado e os meninos também ajudavam porque eram mesas de madeira maciça, muito pesadas e resistentes. Palcos improvisados e colocados, pedi que os meninos aguardassem um instante em silêncio. Chamei a equipe e, como um técnico de futebol, falei:

— Temos que ganhar essa partida! Vamos fazer o que pudermos em cima dessas mesas para que todos assistam e se distraiam: mímica, criação de personagens, exercícios vocais, brincadeira, vamos ter um acesso de criatividade! Silvinha já tem o roteiro delineado, mas terá de usar a imaginação. Robert inventa um exercício musical, Mara inventa uma coreografia. Só depois vamos para o chão fazer a peça propriamente dita. Eu nem sei o que vou fazer com o meu grupo, mas nós teremos de encontrar rápido uma história para encenar. Vão pensando aí, Agenor e Olga, me ajudem! Vamos em frente! Vai ser um delírio total!

— Vai ser lindo! — Silvinha arrematou, com aquele positivismo dela!

— Força! Sucesso! Merda! — foram minhas palavras de estímulo.

E fomos! Com a cara e coragem.

O que fizemos lá, nem dá para descrever direito. Foi uma verdadeira piração!

Eu, o Agenor e a Olga, que também era muito criativa, resolvemos partir para uma história de aventura — "A caça ao tesouro perdido". Começamos a estruturar o roteiro juntamente com os garotos. Um baú, com um tesouro fabuloso em moedas, ouro, joias e pedras preciosas, estava escondido dentro de uma caverna, no alto de uma montanha, e os caçadores do bem iriam buscá-lo para distribuir tudo entre os habitantes necessitados de uma cidade muito pobre. Mas, para isso, teriam de enfrentar e vencer os inimigos que também queriam o tesouro, só que para vender, ter muito lucro e dinheiro. Além deles, também precisariam vencer os obstáculos que apareceriam pelo caminho.

— Quantos caçadores serão? — perguntei.
— Oito — o grupo respondeu.
— Quem seriam os inimigos?
— Índios, piratas, caveiras, monstros, dinossauros, animais selvagens e bandidos.
— Quais serão os obstáculos?
— Armadilhas, lanças caindo, buracos, correnteza de rios, tiros, bombas, raios, trovões, tempestade...
— E os caçadores do bem conseguirão vencer tudo isso e pegar o tesouro?
— Sim! A afirmativa foi unânime.
Começamos a escolher:
— Caçadores, ao palco!
Oito meninos subiram em cima da mesa (palco). Estimulei e orientei os garotos a terem uma postura de homens corajosos e destemidos. Depois da ligeira preparação, desceram da mesa já com ares de caçadores e ficaram ao lado, prontos para a ação.
— Piratas!
Mais meninos pularam em cima da mesa. Uns nove ou dez, nem contamos. Estimulamos todos, da mesma forma, a se comportarem como piratas.
— Caveiras?
Tomaram posição mais meninos. E assim por diante, até completar todo o elenco da história. Os monitores que estavam lá também participaram, representando os monstros e inimigos do caminho. O interessante foi a criação que fizeram dos animais ferozes. Incorporaram tigre, leão, urso, gorila e lobos selvagens. Incrível a criatividade daqueles monitores, naquele estado de emergência.

A encenação começou e nós íamos conduzindo tudo. Uma verdadeira loucura! Os caçadores iam enfrentando os inimigos e quem tinha ficado de fora, ia fazendo a sonoplastia: ventos, trovoadas, explosões. Também colocavam armadilhas e armavam tocaias pelo caminho dos caçadores do bem. Nós suávamos muito, e não deixávamos o menor espaço para que se desligassem do que estavam fazendo. Era um delírio! As brigas e os enfrentamentos aconteciam, em cima e em baixo da mesa, e nós segurávamos os mais afoitos, para que ninguém se machucasse.

— Olhe a técnica, minha gente! É teatro, não é para brigar de verdade! — eu avisava quase gritando.

Técnica, pois sim... eles queriam mais era extravasar... E nós monitorávamos tudo no corpo a corpo. Dei numa olhada para o grupo da Silvinha. Eles também estavam concentrados, falando, gesticulando. Ia indo tudo muito bem.

De repente, um helicóptero começou a sobrevoar a Unidade. Todos pararam e olharam para cima. "Não acredito!" — pensei. Um monitor chegou bem pertinho de mim e sussurrou:
— É o helicóptero da Polícia Militar.
Olhei bem, mas não dava para ver que era polícia. Então gritei:
— É a Globo que já está gravando! Vamos continuar gente! Não podemos parar! Vamos! Eles continuaram, mas de vez em quando olhavam para cima.

— Não olhem para a câmera que vai ficar feio! Vamos fingir que não estamos vendo eles gravando! — e agilizamos ainda mais a improvisação.

Os meninos voltaram a focar na ação e fomos em frente. Ficamos à caça do tesouro perdido, até os caçadores conseguirem subir a montanha. Os meninos tinham feito uma espécie de ladeira, juntando-se uns aos outros. E os caçadores escalavam aqueles corpos. Era incrível o que eles conseguiam fazer.

No meio da confusão, já tinha aparecido um caixote não sei de onde, com umas tralhas dentro. Diante do tão almejado baú com o tesouro, os caçadores tiveram de enfrentar mais inimigos e agora eram índios. E começou a maior briga! Foi um "pega para capar" tão grande, que nós não estávamos conseguindo controlar direito. E, nesse exato momento, veio a diretora da Unidade, me puxou daquele tumulto todo, e deu a notícia:

— Já está tudo sob controle lá na UE-JOV, vocês podem encerrar. Avise o outro grupo, Thaís, por favor!

Ela foi. A briga continuava. Fiz sinal para Agenor e Olga. Iríamos para o final.

Entramos na briga, afastamos os índios e facilitamos o tesouro para os caçadores.

Eles conseguiram pegar. Subiram na mesa e elevaram o tal do caixote como se fosse um troféu.

— Conseguimos! Conseguimos! O tesouro é nosso!

Puxei logo um aplauso e comecei a gritar:

— Viva os caçadores do bem!

O Agenor e a Olga me seguiram com:

— Viva! Eles merecem! Eles merecem!

Foi uma farra! E eles começaram a distribuir as tralhas lá de cima.

Tinha boneca, carrinho, meias, camiseta, boné, caderno, bala, biscoito, chocolate, nem sabíamos como aquilo tinha sido produzido. Encerramos! O grupo da Silvinha também tinha encerrado e juntou-se ao nosso. Eu subi na mesa e falei, eufórica:

— Foi maravilhoso gente! Muito bem, parabéns a todos vocês! Tomara que eles tenham gravado tudo lá de cima.Você foram ótimos!

— Legal! Manero! À pampa! Enfim, muitas interjeições e gírias concordando de maneira efusiva.

— Fala Silvinha, como foi o seu grupo?

Silvinha subiu na mesa e falou:

— Eles também foram maravilhosos, perfeitos, não foram? Dirigiu-se ao Robert e à Mara, que também elogiaram a todos.

E mais aplausos. A diretora subiu na mesa também:

— Eu quero cumprimentar todos vocês pelo excelente trabalho. Foi muito bom mesmo! E agora... vamos almoçar?

— Vamos, senhora! Tô morrendo de fome. Vamos nessa! Meu estômago tá roncando! — e foram já se enfileirando.

Os monitores foram organizando tudo. O local foi sendo esvaziado. As mesas foram sendo carregadas para o refeitório. E nós ficamos lá, no meio do pátio.

Quando todos saíram, desabamos no chão e deitamos no cimento por uns instantes. Estávamos exaustos. Deitados, olhando para o céu, vimos que o helicóptero ainda deu uma passada por cima da Unidade e depois se afastou. Depois de um tempo, fomos nos sentando sem falar uma palavra. Um olhou para o outro e começamos a ter um acesso de riso. Era um riso que não acabava, de nervoso, sei lá, de descarrego mesmo. Rimos, rimos, rimos até chorar de tanto rir. Que dia estava sendo aquele!

23.

De volta UE-JOV

Depois do riso

controlado, de muita água ingerida, porque tínhamos ficado desidratados, e de um tempo para recuperação de forças, resolvemos ver como estava a UE-JOV. Chegando lá, na porta de entrada, sentada no chão, estava uma repórter e um fotógrafo. A repórter dirigiu-se a mim pelo nome:

— Anna, deixe a gente entrar aí dentro!
— Onde está a equipe de gravação? — perguntei.
— Lá em cima, com o Bial, falando com o presidente. Nós precisamos fotografar o que houve! Estão barrando a nossa entrada! É o nosso dever registrar tudo, nosso trabalho, você sabe!
— Sei sim. Vamos ver o que podemos fazer. Chegamos agora, estávamos na Unidade ao lado, ainda não sabemos direito o que houve. Esperem um pouco, por favor.

Batemos na porta. O monitor de plantão abriu. Entramos. Dois policiais armados guardavam a entrada. Já dava para ver os efeitos da rebelião. Tudo quebrado, jogado, marcas de sangue pelo chão. A Unidade cheirava a queimado. Não vimos nenhum garoto por lá, deviam estar confinados em seus quartos. Fomos andando. O pátio estava com vidros quebrados, sangue pelo chão, bancos jogados... Fomos até o refeitório. Tudo pelo chão: pratos quebrados, cadeiras arrebentadas, uma destruição só. A televisão, aos pedaços, no chão. Colchões queimados e atirados pelos cantos. E mais sangue por lá. Fomos depressa para nossa sala. A porta estava trancada. Vi dois monitores mais adiante e fui até eles.

— Muita gente machucada? — perguntei
— Muita. A pancadaria foi grande.

Silvinha, Robert, Agenor Mara se aproximaram.

— Como foi que tudo começou? — perguntei.

— Ninguém sabe direito. Parece que uma moça, entregadora de comida, foi rendida com um estilete na garganta. E quem liderou tudo foi o Fabiano. Entreolhamo-nos.

— Ele era do grupo de teatro de vocês, não era? Escreveu e fez aquela peça...

— Mas por que "era"? Aconteceu alguma coisa com ele?

— Ele conseguiu fugir, com mais uns cinco. Saiu com o estilete na garganta da moça. Pediram uma perua para caber todos.

— Quem são os outros cinco?

— Não sabemos ainda.

— E a moça que fizeram de refém?

— Sabe Deus...!

— Tem muito sangue pelo chão.

— Eles brigaram entre si também. Todos queriam sair. Muitos monitores foram agredidos brutalmente e tiveram de se defender. Aí, a polícia entrou e tomou a Unidade, botando ordem no pedaço.

— Vocês sabem se o Saulo foi agredido também? — perguntei.

— Não, ele estava fora da Unidade. Mas veio logo depois da polícia e ainda chegou a ver um pouco da baderna.

— Que loucura!

— Loucura mesmo! — disse o outro monitor.

— Vocês estão bem?

— Dentro do possível.

— Nossa sala está trancada, vocês sabem com quem pode estar a chave?

— Não sabemos, não. E se afastaram.

Ficamos sem ação, sem palavras.

— E o Saulo, onde será que está? — Silvinha perguntou.

— Sei lá! Mas deve estar segurando alguma barra por aí — respondeu o Agenor.

— Ele deve é estar arrasado. O Fabiano... líder da rebelião! — eu disse.

— Será que vai sobrar para o Saulo? — perguntou o Robert.

— E para nós? Vocês viram a ironia dos outros dois monitores se referindo ao Fabiano? "Ele era do grupo de teatro de vocês, escreveu aquela peça..." — falou a Silvinha, imitando o monitor que fez a crítica.

Richard, o diretor da Unidade, veio chegando, estava sem camisa, descalço e machucado, com arranhões, vergões e um olho meio roxo.

Ficamos nos olhando. Ele disse, com ar desesperançado:

— Um país que tem uma Fundação como esta, tem que rever todos os seus valores! — e se afastou.

— O que vamos fazer? — perguntou a Silvinha.

— Vou procurar alguém que tenha a chave de nossa sala. Quem será que fechou? Será que destruíram tudo lá dentro também?

— Deixe que eu veja isso, Anna — falou o Agenor e saiu.

— Melhor o pessoal da Globo não entrar aqui — disse a Mara.

— Não sei, vou lá falar com eles. E saí.

O Richard estava perto da porta da Unidade.

— Anna, tem uma repórter da Globo querendo entrar aqui e fotografar. Não pode de jeito nenhum! A imprensa não deve entrar aqui dentro!

— Certo, eu vou lá falar com ela. — E entrou em sua sala.

Era muito desagradável barrar a possibilidade de se registrar um fato como aquele. Sou jornalista também, e já passei por isso algumas vezes, quando trabalhava no Jornal Noticentro, da TVS, fazendo reportagem a convite do Humberto Mesquita, enquanto não abriam o Núcleo de Teledramaturgia da emissora. Quando alguém me impedia de entrar num lugar para fazer uma reportagem, eu ficava exasperada e não desistia tão facilmente de cumprir meu trabalho. Quando saí, percebi que a repórter continuava sentada, junto com o fotógrafo, aguardando.

— Você não vai poder entrar, sinto muito.
— Mas Anna, isso é censurar a imprensa! É um absurdo!
— São ordens do diretor, eu não posso fazer nada!
— Fale com ele!
— Não adianta, ele não vai deixar entrar!
— Nós vamos continuar aqui!
— Não vão conseguir nada. Depois, não tem um menor pela Unidade. Estão todos recolhidos nos quartos. É melhor vocês irem embora.
— Tem muito menor machucado?
— Não fui ver. Nem posso. Minha área é teatro, não tenho acesso aos quartos.
— Isso aqui continua igual, não? Fundação do "Mal-Estar do Menor!" — disse ela, incisiva.

Resolvi não falar nada.

— Querem que eu acompanhe vocês até a sede, onde está o Bial e a equipe?
— Não, obrigada. O carro de reportagem está aí fora, nessa entrada daqui desse lado.
— Vou com vocês até lá.

Fomos andando.

— Como você aguenta trabalhar aqui, Anna?
— Estou aprendendo muito com este trabalho. Está sendo muito bom para mim.
— Mas o que é que uma atriz como você faz aí dentro?
— Resolvi sair um pouco da ficção e conhecer melhor a realidade. Você, como jornalista, iria gostar muito de trabalhar aqui, tenho certeza.
— Eu detonaria logo tudo!
— Se fizesse isso, não ajudaria em nada.
— Ainda bem que estou fora, então!
— Ainda bem! — concluí.

Despedimo-nos e acabei nem perguntando o nome dela. Chegando à Unidade, a Silvinha disse para ligar urgente para a casa de minha mãe, porque ela tinha visto tudo pela televisão e estava muito nervosa e preocupada. Estava indo ligar, quando uma monitora me chamou, dizendo que meu irmão estava ao telefone, querendo falar comigo. Atendi. Ele estava muito alterado mesmo, e falava tão alto que eu nem conseguia entender direto o que ele dizia. Deu para pegar algumas frases:

— Por que não telefonou para casa imediatamente? Por que não saiu logo daí, assim que a rebelião começou? Por que teve de inventar de trabalhar num lugar desse?

Na primeira respirada que ele deu, encontrei uma brecha para responder que estava tudo bem, que eu não estava na Unidade que tinha se rebelado e que logo estaria na minha casa, sã e salva, e que não era para ninguém se preocupar!

Ele, finalmente, perguntou um pouco mais calmo:

— A rebelião terminou mesmo?
— Terminou Toninho, está tudo em paz, fique tranquilo. Vou telefonar agora mesmo para a mamãe. Nem pensei em fazer isso antes, porque estava em outra Unidade dando aula.

— Tá, tá bom. Está precisando de alguma coisa? — sempre que me ligava, terminava o telefonema com essa pergunta, igualzinho ao meu pai.

— Não, obrigada, está tudo bem mesmo.

— Então tchau. Cuidado aí! Não se exponha!

— Não vou me expor, estou bem e em segurança! — se ele soubesse que eu estava falando do telefone da Unidade rebelada, teria um acesso de raiva!

— Então ligue já para a mamãe.

— Pode deixar, vou fazer isso. Beijo.

Ele desligou e eu também. Liguei para minha mãe que, como toda boa mãe italiana, estava apavorada e também começou a falar alto pelo telefone. E tive que ouvir de novo a crucial pergunta:

— Por que você teve de inventar de trabalhar num lugar desse?

Nem tive vontade de responder.

— Mãe, fique em paz, está tudo bem, eu já estou indo para casa, depois a gente conversa.

— Você precisa deixar um telefone mais fácil para te encontrar! Fiquei horas tentando falar com você e ninguém te achava!

— O telefone que você tem é o direto de minha sala, só que eu estava fora, em outra Unidade dando aula!

— Ai meu Deus do céu, que nervoso que eu passei! Vi o quebra-quebra pela televisão! Você fica aí, no meio desses bandidos!

— Mãe, deixe pra lá, é o meu trabalho, depois a gente se fala! Fique tranquila, está tudo certo!

— Assim que chegar em casa, me liga!

— Ligo, ligo sim. Beijo!

E, mais uma vez penso que um celular teria evitado toda essa tensão familiar.

Já fazia quase vinte anos que eu tinha saído de casa e minha mãe ainda me tratava como uma adolescente! Aliás, me trata até hoje. Sempre quando saio de sua casa, tenho que telefonar e avisar que cheguei a minha casa e que estou bem. Incrível! Meu pai, na época da Febem, já tinha desencarnado mas era igualzinho à minha mãe no quesito superproteção. Quando eu chegava ao apartamento deles, logo perguntava:

— Onde deixou o carro?

E logo ia à janela para conferir se estava bem estacionado e em local seguro. Quando ia embora, infalivelmente ouvia dele:

— Cuidado para atravessar a rua! Olhe bem se não tem ninguém por perto, antes de entrar no carro!

Entendia a preocupação deles todos. Eu sempre fui meio desgarrada. Resolvi seguir a carreira artística, enquanto minha família queria que eu fizesse o "curso de lareira", que as garotas de minha época chamavam de "cursinho espera marido", e que eu também continuasse a dar aulas de piano e trabalhasse, quando muito, num laboratório, exercendo a profissão na qual tinha me formado: química industrial. O que eles desejavam mesmo, era que eu tivesse feito um bom casamento e fosse feliz para o resto da vida. Mas eu tinha feito tudo ao contrário.

Meus pensamentos foram interrompidos pela chegada do Agenor, acompanhado por um chaveiro da Fundação. Ele começou a tentar abrir a porta da nossa sala. Eu, Silvinha, Agenor, Roberto e Mara estávamos com muita expectativa, por não saber o estado em que iríamos encontrar nossa sala. O chaveiro virou, mexeu, desparafusou a fechadura e abriu a porta. Para a nossa surpresa, estava tudo na mais absoluta ordem, tudo intacto! Nossa sala tinha sido preservada! Nada mais a fazer, agradecemos o chaveiro e começamos a pegar nossas coisas para irmos embora.

— Quem será que fugiu junto com o Fabiano?
— Amanhã a gente fica sabendo, Anna — disse o Agenor.
— Vai ver, mais garotos do nosso grupo fugiram — disse a Silvinha.
— Olhe, se aconteceu isso mesmo, pode não repercutir muito bem para nós — observou o Robert.
— Será? Mas essa é a terceira rebelião que pego aqui. E nas duas anteriores, nem teatro tinha! Vocês acham que eles podem nos culpar por isso? — falou a Mara, monitora, revelando uma certa preocupação.
— Claro que não! Vamos aguardar os acontecimentos — eu disse.
— Ah, eu queria saber logo, quem se envolveu nessa!

Nem bem a Silvinha falou isso, Richard, o diretor, entrou em nossa sala, já arrumado e com cara de quem tinha saído do banho.

— Quem fugiu? — logo perguntei.
— O Richardson, o Geraldo, o Sidney e o Esquisito. O Fabiano liderou tudo.
Todos do nosso grupo de teatro... — concluí em meu íntimo.

— As cabeças mais pensantes! — falou ele com um sorriso nos lábios, que eu não identifiquei se era uma constatação positiva ou uma crítica irônica.

O telefone tocou. Atendi, era o Nazih pedindo para eu ir até a sala dele.

— O doutor Nazih quer falar comigo — sempre o chamava de doutor, na frente dos outros.

— Estão todos despedidos! — brincou o diretor, sem que ninguém achasse graça da piada.

Ele logo retificou, e de maneira sincera:

— Olhe, se tem um trabalho que eu sempre vou defender, aqui, é o de vocês. Se precisar, vou até lá falar com o presidente!

— Obrigada, mas primeiro deixa eu saber do que se trata, para depois tomarmos providências a respeito!

— Vou sair com você, preciso ir embora — disse a Mara com uma certa apreensão.

Eu sabia que ela, mais do que ninguém, precisava do emprego.

— Nós te esperamos aqui, Aninha — falou a Silvinha. — E vê se não demora, tá? Nós ficaremos ansiosos aqui, esperando!

Saí com a Mara e, no caminho, a tranquilizei. Não aconteceria nada conosco, ninguém poderia nos responsabilizar pela rebelião! Seria um contrassenso!

Cheguei à sede rapidinho. O assessor abriu a porta. Nazih estava na sua mesa, ao telefone. Fez um sinal para eu sentar na poltrona à sua frente. Sentei e ele continuou ao telefone:

— Mande providenciar todos os colchões imediatamente, não quero ninguém dormindo no chão. E fique atento para a fatura. Quero todos os valores na minha mesa para eu averiguar. Veja tudo rapidamente, por favor. Vou ficar aqui aguardando, obrigado. Desligou e dirigiu-se a mim:

— Estou tentando acabar com a máfia dos colchões aqui dentro.

— Máfia dos colchões?

— Tem gente que torce para haver rebelião. Normalmente os internos queimam os colchões e é preciso repor urgentemente, sem licitação mesmo. E um colchão acaba saindo pelo preço de quatro.

— Superfaturamento.

— Exatamente.

— Impressionante, hein Nazih?!

— Muita coisa tem que mudar aqui, muita coisa... E você, está bem depois do susto?

— Estou. Agora estou.

— Sabe quem fugiu?

— Sei. Cinco garotos do nosso grupo de teatro.

— Pois é. Um já foi recapturado.

— Quem?

Nazih pegou o telefone e se informou. Depois me disse:

— Anselmo.

— O Esquisito.

— Como?

— O apelido dele é Esquisito. E para onde ele foi?

— Está na UR e depois volta para a UE-JOV.

UR era a Unidade de Recrutamento, onde os meninos ficavam aguardando seus destinos, logo que chegavam da rua, trazidos pela polícia. Era a única Unidade que eu não conhecia. Nunca tinha ido lá. Ficava logo na entrada principal da Febem e tinha uma rampa de acesso de concreto. Quando eu passava por perto da UR, sentia um fluido nada agradável percorrer meu corpo.

— E como ele está? — perguntei.
— Ainda não sei, mas a polícia não perdoa fugitivo, você sabe.
— Sei.
— Dei a entrevista para o Pedro Bial.
— E como foi?
— Assista e me diga. Alguma coisa do que eu falei deve passar hoje nos telejornais. E o Globo Repórter deve passar na próxima semana, eles ficaram de me avisar.

E, sorrindo, perguntou:
— Ainda quer continuar trabalhando aqui?
— Claro, por que não? Não vai ter rebelião todo o dia, vai?

Ele riu.
— Chamei você aqui para agradecer pela ajuda que me deu hoje. Seu trabalho foi excelente na UE-3. Fiquei sabendo de tudo. Parabéns para você e todos os seus companheiros.
— Eles foram brilhantes, Nazih. Jamais conseguiria fazer o que foi feito se eles não tivessem ajudado. Aliás, não só eles, como todos os que se uniram a nós e nos deram apoio.
— Ficou com medo?
— Não. Nem houve tempo para isso. Tivemos que raciocinar rápido e entrar em ação mais rápido ainda.
— Está tudo sob controle. Vou mandar apurar tudo, mas as causas eu sei, são sempre as mesmas, e uma em especial: eles querem liberdade. Chega uma hora que não aguentam mais ficar confinados aqui dentro. Por isso quero apressar o andamento do Projeto Integração, para que saiam das Unidades e tenham o que fazer o dia inteiro.
— E quando vamos mudar para o Núcleo Desportivo e Cultural?
— Muito em breve, antes do previsto.
— Vai ser legal. Vamos unir forças.
— Você vai gostar das pessoas que vão trabalhar lá. Gente boa e competente.
— Vai ser bom trocar experiências, vou gostar muito! Bom Nazih, preciso ir, o pessoal está me esperando na UE-JOV.
— Mas vocês estão lá?
— Nossa sala é lá!
— Está tudo quebrado, não?
— Está sim, mas a nossa sala, nem sei como, foi preservada! Alguém trancou a porta!
— Isso é bom sinal! Respeitaram o espaço de vocês!
— É, ficamos contentes com isso.
— Sabe Anna, estou querendo mudar o perfil dos monitores daqui. Quero mais educadores e menos carcereiros. Gente com quem eles se identifiquem, que tenha mais a cara do povo com quem eles convivem!
— Isso vai ser muito bom!
— Vai sim. Mas vou ter de enfrentar muitas pressões, aqui tem muita indicação política.
— Imagino. Mas se você quiser mudar, vai ter de encarar!
— É, eu sei. Vamos ver o que eu consigo fazer.
— Se precisar de ajuda para alguma coisa, conte comigo.
— Obrigado.
— Levantei, dei um beijo nele e saí.

Claro que, na UE-JOV, estavam todos na maior ansiedade para saber o teor da minha conversa com o Nazih!

— Nada de demissão, só elogios! Ele deu parabéns a nós todos pelo que fizemos na UE-3 hoje!

Comemoramos, felizes!

— Vou ligar à noite para a Mara e dar notícia, ela saiu daqui preocupada.

— Liga sim, Anna, a Mara é gente fina! — falou o Agenor.

— Por hoje chega? — perguntei a eles.

— Está mais do que suficiente! — disse a Silvinha. — Quero meu chuveiro e minha santa caminha!

— Será que os garotos conseguiram fugir da polícia?

— Sabe-se lá, Anna! — respondeu o Robert.

— Logo, logo a gente vai saber — completou a Silvinha.

— E coitado de quem for pego! O Nazih me disse que a polícia não perdoa fugitivo!

— E não perdoa mesmo — disse o Agenor. — Eles voltam pra cá espancados, arrebentados!

— Ai, que vida! Nada mais a fazer, vamos embora?

— Vamos! — todos responderam.

Quando saíamos da Unidade, vimos uma perua da Febem, estacionando na porta de entrada, com dois monitores e o Esquisito no banco de trás. Eles tiraram o Esquisito lá de dentro e foram levando para a Unidade. Ele estava detonado. Com marcas vermelhas no pescoço, arranhões nos braços, um olho roxo e quase fechado de tão inchado. Um braço na tipoia, curativo no nariz e mancava. Devia ter apanhado muito. Ele nos viu. E diminuiu o passo para nos olhar. Aquele olhar dele, eu nunca vou esquecer. Era de dor, de tristeza, de decepção, de desalento, de vergonha... Ele começou chorar. E as lágrimas escorriam abundantes pelo rosto machucado. Os monitores o empurraram para dentro. A porta foi fechada. Silvinha estava chorando, Robert em silêncio. Fomos andando, bem juntinhos, em direção à porta de saída. E me veio a imagem daquele passarinho morto que eu tinha visto de manhã...

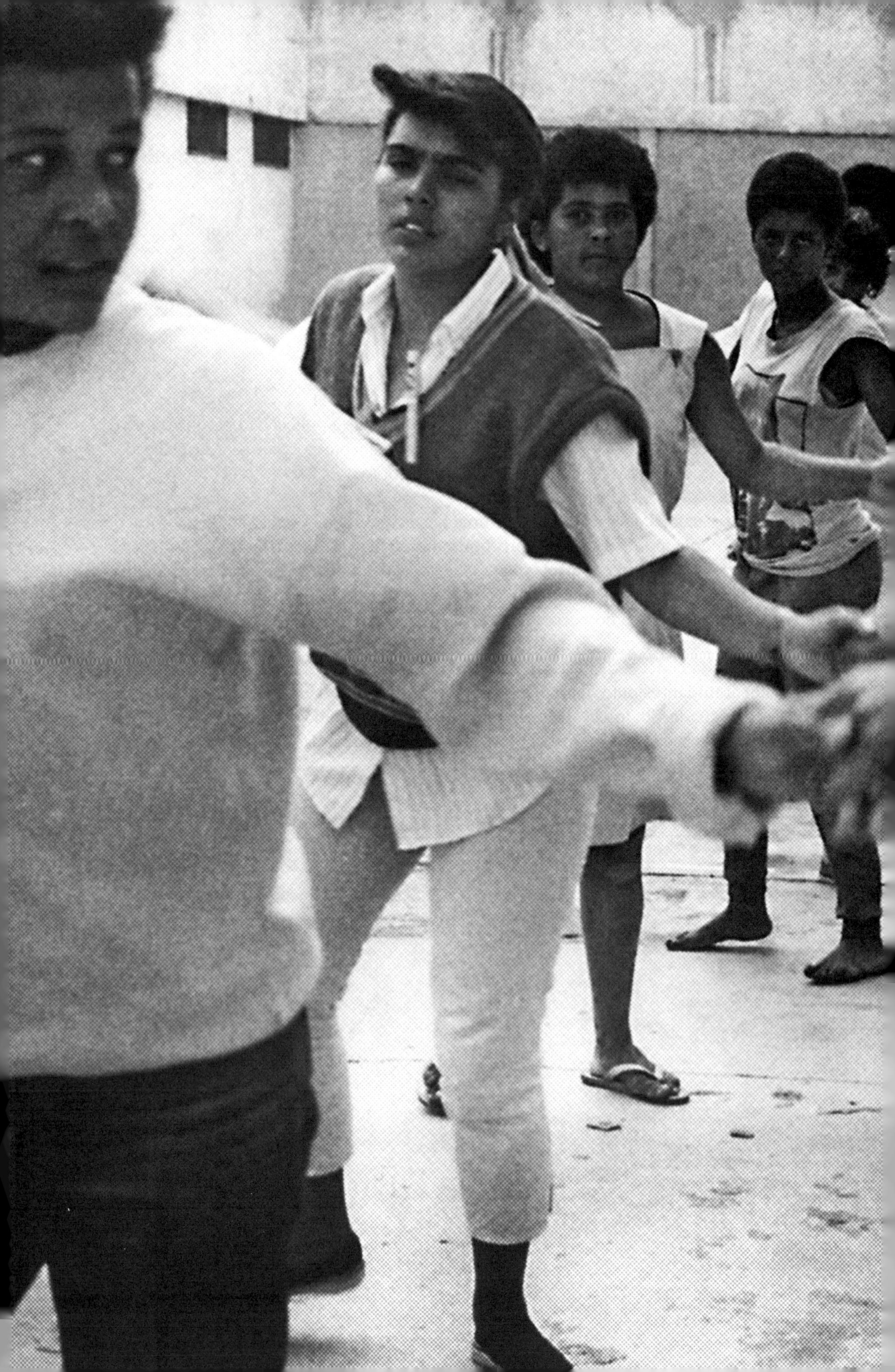

24.

A continuidade do trabalho, a transferência para o núcleo desportivo e cultural, as audições artísticas e o acúmulo de funções

Na UE-3,

depois que o Globo Repórter foi ao ar, duas semanas após a rebelião, e de nossos alunos assistirem, houve uma inconformação geral, por não terem visto nosso intenso exercício teatral no pátio. Lamentaram muito por não ter sido mostrado e por constatarem que a televisão tinha preferido dar destaque à rebelião na UE-JOV. Eu expliquei a todos que, realmente, a rebelião tinha sido mais forte como notícia do que o teatro, mas que teríamos outras oportunidades de ver o nosso trabalho divulgado e reconhecido. Não tive coragem de dizer o que realmente tinha acontecido e, aliás, nem deveria mesmo, para não criar ainda mais insatisfação entre todos.

Na UE-JOV, tudo foi sendo consertado, arrumado, reformado, e, bem depressa, as atividades voltaram ao normal. Nossas aulas tiveram continuidade.

O grupo do Saulo tinha aumentado. Garotos de outros grupos foram incorporados e entraram alguns novos também. Dentre eles, o Toddy e o Carlinhos, os poetas.

O Esquisito acabou voltando ao grupo, quase sem nenhuma marca das pancadas que levou, só com uma leve dor no braço, de vez em quando. Mas ele estava fazendo exercícios para recuperar o movimento e para que não ficasse sequelas.

Fabiano e os outros garotos fugitivos não tinham sido recapturados até então.

E o tempo, como sempre, foi diluindo o ocorrido. Depois de quase dois meses, ninguém mais falava no assunto.

Nós já havíamos sido transferidos para o Núcleo Desportivo e Cultural. E o teatro ficou com uma sala bem mais ampla do que a que tínhamos na UE-JOV. E, lógico, em pouco tempo ficou com a nossa cara! Com cartazes de teatro que trouxemos de casa, mais livros para consulta, fotos de atores e algumas fotos nossas. O Robert não ficava muito por lá. Chegava mais no final da tarde, porque passava o dia nas Unidades, dando aulas de violão para seus alunos. Ele era o maior barato! Na sua juventude, tinha sido garoto rebelde, cabeludo, morado nos Estados Unidos (era filho de mãe americana) e curtido tudo o que um músico daquela época podia curtir. Agora, tinha cara de tudo, menos de músico. Era certinho, bem-comportado, vestia roupas tradicionais, mas no fundo, no fundo, ainda preservava aquela alma rebelde de outrora! E era muito bem-humorado!

O Agenor trabalhava mais na sua unidade, a UE-15, mas vinha frequentemente para o núcleo e se inteirava do que estava acontecendo.

A área de artes plásticas estava instalada no galpão anexo ao Núcleo e era orientada pela Marisi e Márcia, duas profissionais muito competentes.

O Welton, diretor da área cultural, logo se mostrou muito engraçado e muito comunicativo. Ele era realmente, uma pessoa do bem. Supercriativo, sonhador, mas administração, gestão, não era seu forte. Sentia muita dificuldade em planejar, organizar e, principalmente, em comandar! Ele era mesmo um artista, genuíno!

O espaço destinado à academia estava quase pronto, faltavam só os espelhos, que seriam colocados nas paredes, um ou dois aparelhos de ginástica e os ventiladores de teto.

A quadra de esportes também estava sendo toda reformada. O teatro já estava com as obras bem adiantadas! Enfim, a Febem era um canteiro de obras! E eu, me sentia feliz!

Tenho uma coisa dentro de mim, que vibra com o progresso! Adoro ver coisas sendo construídas, reformadas, reestruturadas! Não sirvo para ficar parada, numa rede, tomando água de coco! Nunca esteve em meus planos de vida ter uma casa de campo. Adoro o concreto, o asfalto, os viadutos, os edifícios imponentes. E gosto de ver tudo bem cuidado! Com uma manutenção perfeita!

Fico pensando em quem eu possa ter sido nas encarnações anteriores, para ter esse espírito sempre tão realizador, empreendedor! Sei lá! Não é muito fácil conviver comigo, estou sempre em movimento, incansável. E tenho que fazer exercício físico, senão meu corpo dói! Naquela época, fazia Kung Fu. Saía da Febem e ia para a Academia Sino Brasileira de Kung Fu, do Mestre Chan, que ficava na Rua Vitorino Carmilo. Tinha o maior gás! Hoje, faço exercício físico no *fitness* do meu prédio mesmo. Mas faço habitualmente. Não aguento mais enfrentar trânsito em São Paulo e procuro fazer do meu bairro, a minha cidade.

Com o bom andamento da reconstrução do teatro, já estava na hora de começarmos a pensar no espetáculo de inauguração. Tínhamos retomado a minha ideia de fazer um *show*, com a participação dos garotos e de vários artistas da Febem, e nos perguntávamos qual poderia ser a melhor maneira de localizar esse pessoal. Estávamos indo ao restaurante almoçar, conversando sobre isso, quando, no caminho, encontramos a dona Josefa, a servente poeta que tinha feito a enfermeira arrogante em "Além da Fraternidade", no evento da UE-JOV. Ela parou para falar conosco.

— Oi, estava mesmo querendo falar com vocês! Olha, quando o teatro ficar pronto, eu quero um dia falar minhas poesias no palco, vocês deixam? E tem também um monte de gente daqui querendo se apresentar lá. Aqui na Febem tem muito artista! Tem cantor, bailarino, violeiro, poeta, malabarista, palhaço, comediante, tem de tudo! Pagodeiro, então é o que não falta!

— E como é que a gente fica sabendo onde eles estão? — perguntei.

— Bota uns anúncios por aí, que eles aparecem!

— Legal dona Josefa, obrigada pela dica!

— Olhe lá, hein! Não vão se esquecer de mim!

— Não vamos esquecer não! — falou, já indo embora.

Fiquei parada, olhando para a cara da Silvinha.
— Você pensou no que eu pensei?
— No quê?
— Vamos espalhar anúncios pela Febem toda, abrindo inscrições! Depois faremos audições para avaliar e selecionar os participantes!
— Boa! Vamos escolher o que tiver de melhor por aqui!
— Silvinha, temos de começar a trabalhar nisso, hoje mesmo!
No almoço fomos traçando nossos planos de ação. Estávamos empolgadas!
Senti que o Plano Espiritual estava nos orientando.
Naquela tarde, nos debruçamos sobre a ideia de fazermos uma convocação geral aos artistas da Febem. Contamos para o Welton, que adorou a ideia, e logo falou brincando:
— Ih, isso aí vai dar o maior trabalho! — e logo emendou:
— Mas vai ser sensacional! Um *show* de variedades!
— Isso mesmo, Welton! Poderemos fazer algo, como se fazia no Pavilhão. Quando era criança, ia com os meus tios: Olindo Dias, Dalva Dias e Olga Dias — atores profissionais, assistir aos espetáculos do Pavilhão Simões, onde eles trabalhavam. Eu ficava deslumbrada vendo os *shows*. Tinha de tudo: teatro, música, dança, malabaristas, contorcionistas, esquetes humorísticas, palhaços — tudo num palco. O Pavilhão era bem grande, com um palco tipo italiano e plateia com cadeiras de ferro, que armavam e desarmavam, assentadas e enfileiradas sobre o chão recoberto por pedregulhos bem pequenos. Cheguei a participar de várias peças como figurante e fui um anjinho com fala, na Paixão de Cristo. O que mais me emocionou ter visto lá, foi a história de Sansão e Dalila! Meu tio Olindo era o Sansão e minha tia Dalva a Dalila. O Sansão tinha uma cabeleira enorme, preta, e quando era preso e os soldados começavam a cortar seus cabelos, ele ia ficando fraco, sem forças e cambaleante. Eu ficava com lágrimas nos olhos de pena dele. Mas, antes de perder a cabeleira toda, conseguia recuperar suas forças e derrubar as colunas da cidade. O cenário, então, vinha abaixo e o povo corria de medo, de um lado para o outro do palco. Eu estava entre as crianças do povo, que gritavam apavoradas!

Lembro muito dos meus tios. Eu ia também, com eles, assistir às leituras de mesa no TBC — Teatro Brasileiro de Comédia. Ficava vendo e ouvindo os atores interpretando os textos que encenariam. Discutiam as ações, o comportamento, a trajetória de cada personagem, e contavam com a orientação do diretor.. Cheguei a ver o grande diretor Alberto D`Aversa dirigindo meus tios. Também vi meus tios, no circo, fazendo Circo Teatro. A peça que mais me marcou foi "Deus lhe Pague", do Joracy Camargo. Como chorei vendo aquele mendigo sofredor que, na verdade, era muito rico! Meu tio Olindo deu um *show* de interpretação fazendo aquele papel. Também assisti minha tia Dalva fazendo Dona Xepa, no Teatro São Paulo, na Liberdade, onde hoje fica um viaduto e passa o Minhocão por baixo. Minha tia também ganhou prêmios importantes com a interpretação de uma personagem maluca, na peça "Esses Fantasmas", no TBC.

A família de minha mãe era de artistas. Quando era mais moço, meu avô materno, Ernesto Corleto, filho de italianos, tinha uma companhia de teatro amador na "Lega Itálica", um tipo de associação de amigos que os italianos frequentavam. Minha mãe Clorinda, suas seis irmãs e quatro irmãos, trabalhavam nas peças que meu avô montava no bairro da Liberdade, que ainda não era um bairro japonês. Minha mãe queria ter sido cantora, mas meu avô não deixou. E foi graças a essa sua veia artística que ela me deu muita força quando decidi ser atriz.

Cheguei a reviver essas raízes, anos atrás, em mais um de meus delírios artísticos, quando resolvi procurar aquele Pavilhão da minha infância. Depois de muita busca, ele foi encontrado, na Praia Grande, litoral de São Paulo.

A meu pedido e com a ajuda da atriz Beth Caruso, que tinha conhecidos na Secretaria de Transporte Municipal, a prefeitura trouxe o Pavilhão da Praia Grande até um terreno municipal, no Bairro de Santo Amaro. Ali, eu o transformei no PPC — Pavilhão Popular de Comédia —, em sociedade com a produtora Arlete Novelli e o ator e autor, Aziz Bajur, meu amigo até hoje.

Consegui vários compressores de tinta, com meu primo Orestes, que estava à frente da empresa da família, a Móveis de Aço Fiel, fundada por seu pai e meu tio, Mário Frugiuelle, onde meu pai Wilson também trabalhava, como executivo, na área de vendas. Também consegui tintas com uma empresa, que já havia apoiado algumas de minhas produções teatrais. Os "homens de frente" do Pavilhão, que moravam dentro dele para facilitar a manutenão, a montagem e a desmontagem, arrumaram todo o zinco que estava avariado. E pintaram, a meu pedido, toda a parte externa com listras bem largas: uma verde, outra laranja. A Secretaria de Estado da Cultura destinou uma verba para duas montagens: uma adulta — Dona Xepa de Pedro Bloch e outra infantil — "Pluft, o Fantasminha", de Maria Clara Machado. Foi um sucesso extraordinário! O pavilhão tinha ficado lindo! E o povo ia e lotava as cadeiras todas! "Dona Xepa" foi dirigida pelo Aziz Bajur e "Pluft, o Fantasminha", por Gilberto Vigna (que na época era cenógrafo da Tupi) e Luiz Damasceno, um ator muito bem-conceituado.

Meu grande amigo, o ator Regis Monteiro, Fausto Rocha, Kleber Macedo e, encabeçavam o elenco da peça adulta. E nos dois espetáculos, adulto e infantil, atuavam alunos recém-formados pela EAD — Escola de Arte Dramática — entre eles: Edna Falchetti, Maria Alice Costa, Antonio Luiz Januzelli (Janô), que depois veio a ser um dos mais conceituados professores da Escola.

Na estreia, compareceram atores de sucesso das novelas da Tupi: Ana Rosa, Paulo Figueiredo, Toni Ramos, Jean Carlo, Patrícia Mayo, companheiros de trabalho que foram colaborar com sua presença. E, claro, meus tios atores, que foram lá nos prestigiar e ficaram muito emocionados! Muita gente da classe teatral apareceu por lá e elogiou nosso trabalho. Lembro que um dos mais entusiasmados foi o diretor Emílio Di Biasi.

A ideia era também fazer do Pavilhão, um centro cultural móvel, que oferecesse oficinas de arte, aulas de teatro, dança, *ballet*, cenografia, iluminação, enfim, tudo o que se referisse ao ofício do teatro. Vigna e Damasceno começaram a trabalhar com alguns garotos e garotas da comunidade. O interesse era muito grande.

Em Santo Amaro, ficamos uns cinco meses, com absoluto sucesso de público e lá deveríamos ter continuado, por muito mais tempo, mas resolvemos, erradamente, ir para o Tucuruvi, onde a prefeitura nos cedeu outro terreno, na rua Doutor Zuquim. Essa mudança não trouxe bons resulatdos. O bairro não respondeu às nossas expectativas, o público não compareceu como desejávamos, e depois de quase dois meses a verba terminou. Não conseguimos nenhum patrocínio e não tínhamos como bancar todo aquele aparato. Tivemos que parar. E lá se foi meu sonho! Realizado, só que de curta duração. Mas valeu para todos os envolvidos, foi uma experiência e tanto!

Agora, na Febem, poderíamos reviver o espírito do Pavilhão de Variedades. Fiquei muito animada com essa possibilidade! Formatei um texto para ser enviado a todos os departamentos:

ATENÇÃO — IMPORTANTE

    O Auditório Teatro Teotônio Villela, o novo teatro da Febem, será inaugurado em breve. Desejamos convidar os funcionários, que tenham habilidade em: teatro, música, poesia, dança ou alguma expressão artística, a se inscreverem para uma audição. Na ocasião, selecionaremos os artistas que participarão do espetáculo de estreia.
    Falar com Annamaria Dias ou Sílvia Borges, no Núcleo Desportivo e Cultural.

    Foram muitas as inscrições! O brasileiro é artista por natureza! Para resumir o que aconteceu: uma verdadeira maratona de audições para selecionar os participantes da estreia. Havia tanta gente talentosa, que daria para fazer muitos espetáculos! Vários grupos de pagode; violonistas; bateristas; cantores; um monitor que tocava violino; outro que tocava bumbo; um grupo de dança folclórica que foi formado lá dentro, por funcionários, e que já se apresentava fora da Febem; repentistas; guitarristas; contadores de piada; comediantes; mágicos; contorcionistas e poetas! Dona Josefa foi a primeira a se inscrever, para interpretar uma de suas poesias.
    Uma assistente social da UE-JOV queria participar, criando uma esquete cômica com alguns garotos da Unidade. O Saulo queria fazer uma minipeça de teatro, a Mara desenvolveria uma performance coreográfica com os meninos da UE-15. O Agenor mostraria uma cena com mímica, expressão corporal e um texto específico, dentro do que ele chamava de "Psicoteatro". O Robert, ex-roqueiro, formaria um conjunto de *rock* com alguns de seus alunos de música, E os próprios meninos queriam fazer um roteiro para mostrar uma cena do tipo "cinema mudo", que já tínhamos trabalhado em aula. Enfim, números e apresentações teríamos de sobra!
    Percebi que teria que fazer mais de um roteiro, porque com tantos artistas talentosos, não teríamos só um espetáculo de estreia, mas vários! Combinei com a Silvinha que eu faria a direção geral e cuidaria da parte técnica. Ela orientaria toda a produção e também daria uma força na parte artística, quando precisasse. Nós duas coordenaríamos, junto com a área de comunicação, todo o lançamento, convites e a divulgação do evento, como se faz no teatro profissional.
    A partir daí, focamos nosso trabalho na inauguração do teatro. Fui atrás do material de iluminação. Falei com o Giancarlo, que na época era o bam-bam-bam da luz! Ele bolou uma mesa de operação simples, mas que comportava 30 refletores. Pedi que todos operassem em resistência. Usamos refletores de 1000 e de 500 watts. Giancarlo foi até a Febem orientar os arquitetos, para colocar no teatro, a fiação necessária para a instalação de luz e som. Escolhi a frente do palco, à direita, para a colocação da mesa de luz e som, porque o teto era baixo e não tinha visibilidade para operar luz e som lá de trás. Também encontramos soluções práticas para o manuseio de cenários, porque não havia altura para a construção de um urdimento e nem muito espaço nas laterais, para acomodar coxias maiores. Os camarins ficaram atrás do palco para facilitar a entrada e saída de cena.
    Silvinha foi buscar na própria Febem quem confeccionasse a cortina do palco e as que seriam colocadas nas janelas, para diminuir a claridade que entrava na plateia. Essa medida favoreceria os espetáculos diurnos.
    Como sempre acontece, acredito até que pela lei de atração de "quanto mais trabalho você tem, mais trabalho aparece", o Kalú, Carlos De Simone, que estava dirigindo um texto meu, "Falando de amor com humor", para estrear no TBC — Teatro Brasileiro de Comédia —, tinha adoecido e me pedia para assumir a direção até que

melhorasse. Os ensaios não poderiam parar, a estreia já estava marcada e aconteceria antes da inauguração do teatro da Febem. E lá foi a Anna dirigir a peça toda a noite, até duas horas da manhã. No elenco estavam: Thaís de Andrade, Ivete Bonfá, Luiz Serra e Bruno Barroso. E o que era para ser emergencial, ficou permanente. O Kalú estava com hepatite. Então tive que ficar me dividindo entre a direção geral do evento de inauguração do Auditório Teatro Teotônio Villela e os ensaios de "Falando de amor com humor". Eram universos teatrais totalmente diferentes. Na Febem: a determinação, o esforço e a preocupação de estar sempre lidando com o imprevisível. No TBC: as inseguranças e idiossincrasias dos atores, que muitas vezes discutiam por nada. Ainda bem que eu já estava acostumada a lidar com tudo isso, o ator é minha especialidade! Sou uma diretora centrada na interpretação e sei que, quando os atores estão bem, tudo está bem! O ator é a matéria-prima de um espetáculo, de uma telenovela, de um filme!

Eu estava trabalhando enormemente e dormindo pouco. Tive que tomar um complexo de vitaminas e fazer uma boa alimentação, para me manter firme e forte nos ensaios e na estreia da peça, no TBC, e também nos preparativos e inauguração do teatro da Febem.

Nesse ritmo alucinante de trabalho, o tempo passou muito rapidamente. "Falando de Amor com Humor" logo estreou e foi um sucesso, felizmente. O público reagiu muito bem a tudo, riu muito e, no final, aplaudiu em pé por um longo tempo. A peça começou bem e os atores ficaram eufóricos, o que sinalizava a possibilidade de fazerem uma carreira muito promissora. Kalú se recuperou poucas semanas após a estreia e assumiu o comando novamente. Tudo em paz e em harmonia! Enquanto eu continuei na loucura total, para realizar os *shows* que apresentaríamos na Febem.

DIÁLOG

FEBEM-SP

PUBLICAÇÃO DA FUNDAÇÃO ESTADUAL DO BEM-ESTAR DO MENOR, FEBEM-SP

FEBEM REABRE AUDITÓ COM ARTE E CRIATIVID

7 de novembro foi especial para com a reabertura de um espaço initivo para que alunos e funciossam dar vazão ao seu potencial Reformado para oferecer mendições para o desenvolvimento sta "Educação Através das Aruditório-teatro Teotônio Vilela a noite do dia 7 com o Pavilhão apresentando o espetáculo "Me Braços, Me Leva nos Olhos". sas manifestações artísticas fizee desse espetáculo, uma realizaProjeto Integração-Teatro, que ordenação da atriz Annamaria supervisão de Nelson Paiva. a cortina foi aberta, a magia comuitos dos internos presentes,

esse teatro seja um espaço em que se pratique e se exercite uma arte livre. Que aqui, como em todos os cantos desse Quadrilátero, se pense no menor porque ele deve ser a pessoa mais importante da Febem", disse Annamaria.

O presidente da Fundação, Nazih Curi

dupla sertaneja (funcionários da Rosa, auxiliar mou a poesia Fontes; "March fia com alunos palco de cores Paulo Sérgio d violão "O Men Paixão"; canto da UE-15.

O Pavilhão guir duas peças ção de menores "O Caroço da Annamaria Dia quiza e o dram te", de autoria

25.

Preparativos para a inauguração do auditório teatro Teotônio Vilela e casos a parte

Eu tinha

feito três roteiros e os nomeei como: Roteiro um, Roteiro dois e Roteiro três. Um diferente do outro e todos com atrações variadas, para serem levadas ao palco por três dias consecutivos. A intenção era inaugurar o teatro com um *show* de estreia e, depois, fazer outros dois, cada um com atrações diferentes e variadas — nada modesta a nossa proposta!

Os ensaios começaram em vários espaços ao mesmo tempo. Eu coordenava tudo, fazia reuniões, acompanhava as obras do teatro, monitorava a parte técnica. Nunca trabalhei tanto, mesmo dividindo tarefas com a Silvinha. Eu e ela "morávamos" na Febem. Comecei a achar que o trabalho na televisão, mesmo gravando horas e horas a fio, era bem mais suave perto daquilo. Mas estava feliz!Adoro uma agitação! E o legal era que estávamos nos integrando, estávamos ficando bem mais próximos e mais unidos! A Marisi estava criando com sua equipe, um telão para servir de cenário único nas apresentações, o Welton orientava os meninos na confecção dos adereços cênicos e o pessoal da academia dava assessoria ao trabalho corporal daqueles que precisavam. Era o Projeto Integração posto em prática!

E como nada acontece por acaso, num sábado, mesmo exausta de um dia intenso de labuta, fui a uma festa na casa da Verinha, uma amiga minha. E lá acabei conhecendo quem? Janice, filha do Teotônio Villela! Claro que acabei convidando-a para vir a São Paulo por ocasião da inauguração do Auditório Teatro que levava o nome de seu pai. Contei o fato para o Nazih, que se dispôs a assessorá-la no que fosse preciso.

Os trabalhos se intensificavam a cada dia, e eu, como boa virginiana, passei a colocar todo o andamento das tarefas e das atividades, num imenso quadro, para ter conhecimento de tudo o que acontecia. Estava sempre ligada! Felizmente Silvinha me dava o contraponto, auxiliava em tudo com mais tranquilidade, me proporcionando um pouco de *relax*. Não sei, até hoje, que gene é esse que projeta um verdadeiro vulcão dentro de mim! Só me sinto bem e saudável, quando estou num ritmo acelerado! Impressionante! E parece que toda a família é assim! Minhas sobrinhas são idênticas! Acho que é um gene *pole position*! Por isso Gustavo (seis anos), filho dos meus amigos Jacques e Salete Lagoa, disse que eu era um peixinho elétrico! E o ator Carlos Briani, que trabalhou comigo no SBT, quando eu ainda estava como assistente de direção de novelas, falou que eu era um periquito andando em areia quente.

Quando eu avisava que apareceria na casa de meus pais, o meu pai Wilson dizia para minha mãe:

— Afasta os móveis!

Às vezes nem eu mesma me aguento e chamo a minha atenção: "Calma, Anna, vai com calma!..."

Já melhorei muito nesses anos todos, com muito exercício de concentração, de respiração, esforço para manter um foco único, procurando desacelerar. Só que o gene ainda persiste e, de vez em quando, me pego falando ao telefone, escovando os dentes e limpando o espelho do banheiro, tudo ao mesmo tempo! Mas... foi assim que sempre fui realizando tudo o que almejei.

O teatro estava sendo reerguido em tempo recorde, com todo o empenho e dedicação dos arquitetos e de sua equipe. Eu estava acompanhando as obras de perto, quase que diariamente. Era impressionante ver com que rapidez a obra estava sendo feita! Todos sabem que obra sempre atrasa, mas parecia que aquela ficaria pronta até antes do prazo previsto!

Eu também, várias vezes durante a semana, passava por todos os grupos de ensaio. Assistia aos trabalhos, ajustava o que era preciso, conversava, fazia dinâmicas de grupo, sempre somando meus conhecimentos ao talento, intuição e criatividade de todos os que estavam na labuta. Só não tinha ido aos ensaios dos grupos de pagode. Silvinha acrescentou essa tarefa para ela, porque o Robert queria distância de pagode e, para falar a verdade, eu também!

Tudo ia bem, dentro do desejado. E sempre nos reuníamos no final da tarde, para uma avaliação geral. Só tinha um bendito grupo musical que estava se reestruturando e que ainda não havia ensaiado. E, justamente num fim de semana, para quando Silvinha havia marcado compromisso, o tal grupo avisou que ensaiaria. E num domingo! Sobrou para mim. Eu, que no domingo procurava não fazer nada, a não ser curtir um bom descanso, namorar, tive de ir à tarde até a Febem. O humor ficou meio azedo só de pensar que eu seria obrigada a ouvir pagode! Mas fui, que remédio!

Eles estavam no pátio da UE-JOV, já tocando e cantando animados, quando cheguei. Fiquei ouvindo. A música era boa. Eles também. Não era pagode, mas um tipo de samba mais lento, cadenciado, mais autêntico. Sentei, comecei a me deixar embalar pelo som. E fui prestando atenção em um por um. De repente vejo quem? O príncipe indiano do futebol — o Bernardo — que eu conheci quando a monitora Mara o acompanhava até o dentista. Ele estava mandando muito bem, tocando um cavaquinho. Fez um aceno de cabeça e me deu um sorrisinho meio maroto.

Terminada a música, aplaudi e fui conversar um pouco com eles. O Bernardo veio logo dizendo:

— Que bom que você veio ver a gente tocar!

Era um grupo formado por monitores e garotos da própria Unidade. Oito ao todo, e chamava "Bando da Rua". Quem comandava o grupo era um senhorzinho que devia ter mais de sessenta anos, mulato, que lembrava muito um carioca da gema, daqueles cantores e compositores de morro. O nome dele era Josino e era chamado por todos de "Mestre Josino". Era o único que não estava de short e sem camisa, pelo contrário, estava todo arrumadinho, de camisa de manga curta, listradinha de verde e branco, calça bege, com vinco, e sapatos brancos. Muito simpático e falante, explicou que o nome de seu bando era inspirado no "Bando da Lua", que fez muito sucesso e acompanhou a Carmem Miranda, durante um bom tempo, só se desfazendo após a morte da grande estrela. E informou também, que nele tocavam os grandes mestres da música popular brasileira. Aí comecei a me animar. Pedi que continuassem o ensaio.

Fiquei viajando, embalada por aquele som gostoso, cadenciado. O Bernardo já tinha trocado o cavaquinho por um violão elétrico e tinha uma ótima pegada com esse instrumento também. Fiquei olhando-o tocar e, de repente, senti que ele estava jogando charme pra cima de mim. Achei engraçado e comecei a me divertir com aquilo. Tocaram "Ronda", do Paulo Vanzolini. Lembrei de minha prima, a cantora Márcia, que sempre interpretou essa música divinamente. Eu adoro "Ronda" e fiquei curtindo, curtindo... Depois começaram a tocar uma das minhas músicas preferidas, o clássico "Carinhoso", do célebre Pixinguinha. Essa música marcou uma de minhas grandes paixões amorosas. Fiquei ouvindo, extasiada...

E não é que o danado do Bernardo começou a me olhar, ostensivamente! O tempo inteiro tocava e cantava, me encarando! E ficou visível! Eu disfarçava, não sabia o que fazer e ele, nem aí...

Aí comecei a olhar detalhadamente para ele. Era bonito mesmo! Moreno, tipo atlético. Aliás, todos os garotos da UE-JOV tinham corpo muito bem trabalhado porque jogavam futebol, faziam exercícios físicos, e Bernardo tinha um corpo muito interessante. Pernas bonitas, braços musculosos, ombros largos, mas sem ter aquele corpo artificialmente esculpido em academia. E, embora menor de idade, aparentava uns vinte e poucos anos. Lembrei que ele me disse que queria ser ator de cinema. E poderia ser mesmo, se tivesse preparo e oportunidade.

Seguiram com outro clássico que eu também adoro, "Máscara Negra", do Zé Keti e Pereira Matos. O Bernardo continuava olhando para mim, com aquela cara de galã de novela das oito! Então relaxei e comecei a curtir também, levando tudo numa boa. Terminada a música, aplaudi. Eles deram uma pausa e aproveitei para chamar todos para uma conversa sobre a apresentação. Eles foram escalados para o roteiro do primeiro dia da estreia.

Acertamos quantas músicas iam apresentariam. Fechamos em cinco. Mestre Josino disse que escolheria um repertório bem bonito, para oferecer "um momento de amor no *show*". Gostei da ideia e disse que marcaríamos um ensaio geral, antes da apresentação. Eles afirmaram que estariam, todos os domingos, ensaiando até a estreia e que gostariam que eu viesse para ajudá-los na interpretação das letras, formação e marcação no palco. Eu disse que faria o possível para estar presente, mas se não pudesse, sempre haveria alguém de nossa área para assessorar no que precisassem. Pedi o roteiro, com as músicas que apresentariam, o mais rápido possível, para divulgação. E fui me despedindo, porque já estava mais do que bom o que tinha visto. O Bernardo deu um jeito de chegar perto de mim e falou baixinho:

— Vem domingo que vem!
— Se eu puder, virei sim!
— Vou ficar te esperando!
— Mas era uma paquera mesmo, não acreditei!

No meu carro, a caminho de casa, fiquei lembrando que já tinham me contado de muitos envolvimentos de funcionárias com menores. Verdadeiros casos de amor que acabaram sendo revelados e proibidos! Eu não tinha a menor intenção que isso acontecesse comigo. E acabou vindo à minha mente, em *flashback*, o Bernardo tocando e cantando, me olhando com aquele olhar sedutor e um sorrisinho maroto. E, pela primeira vez, me perguntei: "O que teria feito um garoto como aquele para ter sido levado à Febem? E para a UE-JOV?!"

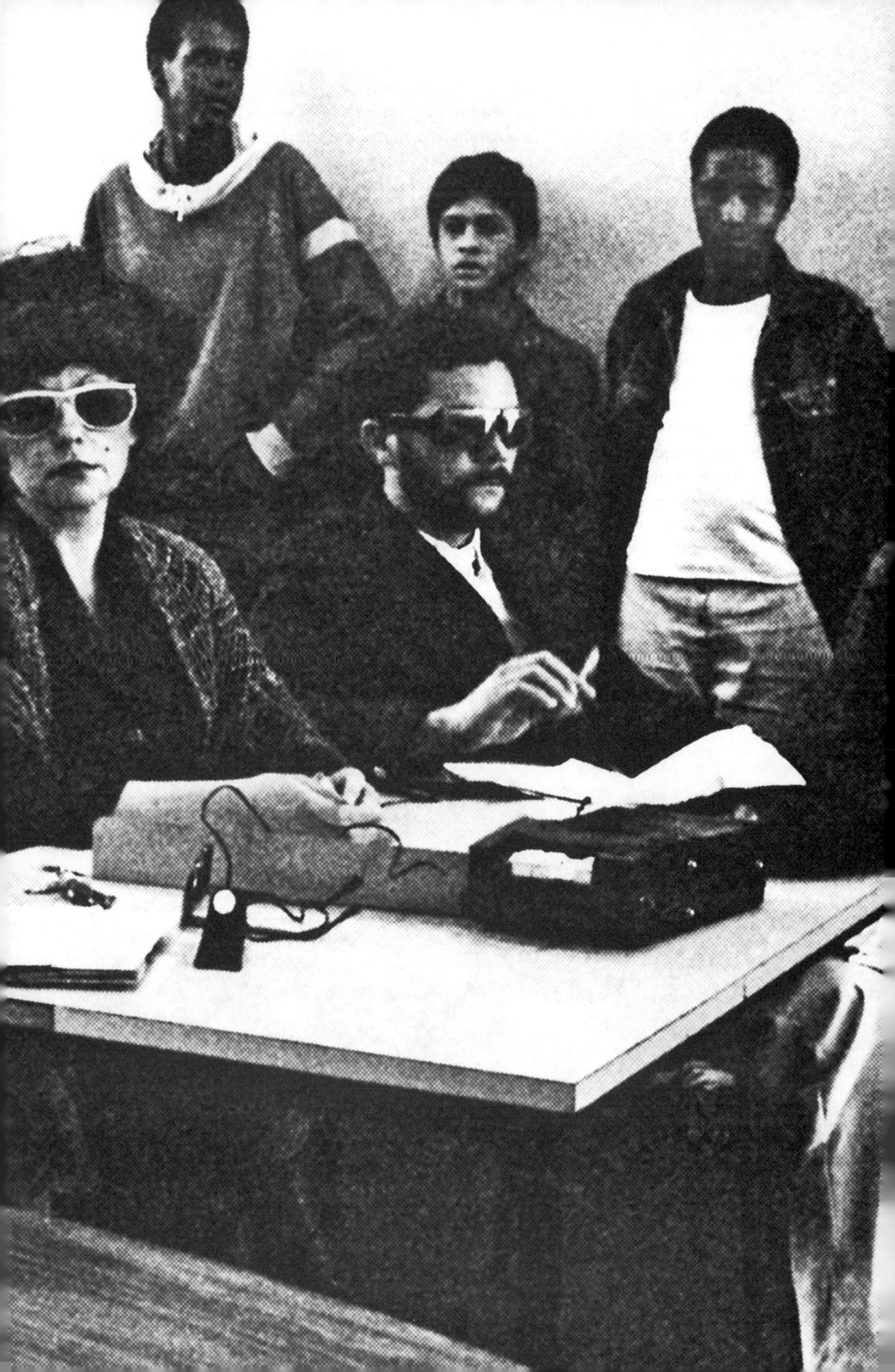

26.

Mais ensaios, o convite para a inauguração e o palhaço chorão

O teatro

estava quase pronto. Faltava ainda finalizar o acabamento. Aliás, o que mais demora em obra é o acabamento. Parece que não acaba nunca! Mas, felizmente, os arquitetos tinham liberado o palco para todos os grupos ensaiarem e isso tinha facilitado muito! E também estava sendo muito bom, porque os garotos saíam da reclusão de suas unidades para irem ao teatro, como era desejo do Nazih! Uma vitória para ele. E para nós, uma glória poder ensaiar os três roteiros no palco! Evidentemente, fiz uma tabela de ensaios e pendurei logo na entrada dos camarins: de segunda a sábado, em dois períodos — das 8h30 às 12h30 e das 14h às 18h.

Já estávamos ensaiando no palco havia três semanas. Eu nunca tinha dirigido programa de auditório, ao vivo, mas com aqueles ensaios todos, estava me transformando numa *expert*.

Comecei a desenhar o mapa de luz. Os refletores seriam instalados naquela semana. A mesa que Giancarlo montou na frente do palco ficou ótima, com programação e operação simples, além de resistência em todos os refletores. Dava, também, para ligar quatro refletores em paralelo, se fosse preciso. E a operação de áudio também ficou fácil, com todos os aparelhos, ao lado da mesa de luz. Tudo muito funcional e prático. Uma pessoa só poderia fazer as duas coisas: operar luz e som. Essa pessoa seria eu, a princípio, mas pretendia ensinar alguns garotos a operar luz e som, futuramente.

Acompanhei todos os ensaios, sem perder um. Silvinha também. Cada dia era um período intenso de acertos, ajustes, orientações e, evidentemente, de muitas emoções! Quanta gente talentosa! O Brasil é mesmo repleto de artistas anônimos!

Estávamos literalmente esgotadas, contando os dias para a estreia de, nada mais nada menos, três "espetáculos-*shows*"! Mas sempre nos consolávamos dizendo:

— Estamos na reta final!

Durante o ensaio do terceiro roteiro, de uma manhã, recebi o recado de que o Nazih precisava falar comigo. Fui até a sede. Encontrei o Nazih com a mostra do convite de inauguração.

— Oi Anna, sei que está indo tudo muito bem. Hoje estou indo ao Rio de Janeiro, para um encontro com educadores de menores e quero conversar com você sobre este convite.

— Pois não, Nazih!

— Muita gente convidando em meu nome!

Na verdade, eu é que tinha criado os termos do convite, seguindo o que se faz comumente, em teatro. Inseri os nomes dos principais realizadores do espetáculo, convidando para a inauguração. Tive o cuidado de salientar que todos convidavam em nome do presidente da Febem, Nazih Meserani.

— Eu é que redigi o convite, seguindo os padrões do que se usa para a estreia de um espetáculo teatral, ou seja, coloquei os nomes principais da equipe de trabalho, convidando em seu nome.

— Mas sua equipe é tão grande assim? — havia um tom de ironia em sua frase — Olhe isto! — e me entregou o convite já impresso.

Vi que constavam mais nomes, além dos que eu tinha colocado. Não tive dúvida e apontei:

— Estes nomes foram colocados depois. Eu só tinha posto o nome da nossa equipe de trabalho!

— Pois é... muita gente querendo aparecer. Quero que mude. Ponha só o nome de sua equipe.

— Tudo bem. Hoje mesmo cuido disso.

— Daqui a pouco já vou viajar. Volto daqui a três dias.

O vice-presidente vai ficar em meu lugar. Qualquer coisa que precisar, fale com ele.

— Tudo bem.

Ele percebeu que eu tinha ficado meio passada com a história.

— Anna, não se esqueça, isto aqui é um cargo político. E a política que se faz no Brasil, você conhece. É preciso ficar sempre atenta!

— É verdade!

Ele me abraçou carinhosamente.

— Vai dar tudo certo. A inauguração de nosso teatro será um sucesso!

— Disso eu não tenho dúvida! Depois que você voltar, precisaremos conversar sobre a distribuição dos convites. Principalmente no primeiro dia, para não termos surpresas... agora vou ficar mais alerta!

— Isso mesmo! Vamos conversar, assim que eu retornar do Rio. Despedimo-nos.

A caminho do teatro, pensei: "Que gente de má fé, tirar proveito de um trabalho que está sendo feito com tanta dedicação e empenho!". Conhecia alguns dos que tinham se colocado no cabeçalho do convite. Eram pessoas com quem eu não batia bem, que não me passavam uma energia boa, apesar de me tratarem com toda a deferência. Aliás, eu detesto gente que fica me incensando muito! As pessoas que mais me ajudaram, sempre foram as que apontaram meus erros e me chamaram atenção! Não suporto gente que vive fazendo média e por trás é maledicente, destrutiva! Quero distância de gente assim!

Voltei ao teatro, a tempo de ver o ensaio do último quadro da manhã, do roteiro do dia. Era um conjunto chamado "Cantores da Roça". Cantavam música caipira de verdade. E quando eu os ouvi, pela primeira vez na audição, lembrei muito de meu pai. Ele acordava bem cedinho para ir ao trabalho e ligava o rádio enquanto fazia a barba. E colocava num programa de música sertaneja. Eu, ainda na cama, ouvia aquele som de moda de viola vindo do banheiro. Era uma sensação gostosa. Depois a música sertaneja virou coisa de consumo para grandes massas, perdeu suas verdadeiras raízes. Ouvindo os três violeiros tocando e cantando, mais uma vez lembrei de meu pai, com muita saudade. Ele partiu muito jovem.

 O ensaio terminou e fomos almoçar. Contei para Silvinha a história do convite e ela ficou indignada. Até mais do que eu. Depois do almoço teríamos a continuidade do ensaio do terceiro roteiro. Eu estava bem sonolenta aquele dia. Tinha dormido pouco, levantado cedo. Estava me sentindo um zumbi ambulante. Depois do almoço, então, a letargia aumentou. Falei para a Silvinha que daria um tempo no Núcleo, até o pessoal chegar para o ensaio. Na verdade, estava a fim de tirar um cochilo de uns quinze minutos, para poder me restabelecer. Ela faria outras coisas e disse que depois me encontraria no teatro.

 Consegui dormir profundamente, recostada em uma cadeira, e com os pés noutra. O toque do telefone sobre minha mesa me despertou. Atendi. Era Sônia, a assistente social que ensaiaria à tarde, responsável pela direção de um esquete cômico, com alguns garotos da UE-JOV, que fazia parte do primeiro roteiro — o de estreia. Pedia que eu fosse até a Unidade imediatamente falar com o diretor, para resolver uma questão relativa ao ensaio. Imediatamente entrei no ritmo acelerado novamente, lavei meu rosto e lá fui eu. Na antessala da direção, sentado numa cadeira, vi o William, que fazia parte do esquete, vestido de palhaço e aos prantos. Logo a Sônia veio ao meu encontro e me puxou para o lado.

— Anna, o juiz proibiu a saída do Wiliam da Unidade. Ele não vai mais poder participar do espetáculo.

— Mas por quê?

— Não sei bem, parece que veio uma ordem para ele permanecer aqui, fechado. Melhor falar como o Richard, ele está te esperando aí dentro.

Bati e entrei na sala.

— Oi Richard, com licença. O que aconteceu?

— O William não vai mais poder participar do teatro. Não pode mais sair da Unidade, ordem do juiz de menores.

— Mas assim, de uma hora para outra?

— O caso dele estava sendo analisado. A decisão chegou agora.

— Mas ele ia indo tão bem, o que é que houve?

— O juiz determinou que ele fique confinado.

— E se eu falar com o doutor Nazih a respeito?

— Se você quiser tentar... De minha parte, tenho que cumprir a ordem do juiz.

— O Nazih foi viajar, lembrei. Vou tentar falar com o vice-presidente. Posso usar seu telefone?

— Claro.

Liguei, expliquei rapidamente do que se tratava e pedi que me recebesse com urgência. Ele teria uma reunião em seguida, mas podia me receber antes, desde que eu fosse imediatamente.

— Ele vai me receber agora — falei.

— Leve a ordem do juiz para ele — e me entregou uma pasta.

Saí e o William continuava sentado numa cadeira, de cabeça baixa, ao lado da assistente social, Sônia.

— William, eu vou ver o que posso fazer por você. Aguarde.

Ele continuou de cabeça baixa.

— Sei como você está se sentindo. Eu também estou muito chateada com essa situação.

Ele levantou a cabeça, me olhou com os olhos vermelhos, cheios d'água:

— Esse juiz não entende nada! Quer estragar com tudo, quer me sacanear!

— Calma!

— Logo hoje, que a gente ia ensaiar com o figurino e tudo! Estava ficando tudo tão legal, tudo tão bonito! Não é justo Anna, não é justo! — ecomeçou a chorar de novo.

Olhei para aquela figura embrutecida, com pinta de estivador de cais, vestido de palhaço, desolado, chorando por não poder ensaiar seu esquete cômico... Falei para a assistente social, que estava ao lado dele:

— Olhe Sônia, eu vou tratar disso agora. Não saia com seu grupo até eu voltar.

— Tudo bem. Eu espero você aqui.

Saí. A sede era longe da UE-JOV. Fui andando rápido, mas mesmo assim, resolvi ler a ordem do juiz. Abri a pasta. E o que comecei a ler era o prontuário do William, que estava antes do despacho do juiz. Não consegui desviar os olhos do que estava lendo. As acusações contra ele eram graves: assalto a mão armada, arrombamento, roubo, homicídio e tentativa de estupro. Não consegui continuar. Fechei a pasta. Diminuí o passo, respirei. E continuei andando em direção ao prédio da presidência, procurando não me influenciar pelo que tinha lido.

Quando cheguei lá, o vice-presidente já me aguardava. Na verdade, nunca tinha estado com ele, não o conhecia. Ele levantou para me cumprimentar. Era um homem de meia-idade, magro, tez muito branca, elegante — vestia um terno cinza-chumbo, camisa branca, gravata azul —, tinha gestos suaves, um homem fino, educado, parecia um lorde inglês.

— Em que eu posso te ajudar, Annamaria?

Expliquei o que estava acontecendo. Entreguei a pasta a ele.

Ele leu com bastante calma e atenção, depois fechou, olhou para mim, deu um sorriso benevolente e disse:

— Sinto muito, mas não posso fazer nada. São ordens do juiz, temos que cumprir.

— Por favor! O William tem se mostrado muito integrado com o nosso trabalho de teatro. Já está conosco desde o início, nunca deu nenhum problema! Ele já saiu várias vezes da Unidade para ensaiar e nunca aprontou nada! Estamos na reta final dos ensaios gerais. Ele está participando de uma das esquetes cômicas programadas para a estreia e está indo muito bem, está feliz com a possibilidade de atuar no palco! Tem sido dedicado, disciplinado, um verdadeiro colaborador do grupo!

Ele está proibido de sair da Unidade. Não posso ir contra a determinação do Juiz!

— Por que não?

— Porque não posso, por favor, entenda!

— Isso vai ser péssimo para o William.

— Eu imagino que sim.

— Ele está lá, na Unidade, vestido de palhaço, aos prantos!

O vice ficou me olhando, com olhar de quem não tinha mais nada a me dizer.

Fiquei com vontade de pedir para ele se comunicar com o Nazih e solicitar sua permissão para liberar o garoto, mas achei que não seria prudente, subestimaria sua autoridade e poderia ser pior.

Fez-se uma pausa, um silêncio.

— E se ele for aos ensaios e à apresentação algemado comigo?

Ele riu, acenou com a cabeça fazendo um não, com cara de quem estava me achando uma maluca! Continuei falando e meus olhos marejaram.

— Por favor, me ajude! Eu não sou irresponsável! Tenho certeza de que o William não vai fazer nada de errado! Esse garoto não pode interromper um trabalho que está sendo tão importante para ele!

Ele me olhou com um olhar sério, profundo.

— Vou tentar.

— Muito obrigada. Conto com a sua ajuda e compreensão. E saí.

Voltei para a UE-JOV. No caminho pedi ao Plano Espiritual amigo e protetor que auxiliasse na melhor solução. Fui orando um Pai Nosso. O William não estava mais lá, tinha ido para o quarto. Depois fui à sala do diretor, o Richard, disse que o ensaio daquele dia estava suspenso e que era preciso aguardar.

— Tudo bem, vamos aguardar.

— Com fé! — falei.

Ele sorriu e afirmou:

— Com muita fé!

27.

Ensaios gerais, aflições e alegrias até o dia da inauguração do Auditório Teatro Teotônio Vilela

O convite

tinha sido modificado, e mesmo assim entrou um nome novo, que eu não tinha colocado, mas o Nazih disse que podia permanecer porque, embora não fosse diretamente de alguém de nossa equipe, era o da pessoa que conseguia desentravar os trâmites das verbas destinadas à área cultural da Fundação.

O cartaz da peça ainda não tinha sido confeccionado. A gráfica oficial tinha atrasado. O cartaz teria o nome do espetáculo e de todos da equipe do teatro. Nele haveria também um cata-vento — símbolo da Febem. A arte tinha sido feita por nós, no próprio Núcleo Desportivo e Cultural. Era todo colorido e tinha ficado muito bonito. O Nazih tinha aprovado e elogiado.

O nome "Me leva nos braços, me leva nos olhos" tirei da letra da música "Estrela Amante", de Antônio Carlos e Jocafi, que eu já havia utilizado em alguns finais de Teatro Empresarial que tinha dirigido. Sempre funcionava muito bem, porque tinha uma melodia alegre e uma letra muito significativa:

"Me leva nos braços, me leva nos olhos
Me leva do jeito que você for
Seja na boca de um cantador
Ou nas estórias de um trovador
Me leva nos braços, me leva nos olhos
Me leva do jeito que você for
Seja nas asas de um beija-flor
Ou nas promessas de um sonhador

E no girar de um carrossel
Girando, girando, sem nunca parar
A força da magia secular
Se estenderá no tempo
Atravessando matas, mares e florestas
O toque das trombetas vai soar
Na Terra os homens vão notar
No céu a estrela amante reflete em cada olhar
Me leva nos braços, me leva nos olhos
Me leva do jeito que você for
Seja na boca de um cantador
Ou nas estórias de um trovador
Me leva nos braços, me leva nos olhos
Me leva do jeito que você for
Seja nas asas de um beija-flor
Ou nas promessas de um sonhador"

Estávamos aflitos, porque a apenas onze dias da estreia, nada de cartaz! Liguei para o departamento de comunicação e cobrei. Prometeram que os cartazes estariam conosco no dia seguinte, sem falta. Teríamos somente dez dias para distribuir e divulgar!

Em fase de acabamento, o teatro parecia que não acabava nunca! As cortinas das janelas e do palco ainda não tinham ficado prontas, os refletores estavam no chão, as bancadas dos camarins estavam sendo colocadas naquele dia. Os arquitetos tinham emagrecido a olhos vistos de tanto trabalhar e nós estávamos com olheiras profundas. Todo mundo tenso. Era uma agitação só. Eu corria de um lado para o outro, querendo resolver tudo ao mesmo tempo. Silvinha andava com insônia havia dias, mas trabalhava como se tivesse dormido dez horas por noite. Resolvi fazer uma reunião com todos os cabeças de área, para checar tudo. Faltava muita coisa para ser concluída. Estávamos uma pilha! Decidimos fazer um planejamento estratégico de todos os itens, para que — absolutamente tudo — ficasse pronto pelo menos três dias antes da inauguração. Saímos da reunião já resolvendo um assunto após outro. Os ensaios andavam bem, felizmente. O pessoal todo estava muito bem afinado, os três roteiros tinham sido passados e repassados. A música final, comum aos três shows — " Estrela Amante" — já estava mais do que decorada e ensaiada por todos. Enfim, a parte artística estava OK. Mas a produção tinha que ser mais do que agilizada.

Saí do Núcleo e fui direto para o teatro, resolvi que ficaria de plantão dia e noite, na marcação de tudo. Quando ia chegando dei de cara com a Sônia, assistente social que dirigia a esquete cômica da UE-JOV.

— O William não está bem, Anna.

— O que é que ele tem?

— Está triste, deprimido, só chora. Diz que vai fazer greve de fome!

— É mesmo? Eu vou lá falar com ele, hoje.

— Melhor não. Deixe ele curtir essa fossa do jeito dele. Nós estamos monitorando.

— Eu sabia que essa proibição seria prejudicial para o William! Você acha mesmo que eu não devo ir lá e levar um papo com ele?

— Melhor não. Conheço bem o Wiliam. Ele pode estar sofrendo mesmo, mas é muito carente e adora fazer chantagem para chamar atenção.

— Que coisa! Sabe que com essa loucura toda eu até me esqueci de falar com o Nazih sobre isso?! Ele também tem viajado, estado fora. Mas hoje mesmo eu vou até a sede e converso com ele sobre o assunto.

— Depois me coloque a par. Bom, vou ensaiar com a turminha — e se afastou.

Meu coração me dizia que deveria falar com o William, mas não queria interferir no trabalho que a psicóloga e a assistente social faziam com ele. E depois, eu já estava atolada de coisas para resolver. Olhei o relógio: uma hora da tarde! Por isso o meu estômago estava doendo! Resolvi ir almoçar, sozinha mesmo. Estava precisando ficar um pouco em silêncio, sem falar de trabalho com ninguém. Fui para o *self-service* da Febem mesmo, para economizar tempo. Estava sentando para começar a almoçar, quando a Silvinha entrou, quase correndo, ofegante:

— O Nazih ligou no Núcleo, quer falar urgente com você, agora!

— Eu acabei de me servir, estou morrendo de fome!

— Aninha, vá lá! Pode ser importante!

— Ai, eu não acredito que vou ter de ir lá, sem comer?! Minha comida vai ficar gelada!

— Eu como, disse a Silvinha. Quando você voltar, pega de novo. E eu fico aqui te esperando.

— Tá bom! Deixe ao menos eu tomar um suco. E tomei.

Fui até a sede debaixo de sol e tudo. Acabei até perdendo o apetite. O que poderia estar acontecendo? Nazih estava saindo da sala.

— Anna, venha cá! — me puxou e entrou de novo.

Fechou a porta e falou lá mesmo, em pé.

— Seu garoto foi liberado!

— Como?

— O William está liberado para participar do teatro!

— Que bom, que legal! Abracei e o beijei!

— Não fui eu que consegui. Foi o vice!

— Mesmo? Que bacana! Quero agradecer!

— Ele está viajando, mas virá para a inauguração do teatro. Se precisar de alguma coisa, avise minha assessoria, estou saindo para uma reunião importante agora à tarde.

— Tudo bem. Nossa, eu vou dar a notícia agora mesmo para o William!

E me mandei, correndo. Estava indo direto para a UE-JOV, quando me lembrei da Silvinha. Voltei ao restaurante e dei a boa notícia a ela. Ela largou o prato de comida na mesa e fomos juntas à UE-JOV. Minha ideia era ir logo com o William para o teatro, fazer uma surpresa para o grupo dele, que já estava ensaiando.

Richard, o diretor, não estava na Unidade — mais aflição. Quem iria liberar o garoto? Fiquei sem saber o que fazer. Silvinha foi ver se o achava por lá. Fiquei sentada na sala da direção, pensando no que fazer. O Saulo apareceu na porta. Fui logo contando da liberação do William e perguntei pelo Richard. Ele precisava permitir que o garoto fosse ao teatro imediatamente.

— Eu o levo lá, pode deixar!

— Mesmo? Mas como?

— Deixe comigo, Anna, eu o levo daqui a pouco.

Silvinha chegou.

— Nada Aninha, o Richard deve ter saído para almoçar fora da Febem.

— O Saulo vai levar o William para o teatro. Vamos lá preparar a chegada dele.

Fomos. Quando demos a notícia, os garotos do grupo ficaram tão alegres, que comemoraram como se fosse um gol do time de futebol do coração! O William era um cara muito querido. A assistente social, Sônia, diretora da esquete, chorou de emoção. Nós tínhamos conversado sobre o William pouco antes. Ficamos esperando-o chegar. Tive a ideia de deixar o palco limpo. Permanecemos escondidos nas coxias, para fazer a maior festa quando chegasse. Aguardávamos, mas ele não vinha! Estava demorando! Será que tinha dado algum problema? Começamos a ficar apreensivos.

Dali a pouco ouvimos a voz do Saulo:

— Hei! Onde é que está todo mundo?

Olhei por uma fresta da tapadeira do palco e vi o Saulo, ao lado do William, que vinha vestido de palhaço.

— Eles estão vindo para cá. Atenção gente!

O William subiu ao palco para procurar. E aí nós saímos e começamos a abraçá-lo. Ficou todo o mundo em volta dele, falando e rindo ao mesmo tempo, dando boas-vindas, brincando!

Aí aconteceu uma coisa emocionante. Ele ajoelhou no palco e beijou o chão. Depois levantou e falou bem alto:

— Nós vamos arrebentar! Nossa esquete vai ser do cacete!

O nosso estivador estava exultante! Todos comemoraram. Deixamos a rapaziada alegre e contente para ensaiar. O elenco ficou completo e o Saulo, feliz da vida. Afinal, o William era produto dele também, de seu grupo de teatro.

Eu e Silvinha resolvemos voltar ao restaurante e almoçar. Nosso apetite tinha aumentado mais ainda!

À tarde, outra aflição: as barras de sustentação dos refletores, bem como a da cortina do palco estavam com medidas erradas. Felizmente a mais, poderiam ser serradas, mas isso só seria feito no dia seguinte, e eu já havia combinado com o técnico do Giancarlo de vir à Febem, para não só auxiliar na colocação das barras de luz, como também pendurar os refletores. Corri até o Núcleo Cultural e liguei, mas ele estava fora e viria direto para a Fundação. Como fazia falta um celular naquela época! Eu já havia cancelado os ensaios da tarde para poder fazer esse serviço. Comecei a ficar irritada com aquela história. Não podíamos perder uma tarde inteira! Resolvi procurar um serralheiro. Tinha tanta gente que sabia fazer de tudo, poderia haver um serralheiro por lá também! Pedi à Silvinha que ficasse no teatro, esperando o técnico e fui ao departamento de manutenção. Tinha não só um, mas três serralheiros distribuídos pelo Quadrilátero. O pessoal me indicou e fui logo ao que ficava na Unidade mais próxima, na UE-15. Cheguei até o seu Giácomo. Ele, na verdade, era contratado como servente, mas tinha trabalhado anos como serralheiro e, de vez em quando, fazia uns bicos. A carteira assinada, benefícios, aposentadoria mais rápida, já que quem trabalha nesse tipo de instituição tem contagem diferente para se aposentar — cada ano vale por dois —. tudo isso tinha atraído esse senhorzinho baixo, atarracado, com cara de italiano a trabalhar lá. Eu, como boa descendente de italianos, logo fiz amizade com ele.

Contei o que acontecia. Ele abriu um sorriso e disse que aquilo era fácil de resolver. Providenciaria ferramentas e depois iria até o teatro que, aliás, já conhecia. Visitara as obras várias vezes e até dado uns palpites. Suspirei aliviada. Mais calma, resolvi passar no Núcleo Cultural para pegar o mapa de luz que eu já havia desenhado. No caminho, encontrei o Bernardo, que ia com um monitor resolver uma questão de documentos.

— E aí, Aninha (se fazia de íntimo...), tudo em cima?

— Tudo em cima. E você?

— Não foi mais aos nossos ensaios... abandonou a gente?

— Não abandonei não. É que a parte de música ficou mais por conta da Silvinha e do Robert.

— É, eu sei, eles estiveram lá. Mas não é a mesma coisa...

— Vou ver o ensaio geral de vocês.

— Vai ser amanhã, à tarde.

— Eu sei. Vou assistir.

O monitor que eu não conhecia direito (eram tantos) já estava impaciente.

— Legal Aninha, vou gostar muito de te ver lá. Até amanhã então.

E não é que o maroto me deu um beijo no rosto e saiu sorrindo, todo insinuante? Fiquei olhando-o se afastar. Gingando no andar, ainda olhou para trás e mandou um beijo para mim. Mas que ousadinho! Acabei rindo daquele jeito tão espontâneo e tão liberado daquele... príncipe indiano da marginalidade! Cheguei ao teatro mais leve.

Silvinha estava às voltas com as cortinas que já tinham chegado, e não tinha lugar onde deixar. Poderiam ficar sujas, com tanta poeira. O pessoal que trabalhava lá ajudou e acomodamos em cima de um caixote, cobrindo com um plástico-bolha, que estava solto por ali.

Ficamos no teatro até bem mais que meia-noite, mas conseguimos fazer a produção andar. Tudo certo, com as varas de luz e refletores. A barra da cortina também estava colocada. Foi uma vitória, contamos com a ajuda do Marcão, técnico do Giancarlo, do seu Giácomo, que tinha força e agilidade de um garoto, e de todos que deram apoio. Conseguimos pendurar todos os refletores e conectá-los com a mesa de operação. Tudo funcionando! Também acertamos a colocação das cadeiras na plateia, que haviam sido cedidas por uma empresa. Ajeitamos os camarins para uso, durante os ensaios, e penduramos todos os figurinos nas araras de roupas. Quando terminamos, estávamos exaustas. Decidimos, então, dar o trabalho por encerrado, já estava de bom tamanho!

Todos foram embora. Eu e a Silvinha subimos ao palco, para termos uma visão geral. Estava tudo no lugar, mais limpo, organizado e com cara de teatro! A sensação era de bem-estar!

Fomos embora. Deixei a Silvinha no prédio em que morava. Depois resolvi ir a uma lanchonete, perto da minha casa, que ficava aberta até altas horas da noite. Sentei, pedi um *chopp* escuro, com bastante colarinho. Sorvi bem devagar, com um enorme prazer. Eu merecia relaxar...

28.

A inauguração

Segunda-feira:

finalmente o dia da inauguração! Estávamos desde cedo organizando tudo. Toda a equipe presente, numa agitação só. Parecia que estava tudo pronto e, ao mesmo tempo, que faltava tudo! Eu, como sempre, com uma lista enorme de coisas para checar. Tenho o hábito de anotar tudo, senão me esqueço dos detalhes. Agenor e o Robert colocavam os cartazes no hall de entrada do teatro. Os benditos cartazes tinham chegado só oito dias antes, provocando a maior correria, porque a área de comunicação tinha que distribuir antes às Secretarias do Estado, enviar aos jornais, revistas, e aos meios de comunicação. Nós também queríamos enviar aos principais teatros.

Eu já havia verificado vários itens de produção e fazendo ajustes na luz e no som. Havia escalado, para ficar comigo, um garoto da UE-15, o Nardinho, que era muito interessado no assunto, e me ajudaria a afinar a luz e, depois, a operar o som. Ele também cuidaria da luz inicial na estreia, porque eu faria a abertura e chamaria o Nazih ao palco. Nos outros dias ele também colaboraria, porque eu sempre iria fazer uma preleção para falar do nosso trabalho e da inauguração do teatro, antes das apresentações.

Eu bolei uma luz geral básica, para ser usada em todos os roteiros e para o dia a dia, de acordo como que seria apresentado. Afinaríamos alguns focos para momentos específicos e também a contraluz. Havia conseguido com o Giancarlo, que se sensibilizara com nosso trabalho, uma luz negra e uma estroboscópica, por um preço excelente!

O Nardinho era muito prestativo: pau para toda obra! E era bem-humorado, sempre animado. Os outros garotos, que também foram escalados para ajudar nos acertos finais, se movimentavam de lá para cá, carregando coisas. Parei um momento e olhei para toda aquela agitação. Tive uma sensação de imensa alegria e de um enorme prazer! Agradeci a Deus por tudo!

Marisi, Márcia e mais outros garotos, chegaram com o cenário. Um telão criado e pintado pelos meninos, orientados por elas. Tínhamos deixado para colocar no dia, para não correr risco de ser danificado ou ficar cheio de poeira. Fomos logo abrindo e estendendo no chão do palco, para ficar na posição certa e ser pendurado no fundo. Eu já tinha visto o croqui e ido algumas vezes ao galpão do Núcleo, ver os meninos pintar, mas quando o telão foi sendo erguido... nossa, que emoção! Era lindo! Eles tinham conseguido um efeito extraordinário! A cidade, imponente, com seus prédios e arranha-céus, e a favela surgindo, miúda, tomando espaço no meio dos edifícios. Ficamos todos olhando para aquele cenário que, com tanta simplicidade e clareza, mostrava a diferença entre as classes sociais que habitavam uma cidade grande.

— Ficou maravilhoso! Parabéns a todos! Vocês são muito talentosos, garotos! E eu tenho que dar um brilho especial para essa obra prima que vocês fizeram! — falei.

Eu precisaria fazer uma luz que banhasse o telão todo. Na hora, me veio a ideia de usar gelatinas âmbar e amarela, para indicar o dia e azul, para indicar a noite. Mas faltava refletor para isso! Apelei ao Giancarlo novamente. Ele viria logo mais para me ajudar a finalizar a afinação dos refletores e a concluir o funcionamento da caixa de operação de luz. Pedi que trouxesse *set lights* para distribuir pelo chão e colocar na última vara de luz. Ele me atendeu prontamente e fez um preço simbólico para locar durante uma semana. O Giancarlo era muito generoso com o pessoal de teatro. Estava sempre disposto a auxiliar e a solucionar os problemas dos grupos, que trabalhavam com muito amor e pouca verba de produção. No nosso caso, não era muito diferente, os arquitetos já tinham nos avisado que a verba tinha sido ultrapassada e não havia mais possibilidade de nenhum acréscimo de despesa. Eu, como boa administradora que sempre fui, tinha conseguido economizar em alguns itens, e podia dispor de uma quantia significativa para pagar o aluguel daquela luz extra.

Enquanto o cenário foi sendo fixado, eu e Silvinha fomos dar uma geral pelo espaço todo. Os camarins estavam limpos e preparados para receber os artistas do primeiro roteiro, que viriam dar uma passada geral, em tudo, às cinco da tarde, e já ficariam no teatro para a apresentação. A plateia estava com as cadeiras limpas e no lugar. As cortinas das janelas laterais da plateia estavam passadas, penduradas e funcionando. A cortina do palco estava perfeita também. A entrada do teatro estava sendo enfeitada com vasos de plantas e os cartazes do evento já estavam pendurados. Só faltava dar uma boa varrida em tudo, começando pelo palco, indo até a porta principal e, depois, passar no chão um bom pano com desinfetante de menta (coisas da virginiana Annamaria...). Pedi que deixassem isso para o final, a fim de varrer todas as impurezas, inclusive as fluídicas. Em seguida, fomos para o lado de fora. Ficamos olhando para o teatro pronto, reerguido, prestes a entrar em funcionamento.

— Esta aí o nosso teatro, Silvinha!
— Graças a Deus e aos deuses do teatro! — Silvinha falou, com voz embargada.
— Estão felizes, meninas?
— Era assim que vocês queriam?

Atrás de nós estavam o arquiteto Dionísio e a arquiteta Mariana, responsáveis pela obra, concluída de acordo com as possibilidades da verba recebida, mas que apesar disso, tinham feito um extraordinário trabalho! Foi instintivo, nos abraçamos e ficamos os quatro olhando e curtindo o teatro, juntos, saboreando aquele momento sublime de ver um sonho realizado!

O ensaio geral do primeiro roteiro havia terminado, mas ainda tínhamos ajustes a fazer. Estavam todos muito nervosos, como era habitual em qualquer estreia. O grande ator Paulo Autran, mesmo depois de anos de profissão, dizia que sempre ficava uma pilha de nervos antes de estrear uma peça, como se estivesse atuando pela primeira vez! E eu não conheço nenhum ator que não fique assim. Esse clima de tensão começa bem antes e acaba contaminado tudo ao redor. Não é fácil conviver com um ator, quando vai se aproximando a estreia de seu espetáculo!

Agenor, Robert e Mara estavam mais apreensivos do que seus próprios pupilos. Dona Josefa andava de lá para cá, repetindo a sua poesia, baixinho. Ouvia-se a afinação de instrumentos dos grupos de música. Garotos e seus instrutores faziam exercícios de aquecimento corporal, atravessavam o palco de um lado para o outro. Eu, então, estava em estado de alerta! Nada podia falhar! Tinha anotado todas as falhas, durante o ensaio geral, e falava com cada um sobre o que era preciso acertar. Silvinha, como sempre, me acompanhava e auxiliava em tudo, com muito cuidado, carinho e precaução. Sabia muito bem como amenizar minha mania de perfeição! O Nardinho estava se dando muito bem comigo no trabalho, porque era muito atencioso e fazia tudo de acordo com o que eu esquematizava. Era inteligente, ágil. Aprendeu tudo rapidamente. Já sabia fazer o som de cor e salteado. Tinha memorizado todas as deixas, todas as entradas e saídas. E também já estava começando a dominar a iluminação. Era proativo o Nardinho! Por isso eu sentia tranquilidade e segurança tendo-o ao meu lado. O único que parecia estar acima de toda a exasperação da estreia era o Bernardo que, de vez em quando, aparecia no palco e ficava olhando tudo, com ar de imponência. Foi só o Nardinho se afastar, para ele se aproximar. Eu estava checando os movimentos de luz, quando o percebi ao meu lado.

— Relaxe Anna, vai dar tudo certo!
— Eu sei. Tem que dar!
— Gostou do nosso ensaio?
Eles tinham introduzido uns movimentos meio coreográficos em algumas músicas.
— Gostei, vocês criaram uma movimentação cênica, ficou bem interessante.
— Ideia minha!
— É mesmo? Gostei!
— Não vejo a hora da gente se apresentar!
— Não está nervoso, não?
— Claro que não! Estou acostumado!
— Já se apresentou em público?
— Várias vezes! Eu já tive uma banda de *rock*!
— Ah, é? Que bacana! E qual era o nome da banda?
— "Os Viciados do Som"! Era o maior sucesso! A gente tocava em tudo quanto era canto! E ganhava grana também!
— E essa banda, ainda existe?
— Não mais. Sobrei só eu. Os outros foram para o espaço!
Fiquei olhando para ele, sem perguntar nada.
— Uns morreram de overdose e outros em tiroteio com a polícia, e eu vim pagar meus pecados aqui na Febem. Mas logo, logo vou estar fora.
Resolvi mudar de assunto.
— Você se deu bem com outro tipo de música, não foi?
— É, aqui aprendi a gostar de MPB, com o mestre Josino.

— Anna, os refletores da fachada do teatro não estão querendo acender! — falou o Welton, diretor do Núcleo, que estava dando uma força em tudo.

— Vou falar com o Marcão, pode deixar!

Welton se afastou.

— Vou dedicar uma música para você, viu?

— É mesmo? Qual?

— Surpresa!... — e foi se afastando com aquele sorrisinho sedutor, costumeiro.

"Ele não perde uma oportunidade... e que música será que ele vai me dedicar?" — pensei. Resolvi procurar o Marcão. Fomos até a entrada do teatro e ele resolveu o problema dos refletores da entrada com muita facilidade. Era só uma questão de mau contato.

Eram 7 horas. Faltavam duas horas para tudo começar. Marcão já estava no palco novamente e afastava um pouco os set lights a meu pedido, para dar uma luz mais suave sobre o telão pintado. Pedi que apagassem todas as luzes porque queria repassar a luz. Todos ficaram curiosos e foram para a plateia ver. Então resolvi deixar para o final, a luz que havia criado para iluminar o telão no início do espetáculo, porque era um movimento de iluminação bem bonito e revelava, aos poucos, o telão e depois o cenário. Na hora, combinei com o Nardinho:

— Só quando eu te der o sinal, você coloca a música de abertura! — eu tinha escolhido um tema bonito, apoteótico.

— Deixe comigo, Anna!

Fui repassando a luz e ouvindo, a cada mudança, interjeições e exclamações daquela plateia que nunca tinha visto nada igual. Nardinho, ao meu lado, me olhava com ares de alto conhecedor do assunto. Deixei, propositadamente, tudo no escuro por uns instantes e comecei a erguer, lentamente e em resistência, a luz azul do cenário, que indicava noite. Depois fui fundindo o azul com a luz amarela e âmbar, como se o sol estivesse nascendo. Fiz sinal para o Nardinho, que colocou a música combinada num volume bem baixinho... Aos poucos, a cidade e as favelas foram ficando claras e a música foi subindo. Quando tudo estava ensolarado, a música que tinha acompanhado o movimento de luz, tornou-se alta e vibrante. Foi um momento mágico! Todos começaram a aplaudir! E tivemos o primeiro e emocionante aplauso em nosso novo teatro.

Eram 8h15, todos permaneciam nos camarins e coxias, aguardando. Cortina fechada, palco vazio, luz de serviço. Eu, que faria a abertura, estava toda produzida. Silvinha estava com uma roupa mais descontraída, mas de muito bom gosto. Tínhamos dado um jeito de tomar banho num banheiro da sede e estávamos muito perfumadas! Perfumadas e agitadas! Ansiedade em alto estilo! Chamei a Silvinha:

— Vamos fazer uma vibração?

Silvinha não era espírita, na verdade não tinha religião definida, mas acreditava em Deus e tinha muita fé.

—Vamos!

Fomos indo para o centro do palco. Agenor, Robert e Mara estavam lá conversando.

— Vamos fazer uma vibração para que tudo dê certo? — falei para eles.

— Claro! Vamos!

Fomos formando uma roda e nos dando as mãos. Fechei os olhos. Quando abri, não é que o Nardinho estava na roda também? De mãos dadas com a Silvinha e a Mara. Agradeci a Deus por tudo, por toda a sustentação que tinha nos dado, até chegarmos àquele momento maravilhoso, com saúde, coragem e união. E que pudéssemos continuar merecendo a Sua Proteção, para que tudo desse certo. Pedi que cada um dissesse uma palavra positiva.

— Luz! — Mara começou.
— Esperança! — disse Agenor.
— Sucesso! — continuou o Robert.
— Felicidade! — falei
— Amor! — Silvinha acentuou.

Uma pausa. Era a vez do Nardinho, para finalizar. Ele estava de olhos fechados. Ficamos aguardando. Acabamos olhando todos para ele, que parecia muito concentrado. Inspirou o ar lentamente e, com uma voz doce e amorosa, falou com clareza:

— Humildade!

Senti uma sensação de arrepio no corpo todo e tive certeza de que um mentor espiritual tinha se pronunciado.

Tudo pronto. O espetáculo iria começar! A plateia estava lotada! Eu e Silvinha resolvemos ir até os camarins. Todo o elenco estava pronto e preparado.

— Sucesso a todos! — falei. — Merda!

E todos sabiam que não se podia agradecer. Silvinha, que ficaria lá mesmo na retaguarda, olhou para mim e também falou:

— Merda!
— Vai ser maravilhoso!

Caminhei em direção ao palco. Lá estavam também Nazih e Janice Vilela.

Nardinho foi para a mesa de operação de luz. Em instantes a plateia foi apagada e um foco de luz surgiu, no meio do palco, na frente da cortina, onde havia um microfone posicionado. Eu entrei. Recebi muitos aplausos. Estava muito emocionada. Agradeci às autoridades presentes e a todos os que haviam comparecido.

Já tinha preparado meu discurso, passado e repassado o que eu desejava transmitir. Nada muito extenso, uma breve retrospectiva de tudo o que havíamos realizado até aquela data especial: a inauguração do novo teatro da Febem — Fundação Estadual do Bem-Estar do Menor, o Auditório Teatro Teotônio Vilela. Falei da grande importância e do enorme significado da reabertura daquele espaço, e o que aquilo representava para os internos da Fundação. Que, sem dúvida, seriam os mais beneficiados. Desejei que aquele teatro fosse um espaço democrático, onde a liberdade de pensamento, de expressão e de ação pudesse ser exercida, em prol de ideias edificantes, que contribuíssem para a melhoria de vida de todos aqueles que, por circunstâncias sociais, viviam na marginalidade. Dito isso, pude ouvir muitos aplausos.

Chamei, então, ao palco, o responsável direto pelas novas e importantes diretrizes que estavam sendo implantadas, tendo como meta principal a educação e reintegração daqueles menores na sociedade: o doutor Nazih Meserani, que adentrou o palco e foi calorosamente aplaudido. Depois voltei para a coxia e saí pela lateral. Coloquei-me ao lado do Nardinho, na mesa de operações, e ficamos a postos.

Nazih já tinha iniciado seu discurso. Ele tinha uma calma para falar que era impressionante. Agradeceu também às autoridades presentes e começou a discorrer sobre sua trajetória, desde quando decidiu trabalhar na Penitenciária do Estado. Sua abordagem era, ao mesmo tempo, política, social e humanista. Suas palavras soavam vibrantes, contundentes, mas sempre num tom sereno, cadenciado. Ele se expressava de maneira clara e lúcida. Falou o que pensava da situação do menor infrator em nosso país e de sua responsabilidade como presidente daquela Fundação. Expôs o que estava realizando e o que pretendia realizar em sua gestão. Discorreu sobre o Projeto Integração, sobre outros projetos que procederiam, sempre visando, realmente, ao bem-estar do menor. No final, elogiou o trabalho de todos os que contribuíram para que seu desejo, de ver o teatro da Febem reerguido, estivesse se realizando naquele momento. Chamou ao palco, Janice Vilela, a filha de Teotônio, a quem agradecia muito a presença, para fazer, oficialmente, a abertura do teatro.

Janice foi ao microfone, foi muito aplaudida e começou a vencer sua inibição, aos poucos. Falou de seu pai, um arauto da democracia, o grande incentivador da campanha das "Diretas Já!", e de sua admiração por tudo o que ele havia feito durante todos os anos em que esteve atuante na política. Que era uma honra ter sido convidada para estar presente naquele momento tão importante, e que estava lisonjeada por ter o nome de seu pai impresso naquele teatro, que tanto significava para a cultura e a educação daqueles menores que, como cidadãos brasileiros, eram importantes para o futuro de seu país. E, em tom mais alegre, disse que depois de tanto discurso, já era hora de ver as cortinas se abrirem e do espetáculo começar!

Muitos aplausos. Nazih e Janice se retiraram do palco e sentaram em seus devidos lugares, na primeira fila.

— Agora é conosco, Nardinho!

Dei um *blackout*. Contei lentamente até oito e apontei a luz para o cenário, lá atrás. Conforme o combinado, a cortina foi se abrindo lentamente. E quando estava totalmente aberta, Nardinho colocou a música do primeiro quadro da noite — uma dança coreografada pela Mara. A luz foi subindo e revelou todo o cenário e os bailarinos, que foram entrando e tomando conta do espaço com seus corpos à mostra, sem camisa e descalços. Era uma dança de rua, simulando, por meio de um desafio de dança, uma briga entre duas gangues. A música era forte, ritmada e os movimentos de dança também, mais parecendo golpes de capoeira. A Mara foi muito feliz na criação dessa coreografia. Os garotos eram da UE-15, estavam se entregando de corpo e alma, sincronizados, harmonizados em cada gesto, em cada passo. Em seus rostos, podia-se ver, nitidamente, toda a emoção e prazer de estarem ali, dançando livremente. Foram aplaudidos em cena aberta várias vezes e, no final, além das palmas, receberam assovios, palavras de incentivo — a plateia delirou!

Vieram os outros quadros, a dona Josefa e sua poesia, que falava de um filho que se foi precocemente, de tristeza, solidão, mas também de fé e esperança. Ela interpretou com tanto vigor, com tanta verdade, que levou a plateia às lágrimas. Se ela não tivesse me contado que tinha escrito aquela poesia por pura inspiração, eu juraria que aquilo que tinha ouvido era a história da vida dela. E quem sabe não tenha sido mesmo, em vidas passadas?

Em seguida, a noite trouxe a autêntica música caipira dos "Cantores da Roça", que fez muita gente cantar e embalar-se nas melodias, juntamente com eles. Também foram muito aplaudidos. Depois, um *show* de sapateado com três garotos da UE-3. Na sequência, um esquete, cuja história se passava dentro de um ônibus lotado, e retratava o dia a dia sofrido de quem tinha de tomar condução para ir trabalhar. Tudo em linguagem de comédia, com um engraçadinho querendo tirar proveito das meninas que viajavam no aperto e no sufoco, mas que acabou levando sopapo de todos os lados até ser jogado para fora do ônibus, pela janela mesmo. As "meninas" eram três monitoras jovens e uma ajudante de cozinha, que estavam hilárias, e o engraçadinho, um garoto da UE JOV que já tinha passado pelas nossas aulas e depois sumido, o Marconley. Lembrava-me bem daquele nome inusitado.

Eu e o Nardinho estávamos nos divertindo muito e assistindo a tudo, bem de frente, quase grudados no palco, onde ficava a mesa de operação. Eu via muitos *flashs* de máquinas fotográficas e três câmeras de vídeo registravam tudo.

O espetáculo estava correndo divinamente, sem nenhum furo, tudo ligado, com ritmo. Os garotos que nós treinamos como contrarregras estavam se saindo melhor do que muitos profissionais. Vestidos com uma roupa preta, entravam e saíam do palco, na hora certa, sem chamar atenção. Faziam todas as mutações de cena com a maior agilidade. Todos estavam brilhantes!

Uma cena de equilibrismo foi muito bem realizada por cinco garotos da Unidade Terapêutica, que até então eu não conhecia. Orientados por dois monitores de família circense, eles se esmeraram em suas performances. Eram muito bonitinhos, pequenos, dez anos no máximo.

E assim foi acontecendo uma apresentação após a outra. Eu inventando na luz e o Nardinho, preciso, no som. O Agenor apresentou uma performance muito interessante, com seus pupilos da UE-15, um psicoteatro, como ele chamava, repleto de conteúdo dramático e de implicações psicológicas. A apresentação era envolvente e fez com que a plateia assistisse em total silêncio. Certamente provocaria reflexão, já que mostrava, com clareza e contundência, o total descaso da sociedade com relação à problemática do menor abandonado, que se transformava em bandido.

Robert apresentou sua banda, que eu já conhecia, com garotos de várias Unidades tocando o maior *rock* pauleira, para recordar os velhos tempos do mestre. Eles mandaram muito bem, com o Robert no vocal, num inglês perfeito. Tocaram dois *rocks* da pesada — medida exata para a ocasião.

Depois, houve um quadro de mímica que retratava um corredor de hospital, onde um casal pobre tentava ser atendido com urgência. A mulher grávida estava prestes a dar à luz, porém ninguém tomava conhecimento. Ela se contorcia de dor de parto, o marido pedia ajuda e os médicos simplesmente passavam correndo de um lado para o outro, sem dar a menor atenção. Uma crítica feroz ao péssimo atendimento em hospitais públicos. Por fim, o marido mesmo improvisou uma cama, com cadeiras cedidas por outros doentes que também esperavam ser atendidos. E, auxiliado por uma senhora, ele mesmo acabou fazendo o parto de sua esposa, no corredor. Após o nascimento da criança, foi levado para a delegacia por policias, chamados pelas enfermeiras. O quadro foi uma criação coletiva dos monitores e menores da UE-3 e UE-15.

O grupo musical, "O pagode nosso de cada dia", era o próximo. Entrou com segurança e simpatia, tomou posição e mostrou que entendia do assunto. Apesar de eu não gostar de pagode, tinha de admitir que eram muito bons. Eram três garotos da UE-15, dois monitores e um psicólogo. O público gostou demais e cantou junto. Eu confesso que não conhecia uma música sequer, mas o Nardinho, ao meu lado, cantou e batucou todas.

Um grupo de dança folclórica gaúcha, do pessoal da administração, com roupas características e tudo, se apresentou em seguida. Eles costumavam ganhar um "extra", apresentando-se em festas e churrascarias, nos fins de semana. Os aplausos foram muitos, para todos.

Depois chegou a hora do "Bando da Rua" entrar no palco. Eles tinham deixado uma surpresa para a apresentação. Estavam de figurino novo! Todos de calças brancas, tênis brancos e camisetas vermelhas, com o nome do Bando bordado em lantejoulas brancas, brilhantes. Só o seu Jovino vinha com terno de linho branco, com gravata vermelha e sapatos preto e branco, de verniz. Estavam todos muito charmosos e elegantes! Começaram a tocar. Logo pensei: "Qual será a surpresa do Bernardo?". Fiquei esperando... A primeira música foi "Valsinha", do Chico Buarque — a letra eu conhecia muito bem e cantei junto, sob o olhar do Nardinho, que não sabia uma vírgula:

> "Um dia ele chegou tão diferente do seu jeito
> de sempre chegar
> Olhou-a de um jeito muito mais quente
> do que sempre costumava olhar
> E não mal disse a vida tanto quanto era seu
> jeito de sempre falar
> E nem deixou-a só num canto
> pra seu grande espanto, convidou-a pra rodar
> Então ela se fez bonita como há muito tempo
> não queria ousar
> Com seu vestido decotado cheirando a
> guardado de tanto esperar
> Depois os dois deram-se os braços como
> há muito tempo não se usava dar
> E cheios de ternura e graça
> foram para a praça e começaram a se abraçar
> E ali dançaram tanta dança que a vizinhança
> toda despertou
> E foi tanta felicidade que toda cidade enfim
> se iluminou
> E foram tantos beijos loucos, tantos gritos
> roucos
> como não se ouvia mais
> Que o mundo compreendeu
> E o dia amanheceu
> em paz."

Depois veio "A noite do meu bem", de Dolores Duran e "Rosa" de Pixinguinha. Eles foram muito aplaudidos e estava sendo, como mestre Josino queria, "um momento de amor"! E, até aquele instante, nada da surpresa do Bernardo. "Ele blefou" — pensei. Então o mestre Josino, que, sempre antes de cada apresentação musical, dizia o nome da música e do autor ou autores, anunciou:

— E agora, vamos tocar uma música do grande, do magnífico compositor Antônio Maria, em parceria com Fernando Lobo: "Preconceito".

O Bernardo pegou seu violão elétrico e veio mais para a frente do palco, do lado onde eu estava. Aí, me deu um certo frio na barriga. "Só pode ser esta música" — pensei. A música começou. O Bernardo, como naquele dia, na quadra da UE-JOV, começou a olhar ostensivamente para mim. Depois de uma introdução musical, começou a cantar:

*"Por que você me olha com esses olhos de loucura?
Por que você diz meu nome?
Por que você me procura?"*

A maior bandeira! E o meu amor, da época, estava nas primeiras filas da plateia!

*"Se as nossas vidas juntas
terão sempre um triste fim
Se existe um preconceito muito forte
Separando você de mim"*

Baixei a luz e coloquei um âmbar e azul, sombreando a banda e deixando os olhos do Bernardo menos visíveis.

*"Por que esse beijo agora?
Por que, meu amor, esse abraço?
Se um dia você vai embora
Sem sofrer os tormentos que eu passo
De que serve sonhar um minuto?
Se a verdade da vida é ruim
Se existe um preconceito muito forte
Separando você de mim."*

E aquela luz ficou até o fim. Só no final, coloquei a luz geral. E os aplausos foram muitos. O Bernardo, que não se mancava, me mandou um beijo lá de cima. Eu procurei sorrir naturalmente (como se isso fosse possível naquele momento...).

Aí chegou a hora da apresentação do esquete da Márcia, assistente social da UE-JOV, com o William no elenco. Nos ensaios ele estava muito bem, tinha um time de comédia incrível, mas na coxia, antes de começar, achei que estava meio nervoso, apreensivo. Até tinha dado uma força para ele:

— William, você está muito legal! O Manequinho (nome que ele tinha dado ao seu palhaço) vai arrasar!

— Vou ganhar o prêmio de melhor ator?

— Por mim ganha!

Ele riu e fez um sinal de positivo. Quando o pessoal entrou e se posicionou, achei-o meio tenso, mas... todos estavam um pouco travados também, normal. O esquete se passava na frente de uma loja, onde o palhaço procurava chamar atenção dos passantes, para entrar e comprar produtos eletrodomésticos. O bordão era: "Manequinho dá descontinho!".

Ele falava num microfone de mentira, fazendo voz de locutor de rádio:

— O palhaço Manequinho anuncia as melhores ofertas! Venham se divertir com os descontos! Tudo em até dez prestações! Não percam!

E repetia o bordão:

— Manequinho dá descontinho!

Aí vinha um grupo de pivetes e começava a provocar o palhaço, fazendo piadinha de mau gosto, imitando e ridicularizando-o de todas as maneiras, até como um palhaço *gay*, cheio de trejeitos:

— Manequinha dá descontinha!

Então o palhaço foi rebatendo tudo, procurando não perder o humor e nem se intimidar. Dava respostas espirituosas e inteligentes, segurava-se para não revidar. Mais gente ia se juntando e os comentários surgindo, o povo começou a prever o princípio de uma briga. Quanto mais Manequinho era provocado, mais buscava forças para não se alterar e não partir para a briga. William estava enlevado e, ao mesmo tempo, tão visceral naquele palhaço! Estava esplêndido! Dali a pouco apareceu uma garotinha (filha de um monitor da UR — Unidade de Recrutamento, muito bonitinha, desinibida) e chamou o Manequinho:

— Pai! Pai! — e correu para ele. — O senhor está lindo vestido de palhaço! — abraçou o pai com muito carinho.

O palhaço a pegou no colo e disse com muita amorosidade:

— Filhinha, olha só, o Manequinho hoje vai levar dinheirinho para casa! Para você e seus irmãozinhos poderem tomar leitinho e comer biscoitinho!

A garotinha então o encheu de beijos.

— Obrigada, papai!

O povo, em volta aplaudiu e os pivetes ficaram sem ação. Então, o palhaço chegou perto deles e disse:

— O palhaço aqui merece respeito, viu? Tem seis filhos para criar, seus malandros sem-vergonha, que não têm o que fazer! Vão trabalhar, vão! Vão trabalhar seus vagabundos!

E o povo se uniu ao palhaço, num coro:

— Vão trabalhar, seus vagabundos!

Assim os pivetes foram postos a correr. Então, todos rodearam o palhaço que estava com a filhinha no colo, e cantaram ritmando com palmas, uma canção que falava de amor e admiração ao palhaço Manequinho. O refrão era assim: "Manequinho é o nosso guia, nossa luz nossa alegria!". Juntamente com o final da música, congelaram os movimentos e a luz caiu em resistência. Quando a luz voltou, todos fizeram um agradecimento ensaiado, bem na frente do palco. Nesse momento pude ver as lágrimas escorrendo dos olhos do William. Eu comecei a chorar também e o Nardinho ficou me olhando. Quando virei para ele, vi que seus olhos também estavam marejados. Virei para trás para ver a plateia. Nazih ainda aplaudia e o vice, ao seu lado, estava visivelmente emocionado. Voltei para o espetáculo, diminui a luz, para a dança de encerramento.

O grupo da Mara já entrou dançando, como se as gangues tivessem continuado a brigar, executando movimentos cadenciados e marcados por uma coreografia vibrante. De repente a música, que era ritmada e forte, foi se mixando em outra, mais leve e melodiosa, com um arranjo todo especial que remetia a uma esfera diferente, mais elevada. Os movimentos foram se modificando e ficando mais harmoniosos, até que todos se integraram numa dança única, que simbolizava a união e a paz entre todos. Então veio um garoto lá de trás, com uma pomba branca nas mãos e a soltou. Ela, treinada, foi parar num praticável mais elevado, onde eu fiz um foco branco e bem fechado sobre ela. A música subiu, a luz do palco caiu em resistência, e só ficou a pombinha branca, em cima do praticável, sob aquele foco branco e intenso de luz. A cortina fechou lentamente. Era o fim do espetáculo de estreia.

O público levantou e começou a aplaudir. A música continuou bonita, apoteótica. Olhei no relógio, duas horas e quinze de espetáculo. Depois do tempo combinado, quando a cortina se abriu novamente, entrei com a luz geral. O Nardinho colocou a música "Estrela Amante" de Antônio Carlos e Jocafi. Começava o agradecimento que eu e Silvinha tínhamos ensaiado exaustivamente. Os grupos vieram agradecer, por ordem de entrada. Foram muito aplaudidos. Quando o William entrou de palhaço, junto com seu grupo, foi ovacionado. Ele estava muito, muito feliz! No final, o palco lotou com a presença e talento daqueles grandes artistas! A música contagiante continuou e todos ficaram cantando juntos, inclusive a plateia, até que a cortina fechou. Eu estendi a mão para o Nardinho:

— Valeu, Nardinho!

— Valeu, Anna! — apertou minha mão e sorriu.

Fui direto para as coxias cumprimentar todos e o primeiro que encontrei foi o William, que me abraçou tão forte que quase estraçalhou meus ossos. Ele chorou.

— Eta estivador chorão! — falei brincando, e me soltei daquele abraço triturante.

Ele pegou o meu rosto, me deu um beijo e disse:

— Muito obrigado por confiar em mim, Anna!

Eu também comecei a chorar e abracei o palhaço, de novo! Daí foi tudo uma festa só, todos alegres, felizes, se abraçando, se confraternizando. Por fim, eu e Silvinha conseguimos nos aproximar.

— Missão cumprida, companheira! — disse ela.

— Um terço de missão cumprida! Ainda faltam dois espetáculos!

Rimos e nos abraçamos. E ficamos assim, sem dizer mais nada. Foi um momento lindo que ficou, definitivamente, guardado na minha memória!

O pessoal da imprensa queria tirar fotos e filmar os garotos e todos os participantes daquele espetáculo. Ficamos um bom tempo dando entrevista e os garotos também. Falavam bem, sorriam, estavam eufóricos!

Voltei para a plateia e estranhei a presença de um povo mais humilde por lá. Uma senhora veio logo falar comigo:

— Quando a gente vai poder falar com os garotos?

Logo veio uma assessora da presidência e esclareceu que aquela senhora era mãe de um dos menores. Contou:

— O Nazih mandou convidar os pais dos garotos que estão participando dos espetáculos.

— É mesmo? Que maravilha! E os garotos sabem disso?

— Não, é surpresa!

Tudo bem. Então voltei para as coxias, chamei a Silvinha, contei tudo e me veio uma ideia:

— Ô pessoal, pessoal, dê uma atenção aqui! Silêncio, por favor, quero falar uma coisa para os garotos!

Ficaram todos olhando para mim. O pessoal da imprensa também.

— Tem uma surpresa para vocês, aí na plateia!

Burburinho e agitação geral.

— Calma, silêncio! Atenção todos! Nós vamos abrir as cortinas!

E logo os garotos que tinham feito isso, no espetáculo, correram para as laterais do palco e abriram as cortinas. Os meninos deram de cara com seus pais, mães, que começaram a aplaudir os filhos! Inenarrável a emoção! O único que ficou no palco foi o William. Não tinha ninguém esperando por ele. Eu e Silvinha percebemos, e a Márcia, assistente social, também. Mas ele estava numa boa. Sorrindo, olhando para todos lá embaixo. Aí um senhor veio bem perto do palco e falou para ele:

— Parabéns, viu Manequinho! Muito bom!

— Obrigado! — respondeu William, todo orgulhoso!

Enfim...o teatro tinha sido inaugurado!

Resolvi ficar um pouco no coquetel. Nazih estava muito feliz, ao lado da esposa, Miriam, e me apresentou a várias autoridades, incluindo o secretário da Promoção Social. Muitas pessoas foram me cumprimentar e procurei dar atenção a todas que vinham falar comigo. Depois decidi ir embora, estava exausta. Saí acompanhada e, à francesa, fui direto para casa. Depois de um banho relaxante, bem quentinho, desmaiei na cama e dormi na hora. Sonhei:

Estava dirigindo um carro conversível numa estrada que subia, subia. De um lado, montanhas, do outro lado, lá embaixo, o mar. Resolvi parar no acostamento, atravessei a pista e fui olhar lá de cima. Vi o mar cor de esmeralda, sem fim. Um vento morno batia no meu rosto e eu sentia uma sensação gostosa. Sentei e fiquei olhando aquele mar imenso. Aí vi um barco com muitas crianças, chegando a uma praia, lá embaixo. Havia um homem com elas. Ele falava, gesticulava, depois fez as crianças formarem uma fila e foi na frente. Começaram a subir por um caminho de terra, estreito, que levava ao lugar onde eu estava. Fiquei olhando eles subirem. À medida que se tornavam mais visíveis, percebi que as crianças estavam com uma espécie de uniforme amarelo, e na frente tinha um "A" maiúsculo, bordado. Deu para ver melhor o rosto do homem. Era um rapaz que estava de calça branca arregaçada, descalço e sem camisa. Ele me viu e acenou com a mão. Eles chegaram, passaram por mim e foram embora. Pelo lado que saíram, vi um rebanho de lhamas e um garoto conduzindo os animais pelo o mesmo caminho, só que em sentido contrário, em direção ao mar. Veio outro carro e parou atrás do meu. Era um tipo de caminhonete, toda vermelha, com um monte de violões empilhados na carroceria. Um rapaz desceu e veio olhar o mar, estava um pouco distante de mim. Vestia um *jogging* azul, tênis branco e começou a fazer ginástica. Eu fiquei olhando para ele, que parecia nem me ver ali. De repente, do meio dos violões, na carroceria, apareceu outro rapaz, que parecia ter acabado de acordar. Bocejava, se espreguiçava. Levantou, fez um alongamento rápido e desceu da carroceria num pulo. Estava sem camisa, de calção azul e descalço. Atravessou a pista e ficou olhando o mar, enquanto o outro fazia ginástica. Depois acendeu um cigarro e começou a fumar. Tragava e soltava fumaça com tanto prazer que me deu vontade de fumar. Fui até ele e pedi um cigarro. Ele não tinha mais, o maço estava vazio. Voltou para a caminhonete, abriu a porta, mexeu lá dentro e retornou com um maço de cigarros, novinho. Era um maço cor de laranja cintilante. Eu abri, tirei um cigarro, ele acendeu para mim. Comecei a fumar com um enorme prazer. Ele também fumava. Ficamos os dois fumando e olhando o mar. Depois vi que o outro rapaz que fazia ginástica, não estava mais lá. Fiquei procurando, olhando para todos os lados.

— Ele foi tomar um banho de mar lá embaixo — falou o rapaz ao meu lado. — Quer ir também?

— Vamos!

Ainda dei uma boa tragada no cigarro, depois apaguei e fomos descendo pelo caminho que levava ao mar. Já na praia, com a areia muito branca e fofa, tirei meu vestido e fiquei de calcinha e sutiã. Mas parecia estar com um biquíni, porque as duas peças eram estampadas de florzinhas coloridas. Entrei no mar. A água estava bem quentinha. Não vi o outro rapaz que tinha descido antes. Mergulhei e subi. Dei de cara com o rapaz que tinha descido comigo e que também estava dentro do mar. Ele nadou ao meu redor, depois mergulhou, ficou um tempo embaixo d'água e emergiu. E quando emergiu, era o Bernardo, só que tinha olhos azuis. Ele começou a rir, rir, gargalhar. Eu também comecei a rir muito. Acordei com uma mão me sacudindo.

— O que está acontecendo? Você está rindo alto, me acordou, que susto!

Estava sonhando.

— Venha cá, durma.

Fiquei aconchegada e lembrando-me do sonho. Fiquei até com vontade de fumar, justamente eu, que havia parado com o vício há quase oito anos! Depois fui sentindo sono de novo e dormi profundamente, sem sonhar mais nada.

29.

As atividades do teatro e o trabalho que segue

Mais de três

meses já havia passado, depois daqueles três dias consecutivos de espetáculos, realizados com o mais absoluto sucesso, e que marcaram a inauguração do Auditório Teatro Teotônio Vilela. As apresntações fizeram a Febem virar notícia nos principais meios de comunicação, inclusive na imprensa internacional.

As atividades no teatro estavam sendo desenvolvidas diariamente.

Eu tinha aberto uma agenda para poder atender todas as Unidades que queriam utilizar o espaço. Reservei também alguns horários para as nossas aulas e exercícios teatrais. Era muito bom e gratificante ver sempre os garotos, os monitores, ocupando o palco para desenvolverem algum trabalho: dança, música, expressão corporal, exercícios de relaxamento, palestras, trabalhos práticos na área de psicologia e assistência social, *workshops*, exibição de vídeos e filmes. E também reuniões de vários setores da Febem, para: organização, orientação, treinamento e desenvolvimento profissional. Agora que o teatro estava em pleno funcionamento, todos percebiam como ele tinha feito falta. E todos tinham um enorme respeito e apreço por aquele espaço, principalmente os garotos, que adoravam sair do isolamento de suas Unidades e se dirigirem para lá. Um deles chegou a me dizer que toda vez que era informado de que iria ao teatro, ficava contente como se fosse a uma festa.

Nós já havíamos realizado muitas improvisações, muitos exercícios de expressão corporal, de interpretação, preparação de voz, dicção, mímica, leitura, estudo para conhecimento de autores teatrais, preparação do ator, construção do personagem e exercícios de concentração cênica. Tínhamos também reunido algumas Unidades para assistirem a minipeças de teatro, que havíamos preparado, com o intuito de discutir assuntos como:

Onde e quando a violência começa?
O significado da família.
O sonho e a realidade.
O grande amor da nossa vida.
Por que e para que se drogar?
A importância da amizade, do amor e da solidariedade.
Quem sou eu? Quem é você?
O futuro a mim pertence.
Eu sou, eu posso, eu quero.
Mudar para melhorar.

A maioria desses trabalhos foi feita com a colaboração de psicólogos e assistentes sociais das Unidades e também dos monitores, que acompanhavam os garotos.

Às vezes fazíamos esquetes cômicos, sem nenhum compromisso, só para descontrair e divertir. Criamos também um concurso de piadas, onde os cinco primeiros colocados recebiam, como prêmio, um livro que podiam escolher sobre o assunto que mais gostassem. Nem preciso contar que, além de livros, revistas com fotos de mulheres nuas eram também muito solicitadas.

Naquele período eu tinha me deparado com o Bernardo algumas vezes: quando o "Bando da Rua" vinha ensaiar no teatro, quando o encontrava nas dependências externas e quando ia à UE-JOV resolver alguma coisa e ele me chamava para conversar. Depois da inauguração do teatro, eu não ia muito às Unidades, nosso trabalho ficava mais centralizado no Núcleo Desportivo e Cultural e no próprio teatro.

Conversávamos sobre assuntos variados. Na verdade ele desatava a falar e eu só ouvia. No final, ele sempre perguntava como é que andava o mundão lá fora. E, aos poucos, foi mudando aquela atitude inconsequente de galanteador e adquirindo uma postura mais amadurecida. Ele era inteligente, bem—informado e fora dos padrões sociais da maioria. Fiquei sabendo que o seu pai era pastor protestante, que a família era de classe média, que tinha dois irmãos e uma irmã, que ele era o terceiro filho, que tinha estudado até o segundo colegial, da época, e tinha tido uma vida normal e mais ou menos pacata, até enveredar pelos caminhos das drogas e da marginalidade. Sempre me contava que sentia muita falta de injetar uma dose pequena de cocaína, na veia, e ir tirar um barato num *shopping center*, ver as pessoas, curtir as menininhas e depois, quando rolava, ir para algum lugar e fazer sexo. Aí então, era preciso turbinar um pouco mais o sangue, com uma dose a mais de cocaína, para enlouquecer de desejo. Ele relatava tudo isso num misto de prazer e tristeza. E afirmava que essas eram as coisas das quais ele mais sentia falta!

Também sentia saudade de ir ao cinema chapado, com muito baseado na cabeça, para ir bem fundo na história do filme que assistia, sentindo-se lá dentro da tela. Ele gostava de filmes de ação, de aventuras, mas não desprezava um bom filminho romântico, de final feliz. E detestava ver filme de terror, porque tinha pesadelo à noite.

Eu escutava tudo, sem fazer muitas perguntas, e cada vez que encontrava com ele, surgia dentro de mim um profundo sentimento de compaixão. Ele era uma boa pessoa, tinha um olhar doce, era sensível, mas totalmente desorientado, sem rumo. Nunca tocou nos verdadeiros motivos que o levaram à Febem. Eu sabia que não podia ser somente por consumo de drogas mas, como sempre, não quis tomar conhecimento disso.

Naquela tarde de segunda feira, teria de promover a mudança de uma reunião que os monitores e funcionários da UE-JOV fariam no teatro, porque a presidência havia solicitado o espaço para expor um projeto de reformulação administrativa, no mesmo dia e horário. Depois de acertar a mudança, quando já ia saindo, Bernardo me chamou e contou que na visita do dia anterior, domingo, o pai dele tinha levado a ele uma boa noticia. Estava tratando a liberação do filho e sua saída da Febem, com pessoas influentes. Seu pai seria transferido, a trabalho, para a cidade de Nebraska, nos Estados Unidos. E, futuramente, pregaria lá. Falava bem o inglês e só precisava de um bom período de adaptação para sentir-se melhor e mais seguro. Queria ir com a família toda.

— Que bom! — eu disse.
— Você conhece os Estados Unidos? — perguntou.
— Algumas cidades da Flórida, da Califórnia e Nova Iorque.
— Sabe onde fica Nebraska?
— Não, não sei.
— Fica perto do Colorado, é um estado que vive da agropecuária. Nós vamos ficar na capital — Lincoln. Meu pai me deixou vários folhetos com fotos, informações, localização no mapa... eu já li tudo, depois te mostro.
— E quando vocês pretendem ir?
— Assim que o juiz me liberar.
— Puxa, sair do Brasil, morar em outro país, vai ser uma experiência maravilhosa para você!
— É, só preciso saber falar inglês.
— Lá você aprende rápido!

Ele baixou um pouco o olhar.

— Não está contente com essa nova possibilidade de vida?
— Estou e não estou. Vou ter de morar novamente com a família, ficar aprisionado.
— Aprisionado por quê?
— Você não conhece meu pai, ele é barra! Não vai largar um minuto do meu pé. E a minha mãe vai na dele! Depois vou deixar meus amigos por aqui... e...
— E...?
— Eu estava morando com uma mina aí, e ela está esperando um filho meu.
— Seu pai sabe disso?
— Sabe, por isso quer me levar para bem longe. Mas eu não vou deixar ela na mão. Vou mandar dinheiro de lá.
— Você gosta muito dela?
— Gostar eu gosto, mas sei lá se eu quero viver com ela pro resto da vida...
— Quantos anos ela tem?
— Dezesseis. Me amarrei nela numa das minhas loucuras e a gente ficou junto.
— Quando ela vai ter a criança?
— A essas alturas, para falar a verdade, nem sei se ela vai ter. Vivia ameaçando de tirar... Mas antes de viajar vou acertar tudo com ela.
— É bom, é bom.
— Você pode deixar seu endereço para eu mandar cartão postal, escrever?
— Bernardo, eu não posso te dar o meu endereço.
— A música que eu te dediquei é que está certa! — E começou a cantarolar o refrão: "Existe um preconceito muito forte...".

Cortei-o, no ato:

— Pare! Não é nada disso. Você precisa entender, por favor, sem ironias.

— Tudo bem, eu entendo. Mas não concordo!

— Bernardo, não complique! Se você quiser me escrever, pode mandar sua correspondência para cá, eles me entregam.

— Tá, tá legal.

— Bom, preciso ir. Depois a gente se fala.

E saí da Unidade, com um aperto no peito. Nem bem sentei a minha mesa, no Núcleo Cultural, me deram o recado que o Nazih precisava falar comigo. Fui à sede.

O Nazih tinha três assuntos para falar comigo. Primeiro, que o comandante da Polícia Militar tinha estado com ele, pela manhã, e pediu que fizéssemos um espetáculo no Teatro da Polícia Militar, no dia do aniversário da corporação.

— Os garotos da Febem se apresentando para os policiais militares?

— E suas famílias!

— Mas isso é inacreditável!

— Para você ver, Anna, como as coisas mudam. O comandante esteve aqui vendo o espetáculo de inauguração do teatro e me confessou que ficou muito emocionado.

— Que ótimo, quem sabe ele orienta os seus soldados a tratar os meninos com menos violência!

— Por que não? É uma possibilidade!

— Remota, você sabe, não é Nazih?

— Não é você que vive dizendo que a gente precisa ter fé, acreditar na evolução, no progresso?

— Você tem razão, falei bobagem. Não estou nos meus melhores dias hoje.

— Algum problema?

— Não, nada, coisas minhas mesmo.

— Se eu puder ajudar...

— Obrigada. E para quando eles querem o espetáculo?

— Final do mês que vem. Ele ainda vai acertar a data exata.

— E onde fica esse teatro?

— Logo aqui atrás da Febem. Entrada pela marginal.

— Nossa, tem um teatro aqui atrás? Nunca soube! Quero conhecer!

— Eu mando agendar uma visita e te aviso.

— Veja se dá para ir ainda esta semana.

— Vou providenciar. Temos quase dois meses pela frente, você acha que dá tempo de preparar alguma coisa para apresentar?

— Tempo de sobra! Vamos começar a agitar a partir de hoje! Já!

— Muito bem! Essa é a Anna!

— E o segundo assunto?

— Eu preciso que você faça algum trabalho com os meninos da UR.

— UR...

— É, Unidade de Recrutamento, Você sabe onde fica, não?

— Sei sim, fica perto da outra entrada da Febem — e já senti aquele arrepio costumeiro que costumava sentir toda vez que passava lá por perto.

— Então Anna, na UR, os meninos são recolhidos assim que chegam das ruas. Sabe, eles ficam muito agitados aguardando a ordem do juiz, sem saber para que Unidade irão. E a maioria é reincidente. O fato de voltar para a Febem, ficar confinado aqui dentro de novo, dá uma angústia geral. É preciso alguma forma de distraí-los, de diminuir a tensão.

— E quanto tempo eles ficam lá, até a ordem do juiz chegar?

— Depende. Em geral, ficam bem pouco tempo, mas às vezes os garotos chegam a ficar lá uns dias. E como a UR é uma Unidade de passagem transitória, não tem nenhum conforto. Estou, inclusive, querendo mudar isso, fazer uma reforma lá, tornar o "ambiente de espera" mais agradável, mais aconchegante, mas está difícil conseguir verba para isso.

— Imagino, isso não dá visibilidade política...

— Tem razão. Você já foi à UR?

— Não, nunca!

— Quando que ir?

— Amanhã, depois da aula de teatro, antes do almoço, posso ir.

— Vou acertar com um monitor de lá, para te acompanhar.

— Pode marcar às 11h30.

— Vou dizer para ele ficar te esperando na porta e entrar junto com você.

— Não posso entrar sozinha?

— Melhor não.

— Tudo bem.

— E o terceiro assunto é que eu quero que você faça um trabalho com as meninas da Unidade Imigrantes. Fiz uma visita lá na semana passada, achei as garotas muito desmotivadas, muito arredias. Não estão tendo muitas atividades por lá, pelo menos que desperte o interesse delas.

— São muitas?

— Umas cinquenta. Mas você não precisa trabalhar com todas. Pode fazer uma triagem, como faz aqui. Ver quem se interessa em fazer teatro.

— Mas não precisa ser só teatro, pode ser música, trabalhos corporais, artes plásticas, artesanato. Você sabe que atividades elas desenvolvem lá?

— Não sei direito.

— Bom, preciso visitar essa Unidade e aí faço um levantamento de tudo; me veio uma ideia agora: elas poderiam vir aqui fazer atividades, já que temos tudo implantado!

— É de se pensar. Eles têm ônibus lá, podem trazer as garotas. Vá lá, conheça tudo, veja o que acha e depois a gente conversa.

— Ótimo, mãos à obra! — levantei para sair.

Impressionante como o trabalho me revigora! Saí de lá outra! Animada, pensando nos três trabalhos que viriam pela frente. Meu ritmo voltou ao normal! Fui ao Núcleo quase correndo! Meu humor tinha melhorado e eu já me sentia bem mais leve! Estava louca para contar as novidades ao pessoal!

30.

A visita à UR (unidade de recrutamento)

Nossa aula

de teatro corria solta, no dia seguinte, pela manhã. Desde as 9h30 e estávamos fazendo um trabalho de improvisação, ao qual demos o título de "Droga, nem tudo é festa!". Havia um psicólogo e uma assistente social da Unidade Terapêutica, que tinham levado os garotos um pouco maiores — nove, dez anos — para assistirem da plateia. Outra psicóloga e assistente social da UE-15 acompanhavam os garotos que estavam atuando na improvisação. Nós resolvemos levantar a seguinte questão: Como é que a droga se infiltra e domina a vida das pessoas? Faríamos nosso o exercício a partir dessa reflexão. Resolvemos polemizar ainda mais, pensando em outros aspectos: Que caminho essa droga percorre? Quem é prejudicado? Quem é beneficiado? Quem perde? Quem lucra?

O exercício tornou-se um teatro interativo, porque em determinados momentos, os garotos que estavam na plateia se dirigiam aos que estavam no palco. Era impressionante como sabiam direitinho tudo o que se passava. Até coisas que nós desconhecíamos, como a inclusão de cimento peneirado para adulterar a cocaína e dar mais lucro aos traficantes. Havia um menino, o Donalton, que já tinha ajudado o irmão mais velho a fazer isso. Depois contou que a polícia deu uma batida em seu barraco e levou o irmão, que ainda permanecia preso. Então pedimos para ele contar essa história e armamos uma cena improvisada. Estávamos nesse ponto, quando olhei e vi que eram 11h15 — hora de eu ir para a UR. Avisei a Silvinha, que continuou com a aula, e saí.

Na UR o monitor já estava me esperando. Apresentou-se: Cássio. Foi subindo comigo uma espécie de rampa que levava à porta principal. Falou com alguém, lá dentro, por uma portinha com grade, depois abriram. Entramos. Havia um corredor que levava a outra rampa que descia. Fomos descendo, comecei a olhar lá para baixo e o que vi me fez parar. Fiquei paralisada.

Se existe um purgatório, um umbral, um cárcere espiritual, era exatamente aquilo que eu estava vendo. Um amontoado de corpos espalhados pelo chão, encostados pelas paredes, largados, abandonados. E todos, todos mesmo pareciam estar com seus movimentos amortecidos. Corpos sem vida, sem cor, sem sangue. Zumbis, fantasmas, espectros.

Cássio ficou parado ao meu lado. Percebeu a minha perplexidade diante daquele quadro de horror. E o cheiro que exalava dali, era um cheiro acre, azedo, de corpos sujos e maltratados. Meu estômago revirou, minha boca secou, meu coração disparou. Não acreditava no que estava vendo. Fechei os olhos, pedi proteção, falei com Deus em pensamento, para me dar forças. Fui descendo.

Os meninos me viram, mas não reagiram. Eu não tinha muito espaço para andar. Fiquei olhando aqueles garotos semimortos mais de perto. Tive que me segurar para não ter uma crise de choro ali, diante de todos. Eu não conseguia fazer um gesto, emitir uma palavra. De repente ouviu-se a porta lá de cima se abrindo, um vozerio. Pela rampa, foram descendo uns garotos que eram empurrados com violência, por três policias militares, que ao chegarem lá embaixo, deram de cara comigo e com o Cássio. Maneiraram um pouco, mas mesmo assim, jogaram bruscamente os garotos no chão e foram embora sem dizer uma palavra.

Pude observar melhor. Eram três garotos machucados, todos sujos de terra, que deviam ter sido espancados. Ficaram ali, no chão. Um sangrava pelo nariz, outro chorava muito e o outro gemia de dor. O que sangrava pelo nariz tirou a camiseta e começou estancar o sangue que escorria de suas narinas. E o que estava chorando, falou entre dentes:

— Filhos da puta!

Dois monitores se aproximaram e foram logo dizendo:

— Vamos, levantem do chão e vão se lavar! Vamos!

E foram carregando os três para onde havia uma espécie de tanque, bem grande. O garoto que gemia de dor estava mancando. Ninguém se atreveu a ter a menor reação. Todos apenas olhavam a cena e uns aos outros — continuaram em silêncio.

Outro barulho forte de porta se abrindo. Os três policias desceram de novo a rampa, dessa vez trazendo um só garoto, que resistia. Já lá embaixo, ele levou um tranco e foi imobilizado.

— Se não se comportar direitinho aqui, você sabe o que te espera, seu vagabundo! — falou grosso, o policial mais truculento. E o empurrou tão forte que ele caiu com a cara no chão. Ainda ficaram encarando um tempo para ver se ele reagia. O garoto permaneceu quieto. Os policiais foram embora. Tudo continuava no mais absoluto silêncio. Olhei para aquele garoto magro, sem camisa, descalço. Ele virou para se levantar. Não acreditei. Era o Fabiano! Estava acabado, parecia ter envelhecido uns trinta anos! Ele ficou olhando para mim. Percebeu que eu fiquei estarrecida com o estado dele. Fomos nos aproximando, passando pelo meio daqueles corpos espalhados por lá.

— Anna!

— Fabiano!

Falou com desalento:

— O Jeremias voltou!

Estava se referindo ao personagem da peça "Além da Fraternidade", baseada numa história contada por ele, e que tinha sido apresentada no evento da UE-JOV.

— Viu como estou? Olha só... — mostrou várias cicatrizes. — Isso tudo foi facada. E isto, — mostrou na barriga, dois furos cicatrizados —, duas balas que me atravessaram. Mas não conseguiram me apagar. Tenho corpo fechado!

O monitor Cássio continuava ao meu lado, sem emitir uma frase.

— Eles me pegaram hoje por causa de um traíra que me caguetou. Esse Judas vai morrer quando eu sair daqui.

— E aí você vem para cá de novo! Ou vai para o presídio.

— É, não posso bobear. Daqui a pouco vou ser de maior. Vem cá, e depois da rebelião, ficou tudo limpo lá na Unidade?

— Limpo? Ficou tudo destruído!

— Não fizeram nada com a sua sala, né? Ela continuou lá bonitinha, não foi?

— Foi. A porta estava trancada, ninguém entrou lá.

— Fui eu que tranquei e levei a chave comigo! — e riu. Estava sem os dentes da frente, uma judiação.

Chegou um monitor.

— Vai se lavar, vai!

— Não estou sujo.

— Vai se lavar, estou mandando, anda!

E já foi carregando o Fabiano, que ainda olhou para mim e falou alto:

— Vou te encontrar nas aulas de teatro!

E foi sendo levado também para aquele tanque, que mais parecia para gado beber água. Olhei tudo em volta.

— É só esse espaço aqui, a UR?

— Só. Aqui eles ficam esperando, até saber para que Unidade deverão ir.

— E dormem nesses colchonetes, sem mais nada?

— É, é isso.
— E comida?
— Eles comem a mesma comida que se servem nas Unidades. E a comida é trazida para todos. Três refeições: café, almoço e janta. Às vezes, vem um lanche à tarde.
— Aqui tem muito mais de cinquenta, não tem?
— Não sei, mas posso perguntar e depois te dizer.
— Vamos, já vi o que precisava.
Fomos subindo a rampa. Saímos.
— Você trabalha aqui na UR?
— Não, trabalho na UE-15. Mas de vez em quando, dou plantão aqui. O que você viu hoje não é nada perto do que eu já vi. Era bem pior antes do doutor Nazih. Eles dormiam no cimento e comiam sanduíche.
— Há quanto tempo você está aqui na Febem?
— Quatro anos.
— Então deve ter muita história para contar.
— Se tenho!
— Muito obrigada por tudo Cássio — e estendi a mão para ele, que me deu um cumprimento demorado, como se estivesse me passando energia. E só então reparei nele. Era um rapaz não muito alto, de pele clara, cabelos lisos, curtos, com entradas. E um olhar muito sereno.
— Se precisar de alguma coisa, é só me chamar.
— Chamo sim.
E nos afastamos.
Era hora de almoço, mas eu não tinha a menor fome. Fui ao Núcleo pegar minha bolsa e resolvi sair da Febem, sozinha mesmo. Fui andar numa rua movimentada que tinha por lá, com lojas, bares, restaurantes. Fui andando, sem saber bem para onde ir. Pensei no Fabiano. Então ele é que tinha fechado a porta da nossa sala, pra protegê-la do quebra-quebra. Um gesto de amor por nós, pelo nosso trabalho. E lembrei-me da figura dele, acabado, destroçado. Queria apagar de minha mente aquela imagem e todas as outras que tinha visto. Andei a rua inteira. Depois, entrei num restaurante que parecia ser bem aconchegante. Era de comida natural.
Escolhi uma mesa num canto bem tranquilo. Pedi um prato leve e um chá de jasmim. Fui ao banheiro e lavei as mãos e o rosto, demoradamente. O banheiro estava vazio. Olhei no espelho. Eu estava branca, abatida. Falei para mim mesma:
— O que é que você pode fazer na UR, Anna?

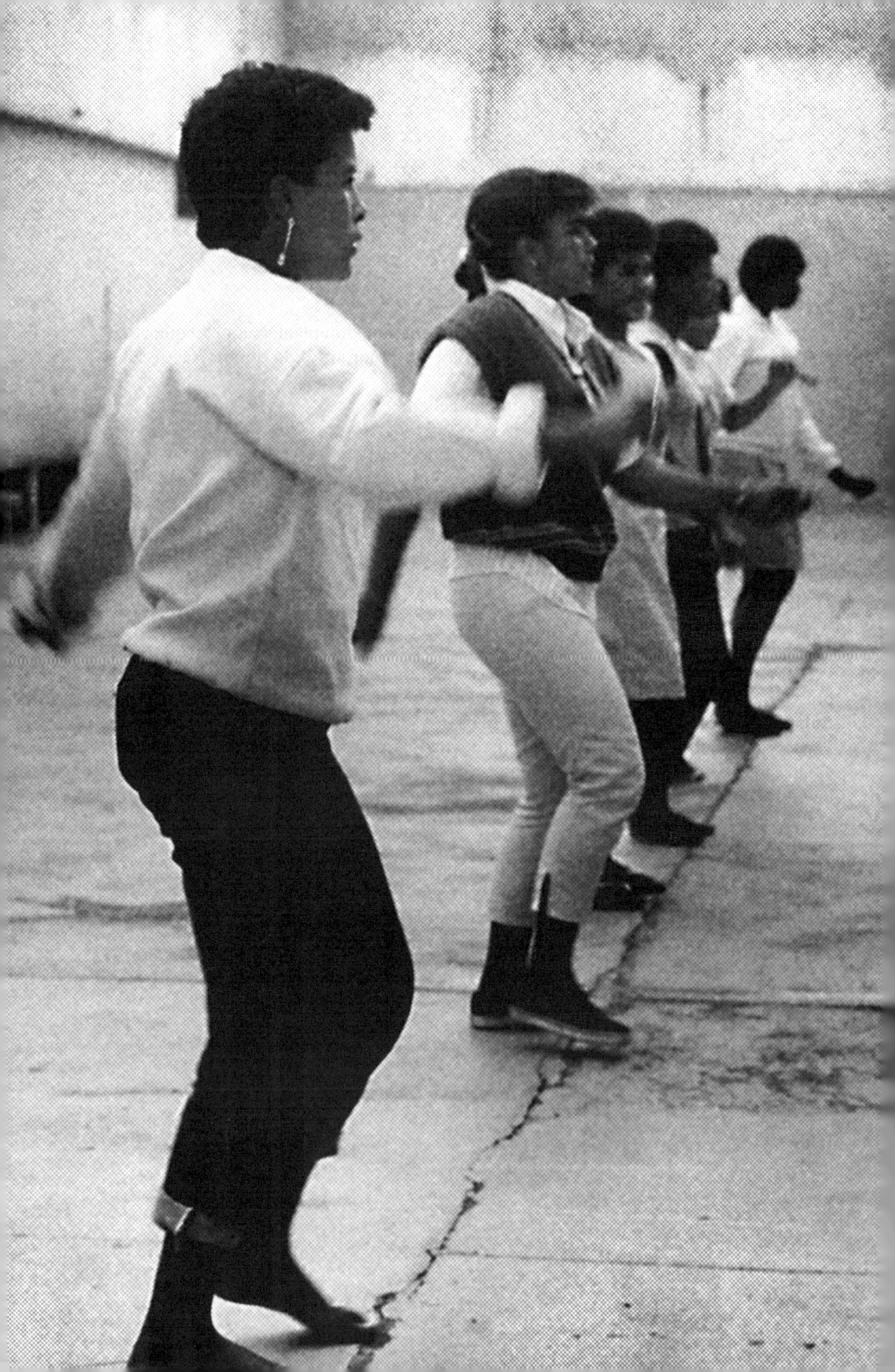

31.

Tudo em andamento

Em relação

à UR, tinha chegado à conclusão de que poderíamos fazer ações transitórias, exatamente como a passagem dos garotos por lá. Depois de algumas reuniões com o pessoal do Núcleo, com a Silvinha e com o Welton, traçamos estratégias para o atendimento da Unidade.

O Robert arrumou um violão extra e começou, uma vez por semana, a armar uma roda de música com os garotos, e sempre aparecia um ou outro que arranhava as cordas. Um dia — surpresas de Febem — ele encontrou na UR o Leandro, um menino de quinze anos, que era exímio violonista e tocava até música clássica. Ele contou que, desde criança, tinha aprendido com seu avô, músico profissional e professor de violão. Eu fui lá ver. O garoto era mesmo sensacional! Ficou três dias na UR e todos os dias deu um verdadeiro *show* de violão! Depois foi para a UE-JOV. E ficou na minha mente, para aproveitamento futuro em algum espetáculo.

A psicóloga e pintora nas horas vagas da Unidade Terapêutica — Helena —, pelo menos uma vez por semana, desenvolvia um trabalho de desenho com eles. As atividades visavam ao desenvolvimento e aprimoramento da coordenação motora, concentração, criatividade, mas também eram simples entretenimentos.

O Saulo, sempre disposto a nos ajudar, se propôs em seus horários de folga a armar umas brincadeiras de mímica com eles. O Maurício, professor de educação física, também ia lá para fazer uns exercícios de alongamento e relaxamento muscular, para diminuir a tensão. Matheus, o monitor músico da UE-15, ia com seu grupo para tocar para os garotos. E a Mara realizava lá, um trabalho muito bonito, de contadora de histórias. Ela levava uma série de livrinhos com histórias curtas, eles escolhiam uma e ela lia para eles, estimulando todos a ouvirem com atenção, para depois conversarem e darem opinião sobre a história narrada. E, no fim de semana, havia roda de pagode, com um grupo da UE—JOV.

O nosso coringa, Agenor, ficava de stand-by. Quando alguém faltava, ele entrava com o seu psicoteatro. Os garotos estavam adorando aquele movimento e ficando menos tensos e nervosos durante o tempo de espera.

Eu acompanhava tudo de perto, alternando com as outras atividades e com os preparativos do espetáculo para a Polícia Militar. Silvinha também dava apoio em tudo o que era necessário.

Depois de poucas semanas, tudo seguiu uma rotina, os resultados obtidos foram excelentes e, felizmente, a convivência na UR ficou bem mais amena. Nazih também melhorou as condições do local. Mandou intensificar a limpeza com desinfetantes cheirosos, pintar as paredes de verde clarinho, aumentou o número de colchonetes, mandou que instalassem chuveiros de água quente para que os garotos tomassem banho e deixou *kits* de toalha, sabonete, escova de dentes, à disposição de quem chegasse. Realmente, o nível de vida da UR tinha subido!

Nós já havíamos visitado o Teatro da Polícia Militar, que era bem bonito, espaçoso, com quase trezentos lugares, tinha um palco muito bom e coxias de dimensões razoáveis. Já estávamos também ensaiando com os dois grupos que fariam o espetáculo e que, por sinal, já tinham data de apresentação marcada e bem próxima.

O primeiro grupo apresentaria uma peça que eu tinha escrito para os funcionários de uma empresa química, onde trabalhei durante seis meses, com teatro e vídeo. Chamava "O Caroço da Questão" e criticava a medicina de especialização. Num corredor de um hospital, havia uma sala de espera com várias portas que levavam a salas de atendimento médico. Vários pacientes aguardavam para serem atendidos. Tinha médico especialista em joelho esquerdo, cotovelo direito, ombro esquerdo, orelha direita, cintura, unha encravada do dedo mindinho... Esses "superespecialistas" só entendiam e queriam tratar de doenças relativas à suas especialidades e deixavam de atender casos urgentes, às vezes de vida ou morte, em que a intervenção se mostrava até muito simples. Era o caso de um homem que entrava engasgado. Naquele dia não havia um especialista em garganta de plantão e nenhum outro médico sabia o que fazer. O pobre morreria sufocado, não fosse o providencial socorro que acabou recebendo de uma velhinha que esperava para ser atendida, Com um forte e certeiro tapão nas costas do homem, o livrou de um caroço de pêssego que estava entalado em sua garganta, salvando-lhe a vida! E tudo era enfocado dentro de uma linguagem de humor, meio nonsense e, às vezes, até um pouco escrachada, para divertir mesmo.

Uma novidade: tínhamos incluído no elenco, quatro meninas da Unidade Imigrantes. Eu e a Silvinha, nesse período, também tínhamos ido visitar a Unidade Imigrantes e ficado impressionadas com o estado de carência das garotas. A maioria sem o que fazer, conversando em rodinhas, nos quartos lixando as unhas, lendo revistas, algumas numa sala assistindo à televisão e outras, ainda, sentadas lá fora, fumando e tomando sol. Um ócio desmedido.

A Unidade era enorme e parecia um colégio interno. O astral de lá era pesado, denso. Logo conseguimos reunir as garotas numa espécie de salão que estava meio vazio. O chão era de tábua corrida e estava bem limpinho, brilhando. Sentamos por lá mesmo e, depois de nos apresentarmos e conhecermos uma por uma, fomos logo propondo as atividades que poderiam levá-las à Unidade do Tatuapé. Fariam o traslado de ônibus. Proposta: teatro, trabalho corporal, música, artes plásticas e artesanato.

Foi extraordinária a reação das meninas, as feições delas mudaram instantaneamente! Apareceram sorrisos nos lábios, brilho nos olhos e todas começaram a gesticular e a tagarelar, perguntando tudo, querendo saber de todos os detalhes. Foi um momento de enorme e admirável transformação.

Então, passamos a contar com quatro grupos de meninas que vinham uma vez por semana, em dias alternados, para terem aulas de teatro, de música, de expressão corporal, de desenho, de pintura e de artesanato. E a simples notícia da presença de meninas, dentro daquela Unidade do Tatuapé, genuinamente masculina, era muito instigante e excitante para os meninos. Muitas vezes tivemos que acalmar os ânimos. Todos queriam saber das garotas da Imigrantes, quando vinham, o que faziam, onde ficavam. Um arrebatamento só!

Quando integramos as meninas no elenco da peça, com os garotos da UE-3 e da UE-JOV, aí é que tivemos que ser rigorosas e impor limites de fato, porque tanto do lado dos meninos, como do das meninas, era um deslumbramento só! Mas, aos poucos, foi tudo correndo bem e se normalizando.

Eu e Silvinha acabamos nos divertindo muito com a situação das "testosteronas versus progesteronas!" A peça acabou ficando prontinha, com todos muito bem entrosados, atuando afetuosamente e sem grandes arroubos! Uma delícia de se ver!

O segundo grupo foi composto por garotos e garotas da Unidade Terapêutica, que tinham preparado um espetáculo com dezoito personagens, que se dividiam em quadros inspirados em filmes de Charles Chaplin, com o personagem Carlitos. Empregavam mímica, dança, expressão corporal e sapateado. Tudo muito bem marcado e coreografado.

Houve também um momento solo, lindo, com a Cristiane, de nove anos, filha de um monitor da Unidade, dançando ao som instrumental da música *This is my song*, do filme "A Condessa de Hong Kong", do Chaplin. Ela deslizava pelo palco de maneira tão leve, tão delicada e expressiva, que era de se admirar.

Outro momento também emocionante foi a reprodução de um trecho do filme "Luzes da Ribalta", quando Calvero (feito por Charles Chaplin), um velho e esquecido comediante, salva Theresa, que sempre sonhara ser uma grande bailarina, mas está com as pernas paralisadas — resultado da tentativa de suicídio pela inalação de gás. Foi tocante o momento, em que ele, num gesto de amor, a ajuda voltar a dançar. Tudo foi muito bem amarrado, com expressão corporal, mímica, dança e com o tema musical do filme — *Limelight*. Um garoto interno bem encorpado, de onze anos representou o velho. Uma garota de seis anos, que tinha sido abandonada na entrada da Febem e estava lá na Unidade, temporariamente, fez a bailarina. Ambos foram esplêndidos! Nunca vi nada igual.

Tivemos também que montar, no restaurante anexo ao teatro, um praticável para servir de palco para o "Bando da Rua", que tinha sido convidado pelo Comandante da Polícia Militar, para se apresentar durante o jantar. Fizemos com que os organizadores do evento da corporação locassem o equipamento de som adequado, como também, alguns refletores para iluminar os músicos durante a apresentação. Tive também que acertar, com o mestre Jovino, alguns detalhes. Ele se sentiu muito honrado com o convite e prometeu que sua música faria bonito! Até aquela altura, o Bernardo continuava com eles.

Eu estava trabalhando tanto naquela fase, para variar, que nem tinha tido mais tempo de ir à UE-JOV falar com ele. Na verdade eu estava mesmo evitando contato, para me resguardar. Sabia, pelo que me contavam, que o juiz estava sempre adiando a liberdade do garoto.

Quando terminei de conversar com o Mestre Jovino e já estava saindo da Unidade, dei de cara com o Bernardo.

— Que bom te ver por aqui!
— Vim tratar da apresentação de vocês no jantar da Polícia Militar.
— É, estou sabendo.

Eu não tinha assunto para falar com ele, fiquei sem dizer nada.

— Trabalhando muito?
— Muito!
— Nunca mais apareceu por aqui...
— Falta de tempo mesmo.
— Ou de vontade?
— As duas coisas.
— Você está chateada comigo?
— Claro que não, por que haveria de estar?
— Sei lá, vocês mulheres são tão complicadas!
— Não sou complicada. Aliás, o que mais estou querendo, ultimamente, é descomplicar.
— Você vai estar lá na nossa apresentação?

— Não. Mas vamos deixar tudo preparado para vocês. Temos que cuidar do teatro após a apresentação, organizar tudo para deixar o local em ordem.

— Eu também nem sei se vou estar lá. Posso ser liberado de uma hora para outra e me mandar daqui, de repente!

— Isso pode acontecer mesmo.

— Anna, você gosta um pouquinho de mim?

Ele falou de um jeito tão carinhoso que eu acabei rindo.

— Fala, gosta?

— Claro que eu gosto, que pergunta!

Ele ficou olhando para mim um tempo.

— Preciso ir Bernardo, tchau!

Sai sem olhar para trás. O trabalho me esperava, fui para o teatro da Polícia Militar. Naquele dia, tinha pedido para que todos, com exceção do "Bando da Rua", viessem ao teatro para dar uma passada no espetáculo e também para marcar bem as entradas e saídas de cena, para não deixar buraco. Além disso, fazer as mutações cênicas, ajustar as intervenções sonoras da trilha e também finalizar o desenho da luz. Claro que tinha escalado o Nardinho para ficar comigo, ele estava adorando, ainda mais com as meninas no palco... Fizemos um ensaio bastante detalhado e demoramos mais de quatro horas consecutivas acertando tudo.

Para encerrar o espetáculo, eu tinha criado um texto para ser falado por dois garotos (Wander e Edmilson) e uma garota (Maristânia). Já estava decorado, mas os ensaiei exaustivamente, até que interpretassem sem nenhum erro.

Finalmente o espetáculo estava pronto para a apresentação dali a dois dias. Cronometrado, durava uma hora e quinze minutos. Com tudo já acertado, saíram todos muito confiantes no sucesso da apresentação.

Nós continuaríamos na labuta, porque precisávamos começar a montagem. Tínhamos que instalar a rotunda, as tapadeiras pretas e pendurar o cenário. A Marisi, Márcia e seu grupo tinham feito outro telão, dessa vez todo colorido, muito bonito. E também uns cubos de cor neutra que seriam usados no espaço cênico. Eu ainda precisava terminar de afinar a luz. Mais um período de muito trabalho e de grande prazer.

No dia da apresentação, estávamos todos incrivelmente tranquilos, bem preparados. Já tínhamos feito a roda de vibrações e o elenco estava pronto, aguardando nos camarins improvisados, a hora de começar.

Eu e o Nardinho, mais uma vez, operaríamos a luz e o som da frente do palco. O espetáculo foi marcado para começar às 8 horas e faltavam só vinte minutos. O público já tinha começado a entrar. Eram pessoas muito bem vestidas. As mulheres com vestidos de noite, os homens de terno e gravata. Nenhum uniformizado. Muitos casais, jovens e crianças. Em pouco tempo o teatro estava lotado.

Vi que tinham sido colocadas cadeiras extras. O responsável pelo evento veio até nós e pediu que aguardássemos até que todos ficassem acomodados. Ele viria nos avisar para darmos início. Finalmente, às 8h20 o espetáculo começou.

"O Caroço da Questão" fez o público ir às gargalhadas. Até o tombo inesperado do homem engasgado com o caroço se incorporou à ação! O Edson, da UE-JOV, que fazia o papel, entrou aos trancos, tropeçou e caiu. Mas se levantou tão naturalmente, sem perder o personagem, que ninguém notou que aquilo havia sido um pequeno acidente de percurso. Eu e Nardinho nos matamos de rir e o elenco também. Mas logo seguraram o riso e continuaram agindo com verdade. A peça ficou com um estilo que misturava comédia, chanchada, crítica ferina e escracho. Estava o maior barato. Todos se divertiram muito e aplaudiram intensamente.

Em seguida, a apresentação da Unidade Terapêutica enterneceu o público. Aqueles garotinhos e garotinhas vestidos de Carlitos, dançando, sapateando, estavam uns primores!

O solo de dança da Claudiane ficou mais bonito ainda! Ela estava mais inspirada do que nunca. Com apenas nove anos, já tinha porte de bailarina, com movimentos perfeitos, passos lépidos e muito sentimento! Conquistou a plateia, que amou o seu número de dança, ao som daquela música tão envolvente! Ela também foi muito aplaudida.

O quadro que reproduziu o filme "Luzes da Ribalta", então, ficou deslumbrante, todos vibraram mais uma vez com a música esplendorosa do Chaplin, que enriqueceu cada ação dramática proposta. A performance do velho e da bailarina fizeram o público chorar. Eu e o Nardinho vimos as lágrimas! Foi lindo! E assim, o espetáculo encaminhou-se para o final.

Depois da apresentação da Unidade Terapêutica, ainda durante os aplausos, Wander, Edmilson e Maristânia entraram e se colocaram no meio do palco, bem próximos à plateia, sob um foco de luz amarelo misturado com âmbar. Todos os garotinhos e garotinhas vestidos de Carlitos vieram e se colocaram à volta deles. Ficaram todos bem sérios e compenetrados. Eu desenhei uma luz azulada, com os refletores que cruzavam o palco e passavam pelo foco, criando um sombreamento em tudo. Nardinho colocou em BG (*background*) a música *Smile*, do filme "Tempos Modernos", do Chaplin. Depois de se ouvir um pouco a música, o texto final começou a ser interpretado:

Wander:
Queremos dizer que estamos muito agradecidos

Claudiane:
de podermos estar aqui, mostrando nossa outra face

Edmilson:
que sempre ficou encoberta,

Claudiane:
por falta de oportunidade.

Wander:
E estamos felizes também por apresentar nosso trabalho,

Claudiane:
que fazemos com tanta vontade, empenho e dedicação.

Edmilson:
Como dizia o Charles Chaplin,

Claudiane:
bom mesmo é ir à luta com determinação,

Wander:
abraçar a vida e viver com paixão,

Claudiane:
perder com classe e vencer com ousadia,

Edmilson:
porque o mundo pertence a quem se atreve

Claudiane:
e a vida é MUITO para ser insignificante.

Edmilson:
Por isso, quando vocês virem gente como nós, lá fora, pelas ruas...

Wander:
pensem que ali, pode estar um artista de valor.

Edmilson:
E procurem sempre tratar todos com respeito,

Wander:
carinho

Claudiane:
e amor!

E os três repetiam:
Respeito, carinho e amor!

Os garotinhos e garotinhas vestidos de Carlitos se aproximaram deles, tiraram suas cartolinhas e sorriram fazendo uma reverência. Wander, Edmilson e Claudiane olharam bem para a plateia e abriram um sorriso carinhoso. A música *Smile* subiu e invadiu aquele momento de ternura e afeição. A luz foi saindo e diluindo a imagem daqueles garotos e garotas sorridentes e carentes de compreensão. As palmas não vieram de imediato. Fez-se uma pausa, um silêncio para reflexão, até que alguém puxou o aplauso. E todos acompanharam o gesto.

Quando dei a luz geral, já estava todo o elenco posicionado no palco, para os agradecimentos. Da plateia, vinham muitos aplausos. No palco, a sensação gratificante de que o recado tinha sido dado.

32.

A Bienal do Menor e outros acontecimentos

Logo depois

do espetáculo no teatro da Polícia Militar, que foi um extraordinário sucesso, a apresentação saiu nos principais jornais e apareceu como matéria de capa na revista da corporação.

O Welton, diretor do Núcleo Desportivo e Cultural, com a aprovação do Nazih, decidiu fazer a Bienal do Menor e pediu a nossa ajuda. Nem bem nos recompusemos da maratona enfrentada e já nos deparamos com mais um enorme evento pela frente. O evento reuniria trabalhos de menores artistas de todo o estado de São Paulo e teria o apoio da Secretaria do Bem-Estar Social e da Secretaria de Estado da Cultura.

Começamos a esboçar, a planejar e a organizar tudo o que teríamos que fazer. Era muita coisa, uma produção gigantesca!

Brinquei com o Welton:

— Vamos ter de morar aqui na Febem!

— E por que não? Vai ser por uma boa causa! — ele respondeu rindo.

Eu estava começando a conhecer e a entender melhor o Welton. Por trás daquele tipo arrogante que ele encarnava, existia, na verdade, alguém muito frágil, carente, com grande medo de não ser aceito. Quando ele conseguia ficar mais relaxado, tinha um ótimo humor. Brincava, contava piadas, era muito espirituoso. E a nossa convivência estava fazendo com que nos tornássemos bons amigos. Ele era carioca, mas adorava São Paulo e morava no centro, perto da Avenida São João. Gostava de, aos domingos, receber os amigos para comer um risoto de frutos do mar, que ele fazia como ninguém. Eu mesma já tinha sido convidada e tinha experimentado o seu risoto saboroso! Só que para mim ele fazia sem camarão, porque sou alérgica. Sempre convidava seus amigos e algumas pessoas da Febem — selecionadas, como ele dizia — para compartilhar com ele daqueles domingos festivos. E ficávamos todos lá, a tarde toda, batendo papo, rindo, jogando conversa fora. Era excelente para recompor forças e enfrentar outra semana intensa de trabalho. E que trabalho! A Bienal estava nos consumindo!

Finalmente foi acertado o local para a realização: o Centro Cultural de São Paulo, na Rua Vergueiro. Eles cederiam o espaço por duas semanas e disponibilizariam o teatro maior, nos dois finais de semana, para que pudéssemos apresentar nossos espetáculos. A data de abertura já tinha sido marcada: dali a oito semanas! O Welton trouxe a notícia feliz da vida.

— Que bom que conseguimos nosso espaço de apresentação! E a data já foi sacramentada! Vai ser daqui a dois meses, precisamos correr! Vai ser tudo maravilhoso! — falou eufórico. Logo foi dar a notícia nos demais setores.

Falei para Silvinha:

— Vamos apresentar o que já está pronto, porque não vamos ter gás para fazer um espetáculo novo agora.

— Não vamos mesmo!

Então ficou decidido que levaríamos o espetáculo de dança concebido pela Mara, que tinha sido apresentado na inauguração do teatro, e o que já tínhamos mostrado no auditório da Polícia Militar, que era ainda bem recente: a peça "O Caroço da Questão" e o espetáculo em homenagem a Carlitos. Acertamos com o Robert para levar uns grupos musicais. Ele escolheu o seu grupo de rock, o grupo de pagode e o "Bando da Rua". E assim, fechamos os quatro dias de apresentação.

Falamos com a Marisi para levar o cenário da inauguração do teatro, que já estava pronto. Fiquei de ir ao teatro do Centro Cultural para verificar as condições de luz e som. Acertamos de reensaiar tudo mais adiante, antes das apresentações. Isso resolvido, continuaríamos na maratona de produção e organização da Bienal.

Uma manhã eu estava ao telefone, acertando a vinda de um grupo de garotos artistas de Recife, quando a Sônia, assistente social da UE-JOV, entrou na sala. Percebi que estava com uma cara estranha. Logo desliguei o telefone.

— Oi Sônia, algum problema?

— O William fugiu.

Levantei.

— O quê? Como?

— Ontem, no final da tarde! Simplesmente pediu uma carona até o Metrô para o seu Osaka, da horta, e saiu dentro do carro dele, pela porta da frente da Febem!

— Que loucura! Mas ninguém viu?

— Não! O seu Osaka contou hoje que achou que ele fosse um funcionário! Nunca imaginou que fosse um interno!

— Nosso estivador aprendeu bem a representar! — brinquei. — Mas conta melhor, como é que o William estava fora da UE-JOV?

— Ninguém sabe dizer!

— E o Richard?

— Foi chamado para dar explicações a respeito. Mas ele não pôde ser responsabilizado, ontem estava numa reunião de diretores das Unidades, na Secretaria de Promoção Social.

— Para onde será que ele foi?

— Sei lá...

— Já deve estar bem longe...

Ela baixou a cabeça, percebi, então, que estava muito triste.

— Sente aqui, Sônia. Quer um café?

Ela aceitou.

—Você está triste?

— Estou sim. Não pensei que ele fosse fazer isso, estava tão bem, parecia tão feliz, tão mais centrado.

— Mas a liberdade é o que eles mais desejam, você sabe disso.

— É, eu sei, mas fiquei triste mesmo assim.

Pelo estado dela, cheguei a pensar que podia ter se envolvido mais do que profissionalmente, com o William. Mas nem me atrevi a perguntar, não tinha a menor abertura ou intimidade com Sônia.

Silvinha chegou. Contei o fato a ela.

— Que maravilha! — falou instintivamente.

E sob o nosso olhar de surpresa, consertou:

— Que bom que ele saiu sem provocar nenhum tumulto, nem usar de violência.

— Ele devia estar tramando isso, havia um bom tempo... — concluiu Sônia.

— Vai saber... — eu disse. — A gente nunca tem ideia do que passa por aquelas cabecinhas desvairadas...

— Bom, tenho que voltar à Unidade. Só passei para informar você Anna, sei que gostava muito dele.

— Gostava mesmo. Nunca vou esquecer dele chorando, vestido de palhaço, uma figura! Depois, de quando, numa explosão de alegria, beijou o chão do palco. E também de quando chorou depois da apresentação, no agradecimento.

A Sônia ficou com os olhos cheios de lágrimas e falou com voz embargada:

— Será que tivemos um significado importante na vida dele?

Aí tive certeza de que ela tinha se envolvido com o William. Nós, atores, somos treinados para ler o subtexto, ou seja, a verdade que está nas entrelinhas de um texto, de uma frase.

— Tomara que sim! Tomara que ele tenha saído daqui melhor do que quando entrou.

Ela levantou e saiu, sem dizer mais nada. Eu e Silvinha nos olhamos, cúmplices, entendendo tudo.

Véspera da inauguração da Bienal. Estávamos todos estressadíssimos, no Centro Cultural, checando tudo. Welton estava quase histérico porque as obras dos garotos de Bauru e Campinas ainda não tinham chegado. Já estávamos a par de quantas eram e já tínhamos reservado o lugar para colocá-las, assim que chegassem. Logo cedo liguei para saber o que estava ocorrendo. Parecia que o caminhão que estava trazendo as obras tinha tido problemas e aguardava socorro.

Eu já estava tão cansada, que já nem cansada estava. Chega uma hora que você fica amortecida e nem sente mais nada. Só vai fazendo as coisas, sem parar, não vendo a hora de tudo terminar.

Eram 2h30 da manhã e eu ainda lá, no Centro Cultural. E tinha acordado às seis! Quando demos por encerrado o trabalho daquele longo dia, eu queria mesmo era cair na cama e dormir. Quando estava saindo, a Mara, que tinha ficado comigo e com a Silvinha acertando tudo no palco, porque o grupo dela era o primeiro a se apresentar, me falou:

— Anna, amanhã você passa na UE-JOV antes de vir para cá? O Bernardo quer falar com você, pediu para eu te dar esse recado.

— Mas por que você está me falando só agora?

— O motorista da Febem que vai nos levar para casa, me trouxe isso aqui, só agora — e me deu um papel dobrado.

Era um bilhete. Li: "Mara, por favor, peça para a Anna vir falar comigo aqui na UE-JOV amanhã de manhã, assim que ela chegar. É urgente".

— O que será que houve Mara?

— Ele vai ser posto em liberdade.

— Quando?

— Parece que amanhã mesmo.

— Eu vou. Será que chego a tempo de encontrar com ele? Não vou conseguir acordar muito cedo.

— Não sei. Mas vai demorar um pouco até ele sair à rua. Tem sempre uns acertos burocráticos, antes.

— Obrigada pelo recado.

Mara foi embora. Eu fiquei com aquele bilhete na mão. E não pude deixar de pensar: "Se a gente coloca uma história dessa, numa telenovela, vão dizer que é ficção".

Saí e fui pegar meu carro, pois iria para casa. Novamente senti aquele aperto no peito...

33.

A despedida,
a inauguração da
Bienal do Menor e
uma notícia bomba

Oito e meia

da manhã eu já estava na UE-JOV. Tinha dormido muito mal. Acordei com olheiras. Botei uns óculos escuros para disfarçar. A primeira pessoa que encontrei lá, entrando em sua sala, foi o Richard, diretor da Unidade.

— Ué, você por aqui tão cedo?
— Vim a pedido do Bernardo. Ele quer falar comigo.
— Ele vai embora daqui a pouco, já sabe?
— Sei sim. Nem vai poder participar da Bienal do Menor, que começa hoje. O "Bando da Rua" vai se apresentar no domingo.
— O Mestre Jovino já tratou da substituição dele.
— É mesmo? O *show* tem que continuar...
— Vou mandar chamar o Bernardo. Quer falar com ele na minha sala?
— Quero sim. Aqui é mais tranquilo para a gente conversar.
—Entra Anna, fique à vontade. Entrei, fechei os olhos, respirei fundo e aguardei.

O Bernardo entrou de calças jeans, camisa esporte, azul-clara, de mangas compridas e sapatos pretos. Estava bem vestido, com gel no cabelo e barba feita. Cheirava a água-de-colônia. Estava muito bonito.

— Oi, Anna! — e me deu um beijo no rosto. — Obrigada por ter vindo.
— Recebi o recado. Você quer falar comigo?
— Quero. Você pode tirar esses óculos, não vejo os seus olhos, me dá aflição.

Tirei os óculos. Ele me encarou.

— Vou embora hoje. Meu pai conseguiu minha liberdade. E viajo para os Estados Unidos depois de amanhã.
— Que bom! Vida nova, novos caminhos...

— É.

E ficou em silêncio, baixou os olhos. Depois de um tempo, olhou para mim.

— Não vou poder participar da Bienal. Até já fui substituído.

— Fiquei sabendo. Vamos sentir sua falta, mas é por uma boa causa... afinal, você vai ficar livre, sair daqui...

— Achei que ficaria numa legal quando isso acontecesse, mas estou na maior noia.

— Isso passa. Assim que você estiver longe, noutro país, conhecer outras pessoas, frequentar outros lugares, nem vai mais lembrar daqui.

— Será?

— Claro! E quem sabe você não possa fazer cinema por lá! Quando eu te conheci indo ao dentista com a Mara, monitora, você me falou que gostava de cinema!

— É mesmo! Você lembrou...

— Então, você pode chegar e já procurar logo uma escola de cinema!

— Nem sei se tem! Nebraska não é brincadeira, muito longe mesmo. E mandou num tom maroto:

— Será que lá tem *shopping center*?

— Se tiver, a opção de curtir em *shopping center*, drogado, vai ser só sua.

— É brincadeira. Vou tomar jeito. Ano que vem já faço dezoito.

— Então... está na hora de criar juízo!

Ele riu.

— Sabe, meu pai contou que minha namorada perdeu o filho. Mas eu duvido. Ela deve ter tirado mesmo. E, quer saber, foi um alívio para mim. Não ia dar conta de ser pai.

— Você ainda tem muito tempo pela frente. Pode ter outros filhos, quando estiver mais preparado.

— Sei não. Deixa rolar... Eu quero o teu endereço para eu te escrever.

— Não posso dar meu endereço para você, Bernardo.

— Por quê?

— Porque não posso, só isso.

Ele ficou bravo.

— Então não vou escrever! Para cá não mando nem uma linha!

— Paciência, então.

— Você é sempre assim?

— Assim como?

— Desse jeito, sem sentimento?

— Não sou sem sentimento! Eu gostaria muito de ter notícias suas, mas não posso te dar meu endereço, só isso.

— Não pode ou não quer?

— Não posso e não quero.

— Você é casada?

— Bernardo, por favor, não queira saber da minha vida particular.

— Pô, você é osso duro de roer hein?!

— Você me chamou aqui para quê?

— Para me despedir. Posso ou é proibido também?

— Claro que pode!

Ele me abraçou. Fiquei sem ação, entregue àquele abraço. Depois, delicadamente, me afastei.

— Desejo que você seja feliz Bernardo, muito feliz mesmo, nessa nova jornada que vai ter pela frente. Você vai estar sempre aqui na minha cabeça...

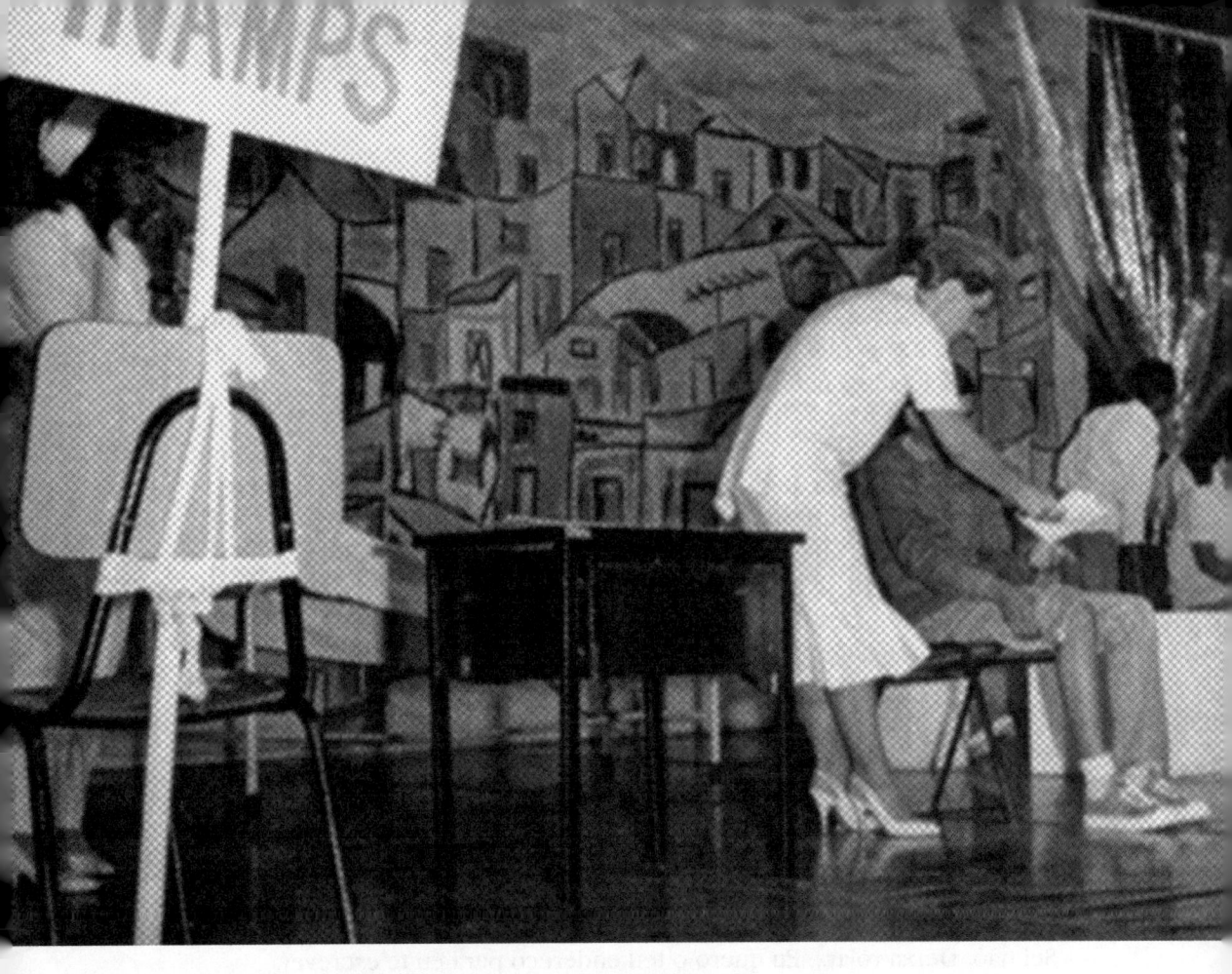

— Você também...
O Richard deu uma batidinha na porta e entrou.
— Dá licença, já é hora de você sair Bernardo, seu pai está aí fora.
Ele olhou para mim e sorriu.
— Tô indo, então.
— Boa sorte!
— Ah, ia esquecendo, — tirou uns panfletos do bolso —, os panfletos de Nebraska, que prometi te mostrar. Pode ficar com eles — e me deu.
— Ah, obrigada. Vou ver depois, com calma.
Ele foi saindo com o Richard. E da porta, sorrindo, falou com aquele seu jeito costumeiro:
— Eu vou escrever para você! Mando para cá mesmo, tá? E saiu.
Olhei os panfletos, sem prestar muita atenção no que via. E pensei:
— Caso encerrado!
No Núcleo estava a maior correria. As obras dos garotos de Bauru e Campinas tinham chegado, finalmente! E o Welton estava conseguindo uma condução para levar tudo para o Centro Cultural, imediatamente.
Silvinha veio do Galpão de artes plásticas.
— Oi Anna, chegou agora?
— Não, faz um tempinho. Estava na UE-JOV.
— Algum problema? Você está pálida!
— Nenhum problema, fui lá para... depois te conto. Estou é quase sem dormir, preciso tomar um café antes de pegar no batente. Quer ir comigo?

— Vamos — e saímos do burburinho do Núcleo.

No caminho, longe das pessoas, contei tudo para a Silvinha. Ela, como sempre, falou docemente para mim:

— Mais uma história de amor na Febem, minha amiga! Esta você devia escrever!

— Nem brinque com isso, Silvinha! Você sabe da minha vida!

— Eu não sei de nada! — e parou no meio do caminho. — Só sei que o coraçãozinho da Aninha balançou! — me deu um abraço, e acariciou minha cabeça, como se estivesse me consolando...

Saí daquele abraço carinhoso e mudei o tom da conversa, brincando:

— E chega de folhetim! Vamos logo tomar esse café que temos muito trabalho pela frente! — e fui andando. Silvinha riu gostoso, e veio junto.

Naquela manhã, depois do café, fomos ao Centro Cultural e trabalhamos sem parar. Nós e toda a equipe envolvidos no evento. Mas, lá pelas três horas, por incrível que pudesse parecer, estava tudo absolutamente pronto. Então eu e Silvinha saímos para tomar um lanche, porque não tínhamos almoçado ainda. Depois fomos para as nossas casas descansar um pouco, antes de voltar à noite, para a inauguração.

A rua Vergueiro estava congestionada. Muitos carros, muita gente vindo de todos os lados. Quando cheguei, a Silvinha já estava lá. Logo me viu e veio, toda animada:

— Isso aqui está o maior sucesso, Aninha!

Havia muitos fotógrafos, cinegrafistas, políticos e autoridades circulando por lá. Não vi o Nazih, estranhei:

— O Nazih ainda não chegou?

— Chegou sim, está dando entrevista lá do outro lado.
— Quanta gente!
— Você viu? Está todo mundo elogiando!
— Que bom!

E chegou um repórter, com um *cameraman*:
— Posso te entrevistar?
— Pois não! Fique aqui também — disse para a Silvinha.

Falamos bastante do trabalho artístico na Febem. Depois dei mais entrevistas para: rádios, jornais, revistas e TVs. Aproveitei para dar o serviço dos espetáculos que se apresentariam nos dois finais de semana.

As pessoas estavam muito interessadas em ver as obras dos meninos, entre elas, encontrei alguns colegas da classe teatral, que estavam lá, olhando tudo com entusiasmo.

Fiquei bastante tempo por lá e quando estava me preparando para ir embora, o Nazih, que estava acompanhado pela esposa, Miriam, me chamou e falou em tom confidencial:
— Este vai ser meu último evento.
— Como assim?
— Vou deixar a presidência da Febem.
— O quê?
— Isso o que você ouviu, Anna. Devo ficar por volta de um mês e depois passarei o cargo.
— Para quem?
— Ainda não sei. Imagino que para alguém indicado pelo governador.
— Mas por quê?
— Razões pessoais e políticas.
— Quando você decidiu isso?
— Já venho pensando nessa possibilidade, hoje decidi.
— Ele precisa sair, Anna — falou a Miriam.
— Isso para mim é uma bomba atômica que acabou de cair, bem aqui, no meio da Bienal, Nazih!
— Está tudo bem, pode ficar tranquila! Não fale nada para ninguém ainda.
— Nem para a Silvinha?
— Nem para ela. Logo vou oficializar a minha saída.

Nisso, chegou o chefe do cerimonial e pediu ao Nazih que fizesse o pronunciamento geral.

Nós tínhamos montado um praticável quadrado, com microfone, duas torres com três refletores de 1000 watts de cada lado, para dar um brilho à figura do Nazih. Ele subiu ao palco e começou a falar. Nem prestei atenção ao que ele falava. Eu estava totalmente atordoada com aquela notícia! E pior, não podia dividir minha aflição com ninguém! Mais uma vez saí acompanhada e à francesa. Só que dessa vez não fui para casa, fui jantar. Pedi um bom vinho italiano. Eu merecia! Ainda bem que a notícia não era segredo para quem estava comigo. E aí, sob o efeito amortecedor daquele vinho delicioso pude desabafar e desabar...

34.

O mês de espera e uma denúncia grave

A Bienal

do Menor tinha sido um retumbante sucesso! A Febem tinha ido, mais uma vez, para o noticiário nacional e internacional. Durante as duas semanas em que se apresentou, foi visitada por milhares de pessoas que escreveram frases e opiniões muito bonitas e significativas nos livros de presença.

Os espetáculos de teatro e de música tiveram plateias superlotadas e foram aplaudidos em pé. Tudo foi de agrado geral. O "Bando da Rua" veio com um substituto do Bernardo, o Leandro, exímio violonista e bom cantor, que tinha sido descoberto pelo Robert, e não tinha escapado do olho clínico do Mestre Josino. Leandro era bem simpático, tinha empatia, e mostrava desenvoltura no palco. Mas não era um Bernardo e não cantou "Preconceito".

Tudo foi muito bem realizado, e o Welton ficou felicíssimo com o resultado altamente positivo alcançado, em mais um evento artístico de sua gestão.

Parecia que ninguém sabia de nada mesmo, sobre a saída do Nazih da presidência. Pelo menos, ninguém comentava nada a respeito.

Começamos a viver um período de calmaria, só com aulas de teatro e outras atividades rotineiras. O teatro continuava sendo o centro de várias atividades. E tudo caminhava muito bem programado para que todos usufruíssem do espaço.

Uma manhã, eu, Silvinha, Agenor, Robert e dois professores de educação física, estávamos conversando em nossa sala, quando o Saulo chegou com cinco garotos do grupo, para os quais daríamos aula logo mais, no teatro.

— Ué, vieram mais cedo? — perguntei.

— Viemos — respondeu o Saulo.

— E cadê os outros? — o grupo era de onze.

— Ficaram lá na Unidade, falou o Saulo.
— Não virão?
— Não. E a gente só veio avisar que não vai dar para ter aula hoje.
— Não? Por quê?
— Os garotos vão ter reforço escolar hoje pela manhã — falou o Saulo, sem convicção.

Percebi que eles estavam com uma cara esquisita. Não vi o Toddy. Estranhei o Carlinhos sem o Toddy junto. Mas falei como quem não estava notando nada:

— Puxa, que pena hein? Eu tinha preparado aquele texto que todos pediram sobre a vida dos jogadores de futebol!
— Pois é, pena mesmo, falou o Saulo.

Carlinhos, como quem não queria nada, foi até a minha máquina de escrever e datilografou algo. Silvinha logo olhou para mim, mas eu disfarcei, para não chamar atenção.

— Bom... fica para a próxima aula, paciência.
— Vamos, então? — falou o Saulo para os garotos.
— Vamos! — responderam e saíram.

Coisas da UE-JOV, falei para atenuar o clima que tinha se instalado. Bom, vou aproveitar e adiantar um texto que preciso escrever.

— Nós vamos trabalhar também. Disseram os dois professores de ginástica, já saindo.

Fui direto à minha máquina de escrever.

Num papel, estava datilografada a frase: Tortura na UE-JOV. Chamei a Silvinha, o Agenor e o Robert.

— Olhem isso!

Eles leram.

Agenor, o mais experiente em Febem, assegurou:

— Deve ter sido durante a madrugada.

Peguei o telefone e liguei para o Nazih. Uma assessora atendeu, Nazih estava para chegar.

— Vou fazer plantão na sede. Isso precisa ser apurado.
— Mas ainda existe tortura, aqui? Quem são os responsáveis por esse tipo de coisa? — falou Silvinha, indignada.
— Ainda tem muita gente aqui, que pensa que está vivendo no passado. Não quer perder o poder e outras coisinhas mais — disse o Agenor.

O Robert acrescentou:

— Outro dia, um garoto da UE-15 disse que um companheiro de dormitório tinha apanhado muito, durante a noite. Ele se recusou a fazer sexo com um monitor. E todos os outros que estavam no quarto viram as porradas que o garoto levou.
— E ninguém contou para a diretora? — perguntei.
— Não. Ninguém teve coragem.
— Eles têm medo de levar mais porrada — falou o Agenor.
— Mas isso tem que acabar! Definitivamente! Bem que o Nazih falou que quer mandar embora os carcereiros e colocar educadores no lugar.
— Vai ser muito difícil ele conseguir. Aqui dentro tem um *lobby* muito forte. A maioria acha que esses garotos são bandidos mesmo e têm que ser tratados na pancada.
— Eles devem detestar a gente! — disse a Silvinha.
— Não tenha dúvida! Eu já ouvi muito desaforo aqui dentro. Já me chamaram até de comparsa de trombadinha — concluiu o Agenor.
— Que absurdo!

— Sorte que tem muita gente boa também, é o que salva! — falou o Agenor.
— Vou até a sede esperar o Nazih chegar. E saí com o bilhete na mão.

Quando cheguei lá, o Nazih tinha acabado de entrar na sala, e a assessora que tinha me atendido pelo telefone, adiantou que ele antes precisava resolver uns assuntos urgentes e, só depois, poderia me receber.

Eu não ia muito com a cara daquela mulher. Arrogante, sempre com o nariz empinado, com ares de pequena autoridade. Imaginei que ela podia, muito bem, ser uma daquelas que considerava os menores da Fundação meros delinquentes.

Esperei uns vinte minutos e procurei ficar calma, para não me irritar mais ainda. A porta da sala se abriu e a assessora me chamou para entrar. Ele estava sentado à sua mesa.

— Oi Nazih — falei da porta.
— Nossa! Eu não sabia que estava me esperando, Anna!

Olhei para a assessora que, rapidamente e de uma maneira melíflua, própria dos bajuladores em causa própria, falou:

— Vi que o senhor estava tão ocupado em resolver assuntos importantes, que nem falei nada.
— O meu assunto também é muito importante — falei no ato.
— Ficou um clima... — Nazih amenizou:
— Tudo bem. Entra aqui, Anna.

Ele percebeu que eu estava meio irada.
— O que houve?
— Leia isso — dei o bilhete para ele.

Ele leu.
— Quando e de quem você recebeu este bilhete?
— Há menos de meia hora, um dos garotos do nosso grupo de teatro da UE-JOV datilografou na minha máquina de escrever. E contei tudo o que tinha ocorrido.

Nazih ouviu atentamente, sem pronunciar uma palavra, depois de um profundo suspiro, falou:

— Aqui, o problema não são os menores, são os maiores. Eu vou mandar apurar isso agora mesmo.
— Pode me dar um retorno depois, do que realmente aconteceu? Estou preocupada com os garotos do teatro.
— Assim que eu for informado de tudo, te aviso.
— Tudo bem. Aguardo.

Queria muito saber se ele iria mesmo deixar a presidência da Febem, mas achei que não era hora de tocar nesse assunto. Simplesmente saí da sala para retornar ao Núcleo Cultural.

Fui caminhando bem devagar, refletindo. Deviam acontecer barbaridades, à noite, em todas as Unidades da Febem. E se, mesmo com a ação direta, competente e humanista do Nazih as torturas continuavam... o que iria acontecer quando ele saísse? E quem viria para substituí-lo? Será que contaríamos com o mesmo respaldo para dar continuidade ao nosso trabalho? O que seria do Projeto Integração, em pleno andamento? E, afinal, por que estaria ele saindo?

Depois comecei a me preocupar com os garotos que não tinham vindo. Estariam muito machucados? E por que razão teriam sido torturados? Senti uma sensação de desânimo. Fiquei com vontade de ir embora de lá.

Quando cheguei ao Núcleo, o Welton estava em nossa sala e a Silvinha tinha contado a ele o ocorrido.

— É inadmissível, Anna! Como isso pode continuar acontecendo aqui?

— Não sei, Welton. O Nazih vai mandar averiguar tudo e depois vai me contar o que realmente houve.

— E os nossos garotos, Anna? Será que estão muito feridos?

— Vim pensando nisso, Silvinha.

— Será que não deveríamos ir até lá?

— Melhor não. Vamos aguardar notícias do Nazih, ele já deve estar tomando providências.

— Também acho mais prudente, falou o Agenor.

— Eu tenho alguns alunos de música, lá na UE-JOV. Será que eles entraram no pau-de-arara também?

— Pau de arara deve ser pouco para o que eles fizeram, disse o Welton, com muita raiva.

E ficamos todos lá, atônitos, desolados.

O acontecimento se espalhou, como sempre acontece lá dentro, e o clima ficou denso.

— Vamos trabalhar e aguardar notícias — falei.

Houve um movimento geral, como se quiséssemos nos distrair fazendo algo.

Eu tentei escrever, mas não consegui, fui até o teatro para ver as atividades da tarde, mas não conseguia me concentrar em nada. Silvinha foi à Unidade Terapêutica e logo retornou. Robert e Agenor foram à UE-15 e voltaram logo também. O Welton foi para o galpão orientar os garotos que teriam aula de artesanato, e acabou dispensando a turma antes do horário. Antes do final da tarde, estávamos todos em nossa sala, reunidos novamente. E nada, notícia nenhuma!

— Pela minha experiência aqui, isso não vai ser esclarecido hoje — falou Agenor.

— Não mesmo! — concordou com ele, o Welton.

E, do estado de desolação passamos, rapidamente, para o estado de indignação e irritação. Não conseguíamos ficar parados. Ficávamos andando pela sala. Era um tal de senta, levanta, anda... Por um instante, consegui parar no meio da sala e falei:

— Vamos tomar um passe na Federação Espírita? Acho que estamos precisando!

E não é que todos concordaram em ir? Eu nem esperava! Acho que estávamos todos precisando de uma boa energizada mesmo! E fomos, divididos em dois carros, no meu e no do Robert.

Depois da palestra que ouvimos e que parecia ter sido feita especialmente para nós, sobre o capítulo IX — "Bem aventurados os que são brandos e pacíficos — do "Evangelho segundo o Espiritismo", e de ter tomado dois passes seguidos, em duas salas diferentes, sentimos que um peso de uma tonelada havia sido tirado de cima de nós. Assim, o dia terminou bem melhor. Fomos para nossas casas mais suaves, mais moderados e mais mansos.

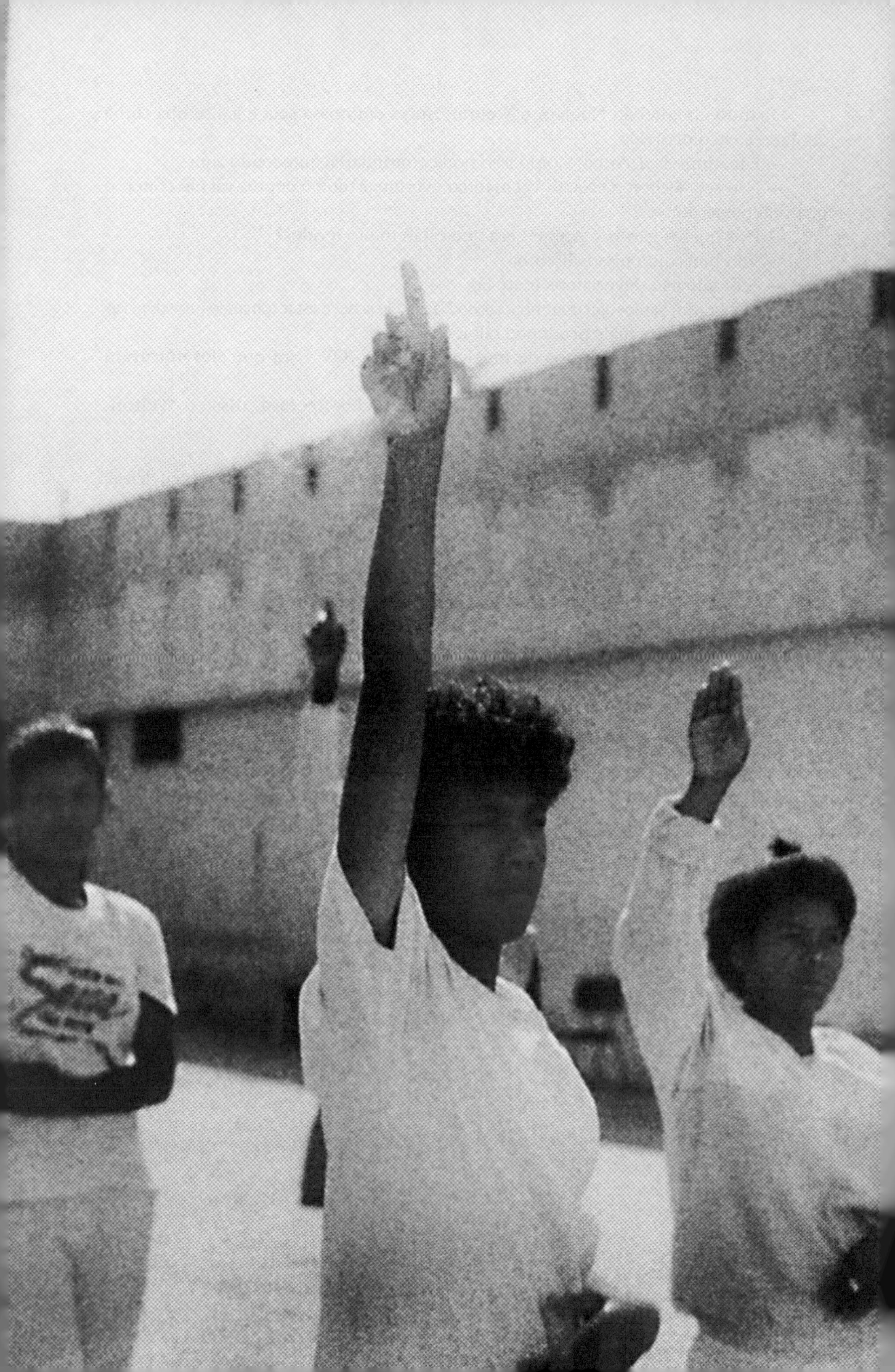

35.

Um novo trabalho teatral, transição na Febem e uma decisão

Era meio-dia

e meia, quando cheguei à Febem. Como só teríamos que dar aula à tarde, aproveitei a manhã para conversar com a atriz Isadora de Faria, que tinha me ligado. Isadora, atriz muito talentosa, formou-se na EAD — Escola de Arte Dramática — e foi revelada por Antunes Filho, na peça "Peer Gynt". Eu já havia dirigido Isadora em dois trabalhos: no filme super 8 — "Bom Dia" — roteiro meu para um conto erótico, de Waldemar Helena Júnior, em que ela ganhou prêmio de melhor atriz do Festival do GRIFE (Grupo dos Realizadores Independentes de Filmes Experimentais), promovido por Abrão Berman. Depois, na peça " Melodrama", de Renata Pallotini, para o Festival Internacional da Mulher, promovido pela atriz e empresária Ruth Escobar.

Ela queria fazer um monólogo e apresentar no OFF. O OFF, idealizado por Celsinho Cury, ficava no Bairro do Itaim e era um espaço onde tudo de bom acontecia: lançamentos de livros, peças de teatro, filmes, eventos artísticos, festas e comemorações. Era também um lugar delicioso para se dançar e curtir pessoas diferenciadas. A pista de dança, das 21h30 às 23h00, transformava-se num miniteatro. Lá, podíamos experimentar espetáculos, sem nenhum compromisso comercial, espetáculos que estávamos a fim de fazer, simplesmente. Celsinho sempre abria as portas de sua casa noturna e nos apoiava em nossos delírios teatrais. A plateia estava sempre lotada pelo público, que amava o lugar e que sempre prestigiava tudo o que era feito lá. O OFF reinou absoluto durante alguns anos. Todos os que tiveram o privilégio de conhecer o espaço, sabem que nunca mais houve um lugar tão sensacional como aquele. Era lá que Isadora queria apresentar seu espetáculo.

Como na Febem minha atividade estava mais tranquila, achei que poderia perfeitamente me dedicar a um outro trabalho, ao mesmo tempo. Na minha vida, fazer mais de uma coisa ao mesmo tempo era normal. Na reunião, tínhamos acertado de escrever o texto juntas e, em seguida, partirmos para a produção e realização do espetáculo. Saí da reunião muito animada e já pensando no que escrever. Fiquei viajando em alguns temas que poderiam ser abordados, minha cabeça já começou a funcionar a mil por hora! Como eu gostava desse processo de criar um espetáculo de teatro, inteiramente, do texto à concepção, à direção, à produção, tudo! Como é bom a gente poder fazer o que gosta!

Não tinha almoçado ainda e resolvi, antes de começar meu trabalho, dar um pulinho até a padaria costumeira e tomar um lanche. Chegando lá, me deparei com uns funcionários da Febem que eu conhecia de vista, já saindo. Passaram por mim e me cumprimentaram de uma maneira tão estranha, sérios, cabisbaixos. Tive uma sensação nada boa.

Depois, quando me dirigia ao Núcleo Desportivo e Cultural, vi uma movimentação esquisita por lá. Um entra e sai de gente, não habitual. Ao entrar em nossa sala, dei de cara com nossa equipe lá, sentada, com cara de "meu mundo caiu".

— O que houve gente? — perguntei.

Silvinha me entregou um papel. Era um comunicado informando que, a partir do próximo mês, a Febem mudaria de presidente. O doutor Nazih Curi Meserani deixaria o cargo e seria substituído pela doutora Wayta Menezes Dalla Pria.

Olhei para todos e o Welton informou:

— Já saiu até no Diário Oficial, eu li.

Não falei nada.

— Deve ser porque ele pegou pesado no caso de tortura da UE-JOV! — falou o Robert.

O Nazih tinha mandado apurar tudo e não tinha deixado pedra sobre pedra: afastou todos os envolvidos, mandou abrir processo contra os torturadores e substituiu o Richard, diretor da Unidade. Eu senti a saída do Richard, gostava dele, mas a sua manutenção no cargo, depois das denúncias de tortura, tinha ficado insustentável. Nazih também mandou desativar as trancas (tipo solitárias) que existiam lá.

— Não foi por isso não, mas isso pode ter... antecipado a saída dele — falei.

A Silvinha levantou, veio perto de mim.

— Você já sabia, Anna?

— Oficiosamente — então resolvi contar que ele havia me informado sobre sua saída, no dia da inauguração da Bienal do Menor, e tinha me pedido segredo. Mas, como depois disso nunca mais havia tocado no assunto, eu ainda nutria esperança de que ele permanecesse lá.

— E agora? — falou o Robert. — Vamos todos para o olho da rua?

— Talvez, não quem esteja contratado com carteira assinada, mas quem for pessoa jurídica é bem provável e mais fácil de despedir.

— Será que eles vão fazer isso? — disse a Silvinha.

— Aqui tudo é possível e, na minha opinião, nem quem tem carteira assinada está seguro! — disse o Welton, com convicção.

— Também é preciso ver se vale a pena ficar aqui, sem o Nazih, que nos dá tanto apoio, tanta força — eu disse, em tom de quem estava questionando a si mesmo, em voz alta.

— Que situação mais inesperada! — o Robert estava pasmo.

— Bom, já vi esse filme antes. Quando o doutor Nazih entrou, também afastou algumas pessoas e trouxe outras de sua confiança, isso é normal! — falou o Agenor, com sua habilidade de psicólogo.

— É, todo mundo gosta de trabalhar com sua equipe! Já passei por isso algumas vezes! Acontece a toda hora na televisão. Vamos aguardar os acontecimentos.

— O Nazih deve falar alguma coisa com você, não é mesmo Anna?

— Com certeza, Silvinha. E assim que ele falar comigo, vou perguntar tudo sobre a continuidade de nosso trabalho.

— Tomara que essa doutora Wayta seja boa gente — comentou o Robert.

— É mulher, meu amigo, vai trabalhar com sensibilidade! — falei num tom mais leve.

—Tomara!

Já era hora de irmos ao teatro, as garotas da Unidade Imigrantes deviam estar chegando. E nós sempre devíamos estar lá antes, porque elas vinham no ônibus, na maior excitação, e quando desciam, nós já acalmávamos os ânimos com nossa presença, na porta do teatro.

Eu e Silvinha estávamos muito tristes com a notícia da saída do Nazih, mas as meninas nada tinham a ver com o nosso estado de ânimo. A nossa responsabilidade era a de fazer de cada aula um momento de aprendizado e deleite para elas. E foi o que fizemos. Muitos exercícios de mímica, expressão corporal, criatividade, improvisação. Colocamos música para dançar e dançamos com elas, fazendo com que quebrassem toda a tensão, relaxassem, agitassem o corpo, soltando os movimentos. Depois fizemos exercícios de impostação, dicção, e projeção de voz. Fizemos também umas improvisações que eu tinha visto no *Living Theatre*, um grupo de teatro inglês, que veio ao Brasil dar uns *workshops* direcionados a atores profissionais. Elas imitaram árvores, e reagiram às quatro estações. Depois foram animais famintos que disputavam um pedaço de carne. Depois soltaram gritos de toda espécie, com vários sentimentos: alegria, pavor, alerta, aversão, medo, ódio, amor e prazer. Elas adoraram tudo! Quando uma pessoa não tem acesso a praticamente nada, acha tudo novidade, tudo lindo. Nós gostávamos muito de nosso grupo feminino!

Depois que elas foram embora, sempre se despedindo de nós com muitos beijinhos, eu e Silvinha voltamos para o teatro. Sentamos na plateia e ficamos um tempo em silêncio.

— O que será que vai acontecer com a gente, Anna? E com esses menores que estão sendo tão beneficiados com o Projeto Integração?

— Não sei Silvinha, sinceramente, não sei.

— Você pretende continuar, não? Mesmo depois da saída do Nazih?

— Também não sei, mas não vou tomar nenhuma atitude precipitada.

E ficamos lá, em silêncio. Fiquei olhando para aquele teatro que tanto desejei ver reerguido e que estava lá, funcionando. Fixei o olhar naquele palco, onde já tínhamos feito tanta coisa... E, de repente, fui sentindo uma sensação tão boa, de entusiasmo, de força, de arrebatamento...

— Nosso trabalho não pode ser interrompido. Nós ainda temos muito a realizar, Silvinha!

— E aquilo soou para mim, como uma decisão de que, mesmo com a saída do Nazih, eu deveria ainda continuar trabalhando lá.

36.

O natal de todos nós — 1986

Nossos alunos

queriam porque queriam fazer uma peça de Natal. Deveríamos aproveitar o novo espaço, para oferecer de presente aos internos e funcionários da Febem, um espetáculo com todos os nossos alunos de teatro — isso era voz geral entre eles.

Para dizer a verdade, eu nunca havia me preocupado em computar quantos alunos nós tínhamos, porque o número mudava tanto, que era sempre difícil saber com exatidão. Mas, naquele exato momento, eram muitos e não daria, de jeito nenhum, para montar uma peça com todos. Também não tinha ideia de que peça poderíamos montar. Nas diversas reuniões que tínhamos tido até então, ninguém havia chegado a um tema que despertasse nosso interesse, para desenvolver e elaborar uma peça, que representasse aquela data tão importante — o nascimento de Jesus. Não queríamos nada muito água com açúcar, que resvalasse no pieguismo, nem algo sem conteúdo que remetesse, simplesmente, aos festejos natalinos. Também não queríamos falar da vida de menores marginais ou de bandidos encarcerados. Muito menos de drogas e viciados. Ficamos matutando juntos, durante algumas aulas, foram várias as sugestões, mas não surgia nada que nos fizesse vibrar.

Eu e Silvinha também tínhamos conversado a respeito, mas a inspiração não vinha. Já estávamos começando a nos complicar, em razão do tempo que começava a encurtar, e aquela era a semana crucial para decidirmos o que fazer. Estabeleci um prazo máximo, que já estava se esgotando, e ninguém de nossa equipe tinha tido uma ideia brilhante. Estávamos numa sexta-feira, no final de nosso dia de trabalho, e combinamos de, naquele fim de semana, focarmos e pensarmos num tema relevante. Cada um traria sua sugestão e, na segunda-feira, teríamos uma reunião geral com nossos alunos para, finalmente, decidirmos. Não havia mais tempo.

Fui para casa, sem conseguir pensar noutra coisa. Tem horas que a mente empaca! Passei o resto da noite de sexta-feira e o sábado inteiro com muita dor de cabeça. Como sou natureba e raramente tomo remédio químico, só melhorei no domingo de manhã, depois de tomar muito chá de hortelã e erva-doce, o que me fez pensar que tinha tido, na verdade, uma boa enxaqueca, talvez causada pela tensão de ter de resolver o espetáculo de Natal da Febem com a maior urgência.

Eu morava ao lado do Parque do Ibirapuera e, assim que me levantei da cama bem melhor, combinei de andar de bicicleta com amigos. Estava um dia lindo, ensolarado. Ia ser bom dar uma trégua no trabalho e relaxar. Antes, resolvi passar no supermercado para comprar uma garrafa dessas bebidas que os atletas tomam para repor sais minerais e vitaminas. Eu estava precisando restabelecer minhas energias.

Encostei minha bicicleta e, logo na entrada, encontro quem? Laura Cardoso! Minha querida companheira de tantos trabalhos na Tupi! Ela morava no mesmo bairro que eu. Estava saindo, já de compras feitas. Fizemos a maior festa. Não via Laura, havia um bom tempo. Conversa vai, conversa vem, colocando nossos assuntos em dia, contei a ela sobre o meu trabalho na Febem e a minha busca por texto para uma peça de Natal. Então Laura lembrou de um Especial de fim de ano, um conto de Natal, escrito e dirigido pelo Geraldo Vietri, que tínhamos feito juntas. Começamos a lembrar da história: narrava a odisseia de um casal de lavradores, cuja mulher estava para dar à luz, na noite de Natal, e não encontrava um leito hospitalar que a recebesse. Ficava perambulando com o marido, de um hospital a outro, até que, amparada por alguns transeuntes, a mulher deu à luz um menino, na rua mesmo, ao relento. O casal foi interpretado magistralmente por Laura Cardoso e Lima Duarte. E o elenco fixo da Tupi, do qual eu fazia parte na época, teve participações especiais. Eu fazia uma médica arrogante que, num hospital particular, se recusou a atender aquele casal humilde, que não dispunha de nenhum dinheiro para pagar o parto. Aquela menção de Laura tinha vindo como um jato de luz em minha mente! Mas onde encontrar esse texto? Nem do título da peça nós nos lembrávamos! De qualquer forma, já era um caminho! Depois que nos despedimos, nem entrei no supermercado, voltei para casa e já comecei a ligar para atores que podiam me informar o paradeiro do Vietri. Fiquei sabendo que ele estava no Rio de Janeiro, gravando na Rede Manchete. Não haveria tempo de contatá-lo na semana seguinte, pegar o texto, reler, adaptar, enfim... estávamos em cima da hora para a produção do espetáculo na Febem.

Mas... por que não me inspirar naquele conto de Natal e escrever um outro? Liguei para Silvinha, ela tinha viajado e só voltaria na segunda-feira cedo. Fui então encontrar meus amigos no Ibirapuera, já pensando no que fazer. Passei o resto do domingo com o pensamento fixo numa história que pudesse envolver e emocionar nosso público-alvo! À noite, já tinha um roteiro elaborado na minha cabeça.

Segunda-feira fui a primeira a chegar ao Núcleo Cultural e logo sentei-me à máquina de escrever, com o intuito de formatar um roteiro para podermos começar a trabalhar. A história estava tão nítida em minha mente, que tudo começou a fluir naturalmente, e eu consegui enxergar aquele teleteatro que tínhamos feito na Tupi, e transpor para o papel, adaptando-o às nossas possibilidades teatrais e ao nosso palco. Estava a mil, já nas primeiras páginas, quando a Silvinha entrou e me viu frenética, datilografando sem parar.

— Aninha, o que está escrevendo?

Parei no gesto de "martelar" aquelas teclas e, em poucos minutos, a deixei a par de tudo. Puxei uma cadeira e fiz com que sentasse ao meu lado. Peguei as folhas já escritas e dei para ela ir lendo e dando opinião. Continuei no meu surto criativo.

Ela leu, em silêncio. Depois falou com aquele seu costumeiro arrebatamento:

— Que maravilha! Está ficando muito legal, Anna! Eles vão adorar!

Eu tinha mudado o casal de lavradores para um casal de nordestinos e colocado vários outros personagens, a quem eles se dirigem antes de procurar os hospitais e prontos-socorros para serem atendidos. Assim, poderíamos utilizar o maior número possível de garotos e garotas na apresentação. Resolvi descrever mais detalhadamente os acontecimentos e as ações, não me preocupando muito em estabelecer diálogos mais definidos, porque já tinha aprendido que, na emergência em que estávamos, era melhor fazer com que todos inventassem seus próprios textos, para facilitar a fixação e tornar a interpretação mais genuína e apropriada.

— Vou deixar você aqui quietinha, escrevendo e vou até o teatro.

— Silvinha, não quer marcar uma reunião geral com nossos alunos para conversarmos sobre o espetáculo?

— Hoje?

— Mais para o final da tarde. Até lá já terei terminado, lido e relido o texto. Veja o que é possível fazer.

— Pode deixar, já estou em ação, chefa! — falou ela brincando e saiu.

Continuei mergulhada na história, traçando a trajetória dos personagens.

Nem almocei. Só dei uma pausa para descansar e tomar um café. Antes das duas da tarde, já tinha terminado. Só não tinha encontrado um título sugestivo para a peça. Como tinha deixado isso para o final, acho que meus neurônios já haviam se desgastado muito e eu não conseguia ter nenhuma ideia interessante a respeito. E, propositadamente, não tinha dado nome a nenhum personagem só à criança, no final. Dessa forma, aquelas pessoas que circulavam pela trama eram fiéis representantes do nosso povo, sem nenhuma alcunha ou definição. Resumindo, o texto tratava da história de um casal de lavradores que tinha vindo à capital, para ficar na casa de um parente e procurar um hospital, onde a mulher pudesse dar à luz, já que na roça, lugar em que trabalhavam, não havia assistência médica. A mulher andava sentindo-se muito mal, com algumas hemorragias recorrentes, e o homem estava com medo de que ela pudesse perder a criança.

Quando foram ao endereço indicado, ficaram sabendo que o parente tinha voltado para sua terra natal. O casal, então, ficou sem guarida, perambulando pelas ruas, sem teto e sem ter o que comer. Esmolando e pedindo ajuda, ficaram abandonados à própria sorte. Viam pessoas comprando presentes, alegres e felizes, passando por eles, mas nem sequer se detinham para olhá-los e perceber que necessitavam tanto de amparo.

Na noite de Natal, a mulher começou a sentir fortes dores e o homem, desesperado, foi procurar auxílio médico para que ela pudesse dar à luz num leito hospitalar. Entraram e saíram de vários locais de atendimento, sem conseguirem ajuda. Como último refúgio, foram parar num agrupamento de moradores de rua que, vendo a situação da mulher, se uniram e prepararam um local, mesmo que precário, para que ela pudesse se abrigar e ter sua criança. Alguns transeuntes que passavam acabaram, finalmente, se condoendo e se juntaram aos demais, dando apoio e auxiliando no trabalho de parto.

Pouco tempo depois, entre desconhecidos e em local totalmente inadequado, nascia um menino lindo, robusto, sorridente. Todas essas características foram sendo ressaltadas pelo povo que estava ao redor. O casal, alegre e satisfeito, deu ao menino o nome de Salvador, porque resistindo a todas as intempéries e adversidades, ele veio ao mundo, salvando suas vidas. Merecidamente sentiam-se em estado de graça e ofertavam muito amor ao filho que acabava de chegar.

Esse texto lido por mim, na reunião da tarde, agradou bastante os meninos que tinham se envolvido na história do princípio ao fim. Silvinha havia conseguido que quase todos os nossos alunos estivessem presentes. A reação dos monitores que os acompanhavam também foi ótima. O que mais ficou emocionado, como não podia deixar de ser, foi o Saulo, que logo após a leitura, tomou a palavra.

— Está muito lindo! Vai ser um espetáculo maravilhoso. Só tem uma coisa, Anna, posso falar?

— Claro Saulo, diga lá!

— Eu acho que o casal não devia ser de nordestinos, devia ser um casal comum, sem nenhum sotaque, porque fica mais de acordo com o que acontece com as famílias, que têm seus filhos recolhidos aqui na Febem. Sabe como é que é, o pessoal tem filho, não tem condição de criar e as crianças acabam indo pras ruas e se perdendo! E isso não acontece só com nordestino, mas com todo o mundo, né?

Ficou um silêncio.

— O que vocês acham? — perguntei a todos.

E vieram algumas opiniões:

— É, pode ser sim.

— Não sei não.

— É melhor não ter sotaque.

— Eles têm que falar normal.

— Eu gosto do jeito que tá!

— Você é quem sabe, Anna!

— Nordestino também é gente! — falou bem alto, um garoto com sotaque, novo integrante das aulas, interno da UE-3, que eu não lembrava o nome.

— Você veio recentemente, desculpe, não registrei seu nome ainda.

— É Raimundo.

— E você é de onde?

— Monte Santo, na Bahia.

— Você disse que nordestino também é gente. Raimundo, com isso, quis dizer o quê?

— Que o homem e a mulher tinham que continuar sendo nordestinos! Pra que mudar?

Aí a maioria resolveu se expressar e fechar com Raimundo. Então o casal continuou sendo nordestino.

O Agenor exultou com a escolha, como bom nordestino que era, e admirou a colocação de seu conterrâneo. Depois falei para o Saulo que tinha entendido a colocação dele, mas que o grupo tinha decidido.

— Tudo bem, foi só uma opinião... — disse ele, com aquele seu jeito tranquilo de ser.

— É muito bom a gente dizer o que pensa. Valeu Saulo!

O título ficou para depois. Eu sabia que, com o decorrer, ele viria, sem dúvida. Definimos os atores para a peça. O Raimundo, porque já tinha o sotaque nordestino, ficou com o papel do homem. A mulher ficou sendo uma servente da Unidade Terapêutica, a Sileuza, indicada por um dos garotos de lá, ela era alagoana, baixinha e combinava com o Raimundo. Formavam um casal perfeito! Conseguimos distribuir entre 24 alunos, as demais participações. Eram quatorze garotos e dez garotas.

A Mara, monitora, veio até nós e pediu para fazer parte da equipe, porque aquele seria seu espetáculo de despedida, praticamente. No próximo ano pretendia sair da Febem para tentar dar impulso à sua carreira de atriz e bailarina. Ela ficou, então, com a preparação de corpo do elenco.

Assim, os ensaios começaram. Tínhamos pouco mais de três semanas para aprontar tudo. Pedi ao Robert que pesquisasse alguns sons de efeito, músicas nordestinas, natalinas e incidentais para colocarmos na trilha. Silvinha trabalharia a interpretação, Agenor a parte psicológica dos personagens, e eu dirigiria e faria a coordenação geral. Mais uma vez, o Nardinho iria me ajudar na operação do som, enquanto eu operasse a luz. Marisi e Marcia vieram ver os primeiros ensaios para criar o cenário.

Desde o início todos se soltaram e logo o espetáculo tomou corpo. Era impressionante a capacidade de improvisação de texto por parte de todos. Toda vez que eu optava por esse método, pela premência do tempo, dava certo, principalmente pela facilidade deles de se expressarem, sem o compromisso de decorar e falar o texto escrito. Claro, que quando possível, era sempre bom que eles exercitassem a leitura, a compreensão do texto, da história, a construção dos personagens mais profundamente, a memorização, a emoção, enfim, todo o aprendizado que o teatro proporciona. Mas na urgência em que estávamos, aquilo não era possível. Ensaiávamos todos os dias na parte da tarde e, de manhã, cuidávamos da produção.

Soubemos que no final daquele ano não teríamos verba, então, começamos a reciclar tudo. Conseguimos nas unidades, todos os figurinos, com certa facilidade: roupas comuns e alguns uniformes brancos para médicos e enfermeiras. O mais trabalhoso foi vestir os moradores de rua, mas com pequenas doações internas de roupas velhas e rasgadas, fizemos todos se parecerem com os sem-teto e andarilhos de ruas.

Objetos e adereços cênicos também foram conseguidos em todo o Quadrilátero. O cenário foi criado com material já utilizado em outras produções nossas, que adequou-se ao atual. Mas, evidentemente, Marisi e Marcia não se intimidaram com a falta de recursos e investiram na confecção de dois cachorros e um gato, que assistiriam ao nascimento do Salvador, e num anjo estilizado que guardaria o menino. Também inventaram de colocar dois barris de ferro, com fogo dentro, que dariam um efeito interessante. Com receio de que pudesse acontecer algum imprevisto, acertamos de montar dentro dos barris, refletores com gelatinas amarelas e laranja, que pudessem dar o efeito desejado. Giancarlo, mais uma vez, me ajudou e mostrou como deveria ser feito, para que a luz ficasse tremelicando, dando a impressão de fogo. Era só colocar na frente do refletor, um pequeno ventilador. Conseguimos dois na administração. Nardinho fez um buraco nos barris e passou os fios de conexão de energia, depois criou um suporte para os ventiladores ficarem apoiados na frente dos refletores, sem cair. Ele era muito habilidoso. Tudo armado, testamos, havia ficado excelente!

Surge o nome do espetáculo, enfim! Num dos ensaios, na cena final, depois que todos se juntavam para ajudar no parto da mulher, até que a criança finalmente nascesse, uma garota da Imigrantes, a Regiane, que era muito falante e tinha até um certo nível de escolaridade, veio com sua frase improvisada:

— Esta criança que nasceu, vai ser o presente de Natal de todos nós!

— Bingo! — falei alto e parei o ensaio.

Ninguém entendeu nada.

— Repita a frase Regiane!
— Que frase?
— A que você acabou de falar!
Ela ficou confusa, eu ajudei:
— Você disse: Esta criança que nasceu...
— Que esta criança que nasceu vai ser o presente de Natal... de todos nós! — ela completou.
— Taí o nome da peça! "O Natal de todos nós"!
Todos começaram a assimilar o título, a gostar, a sorrir e o Raimundo concluiu:
— É alumiado!
Ficamos todos olhando para ele, que sorria.
— É iluminado? — perguntei.
— É, é alumiado!
E Silvinha foi na dele:
—"O Natal de todos nós" é um nome alumiado gente, alumiado!!! É lindo! Viva! — e puxou palmas. Todos aplaudiram, inclusive eu.

Essas coisas que aconteciam de maneira imprevisível me deixavam muito emocionada. Trabalhar com aqueles internos da Febem era sempre surpreendente, em todos os sentidos.

Nazih já havia pedido que fizéssemos um convite para ser distribuído em todos os departamentos e também para convidados da presidência. Porém, até então, não tinha providenciado nada, porque não tínhamos o nome do espetáculo. Agora já contávamos com um! Bati o convite à máquina, como modelo, para confeccionar lá mesmo.Ficou simples, mas significativo:

"QUE BOM QUE NÓS SAÍMOS DAS PÁGINAS POLICIAIS E FOMOS PARA AS PÁGINAS DE ARTE, ESPORTE E CULTURA"

Venha ver
"O NATAL DE TODOS NÓS".

Um espetáculo feito com nossa emoção e nosso coração!

Obrigado pelo apoio às nossas atividades.

OS MENORES DA Febem-SP

Dias: 22 e 23 /12/86 às 14h30, no Auditório
— Teatro Teotônio Vilela — Av. Celso Garcia, 2593 — Belém

E, no verso, uma xilogravura de um dos alunos de artes plásticas, estampada.
Chega o dia da apresentação: já estávamos virados de novo, quase sem dormir e na maior correria.
Não adianta, a gente planeja, organiza, prepara tudo com antecedência, mas no dia da estreia é sempre a mesma coisa, parece que tudo ainda está por fazer.
Como o espetáculo era à tarde, tínhamos chegado bem cedinho à Fundação para deixar tudo preparado, principalmente a vedação das janelas com pano escuro, para que claridade não atrapalhasse a visão do palco. Testamos todos os ventiladores do ambiente, porque o dia estava quente. Tornamos a testar também os ventiladores que ficariam em frente aos refletores, dentro dos barris, para dar o efeito de fogo. Estava

tudo funcionando. A luz estava montada e afinada. O cenário também. Os cubos, pintados de cinza, foram colocados estrategicamente, para que o elenco os arrumasse, utilizando-os de acordo com a cena. Tudo muito funcional. No fundo, uns tecidos de algodão cru, com pinceladas de tinta, davam a impressão de nuvens amontoadas. Pedi que deixassem uns vãos, onde coloquei uma luz azul rebatida, que dava um efeito bonito na hora do nascimento do menino. Nessa hora, também apareceria uma estrela pintada de branco, no alto do cenário, sob um foco azul-claro, para dar brilho.

A trilha que eu e o Robert tínhamos feito estava bem legal. Com músicas descritivas de cada momento. E, no final, entraria uma gravação muito bem orquestrada da famosa música natalina "Noite Feliz".

Na última semana de ensaio, senti que o espetáculo precisava de um desfecho mais emocionante, que valorizasse o nascimento do Salvador, simbolizando o nascimento de Jesus. Fui procurar nos livros de casa e encontrei, no livro "Antologia Mediúnica do Natal", uma poesia do espírito de Emmanuel, psicografada por Chico Xavier, que chamava "Algo mais no Natal"! Nada acontece por acaso mesmo. Aquilo era tudo o que precisava para encerrar o espetáculo!

Redigi um texto de encerramento com aquela poesia e ainda acrescentei umas frases de outras poesias psicografadas pelo Chico, a fim de conseguir um efeito melhor ainda. Para não ficar muito difícil de decorar, dividi bem o texto de maneira bem prática, entre todo o elenco. Eu, Silvinha, Agenor e Mara, ajudamos todos a decorar e a entender o significado de algumas palavras que nunca tinham ouvido falar. Passamos inúmeras vezes o texto, até que todos estivessem seguros e familiarizados com a ordem e a musicalidade das frases. Não foi fácil, mas conseguimos. Nos dois dias que antecederam nosso ensaio geral, gastamos horas passando a poesia final — ficou muito bonita! Eles interpretavam com muito sentimento, transmitindo com bastante clareza e compreensão, as mensagens que aquelas belas frases poéticas revelavam.

O texto final ficou assim:

ATRIZ 1
"Senhor Jesus!

ATOR 1
Diante do Natal,

ATRIZ 2
Que nos lembra a glória na manjedoura,

ATOR 2
Nós te agradecemos:

ATRIZ 3
A música da oração,

ATOR 3
O regozijo da fé,

ATRIZ 4
A mensagem do amor,

ATOR 4
A alegria do lar,

ATRIZ 5
O apelo à fraternidade,

ATOR 5
A benção do trabalho,

ATRIZ 6
A confiança no bem,

ATOR 6
O tesouro da tua paz,

ATRIZ 7
A palavra da boa-nova

ATRIZ 8
E a confiança no futuro!

ATOR 8
Entretanto, ó Divino Mestre,

ATRIZ 9
De corações voltados

ATOR 9
Para o teu coração,

ATRIZ 10
Nós te suplicamos algo mais!

ATOR 10
Concede-nos Senhor,

ATRIZ 11
O dom inefável da humildade,

ATOR 11
Para que tenhamos a precisa coragem

ATOR 12
De seguir-te os exemplos!

ATOR 13
E que possamos sempre lembrar...

ATOR 14
Que a criança desprotegida que encontramos na rua,

ATOR 15
Não é motivo para revolta ou indignação,

ATRIZ 1
E sim, um apelo para que trabalhemos com mais amor

ATOR 1
Pela edificação de um mundo melhor."

E PARA ENCERRAR, TODOS FALAVAM:

"Pela edificação de um mundo melhor!".

Eles estavam curtindo muito esse final. E nós também.

O elenco todo foi chegando a partir do meio-dia e meia, para se preparar. Às duas horas o teatro já estava lotado, mas ainda chegava gente. Colocamos umas cadeiras extras, pegando as dos camarins e do Núcleo. Ainda assim, ficou gente em pé.

Eu tinha convidado a Laura Cardoso para assistir, mas ela estava gravando no Rio de Janeiro.

O espetáculo não seria longo. Ele tinha quase uma hora de duração. Quando percebi que já estavam todos acomodados na plateia e não chegava mais ninguém, avisei o Nardinho que começaríamos. Só estranhei a ausência do Nazih. Talvez tivesse se atrasado ou não viesse por alguma razão. Tinha até reservado a primeira fila para ele e mais alguns convidados. Fui até o palco. Assim que entrei, percebi haver um certo corre-corre e senti um clima estranho. Parecia que estavam escondendo alguma coisa de mim.

— O que é que vocês estão tramando, hein?
— Por quê? — perguntou Silvinha.
— Estão com uma cara esquisita!
— Aninha... nossa cara é de felicidade! É o primeiro Natal no nosso teatro!
— Tá, tá bom. Vamos começar então. Uma vibração para que tudo dê certo, vamos fazer?
— Claro, vamos! Respondeu a Silvinha e os que estavam mais próximos.

Na roda formada, pedimos proteção para que o espetáculo corresse bem, sem nenhum contratempo. Agradecemos pela oportunidade de estarmos ali, juntos, trabalhando. E a vibração foi encerrada com o célebre: merda!

Quando virei para sair, dei de cara com o Nazih.

— Anna, quase não consigo vir. Mil contratempos. Posso falar alguma coisa antes do espetáculo começar?

— Lógico!

Pedi que ele fosse ver o foco em frente à cortina, para poder se colocar embaixo dele, perfeitamente. Abri a luz e ele fixou o local.

— Sinta a luz no seu rosto, Nazih!

— Tudo bem, minha diretora! — falou brincando. E foi para o palco.

Falou sem microfone, e sua voz estava clara e vibrante. E como tudo se encadeia no universo, sem que ele conhecesse o tema da peça, porque nem tínhamos tido tempo de conversar a respeito, ele se reportou ao Natal, ao nascimento de Jesus, e fez uma comparação social com o nascimento de tantas crianças que vinham ao mundo ao relento, sem condições de abrigo ou de assistência adequada. Lembrou de todas as mães guerreiras, que batalhavam para criar seus filhos, mesmo sem condições. Também fez referência a todos os pais que lutavam para dar condição de vida digna às suas família. Referiu-se aos menores, como filhos desses pais e mães, incansáveis na luta diária pela sobrevivência. Desejou que eles pudessem contribuir com seu apoio, procurando levar uma vida de retidão, afastando-se da criminalidade, procurando caminhos mais felizes, menos enganosos e perigosos. E que, aquele Natal fosse o início de uma nova etapa, mais feliz, mais próspera e mais esperançosa para todos.

Foi uma mensagem inspirada. Impressionante como estava em sintonia com a peça que apresentaríamos. Ele saiu do palco e veio até mim:

— Anna, desculpe, não vou poder ficar. Tenho uma reunião logo mais com o governador.

Não aguentei a curiosidade. Levantei e falei com ele, reservadamente:

— Nazih, alguém contou a história da peça pra você?

— Não, por quê?

— Porque o que você falou é exatamente o que vamos mostrar. A história de uma criança que nasce ao relento, no meio de moradores de rua, porque os pais não têm condições de pagar um hospital!

— Não diga! É mesmo?

— É mesmo!

— Que coisa incrível, não? Pena que eu não posso ficar para assistir. Depois você me empresta o texto para eu ler?

— É um roteiro. O texto eles mesmos criaram. Mas eu levo para você. A história está toda lá!

— Bacana! Então... boa sorte, Anna. Que seja um bonito espetáculo!

— Vai ser!

E ele foi embora. Liberei as cadeiras reservadas e voltei à mesa de operação, ainda perplexa com a reciprocidade das palavras do Nazih com relação ao tema de nossa peça.

— O Plano Espiritual também trabalha! — falei bem audível.

O Nardinho, sem entender, perguntou:

— O que você falou, Anna?

— Que não somos só nós que trabalhamos, não!

Ele ficou com cara de quem não estava entendendo direito o que eu estava falando.

— Vamos começar, Nardinho?

— Vam'bora!

O Robert veio do palco e ficou ao lado do Nardinho, para dar apoio na operação do som. Oscilei novamente a luz dos refletores, lá dentro do palco, e dei o terceiro sinal. Entrou o som de trânsito, de buzinas, ronco de motores, situando a ação na rodoviária de uma cidade grande. A cortina foi se abrindo. O casal de nordestinos entrou em cena como se tivesse descido de um ônibus e começou sua peregrinação à procura de ajuda. Durante quase uma hora, aquela plateia assistiu em completo silêncio à história daquele homem e daquela mulher, que buscavam, desesperadamente, guarida para poderem receber seu filho, de maneira digna e decente.

Discretamente eu olhava para trás para ver as reações. Eles estavam petrificados, acompanhando tudo com muita atenção. O Nardinho, ao meu lado, também não tirava os olhos do palco, muito atento a tudo.

O Raimundo e a Sileuza estavam muito bem! O casal combinava mesmo, tinha credibilidade! E eu parei de ficar olhando a plateia e me entreguei ao espetáculo também. Tudo fluía de maneira excelente, mesmo com uma abordagem maniqueísta, em que os maus eram terríveis, sinistros e o casal de nordestinos um real exemplo de bondade e humildade. Tudo transcorria de maneira tão natural, tão cadenciada, que dava para perceber que os espectadores sentiam-se integrantes daquele drama.

Pensei: "se o Vietri estivesse aqui pra ver!" Eu tinha certeza de que gostaria e se emocionaria. Vietri era um verdadeiro chorão. Quando fazia direção de imagem das cenas dramáticas das novelas que escrevia, ficava prestando atenção no texto, nos atores, mas não deixava de se emocionar como um telespectador comum, Chorava muito, enquanto cortava as imagens!

A peça já se encaminhava para o final. Tive que voltar meu foco para a mesa de operação, e preparar o efeito de luz da cena do nascimento. Nardinho deixou a música no ponto.

Quando os moradores de rua se juntaram, prepararam um local para o parto e trouxeram os barris — torcia para nada falhar! Aos poucos a música foi entrando. Nardinho deixou outro gravador preparado, para a entrada do choro da criança. Eu fui abaixando a luz geral, branca amarelada e fui colocando a luz azul, que rebatia nos panos do cenário e dava um tom azulado, de clima noturno. Os barris foram colocados no lugar. Olhei para o Nardinho. Ele cruzou os dedos para dar tudo certo. Levantei a luz amarela alaranjada dos refletores, dentro dos barris, até o nível já marcado. Esperei que o Agenor e a Mara ligassem os ventiladores. E deu certo! O efeito de fogo ficou lindo. Bem teatral, sugestivo, mágico.

A criança nasceu! Um bebê perfeito, produzido pela Marisi e pela Márcia. Nardinho entrou com o choro da criança. A manjedoura improvisada ficou sob um foco branco, suave, que eu subi lentamente. Então, a Regiane falou com muita emoção a sua frase "alumiada":

— Esta criança que nasceu vai ser o presente de Natal de todos nós!

Nardinho colocou a música "Noite Feliz". Marisi e Marcia fizeram descer uma estrela de cima do palco e eu abri sobre ela, o foco azul claro que a tornou brilhante.A composição da cena ficou um verdadeiro presépio. Lindo! Então o elenco começou a interpretar a poesia final. E todos falaram o texto poético, como nunca tinham feito até então. Pareciam todos tomados de uma mesma emoção. Saiu de maneira muito simples e singela, como se fosse uma prece.

Quando a poesia terminou, Robert, ao nosso lado, fez sinal para Nardinho elevar o som. E aquela música de Natal, tão conhecida, invadiu todo o ambiente. Fui abaixando a luz, bem lentamente, deixando só a estrela iluminada. Junto com os aplausos, que eram retumbantes, vinham frases de todos os lados da plateia:

— Legal gente boa!
— Beleza!
— De primeira mano!
— É isso aí!
— Demais!

E, num átimo de silêncio entre as frases, ouviu-se bem alto a voz de uma mulher:
— Viva o Menino Jesus!

E toda a plateia ecoou:
— Viva!!!

Quando abri a luz geral para o agradecimento, o elenco inteiro veio à frente e foi aclamado! Vi lágrimas nos olhos de alguns garotos e garotas. E sentia lágrimas escorrendo pelo meu rosto também. Olhei para o Nardinho e para o Robert. Eles aplaudiam e riam de contentamento.

De repente, entrou pela plateia um Papai Noel carregando uma cesta de flores!
— Feliz Natal! Feliz Natal! — ele gritava e distribuía flores para a plateia.

"Então era isso que eles estavam tramando..." — pensei.

Foi uma farra total. Todo abraçavam e beijavam o Papai Noel, que acabou conseguindo se desvencilhar, vir até mim e me entregar uma rosa branca. Reconheci o Saulo, debaixo daquela fantasia. Dei uma abraço e um beijo nele. E aquele primeiro Natal em nosso teatro foi mais um momento emocionante e inesquecível para todos nós!

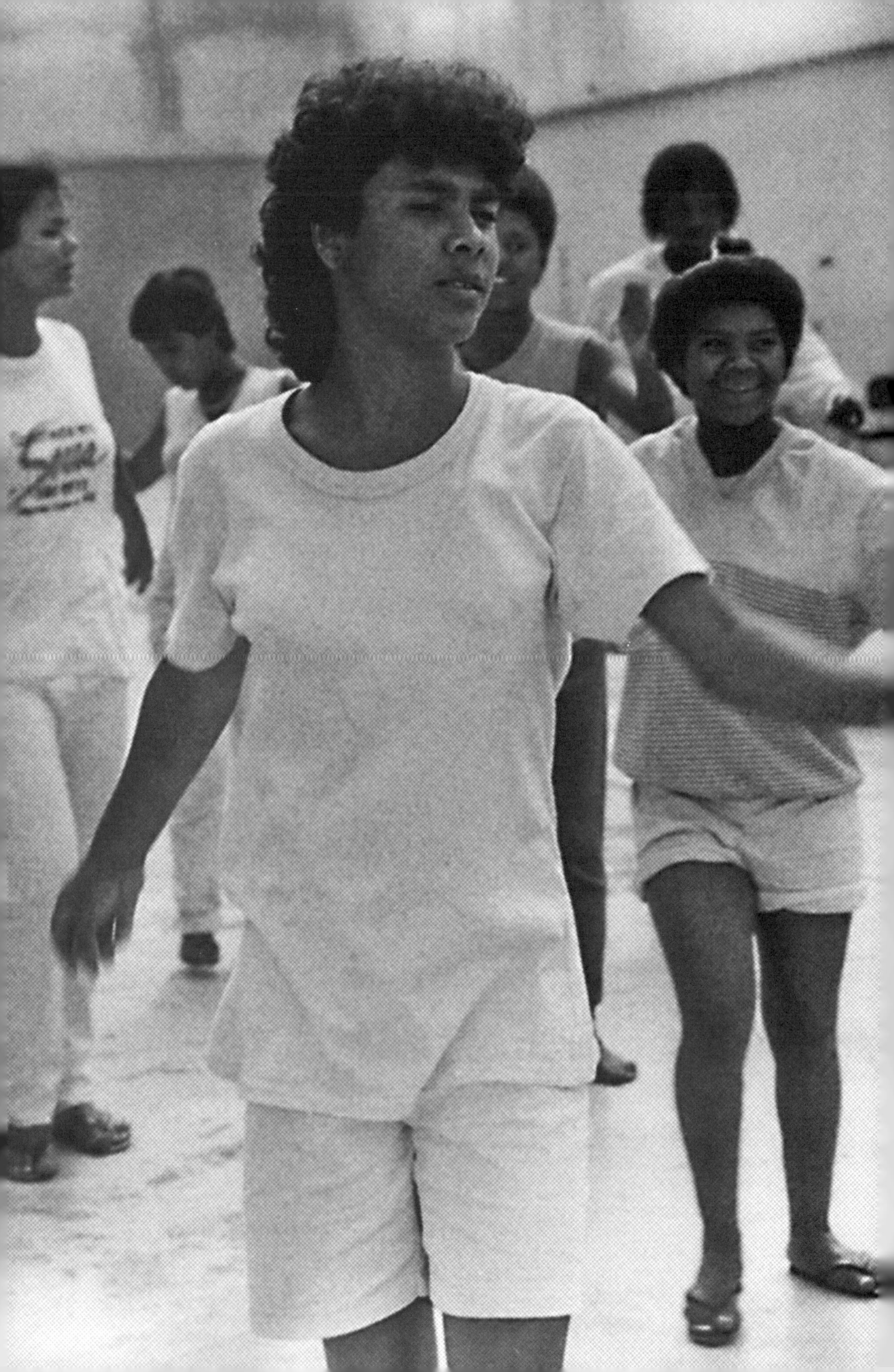

37.

Uma nova fase, novos desafios e realizações

Nazih tinha

deixado a Febem. Sua despedida foi muito bem planejada e transparente. Ele foi se reunindo, diariamente, com todos os setores, conversando com seus colaboradores e explicando que precisava deixar a presidência por motivo de saúde. Despediu-se de todos, agradecendo pelo empenho e dedicação. Pediu que todos continuassem no firme propósito de trabalhar, verdadeiramente, para o bem-estar dos menores internos daquela Fundação.

A despedida de toda a equipe do Projeto Integração foi, como não podia deixar de ser, no teatro. E, como sempre, ele falou bonito, falou com a alma. A alma de um homem íntegro, de princípios humanistas. E fez todo mundo chorar a perda daquela presença que tanto nos confortava, nos dava segurança e estímulo para tudo o que realizávamos com tanto amor e carinho.

Nazih estava realmente com stress agudo. Havia me confidenciado que não andava se sentindo bem há um bom tempo e que seu médico, depois dele ter tido uma espécie de pré-coma diabético e ter sido levado ao hospital, às pressas, lhe dera um ultimato: ou se afastava daquele trabalho extenuante, ou sofreria sérias consequências. Além disso, também não se sentia mais estimulado a continuar no cargo, em face da futura mudança de governo do estado. Sua esposa, Miriam, o apoiou na decisão de deixar a Febem.

O secretário da Promoção Social, na época, Dr. Vergílio Dalla Pria, esposo da doutora. Wayta, ainda o queria como assessor, mas Nazih recusou. Tinha decidido mesmo cuidar da saúde.

Sua saída deixou um vazio muito grande e uma grande interrogação: o que seria daquele projeto tão bonito que ele implantou e que estávamos levando à frente, com tanta determinação. Mas tínhamos que compreender.

A doutora Wayta já tinha estado na Febem para se inteirar de tudo e, assim que o doutor Nazih se afastou, ela assumiu. Continuamos com o nosso trabalho, normalmente, aguardando o que iria acontecer dali em diante. Nossos grupos de teatro tinham sido renovados. Muitos dos nossos alunos já tinham sido colocados em liberdade e outros tinham entrado. As aulas estavam bem divididas, em dias alternados. Com esse ritmo mais calmo, pude começar a escrever com a Isadora, o texto da nossa peça. Eu saía da Febem, ia para a minha casa. Depois do jantar, ficava com ela, no meu escritório, escrevendo todas as noites. Em pouco mais de quinze dias, o texto estava escrito e revisado. Era um monólogo sobre uma mulher solitária, que lutava por sua sobrevivência e trabalhava intensamente como vendedora numa loja de um *shopping center*, assumindo várias horas extras para ganhar um pouco mais. Aos poucos, sua vida ia sendo revelada. A pressão do trabalho, seus medos e anseios, sua insegurança, a ausência de um companheiro real, — ela transferia seus sentimentos e desejos sexuais para um manequim que mantinha como um ser vivo em sua casa —, acabaram por levá-la a uma letal *overdose* de cocaína. Por isso o espetáculo recebeu o título de "*Overdose*". Depois de escrever, demos um tempo para reler e fazer ajustes.

Enquanto isso, na Febem, no Núcleo Desportivo e Cultural, tivemos a inclusão de algumas pessoas novas em todas as áreas. Para a nossa, veio um rapaz, o Renato Murad, que era parente do Jorge Murad, marido da Roseanna Sarney. Todo mundo começou a olhar torto para ele e para os outros que vieram. "Já começou o loteamento político" — era o que mais se ouvia. Eu preferi conhecer melhor o Renato, antes de qualquer julgamento. Falei para ele conseguir, com o pessoal da administração, uma mesa e uma cadeira para seu uso e colocar na nossa sala. Conversei com a Silvinha, que também é da paz, para expormos tudo o que fazíamos. Ele mostrou-se muito interessado e começou a acompanhar nosso trabalho. Logo percebi que o negócio dele era produção. Ele era muito ativo e gostava de conseguir coisas, de organizar, de partir para ação. Achei interessante, porque ele poderia nos dar respaldo. Ficaríamos mais livres para cuidar melhor da parte artística, enquanto ele cuidaria da parte operacional. Renato tinha um ótimo humor, era muito vibrante e animado em tudo o que fazia. Começou a trazer uns objetos para que pudéssemos usar em nossas aulas: livros, máquina de calcular, cadernos, mochilas, malas, leques, vasos, flores artificiais e também uns figurinos: capas, vestidos, calças, blusas, casacos, macacões, camisas, fantasias... Não sei de onde ele trazia tudo aquilo, mas começamos a enriquecer nosso material de contrarregragem e nosso acervo de figurinos. Nossos alunos gostaram, todos adoravam se caracterizar.

Dois alunos novos vieram da UE-JOV: Zezé Terremoto e o Gina. Eram dois travestis.

Zezé Terremoto logo se mostrou um ator de primeira, mas só aceitava fazer papel de mulher. E Gina, não queria representar, mas dançar. Achava-se uma bailarina de ponta! Vivia na ponta dos pés! A presença dos dois deu um toque alegre e engraçado ao grupo e fizemos, desde o início, com que todos respeitassem e não zombassem dos dois novos componentes.

Com o decorrer das aulas, foram todos se integrando. Era um grupo pequeno, de oito alunos, a quem Zezé e Gina deram o nome de "Os oito da Fama"! Eles queriam representar uma peça de qualquer jeito. Então começamos a conversar qual o tema que poderíamos abordar. Zezé logo falou que adoraria ver a história de sua vida, no palco. E contou que era um garoto rejeitado pela família, pelos amigos porque, desde criança, gostava de se vestir de mulher, usava as roupas da irmã mais velha e os sapatos da mãe. Apanhou muito do pai por causa disso. Depois, quando o pai abandonou a mãe, ele, como único filho, teve de virar o homem da casa e dar apoio à mãe e às três irmãs. Sofreu muito para assumir essa responsabilidade, mas trabalhou duro e conseguiu arcar com a maioria das despesas da casa. Depois, aos quinze anos, apaixonou-se perdidamente por um rapaz dez anos mais velho. No início, era uma doçura de bondade, mas, depois, se transformou num monstro. Fugiu com uma namorada e o abandonou! Desiludido, Zezé resolveu sair de casa e ir para a vida, nas ruas. Só se meteu em confusão: drogas, prostituição, roubos, assalto à mão armada e depois... Febem. Era a quarta vez que estava sendo recluso na Fundação. Mas dessa vez jurava que ia mudaria de vida. Quando saísse de lá, iria estudar e trabalhar. Ficaria bem rico e faria uma operação para se transformar em mulher de verdade! Aí encontraria um príncipe encantado e seria feliz para sempre!

Todos gostaram, acharam que daria uma boa peça de teatro. Então começamos, imediatamente, a trabalhar em cima da história da Zezé Terremoto, cujo nome verdadeiro era José Maurício.

Depois de fazermos algumas improvisações, alguns exercícios de inventividade, em que todos contribuíam de acordo com sua visão da história e da peça, escrevi um texto curto — de uns quarenta minutos, se tanto. Em comum acordo com o grupo, dei à peça o nome de "A vida ensina" e ao personagem principal, o nome de "Dedé Maremoto", cujo verdadeiro nome era José Antônio. Para facilitar e agilizar a montagem, não coloquei em cena as três irmãs, elas só eram citadas. Fiz um final mais feliz, em que Dedé (José Antônio) dava uma boa virada em sua vida e partia para uma melhor.

Na hora da distribuição dos personagens, Zezé queria fazer o papel da namorada (Karina) do rapaz (Daniel), por quem Dedé se apaixonava. Dissemos para ele fazer o papel do Daniel. Ele relutou, bateu o pé, disse que não faria papel de homem, mas acabou aceitando. Ademir ficou com o papel da Karina. Ele era tímido, mas muito disciplinado, topou sem reclamar. Gina, cujo nome verdadeiro era Joelson, foi convidado a fazer o papel do pai (seu Lauro). Mais um *show*! Disse que não faria. Ou faria a mãe (dona Cida) ou não participaria da peça. Então eu fechei o tempo.

— Não vai participar.

Ele saiu do palco e sentou na plateia, emburrado. Lindsey assumiu o papel do seu Lauro. Clodoaldo, o mais machão de todos, dobrou papel. Faria um amigo do namorado da Dedé Maremoto (Wanderley) e também a mãe (dona Cida). Gostou da ideia de fazer uma mulher, para nossa surpresa! Nos ensaios, eu ajustaria o texto e daria um jeito dele fazer os dois personagens, com tempo para trocar de roupa na coxia.

O protagonista, Dedé Maremoto, seria interpretado por um garoto chamado Nivaldo. Curioso é que em nenhum momento a Zezé quis fazer esse personagem, que era ele mesmo! Dizia que não aguentaria sofrer tudo de novo.

Samantha e Cristina, dois travestis amigos de Dedé Maremoto, seriam feitos por Roney e Kleber. Eles ficaram muito animados e entraram no tipo, fazendo trejeitos.

Acabamos de distribuir os papéis e começamos a ler o texto. À medida que iam lendo, mesmo com alguma dificuldade, envolviam-se na história e levavam tudo a sério, como se fosse verdade mesmo! Muito interessante!

Depois da leitura do texto, iniciamos uma discussão sobre os personagens e conversamos a respeito da função de cada um dentro da história. Levamos a aula toda fazendo isso. Era muito bom ver aqueles garotos, que nunca tinham entrado num teatro e nem sabiam o que era uma peça teatral, participando daquele momento mágico, em que os personagens iam sendo, aos poucos, desvendados, revelados, tornando-se mais íntimos de quem os representaria. Esse era o processo que eu mais gostava no teatro profissional. Quando conseguia essa simbiose entre ator e personagem, meu coração disparava de emoção. Todas as vezes, em todas as peças que participei, foi assim.

Na plateia, o Joelson (Gina) continuava sentado, de cara feia. Mas prestava muita atenção em tudo. Falamos, argumentamos, relemos a peça com mais embasamento, mais conhecimento da ação e dos personagens e demos a aula por terminada. Todos levaram o texto para começar a decorar.

No primeiro dia de ensaio, Joelson (Gina) veio junto com o grupo e continuou plantado lá na plateia, assistindo. Comecei a dar um esboço geral de marcação e a deixar os garotos se movimentarem mais livremente. A peça foi logo tomando forma. Silvinha me ajudava também, na preparação e na direção de interpretação de todos. Eles eram afiados! Quando o Lindsey, garoto que fazia o papel do seu Lauro, o pai da Dedé, terminou sua cena, e eu elogiei sua atuação, ouvi uma voz que vinha da plateia:

— Eu faço melhor!

Era Gina que, em seguida, subiu no palco, já falando:

— Mudei de ideia! Quero fazer o pai.

— Não! O papel é do Lindsey — falei de imediato.

— Tô arrependido, Anna. quero o meu papel de volta! Dá uma força aí mano, anda! Tu já precisou de mim e eu te dei pano!

Devia haver alguma dívida do Lindsey com a Gina, porque ele cedeu, no ato.

— Por mim tá limpo, pode ficar.

— Não! O grupo é que vai decidir — falei bem firme.

Ficou o maior silêncio.

E Zezé argumentou em favor do amigo:

— A Gina reconheceu que errou, merece uma nova oportunidade, vai gente!

E Gina fez um olhar de súplica. Zezé olhou bem sério para Gina:

— Mas vai ter que ser muito macho no papel!

Todos riram e Gina assumiu um machão:

— Vou ser mais macho do que todos os machos do grupo, tão ligado?

— Então pode!

— Vem de novo, biba machão!

— Mas é pra fazer direito, hein?!

E assim, outros comentários parecidos foram feitos pelo grupo. No fim, todos acabaram concordando com sua volta.

— Tudo bem, — falei —, você vai voltar, Joelson — ele detestava ser chamado pelo nome —, mas não porque vai fazer melhor o personagem, mas para se integrar de novo ao grupo.

Gina, então, tomou o papel de pai para si. O Lindsey assumiu o papel do Wanderley, amigo do namorado da Dedé. Clodoaldo insistiu em continuar fazendo o papel da mãe. Felizmente, todos receberam seus respectivos personagens e recomeçamos o ensaio.

O Renato Murad veio assistir a meu pedido e adorou. Pedimos que criasse figurinos e um cenário. Intensificamos as aulas e ensaiamos duas semanas seguidas, três vezes por semana. Todos começaram a crescer e a evoluir em seus personagens. Uma coisa extraordinária ia acontecendo com Zezé: à medida que ele interpretava o Daniel, o namorado de Dedé, mais ia se transformando em um rapaz, até não mostrar mais nenhum gesto que denunciasse sua transexualidade. Na verdade, José Maurício (Zezé) vinha se revelando um excelente ator!

Joelson (Gina), também talentoso e determinado, ia incorporando cada vez mais o seu Lauro.

Ensaiamos bastante e a peça ficou pronta. E como teatro não existe sem plateia, armamos uma surpresa para "Os Oito da Fama". Convidamos os outros grupos de alunos para assistirem à apresentação, inclusive o grupo das meninas da Unidade Imigrantes.

O elenco estava se aprontando, nos camarins, quando ouviu um burburinho. Estranharam e Zezé foi logo ver o que se tratava. Voltou aos camarins e alarmou:

— Tá chegando uma multidão!

Aí, eu e Silvinha resolvemos contar o que tínhamos aprontado como surpresa. Foi um nervosismo geral mas, ao mesmo tempo, um frisson, um elemento de estímulo! Todos sentiram a importância e a responsabilidade de fazerem o melhor diante dos colegas. Acabamos armando um espetáculo para a classe teatral da Febem!

O cenário estava muito bonito e sugestivo. Com rotunda e tapadeiras pretas, dando forma ao espaço, móveis sugerindo a casa de Dedé, e elementos cênicos indicando um jardim e a rua. Eu tinha bolado uma luz bem legal, com gelatinas de cores diferentes para delimitar os cenários e alguns focos e contraluz para as cenas mais emocionantes.. Os figurinos tinham ficado ótimos também. Renato aproveitou umas roupas que já tinha trazido, produziu outras e arrumou perucas para os garotos que faziam os papéis femininos. Clodoaldo, com um coque, ficou a própria dona Cida — suada e sofrida. E o Ademir, com uma peruca loira, transformou-se na namorada perua, extravagante e ciumenta do Wanderley. Os travestis, então, ficaram maravilhosos! Muito bem produzidos, com roupas coladas no corpo, saltos altíssimos, plumas e paetês! E Zezé e Gina, dentro de suas roupas masculinas, eram os próprios personagens. Zezé encarnou o Daniel e Gina tinha se acertado no papel do seu Lauro. Como é importante o ator vestir o figurino certo, para incorporar ainda mais seu personagem!

A trilha sonora eu tinha gravado em casa. E como era uma peça curta e relativamente fácil de executar, fiz a luz e o som sozinha. A Silvinha ficou dando apoio aos garotos e comandando os camarins, coxias e palco, auxiliada pelo Renato.

Nós sempre usávamos, como no teatro profissional, os três sinais convencionais, com o toque de uma campainha colocada dentro do palco, perto dos camarins, que eu acionava da mesa de luz. O primeiro sinal — de alerta. O segundo, depois de dez minutos, — chamada dos atores ao palco. E todos tinham que ficar lá, absolutamente prontos e concentrados, para entrarem em cena (isso eu tinha aprendido com meus tios atores). Depois de mais cinco minutos, o terceiro sinal — a peça iria começar. Esse era o sinal do "frio na barriga". As luzes da plateia se apagavam e a cortina se abria.

No blackout, a plateia aplaudia. A peça começava. Estavam todos bem nervosos no início, como sempre acontece na estreia de qualquer espetáculo teatral, mas depois foram assumindo seus personagens com maestria, falando e representando com segurança e vigor. Como era bonito ver um espetáculo com aqueles garotos! Como eu me sentia feliz fazendo aquele trabalho!

Todos deram um verdadeiro *show*! Ninguém errou nada! E aqueles quarenta e poucos minutos voaram! O espetáculo terminou deixando um desejo de "quero mais!". A plateia veio abaixo. No agradecimento previamente ensaiado, todos foram muito aplaudidos, mas quando Zezé e Gina, vestidos de homem, vieram à frente do palco agradecer, foi uma verdadeira loucura! Ouviam-se, misturados às palmas, gritos, assobios e também brincadeiras, lógico. Mas foi uma verdadeira aclamação!

Quando a cortina fechou, todos se abraçaram muito emocionados. Fui para o palco para comemorar com eles. Zezé Terremoto veio chorando e me abraçou, depois abraçou a Silvinha e o Renato.

— Vão lá para a plateia — falei para todos. — Seus colegas querem cumprimentar vocês! — Então todos foram.

— Mais um amiga! — disse a Silvinha!

— Mais um!

— Meu primeiro sucesso! — brincou o Renato.

Fomos para a plateia também. Estavam todos na maior confraternização! Sentamos na beira do palco e ficamos olhando tudo, admirando aquela festa!

Zezé deixou um pouco de lado a badalação e os elogios, veio perto de nós e fez sinal de que queria falar algo. Nós descemos do palco. Ele ficou no meio de nós três e falou com um jeito sério e convicto:

— Vocês viram só como eu agradei? Nem imaginava que representando aquele traste do meu namorado faria tanto sucesso! Até que entendi um pouco mais a atitude dele, sabe? E passou aquele ódio todo, só ficou uma raivinha de nada!

Eu e Silvinha nos olhamos, compreendendo bem o que Zezé queria dizer. Sentindo na pele o personagem do namorado, pode entendê-lo melhor.

— Agora... eu me dei bem como bofe, foi ou não foi? Até as meninas me paqueraram, pode? Olha, depois dessa peça, decidi que vou ser mais José Maurício do que Zezé Terremoto! Acho que sem dar muita bandeira, vou me dar bem melhor na vida, vou ser mais respeitado! E assim vou encontrar meu príncipe encantado mais depressa! — e caiu na gargalhada.

Nós também rimos. O teatro é algo incrível, mesmo! Por mais esse espetáculo e por aquilo que eu tinha acabado de ouvir, senti que tinha valido a pena eu ter ficado.

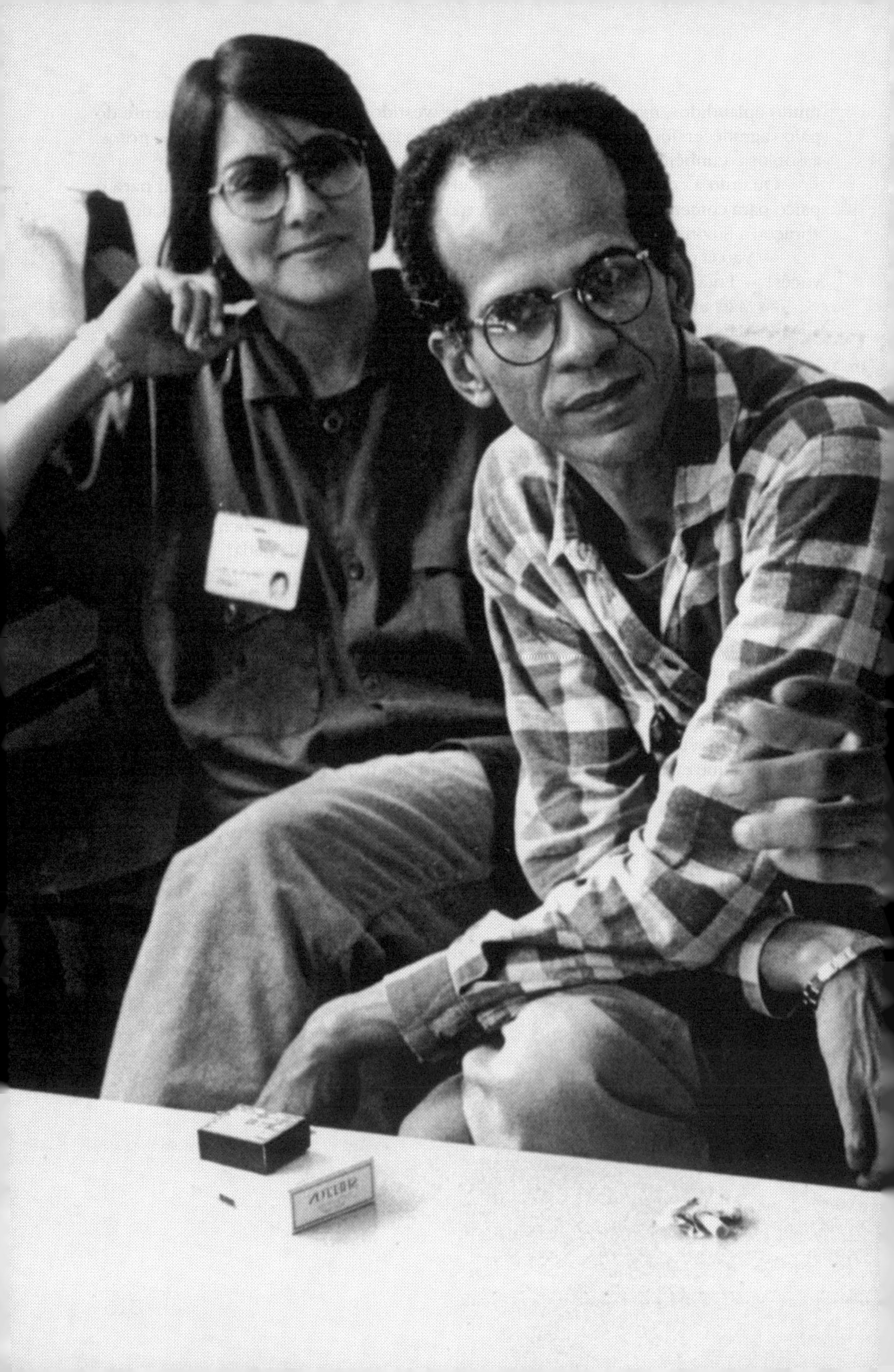

38.

A primeira reunião com a presidente e um novo trabalho a cumprir

Depois de

mais de um mês, finalmente, a doutora Wayta chamou todo o pessoal do Núcleo Desportivo e Cultural para uma reunião e se mostrou muito simpática e comunicativa.

Depois de contar um pouco de sua história e de apresentar os principais integrantes de sua assessoria, fez questão de conhecer um por um e saber a função de todos. Disse que estava fazendo reuniões setoriais e, por isso, não tinha podido estar conosco antes. Fez uma breve exposição do que pretendia e se mostrou disposta a dar sequência ao nosso trabalho. Eu a achei jovem, bonita, vibrante. E gostei do seu bom astral. Todos se mostraram prontos a realizar o melhor, dentro da nova gestão. Só o Welton se mostrou um pouco arredio. A reunião terminou de maneira promissora e positiva. Ela falou que pretendia manter contatos periódicos conosco e estava à disposição para o que precisássemos. Também prometeu que conheceria nosso trabalho de perto. Fomos nos despedindo e ela pediu que eu ficasse.

Quando todos saíram, sentamo-nos num sofá, ao lado da mesa de reuniões.

— Eu tenho conhecimento de seu trabalho, Annamaria.

— Meu e de toda a equipe.

— Sim, claro. Gosto muito de teatro. E acredito que é uma maneira muito boa de fazer com que esses jovens que ficam confinados na Febem, pensem, reflitam e se sintam mais gente.

— É por esse caminho mesmo que conduzimos o nosso trabalho. É também um processo de conscientização. E também de descontração, entretenimento. Todos gostam muito.

— Então... você tem alguma peça já pronta?

— Tenho."Além da fraternidade", que foi apresentada na UE-JOV e "A vida ensina", encenada no nosso teatro.

— Então... eu gostaria de levar um espetáculo para a minha cidade, São José do Rio Preto.
— Os garotos e garotas vão poder sair daqui e viajar?
— Por que não?
— Vai ser uma maravilha, eles vão amar!
— Você pode já começar a pensar nisso? Eu gostaria de apresentar no Teatro Municipal da cidade, no final do próximo mês, você acha possível?
— Temos quase dois meses pela frente. Podemos pensar num novo espetáculo para apresentar! Vai ser corrido, mas dá para fazer!
— Fechado. Vou mandar reservar o teatro e comunico a data.
— Vou pensar num espetáculo bem interessante, para excursionar.
— Excelente! Você não faz mais novela, Anna?
— Não, no momento. Estou me dedicando à Febem e ensaiando um espetáculo com a atriz Isadora de Faria, que vai estrear em breve.
— Me convide, quero assistir!
— Claro! Vai ser muito bom ter você na plateia!

Despedimo-nos. Saí dali a mil por hora. Tinha de pensar num novo espetáculo para a Febem. Agora, para viajar, acertar tudo para que "*Overdose*" estreasse no OFF dentro de vinte dias... loucura, loucura, loucura! Do jeitinho que eu sempre gostei! Estava vitalizada!

Fui para o Núcleo e imediatamente pedi uma reunião geral para contar as novidades. A probabilidade de sair com os garotos, viajar e levar um espetáculo para um teatro fora de São Paulo encantou a todos. Só não senti muito entusiasmo no Welton. Aliás, estava achando ele muito estranho ultimamente. Meio triste, olhar baixo, sem suas ironias costumeiras, sem suas tiradas sempre bem-humoradas que tanto nos faziam rir. Eu tentava puxar assunto para saber o que estava acontecendo, mas ele se esquivava, sempre dizendo que não tinha muito tempo para conversar porque tinha muitas coisas para resolver. Tudo desculpa. Ele andava deprimido mesmo e todos notaram. Mas tínhamos que tocar nosso trabalho com rapidez e eficiência! E eu também não podia deixar de focar com objetividade a peça que realizaria junto com a Isadora de Faria. Nós já estávamos ensaiando e resolvendo itens de produção. A perspectiva de enfrentar aqueles dois novos desafios me fascinava, e eu precisava administrar muito bem meu tempo e minha energia, para poder realizar tudo, com qualidade, e sem me estressar em demasia. Não seria fácil porque, quando tenho muita coisa a cumprir ao mesmo tempo, acabo entrando de cabeça no trabalho e esqueço do mundo! Já tinha ficado muitas vezes doente por causa disso. Na época em que fumava muito, fazia teatro (de terça a domingo, oito sessões por semana) e telenovela ao mesmo tempo (sem roteiro de gravação, tendo que chegar todos os dias às 7 horas da manhã na emissora), dormia quatro horas por noite, comia mal, trabalhava sem parar e sem folga. Acabei perdendo a voz e pegando uma gripe tão forte que quase acabou em pneumonia. Meu personagem — Elza — em "Nino, o Italianinho", teve de viajar para eu poder me afastar por um mês das gravações e me recuperar. E não fui só eu. Todos os atores da novela, sem exceção, adoeceram com aquele ritmo extenuante de trabalho.

Então já me conhecia e sabia o que não poderia fazer! Mas o ritmo tinha que ser acelerado. Fiquei o resto da tarde pensando que peça encenar. Não me vinha nada, inspiração nenhuma. Também, eu misturava os pensamentos, ora no espetáculo que teria de criar para a Febem, ora na peça que levaria ao OFF.

Já era final da tarde e decidi ir para casa. Teria ensaio à noite, com a Isadora. Silvinha também foi embora. No caminho de casa, minha cabeça fervilhava! Comecei a ter tique nervoso. Quando fico sob pressão, voltam os meus tiques, já tão controlados! Mas aí eu me domino, respiro fundo, relaxo e me acalmo. E, nesse processo, de repente, tive uma magnífica inspiração: fazer "Menino de Rua"! Claro! Escrever o texto, de fato. Eu só havia roteirizado a história para apresentar na UE-15, e agora poderia desenvolver a trama, fazer os diálogos, criar um texto teatral!

— Obrigada meus amigos! — falei em voz alta, sentindo que tinha recebido mais uma orientação do Plano Espiritual.

A minha vontade era de chegar em casa e logo começar a escrever! Mas tinha ensaio com a Isadora. Estávamos ensaiando na sala de minha casa, porque o espaço do palco, no OFF, não era muito maior do que aquele. Ensaiamos até meia-noite e foi muito bom. Ela estava começando a se soltar, a entender o que eu queria: uma interpretação menos teatral e mais cinematográfica — na postura, nos gestos, na emoção. Queria um espetáculo num tom intimista, com gestos contidos, sentimentos interiorizados. E ela, como era uma atriz arrebatada, dramática, tinha de repensar seu estilo de representar e fazer um enorme esforço para não se expandir em excesso. Não estava sendo fácil, mas o resultado estava ficando extraordinário. Naquela noite chegamos bem próximo do que eu desejava. Foi o melhor ensaio que fizemos até então. Depois, fui fazer um chá de erva-doce, para tomarmos com o bolo de fubá que dona Luzia tinha feito para nós. Achei melhor não comentar nada ainda sobre o outro espetáculo que realizaria na Febem, para ela não entrar em pânico, achando que eu ficaria sem tempo de me dedicar ao nosso espetáculo. Durante o chá, fizemos uma avaliação do ensaio. Ficamos um bom tempo discutindo o que tínhamos conseguido e o que ainda precisávamos alcançar. Depois Isadora foi embora.

Não estava com um pingo de sono e resolvi ir à máquina de escrever. E, até umas quatro horas da manhã, já tinha escrito mais de dez páginas do texto "Menino de Rua". Tudo fluía com muita rapidez e clareza na minha cabeça, era só passar para o papel. Só parei quando o sono bateu forte. Aí tomei um bom banho quente e nem sei como consegui chegar à cama, porque já estava dormindo pelo caminho, completamente entregue. Adormeci em paz. Aquele dia tinha nascido feliz! E sonhei:

Estava na carroceria de um caminhão, junto com uns homens com cara de peruanos, meio índios. Lembrava o povo que eu tinha visto em *Machu Picchu*, no Peru. Estavam com sacos de alimentos e mais dois cachorros grandes, que iam dormindo, deitados em cima de uns trapos de panos. As mulheres usavam umas roupas coloridas e os homens calças e camisas cor-de-laranja. Seguíamos por uma estrada estreita, que tinha de um lado só mato e, do outro, uma praia com areia muito branca, translúcida, e dava para ver o mar lá longe. De repente o caminhão parou e o motorista desceu para ver alguma coisa lá na frente. Abriu o motor, voltou e levou um galão de água, que devia ser para encher o radiador. Aí, apareceu um passarinho, aquele que sempre me aparece quando algo bom vai acontecer e pousou bem do meu lado. Ele tinha uma carinha alegre e falou para todos nós:

— Cuidado naquela curva! E depois voou.

O motorista voltou e deu partida no caminhão, para sair. Eu dei um grito para ele esperar. Desci da carroceria e avisei para tomar cuidado nas curvas da estrada, e ele me respondeu:

— Conheço tudo por aqui, não tem perigo!

Então resolvi sentar no banco, ao lado dele e de um outro homem negro. Fiquei do lado da janela. O caminhão foi pela estrada. Passou por várias curvas em velocidade e o motorista olhava para mim e ria. De repente surgiu outro caminhão que vinha em sentido contrário. Eu gritei:

— Cuidado!

Ele desviou o caminhão para o mato e conseguiu frear. O outro caminhão também brecou e parou ao lado da praia. Aí desceu o Welton e falou ao motorista do nosso caminhão:

— Você é maluco? Veio pra cima de mim, quase bateu!

Aí abriu a minha porta e me fez descer.

— Você tem de ir para a UR! O espetáculo vai começar!

Eu desci depressa, entrei no caminhão dele e o passarinho estava no meu banco, sorrindo para mim.

O Welton deu partida no caminhão e foi dirigindo pela estrada. Comecei ouvir vozes de criança. Então Welton falou:

— A Silvinha está lá atrás com a criançada. Vocês vão viajar, mas eu não vou. Não vou poder ir.

Aí o passarinho voou, saindo pela janela dele. Eu virei, ajoelhei no banco e olhei pela janelinha de trás. A Silvinha estava com um monte de crianças e um bebê no colo. Comecei a bater no vidro, mas ela não me via e nem ouvia, e eu batia mais forte, mais forte... Acordei com batidas na porta do meu quarto e a voz da dona Luzia me chamando.

— Anna! Anna!

Levei o maior susto. Levantei e abri a porta.

— Anna, tudo bem?

— Tudo bem!

— É quase meio-dia. A Silvinha ligou preocupada, pediu para você ligar para ela.

— Nossa, não acredito! O despertador não tocou!

Conferi. Eu tinha colocado para despertar às 8h30, pelo jeito ele tinha tocado, eu é que não tinha ouvido.

— Obrigada dona Luzia, já vou levantar e ligar para ela.

— Você almoça aqui, hoje?

— Almoço sim.

Dona Luzia desceu as escadas. Ela estava trabalhando comigo havia bastante tempo. Um anjo que Deus colocou no meu caminho. Criatura doce, que cuidava de mim e da casa com o maior carinho. Era minha segunda mãe.

Telefonei para a Febem e mandei chamar a Silvinha:

— Silvinha, perdi a hora! Fiquei escrevendo até tarde e não ouvi o despertador, acordei agora! Vou tomar um banho rápido, almoçar e logo chego aí. Alguma coisa importante para resolver?

— Não, só precisamos nos acertar para o espetáculo.

— Faz o seguinte, por favor, marque uma reunião com todo o pessoal do teatro, inclusive com a Marisi e o Zani, às 4h30. Quero falar com eles para começarmos a agitar o trabalho. Já escrevi mais de dez páginas e tenho uma visão do que vai ser.

— Escreveu? Mas que peça vai ser?

— Menino de Rua!

— Que nós fizemos na UE-3?

— É, mas aquilo foi só um roteiro, agora estou desenvolvendo a história mesmo, com uma estrutura dramatúrgica, diálogos, um texto de teatro! Chegando aí, explico tudo para vocês.

— Que legal! Então vem logo!

Despedimo-nos. Tomei um banho quase frio, almocei aquela comidinha caseira e deliciosa da dona Luzia e fui à Febem. Não via a hora de chegar, mostrar o que já tinha escrito e contar como seria o espetáculo. Já estava tudo cravado na minha memória, com início, meio e fim! Era só dar continuidade ao que já tinha datilografado em casa. Seria fácil terminar! Sempre que escrevo é assim, a história começa a surgir na minha mente, eu começo a visualizar tudo e logo fico sabendo como vou fazer o final. Enquanto não souber o final, não consigo começar a escrever! Depois disso, o processo de elaboração do texto é rápido.

No caminho, me lembrei do sonho. Que maluco! E o passarinho que me avisou! O Welton falando que eu precisava ir à UR, a Silvinha na história, com as crianças e um bebê no colo! Pensei: "Preciso passar na UR! Será que aconteceu alguma coisa por lá?". Mas eu já havia estado lá no início da semana e tudo corria bem! As atividades todas funcionando, tudo mais leve e confortável para amenizar aquela espera inquietante dos garotos!

Quando cheguei, já estavam todos em nossa sala, conversando. E pudemos começar a reunião mais cedo. Estranhei a ausência do Welton e me falaram que ele não tinha vindo, porque estava meio adoentado. Então dei início e expliquei como seria a peça, que precisaria da colaboração de todos, porque o trabalho deveria ser muito bem integrado. Denvolveria uma coreografia inicial, um cenário que remetesse a uma praça, com vários elementos cenográficos: adereços, figurinos para todos os personagens, e um especial para o protagonista e para um menino que, no final, tocaria uma flauta. Precisaríamos de muito ensaio para deixar tudo pronto, dentro de um cronograma que precisávamos obedecer. Disse que, em três ou quatro dias, o texto estaria totalmente escrito, mas que todos já poderiam pensar no que criar para o espetáculo.

— Para que dia será a estreia? — perguntou a Marisi, artista plástica, que teria de trabalhar muito com sua equipe.

— A doutora Wayta quer que seja no final do próximo mês.

— Vai ser puxado, hein? — disse a Marisi.

— Vai sim, mas nós vamos conseguir, tenho certeza!

— Eu já vou trazer minha caminha pra ficar aqui direto, brincou o Renato Murad.

— E eu vou falar com a doutora Wayta para providenciar um albergue noturno aqui, para todos nós! — falei brincando.

— E o elenco? — perguntou o Agenor.

— Temos de escolher muito bem quais alunos participarão, porque vamos viajar e dormir fora uma noite.

— Você só vai utilizar os meninos das aulas de teatro? — perguntou o Zani, bailarino e coreógrafo, que fazia trabalho corporal com alguns grupos de internos.

Eu já o tinha convidado para trabalhar conosco, porque a Mara, que fazia esse trabalho para nós, havia saído da Febem para seguir sua carreira artística.

— Pretendo, porque eles já estão mais disciplinados, mas nada impede que possamos contar com a participação de outros, que tenham talento e o perfil que precisamos. Por quê? Você tem alguém para indicar?

— Tenho alunos muito bons, mas prefiro ler o texto antes.

— Precisamos encontrar é um bom protagonista, porque o "Menino de Rua" terá de fazer a plateia chorar de emoção!

— Ah, mas ele vai surgir, Aninha! A gente tem uma boa estrela nos guiando! — falou a Silvinha, com aquele seu jeitinho tão entusiasmado!

— Bom, mãos à obra! — falei, já levantando.

Todos foram também levantando e ficou um vozerio. Chamei a Silvinha.

— Silvinha, vou dar um pulo até a UR, quer ir comigo?

— Fazer o que lá, Aninha?

— Tive um sonho muito esquisito na noite passada, o Welton apareceu, dizendo que eu precisava ir até a UR — acabei contando o sonho inteiro.

— Vamos, eu vou com você — disse ela.

Telefonei para lá e avisei que estávamos a caminho. Quando chegamos, vimos que o Cássio, aquele monitor que tinha me levado lá pela primeira vez, estava sentado numa roda, com alguns meninos. Ele estava com um saco de lixo azul, cheio de badulaques dentro. Uma história estava sendo contada. Cada vez que ele tirava do saco, um objeto, a história ia se ampliando e o objeto era incluído na narrativa. Ficamos olhando, estava divertido. Os meninos permaneciam muito atentos para poderem continuar a história, a cada objeto revelado. Havia uns, mais tímidos, outros, menos criativos, que demonstravam muita dificuldade em participar. Mas, ali estava um garoto muito astuto, agitado e falante, que sempre que alguém titubeava, ele logo tomava o lugar e sabia dar um rumo à história, incluindo o objeto que o Cássio tirava do saco de lixo. Ficamos observando, até que o saco se esvaziou e a história foi concluída com muita inventividade pelo garoto sabido, que incluiu o último objeto — uma mola —, contando que uma garotinha que queria conhecer a Lua colocaria aquela mola nos pés e, num pulo só, chegaria até lá. O Cássio deu a brincadeira por terminada e o grupo se dispersou. Ele veio até nós.

— Gostaram?

— Muito bacana, Cássio! — e apresentei Silvinha a ele.

— Você também trabalha com o teatro? — ele perguntou a ela.

— Sim! Teatro é a minha paixão!

— Silvinha é uma excelente atriz e veio trabalhar aqui para me dar a maior força!

— Eu também gosto muito de teatro. E vou sempre que posso. Quando tiver uma peça dos garotos aqui, me avisem.

— Já fizemos algumas e estamos preparando outra, para apresentar fora daqui. Vamos te chamar para ver o ensaio geral — disse eu.

— Ótimo! Eu vou sim! E você — falou para a Silvinha — está fazendo alguma peça?

— Não.

— Que pena... Se estivesse, eu poderia ir te assistir...

E me pareceu um pouco mais do que um simples interesse profissional... coisas do *feeling* feminino.

O garoto que se sobressaiu na brincadeira chegou perto e perguntou ao Cássio:

— Não vai fazer mais nenhum jogo?

— Agora vocês vão tomar lanche.

— E depois do lanche?

— Vem outro monitor, para ficar com vocês.

— Gostei da parada das histórias. Só que os manos aí são muito loque, sem tutano, não sabem nada de nada! — e sorriu com um pouco de desdém.

Olhei melhor para ele. Era pequeno, mulato, magro, de cabelo encaracolado bem preto. Estava de short branco e camiseta amarela, com um surfista estampado na frente.

— Como você chama? — perguntei ao menino
— Sebastião, mas todo mundo me chama de Tião mesmo.
— Quando você chegou aqui?
— Hoje mesmo. A senhora sabe pra onde é que eu vou?
— Não sei não.
— Não fiz nada!
— Não?
— Só peguei um tênis emprestado!

Nós três acabamos rindo do jeito simples e natural dele falar.

— É, mas eu ia devolver, juro! Só tem que o dono era um menino chorão, filho de um Grandão! E aí... ferro no Tião! Me trouxeram pra cá!
— É sua primeira vez aqui?
— Não senhora, a segunda. A primeira me pegaram roubando na feira! Mas é que na minha casa, todo mundo estava com uma baita vontade de comer bolacha! E a gente é em oito. Daí peguei o latão cheio e o homem me grampeou no flagra!Chamou o policial e ele me trouxe pra Febem. Mas não sou ladrão não!
— Viram como ele representa bem o bonzinho, o coitadinho? Esse garoto é muito inteligente! Vocês podiam levar ele para fazer teatro! — falou o Cássio.
— Me leva, eu quero! — falou o Tião, já todo animado!

Olhei para a Silvinha e foi perfeita a nossa sintonia. Acabávamos de encontrar o "Menino de Rua"! E parece que a Silvinha também tinha acabado de encontrar um admirador...

39.

Overdose, Menino de Rua — tudo sendo produzido ao mesmo tempo

Estrearíamos,

em pouco mais de uma semana, "*Overdose*" — no OFF, e em pouco menos de um mês,"Menino de Rua" — em Rio Preto. Tive de montar, praticamente, uma equipe única de produção para os dois espetáculos. Como Isadora mostrou-se impossibilitada de atuar e produzir a peça, ao mesmo tempo, precisei pedir ajudar aos meus companheiros da Febem. O Renato levou um rapaz, amigo dele, para trabalhar conosco. Esse rapaz, o Augusto, já trabalhava na Febem, mas em outro setor, e estava louco para vir para o Núcleo. O Augusto era muito prestativo, sempre pronto a ajudar em tudo. Logo de cara gostei dele e do seu jeito cooperador de ser. Era também muito bonitinho. Loiro, de olhos claros, sempre sorrindo. Pois bem, o Renato e o Augusto foram a minha salvação para fazer o cenário de "Overdose", no OFF.

    A família do Renato tinha antiquário e, bem depressa, descolou: uns móveis, um abajur, uma cadeira de balanço, um tapete, um biombo e um aparelho de som meio antigo para usarmos na peça. E ficou tudo muito bom no espaço cênico. Fácil de montar, fácil de guardar. Eu e Isadora já estávamos ensaiando com o cenário. A Marisi e a Márcia, do Núcleo, tinham feito um boneco, tipo manequim, deslumbrante, que fazia parte dos delírios românticos de Maria Tereza — personagem da peça. Fiz questão de destinar, além da verba relativa ao custo dos materiais para a confecção, também uma outra para pagar a mão de obra dos garotos que ajudaram. A Marisi disse que investiria a quantia ganha, em mais material, para utilizar nas aulas. Eu também já havia gravado a trilha sonora no estúdio da Tunica — sonoplasta premiadíssima, minha amiga. E quem operaria o som e a luz? O Nardinho! Ele já estava em liberdade e conseguiu entrar um dia, na Febem, como visitante e foi falar comigo no Núcleo, ver se eu arrumava um emprego para ele no teatro, para fazer qualquer coisa. Como eu precisava de alguém para operar luz e som, no OFF, contratei-o! O garoto começou a se sair muito bem na função. Já estava inoculado pelo vírus teatral, não tinha mais jeito! E, na Febem, eu tinha transformado a Silvinha em minha assistente de direção. Eu marcava as cenas, dava todas as intenções, trabalhava a interpretação e ela, no dia seguinte, repetia tudo, lapidando e aprimorando cena por cena.

Renato e Augusto também estavam se desdobrando para fazer a produção de "Menino de Rua". Marisi e Márcia estavam fazendo outro telão, com novas medidas, para adequá-lo ao Teatro Municipal de Rio Preto, e também criando os figurinos. O Zani estava fazendo a coreografia inicial com as garotas da Imigrantes, que participariam da peça. O Robert, fazendo a direção Musical junto com o Matheus, da UE-15. O Agenor trabalhava em todos os cantos, era o coringa necessário, que me dava informações de tudo o que estava acontecendo. Eu, como dizia o grande ator Juca de Oliveira, quando fazia telenovela: "Tinha morrido para o mundo!", pois só trabalhava, dia e noite! Sempre dando um ajuste no texto, aqui e ali, pela madrugada. Indo da Febem para o OFF, do OFF para a Febem e, de vez em quando, ainda ia ao TBC, fazer controle de qualidade de minha peça " Falando de Amor com Humor". Pela minha casa, eu passava, simplesmente! Eu dormitava, não dormia.

Meu namoro, na ocasião, quase terminou por absoluta falta de tempo e de espaço para momentos românticos. E o Ollie, meu *poodle* de estimação, estava sofrendo de síndrome do abandono e fazendo mil e uma travessuras para chamar minha atenção! Minha família mal me via ou falava comigo. Foi um período de entrega total ao trabalho. Mas eu não me sentia nem um pouco cansada! Estava adorando toda aquela agitação!

Eu ainda arrumava tempo para correr atrás de patrocínio para "*Overdose*". Consegui algumas cotas de apoio, de empresas que eu já conhecia e que costumavam me ajudar nas produções teatrais, mas ainda precisava de dinheiro para a promoção e divulgação do espetáculo. E, nesse corre-corre, acabou acontecendo uma coisa muito boa para os dois espetáculos, o do OFF e o da Febem: minha prima, Rosana Frugiuelle, tendo conhecimento, a partir de uma conversa que tivemos, do estado geral da minha vida àquela altura, e que eu precisava de verba para divulgar "*Overdose*", disse que me encaminharia a um diretor de *marketing*, de uma empresa do setor de eletroeletrônico, que talvez pudesse me ajudar.

Poucos dias depois, com a indicação de minha prima, fui recebida por ele. Conversamos sobre uma cota de patrocínio para o espetáculo "*Overdose*", mas a empresa não dava dinheiro, só apoiava no que fosse possível e, no meu caso, poderia mandar confeccionar todos os cartazes e imprimir todo o material de divulgação da peça. Isso já era muito bom, aceitei na hora. E, já que eu estava lá mesmo, resolvi arriscar a pedir o equipamento de som que necessitávamos para o teatro da Febem. Contei o trabalho que estávamos realizando e ele ficou muito interessado em poder colaborar. Pediu que solicitasse o que precisávamos, por meio de ofício, que ele encaminharia à direção. Realmente, esse diretor me pareceu muito bondoso e generoso. Nosso encontro foi bem-sucedido e eu saí de lá confiante.

Quando cheguei à Febem, logo fui em busca dessa carta-ofício, para solicitar toda a aparelhagem de som necessária. Relacionei item por item e a assessora jurídica da presidência, na hora, redigiu tudo, prometendo que, no dia seguinte, a carta estaria nas mãos do diretor da empresa.

Voltei ao Núcleo, mas não contei nada a ninguém. Sou assim mesmo, não gosto de ficar criando expectativas até que as coisas aconteçam, de fato.

Por lá tudo andava bem, só uma coisa andava me preocupando e muito. O comportamento do Welton. Ele, quando aparecia, estava estranho, dando sinais de depressão profunda. Uma tarde, resolvi prensá-lo contra a parede:

— O que está acontecendo com você, meu amigo? Fala para mim!

— Não estou nada bem, ando me sentindo muito pressionado aqui dentro. E se abriu, finalmente. Achava que estavam querendo puxar o tapete dele e tirá-lo da direção do Núcleo.

— Quem? — perguntei.

— A turma que entrou agora, aqui!

Tinha havido alteração na assessoria, na administração, enfim, na condução da Febem. Era gente ligada à nova presidente, ou seja, uma nova equipe de trabalho, como sempre acontece quando há uma mudança de direção. Eu ouvi atentamente tudo o que ele relatou. Por fim, afirmou com toda a convicção que estava mesmo sendo perseguido.

O Welton já não tinha um perfil de líder, mostrava-se frágil para o comando do Núcleo Cultural, mas nós, conhecedores dessa sua vulnerabilidade, sempre estávamos dando suporte e elevando sua autoestima. Só que, naquele momento, com tanta correria, estávamos voltados tão somente para o acúmulo de tarefas que tínhamos de cumprir diariamente, por isso, ele devia estar se sentindo relegado. Confortei-o, dizendo que poderia ser um equívoco, que ele era um profissional competente e não precisaria ter medo de nada e que teria sempre todo o nosso apoio. Mas nada o convenceu a mudar de opinião. Falei que ficasse mais perto de nós, que trabalhasse junto, mas ele comportou-se totalmente imune às minhas palavras. Senti que ele estava muito desenergizado. Ainda perguntei se queria dar um pulo comigo à Federação Espírita, para tomar um passe, mas ele se negou a ir, dizendo que iria para casa, pois precisava dormir bastante para "esquecer". Foi embora, me deixando mais preocupada ainda.

Eu ainda precisava ficar lá, tinha de passar a peça inteira, para ajustar uma série de coisas que tinha anotado no ensaio anterior.

O espetáculo estava ficando cada vez mais bonito, gostoso de ver, delicioso de se interpretar. E tudo numa linguagem de fácil entendimento, especialmente dirigida ao nosso carente público-alvo infanto-juvenil.

Os garotos e garotas estavam admiráveis e aprimoravam sua interpretação, dia a dia. O Tião, como personagem principal, estava dando um verdadeiro *show* de interpretação. Sim, porque tínhamos ido atrás do Tião na UE-15, Unidade para onde ele havia sido conduzido, após sair da UR, e o captamos para a peça. Cada vez que via sua movimentação no palco, sua segurança em dizer o texto com naturalidade e verdade, mais me certificava de que tínhamos acertado na escolha. Ele era o próprio "Menino de Rua". Estava todo dono de si, sendo o ator principal. De vez em quando, eu precisava chamar sua atenção, porque o danado queria dirigir os outros! Principalmente as meninas, que ficavam injuriadas com suas interferências. Uma vez, a Silvinha, que era toda doce e meiga com os garotos, deu uma dura nele e mandou que ficasse quieto e procurasse fazer o melhor, preocupando-se só com o seu personagem. E pensa que ele se intimidou? Foi logo dizendo:

— Eu tenho que me preocupar com tudo! Se os outros não estiverem fazendo a peça bem, podem me prejudicar! — era bem arrogante o nosso protagonista!

Eu tive de armar uma dinâmica de grupo, para resgatar a harmonia e o entendimento entre todos, e neutralizar a tendência ao estrelismo do Tião, que acabou se retratando e pedindo desculpas aos colegas.

Tudo em paz, os ensaios estavam cada vez mais prodigiosos. Eu havia escrito o texto, mas a cada ensaio fui modificando e ajustando, até chegar à versão final. Era a primeira vez que estava trabalhando desse modo. E pensava: "Se até Shakespeare fazia isso, por que eu não posso fazer?" O grande dramaturgo escrevia as cenas de suas peças e depois as levava ao grupo para ensaiar e, de acordo com o andamento dos ensaios, voltava para casa e modificava o que achava necessário, até chegar ao formato ideal. Lembro que quando estive em Londres, como todo turista ator que se preze, fui visitar *Stratford Upon Avon*, terra natal de William Shakespeare. O guia local, ao mostrar o *Globe Theatre*, o teatro onde ele ensaiava com seu grupo e apresentava suas peças ao povo, falou desse método usado pelo famoso e reverenciado bardo inglês. Só que ele usava a pena para escrever!

Hoje, chego a me perguntar que, se usando esse método lento e rudimentar de escrita, ele produziu tanto e escreveu peças tão deslumbrantes, o que não teria escrito mais, se tivesse um computador?!

Bem, "Menino de Rua" ficou com uma estrutura bem interessante. Daquele roteiro inicial, levado na UE-3, ficou muito pouco, somente a ideia original e o cenário onde a ação se passava — uma praça pública. A peça ficou com 24 personagens, dentre eles, tipos característicos como: o Zé Pinguinha, os crentes, o comprador de ouro, o jornaleiro, o engraxate, o casal de ciganos, as garotas de programa, os jogadores da sorte, dois rapazes donos de um carro, um assaltante, o chefe de uma quadrilha e seu comparsa, e um grupo musical — com um líder maestro e quatro flautistas, sendo um deles o personagem Nando, importante no desfecho da história.

No elenco, contávamos com garotos da UE-JOV, da UE-3 e garotas da Imigrantes, entre eles um garoto indicado pelo Zani, o Robson, que era muito talentoso. Também participavam três garotos do grupo musical do monitor Matheus da UE-15, ele próprio fazia o líder — maestro. O João, garoto flautista, que tinha conhecido na primeira vez que fui à UE-15 com o Agenor, também era integrante. O João já estava em liberdade há algum tempo, mas quando o Matheus leu a peça, logo pensou nele para fazer o papel do Nando e, prontamente, ele veio, a pedido de seu mestre e professor de música, para participar do espetáculo.

O João e o Nardinho eram dois exemplos muito importantes de que os garotos internos, depois de colocados em liberdade, não retornavam à Febem só quando reincidiam em suas infrações.

De todo o encaminhamento diferente que dei ao texto, o mais significativo foi mudança que eu tinha imprimido ao final da peça. O menino de rua, o Catatau, em vez de sair da praça, seguindo um garoto marginal, como acontecia no roteiro anterior, foi sensibilizado pelo Nando, o garoto flautista, que estava se livrando do vício e de uma quadrilha de traficantes. Nando trouxe uma flauta de presente para Catatau e o iniciou no aprendizado musical. Os dois executaram uma música do flautista Zamfir, que eu tinha escolhido para o grupo do Matheus tocar durante a peça e também para encerrar o espetáculo. A música era linda e envolvente. E a cena final, com Catatau erguendo a flauta, imobilizando e valorizando seu gesto, era uma alusão clara de que a música, a arte podem conscientizar e alterar, para melhor, o curso de vidas em desalinho.

Achei que tinha finalizado o texto, até acontecer um fato que me fez mudar o início, quando o menino de rua, a quem dei o nome de Catatau, dormindo num dos bancos da praça, sonhava com umas espécies de ninfa que dançavam à sua volta, envolvendo-o e deixando-o embriagado com seus movimentos mágicos.

No curso do trabalho, nós ensaiávamos o texto, a marcação e a interpretação no teatro. O Zani ensaiava a coreografia e fazia o trabalho de corpo na academia. O Robert ensaiava a parte musical com o Matheus e seu grupo, na UE-15, enquanto o cenário, figurinos e adereços eram confeccionados no galpão de artes plásticas, pela Marisi, Márcia e seus alunos.

Nesse ritmo, tudo andava sincronizado, sem atropelo de horários, dentro de um cronograma preestabelecido. Eu percorria tudo, para me inteirar do que estava acontecendo em cada setor e, para depois, poder juntar tudo no espetáculo. Era uma equipe que trabalhava em sintonia.

Uma tarde, antes de começarmos nosso ensaio no teatro, o Zani me chamou para ir ver a coreografia das meninas que faziam as ninfas e que já estava concluída. Chamei a Silvinha, para ir comigo.

Entramos na academia, que era toda espelhada e bem equipada. As meninas estavam se aquecendo nas barras. Sentamos e aguardamos. Aí entrou o grupo dos garotos da UE-JOV e da UE-3 que faziam a peça e também trabalho de corpo. O monitor que os acompanhava tinha se enganado no horário e chegado, com eles, antes. Zani, então, os convidou para assistir à coreografia das meninas. Eles ficaram muito animados. O Carlinhos e o Toddy sentaram lado a lado e já começaram a tagarelar. Zani pediu silêncio e explicou que, no palco, elas dançariam em volta do banco da praça e, depois, ganhariam mais espaço para expandir seus movimentos. Em seguida, foi até um aparelho de som e colocou a música que tinha escolhido para a dança das ninfas. Era bonita, estilo *new age*. Elas começaram a bailar com leveza, sincronia de movimentos e adquiriram esplendor e delicadeza de gestos e expressões.

Olhamos para os garotos. Eles estavam inebriados — esse é o termo. Elas dançavam muito bem e a coreografia era bonita e sugestiva. Quando a dança terminou, aplaudimos muito.

— Está linda a coreografia, Zani! E vocês estão maravilhosas, parabéns! — falei realmente admirada de ver aquela performance.

Silvinha abraçou o Zani com lágrimas nos olhos. Ela gostava muito dele. Zani era uma criatura do bem.

— Que trabalho abençoado, meu amigo! E vocês são verdadeiras bailarinas dançando! Elas ficaram felizes com os elogios.

— Por que é que a gente não pode dançar com elas? — falou em tom marcial, o Toddy. A pergunta nos pegou de surpresa e ficamos sem saber o que responder.

— Vocês querem dançar também? — perguntei.

— Claro! Não é mais bonito os meninos dançarem junto, em vez delas dançarem sozinhas? Eu, Zani e Silvinha nos entreolhamos.

— Posso refazer a coreografia e incluir os garotos — falou o Zani.

— E eu reescrevo o início. Vai ficar ainda melhor! — falei, gostando da ideia. Os garotos comemoraram.

— Vocês estão dispostas a recomeçar? — Zani perguntou ao grupo feminino.

— Estamos! — responderam quase todas. E a que se mostrava mais resistente, logo se impôs:

— Mas só se eles não bagunçarem!

— Nós não vamos bagunçar, vamos levar na firmeza, não vamos? — perguntou Toddy a eles.

— Vamos! — todos concordaram.

— Então tá bom.

— Vamos ter de ensaiar bastante, hein? — Zani foi logo avisando.

— A gente ensaia, ué! — falou Carlinhos.

— Então vamos começar já! Acho quem vou pensar numa outra música, não sei... — e começou a procurar entre seus CDs.

— Nós já vamos indo então — falei — Zani, você chama a gente para ver, quando tudo estiver pronto?

— Chamo sim. E sua cabeça já estava na nova criação.

— Olhe lá, hein! Juízo! — falei para todos, brincando e saímos.

— Essas coisas me emocionam demais, muito bacana eles quererem fazer esse tipo de dança coreografada, com as meninas!

— Esses garotos são mesmo imprevisíveis! E falou em meninas, é só alegria!

— Isso é verdade!

— Bom, lá vou eu modificar o texto, de novo!

Fui para a nossa sala e logo sentando para datilografar um novo início. Não teria tempo de fazer isso em casa. Precisava sair de lá e ir direto para o OFF ensaiar com a Isadora, até tarde da noite.

Assim que terminei de descrever a abertura, agora incluindo a dança a ser realizada pelas garotas e pelos garotos, resolvi dar uma geral no texto. Aliás, autor não pode ficar lendo o que escreveu porque sempre encontra o que modificar. E não deu outra! Resolvi mudar o final também. Achei que precisava de algo mais impactante! Fechei os olhos e comecei a visualizar como poderia ser. Fiquei até um pouco entorpecida e, de repente, tive uma inspiração: depois do final da peça, quando a ação ficava congelada, com o gesto do Catatau erguendo a flauta como se fosse seu troféu de libertação, eu deixaria a luz cair em resistência, lentamente, e faria um contra luz, meio lilás, e uma luz frontal, bem suave, enquanto os outros atores entrassem, aos poucos, no palco, tomando posições com marcação bem simétrica. Catatau, Nando e o grupo de flauta sairiam da imobilidade cênica e tomariam também posições preestabelecidas. Nesse momento, todos seriam não os personagens, mas os garotos artistas. E quando todos estivessem colocados, entraria uma voz gravada, com uma poesia que Miriam Meserani, a esposa de Nazih, escreveu, no livro de presença da Bienal do Menor. Eu havia copiado, porque tinha achado muito bonita. Foi tudo tão forte e tão intenso, que eu escrevi sem perceber direito o que estava escrevendo. Quando terminei, reli. Senti uma emoção tão grande que meus olhos se encheram de lágrimas. A inclusão daquela poesia tinha dado um desfecho perfeito ao espetáculo, e aquele novo final, com certeza, tinha sido inspirado, parecia até que eu o havia psicografado.

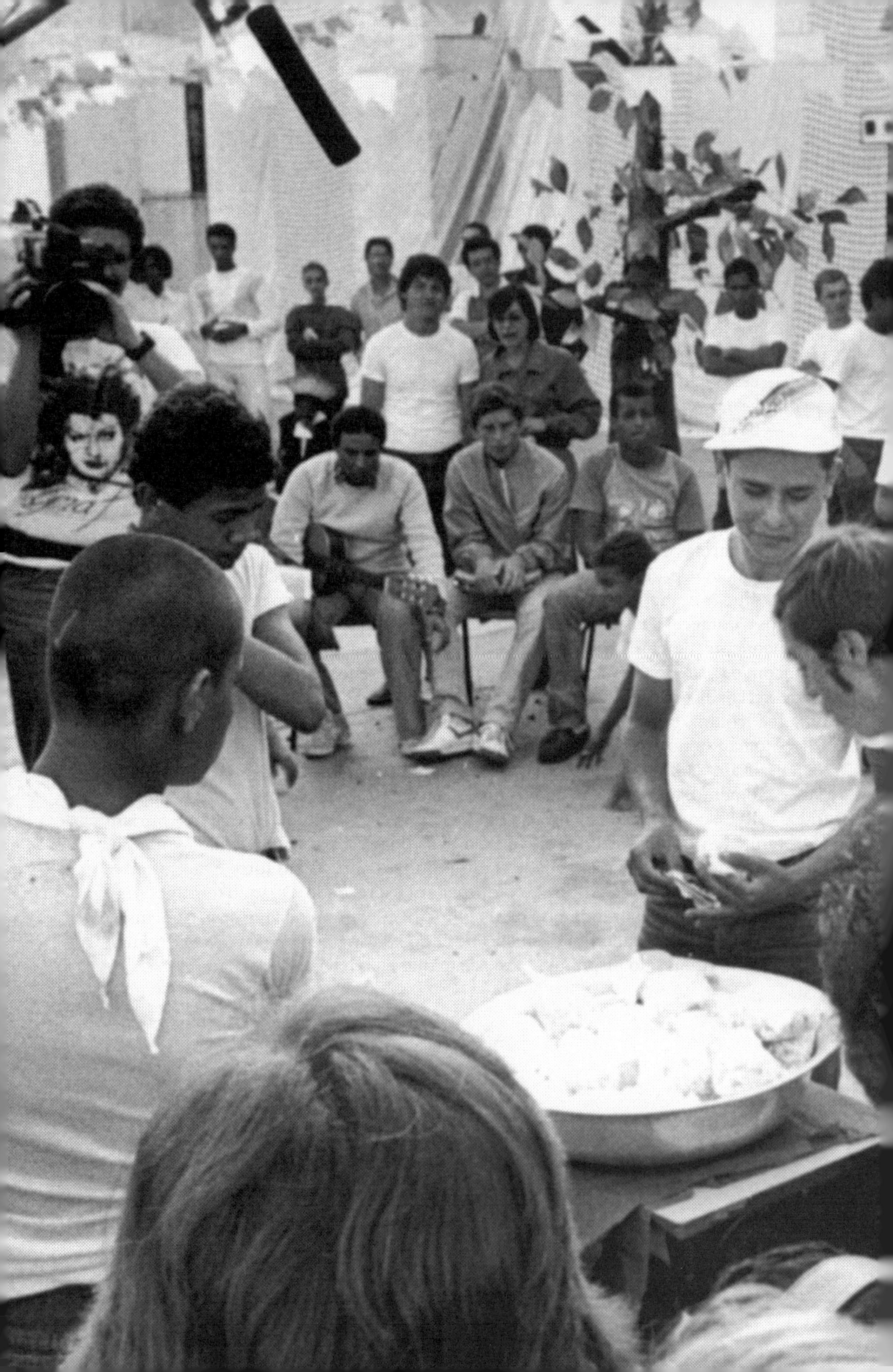

40.

Versão final, na íntegra, do texto "Menino de Rua"

MENINO DE RUA

de Annamaria Dias

PERSONAGENS PRINCIPAIS:

Catatau — O menino que mora na rua, numa praça.
Zé Pinguinha — Seu amigo, que vive também na praça.

OUTROS PARTICIPANTES:

Jornaleiro (Piauí)
Engraxate (Bilu) — pertence à quadrilha
Crente 1
Crente 2
Comprador de ouro (João Manero)
Namorado (Rodrigo)
Namorada (Andréa)
Cigano (Douglas)
Cigana (Soraia)
Chefe da quadrilha
Assaltante
Jogador da sorte (pertence à quadrilha)
Jogadora da sorte (pertence à quadrilha)
Prostituta 1 (Carla)
Prostituta 2 (Regina)
Dono do carro (Roberto)
Amigo do dono do carro
Viciado (Nando) — pertence ao grupo de flautistas
Líder do grupo de flauta
03 meninos integrantes do grupo de flauta

CENÁRIOS

Praça de uma cidade grande.
Um banco de jardim, no centro do palco, em primeiro plano, onde Catatau dorme.
No chão, papelões, jornais, caixas, uma garrafa vazia, tralhas, onde Zé Pinguinha dorme.

ÉPOCA

Atual.

PALCO VAZIO.
LUZ ENTRA LENTAMENTE — É NOITE.
ZÉ PINGUINHA VEM CHEGANDO, CAMBALEANTE, AJEITA-SE COMO PODE NUM BANCO DA PRAÇA.
DEPOIS DE UM TEMPO, CATATAU SURGE, VINDO PELA PLATEIA, CHUTANDO UMA LATA, FAZENDO BARULHO.

VOZ OFF DE MULHER:
— Ô menino, para com essa barulheira, aí! Uma hora dessas chutando lata! Não tem o que fazer, não?

CATATAU:
— Tá bom, tá bom! (SEGUE ANDANDO E CANTAROLANDO UMA MUSIQUINHA.)

VOZ DE MULHER OFF:
— Cala essa boca menino! Eu quero dormir! Se não calar já essa boca, eu vou aí e te sento a mão!

CATATAU:
— Tá bom, tá bom! (E VAI ANDANDO ATÉ SUBIR NO PALCO.) Essa vida de muquirana é fogo! (SACODE ZÉ PINGUINHA) Ô Zé Pinguinha, acorda, sai daí!

ZÉ PINGUINHA (ACORDA ASSUSTADO):
— Assombração! Assombração! (T) Ah, é você Catatau? Pensei que você não viesse, tava dormindo na sua cama!

ZÉ PINGUINHA LEVANTA MEIO CAMBALEANTE E VAI DORMIR NO CHÃO. CATATAU VAI SE ACOMODANDO EM SEU BANCO.

ZÉ PINGUINHA:
— Onde é que você estava?

CATATAU:
— Por aí...

ZÉ PINGUINHA:
— Por aí... por aí... (T) Sabe Catatau, eu tava sonhando...

CATATAU:
— Com o quê?

ZÉ PINGUINHA:
— Com aqueles mulherão, aqueles violão! (E FAZ O GESTO.)

CATATAU:
— Tá bom, dorme.

ZÉ PINGUINHA:
— Catatau!

CATATAU:
— O quê?

ZÉ PINGUINHA:
— Vou continuar sonhando com aqueles violãozão!

CATATAU:
— Tá bom! Vê se dorme e deixa eu dormir!

OS DOIS SE AJEITAM E DORMEM. CATATAU SONHA COM CINCO GAROTAS, VESTIDAS COM ROUPAS ANTIGAS, QUE SURGEM E COMEÇAM A DANÇAR AO REDOR DELE.
DEPOIS DE UM TEMPO, APARECEM CINCO GAROTOS, TAMBÉM VESTIDOS COM ROUPAS ANTIGAS, QUE VÊM AO ENCONTRO DELAS.
GAROTOS E GAROTAS COMEÇAM A DANÇAR UM MINUETO, COM AR APAIXONADO. ELAS AINDA DANÇAM UM POUCO COM ELES, DEPOIS SE AFASTAM, INDO EMBORA. OS GAROTOS VÃO ATRÁS DELAS E SAEM DE CENA TAMBÉM.

CATATAU, QUE DURANTE O SONO REAGIA A TUDO, ACORDA NUM SOBRESSALTO:

CATATAU:
— Hei, vem pra cá vocês todas! Volta aqui!

ZÉ PINGUINHA (ASSUSTADO):
— O que é que foi?

CATATAU:
— Eu estava sonhando com cinco mulheres!

ZÉ PINGUINHA:
— Cinco? Eu só estava sonhando com uma!

CATATAU:
— Puxa, cada mulher bonita! Só que os homens chegaram e levaram elas embora!

ZÉ PINGUINHA:
— E você deixou?

CATATAU:
— Elas quiseram ir...

ZÉ PINGUINHA:
— Mulher é assim mesmo! Tudo traiçoeira! (E DORME.)

CATATAU:
— Queria que elas voltassem, mas sozinhas... Ia ser tão bom... tão bom... (E ADORMECE.)
MÚSICA — MUDANÇA DE LUZ — PASSAGEM DE TEMPO — É DIA

NA PRAÇA, COMEÇA UM PEQUENO MOVIMENTO DE
PESSOAS. CATATAU AINDA DORME.

ZÉ PINGUINHA (LEVANTA. SE ESPREGUIÇA, DEPOIS SACODE O MENINO.):
— Catatau! Ô Catatau! Acorda vamos! Acorda!

CATATAU:
— Não me bata, pai! Não fiz nada!

ZÉ PINGUINHA:
— Que pai o quê! E eu lá sou pai de moleque vadio, preguiçoso?

CATATAU (TAPANDO A CARA DO SOL):
— Que solzão!

ZÉ PINGUINHA:
— É o sol do meio-dia! Hora de procurar o que beber!

CATATAU:
— Beber? Tô é com fome! Será que a tia do café vem hoje?

ZÉ PINGUINHA:
— Sei não. Mas se ela não vier, nós vamos no bar do seu Zé. Eu peço pão com manteiga pra você e uma cachacinha pra mim!

CATATAU:
— E vai pagar com o quê?

ZÉ PINGUINHA:
— Ele vai fazer fiado!

CATATAU:
— Ele vai é botar a gente pra correr, isso sim!

ENTRA O JORNALEIRO.

JORNALEIRO:
— Olha o jornal do dia! Quem vai querer o jornal do dia?

ZÉ PINGUINHA:
— Ô jornaleiro, quais são as notícias de hoje?

JORNALEIRO:
— Tudo subiu e o salário baixou!

ZÉ PINGUINHA:
— A pinga também subiu?

JORNALEIRO:
— Mais do que tudo!

ZÉ PINGUINHA:
— Tô frito!

CATATAU (PARA O JORNALEIRO.):
— Ô Piauí, você tem um dinheirinho aí, pra eu e o meu amigo tomar café?

JORNALEIRO:
— Não tenho não! Comecei a vender jornal agora, tô sem grana!

CATATAU:
— Então deixa eu te ajudar a vender jornal e você me dá uma gorjetinha!

JORNALEIRO:
— Sai fora, te vira de outra maneira! (E VAI SAINDO.) Olha o jornal do dia, quem vai querer o jornal do dia?

JORNALEIRO CRUZA COM O ENGRAXATE.

ENGRAXATE:
Vai graxa aí, Piauí?

PIAUÍ:
— Tô de tênis, maluco! (E VAI ANDANDO, TENTANDO VENDER JORNAL.)

ENGRAXATE APROXIMA-SE DE CATATAU E ZÉ PINGUINHA.

ENGRAXATE:
— Oi, Zé Pinguinha! E aí, Catatau?!

CATATAU:
— Bilu, tem um dinheirinho aí pra arrumar pra nóis? Tamo com fome.

ENGRAXATE:
— Que é isso? Nem comecei a engraxar ainda! Vou tirar dinheiro de onde?

CATATAU:
— Então empresta a caixa um pouco pra eu engraxar e ganhar alguma grana!

ENGRAXATE:
— Eu é que tenho que fazer alguma grana pra levar pra minha mãe! Não vai dar não, mano! (E VAI PARA O OUTRO LADO DA PRAÇA, CRUZA COM DOIS CRENTES E FALA PARA UM DELES.) Vai graxa aí, senhor? Bilu aqui é o melhor engraxate da praça!

CRENTE 1:
— Depois, depois.

ENGRAXATE:
— Depois a que horas?

OS CRENTES SE AFASTAM SEM RESPONDER. BILU FICA CHATEADO E SE AFASTA.

CRENTE 1 (PARA ZÉ PINGUINHA):
— Bom dia, irmão!

ZÉ PINGUINHA:
— Ichi, lá vem! (E VAI SE AFASTAR).

CRENTE 1:
— Calma irmão, não precisa ter medo! Nós viemos trazer a palavra de Deus para você!

ZÉ PINGUINHA:
— Sabe o que é? Quando não bebo fico surdo! Paga uma pinguinha pra mim, paga, irmão?

CRENTE 2:
— Beber ofende a Deus!

ZÉ PINGUINHA:
— Então eu ofendo ele todos os dias!

CRENTE 2:
— E não está na hora de parar?

ZÉ PINGUINHA:
— De ofender ou de beber?

CRENTE 2:
— Das duas coisas!

ZÉ PINGUINHA:
— Não quero nem uma nem outra!

CRENTE 1:
— Nem conhecer o Evangelho do Senhor? (E MOSTRA A BÍBLIA PARA ELE.)

CATATAU:
— Fala aí moço, essa Blíblia ajuda em alguma coisa?

CRENTE 1:
— Ajuda! Claro que ajuda!

CATATAU:
— Ajuda a gente a estudar, arrumar emprego, a comer todo dia?

CRENTE 1:
— Ajuda você a se salvar!

CATATAU:
— Oba! Então se ela vai me salvar do sufoco, dá de presente pra mim?

CRENTE 1:
— Não posso, esta é a ferramenta do meu trabalho!

ZÉ PINGUINHA:
— Hi, ele é mecânico de Deus!

CRENTE 2:
— Não adianta, eles não querem a salvação!

CATATAU:
— Eu quero sim! Dá essa "blíblia" pra mim, vai!

CRENTE 2 (PARA O ENGRAXATE.):
— Você precisa se salvar!

ENGRAXATE:
— Eu não, já tô bem salvo!

CRENTE 1:
— A humanidade está perdida!

CRENTE 2:
— O mundo não quer saber da palavra do Senhor, vamos embora!

CATATAU:
— Puxa, bem que aquela "blíblia" podia me render uns troquinho... Tô com um bruta buraco no estômago!

CHEGA O COMPRADOR DE OURO.

COMPRADOR DE OURO:
— E aí 51, tudo bem?

ZÉ PINGUINHA:
— Tudo bem nada! Nós tamo com fome!

CATATAU:
— Ô João Manero, empresta um aí, prá gente rangá?

JOÃO MANERO:
— Eu tenho cara de trouxa? Vão trabalhar!

CATATAU:
— Então deixa eu te ajudar a comprar ouro?

JOÃO MANERO:
— Você tá louco, moleque? Alguém vai querer vender ouro pra pivete? Vai procurar a tua turma! (CHAMA BILU.) Ô Bilu, dá uma engraxada federal aqui!

BILU:
— É pra já, João Manero!

CHEGA RODRIGO, PROCURA ALGUÉM E OLHA NO RELÓGIO.

DEPOIS DE UM TEMPINHO, ANDRÉA ENTRA.

RODRIGO:
— Por que é que você chegou tão atrasada, hein Andréa?

ANDRÉA:
— Fui ver uns amigos!

RODRIGO:
— Que amigos?

ANDRÉA:
— Uns amigos aí, você não conhece!

RODRIGO:
— Olha lá, hein?!

ANDRÉA:
— Hi, vai começar com ciúme, vai? (CARINHOSA.) Você sabe que eu só gosto de você!

O CASAL FICA DE NAMORICO, DE BEIJINHO. CATATAU FICA OLHANDO, EMBEVECIDO. ZÉ PINGUINHA DÁ UM SAFANÃO NELE E O MANDA IR ATÉ LÁ, PEDIR DINHEIRO PARA ELES.

CATATAU:
— Moça, arruma um dinheirinho pra mim, por favor?

ANDRÉA:
— Não tenho!

CATATAU:
— Ah, arruma vai! (E PEGA NO BRAÇO DELA.)

RODRIGO:
— Tira a mão da minha namorada, ô garoto folgado!

ZÉ PINGUINHA:
— Ôpa, calma aí!

RODRIGO:
— Que calma aí, o quê! Mexeu com a minha namorada, leva pau, tá entendendo seu nojento?

ZÉ PINGUINHA (TODO CORAJOSO.):
— Olha lá como fala comigo!

RODRIGO (NUM GESTO AMEAÇADOR.):
— Cala a boca, senão te sento a mão e acabo com a tua raça!

ZÉ PINGUINHA ENFRENTA O GAROTO, MAS FICA COM MEDO E SAI CORRENDO APAVORADO.

ENTRA UM CASAL DE CIGANOS (DOUGLAS E SORAIA).

DOUGLAS:
— Quem quer ver a sorte? Os ciganos Douglas e Soraia revelam tudo o que vai acontecer na sua vida!

RODRIGO:
— Cigano, lê a minha sorte e a da minha namorada!

DOUGLAS:
— Vem aqui, vem, sentem aqui.

RODRIGO, ANDRÉA E O CASAL DE CIGANOS SENTAM NUM BANCO DA PRAÇA.

ZÉ PINGUINHA XERETANDO TUDO. CATATAU ATENTO.

SORAIA
— Homem lê mão de mulher e mulher lê mão de homem! (PARA RODRIGO.) Me dá sua mão direita.

RODRIGO ESTENDE A MÃO PARA ELA.

SORAIA:
— Você é um homem de grande sorte! Vai se dar muito bem na vida e vai ser muito feliz no amor!

RODRIGO (REFERINDO-SE À NAMORADA.):
— Eu vou ser feliz com ela?

SORAIA FICA CONFERINDO AS LINHAS DA MÃO DELE.

ZÉ PINGUINHA (À PARTE, PARA O PÚBLICO.):
— Vai nada! Ela é linda e ele é feio que dói!

CATATAU MANDA-O FICAR QUIETO.

ZÉ PINGUINHA (SUSSURANDO PARA O CATATAU.):
— Mas ele é um monstrengo!

CATATAU FAZ SINAL PARA ELE FECHAR A BOCA.

RODRIGO:
— Fala cigana, eu vou ser feliz com a minha namorada, aqui?

SORAIA:
— Isso só o destino vai poder dizer!

ZÉ PINGUINHA (OUTRO APARTE):
— Essa cigana é cachaceira! Sabe escorregá...

RODRIGO:
— Lê a mão da minha namorada agora!

SORAIA:
— Já falei que mulher lê mão de homem e homem lê mão de mulher! (PARA DOUGLAS.) Douglas, lê a mão dela!

DOUGLAS PEGA A MÃO DELA E COMEÇA A LER.

DOUGLAS:
— Você é uma mulher afortunada! Tem muita força e coragem! Vai encontrar alguns obstáculos, mas vai vencer todos! E também vai ser muito feliz no amor!

DOUGLAS:
— Ela vai casar comigo?

ZÉ PINGUINHA:
— Hi... isso aí vai dar chabu!

DOUGLAS:
— Isso só destino vai dizer!

ZÉ PINGUINHA:
— Ele também escorregou... É cachaceiro!

RODRIGO (LEVANTANDO E PUXANDO ANDRÉA.):
— Esses aí são dois pilantras! Vamos embora!

DOUGLAS:
— Espera aí! E o meu dinheiro? Vocês têm que pagar!

RODRIGO E ANDRÉA VÃO EMBORA.

DOUGLAS:
— Que sacanagem! Eles foram embora sem pagar!

ZÉ PINGUINHA (PARA DOUGLAS.):
— O destino paga vocês! (E MORRE DE RIR.)

DOUGLAS:
— Cala essa matraca, seu pinguço!

ZÉ PINGUINHA:
— Sou pinguço, mas tenho grana pra pagar! (PARA A SORAIA.) Lê minha mão, cigana!

DOUGLAS:
— Deixa que eu leio!

ZÉ PINGUINHA:
— Ué? Não é mulher que lê mão de homem?

DOUGLAS:
— Mas mão de pinguço, leio eu! Dá aqui sua mão!

ZÉ PINGUINHA ESTENDE A MÃO.

DOUGLAS:
— Eu vejo uma mulher na sua vida!

ZÉ PINGUINHA:
— Loira ou morena?

DOUGLAS:
— Morena!

ZÉ PINGUINHA:
— Ui, ui, ui!

DOUGLAS:
— Ela é dona de um boteco!

ZÉ PINGUINHA:
— Oba! Vou ter muita cachaça pra tomá!

DOUGLAS:
— Ela vem te procurar, logo, logo!

ZÉ PINGUINHA:
— É mesmo? Já tô ficando animado demais! Vem morenona, vem...

DOUGLAS:
— Ela vem atrás de você com a polícia, pra cobrar tudo o que você deve para ela!

CATATAU:
— Hi... é a dona Maura, do boteco da esquina! Você tá perdido, Zé Pinguinha!

ZÉ PINGUINHA:
— Tudo invenção sua, seu safado! (PARA A SORAIA.) Lê a mão do Catatau, que quero ver o que você vai falar pra ele, anda! Eu pago!

SORAIA PEGA A MÃO DE CATATAU.

CATATAU:
— Eu vejo cinco mulheres na sua vida!

ZÉ PINGUINHA:
— Cinco? Na minha ele só viu uma!

CATATAU:
— Fica quieto!

SORAIA:
— Elas estão dançando.

CATATAU:
— Dançando? Você está adivinhando meu sonho! Lê mais, lê mais!

SORAIA:
— Elas trouxeram um sinal de mudança na sua vida!

CATATAU:
— Mudança das boa?

SORAIA:
— Está tudo um pouco nublado... Espera aí, tô vendo aqui um menino... um amigo...

CATATAU:
— Que amigo? Não tenho amigo nenhum, não!

ZÉ PINGUINHA:
— E eu? Não sou teu amigo não, mal-agradecido?!

SORAIA:
— É um amigo novo!

ZÉ PINGUINHA:
— Eu não sou velho, viu, cigana peçonhenta!

CATATAU:
— Cala essa boca, Zé Pinguinha! Fala aí cigana.

CIGANA:
— É um amigo novo, que vai te mostrar um caminho novo?

CATATAU (INTERESSADO.):
— Um amigo novo, que vai me mostrar um caminho novo?

ZÉ PINGUINHA:
— Já não sou mais importante nessa história! Me jogaram pras traças! (E VAI SAINDO.)

DOUGLAS:
— Hei! Meu dinheiro! Quero meu dinheiro!

ZÉ PINGUINHA:
— E isso que vocês leram é sorte por acaso? Só notícia atravessada! Não vou pagar não!

COMEÇA A MAIOR DISCUSSÃO ENTRE OS CIGANOS E ZÉ PINGUINHA.

CATATAU:
— Chega! Para com isso, Zé Pinguinha! (PARA OS CIGANOS.) Não adianta brigar! Esse cara não tem grana nenhuma! É um pinguço durango!

ZÉ PINGUINHA:
— Êpa, assim também não! Me respeita, moleque malcriado! Eu tenho dinheiro, sim!

CATATAU:
— Ah tem? Então mostra!

ZÉ PINGUINHA FUÇA DENTRO DO SEU SAPATO, TIRA UMAS NOTAS E MOSTRA PARA ELES.

"Menino de Rua",
arte
imitando a vida.

Os garotos ouvem as explicações de Annamaria

O presidente da Febem e Sra., com José Geraldo Costa.

...er de suas próprias experiências, como ...no de rua, uma peça teatral, foi a vonta-... José Geraldo Costa, 17 anos, ex-interno ...nidade Educacional 3, da Febem, duran-... última passagem pelo quadrilátero do ...apé. Naquela unidade, José Geraldo ... participar de aulas de teatro que a atriz ...maria Dias vem desenvolvendo com ...s internos. O menino, de pouca estatura, ...ou a Febem no mês de abril, mas voltou ...timo sábado de junho, não como interno ... para ver interpretada por colegas sua ..., que conseguiu escrever durante as aulas ...quais participou.

...sé Geraldo chegou mais cedo, antes da ...sentação. A peça estava marcada para as ...oras, mas às 14 começou uma festa junina ...ovida por funcionários e internos. Con-..., imprensa e colegas de José Geraldo ...iciparam. Teve quadrilha, pipoca, pau de ... tudo o que tem uma festa junina, só

História

Uma praça improvisada na quadra interna da unidade foi o palco onde se desenrolou toda a história. José Geraldo descreve a vida de um menino que faz da rua seu mundo. O menino, personagem central, interpretado pelo menor Alexandre Lacorte, 16 anos, que está na Febem há 4 meses, tenta fazer amizade com pessoas que estão na praça.

Aproximadamente 20 minutos foi a duração da peça. Nesse espaço de tempo o "Menino de Rua" tenta se aproximar das pessoas que passeiam no local. Uns jogam bola, outros fazem brincadeiras infantis, e tem até mesmo um grupo que toca violão. Nenhuma das pessoas que lá se encontram querem saber do menino. Desolado, à margem da vida das pessoas na praça, o menino é procurado por outro garoto que o convida para assaltar um banco, e juntos saem pela praça mostrando a todo mundo que podiam ser amigos, e que agora tinham dinheiro.

Durante toda a apresentação os meninos

a problemática apresentada po... o autor dá à peça duas form... Numa delas ele pergunta se a s... rá recuperar o menino, e e... morrerá marginalizado.

Ensaios

José Geraldo, que partic... ensaios, diz que a sua histó... Rua" conta para todo mundo ... um menino, mesmo sem ser la... zado pelas pessoas. E diz qu... tante para ele é ver uma "coi... tanta gente. Essa também é ... ria dos menores que particip...

Durante os ensaios, a p... meninos era a de fazer o m... Teatro para eles é novela o... bem feito" salienta um del... somente tinham ouvido fala... curso na Febem. "Alguns ... ções ao cinema e apresenta... periferia", explica Annamar... Lemos coordenadores do P...

ZÉ PINGUINHA:
— Olha aqui, seus trouxa! (E MOSTRA UM MAÇO DE DINHEIRO.)

CATATAU:
— Que dinheiro mais fedido de chulé!

ZÉ PINGUINHA:
— Mas tem valor! Quanto é que foi a enganação?

CATATAU:
— Cinquenta!

ZÉ PINGUINHA:
— Que roubo! Dou só dez e olhe lá, se quiser! (ESTENDE A NOTA.)

DOUGLAS PEGA A NOTA E FAZ SINAL PARA SORAIA. ELES VÃO SAINDO.

CATATAU:
Então você estava mocozando a grana, né?

ZÉ PINGUINHA:
— Mocozando, não! Essa grana é pro meu futuro! Pretendo abrir um negócio!

CATATAU:
— Só se for uma fábrica de pinga!

ZÉ PINGUINHA:
— É isso mesmo que eu vou abrir, adivinhou!

ENTRAM O CHEFE DA QUADRILHA E SEU COMPARSA E FICAM VENDO OS DOIS DISCUTINDO.

CATATAU:
— Seu pão duro! Dá um pouco desse dinheiro pra eu tomar café e comer pão, anda!

ZÉ PINGUINHA:
— Você não falou que o meu dinheiro era chulezento? Então, não vou dar um tostãozinfo pra você!

CATATAU:
— Dá aqui, seu muquirana!

CATATAU TENTA TIRAR O DINHEIRO DELE E NÃO CONSEGUE.

ZÉ PINGUINHA ESCONDE DE NOVO O DINHEIRO NO SAPATO. CATATAU, LOUCO DA VIDA, SENTA POR ALI, LARGADO.

CHEFE MANDA O COMPARSA LEVAR UNS PACOTINHOS DE DROGA PARA BILU, O ENGRAXATE. ELE RECEBE A DROGA E SE MANDA PARA UM DOS LADOS DA PRAÇA. O CHEFE DA QUADRILHA SE APROXIMA DO CATATAU.

CHEFE:
— De quanto é que você precisa, menino?

CATATAU:
— O senhor vai dar?

CHEFE:
— Vou! Fala, quanto você quer?

CATATAU:
— Só um dinheirinho pra eu tomar café com leite e comer um pãozinho com manteiga!

ZÉ PINGUINHA:
— Na chapa!

CHEFE:
— Toma aqui (ESTENDE A NOTA PARA CATATAU.), vinte reais. Assim você também almoça depois.

CATATAU PEGA O DINHEIRO.

CHEFE:
— Tá bom?

CATATAU:
— Tá muito bom moço! Puxa, obrigado viu?

O CHEFE SE AFASTA. CATATAU FICA OLHANDO O DINHEIRO MARAVILHADO.

ZÉ PINGUINHA:
— Vamos logo, ô moleza! Vai ficar olhando o dinheiro agora? Vamos logo pro boteco!

CATATAU:
— Não vou pagar nada pra você, não! Você tem seu dinheiro!

ZÉ PINGUINHA:
— Meu dinheiro ganhei com sacrifício! Esse aí tu ganhou na maciota! Vai pagar pra mim, sim!

CATATAU:
— Não vou!

ZÉ PINGUINHA:
— Vai!

OS DOIS SAEM DISCUTINDO. CHEFE FICA OLHANDO O GAROTO SAINDO COM O ZÉ PINGUINHA.

CHEFE:
— O que você acha da gente botar esse moleque de aviãozinho?

COMPARSA:
— Bem pensado, chefe! Mas ele não é muito pequeno, não? Será que aguenta a bronca?

CHEFE:
— Deixa comigo. Com grana a gente consegue tudo!

ENTRA O CASAL, OS JOGADORES DA SORTE. E JÁ VÃO ARMANDO A BANQUINHA COM AS TRÊS FORMINHAS E UMA BOLINHA.

JOGADOR:
— Olha a bolinha da fortuna! Quem vai querer ganhar? É só adivinhar onde a bolinha está!

O CHEFE DA QUADRILHA FAZ SINAL PARA O COMPARSA ENTREGAR OS PACOTINHOS DE DROGA PARA O JOGADOR. O COMPARSA SE APROXIMA DOS DOIS E ENTREGA OS PACOTINHOS.

COMPARSA:
— Olha aqui, é pra vender tudo, combinado?

JOGADOR:
— Tá limpo!

COMPARSA:
— Ajuda ele a vender direitinho, viu? (FAZ UM CARINHO NA GAROTA E SE AFASTA.)

JOGADOR (PARA A JOGADORA):
— Te liga, hein? Não dá espaço pra esse cara!

JOGADORA:
— Não sou otária! Desse cara eu só quero a grana que ele dá pra gente.

JOGADOR:
— Dá não! A gente trabalha e ele tem que comparecer com a grana, qual é?

CATATAU E ZÉ PINGUINHA VOLTAM. ZÉ PINGUINHA ESTÁ COM UMA GARRAFA DE PINGA NA MÃO.

ZÉ PINGUINHA:
— Viu? Não doeu nada você me dar de presente uma garrafinha de pinga! Sou teu melhor amigo!

CATATAU:
— Ah, vê se te enxerga traste!

ZÉ PINGUINHA:
— Sou teu amigo sim! Tu não tem ninguém! Quem é que é tua família, hein? (CUTUCA ELE.) Fala moleque!

CATATAU:
— Ah, sai dessa, me deixa! (SE AFASTA.)

JOGADOR:
— Olha a bolinha da fortuna! Quem vai querer ganhar? É só adivinhar onde a bolinha está!

ZÉ PINGUINHA VÊ OS JOGADORES.

ZÉ PINGUINHA:
— Opa! Vou tentar a sorte! (TIRA UMA NOTA DEBAIXO DO SAPATO.)

CATATAU:
— Pra jogar você gasta grana, né?

ZÉ PINGUINHA:
— Eu tô é investindo pra vê se eu aumento a minha poupança pro meu futuro!

VAI ATÉ A BANQUINHA.

ZÉ PINGUINHA:
— Aposto dez nessa joça aí. (SEGURA A NOTA.)

JOGADOR:
— Então vamo nóis! (PÕE A BOLINHA EMBAIXO DE UMA FORMINHA E COMEÇA A MEXER COM AS TRÊS FORMINHAS, PONDO A BOLINHA DEBAIXO DE UMA, DEPOIS DE OUTRA, BEM RAPIDAMENTE.) Tá lá, tá cá, tá lá, tá cá... (PARA TUDO, TIRA A MÃO DAS TRÊS FORMINHAS E FALA PARA O ZÉ PINGUINHA.) Onde é que está a bolinha?

ZÉ PINGUINHA:
— Tá aqui! (APONTA PARA UMA FORMINHA.).

JOGADOR:
— Errou! (E TOMA O DINHEIRO DA MÃO DELE.) Dançou!

ZÉ PINGUINHA:
— Você roubou! Eu vi onde a bolinha estava!

JOGADOR:
— Viu nada! Errou, dançou, meu!

ZÉ PINGUINHA:
— Dá meu dinheiro de volta!

JOGADOR:
— Sai fora, cachaceiro! (VAI DESMANCHANDO A BANQUINHA.) Tá na hora da gente se mandá!

JOGADOR E JOGADORA SE MANDAM, ENQUANTO ZÉ PINGUINHA AINDA XINGA.

ZÉ PINGUINHA:
— Seus sem-vergonha, roubam de quem dá duro na vida!

CATATAU:
— Bem feito! Bem feito!

ENTRAM KARLA E REGINA, DUAS GAROTAS DE PROGRAMA.

ZÉ PINGUINHA:
— Olha as meninas!

KARLA:
— Oi, gentes!!!

REGINA:
— Tudo bem?

ZÉ PINGUINHA:
— Tudo bem sim, melhor agora! (TODO GENTIL.) Sentem aqui, por favor. (PARA CATATAU QUE ESTÁ NO BANCO.) Catatau, dá lugar pra elas, seu molenga!

CATATAU SAI DO BANCO. KARLA E REGINA SENTAM. ZÉ PINGUINHA SENTA ENTRE ELAS.

KARLA:
— Ai, me abana que estou com calor!

ZÉ PINGUINHA PEGA UM PEDAÇO DE PAPELÃO DO CHÃO E ABANA.

ZÉ PINGUINHA:
— Conta pra mim, como foi o dia de vocês, hoje?

KARLA:
— Hi, foi mal, trabalhamos, trabalhamos e não faturamos quase nada, não é Regina?

REGINA:
— Falou tudo, Karla! A praça tá mulambenta hoje! Só namorado e homem casado.

KARLA:
— E pra vocês, o dia foi bom?

ZÉ PINGUINHA:
— Pra mim não foi não! Só passei fome até agora e entrei numa fria, por causa daquele joguinho marvado! Tô uma arara hoje! (E COMEÇA A ABANAR KARLA RAPIDAMENTE.)

KARLA:
— Hei, chega, tá bom de vento!

ZÉ PINGUINHA PARA DE ABANAR KARLA.

ZÉ PINGUINHA:
— Aqui só o Catatau se deu bem, esse moleque sortudo!

CATATAU:
— Me dei mesmo! Veio uma cigana aqui, disse que eu vou ter cinco mulheres e um amigo novo. E um cara derramou grana na minha mão!

REGINA:
— Opa! Então arruma um dinheirinho pra nós, Catatauzinho?!

ZÉ PINGUINHA:
— Arruma Catatauzinho... As meninas merecem...

CATATAU:
— Meu dinheiro acabou! Dá a sua grana pra elas!

CARLA:
— O quê? O Zé Pinguinha também está de bolso cheio?

ZÉ PINGUINHA:
— Estou é de saco cheio desse moleque mentiroso! Onde é que você viu grana aqui?

CATATAU:
— Dentro do seu sapato!

KARLA E REGINA TENTAM TIRAR O SAPATO DO ZÉ PINGUINHA.

ZÉ PINGUINHA (SE SAFANDO DELAS.):
— Não! Não! (MUITO BRAVO.) Olha, se vocês tirarem o meu sapato, vão desmaiar com o meu chulé!

KARLA:
— Não embaça, seu pinguento! Dá logo esse dinheiro!

ZÉ PINGUINHA:
— Não dou! O dinheiro é meu! Pro meu futuro!

KARLA:
— E bebum lá tem futuro? Ah, quer saber o que é que você faz com o seu dinheiro? Enfia no forebs!

REGINA:
— É isso aí! Enfia no forebs! (E SAEM.)

ZÉ PINGUINHA:
— No forebs? Essa mulherada não vale nada mesmo!

ENTRAM DOIS RAPAZES — ARNALDO, O DONO DO CARRO E SEU AMIGO.

ARNALDO:
— Puxa vida, essa droga de carro foi encrencar logo agora!

AMIGO:
— Também, esse teu carro parece uma carroça!

ARNALDO:
— Mas bem que tu anda nele, né, folgado! (APROXIMA-SE DE ZÉ PINGUINHA E CATATAU.) Vocês sabem onde tem uma oficina por aqui? Meu carro quebrou.

ZÉ PINGUINHA:
— Como é que eu vou saber de oficina de carro, se eu só ando a pé?

CATATAU:
— Eu sei! Tem uma oficina logo aqui perto. Eu levo o senhor até lá!

AMIGO:
— Ô Arnaldo, não vai nessa! Esse garoto tem cara de trombadinha.

CATATAU:
— Não sou trombadinha. não!

ZÉ PINGUINHA:
— Ele não é trombadinha, não!

AMIGO:
— Melhor não arriscar! Olha prá esses dois! Eles têm cara de ladrão!

ZÉ PINGUINHA:
— Ladrão é o seu forebs!

ARNALDO: Vamos embora, vamos embora! (SAEM.)

ZÉ PINGUINHA (CHAMANDO.):
— Hei! Hei! (T) Você viu Catatau? Ele achou que a gente tem cara de ladrão!

CATATAU:
— Você é que tem cara de ladrão! Ladrão sonso!

ZÉ PINGUINHA:
— Olha moleque...

ENTRA O GAROTO NANDO.

NANDO (PRO CATATAU.):
— Oi garoto, você não viu um engraxate que costuma ficar por aqui todo o dia?

CATATAU:
— Eu vi! Mas não sei pra onde ele foi, não!

NANDO (PARA ZÉ PINGUINHA.):
— E você? Não viu um casal que faz jogo da sorte, que fica por aqui, na praça?

ZÉ PINGUINHA:
— Vi sim! Mas eles sumiram. E se aparecerem vão levar porrada, porque me roubaram naquele joguinho safado!

NANDO FICA MEIO NERVOSO, ANDA DE LÁ PRA CÁ.

ZÉ PINGUINHA:
— Hi, aí tem...

ENTRA O CONJUNTO DE MÚSICA — TRÊS MÚSICOS E SEU LÍDER MAESTRO.

NANDO:
— Oi pessoal, tudo bem? Cheguei mais cedo, estava perto daqui.

ZÉ PINGUINHA:
— Quem são vocês, hein?

LÍDER (MOSTRA A FLAUTA.):
— Você sabe o que é isso aqui?

ZÉ PINGUINHA:
— Sei, mas esqueci o nome!

CATATAU:
— É uma flauta! Eu vi um moço tocando na televisão!

ZÉ PINGUINHA:
— Deixa eu ver essa...flauts?

CATATAU:
— Que flauts o quê! É flauta!

ZÉ PINGUINHA:
— Foi o que falei! Flauts! Tá achando que o Zé Pinguinha é burro? Deixa eu ver!

CATATAU:
— Não! É do moço!

ZÉ PINGUINHA:
— Vocês vieram fazer o que aqui? Cantar?

CATATAU:
— Cantar? Eles só podem ter vindo tocar! Só tá faltando uma tromba pra você ser um jumento!

ZÉ PINGUINHA:
— Jumento não tem tromba!

CATATAU:
— Então não tá faltando nada!

TODOS RIEM.

LÍDER:
— Nós viemos tocar um pouco aqui na praça. Este aqui é o meu grupo! (APRESENTA UM POR UM.) E eu sou o Matheus! Vamos lá pessoal?

O GRUPO TOMA POSIÇÃO PARA TOCAR. A MÚSICA QUE ELES TOCAM É A MESMA DO FINAL DA PEÇA. A PRAÇA VAI SE ENCHENDO DE GENTE. O GRUPO TOCA E O POVO OUVE. NO FINAL DA MÚSICA, TODOS APLAUDEM.

ANDRÉA:
— Ai que lindo! Toca uma música bem romântica?

RODRIGO:
— Olha esse assanhamento! (PUXA ELA PELO BRAÇO E SUA BOLSA CAI NO CHÃO.)

CATATAU PEGA E VAI DEVOLVER PARA A MOÇA. CHEGA O CHEFE DA QUADRILHA, DÁ O BOTE NA BOLSA E SE MANDA. CONFUSÃO NA PRAÇA AGARRAM O CATATA

CRENTE 1:
— Calma, calma! (CHEGA PERTO DO MENINO.) Por que é que você fez isso, irmãozinho?

CATATAU:
— Que irmãozinho o quê? Eu não fiz nada! Só peguei a bolsa do chão pra devolver pra moça!

O POVO COMEÇA A GRITAR:

— Fez sim!
— É ladrão!
— Trombadinha!
— Lincha! Lincha!

ZÉ PINGUINHA FICA APAVORADO, NANDO PROTEGE CATATAU.

NANDO:
— Calma, gente! Calma! O que é isso gente? Eu vi! O garoto não ia roubar não! Ele pegou a bolsa do chão para devolver, e um outro cara pegou a bolsa da mão dele e se mandou!

ANDRÉA (HISTÉRICA.):
— Eu quero a minha bolsa!!!

CHEFE DA QUADRILHA SE APROXIMA RÁPIDO.

CHEFE:
— Com licença, com licença! Olha aqui senhora, é esta a sua bolsa? Eu achei lá no jardim!

ANDRÉA:
— Ai, obrigada! (PERCEBE.) Levaram todo o meu dinheiro! (PROCURA MAIS.) Ai, graças a Deus, deixaram meus documentos!

RODRIGO:
— Vamos dar o fora daqui! Nesta praça só tem ladrão! (E VAI SAINDO COM ELA.)

COMENTÁRIOS GERAIS E TODOS VÃO SE AFASTANDO.

NANDO (PARA O GRUPO.):
— Depois dessa bagunça, não dá para ter muita inspiração, não é?

LÍDER:
— É sim. Melhor a gente ensaiar amanhã. Tudo bem pessoal, vamos indo então?

NANDO:
— Eu não vou com vocês. Vou para outro lado.

LÍDER:
— Então, até amanhã.

NANDO, CATATAU E ZÉ PINGUINHA FICAM.

CATATAU:
— Puxa, obrigado viu? Você me tirou do sufoco! Os cara iam me matar!

ZÉ PINGUINHA:
— Iam mesmo! Te fazer de picadinho! (T) Fiquei com o forebs apertadinho de medo! Acho que tô precisando tomá uma pra me acalmá! (E VAI SAINDO.)

NANDO E CATATAU FICAM.

NANDO:
— Que susto que você levou, não?

CATATAU:
— É, minha perna até tremeu. Ainda bem que você livrou minha cara! Você viu que o pilantra deu o bote na bolsa, né?!

NANDO:
— Vi sim.

CATATAU:
— Pô, quase que me pegam! Eu ia virar toucinho!

NANDO:
— Toucinho?

CATATAU:
— É! Eles iam me tirar o lombo, me arregaçá! Eu hein! (SE BENZE.)

NANDO RI DO JEITO DELE.

NANDO:
— Como você se chama?

CATATAU:
— Meu nome mesmo, mesmo é Neimar, mas me chamam de Catatau, porque eu sou baixinho.

NANDO:
— E onde é que você mora?

CATATAU:
— Aqui na praça mesmo. Você está sentado na minha cama!

NANDO:
— Ai, desculpe! (LEVANTA.)

CATATAU:
— Não, pode ficar! Senta aí!

NANDO SENTA.
NANDO:
— Ô Catatau, você tem pai, mãe?

CATATAU:
— Não, meus pais morreram. Primeiro foi minha mãe e logo depois meu pai. Aí eu fui morar com meu irmão, mas minha cunhada encrencou comigo e me botou na rua. Então eu vim parar aqui.

NANDO:
— Puxa, deve ser dureza morar numa praça...

CATATAU:
— Se é! Mas fazer o quê?

NANDO:
— E aquele cara que estava aqui com você, quem é?

CATATAU:
— O Zé Pinguinha? É outro morador daqui. A gente se segura, vai levando!

NANDO:
— Que vida, hein?

CATATAU:
— Vida danada!
NANDO:
— Bom, deixe eu ir.

CATATAU:
— Espera aí! Um dia você me ensina tocar essa flauta?

NANDO:
— Ensino. Tchau!

CATATAU:
— Hei! Como é seu nome?

NANDO:
— Pode me chamar de Nando.

CATATAU:
— Vem de novo aqui na minha casa, Nando.

NANDO:
— Tá, eu venho sim (E SAI.)

CATATAU:
— Esse Nando foi da hora!

ENTRAM CHEFE DA QUADRILHA, SEU COMPARSA, BILU E O CASAL DE JOGADORES.

O CASAL DE JOGADORES SE APROXIMA DE CATATAU.

JOGADOR:
— Fala aí pivete, como é o teu nome?

CATATAU:
— Catatau.

JOGADORA:
— Tá a fim de ganhá uma grana?

CATATAU:
— Opa, grana? Tô sempre a fim de ganhá!

JOGADORA:
— Então é só fazer uma pra gente, aqui!

CATATAU:
— Fazer uma, como?

JOGADOR:
— Igual a que você fez hoje! Grampeou a bolsa da mulher e aí outro veio e deu o bote!

CATATAU:
— Espera aí! Não sô a fim de roubar não, não sei fazer isso!

JOGADORA:
— Eu te ensino!

JOGADOR:
— É isso aí, deixa com a gente!

O COMPARSA SE APROXIMA.

COMPARSA (PARA O CASAL):
— E aí, o garoto topou?

CATATAU:
— Foi esse aí que roubou a bolsa da mulher!

COMPARSA:
— Fui eu mesmo e se você quiser, podemos fazer isso de novo! E você leva uma graninha!

BILU SE APROXIMA.

BILU:
— E aí Catatau, vai entrar nas paradas?

CATATAU:
— Ô Bilu, você também tá nessa?

BILU:
— Tô sim! Só agora você sacou?

O CHEFE DA QUADRILHA CHEGA UM POUCO MAIS PERTO.

CATATAU:
— Olha! Foi esse moço que me deu o dinheiro!

CHEFE:
— E se você quiser posso te garantir um dinheiro ainda maior. É só tu entrar numas tretas aí, com a gente.

CATATAU:
— Sei não, vou pensar melhor...

CHEFE:
— Então, enquanto você pensa, toma aí um adiantamento (DÁ UMA NOTA DE CEM REAIS PARA ELE.).

CATATAU:
— Cem pila?

CHEFE:
— Prá você ficar sossegado, encher a barriga, comer do bom e do melhor. E pensa direitinho, viu? Bota o tutano pra funcionar! (FAZ UM SINAL PARA TODOS IREM COM ELE.)

A QUADRILHA CRUZA COM ZÉ PINGUINHA QUE VEM CHEGANDO BEBUM, MAIS PRA LÁ DO QUE PRA CÁ. CATATAU ESCONDE O DINHEIRO.

ZÉ PINGUINHA:
— O que é que tu está escondendo aí, pivete?

CATATAU:
— Não é nada!

ZÉ PINGUINHA:
— Mostra, vamos!

CATATAU:
— Não vou mostrar! A grana é minha, falou?

ZÉ PINGUINHA:
— Quanto é que aqueles malandros deram pra molhar a tua mão?

CATATAU:
— Não te interessa. Não te mete na minha vida!

ZÉ PINGUINHA:
— Ah é? Menino sem educação, malcriado! Se eu te pegar de novo com esses malandros, vai ver só! Não vou ser mais teu amigo!

CATATAU:
— Não enche o saco, pô!

ZÉ PINGUINHA:
— Esse é jeito de falar comigo? Só porque tá com uma graninha mixureba aí, já tá com o rei na barriga?

CATATAU:
— Larga do meu pé! Vai procurar tua turma!

ZÉ PINGUINHA:
— Quer saber? Vou mesmo! Não aguento mais você! Tá deixando meu cabelo branco! Vou voltar pro boteco, que eu ganho mais! E quer saber? Enfia o teu dinheiro no forebs! (E SAI.)

CATATAU:
— Ô velho ensebado! Fica me cutucando, cutucando...

A PARTIR DAQUI, A LUZ VAI MUDANDO PARA NOITE, LENTAMENTE. ENTRA O COMPARSA COM BILU.

COMPARSA:
— Aí, pivete, cadê aquele seu chapinha, tocador de flauta, que estava com você agora há pouco?

CATATAU:
— O Nando?

COMPARSA:
— É Nando o nome daquele pilantra?

BILU:
— Ele caguetou a gente. Fala logo, onde é que ele está?

CATATAU:
— Não sei e se soubesse não diria!

NANDO ENTRA E DÁ DE CARA COM OS DOIS MALANDROS.

NANDO:
— Oba, tudo bem?

BILU:
— Tudo bem o caramba! Você caguetou a gente!

NANDO:
— Eu?!!

COMPARSA:
— E tem mais, se quiser droga daqui pra frente, vai buscar noutra bocada, porque na nossa, tu tá completamente queimado.

BILU:
— E toma cuidado! Vacilou, a gente te queima!

OS DOIS SAEM.

CATATAU:
— Você se meteu numa tremenda enrascada num foi, Nando?

NANDO:
— É, não está fácil, não.

CATATAU:
— Por que é que você entrou nessa?

NANDO:
— De embalo... Fui pela cabeça dos outros!

CATATAU:
— É verdade que esse negócio de droga é que nem café, quando a gente deixa de tomar dá dor de cabeça?

NANDO:
— Mais ou menos... (T) E você, já experimentou?

CATATAU:
— Não.

NANDO:
— Nunca?

CATATAU:
— Nunquinha mesmo. Tenho medo que me dá um troço aí! Já vi muita gente apagar por causa da droga.

NANDO:
— É verdade. Não entra nessa não, viu? Não tá com nada!

CATATAU:
— E, você, tem pai, mãe...?

NANDO:
— Tenho.

CATATAU:
— Tem casa?

NANDO:
— Tenho.

CATATAU:
— E tem grana?

NANDO:
— Tenho!

CATATAU:
— E por que entrou nessa?

NANDO:
— Solidão interior.

CATATAU:
— Com pai, mãe e grana no bolso?

NANDO:
— É, mas não se trata só disso, tem mais histórias nesse meio. Eu até entrei nesse grupo de flauta, que é para ver se eu me encontro mais.

CATATAU FICA OLHANDO PARA ELE COM AR DE DESCONSOLO.

NANDO:
— Não precisa ficar com essa cara de preocupado Catatau. Eu saio dessa! Bom, deixa eu ir embora, senão minha família vai ficar preocupada!

CATATAU:
— Olha, você foi legal comigo, se precisar da minha ajuda é só me procurar.

NANDO:
— Tudo bem, tchau! (E SAI.)

CATATAU:
— Nossa, o dia foi fogo, hoje! Deixa eu dormir pra apagá da memória. (SE AJEITA E DORME.)

ZÉ PINGUINHA VEM CHEGANDO, BEBUM. OLHA PARA CATATAU DORMINDO, AJEITA ELE NO BANCO. TIRA O CHEPEUZINHO DA SUA CABEÇA E FAZ UM CARINHO NELE. ZÉ PINGUINHA SE AJEITA NO CHÃO E DORME TAMBÉM. UM MOMENTO BONITO DOS DOIS COMPANHEIROS DE INFORTÚNIO.

PASSAGEM DE TEMPO — NOITE E DIA.

CATATAU E ZÉ PINGUINHA CONTINUAM DORMINDO. O MOVIMENTO NORMAL DE PESSOAS COMEÇA NA PRAÇA. ELAS CHEGAM E VÃO PASSANDO, INDO, VINDO E FICANDO POR LÁ.

A QUADRILHA ENTRA EM CENA COMPLETA. CHEFE, COMPARSA, BILU E CASAL DE JOGADORES VÃO SE APROXIMANDO DO BANCO ONDE CATATAU DORME. A JOGADORA SE ADIANTA E VAI ACORDAR CATATAU.

JOGADORA:
— Ô Catatau, acorda! Acorda! (SACODE ELE.)

ZÉ PINGUINHA (ACORDANDO ASSUSTADO.):
— Não fui eu! Não fui eu! (VÊ A MOÇA.) Ô moça, que susto que você me deu!

CATATAU ACORDA TAMBÉM ASSUSTADO.

CATATAU:
— O que é que tá acontecendo?

BILU:
— Aí Catatau, o chefe tá te convidando pra ir com a gente numa fita, lá na feira dos gringos.

JOGADORA:
— Vamos, vai ser uma boa pra você!

JOGADOR:
— Vai dar uma grana legal! Dólar, mano!

BILU:
— E aí, vamo nessa?

CATATAU:
— Eu vou!

ZÉ PINGUINHA:
— Não vai não! (PARA OS BANDIDOS.) Ele não vai não, eu não vou deixar!

COMPARSA:
— Cala a boca, pinguço estropiado!

ZÉ PINGUINHA:
— Você vai ver quem é que vai ficar estropiado aqui! (PEGA UMA GARRAFA E PARTE PRA CIMA DELE.)

COMEÇA UMA BRIGA. ZÉ PINGUINHA É JOGADO NO CHÃO E NEUTRALIZADO. CATATAU VAI COM A QUADRILHA.

ZÉ PINGUINHA:
— Catatau, volta aqui! Volta aqui! Ô menino burro! Teimoso, burro!

E FICA LÁ, DESCONSOLADO. RESOLVE BEBER PINGA NA GARRAFA. DEPOIS DE UM TEMPINHO ENTRA NANDO.

NANDO:
— Oi Zé, tudo bem?

ZÉ PINGUINHA:
— Tudo mal, tudo tão mal que nem cachaça melhora!

NANDO:
— Cadê o Catatau?

ZÉ PINGUINHA:
— Foi embora com os bandidos!

NANDO:
— Que bandidos?

ZÉ PINGUINHA:
— Com aqueles bandoleiros que andavam rondando por aqui, pra leva ele junto com a quadrilha. E ele foi!

NANDO:
— E você deixou?

ZÉ PINGUINHA:
— E o que é que eu podia fazer? Um contra cinco? E depois ele mesmo quis ir, o burro!

NANDO:
— Puxa vida, o Catatau...

ZÉ PINGUINHA:
— É... o Catatau teimoso, birrento, nem quis me ouvir... foi!

NANDO:
— Justo hoje que eu trouxe um presente pra ele!

ZÉ PINGUINHA:
— Ele não merece! Dá pra mim!

NANDO:
— Não! É para ele mesmo!

ZÉ PINGUINHA:
— Quer saber? Acho que vou continuar dormindo, que eu ganho mais.

DEITA NO CHÃO E DESISTE.

ZÉ PINGUINHA:
— O Catatau foi embora mesmo, vou dormir no andar de cima! (E VAI SE AJEITANDO NO BANCO.) Dá licença aí...

NANDO:
— Claro, fique à vontade!

NANDO SENTA POR LÁ E COMEÇA A TOCAR SUA FLAUTA. ZÉ PINGUINHA, QUE NEM TINHA CHEGADO A DORMIR, FICA ESCUTANDO, ATENTO. NANDO COMEÇA A TOCAR A MESMA MÚSICA QUE O CONJUNTO JÁ TOCOU. DEPOIS DE UM TEMPO CATATAU VOLTA, CABISBAIXO. NANDO CONTINUA TOCANDO. CATATAU SE APROXIMA.

NANDO:
— Ô Catatau? Você voltou?

CATATAU:
— É, voltei da metade do caminho. Fiquei com medo de me dá mal nessa vida de bandido. De levá tiro da polícia e morrê....

ZÉ PINGUINHA:
— Taí ó! Eu disse pra você não ir, não disse? Eu avisei, mas você se fez de surdo!

CATATAU BAIXA A CABEÇA.

NANDO:
— Catatau, eu trouxe um presente pra você!

CATATAU:
— Presente pra mim?

NANDO:
— É. Olha! (E DÁ A FLAUTA PARA ELE.)

CATATAU:
— Uma flauta! O que é que eu fiz pra merecer isso?

NANDO:
— Você é o meu novo amigo.

CATATAU:
— Novo amigo? (PARA ZÉ PINGUINHA.) Ô Zé Pinguinha, lembra que a cigana me falou que eu ia ter um amigo novo? Então é o Nando!

ZÉ PINGUINHA:
— Agora só tão faltando as cinco "mulhé"!

CATATAU:
— Me ensina aquela música que você estava tocando?

NANDO:
— Claro! Vem cá, preste atenção.

NANDO TOCA UM POUCO A MÚSICA, FAZ CATATAU TOCAR. ELE TOCA DESAFINADO. NANDO MOSTRA COMO É, CATATAU COMEÇA A APRENDER E A TOCAR CADA VEZ MELHOR. O CONJUNTO ENTRA, AGORA SEM O LÍDER. E TODOS COMEÇAM A TOCAR JUNTOS, INCLUSIVE O CATATAU.

ZÉ PINGUINHA FICA OLHANDO E OUVINDO, ENLEVADO. A MÚSICA CONTINUA ATÉ PARAR, NUM DETERMINADO MOMENTO, E TODOS CONGELAM A IMAGEM, FICANDO ESTÁTICOS.

CATATAU, EM EVIDÊNCIA, ERGUE A FLAUTA QUE GANHOU DE NANDO, NUM GESTO BONITO, COMO SE A FLAUTA FOSSE SEU TROFÉU DE VITÓRIA E TAMBÉM CONGELA A IMAGEM, FICANDO ESTÁTICO.

A LUZ CAI EM RESISTÊNCIA, LENTAMENTE. VAI ENTRANDO UMA CONTRALUZ LILÁS E UMA LUZ FRONTAL, BEM SUAVE.

OS OUTROS GAROTOS VÃO ENTRANDO AOS POUCOS, NO PALCO, E SE POSICIONANDO.

CATATAU, NANDO E O GRUPO DE FLAUTA SAEM DE SUA IMOBILIDADE CÊNICA E FICAM EM SUAS POSIÇÕES, NO CENTRO DO PALCO.

NESSE MOMENTO, TODOS SÃO, UNICAMENTE, OS GAROTOS ARTISTAS E NÃO MAIS OS PERSONAGENS.

ENTRA UMA VOZ GRAVADA.

Meninos — artistas.
Artistas — meninos.
Conserva-se o menino, aparece o artista.
Conserva-se o artista, aparece o menino.
Menino — artista.
Binômio indissolúvel.
Vocês falam da esperança.
Vocês resgatam a construção.
Vocês anunciam o novo.
Juntos.
No mesmo diapasão.

A MÚSICA FINAL SOBE BONITA, EMOCIONANTE.

A LUZ VAI BAIXANDO, LENTAMENTE, ATÉ O *BLACKOUT*.

FIM.

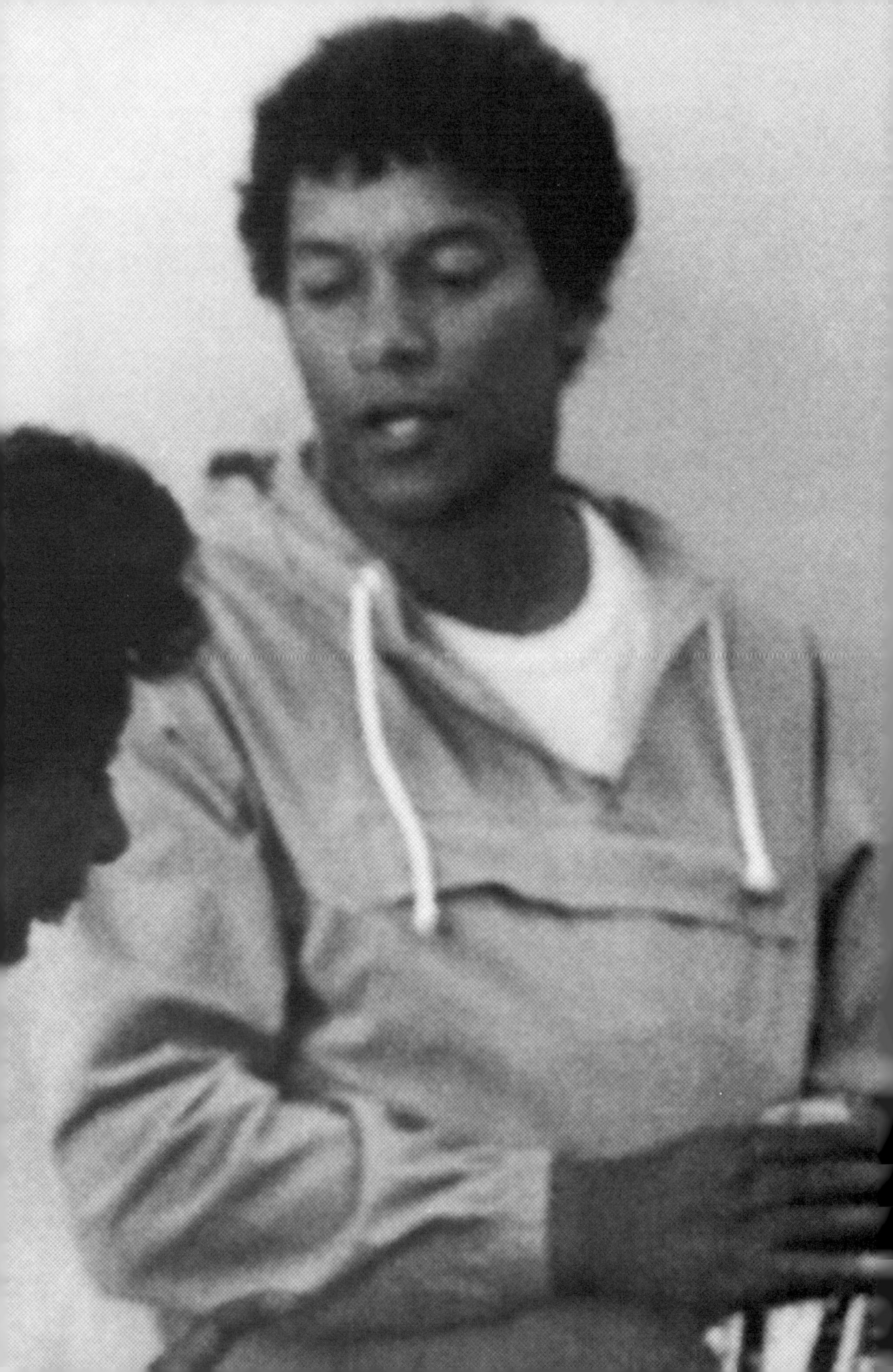

41.

A chegada do nosso som, a reta final para a viagem e dois acontecimentos inesperados

Eu e Silvinha

estávamos saindo do teatro, depois de mais um longo ensaio, quando o Renato chegou todo eufórico:

— Chegou o nosso som! Chegou o nosso som! — e contou que o caminhão da empresa de eletroeletrônicos tinha deixado um monte de caixas em nossa sala.

Fomos correndo para lá. Começamos a desempacotar tudo. Eu, com a relação dos aparelhos na mão, ia conferindo o conteúdo de cada caixa. Eles tinham mandado tudo e mais um pouco!

Uma maravilha! Fiz logo duas coisas: a primeira foi telefonar para o Giancarlo, contar a novidade e pedir que ele mandasse um técnico o mais rápido possível para instalar tudo no teatro; a segunda foi chamar o seu Giácomo, o serralheiro da Febem, e pedir para ele ir pensando em confeccionar uma espécie de gaiola de ferro, para os aparelhos de som ficarem protegidos e trancados, com cadeado. Eu conhecia bem a tendência do povo a destruir as coisas com mão de ferro. Não queria ver aquele equipamento tão precioso, ser logo sucateado. Quem precisasse poderia usar, mas com cuidado, e as chaves ficariam conosco. Em pouco tempo estava tudo lindo, instalado e protegido! O nosso teatro estava com um equipamento de som de primeira!

Agradeci muito à minha prima Rosana pela ajuda maravilhosa que tinha dado e solicitei à assessoria jurídica, que enviasse uma carta de agradecimento. Eu mesma liguei para o diretor de marketing agradecendo, afinal, por intermédio dele, havia conseguido apoio para dois espetáculos! Que bom quando podemos contar, nas empresas, com gente sensível e generosa!

Faltavam exatos oito dias para a viagem a São José do Rio Preto. Como sempre acontece, os dias que antecedem uma estreia são alucinantes, porque tudo tem que ficar pronto ao mesmo tempo e... a tempo!

Eu já havia estreado *"Overdose"*, no OFF, e passado pela primeira etapa do desvario teatral em que havia me metido. Duas estreias, uma próxima da outra — é a minha cara! Duas coisas ao mesmo tempo, sempre foi o mínimo que fiz na vida.

Felizmente, tudo tinha dado certo! O espetáculo ficou redondinho e agradou! Isadora esteve esplêndida, o cenário e figurinos, com a ajuda do Renato e do Augusto, foram de primeira, a operação de luz e som pelo Nardinho não teve um erro, e o boneco executado pelos garotos da Febem, sob a supervisão da Marisi e da Márcia, causou impacto. A verba de produção deu e sobrou. Tudo pago na estreia e ainda uma margem para podermos fazer os cartazes e a divulgação. Toda a produção executiva tinha ficado mesmo comigo, porque Isadora estava tão imersa em seu trabalho como atriz, que não tinha condição de mais nada além. Sempre fui excelente administradora, até um pouco muquirana, segundo alguns amigos, mas tudo tinha valido a pena. Depois da estreia, era só continuar a temporada programada para oito finais de semana. Sendo assim, poderia viajar sossegada, deixando tudo nas mãos do Renato Murad e do Augusto, que ficariam em São Paulo, enquanto viajássemos. Assim todos sairiam lucrando!

O foco, então, passou a ser a estreia de "Menino de Rua". Estávamos em contagem regressiva. Checava tudo em minha mesa, contava com a assessoria de Silvinha, que era um bálsamo para a minha agitação permanente. À época, entrou em nossa sala, o Saulo, monitor da UE-JOV, com aquela cara que eu já conhecia, quando alguma coisa grave acontecia.

— O que houve Saulo? — perguntei.

— Temos um problema.

— Um não, vários — falei em tom de brincadeira!

— O Toddy não vai poder viajar.

— Por quê?

Saulo puxou uma cadeira, sentou-se bem à nossa frente e disse, num tom circunspecto:

— Ele está com aids.

— O quê? — perguntamos eu e Silvinha ao mesmo tempo!

— Ele já vinha com uma febrinha que não passava, um mal-estar, cansaço, aí o médico resolveu pedir exames e hoje chegaram os resultados. Ele está com aids. E a ordem é para tomar o maior cuidado para não haver contágio.

Eu e Silvinha ficamos estarrecidas.

— Só estou te adiantando o que o diretor da Unidade vai dizer. Aliás, não falem que comentei nada, por favor.

Em 1986, aids era sinônimo de morte. E o preconceito era enorme. Uma situação daquela seria difícil de contornar, porque viajaríamos em grupo e com as meninas.

— Quando vamos ser informados disso, oficialmente? — perguntei.

— Acho que ainda hoje. O resultado acabou de chegar.

Tínhamos um problema mesmo, porque o Carlinhos e o Toddy formavam a dupla chefe da quadrilha e capanga. O espetáculo estava todo marcado, texto bem decorado e eles estavam ótimos em seus papéis, o que era de se esperar, porque amigos do peito que eram, levavam para os personagens todo aquele entrosamento, aquela cumplicidade. Ficamos um tempo em silêncio, pensando.

— Mas que coisa absurda foi acontecer! — desabafei.

— O Toddy vai ficar arrasado, quando souber! — falou a Silvinha.

— E o Carlinhos também, aliás todo o elenco! — disse eu.

— E quem vamos pôr no lugar?

— Em cima da estreia! Com tanta coisa ainda por resolver!
— O Fabiano! — falou o Saulo.
— O Fabiano? O juiz não vai deixar ele ir viajar! Cabeça de rebelião! — argumentei.
— Talvez deixe, já passou um tempo, ele está com ótimo comportamento.

E era verdade. Fabiano tinha voltado há pouquíssimo tempo para um de nossos grupos de teatro. E, como sempre, participava muito das aulas, sempre se mostrando prestativo, sempre colaborando em tudo. Parecia bem mais calmo, com bom comportamento. O Saulo sempre nos apoiava nos piores momentos. Ele era uma pessoa incrível.

— Grande ideia, Saulo! O Fabiano decora rápido, conhece bem o nosso trabalho, escreveu e participou da nossa primeira peça!

Enquanto eu estava matutando, o telefone tocou e eu atendi. Era o novo diretor da UE-JOV, o Solano. E eu já sabia o que me aguardava. Ele me colocou a par de tudo, pelo telefone mesmo. Afirmou e confirmou que era uma determinação irreversível. E eu já esperava por isso.

— Vou ter de substituir o Toddy imediatamente! Você tem um tempo para falar comigo Solano, para a gente trocar uma ideia a respeito?
— Venha já, por favor, tenho uma reunião logo mais na administração.

Fui. E na entrada, nem bem coloquei o pé na UE-JOV, dei de cara com o Toddy e com o Carlinhos. O Saulo, ao meu lado, disse a eles:

— Depois vocês falam com a Anna. O diretor está esperando por ela.

Não adiantou, Toddy se aproximou de mim:

— Por favor Anna, deixa eu ir!
— Toddy, não é uma decisão minha.
— Mas eu não estou doente! Não sinto nada! Estou bem! Acho que estava só com um resfriado e já passou!
— Você sabe que não é isso,Toddy.
— Mas eu prometo que vou tomar o maior cuidado! Juro!
— Isso é a maior injustiça! — falou o Carlinhos.
— Eu não posso e não vou assumir essa responsabilidade.
— Por favor, Anna!. O Toddy estava prestes a chorar.
— Vamos, Anna — o Saulo foi me tirando de perto deles.

Fui andando. Olhei para eles lá, parados. Era o retrato da tristeza, do desconsolo. Nada pôde ser feito. Eu ainda tentei ver se era possível o Toddy ficar isolado do grupo, mas não tive ouvidos que me ouvissem. Ele não podia viajar e ponto.

Conversei com o Solano, disse que a única alternativa seria chamar o Fabiano para substituir o Toddy, porque ele já estava muito entrosado conosco, nas aulas, e decoraria tudo rapidamente. Já estávamos perto da estreia e agora, com essa substituição, teríamos de ensaiar muito! Ele não se mostrou muito entusiasmado com a sugestão, mas ficou de me dar uma resposta — urgente, urgentíssima — a respeito.Pedi que conversasse com o doutor Nazih. Ficamos na expectativa.

No finalzinho da tarde do dia seguinte, recebi um sim, o Fabiano poderia viajar. Começamos a ensaiar a trezentos por hora, para inserir o Fabiano no elenco. O Carlinhos, no início, estranhou aquela presença nova, aquele novo comparsa, muito menos subserviente do que o comparsa que Toddy fazia. Mas depois, aos poucos, aqueles dois garotos com tendência à liderança, acabaram se ajustando em seus personagens. Conforme o esperado, Fabiano pegou tudo rápido e, em três dias, estava com o texto decorado e a marcação assimilada. Só precisava estar sempre atento à sua dicção, um pouco prejudicada pela falta dos dentes da frente. E, mais por isso, estava fazendo um comparsa sério, com cara de mau, desprovido de todo e qualquer sorriso que evidenciasse seu estado banguela.

O Mailson, da UE-3, estava hilário de Zé Pinguinha, um comediante de primeira! O casal de ciganos, a Maíra e o Januário, estavam excelentes também. Os namorados, a Vaninha e o Robson, combinavam em tudo, até andavam no mesmo ritmo. Os jogadores da sorte, Wandeca e Detinho, conseguiram ser pilantras, mas simpáticos ao mesmo tempo. E todos os outros estavam muito bem em seus personagens, mesmo os de pequena participação como o Genivaldo, que fazia o João Manero, vendedor de ouro. O conjunto musical com o Linaldo, o Dalton e o Savério estavam muito afinados.

A coreografia do Zani estava linda! Quando eu e a Silvinha vimos pela primeira vez, lá na academia, nem acreditamos! Ele tinha concebido um minueto para os garotos dançarem com as meninas! Estava muito bonito! O figurino deles teve de ser refeito, e agora eram roupas antigas. E eles estavam dançando lindamente! Com isso, deixaram de existir as ninfas, inicialmente imaginadas por mim, o que ocasionou a derradeira mudança no texto. Estava tudo fluindo, caminhando.

O Tião, além de se mostrar um extraordinário ator, estava se revelando também um músico esmerado. Depois de algumas horas de aula e alguns ensaios musicais, já tocava flauta com a maior desenvoltura, sob os olhos pasmos do Matheus. Como era talentoso o Tião! E ele sabia que era! Estava cada vez mais convencido! E essa era uma situação difícil de administrar. A todo instante, eu tinha de ficar impondo limites para aquele pequenino superstar!

Naquela manhã eu tinha reservado uma surpresa para todos. Na noite anterior, eu havia, finalmente, conseguido gravar a poesia final da peça com o ator Paulo Autran. Quando estava decidindo quem gravaria a poesia, lembrei-me que, jantando na casa do cenógrafo Gilberto Vigna, Paulo havia me convidado para atuar em sua próxima produção teatral, — "Feliz Páscoa", de Jean Poiret —, e eu tinha recusado, alegando meu comprometimento com o trabalho de coordenadora teatral da Febem. Ele tinha ficado muito interessado em nossas atividades, feito muitas perguntas e se colocado à disposição para o que eu precisasse. Então, o procurei e ele mostrou-se muito feliz em poder colaborar. Demorei um pouco para encontrar quem tivesse um gravador potente, para realizar a gravação na casa do Paulo mesmo. Um amigo meu, o Ricardo, conseguiu um excelente gravador acompanhado de um microfone profissional. Por fim, fizemos a gravação.

A poesia, na voz daquele grande ator, tinha ficado deslumbrante! Coloquei todo o elenco sentado na plateia e fui ligar nosso magnífico aparelho de som, que estava protegido por uma armação simétrica, feita com ferro entrelaçado, uma verdadeira obra de arte do seu Giácomo, o serralheiro artista da Febem. Acionei o gravador e uma voz pausada, clara e vibrante, começou a surgir, interpretando a poesia. No final, todos ficaram muito interessados em saber de quem era a voz. Então expliquei que era de Paulo Autran, um dos maiores atores do teatro brasileiro e afirmei ser uma honra podermos ter, no desfecho do nosso espetáculo, aquela gravação. Um verdadeiro presente para todos nós! Então eles quiseram ouvir de novo e, em silêncio, prestaram muita atenção às palavras da poesia, pronunciadas pela voz calorosa e pujante daquele maravilhoso ator.

Prometi que, no dia seguinte, incorporaria a poesia ao nosso ensaio. E dei por terminado o trabalho, já estávamos na hora do almoço. Quando todos estavam saindo, aproveitei para falar com Carlinhos, que tinha passado o tempo todo triste e abatido.

— O que está acontecendo, Carlinhos?
— Nada não.
— Pode falar! Eu estou aqui para te ajudar!
— O Toddy foi internado ontem à noite. Está mal.
— Ninguém me falou nada!
— O pessoal fica escondendo pra não alarmar!
— Carlinhos, escuta, esse tipo de... imunodeficiência, de... fraqueza, vamos dizer assim, faz com que a pessoa fique sem defesa no organismo, mas depois, com um bom tratamento, pode reagir e ficar bem de novo.
— Não sei não. Tô sentindo que vou perder meu amigo...
— Não pense assim! Precisa ter fé!
— Não tenho mais fé em nada, não.
— Olhe, você é muito importante para mim, sabe? Quero que seja meu braço direito no grupo de teatro. O seu trabalho está muito bom, todos te respeitam. E eu preciso de alguém como você para liderar o grupo.
Ele ficou me olhando sério e depois falou com segurança:
— Pode contar comigo, Anna.
— Ótimo.
E ele foi ao encontro do grupo que estava na saída do teatro, aguardando por ele.
"Hoje mesmo vou colocar o nome do Toddy, na caixa de vibrações, da Federação Espírita" — pensei já saindo, quando dei de cara com aquela ex-assessora do Nazih, que tinha sido arrogante comigo.
— Anna, preciso falar com você — ela me parecia aflita.
— Estou muito preocupada com o Welton. Faz dois dias que ele não dá sinal de vida!
— Ele me disse que iria se ausentar para fazer uns exames médicos!
— Iria mesmo, mas parece que não foi. Cheguei com o Laboratório. Aliás, eu mesma marquei os exames para ele. Gosto muito do Welton, e desde que o Nazih saiu ele ficou meio desamparado, meio deprimido.
— Eu percebi e falei sobre isso com ele. Mas como ele não se mostrou receptivo, decidi não insistir.
A Silvinha estava me esperando mais adiante, conversando com o Cássio, o monitor seu fã, que tinha assistido ao nosso ensaio. Tínhamos combinado de irmos almoçar juntos. Chamei-os e falei:
— Podem ir, depois encontro com vocês no restaurante.
— Você ia almoçar?
— Ia, mas tudo bem, podemos continuar falando.
Eu nem sabia o nome dela. Desenvolvi uma espécie de rejeição, pelo seu jeito autoritário de ser, naquele dia em que fui à sede falar com o Nazih, quando os meninos do grupo de teatro da UE-JOV revelaram que havia tortura na Unidade. Mas agora ela me parecia diferente, mais suave e delicada. Já não era mais assessora da presidência e diziam que ocupava um cargo figurativo.
— Você quer ir comigo até o apartamento dele?
— Quando?
— Agora.
— Vamos.
Em poucos minutos estávamos em seu carro. No caminho acabou me contando que Welton era alcoólatra, mas que fazia anos que tinha deixado o vício.

Só que precisava tomar calmantes e ansiolíticos para poder trabalhar melhor e dormir bem à noite.

Com aquela correria, tinha perdido um pouco o contato com ele. Já não ia aos almoços de domingo, quando ele me convidava. E, ultimamente, pouco nos falávamos, no Núcleo. Mesmo porque ele não andava muito presente. E quando aparecia, mostrava-se arredio.

Chegamos ao seu prédio. Depois de muito argumentar e conseguir passar pela "pequena autoridade", o zelador, que não queria nos deixar entrar de jeito nenhum, se o Welton não autorizasse, a Antônia abriu caminho. Subimos e tocamos a campainha. Nada, ninguém atendia. Insistimos. Nenhum sinal de vida. Ela chamou por ele, bateu mais forte na porta. E, de repente, ouvimos um barulho de chave na fechadura. A porta se abriu e o que vimos foi alarmante. O Welton estava com uma calça de pijama, sem camisa, descalço e cambaleante, mal conseguia articular uma frase. Entramos, já o amparamos e o colocamos num sofá.

— Precisamos fazer alguma coisa! — disse ela.
— Vamos chamar um médico!
— Não quero médico nenhum, falou o Welton com voz empastada.

Ela sentou-se ao lado dele, no chão.

— Welton, eu vou te levar para a clínica.
— Não! Não quero ir! Não!
— Está bem, está bem.

Ela levantou, foi até o telefone que ficava no quarto do Welton.

— Eu não conseguia ouvir direito o que ela falava, mas parecia estar chamando alguém para ir até lá.

Eu me aproximei dele:

— Welton, meu amigo, você vai sair dessa.

Eu tinha tido sérios problemas com alcoolismo na família, aquilo não me fazia nada bem. Comecei a fazer uma oração ao doutor Bezerra de Menezes e à sua fraternidade médica.

— Não quero ir para a clínica! Não quero! — ele fez menção de levantar, mas eu o segurei.
— Calma! Calma!

Ela já estava de volta e me ajudou a conter o que parecia que ia explodir. Falou firme, com ele:

— Welton, fique quieto! Fique tranquilo que nós vamos te ajudar!
— Eu quero beber! Eu quero esquecer!
— Esquecer do quê? — perguntou ela.
— De tudo, de tudo! Me deixa sozinho aqui, vai embora Antônia!

Finalmente fiquei sabendo o nome dela!

Não deram dez minutos, e um rapaz de uns vinte e poucos anos estava lá. Entrou no quarto, pegou uma calça, uma camisa, umas sapatilhas tipo tênis, e vestiu o Welton com rapidez e presteza.

— Este é o meu filho, Sílvio.

Ele voltou segurando o Welton pelo braço:

— Podemos ir mãe.

Saímos os quatro do apartamento. O Welton estava mais calmo e foi andando, apoiando-se no rapaz. Entramos no carro. O rapaz assumiu a direção. Fui ao lado dele, na frente. Antônia foi com o Welton atrás. Ele logo adormeceu no ombro dela.

O rapaz parecia conhecer o caminho.

— Estamos indo para onde? — falei sussurrando.

E ela, falando bem baixinho para o Welton não ouvir, mas articulando bem as palavras para eu entender, explicou:

— Para uma clínica de recuperação.

Pela eficiência com que foram indo pelo caminho, imaginei que aquela não devia ser a primeira vez que estavam se dirigindo para lá.

Em meu íntimo, perguntava: "Será que era comum o Welton ser internado na tal clínica? Será que ela estava me escondendo que ele ainda continuava bebendo?".

Quando fomos chegando perto do lugar, o Welton, como se estivesse pressentindo, acordou agitado:

— Não quero ir para lá de novo! Não quero!

— Calma! É só até você melhorar!

— Você não vai me deixar lá! Não vai!

Comecei a pedir proteção novamente.

— Você vai ficar bem, vai receber tratamento! — dizia ela com voz maternal.

— Não vou não... Não vou! — e começou a chorar.

Eu fiquei penalizada. Chegamos à frente de um grande casarão rosa, todo arborizado. Eu nem supunha em que bairro estava. O rapaz, filho dela, desceu, entrou e logo saiu com dois enfermeiros, que se aproximaram do carro, e abriram a porta do lado onde estava o Welton.

— Vamos, garotão? — falaram brincando.

— Não!

— Vamos sim!

— Não vou! — e se agarrava à Antônia.

Os enfermeiros começaram a pegá-lo de dentro do carro. E aí ele começou a ficar violento, começou a gritar, a querer se desvencilhar dos enfermeiros. Eles o imobilizaram com técnica, sem truculência, e foram levando-o para o interior do casarão, aos berros.

Antônia e eu ficamos dentro do carro, só olhando aquela cena horrorosa.

Quando ele sumiu da nossa vista, o rapaz, seu filho, tornou a entrar no carro e fomos embora. Depois de um longo silêncio, Antônia me colocou a par de tudo.

O Welton era filho de uma espécie de governanta da família. Tinha estudado até completar o clássico (da época) e depois foi fazer cursos de arte e artesanato. Já tinha feito exposições, ganhado prêmios. Era muito inteligente e sensível. Mas, desde jovem, já apresentava problemas de alcoolismo. Sempre que se encontrava sob pressão, ou em contato com brigas e conflitos familiares, bebia sem parar. E já estivera algumas vezes naquela clínica. Fazia mesmo bastante tempo mesmo que não ingeria nenhuma bebida alcoólica. Mas, ultimamente, Antônia andava notando sua fragilidade, falta de motivação, tristeza cada vez mais acentuada, e ficou temendo pelo pior. E concluiu que não estava errada.

O jeito seria aguardar sua recuperação. Aquela clínica era excelente e muito respeitada pelo tratamento dispensado a alcoólicos e viciados em drogas. Lá o Welton já havia recebido tratamento e deixado o vício. Ela estava confiante em sua recuperação de novo. Chegamos à Febem. Ela me deixou na entrada, me agradeceu muito pela companhia e foi embora com o filho.

Senti que minha presença, naquele episódio, tinha sido só para dar sustentação espiritual, com minhas orações, porque auxílio mesmo, na prática, nem cheguei a dar.

Entrei e fui andando um pouco a esmo, sem saber se ia para o Núcleo, se ia procurar uma lanchonete para comer alguma coisa. Vi a Silvinha indo em direção ao Núcleo.
— Silvinha! — chamei alto.
Ela veio ao meu encontro.
— Amiga, preciso de colo. Vamos comigo tomar um lanche?
—Vamos! Nossa, você está uma cera, Anna! O que aconteceu? Você não foi almoçar? Sumiu!
Resolvi ir a uma padaria que ficava a uns três quarteirões da Febem. E quando chegamos lá, já tinha colocado Silvinha a par de tudo o que tinha acontecido. Ela ficou chocada e eu estava mais para demolida com a história do Welton e do Toddy. Parecia que Deus, naquela semana, tinha falado assim para mim:
— Não é você que adora lidar, no mínimo, com duas coisas ao mesmo tempo? Então, aqui vão dois acontecimentos inesperados para você!

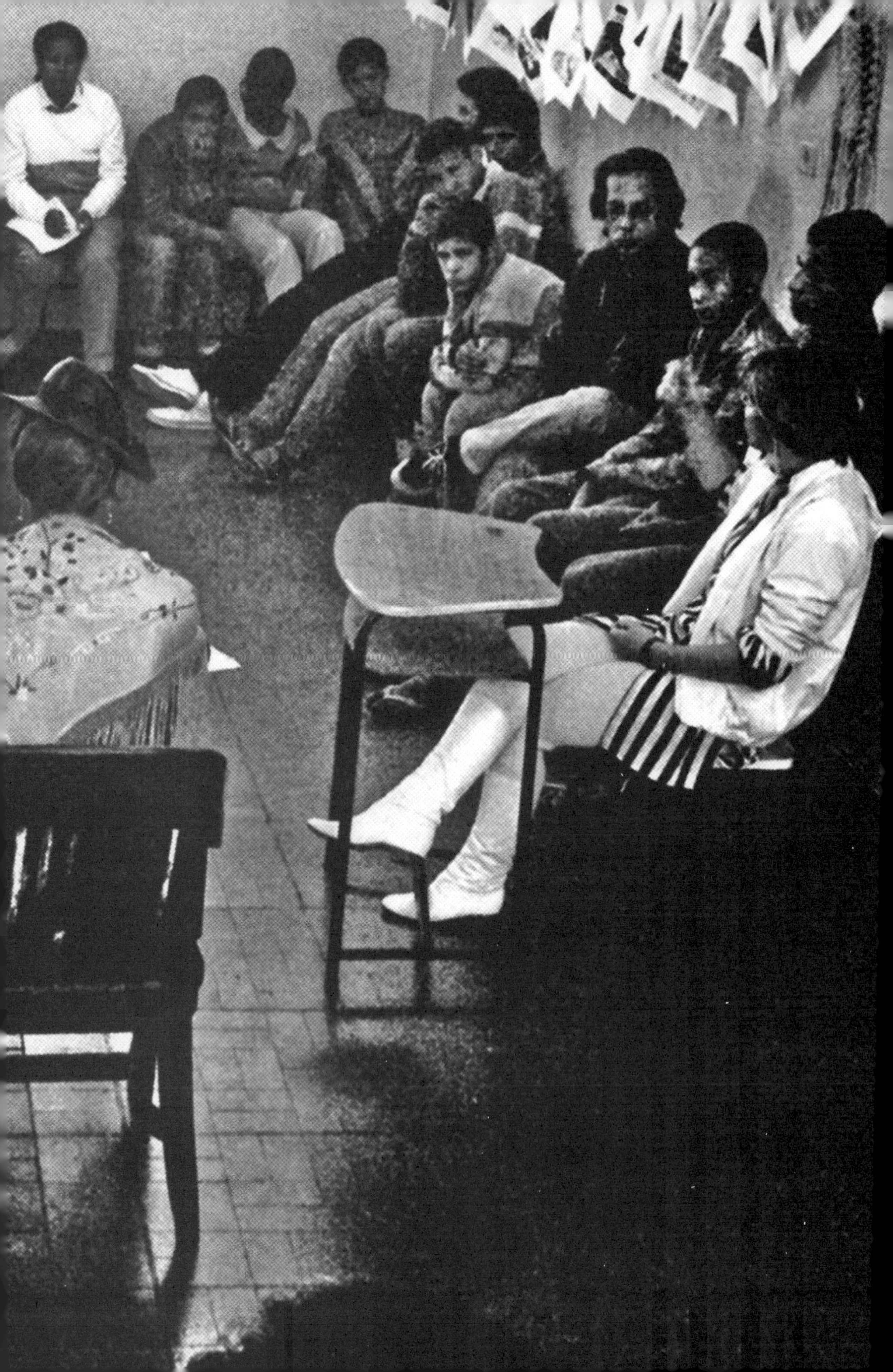

42.

A viagem e a estreia de "Menino de Rua", em São José do Rio Preto

Pela

experiência de excursionar com teatro, aprendi que, quando possível, é sempre melhor toda a equipe viajar junto, e, no nosso caso, isso foi viabilizado. Saímos bem cedo. A doutora Wayta mandou alugar um ônibus bem grande e confortável, que abrigava toda a equipe e mais os cinco monitores escalados para acompanhar os garotos, incluindo o Matheus, que também participava da peça. Saulo estava entre eles, felizmente, porque nos auxiliava muito. Também estava o Marcelino, que já havia solicitado o teatro para fazer alguns exercícios teatrais com um grupo de garotos da UE-15. Quando o pessoal começou a batucar e a cantar, naquela animação adolescente, e a Silvinha juntou-se à roda de pagode, deixando seu lugar vago na poltrona ao meu lado, Marcelino deu um jeito, sentou-se e logo começou a falar da Febem e de suas mazelas, num tom que eu, sinceramente, não gostei. Sempre achei que não se deve falar mal do local onde se trabalha. Aquilo me soava como a mulher que fala muito mal do marido, mas continua com ele.

    Eu ouvia tudo com educação, mostrando interesse no que ele dizia, mas quando ele resolveu fazer uma abordagem excessivamente política e radical de tudo, matei a charada: "Ele deve ser do PT!". Sim porque o PT, naquela época, ainda se julgava um partido político acima de qualquer suspeita. E nem precisei perguntar, porque ele mesmo disse, todo enfático, que era da ala cultural do Partido dos Trabalhadores. E começou a dissertar sobre sua visão cultural do Brasil, do teatro, criticando ferrenhamente todo e qualquer espetáculo sem conteúdo, com temas alienantes. Dizia que ninguém mais tinha coragem de levar ao palco, peças de cunho político, que fossem instigantes, que estimulassem a reflexão, a tomada de consciência. Que depois da ditadura, os produtores e os atores estavam mesmo a fim de ganhar dinheiro fácil, com comediazinhas inócuas e medíocres, só para fazer o público rir e não pensar. E ele falava tão depressa que não dava espaço para objeção alguma.

No meio do ônibus, repertório de pagodes, ao meu lado, aquela exposição verborrágica político-partidária petista! Eu não merecia aquela tortura numa viagem tão longa! Mas, como Deus não me abandona, logo em seguida, o ônibus deu uma parada para abastecer. Foi minha sorte! Prontamente, disse que eu precisava descer para telefonar. Desci e, ao subir de novo o Marcelino já estava no meio do povo do pagode. E, como boa virginiana que sou, cheia dos detalhes, não viajo sem tapa olhos e protetor de ouvido. Inclinei a poltrona, com os protetores de ouvidos — fiquei quase surda — e com o tapa olhos, no escurinho, consegui adormecer. Só acordei quando chegamos lá. Aliás, Silvinha me despertou com um copinho de café quentinho da garrafa térmica de alguém.

O pessoal estava silencioso. Pude voltar ao meu estado normal, vendo e ouvindo bem. Estávamos entrando na cidade. Os garotos e os monitores ficariam num espaço preparado para eles, num casarão perto do teatro. A equipe, num hotel também não muito distante.

No dia anterior, tinha convocado uma reunião geral para dar as diretrizes da viagem, todas as informações necessárias e os procedimentos cabíveis, durante nossa estada na cidade. Avisei que assim que tudo ficasse pronto, no palco e camarins, faríamos um ensaio geral. Pedi a colaboração de todos. Para os garotos e garotas, falei que aquele estava sendo um momento muito importante para todos nós e de muita responsabilidade. Viajar com um grupo de teatro era algo inédito na Feþem, até então. Por isso devíamos fazer jus à confiança que a doutora Wayta, atual presidente, tinha depositado em nós. Era essencial o bom comportamento de todos e o comprometimento de que realizaríamos um espetáculo qualidade. Algumas pessoas da equipe tomaram a palavra, deram mais algumas orientações, alguns garotos fizeram perguntas e a mais aguardada era:

— As meninas vão ficar no mesmo lugar que os meninos?

— Vão, — respondi —, mas em alas separadas.

Ouvi murmúrios.

— Alguma coisa contra? — perguntei.

Ninguém disse nada.

Nomeei o Carlinhos como representante do grupo teatral, incluindo as meninas. Pedi a ele rigor no cumprimento dos horários e na disciplina do grupo. E no mais, desejei muita luz a todos e muito sucesso para todos nós e para o nosso espetáculo. No final, tudo acabou em aplausos e alegria geral.

Antes de ir ao teatro, o ônibus deixou os garotos, garotas e seus monitores no casarão. Descemos para conhecer o lugar. Era amplo e arejado, com camas e colchões novos nos quartos. Banheiros bem-equipados, uma cozinha enorme, toda branquinha e uma sala com poltronas e TV instalada. Claro que fui conferir a limpeza de cada cômodo. Não tive do que reclamar. Estava tudo muito limpo e arrumado. Tinha cara de albergue de estudantes. Na verdade, era um pouco isso mesmo. Eles descansariam, depois almoçariam e aguardariam nossa chamada.

Chamei o Carlinhos e disse:

— Agora é com você. Cuida bem das feras! — brinquei.

— Deixe comigo, Anna, eles vão ficar numa boa.

— Eu sei. E dei um abraço nele.

— Até já.

Nosso hotel também era bem confortável. Combinamos de deixar nossas coisas nos respectivos quartos e ir direto para o teatro. Era pouco mais de meio-dia. Poderíamos dar uma avaliada em tudo e começar a tomar as providências necessárias.

Marcamos de almoçar às 13h30. Tínhamos trazido os figurinos, os adereços cênicos e o telão. O banco, plantas, árvores, produziríamos no local. Marisi e Márcia até já tinham cuidado disso.

Eu já havia enviado um mapa de luz para o pessoal do teatro. Tínhamos solicitado também duas pessoas de lá, para cuidar dos figurinos que chegariam amassados. Alem disso, um camareiro para os garotos e uma camareira para as garotas. Finalmente chegamos e entramos no teatro pelos fundos. A porta dava direto para o palco. Quando pisei nele, senti uma enorme emoção. A mesma de quando entrei no palco de meu colégio e olhei para a plateia vazia. Isso aconteceu, no teatro do "Liceu Eduardo Prado", quando estudava química industrial e estávamos com intenção de montar uma peça de teatro, para angariar fundos em prol de nossa formatura.

Ali, no palco do teatro da escola, enquanto aguardávamos os alunos envolvidos no projeto, me deu uma sensação tão forte, uma emoção tão grande que tive certeza de que ali era o meu lugar. E foi mesmo. Logo depois de formada, já fazendo os programas da TV Cultura, na base de cachê, recebi um convite da Nydia Lícia para fazer a comédia "O outro André", no Teatro Bela Vista. Assinei meu primeiro contrato e decidi deixar de ser química, para ser atriz.

Eu já tinha conhecido o Teatro Municipal de Rio Preto, tinha me apresentado lá com muitos espetáculos, mas era como se eu estivesse pisando ali, pela primeira vez!

Começamos a verificar tudo. Silvinha já foi se organizando no palco, camarins e coxias. Eu fui com o responsável pelo teatro, verificar a mesa de luz, o som, a parte técnica. Tudo visto e encaminhado, fomos almoçar num restaurante próximo. O almoço foi rápido, tínhamos muito trabalho pela frente. Trabalhamos incessantemente. Passei o mapa de luz com o iluminador e começamos a montar.

Eu operaria a luz e o som porque não tinha quem fizesse isso na equipe. O Nardinho estava em liberdade e no OFF, em São Paulo. Pedi que aproximassem as duas mesas de operação para que eu pudesse operar luz e som, ao mesmo tempo. Eu tinha um roteiro todo assinalado, e já estava tudo registrado na minha cabeça.

Silvinha foi organizar a produção, Marisi e Márcia, o cenário, Robert foi ensaiar as músicas lá no Casarão. O Zani também foi para lá, dar uma passada na coreografia. Com cada um focalizando seu trabalho, fizemos tudo de maneira rápida e objetiva. Cinco e meia da tarde começamos nosso ensaio geral. Tudo correu bem, com várias paradas para ajustes de interpretação, coreografia, música, luz, trilha sonora e adaptação do elenco ao novo espaço cênico. Estávamos todos muito concentrados. Os garotos e garotas muito ansiosos e agitados com a estreia. A peça teria a duração de uma hora e dez minutos.

Depois do ensaio de palco, pedi que todos ficassem ainda para acertar as mutações de luz. Também acertei a posição de todos em seus focos, e ensaiei o final. Às 19h30, conseguimos terminar o ensaio. O elenco foi para o camarim. Tinha um lanchinho esperando. O espetáculo estava marcado para começar às 9h30, porque teria um coquetel no início. Aliás, já devia estar começando. Tomei um café e resolvi não sair do teatro, para dar uma relaxada numa poltrona que estava na coxia. Silvinha tinha saído para tomar um lanche fora, com o pessoal. Eu estava dormindo profundamente, quando fui acordada pelo Marcelino:

— Anna, por favor, venha comigo! Ele estava ofegante.
— O que houve?
— Venha ver o absurdo! E foi me conduzindo, pelo lado de fora, para a frente do teatro.

— Olhe aquilo!
— O quê?
— Olhe o uso político de nosso trabalho!

Havia umas faixas penduradas, nas árvores da pracinha em frente, com dizeres de boas-vindas e sucesso à doutora Wayta e ao seu marido, doutor Vergílio Dalla Pria. Assinavam a saudação: correligionários, prefeito e secretário de Cultura — do partido político PMDB.

— Não podemos compactuar com isso! — vociferava o Marcelino.

Já tinha pessoas no saguão do teatro e ele falava alto, inflamado.

— Você tem que fazer alguma coisa, Anna!

Eu peguei forte no braço dele e o puxei para um lugar onde ninguém nos via.

— Olhe aqui Marcelino, preste atenção no que eu vou te dizer: primeiro, não quero nenhum escândalo aqui, certo? Segundo, vim aqui para fazer teatro e não política! Por isso, aquelas faixas não me dizem respeito! E se você se sentir incomodado é livre para decidir o que fazer. Se decidir continuar conosco, tem que fazer o seu trabalho e ficar calado.

Ficou o maior clima. Ele não dizia nada, estava com o olhar inflamado.

— Pode escolher, Marcelino. Ou fica sem interferir em nada e faz seu trabalho de monitor, na paz, na boa, ou vai embora.

— Vou ficar.

— Ótimo. E fui voltando ao palco.

Ele ainda ficou um pouco parado, depois me seguiu.

Como minha mente nunca é ocupada por um pensamento único, enquanto ele me mostrava as faixas, vendo as pessoas no saguão de entrada do teatro, me veio uma ideia: a de fazer o Tião, com aparência de mendigo, entrar no meio das pessoas e pedir esmola, antes do espetáculo. Depois ele retornaria pelo caminho que eu estava fazendo e entraria no palco — na praça.

Fui direto ao camarim onde Tião se encontrava. Silvinha estava na entrada.

— E aí, Anna? O Marcelino te encheu muito o saco por causa das faixas?

— Não quero nem ouvir falar desse assunto! Já está resolvido. Silvinha, será que temos por aí um cobertor, uma manta meio velha, qualquer coisa assim, para o Tião se enrolar? — e contei a minha ideia.

Logo Marisi produziu um pedaço de pano que servia para o que eu queria. Chamei o Tião e expliquei tudo. Dei um tempo e, vinte e cinco minutos antes de começar o espetáculo, pedi ao Saulo que nos acompanhasse à entrada do teatro. Silvinha não queria perder essa também. Tião era o próprio mendigo. Ficamos, eu, Silvinha, Marize e Márcia, a distância, observando. Saulo foi mais colado nele, como se fosse do público. Tião foi se aproximando do saguão, que já estava lotado. E começou a esmolar. As pessoas começaram a ficar meio incomodadas. Um cachorro vira-lata começou a seguir o Tião, até parecia dele mesmo. Tudo ia bem, mas um segurança do evento veio, pegou o Tião pelo braço e o levou para fora. Ele não deixou por menos, xingou o homem, ameaçou voltar, até que o Saulo também começou a improvisar com o Tião um bate-boca, e o arrastou para longe de lá, ou seja, onde estávamos. A pegadinha tinha dado certo. E Tião, todo orgulhoso de sua façanha, foi logo dizendo:

— Eles entraram na minha, direitinho! Olhe só, até consegui umas moedas! — e mostrou uns trocados.

— Legal Tião — eu disse. — Agora é a peça!

E fomos voltando ao teatro, pelo mesmo caminho. Antes de começar, chamei todos ao palco para fazermos um círculo de vibração e energia, como sempre costumo fazer. Foi muito bonito. Cada um falou uma palavra positiva.

A palavra do Marcelino foi:

— Consciência.

— E, como réplica, mandei a minha:

— Respeito!

O último a falar foi Carlinhos, que terminou com a palavra:

— União.

Estávamos sintonizados. Deu o segundo sinal.

— Silvinha, vou lá para cima — abracei-a. — Merda!

O público já estava acomodado nas cadeiras. Às 9h40 mandei dar o terceiro sinal. Orei um "Pai Nosso" e pedi proteção a Deus. Dei o *blackout*, as cortinas se abriram e o espetáculo começou!

Quando a cortina se abriu, revelou um cenário muito lindo! Era uma praça perfeita! E quando o menino de rua entrou, e o público o identificou como o garoto que pedia esmolas no saguão, surgiu o primeiro aplauso da noite. O Tião, muito inteligente, esperou o aplauso terminar, sem perder o personagem, para dar início à ação da peça. Quando Zé Pinguinha disse sua primeira frase, foi uma risada geral. O público embarcou, logo de cara, na história. Assim que Catatau e Zé Pinguinha adormeceram e as garotas começaram a surgir, dançando e vestidas de damas antigas, começamos a ter um momento tocante, poético, delicado.

Eu já tinha visto o espetáculo não sei quantas vezes, mas quando os garotos entraram e começaram a dançar aquele minueto com as meninas, as lágrimas começaram a cair dos meus olhos, sem parar. Eu nem conseguia enxergar direito a peça. E pensar que aqueles garotos, aquelas garotas que dançavam de maneira tão suave, tão terna, eram menores infratores, que nem sonhavam um dia, poderem estar num palco, dançando um minueto! Foi mais um momento em que senti vontade de congelar aquela cena, para sempre! O público vibrava e aplaudia! E eu chorava de alegria, de prazer, de encantamento!

De repente, recebi um lenço das mãos do técnico do teatro, que estava comigo na cabine. Ele sorriu para mim. E aquele lenço serviu para enxugar muitas lágrimas que derramei a peça inteira. Tudo transcorreu sem nenhuma falha, com todos os garotos e garotas intensamente entregues ao ato de representar seus personagens, com paixão. Tivemos vários aplausos em cena aberta e no epílogo, depois do gesto paralisado de Catatau, erguendo a flauta. Nesse momento, o elenco foi se posicionando, a música foi invadindo todo o teatro e a voz de Paulo Autran entrou impactante, interpretando a poesia final.

A luz frontal, suave, mostrava aqueles rostos com expressão tão intensa, tão profunda, enquanto as palavras de Paulo soavam potentes, pujantes! A luz foi diminuindo, até que todos ficassem em silhueta, apenas ressaltados pela contraluz lilás. Quando a poesia terminou, a música foi subindo e a contraluz caindo, até fazer desaparecer, lentamente, as figuras de todos.

O espetáculo terminou com o teatro vindo abaixo, de tantos aplausos. Quando subi a luz branca geral, para os agradecimentos, eu já não enxergava mais nada de tanto chorar. Não conseguia me conter. As lágrimas escorriam pelo rosto, sem parar. O técnico que estava ao meu lado, acredito que mesmo não sabendo muito bem porquê, também chorava. Aquele foi, sem dúvida, o momento mais emocionante de minha carreira artística.

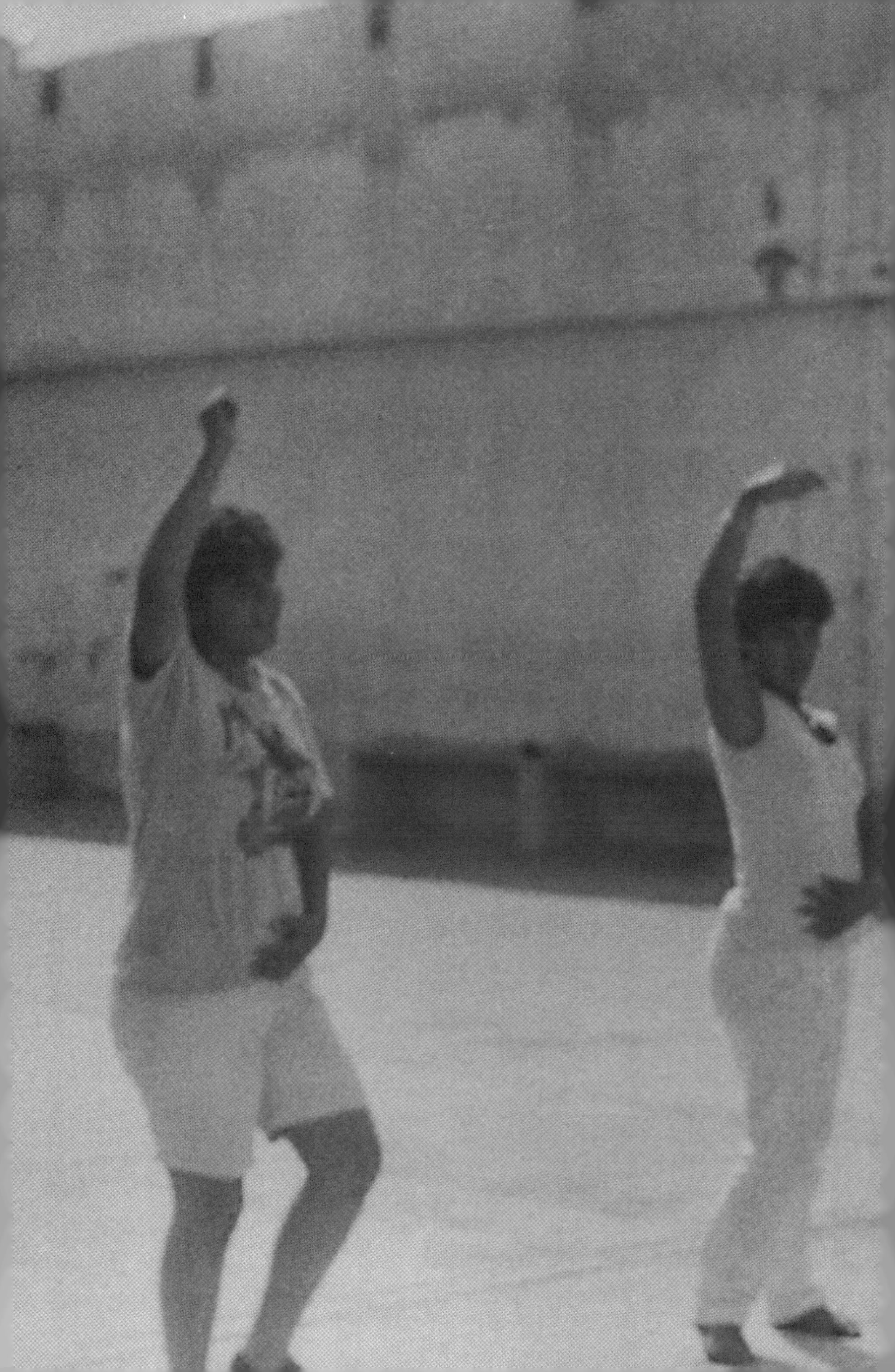

43.

Os efeitos do sucesso e um novo desafio

Depois da

estreia vitoriosa de "Menino de Rua", em São José do Rio Preto, não se falou em outra coisa na Febem. A doutora Wayta, presidente, tinha ficado muito feliz e enviado um comunicado parabenizando a todos. Os garotos e garotas não se aguentavam de tantos elogios. Nós, do Núcleo Cultural, também ficamos muito satisfeitos. Fizemos uma reunião de avaliação e depois demos uma pequena pausa em nossas aulas, para renovação de forças.

Naquela semana mais amena, fui fazer controle de qualidade dos meus dois espetáculos: "Falando de Amor com Humor" — que tinha passado por uma situação bem problemática com o produtor e já estava se despedindo de São Paulo, pretendendo excursionar pelo interior do estado, e "Overdose" — que continuava ainda em temporada.

Nardinho tanto fez que acabou me levando a seu apartamento, no centro da cidade, para conhecer seus amigos, com quem morava. Eram dois travestis. Nanda (Fernando) e Lalá (Maurílio). Muito, mas muito simpáticos e comunicativos! E tratavam o Nardinho de maneira bem rígida, não permitindo nenhum tipo de tropeço por parte dele. Nada de drogas, nada de bebidas, nada de más companhias. Eles eram jogo duro, mesmo. Um deles, Lalá, era primo, filho da irmã da mãe de Nardinho. E, pela aparência, uns 24 mais velho, tinha assumido o papel de pai do garoto. Era um contrassenso, mas parecia estar funcionando. Nardinho estava na linha e voltaria a estudar no próximo ano, garantia "o pai severo".

Nanda e Lalá tinham ido assistir *Overdose* e achado muito *down*.

— A tal da Maria Tereza é muito depressiva! — dizia Nanda.

— Devia mais era procurar um psiquiatra — opinava Lalá.

A atriz tinham achado ótima, mas a história... muito cheia de drama! Eles prefeririam comédia! Convidei para assistirem à peça "Falando de Amor com Humor", que logo sairia de cartaz. Prometeram ir, se o trabalho permitisse! Nem me atrevi a perguntar em que trabalhavam, por motivos óbvios. O apartamento era pequeno, mas arrumadinho, de gosto meio *Kitsch*, e Nardinho fez questão de me mostrar o seu quarto. E, orgulhoso, apontou na parede, penduradas, as máscaras do drama e da comédia — símbolo do teatro.

— Ele adora teatro! — disse Lalá, — Mas tem que estudar e se formar!

— Pode estudar e se formar em teatro! — eu disse.

— E isso lá dá dinheiro?! — falou com voz afetada.

— Se ele levar a sério, procurar sempre aprimorar o seu trabalho, se dedicar com disciplina, poderá vir a ser um bom profissional e ganhar bem, sim!

— Eu não quero ser ator, não. Quero dirigir! — falou com segurança, Nardinho.

— Então estude! Quanto mais estudo, melhor! — afirmei.

— Tem escola de teatro boa em São Paulo? — perguntou Lalá.

— A melhor, na minha opinião, é a Escola de Arte Dramática, mas é de nível superior.

— Viu Nardinho? Tem de concluir o colegial antes! — disse com autoridade de pai.

— Eu sei, vou estudar, já disse! — respondeu o Nardinho, meio irritado.

— Não adianta ficar nervosinho, não. Sem estudo, não tem futuro na vida!

— E você, tem estudo por acaso?

— Não tive a oportunidade que eu estou te dando, viu? Tive de trabalhar desde cedo! — e continuou, dirigindo-se a mim. — Sabe, trabalho desde criança e, só agora, consegui abrir meu negócio, graças a muito sacrifício!

— E qual é o seu ramo de atividade?

— Tenho um salão de cabeleireiro aqui perto. No fim de semana ainda faço *show* em boate, para levantar mais um dinheirinho! Não tenho um dia de folga! Dou um duro danado, menina!

— Nardinho deu um risinho sarcástico.

Amenizei o clima:

— Como é, não tem um cafezinho, nesta casa? — brinquei.

— Mas claro! Vou passar, falou o Fernando, com voz de Nanda.

E lá foi ele para a cozinha preparar. Parecia ser mais jovem do que Lalá e tinha a pele muito bonita e bem tratada. Serviu café com biscoitinhos. Passei, ali, uns momentos leves e divertidos. Nardinho, dentro do que era possível, estava em boas mãos.

No dia seguinte, na Febem, queria saber notícias do Welton, mas não encontrava a Antônia em lugar algum, até que me informaram que ela estava de licença. E ninguém sabia me dizer nada a respeito do estado do Welton. No Núcleo, também não se sabia de nada. Consegui o telefone da Antônia. Liguei e fiquei sabendo que ele continuava na clínica. Eu e Silvinha fomos visitá-lo.

Ele estava com boa aparência, corado, bem disposto. E não pretendia mais retornar à Febem. Contou que Antônia estava vendo a possibilidade dele se aposentar por questão de doença. E dizia que seu desejo era voltar a morar no Rio de Janeiro, onde tinha uma irmã muito querida, casada e com dois filhos. Ficamos conversando e contando as novidades. Ele ficou contente em saber que os projetos culturais e artísticos estavam tendo continuidade e que ninguém tinha sido mandado embora. Depois de um tempinho, resolvemos ir embora, pois ainda tínhamos que retornar à Febem. Welton ficou muito feliz com nossa visita e nós também, com a recuperação dele.

Quando chegamos à Febem, o Agenor, que estava em nossa sala, contou que o Tião estava insuportável! Insubordinado, criando caso, arrogante, briguento. Parecia que o sucesso tinha subido à cabeça.

— Vou ter de falar com ele, Silvinha! Você vai comigo?
— Lógico!
— Então amanhã a gente vai. Por hoje, já bastou a visita ao Welton.
— E como ele está? — perguntou Agenor.
— Bem, dentro do possível.

O telefone tocou. Era uma assessora da presidência que me chamava para ir até lá. A doutora Wayta queria falar comigo. Fui e recebi uma nova missão, um novo desafio. Levar a peça, um fim de semana, para Ribeirão Preto. A doutora Wayta lamentava que tivéssemos feito um espetáculo só, em Rio Preto, porque no dia seguinte, o telefone do Teatro Municipal não parou, de tanta gente ligando, querendo assistir ao espetáculo.

Pergunta imediata:
— Quando?
— O mais breve possível. Vou acertar uma data com o secretário da Cultura de lá.
— Por favor, me avise assim que souber. Quero ensaiar o espetáculo antes de viajar.
— Mas para quê? Estava tudo tão lindo!
— Estava, mas pode ficar melhor ainda.
— Você é perfeccionista, hein Anna?
— Uma das características de meu signo.
— Virginiana! — ela matou em cima.
— Conhece o signo?
— Muito bem! Gosto de astrologia e tenho uma amiga virginiana. Tudo tem que sair perfeito em suas mãos.
— Eu me acho muito chata, mas não consigo mudar.
— Tem mania de limpeza também?
— Claro! Adoro uma boa assepsia em tudo!

Rimos e nos despedimos. Depois, lá fui eu ao Núcleo contar a boa-nova!
— Ribeirão Preto, nos aguarde! — disse em voz alta.

No dia seguinte, já começamos a tomar providências para um novo espetáculo. Mesmo transgredindo um pouco, estávamos torcendo para que ninguém fosse posto em liberdade até lá, porque o elenco estava muito afinado! E tão bem comportado!

Só precisávamos acalmar os ânimos do Tião. E foi o que fizemos, logo de manhã, quando chegamos. Fomos direto para a UE-15.

Na ida, Silvinha e Cássio se encontraram no caminho. Eu o cumprimentei e fui andando e ela parou e trocou algumas palavras com ele. Depois foi ao meu encontro, sorrindo.

— Hi... aí tem! — falei num tom malicioso.
— Ai, minha amiga... precisamos conversar!
— Claro que precisamos. Quero saber tudinho!

Ela riu gostoso. Fomos entrando na Unidade e já encontramos o Matheus por lá.
— Oi Matheus, tudo bem?
— Tudo bem, Anna.
— Escute, Matheus, você sabe alguma coisa sobre o Tião?
— O "estrelo" da companhia de teatro? Sei sim. Está no quarto trancado.
— Trancaram ele no quarto? — foi logo perguntando Silvinha.
— Não, ele mesmo se trancou. Aliás, acabou de fazer isso. O Agenor e a Helena estão lá, tentando fazer com que abra a porta.

Helena era a assistente social da Unidade.

— Chegamos na hora certa Silvinha. Onde é o quarto, Matheus?

— Eu levo vocês lá. Olha, o garoto pirou! Ficou deslumbrado com o sucesso!

Chegamos e vimos Helena falando com Tião através da porta trancada:

— Você não pode fazer isso Tião!

— Para de me chamar de Tião! Sou Sebastião! Sebastião Santos!

Agenor, ao lado de Helena, procurou contemporizar:

— Tudo bem! Sebastião Santos, você tem de abrir essa porta, entendeu? Esse quarto não é só seu e os outros garotos precisam entrar aí!

— Eles que entrem depois. Agora quero ficar sozinho, falou? Sozinho, dá pra sacar?

Eles nos viram e desencostaram da porta. Um chaveiro já estava a postos com sua maleta.

— Dá licença! — e logo acionando uma chave de fenda, uma chave mestra e um alicate. Abriu a porta rapidinho, sem nenhum esforço!

Helena e Agenor entraram, eu e Silvinha entramos atrás. Tião não contava com nossa presença ali. Sentou na cama, enfiou a cara no meio das pernas e lá ficou, de cabeça baixa, sem olhar para ninguém.

Helena se aproximou dele.

— Você não vai ganhar nada agindo assim!

Ele, em silêncio.

— Por que é que você foi agressivo com o Dalton? — perguntou Helena.

— Ele continuava em silêncio.

— E por que ontem deu num empurrão no Linaldo?

Tião insistia em seu silêncio.

— Não vai falar nada, não?

— Eu quero ficar sozinho!

Agenor interveio:

— Escuta, você não está indo pelo caminho mais correto, Tião!

— Sebastião! Falou ele num tom irritado.

— O que deu em você, agora? Não quer mais ser chamado de Tião? — perguntei.

— Não. Sou Sebastião Santos.

— Seu sobrenome não é Santos! — falou Helena.

— É meu nome artístico! — falou ele, altivo.

Silvinha riu disfarçadamente.

— Muito bem, seu Sebastião Santos. Qual é a sua? — falei em tom de desafio.

Percebi que o peguei de surpresa com a pergunta e com o jeito de perguntar.

— A minha? Não sei.

— Ah, não sabe? Devia saber, porque você anda provocando muita encrenca desde que chegamos de viagem!

— Não aguento ignorante no meu pedaço.

— E quem é ignorante?

— Todo mundo!

— Todo mundo?

— O Dalton, o Linaldo! Vieram crescer pra cima de mim, falando que a peça tinha feito sucesso por causa da música deles!

— Deles e de todos os que participaram! — corrigi.

— Eles não falaram isso, não! — disse o Matheus. Eles disseram que não foi só você que fez sucesso!

— Mas fui eu que tive mais palmas! Eu sou o Menino de Rua!

— Você é o menino de rua, mas os outros também têm personagens importantes na peça! O sucesso é de todos! — falei bem firme.

O impetuoso retomou o silêncio.

Silvinha veio bem doce e ajoelhou bem na frente dele, que continuava sentado na cama.

— Olha pra mim, Sebastião Santos.

Ele olhou meio de soslaio

— Nós somos um grupo de teatro. Todos têm o seu valor.

— Eu tenho mais!

— Não tem não, meu queridinho...

— Tenho sim. Eu sou o principal e se eu não estiver lá, essa peça não é nada, tá ligada? — falou ele, bem arrogante.

— Como é que é? A peça não é nada sem você? — ela ainda falou delicada.

— Nem precisa responder, Tião! A partir de agora, você está fora, não vai mais participar da peça! Vamos embora Silvinha, caso encerrado por aqui.

Silvinha não sabia se levantava, se ficava lá.

— Vamos, Silvinha! Temos muito que fazer!

— Você não pode fazer isso comigo, Anna!

— Já fiz.

— Por quê?

— Se você não sabe agora, um dia vai saber.

— Eu não vou mais fazer a peça, mesmo?

— Não, não vai.

— E quem é que vai fazer o menino de rua?

— Isso é assunto meu.

Saí do quarto. Silvinha me seguiu. Agenor e Helena ficaram lá. Matheus veio junto conosco.

— Você fez muito bem, Anna. Esse garoto estava precisando mesmo de uma dura!

Não comentei nada, só pedi:

— Matheus, assim que a doutora Wayta confirmar a data dos espetáculos, vamos ensaiar. Aviso você.

— Tudo bem.

— Até mais, a gente se vê.

Fomos embora. Até o Núcleo, eu e Silvinha não trocamos uma palavra.

Sentei à minha mesa. Estava injuriada.

— E o pestinha ainda usou a frase da Greta Garbo!

— Como é que é?

— Você não ouviu, Silvinha? Várias vezes ele repetiu: "Eu quero ficar sozinho!". É a célebre frase de Greta Garbo: *"I want to be alone!"*.

— É mesmo! Nem tinha me tocado!

— Que espírito será esse? Só pode ser de algum monstro sagrado do teatro, que veio parar na Febem! — acabamos rindo.

— Quero fazer uma reunião com todo mundo lá no teatro, amanhã. Vou colocar a situação para o grupo, a situação do Tião.

— Tião não... Sebastião Santos!

— Era só o que me faltava! Aguentar estrelismo de pivete!

— Calma Aninha, vai com calma...

— Vou com calma, mas não vou fazer média não, você me conhece. Todos têm que ser informados da atitude errada do Tião!

— Claro que sim. Mas não precisa ser tão contundente, né?
— Não vou ser contundente, vou ser transparente!
— Certo, certo. Conte comigo.
— Eu conto sempre com você!
Ela acabou acariciando minha cabeça e sorrindo:
— Aninha, Aninha...

Então lembrei da telenovela "Antônio Maria", que eu tinha feito na TV Tupi. Foi um tremendo sucesso! Algo extraordinário! E nem todos os atores conseguiram conviver com a fama e o dinheiro que a novela trouxe ao elenco. Nós chegávamos a ganhar num fim de semana, fazendo viagens pelo interior de São Paulo e pelo Brasil, muito mais do que o salário que recebíamos por um mês inteiro de trabalho! E ainda tínhamos de andar rodeados de seguranças. Lembro que, em Belo Horizonte, ao chegarmos ao hotel onde ficaríamos hospedados, a multidão era tanta na porta de entrada, que não conseguíamos descer do ônibus que tinha ido nos buscar no aeroporto. Tiveram de reforçar nossa guarda. E mesmo assim, quando descemos, fomos atacados por vários fãs que nem conseguíamos ver quem eram! Recebi vários beijos na boca, sem saber de quem! O Jean Carlo teve seu pescoço ferido por uma fã que veio com uma tesoura e cortou um pedaço da gola da camisa dele. O Toni Ramos quase ficou sem o seu sapato. O Sérgio Cardoso foi agarrado, amassado, apertado. A Aracy Balabanian, então, quase ficou sem roupa, de tanto que a puxavam de um lado para o outro, aos gritos de: "Heloísa, Heloísa!". E todo o elenco foi envolvido pela multidão, sem que os seguranças conseguissem impedir a histeria coletiva. Em todas as viagens que fizemos foi essa loucura. Em Salvador, o *check in* de todos teve de ser feito pelo empresário local, enquanto o ônibus em que estávamos entrava na pista do aeroporto e parava na porta da aeronave para que pudéssemos embarcar. Antes disso, Aracy teve seu quarto invadido por muitos fãs, que tinham conseguido burlar a vigilância do hotel.

Durante todo o decorrer da novela, fomos grandes celebridades. Depois a novela acabou e, com o decorrer do tempo, tudo passou. Eu conhecia bem o extraordinário prazer do sucesso. E também sabia que era transitório. Não dava para se deixar seduzir por ele.

Na manhã seguinte, com o grupo todo reunido, relatei o que havia ocorrido com o Tião e que ele seria substituído. As perguntas, feitas com ansiedade, começaram a surgir quase ao mesmo tempo, sem que eu pudesse dar resposta.

— E quem vai entrar no lugar dele?
— Será alguém novo?
— Será que vai dar tempo de ensaiar?
— Será que o espetáculo vai ficar bom com outro ator?

Nessa pergunta, eu interrompi mesmo:

— Escutem aqui, prestem bem atenção: o espetáculo tem 24 atores! Não depende só de um para ser bom, mesmo que esse um seja o personagem principal! E ninguém aqui é insubstituível, certo?

Todos concordaram.

— Nós vamos encontrar alguém que faça o Catatau tão bem ou melhor do que o Tião!
— Eu posso fazer! — a voz vinha da última fileira. Olhei melhor. Era o Genivaldo, que fazia o vendedor de ouro.
— Levante, Genivaldo, e fale mais alto!

Em pé, ele repetiu, em alto e bom som:

— Eu posso fazer o Catatau. Sei tudo de cor.

— Você sabe tudo de cor?

— Sei. Ficava prestando atenção em todos os ensaios, depois ia pro meu quarto e decorava. Sei tudinho!

Olhei para a Silvinha com cara de surpresa. Ele continuou:

— E tem um menino lá da minha turma da Unidade, que sabe o meu papel. Eu contei como era e ensaiei ele no pátio!

"Inacreditável" — pensei.

— Então vamos fazer o seguinte, amanhã você se prepara bem e nós vamos passar o início da peça, até a entrada do comprador de ouro. Vamos ver como você se sai. Se der tudo certo, você faz o papel do Catatau e chama lá o seu amigo, como é o nome dele?

— Claudinei.

— Então, se tudo correr bem, você chama o Claudinei para fazer o seu papel.

— E por que a gente não ensaia agora?

— Você se sente preparado?

— Sinto!

— Ótimo, então vamos lá!

E assim, todos foram arrumando um cenário improvisado. Com duas cadeiras juntas, no meio do palco, o banco da praça foi montado.

O Genivaldo queria um trapo, algum pano velho para pôr em cima da roupa, também queria sujar a cara e as mãos, antes de começar. O Renato e a Silvinha levaram o garoto para o camarim, a fim de fazer uma caracterização. Os outros garotos também foram improvisando alguma coisa para seus personagens. Ninguém usaria nada da peça. Depois de pouco mais de meia hora, eu, Silvinha e Renato sentamos na plateia para o ensaio começar.

E não é que o Genivaldo sabia tudo mesmo? E estava à vontade, desinibido! Tinha uma voz mais grossa que o Tião, um jeito meio rústico de ser. Era uma composição diferente, um Catatau mais rude, mais roceiro. E ele quase não errou nada! Era evidente que ele não tinha aquele brilho, aquela empatia do Tião, mas ia muito bem! E, claro, tinha que ensaiar muito ainda, mas todos nós gostamos muito e aprovamos o Genivaldo.

Chamei o amigo dele, o Claudinei, para ser o comprador de ouro. Ele também sabia tudo de cor. Nós nos surpreendíamos, a cada dia, com aqueles garotos!

Então começamos os ensaios, aguardando a data de nossa nova estreia em Ribeirão Preto. Genivaldo passou a ser um ótimo exemplo para todo o grupo, de como alguém, por antecipação, pode se preparar com determinação e anseio, para ocupar um lugar melhor, ser promovido. E, além dele mesmo ter se transformado na solução para o impasse que todos estávamos enfrentando, já havia também arranjado a melhor alternativa para sua substituição: seu amigo de pátio, que já ensaiado por ele, sabia seu papel de cor e salteado! Impressionante, aquele nosso novo "Menino de Rua" — era um verdadeiro vidente, um exímio "premonitor"!

44.

Ribeirão Preto — uma viagem com muitos imprevistos e uma grande surpresa

Logo depois

de termos começado a ensaiar novamente a peça, com duas substituições, a doutora Wayta me chamou e me comunicou que a viagem para Ribeirão Preto estava marcada para dali a dezessete dias! E que teríamos duas apresentações: uma no sábado e outra no domingo, no Teatro Municipal. Em função disso, tivemos de acelerar os ensaios e reorganizar rapidamente toda a produção. Foi uma verdadeira loucura, mas deu tudo certo!

Estávamos de partida. Todos no ônibus, já devidamente informados, orientados e preparados para ficarmos dois dias fora da Febem. Só que, dessa vez, os garotos e garotas estavam muito, mas muito mais excitados com a possibilidade de passarem um fim de semana inteirinho no "mundão", segundo suas próprias palavras. Eu, particularmente, estava viajando com a prática do "orai e vigiai" acionada, porque pressentia que não seria tão fácil lidar com aquela garotada sedenta de liberdade!

Saímos na sexta feira, ao meio-dia, para chegarmos com calma. Dormiríamos lá para montarmos tudo no dia seguinte, com tempo. Tão logo o ônibus saiu, a algazarra começou. Eles gritavam, aplaudiam, estavam desvairados! Nós deixamos que liberassem a adrenalina! A agitação durou um bom tempo. Depois se acalmaram e a viagem seguiu mais tranquila. Silvinha estava sentada ao meu lado.

— Ai, Aninha, já estou com saudade!

Eu sabia a que "saudade" ela se referia. Tinha visto o Cássio acompanhá-la até perto do ônibus, e os dois se despedirem com um beijo afetuoso.

— E aí, estão namorando?
— Desde ontem, acredita?
— Ontem?

— Pois é amiga, ele enrolou, enrolou e na véspera da viagem resolveu se declarar, finalmente! E eu também!

— Gente! Ainda existe isso? — brinquei.

— Ele é muito tímido, você não acredita!

— E você, como é bastante despachada, deu uma forcinha para ele se declarar, não foi?

— Uminha só, bem pequenininha, mas suficiente.

Rimos.

— Está feliz?

— Nossa, e como! Ele é um doce de criatura, um amor.

— E...?

— E... o quê?

— Vocês transaram?

— Amiga, começamos a namorar ontem!

— E não deu tempo?

Silvinha começou a rir.

— Você é terrível, Aninha!

— Ah, tá bom, me engana que eu gosto!

— Foi ma-ra-vi-lho-so! Há muito tempo não me sentia assim, completamente apaixonada! Pareço uma adolescente!

— Você é uma adolescente, minha amiga!

Rimos muito e eu quis saber de todos os detalhes. Eles estavam se encontrando há algum tempo, como amigos, depois a amizade foi se estreitando, mas nenhum dos dois tinha coragem de confessar seus sentimentos. Passaram a se ver todos os dias, nem que fosse só para um simples cafezinho, mas nada de deixar transparecer a emoção. Parecia coisa de telenovela! Até que, na noite anterior à viagem, na iminência de se separarem num fim de semana, depois de um jantar romântico, num restaurante bem aconchegante, os dois confessaram o seu amor um pelo outro! Uma verdadeira *Love Story*! E Silvinha contou-me isso resplandecente!

Assim como uma frase que eu coloquei, mais tarde, da condessa D'Ancour, na adaptação teatral que fiz do livro "Laços Eternos", de Zibia Gasparetto/Lucius: "Existe melhor coisa no mundo do que estar apaixonada?!", Silvinha era prova viva de que não existia — ela estava em estado de graça.

Felizmente o pagode não aconteceu naquela viagem. Tínhamos acordado muito cedo, visando arrumar tudo para a viagem, e depois de quase duas horas na estrada, todos dormiram. Eu e Silvinha também adormecemos.

Não muito longe de Ribeirão Preto, o ônibus parou num posto de gasolina para reabastecer. E logo começou a agitação, o falatório. Depois, com uma hora a mais de viagem, chegamos.

Fomos primeiro deixar os garotos e os monitores. Dessa vez o número era seis, contando com o Matheus. Entre eles não estavam nem o Saulo e nem o Marcelino. Mas havia um, muito festivo, o Delano, que se dizia ator e ter feito algumas peças de teatro, improvisação e criação coletiva com seu grupo, em São Miguel Paulista. Era todo falante, exibido. E ficou logo íntimo, mesmo sem eu ter dado o menor espaço para isso. Tipo de pessoa que, sinceramente, não me seduz. O Agenor, que também não engolia muito ele, ironizou dizendo que a única criação coletiva que ele podia ter feito era a de galinhas! E o que ele chamava de improvisação era o aprisionamento das coitadinhas dentro de um galinheiro "improvisado"! Ô boquinha santa a do Agenor!

Os demais monitores tinham sido destacados especialmente para essa viagem, pelo perfil de firmeza, segurança e estabilidade emocional que possuíam, segundo o que tinha ouvido falar na assessoria jurídica da presidência.

O local onde o elenco e os monitores ficariam era um colégio. As acomodações tinham sido adequadas em duas salas de aula. Não era tão confortável como em Rio Preto, mas estava tudo arrumadinho, limpo. Tinha banheiro perto. Tudo coberto e habitável. Como da outra vez, o Carlinhos foi meu representante, antes de ir para o Hotel, pedi a ele que tomasse conta do elenco para mim. Veríamo-nos apenas no dia seguinte. Ele mais uma vez me tranquilizou, dizendo que ficaria sempre por perto.

Como tínhamos chegado por volta das 18h30, perguntei qual era a previsão para o jantar do elenco, então fui informada que um monitor da Unidade de Ribeirão Preto seria nosso contato para tudo o que precisássemos. Arnaldo, um dos nossos monitores, estava com o telefone dele para ligar, assim que chegássemos. Possivelmente os garotos fariam as refeições na Unidade de Ribeirão, não muito distante dali. Com tudo já acertado, telefones do colégio devidamente anotados para nossa comunicação, a equipe foi para o hotel. Era no centro da cidade, um pouco distante de onde eles estavam, mas mais perto do teatro. Assim que chegamos, reconheci o Hotel, onde já havia me hospedado algumas vezes, viajando com teatro. Era bom e confortável e ficava ao lado da "Choperia Pinguim", uma das mais tradicionais e famosas do interior do estado. E claro, combinamos de nos encontrar lá, depois de nos instalarmos e de tomarmos um bom e reconfortante banho.

O Zani, que estava num quarto duplo, com o Agenor, ficou sabendo que era aniversário dele naquele dia e nos avisou. Eu e Silvinha logo fomos agitar um bolo de aniversário para fazermos uma surpresa para ele, na choperia. E foi uma noite deliciosa. À mesa estavam: eu, Silvinha, Marisi, Márcia, Robert, Zani e o Agenor. Bebemos, comemos, rimos, conversamos, comemoramos. Estávamos merecendo aquele momento de descontração. Mais tarde pedimos ao garçom para trazer o bolo com uma velinha faiscante. O Agenor ficou todo emocionado. E o nosso "Parabéns a Você" terminava com o verso: "Muitas felicidades e muitos anos de liberdade!". Sim, porque, a cada dia, convivendo com aquela realidade da Febem, valorizávamos mais e mais nossa condição de seres livres, libertos!

Começou a ficar tarde e resolvemos dar a festa por encerrada, porque no dia seguinte, pela manhã, já começaríamos a montar o espetáculo. Sobrou bolo e resolvemos levar para o quarto do Zani e do Agenor. Silvinha saiu carregando o bolo. Subimos todos no mesmo elevador, porque estávamos no mesmo andar. E não é que assim saímos do elevador, em pleno corredor, a Silvinha começou a melar a nossa cara com a cobertura do bolo? Em dois segundos, armou-se um pastelão daqueles. Foi uma verdadeira guerra de *chantilly*! Um frenesi total! O bolo acabou se estatelando no tapete do corredor e nós, mesmo todos melecados de creme, demos um jeito de limpar tudo antes de irmos direto para debaixo do chuveiro. E rimos às gargalhadas, feito crianças desajuizadas! Aquela maluquice foi muito, mas muito boa e também muito merecida. Nossos fígados estavam devidamente desopilados.

Na manhã seguinte, apareceu no café da manhã, o monitor da Unidade de Ribeirão, escalado para nos assessorar. Era gordinho, baixinho, suarento e, à primeira vista, me pareceu meio dissimulado. Como diz o ditado: "Não existe uma segunda chance para causarmos uma primeira boa impressão!". E a primeira impressão que ele me causou não tinha sido nada boa. O nome dele era Edvaldo e logo foi avisando que preferia ser chamado pelo apelido. E soletrou até como se escrevia: com E, dois Ds e Y no final —Eddy!

O — Eddy — comunicou que já tinha providenciado a ida do grupo, que estava hospedado na escola, à Unidade de Ribeirão Preto, para que tomasse o café da manhã. E que, na noite anterior, todos tinham jantado lá. Procurou ser educado e gentil, oferecendo-se para nos ajudar no que precisássemos. Informou que o pessoal abriria o teatro às 10 horas, para que iniciássemos a montagem. Achei tarde, já que eram 7 horas da manhã. Ele logo foi justificando:

— É o horário de entrada deles, não podemos mudar!

Diante da minha cara insatisfeita, nos convidou para irmos, antes, conhecer a Unidade de Internos da cidade. Terminamos o café da manhã e entramos numa espécie de perua, que mais parecia um camburão, e que ele mesmo dirigia. Fiquei pensando que podia ser o veículo de transporte dos menores da Unidade, mas não perguntei nada. Minha percepção me dizia que eu não devia ficar mantendo muita conversa com ele. Essas sensações que tenho em relação a determinadas pessoas são inevitáveis. Quero mudar, evitar prejulgamentos, de acordo até com os ensinamentos espíritas, mas não consigo. E o fato é que, raramente, me engano na avaliação, quando não me sinto bem na presença de alguém. É um efeito energético! Aquele monitor não me transmitia uma boa energia! Mas não comentei nada com ninguém, nem com a Silvinha.

Ao chegarmos à Unidade, ele foi muito solícito, mostrou todas as dependências externas, bem arborizadas, depois a cozinha, o refeitório, a quadra de esportes, dependências médicas, as salas dos funcionários — que nos cumprimentaram amavelmente. Depois, deu a visita por encerrada. E eu fiz a pergunta que devia estar na garganta de todos:

— Cadê os garotos internos?
— Estão em atividades.
— Que espécie de atividades?
— Diversas e setorizadas.
— Podemos ver?
— Vocês não preferem passar na escola e falar com o pessoal antes de irem ao teatro?
— Amanhã podemos voltar aqui e vocês veem os garotos, conversam com eles.

Olhei o relógio. Passava das nove.

— O que acham? — perguntei.

Ficou uma saia justa, porque ninguém, com certeza, estava acreditando muito nele, que fingia, nitidamente, ser natural e verdadeiro.

— Vamos deixar para amanhã então — falou o Agenor e todos concordaram.

Eu entendi que era melhor não insistir. Fomos para a escola. Encontramos os garotos jogando bola num campinho de futebol interno e as garotas assistindo e torcendo. Ficamos vendo um pouco o futebol deles e Carlinhos, ao nos ver, saiu do campo e veio até nós. Cumprimentou todos e dirigiu-se a mim:

— Posso falar com você, Anna?

Eu já sabia, pelo jeito sério dele, que boa coisa não era. Afastamo-nos.

— Fala Carlinhos.
— Tem um problema aí, viu Anna.
— Que problema?
— Bom, eu ia falar com você lá no teatro, mas já que você está aqui...
— Fala! O que é que está acontecendo?

— Se trata do seguinte: é que ninguém ficou contente em comer lá naquela Unidade. A comida é muito ruim.

— É mesmo?

— É sim, Anna! Ontem, de janta, foi arroz, feijão, um bife duro e uma laranja de sobremesa. E pra beber, só água. Hoje de manhã foi uma caneca de café com leite, um pão bem chumbrega e margarina. E se alguém quisesse repetir, não podia, era proibido.

Assim que entrou na Febem, uma das determinações da doutora Wayta foi mudar a comida servida nas Unidades. Os menores comiam a mesma comida feita para o restaurante interno, dos funcionários. E era uma comida ótima, muito gostosa mesmo. E sempre variada. No café da manhã, inclusive, que cheguei a tomar um dia, tinha pão fresquinho, manteiga, queijo prato e presunto, café com leite à vontade e uma fruta, que variava todos os dias. Eles já estavam acostumados a comer bem e não abririam mão disso, com toda a razão.

— Vou ver o que posso fazer Carlinhos, avise a todos que vou tomar providências, o mais rápido possível.

— A gente não quer mais comer lá. A gente pede para ir comer num lugar melhor.

— Olha só Carlinhos, eu tenho de ir ao teatro e iniciar a montagem com todo o pessoal. Não sei se dará tempo de mudar o lugar do almoço de hoje. Se eu não conseguir isso peço, por favor, que almocem na Unidade porque não vai ter outro jeito. O jantar, eu pretendo conseguir que mudem para um restaurante. Estamos em outra cidade, vocês têm de compreender isso. Não sei como as coisas funcionam por aqui.

— Fala com a doutora Wayta.

— É o que eu vou fazer. E tenho certeza de que ela vai considerar o pedido de vocês. Mas até lá, fiquem numa boa. Você Carlinhos, como meu representante, fale para todos aguardarem na paz, certo? Até eu resolver isso.

— Você ficou chateada com a gente?

— Claro que não. Vocês têm todo o direito de reivindicar uma comida melhor. Só não têm direito de fazer desordem, de criar confusão! Nosso grupo de teatro só vai perder com isso!

— Pode deixar, Anna, eu vou trocar uma ideia com eles e ninguém vai dar mancada. Vai todo mundo ficar na moral!

— Ótimo. Eu dou notícias assim que resolver essa situação, tá bom?

— Tá bom. Tá tudo bom.

— Então volta lá para o seu futebol e vê se faz um gol, vai!

Ele riu e saiu correndo. Vi um dos monitores, o Eduardo, mais adiante. Aproximei-me dele:

— Oi Eduardo, tudo bem? Preciso de uma informação sua.

— Pois não, Anna,

— Vocês acompanharam o grupo e também comeram na Unidade Ribeirão Preto. Me diz uma coisa, a comida de lá é boa?

— Muito ruim, Anna, sinceramente.

— Obrigada por me dizer.

Ele foi para um lado e eu para outro, já com a confirmação do que precisava.

A doutora Wayta tinha me dado o telefone de uma amiga em Ribeirão Preto, que saberia onde encontrá-la se houvesse caso de urgência. Cheguei ao teatro e a primeira coisa que fiz foi telefonar. Deixei o número de lá, para que ela pudesse me localizar. Resolvi não passar esse problema para ninguém. Juntei-me a todos e entramos na agitação da montagem.

Depois de quase uma hora, me chamaram na administração. Era a doutora Wayta ao telefone. Rapidamente contei o que estava ocorrendo e ela foi muito objetiva na solução. Disse que me mandaria uma verba para todas as refeições, até o almoço de segunda-feira, dia do nosso retorno a São Paulo. Que eu escolhesse os restaurantes. Precisava só de um tempo para viabilizar tudo. E perguntou:

— Quantas pessoas são?

— Vinte e quatro que compõem o elenco e mais seis monitores — falei.

— Não vai dar tempo para enviar o dinheiro antes do almoço de hoje.

— Não há problema, eu já pedi para avisar que se não houvesse tempo de resolver isso, eles teriam de almoçar na Unidade, sem criar caso.

— A que horas eu posso mandar alguém entregar a verba para você?

— Vamos marcar às 2h30 no hotel, para que eu possa deixar o dinheiro guardado no cofre. Por favor, não pode haver atraso porque tenho de retornar depois ao teatro, para terminar a montagem.

— Não se preocupe Anna, vou dar um jeito.

Tudo acertado, nos despedimos. Em razão de muitos compromissos a cumprir, ela me adiantou que chegaria a Ribeirão, quase em cima da hora do espetáculo daquela noite.

Ao voltar para o palco tive uma ideia: a de irmos almoçar na Unidade também. Comendo a mesma comida, seríamos solidários e evitaríamos qualquer tipo de desordem ou indisciplina. Então chamei o pessoal e expus a situação. Ninguém se negou a ir. Liguei para a escola e pedi que o ônibus passasse no teatro, que iríamos todos juntos almoçar na Unidade de Ribeirão. Depois de tudo bem adiantado, fomos para a porta do teatro aguardar, de acordo com o combinado. Quando subimos no ônibus, começaram as piadinhas:

— Hi, vocês vão lá passar mal com a gente, é? — falou o Fabiano, que há muito tempo andava quietinho, mansinho, mas que, naquele momento resolveu ironizar.

Fiquei na frente das poltronas, certifiquei-me de que o Eddy não estava e falei, projetando bem a voz, para todos ouvirem:

— Eu estou sabendo que a comida da Unidade para onde estamos indo não tem a mesma qualidade da que vocês comem em São Paulo, mas, prestem atenção: fomos convidados e estamos sendo muito bem recebidos pelo pessoal de lá, e não podemos ser mal-educados. Vamos almoçar daqui a pouco, sem fazer reclamação alguma, certo? Vamos segurar a onda! A doutora Wayta me autorizou a mudar as refeições para um restaurante da cidade, começando com o jantar de hoje. Houve exclamações de satisfação, aplausos e continuei:

— Nós viemos almoçar com vocês, porque afinal de contas, somos uma equipe. E se for para passar mal com a comida, vocês não vão passar mal sozinhos, nós vamos passar mal, juntos! — falei brincando.

Mais aplausos e exclamações.

— E tenho dito! Vamos embora comer caviar!

Aí virou tudo uma brincadeira, o clima ficou leve. Realmente a comida da Unidade era horrível, mas o clima ficou bem agradável e pudemos comer em paz.

Eu já tinha estado em Ribeirão Preto, atuando em vários espetáculos, e tinha família na cidade: meus primos Luiz e Dora Lunardi e seus três filhos. Conhecia muito bem tudo por lá e sabia de uns restaurantes bem acessíveis para comermos. E, a partir dali, decidi sempre ir comer junto com eles, como se faz num grupo de teatro que excursiona. O pessoal também concordou em fazer isso. Depois do almoço e depois de acertar o horário do ensaio, fui para o hotel sozinha. O ônibus, a meu pedido, me deixou nas imediações e eu fui andando. Gosto de caminhar após o almoço.

Enquanto esperava o portador com a verba, fiz um cálculo de quanto seria a despesa com a alimentação de cada um. Nós já estávamos com a nossa verba desde São Paulo, então, calculei pelo que recebemos.

A recepção do hotel me avisou da chegada do representante da doutora Wayta e que ele subiria até meu quarto. Era um homem de uns trinta e poucos anos e se apresentou como assessor da presidente da Febem, chamava-se Osmiro. Ele estendeu-me um envelope grande. Abri e havia pacotes de dinheiro, com o valor da soma escrito em destaque. Conferi e estava certo. Achei que daria perfeitamente para o que precisássemos, até o retorno a São Paulo. Ele não quis que eu assinasse nada, até estranhei, então disse que pediria todas as notas fiscais das refeições. Ele se despediu, deixando seu telefone para o que necessitássemos.

Não estava programado de eu fazer mais esse trabalho, mas como não havia um produtor, eu mesma tinha de assumir esse papel também. Tudo em nome de nossa tranquilidade. Separei toda a verba, por refeição, e guardei no cofre do quarto. Depois retornei ao teatro.

Silvinha me chamou e disse que, na volta, o Eddy estava esperando na escola e subiu no ônibus antes do pessoal descer. Falou que levaria todos para conhecerem um pouco a cidade. Completou:

— Eles nos deixaram no teatro e foram fazer um passeio.

— Não gostei nada dessa história, Silvinha.

— Nem eu, Anna, mas não me senti à vontade para impedir, afinal ele é nosso anfitrião e a garotada amou poder passear de ônibus pela cidade.

— Ele não tem nada que ficar fazendo programas com o grupo sem me consultar!

— Também acho, mas eu não pude evitar!

— Tudo bem, tomara que dê tudo certo. Mas vou falar com ele sobre isso, aliás preciso também avisar que não vamos mais comer na Unidade.

— Ele já sabe.

— Como?

— Alguém falou para ele. E chegou até a jogar um veneninho! Lá no almoço, chegou a dizer para o Agenor que, depois do espetáculo, providenciaria para o grupo teatral de elite, o melhor restaurante da cidade.

— Esse cara que não se atreva a interferir em nosso trabalho! Eu ponho ele, em dois tempos, no lugarzinho que lhe compete!

— Calma, hein, calabresa!

— Silvinha, quer saber? Eu não fui com a cara desse Eddy! Fique atenta, por favor!

— Eu já estou, não se preocupe.

— Bom, tenho que afinar a luz e passar o som.

— Eu vou cuidar do palco e dos camarins.

Ficamos mais um bom tempo acertando tudo, até que finalizamos. Tudo pronto, ficamos aguardando a chegada do elenco. Passou do horário combinado e nada, ninguém aparecia. Comecei a ficar muito irritada.

— Marquei com eles de chegarem às 5h30, para o ensaio começar às 6 horas em ponto, não foi?

— Foi sim, respondeu o Agenor.
— São dez para as seis!
— Eles devem estar chegando, Aninha — falou a Silvinha para me apaziguar.

Fui para a entrada do teatro. O ônibus estava estacionando. O Eddy foi o primeiro a descer e percebeu minha cara de poucos amigos.

— Qual a razão do atraso?
— Levei eles para tomar sorvete, tinha muita gente na sorveteria. É de um amigo meu. Ofereceu tudo de graça.

Os garotos e garotas foram entrando. Silvinha chegou ao meu lado, pegou na minha mão e deu um aperto. Entendi o gesto: "controle-se!".

— Silvinha, por favor, apresse a troca de roupas. Vamos começar o ensaio imediatamente.
— Tudo bem — e saiu.
— Quero falar com você, Eddy.
— Claro, Aninha!

"Aninha?! Quem tinha dado intimidade para ele me chamar pelo diminutivo?" — pensei comigo mesma, tendo ficado ainda mais irritada, contudo, procurei me controlar.

— Eddy, é o seguinte: peço que não programe nada com o grupo sem me consultar. Estamos aqui para fazer teatro e existem regras de conduta que têm que ser obedecidas.
— Você ficou chateada porque levei eles para passear?
— O passeio ocasionou atraso no ensaio.
— Tudo bem, desculpe. Mas pode ficar tranquila, tenho alguns anos de experiência com os menores infratores, sei muito bem lidar com eles.
— Não é esse o caso. Preciso que todos estejam focados no trabalho do teatro. Foi para isso que viemos.
— Tá certo, entendi. Não vou mais programar nada com eles sem te consultar.
— Ótimo, agradeço pela compreensão. Outra coisa, a doutora Wayta me pediu que, a partir de hoje à noite, leve todos para comer em restaurante.
— Eles não gostaram da comida da Unidade?
— Em São Paulo, eles comem a mesma comida que é servida no restaurante aos funcionários. E a comida é excelente!
— Só o pessoal do teatro?
— Não, todos os internos! A doutora Wayta implantou isso, assim que chegou. E você entende, eles sentiram a diferença.
— Ela poderia implantar essa nova modalidade de comida em todas as Unidades do estado, não só na do Tatuapé!
— Você pode sugerir isso! Hoje ela estará aqui para assistir ao espetáculo!

Ele não respondeu.

— Quero levar o pessoal para comer pizza depois do espetáculo, Preciso que você reserve uma pizzaria. Eu conheço uma muito boa perto do bosque.
— Eu sei qual é. Vou ver.
— Obrigada. Bom, nos veremos após o espetáculo. Até mais.
— Até mais.

Fui para os camarins. Os garotos já estavam quase prontos. E, na passagem, falei com o Fabiano e senti cheiro de álcool no hálito dele.

— Fabiano, você bebeu?
— Não, Anna.

— Estou sentindo cheiro de álcool no seu hálito!
— Tomei sorvete de rum — a resposta veio pronta.
Chamei a Silvinha ao palco.
— Silvinha, você sentiu cheiro de álcool no hálito de alguém?
— Senti sim. De quase todos.
— Chame o Carlinhos pra mim.
O Carlinhos veio meio de cabeça baixa.
— Carlinhos, o pessoal bebeu?
— Olha Anna, foi só um golinho cada um, não se preocupe não, ninguém tá bêbado.
— Você também bebeu Carlinhos?
— Só um golinho de nada, pra comemorar.
— E de onde surgiu a bebida?
— Foi a namorada do Detinho! — Detinho era o jogador da sorte, na peça.
— E como é que ela levou bebida para vocês?
— Ela pegou o ônibus no caminho, o Eddy conhece ela. Daí ela subiu e foi passear junto com a gente.
— Eu não acredito que isso possa ter acontecido! Que absurdo!
— Mas tá todo mundo numa boa, Anna Não tem ninguém de fogo, não! A gente bebeu só de brincadeira, juro! Tá todo mundo na responsa!
Silvinha veio perto, vindo dos camarins e ouviu essa frase do Carlinhos.
— OK, Carlinhos, vai terminar de se trocar.
— Aninha, eles beberam coisa de nada. Ninguém está bêbado, fique tranquila. Coisa de adolescente. Está todo mundo alegre, feliz!
— Como é que entra uma desconhecida no meio do grupo e ainda leva bebida para eles?
— Foi uma garota, namorada do Detinho, eles me contaram.
— E nenhum monitor viu? Ou eles beberam também?
— Não, acho que não.
Fui atrás de algum monitor. Encontrei o Matheus.
— Matheus, você pode me explicar o que aconteceu, por que a garotada bebeu?
— Pois é Anna, foi tudo tão bem escondido, que nós só percebemos depois. Aí tiramos a garrafa de bebida deles e demos a maior bronca, mas o negócio é que uma moça entrou no ônibus, ela que levou a bebida, só pode.
— E essa moça veio para cá, para o teatro?
— Acho que não. Desceu no caminho.
— E o Eddy conhece ela?
— Parece que sim. Ele que mandou parar o ônibus pra ela entrar.
— Mas o que significa isso, complô contra o teatro?
— Não sei. Mas não tem ninguém bêbado, está tudo sob controle. Foi só zoeira deles.
— Espero.
Reuni o elenco no palco.
— Não gostei nada dessa brincadeirinha de ficar bebendo antes do espetáculo! Aliás, nem antes e nem depois! Vocês sabem que não devem ingerir bebida alcoólica! Se isso vaza, sabem quando nós vamos poder viajar de novo? Nunca mais!
Ficou um silêncio. Então a Vaninha resolveu falar:
— Olha Anna, não fica chateada com a gente, não. Tá tudo bem! A gente bebeu só de bobeira mesmo, mas tá tudo nos conformes.
— Só quero que isso não afete o espetáculo.

— Não vai afetar não, fica tranquila, eu garanto — falou o Carlinhos.

Não era o momento de criar muito caso com eles, porque senão pioraria a situação.

— Então quero ver vocês fazendo o ensaio sem nenhum erro! Vamos começar. Cada um na sua posição! — e subi para operar luz e som.

O ensaio foi muito bom, eles praticamente não erraram nada, só precisei fazer pequenas correções que mais tinham a ver com o espaço, que era maior. Mas eu fiquei com várias interrogações: quem era essa tal menina de Ribeirão Preto, namorada do Detinho? Por que o Eddy tinha facilitado a entrada dela no ônibus? E ele não percebeu que a garota levava bebida? Tudo muito estranho...

Enquanto o Zani passava a coreografia e o Matheus e o Roberto ensaiavam o grupo musical, fui dar uma olhada no público, na entrada do teatro, para saber quando seria a hora de levar o Genivaldo até lá, para pedir esmolas.

O público estava chegando, gente muito bem vestida, em carros do ano. E não havia nenhuma faixa pendurada, com dizeres políticos. Só uma, anunciando a peça, com os artistas da Febem. Fiquei um tempo lá, e quando o saguão ficou lotado de gente, fui pegar o Genivaldo. O monitor que logo me acompanhou foi o Delano. E não perdeu a oportunidade de dizer que todos os monitores tinham ficado indignados com o que havia acontecido. Ficariam mais vigilantes ainda. Ele, principalmente, como ator que era, sabia muito bem da responsabilidade de se fazer um espetáculo com seriedade. Eu não queria mais falar no assunto naquele momento, e muito menos com ele:

— Tudo bem, Delano. Temos que nos concentrar no espetáculo agora.

O Genivaldo foi, disfarçado de mendigo, pedir esmolas para o público que lotava a entrada do teatro. E mais uma vez a pegadinha funcionou. Depois de um tempo, retornamos ao palco e eu subi direto para a cabine de luz. Não estava a fim de falar com ninguém. Fiquei lá, aguardando para dar os três sinais e começar o espetáculo. Silvinha foi até lá para falar comigo:

— Não fazer a roda de vibração?

— Não, vou fazer uma vibração daqui de cima.

— Não fica assim, Aninha, você sabe como é essa molecadinha... procure entender.

— Não tenho esse seu lado maternal minha amiga. Estou p. da vida! Isso está muito mal explicado. Mas eu vou apurar direitinho!

— Tá bom, então apura, eu vou te ajudar. Também não fiquei convencida com o que eles disseram.

— Quero saber qual é a do Eddy nessa história. Ele está a fim de prejudicar a gente, é isso?

— Não sei, não. Mas alguma coisa estranha está acontecendo.

— Nós vamos descobrir!

Ela só fez que sim com a cabeça.

— Bom, merda, né Aninha!

— Merda! Segure os rebeldes lá embaixo!

— Deixe comigo! E ela desceu, indo em direção ao palco.

Tentei localizar a doutora Wayta na plateia, mas não consegui. Talvez não tivesse conseguido chegar a tempo.

Dei o terceiro sinal e o espetáculo, em seguida, começou. Quando a cortina abriu e o palco foi se iluminando, vi melhor e percebi que o cenário estava bem mais bonito do que o da nossa estreia em São José do Rio Preto. Marisi e Márcia tinham muito talento e dispuseram de mais tempo para criar a praça pública — local de ação da peça. Elas também receberam ajuda da Silvinha e do Agenor, na tarefa de aprontar tudo, já que eu fiquei na montagem e afinação de luz, na equalização e nivelamento do som de toda a trilha sonora, auxiliada pelo Robert e pelos técnicos do teatro. Na cabine, eu operava luz e som em pé, porque não era possível juntar as duas mesas de operação. Precisava dar um passo lateral para operar ora um, ora outro. Quando os efeitos de luz e som eram simultâneos, eu fazia aeróbica!

O espetáculo começou bem e continuou assim, até o final. Não houve nenhum erro significativo, nada que comprometesse. Pequenas falhas que só eu percebia e que o público nem era capaz de notar, mas eu sentia que, às vezes, eles ligavam o piloto automático e representavam sem muito sentimento. Na realidade, não estavam tão entregues como no espetáculo de Rio Preto. Com exceção do Genivaldo, que fez seu espetáculo de estreia com bastante propriedade, concentração e segurança. Mas, sinceramente, senti falta do Tião no personagem. Aquele pestinha, com seu enorme carisma, fazia falta!

No final, aplausos intensos e acalorados. O público, mais uma vez, vibrou com a apresentação daqueles pequenos seres marginalizados, que mostravam seu talento e sua capacidade de fazer teatro. Só que naquela noite eu não chorei. Estava mais apreensiva do que emocionada.

Depois dos cumprimentos que foram muitos, inclusive os da doutora Wayta, que esteve no camarim e falou com todos, dos elogios e de toda a badalação após o espetáculo, fomos jantar.

O Eddy disse que tinha conversado com um amigo dele, dono de uma ótima pizzaria, para nos receber, porque aquela que eu tinha pedido, perto do bosque, fechava cedo. Resolvi não questionar, achei melhor descer antes do ônibus e dar uma olhada no ambiente. Na verdade sou uma pessoa desconfiada mesmo, por natureza, e com aquele monitor, era mais ainda. A pizzaria parecia boa, tinha pouca gente, e vi que a pizza era de forno a lenha.

— Já deixei nossos lugares reservados lá embaixo.

Descemos uma pequena escada. Duas mesas estavam arrumadas. Uma um pouco distante da outra. Na mesa menor, só pratos e copos de plástico. Na maior, pratos, copos de plástico e colheres.

Essa mesa maior é para os garotos e garotas.

— E por que colher?

— Para eles comerem!

— Eles vão comer pizza com colher?

Ele me olhou, como se a minha pergunta fosse absurda!

— Claro Aninha, garfo e faca não são permitidos! Questão de segurança!

— Não, de jeito nenhum. Eles vão comer feito gente. Garfo e faca na mesa para todos. E pratos e copos sem ser de plástico!

— Você está brincando...

— Não estou não.

— Garfo e faca? Não posso fazer isso, não me responsabilizo!

— Eu me responsabilizo! E, por favor, junte as mesas. Vamos comer todos numa mesa só, ninguém separado.

— Você sabe bem o que está fazendo?

— Sei.

— Está certo, então.

Eu subi correndo e impedi que eles descessem.

— Vamos esperar um pouco aqui. Ainda estão aprontando as mesas.

— Ficamos esperando.

Silvinha, pela minha cara, percebeu que tinha acontecido alguma coisa errada.

— O que houve, Aninha?

— Depois te conto.

O garçom logo subiu a avisou que estava tudo pronto. Descemos e sentamos numa mesa só, arrumada com pratos de porcelana branca, copos de vidro, garfos e facas.

— Eu já pedi as pizzas — disse o Eddy, para facilitar.

Eu tinha vontade de pular no pescoço daquele cara. Era invasivo, metido, autoritário. Quem disse que era para ele fazer o pedido antes? Mas resolvi evitar mais confronto:

— E do que você pediu?

— De calabresa e muçarela.

— Quantas?

— Pedi dez. Acho que é mais do que suficiente.

— E se não for, pedimos mais. E aí vamos escolher de que vamos pedir.

— Tudo bem.

Sentamos. Os garçons logo trouxeram um suco e começaram a colocar nos copos.

— Do que é esse suco? — perguntei.

— De limão.

Consultei todos.

— Quem quer suco de limão?

— Ninguém disse que sim.

— Por gentileza, suspenda o suco — falei para o garçom.

— Vocês podem pedir um refrigerante cada um. Para facilitar, pedimos pizza de muçarela e calabresa. Tudo bem?

— Tudo bem — todos responderam.

— Ok, bom apetite!

Sentei e relaxei. O garçom começou a tirar os pedidos de bebidas. Nosso pessoal evitou beber álcool, ficou só no refrigerante também. O Eddy sentou-se perto do Robert e ficou todo o tempo olhando para os garotos e garotas, preocupado. E eles nem aí, falavam, comentavam, gesticulavam. Estavam bem animados. Os refrigerantes logo chegaram e, em seguida, as pizzas. Estávamos todos famintos e comemos com muito prazer. Felizmente a pizza era muito boa. Comemos à vontade e não precisamos pedir mais.

De repente, quem surge descendo a escada? Uma garota que foi logo dando um beijinho no Detinho, puxando uma cadeira, sentando ao lado dele e se servindo da pizza que havia sobrado, na maior.

Eu só olhando a folga da garota. Como é que ela tinha aparecido na pizzaria? Só podia ter sido coisa do Eddy, só ele sabia onde era. Não aguentei e fui até ele.

— Esta é a garota que levou bebida para dentro do ônibus, hoje?

Ele me olhou com a maior cara de espanto.

— Ela levou bebida para dentro do ônibus?

— Vai me dizer que você não sabia? Não foi você que mandou o ônibus parar para ela subir?

— Sim, ela é de família boa, filha de um futuro pastor da igreja que frequento. Mas não sabia dessa história de bebida.

— Mas que coincidência ela ser namorada de um garoto, do Detinho!

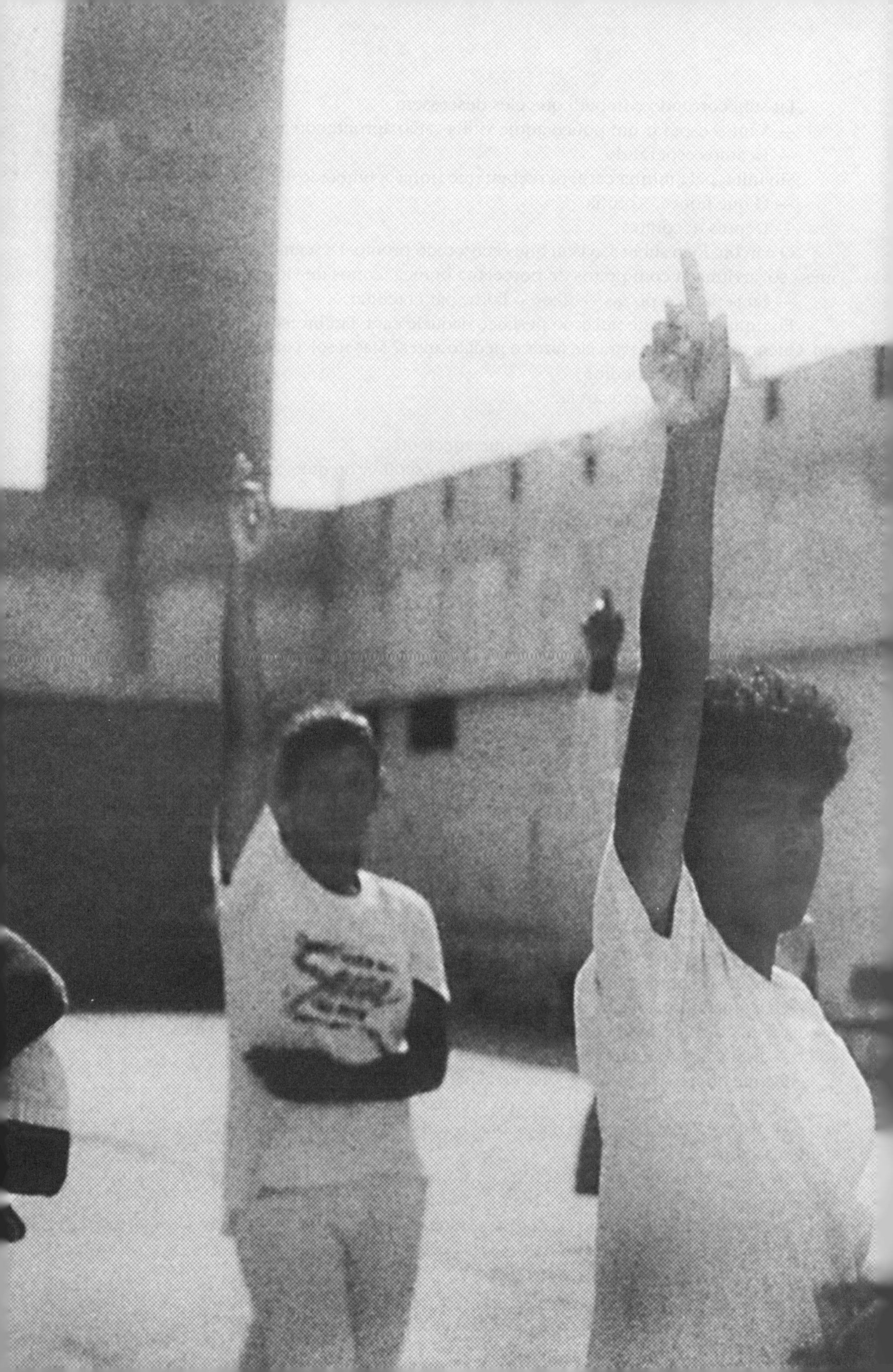

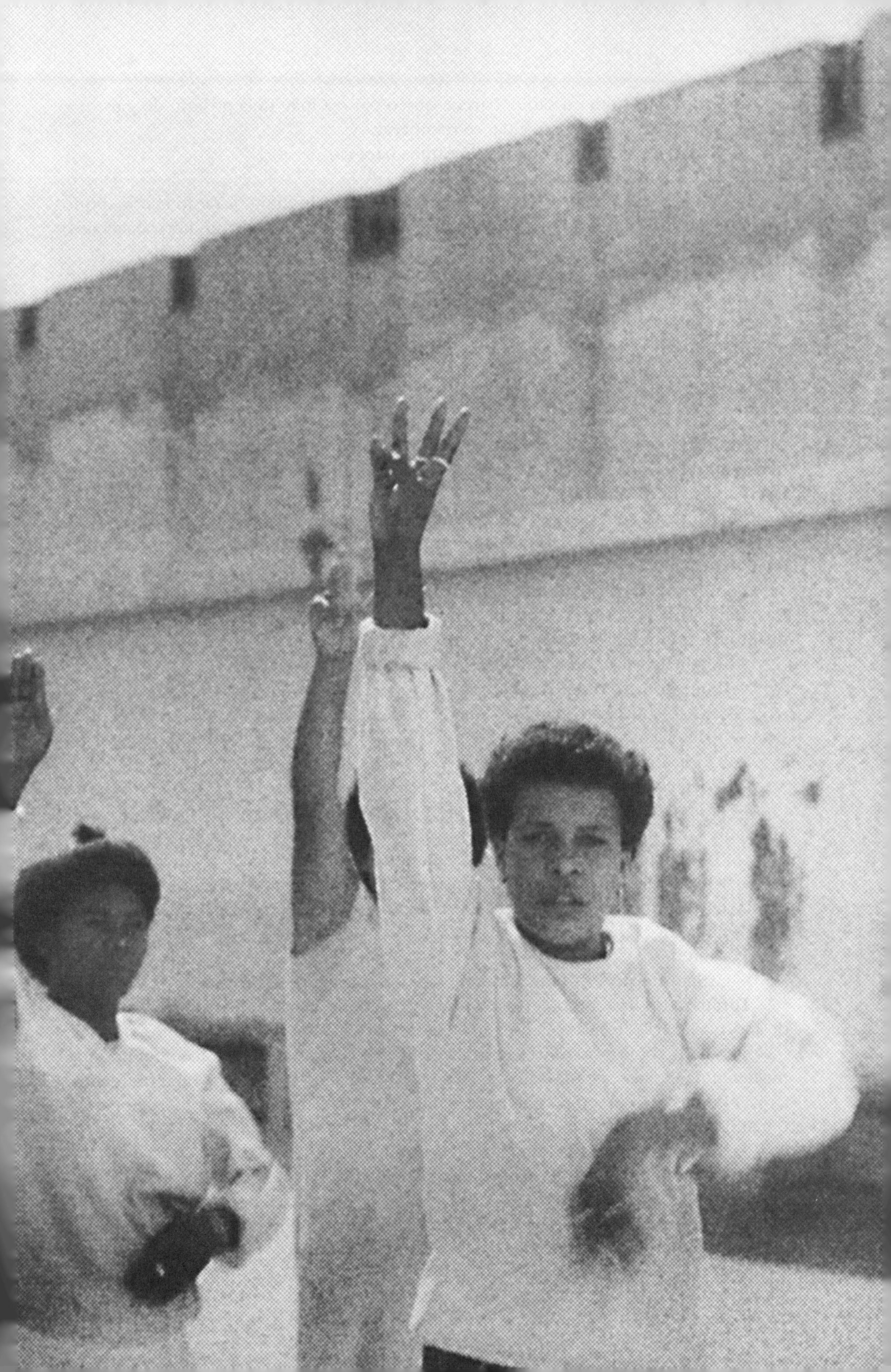

— É mesmo! Nem eu sabia. Parece que o pai e a mãe dela gostam do garoto e querem ajudar ele a sair dessa vida, se recuperar.

— E foi você que disse que nós viríamos para cá?

— Fui. Ela me perguntou e eu falei.

— Quero te pedir um favor Eddy, é melhor que ninguém, fora do grupo, fique conosco, certo? O Detinho não veio aqui para namorar. Não podemos abrir exceções.

— Mas você me parece tão liberal com eles!

— Até certo ponto, mas sempre impondo limites. E nesse caso, principalmente! Não é bom ter gente estranha no meio da garotada. Essa moça já teve uma atitude errada ao levar bebida para eles, no ônibus.

— Bom, eu vou falar com ela.

— Tudo bem.

Voltei ao meu lugar e fiquei olhando bem a menina. Cabelo preto bem curtinho, óculos de grau, cara de crente e muito estranha. O Detinho percebeu que eu estava olhando e me deu um sorriso amarelo. A moça me encarou e deu um sorriso mais amarelo ainda. Essas coisas que eu não sei explicar mas sinto: me arrepiei! Isso não era bom sinal!

Fui acertar a conta. A verba daquela noite deu e sobrou. Pedi a nota para prestar contas. Combinei com o Matheus, comprar o café da manhã deles. Pãozinho quente, queijo, presunto e frutas. E pedi que perguntasse na escola, se alguém poderia servir café com leite. Se não tivesse onde servir, disse que comprasse copos de plástico. Calculei a verba e já tinha separado e trazido comigo. Dei o dinheiro para ele, disse quanto tinha e pedi nota de tudo.

— Matheus, veja quem pode te ajudar nessa tarefa, por favor.

— Pode deixar, Anna. Nós vamos providenciar tudo.

— Se não conseguir quem faça café com leite, compre suco.

— Compro, não se preocupe.

— Obrigada.

— Você está chateada com alguma coisa?

— Com muitas coisas, Matheus. Por favor, fiquem bem atentos lá naquela escola! Marque a saída para o almoço às 13 horas e passe no hotel para nos apanhar.

— Tudo bem, fique tranquila, nós estamos de olho em tudo.

— Outra coisa, não quero essa garota, a tal da namorada do Detinho, dentro da escola, certo? Amanhã falo com ele sobre isso.

— Entendi.

Levantei.

— Vamos dormir! — falei para todos — a pizzaria precisa fechar!

Foram todos levantando. Afora a presença daquela garota, não tinha havido nada de anormal. Garfos e facas ficaram em seus devidos lugares, na mesa. Fomos embora.

Vi o Eddy conversar com a garota. Ela se despediu do Detinho e foi embora. Ainda me deu uma olhada e abanou a mão. Eu só fiz um sinal com a cabeça, bem friamente.

O ônibus nos deixou no hotel, antes. Eu e Silvinha ficamos um pouco lá embaixo, tomando um chazinho, na recepção.

— Está preocupada, né amiga? — perguntou Silvinha.

— Estou sim. E com uma sensação nada boa. Você olhou bem para aquela garota?

— Olhei e não gostei.

— Pois é, nem eu. Sabe que cheguei a sentir um arrepio quando ela me encarou?

— É mesmo?

— Antes de dormir, vamos fazer uma oração e pedir proteção?

— Vamos sim, estamos precisando.

Terminamos o chá e fomos pegar o elevador. E não é que o tal do Delano, o monitor que se dizia ator, estava descendo, todo arrumado e perfumado?!

— Vai aonde? — perguntei.

— Ao aniversário de um amigo meu, aqui de Ribeirão! E percebendo logo a minha cara de alarmada, logo emendou:

— Mas não precisa ficar preocupada, Anna. Os monitores que ficaram lá vão me cobrir. Está tudo sob controle!

— É incrível mesmo, hein? Um tem namorada aqui, outro, um amigo que faz aniversário. Ribeirão Preto é uma festa, não?

E disfarçando, com aquela sua característica de "falso simpático e afável", disse sorridente:

— A vida não é só trabalhar, não é? A gente tem que usufruir também!

— Tem sim, mas quando se está de folga!

— Fica fria Aninha, está tudo certo, tudo em cima, sem nenhum problema! Bom, deixa eu ir, senão me atraso!

E foi! Na maior cara de pau! Fiquei parada, na porta do elevador, pasma!

— Sem comentários! — falou a Silvinha.

— Não tem nem o que comentar! Que absurdo! — disse eu, indignada com o que tinha visto! — E onde é que ele se trocou?

— Sei lá! Será que no quarto de alguém de nossa equipe?

— Só pode! Invasivo como ele é!

— Amanhã vamos saber!

— Silvinha, vamos logo fazer nossa oração, minha amiga!

— Vamos! Só que tem que ser reza braba! — acabou brincando.

E subimos para o nosso quarto.

Tomei um banho bem quentinho, fiz uma oração e depois apaguei, dormi profundamente em segundos. Antes da hora de acordar, tive um sonho que me deixou muito impressionada. Eu, Marisi e Márcia estávamos cozinhando num fogão enorme, enquanto Silvinha ia entrando com crianças enfileiradas, numa grande sala de refeição, que ficava junto à cozinha. Tinha uma panela enorme tampada. Eu abri e saiu fumaça. Era uma panela de arroz. Eu comecei a mexer o arroz com uma colher de pau. Marisi e Márcia traziam pratos feitos e eu colocava o arroz. Fui colocando em vários pratos e elas foram levando para a Silvinha servir nas mesas. De repente, ao mexer o arroz na panela, vi um revólver lá dentro. Levei o maior susto, comecei a gritar:

— Venham aqui depressa! Depressa!

Elas vieram e eu mostrei o revólver dentro do arroz.

— É um revólver envenenado! — falou a Marisi.

A Silvinha correu e começou a tirar os pratos da frente das crianças e a gritar, nervosa:

— O arroz está envenenado! Ninguém come arroz!

As crianças começaram a cuspir o arroz nos pratos, a engasgar e a ter ânsia de vômito. Eu peguei várias caixas de leite numa geladeira e comecei a dar para todas as crianças. Aí a Silvinha falou para mim:

— Corre, chama um médico, Anna! Corre!

Eu queria correr, mas não conseguia sair do lugar. Estava apavorada. Acordei com falta de ar e com o coração disparado. Já era dia. Olhei para o relógio: 9 horas. A cama da Silvinha estava vazia. Levantei, ouvi barulho de chuveiro, a Silvinha estava no banho. Voltei para a cama. Fiquei pensando no sonho. Revólver envenenado dentro do arroz... O que significava aquele sonho? Será que poriam alguma coisa em nossa comida?

O telefone tocou. Era o Osmiro, o assessor da doutora Wayta, perguntando se eu estava precisando de alguma coisa. Eu disse que não, mas imediatamente me veio o sonho e eu perguntei se ele conhecia algum restaurante bom e com preço acessível, por perto do hotel para irmos todos almoçar. Ele me indicou uma churrascaria e me explicou onde ficava. Anotei tudo, agradeci e desliguei. Decididamente, não almoçaríamos em restaurante algum indicado pelo Eddy. O sonho tinha me deixado cismada.

Silvinha saiu do banho. Contei o sonho para ela e a minha decisão sobre escolher nossos restaurantes dali por diante. Ela acabou rindo, disse que eu tinha ido dormir preocupada, por isso tinha tido aquele sonho, que eu não deveria ficar cismada daquele jeito. Mas eu não queria nem saber, estava determinada a comer só em restaurante que eu escolhesse.

O telefone tocou, me dando um susto. Atendi, era para a Silvinha, o Cássio. Ela atendeu toda melosa. E eu fui tomar um banho rápido. O café ia até as 10h30, no domingo, e eu estava com fome. Comi mais do que de costume naquele café da manhã, estava me sentindo ansiosa, um pouco aflita. Saí — gosto de andar pela cidade, de manhã, quando viajo. Cheguei a uma praça, onde havia uma igreja. Entrei. Estava no fim da missa, na hora da benção do padre. As pessoas, depois, saíram e eu fiquei lá, sentada num dos bancos. Depois ajoelhei e fiz uma oração, pedindo proteção a Jesus. Aquela igreja era, naquele momento, um lugar onde podia me recolher um pouco, e procurar me tranquilizar, concentrada em minhas orações. Comecei a me sentir mais calma. Saí de lá e fiquei andando por aquela imensa praça, onde havia uma feirinha de artesanato. Como eu gosto de ficar zanzando, no domingo de manhã, quando viajo ao interior! Acho uma delícia! Sempre volto para o hotel com um pacotinho! E, naquela manhã, não foi diferente, comprei um vidro de doce de leite para levar para minha casa.

Quando entrei no saguão, o Agenor e o Zani estavam sentados lendo jornal. E eu não perdi a oportunidade de perguntar, se o Delano tinha ido se arrumar para a festa no quarto deles. Eles disseram que sim, que ele pediu e não tiveram como negar, que o cara era muito invasivo e foi chegando lá de mala e cuia!

— Ele dormiu aí com vocês?
— Não, porque nem abrimos essa possibilidade! — falou o Agenor.
— Mas ele deixou a malinha em cima da minha cama! — arrematou o Zani.
— Ele é muito folgado! — falei.
— Só falta agora eu ter de levar a malinha do dito cujo para o ônibus! — falou rindo, o Zani.
— Ah, vai ter de levar! — falou o Agenor, em tom de gozação.

Já estava quase na hora do ônibus vir nos pegar. Subi para levar o pacotinho com o doce. Silvinha estava lá, falando ao telefone. Percebi que era com o Cássio. Ela continuava falando com ele toda romântica, cheia de dengo! Como é bom o início do namoro! Tudo é lindo! Tudo é maravilhoso! A gente quer falar toda a hora com o ser amado! E fala sempre num tom doce, meigo, apaixonado... É a melhor fase da relação!

Em seguida, desligou o telefone, falando-me:
— Ai, Aninha, existe coisa melhor no mundo do que se estar apaixonada? — era a frase da Condessa D'Ancour, eu tinha escrito certo!
—Você falou com ele até agora?

— Não, tá maluca? É que ele já ligou três vezes!

As minhas considerações sobre o início de namoro também estavam certas. Fomos ao *lobby*, esperar o pessoal passar para irmos almoçar. Eles se atrasaram mais de meia hora.

Quando o ônibus chegou, o primeiro a descer foi o Eddy, já falando que havia reservado um ótimo restaurante para irmos comer. Eu fui logo dizendo que íamos a uma churrascaria recomendada pelo Osmiro, assessor da doutora Wayta. Ele não contra-argumentou.

Chegamos ao restaurante e entramos. A comida devia ser boa, estava lotado de gente. No domingo era preço único e rodízio. Fiz o cálculo das despesas, incluindo um refrigerante para cada um. A verba prevista dava e sobrava. Um garçom muito solícito disse que, na parte de cima, podia arrumar uma mesa grande para nós. Subimos e logo apareceram mais dois garçons, que foram juntando mesas para fazer uma bem grandona. Enquanto isso acontecia, perguntei ao Orlando, outro monitor que veio conosco:

— Por que atrasaram tanto?

— Foi o futebol! Empatamos o jogo e tivemos de decidir nos pênaltis.

— Vocês jogaram com os meninos?

— Jogamos.

— Hoje o espetáculo é mais cedo, vocês sabiam?

— É mesmo?

— Não leu no roteiro de viagem que fiz e entreguei para vocês?

— Não li não!

Contei até dez para não falar que, como monitor, ele deveria ser mais atento, mas evitei porque, afinal, nem ele e nem os outros estavam acostumados a viajar com teatro.

Depois de alguns minutos sentamos e eu, de propósito, sentei ao lado do Eddy. Não queria perdê-lo de vista. E, como não costumo deixar passar uma ocasião para esclarecer o que me intriga, aproveitei e perguntei:

— Não era para irmos conhecer os garotos da Unidade de Ribeirão?

— Pois é, tanta coisa e acabei nem tendo tempo de levar vocês até lá. Mas hoje vocês vão conhecer. Eles vão assistir ao espetáculo.

— Ah é? Que ótimo! Vão todos?

— Não, todos não dá!

— Por quê? Quantos internos têm na Unidade?

— Sabe que não estou bem a par? Essa semana saíram uns, entraram outros...

Mas como ele era dissimulado! Resolvi ser mais incisiva ainda:

— E quantos garotos vão ver o espetáculo, você sabe?

— Uns quinze, vinte.

— Só? E por que não vão todos, ou pelo menos a maioria?

— Não tenho a menor ideia, não sou eu quem determina quem vai e quem não vai.

— E quem determina?

— O diretor da Unidade, o Alberto.

— Ele vai também ver o espetáculo?

— Não sei.

— Gostaria de conhecê-lo. Tem como eu falar com ele para fazer-lhe um convite?

— Nem sei se ele está em Ribeirão, para falar a verdade. Parece que iria a São Paulo.

— Mas você pode me passar o telefone dele?

— Claro! O direto da sala dele, não sei de cor, mas depois do almoço ligo para, lá pergunto e te passo.

O monitor Eduardo, que estava sentado ao lado dele e ouvia a conversa, me deu uma olhada significativa. O garçom veio nos servir. O Eddy aproveitou para perguntar onde era o banheiro, levantou rapidinho, pediu licença e se mandou.

Falei para o Eduardo:

— Desculpe, é colega de vocês, mas ele não me inspira a menor confiança.

— Nós também estamos com um pé atrás com ele. E, olha, soubemos por um outro monitor, que não posso dizer o nome, que naquela Unidade os meninos ficam trancafiados e não têm atividade nenhuma, e que também o pau come por lá todos os dias. Soubemos que a doutora Wayta chegou ontem lá, de surpresa, e não gostou nada do que viu. Ele falou, também, que foi só o doutor Nazih sair da presidência, que aquela Unidade voltou a ser prisão mesmo, como sempre tinha sido.

— Bem que eu desconfiei. Escute, outra coisa: e cadê o Delano, que não veio?

— Ficou na escola, não está passando muito bem.

— Ressaca da festa de ontem?

O Eduardo foi pego de surpresa. Fez-se um silêncio.

— Eu vi ele saindo do hotel todo perfumado, indo para uma festa. Diz para mim: isso é permitido?

— Não.

— Ele me contou que vocês iam cobrir a ausência dele. É fato?

— Ninguém se dispôs a isso não, mas ele saiu do mesmo jeito.

— E quem escalou vocês para virem para cá?

Aí peguei ele de jeito. Outro silêncio.

— Você vai contar, Anna?

— Eu, contar? Não! Cada um tem a sua responsabilidade! A minha é fazer o espetáculo acontecer da melhor forma. Mas quero saber.

— O Mauro, do administrativo.

— Não sei quem é.

— Ele está na Febem há anos. Conhece bem todos os monitores, principalmente os mais antigos.

"Conhece, então, todas as mutretas" — pensei, fazendo cara de nada.

— Ele fica na sede da presidência?

— Fica — respondeu secamente, sem me dizer exatamente onde.

— Mauro... Nunca vi não.

— Não entrega o Delano, Anna.

Eles eram muito corporativistas.

— Jamais faria isso! Mas agindo corretamente ele não está, concorda?

— Concordo, você tem razão.

O Eddy chegou. A conversa parou. Como dizia o meu pai, numa linguagem pugilística antiga: o Eduardo foi "salvo pelo gongo"! Resolvi parar com a minha inquisição e almoçar. Depois que todos estavam devidamente bem alimentados, enquanto a conta não chegava, levantei e falei para todos:

— Hoje o espetáculo começa à 7 horas e não às nove. Quero fazer uma reunião antes do espetáculo. Então, por favor, todos às cinco em ponto no palco, certo? O futebol atrasou nossa saída e agora vocês não vão ter muito tempo para dar uma descansada antes do espetáculo.

Ninguém contestou nada e o almoço foi dado por terminado. A conta chegou, paguei, recebi o troco e saímos. Na saída, cheguei perto do Carlinhos e o senti meio amuado.

— Tudo em cima Carlinhos?

— Ainda não sei não, Anna.

— O que é que está pegando garoto? — brinquei para ver se ele me contava alguma coisa.

— Nada não.

— Olhe só, não quero te fazer de alcaguete, mas sinto que você está me escondendo alguma coisa.

— Ô Anna, tô do seu lado, mas é que a rapaziada do conceito tá com um zum-zum-zum que eu vou ter de averiguar.

— Coisa séria?

— Não sei te dizer ainda. Mas fica fria, tô no comando.

— Confio em você Carlinhos, e preciso que me ajude a afastar tudo o que possa prejudicar nosso espetáculo.

— Sei disso.

— Tudo bem. A gente se fala logo mais.

Ele foi para o ônibus. Eu fui andando até o hotel e dessa vez não fui sozinha. Silvinha e o Robert vieram atrás de mim e me alcançaram.

— Anna, precisamos conversar — a Silvinha falou preocupada.

— O que é que está havendo?

— O Robert pegou uma conversa muito estranha. Ele estava dentro do banheiro, quando entraram o Fabiano e o Detinho e começaram a conversar sem perceber que tinha alguém lá dentro.

— Diga o que você ouviu, Robert!

— Ouvi os dois falarem que o bicho ia pegar, que ia rolar geral! Daí eles se tocaram, olharam por debaixo da porta do banheiro, se deram conta de que tinha alguém lá dentro e saíram rapidinho, mas eu reconheci as voz dos dois, sabe como é, ouvido de músico....

— Vou ligar para a escola, assim que chegarmos ao hotel, e falar com o Matheus para deixar os monitores de sobreaviso.

Fiquei tentando sem parar, até que atenderam, era um dos vigias de lá, o Manoel.

— Oi, aqui é Annamaria, diretora da peça de teatro. O senhor pode me informar se o pessoal já chegou?

— Ainda não.

— Então, por favor, o senhor fale para ao Matheus, um dos monitores, para ligar para a Annamaria, no hotel, urgente.

— E o telefone?

— Ele tem.

— Falo, pode deixar.

— Obrigada. Não esqueça, hein? O recado é para o Matheus.

— Não esqueço. E desligou.

Fui tomar um banho rápido, enquanto a Silvinha ficou de plantão. Assim que eu saí do banho, o telefone tocou, mas era o Cássio. Silvinha explicou que não podia falar com ele, porque estávamos esperando um telefonema urgente, da escola onde os meninos estavam hospedados. Percebi que ele estava querendo saber se estava acontecendo alguma coisa errada. Silvinha disse que ainda não sabia direito e que depois ligava para ele.

— Deixei o Cássio preocupado!
— Ele não pode estar mais preocupado do que nós. Vou ligar novamente para a escola.
— E eu vou tomar um banho para não me atrasar.

Silvinha foi para o banheiro e eu tornei a ligar. Ocupado, sempre ocupado.

Não sabia o que fazer, se fosse lá de taxi, poderíamos nos desencontrar, já estava quase na hora deles saírem de lá. Resolvi aguardar, mas continuei tentando ligar, sem sucesso. Liguei também para Marisi e Márcia, Agenor, Zani e Robert, para descerem o mais depressa possível. Tinha anotado o número dos quartos de todos (experiência com excursão teatral).

Silvinha foi rápida para se arrumar e, bem depressa, estávamos lá embaixo, aguardando o ônibus. Os outros desceram e ficamos esperando. Deram cinco horas e nada deles aparecerem. E o telefone da escola continuava ocupado. Cinco e dez, cinco e vinte, cinco e meia, dez para as seis e o ônibus surgiu. Mesmo com o atraso, a chegada dele foi um alívio para nós. Só que um alívio momentâneo. O Matheus desceu correndo do ônibus, seguido do Eduardo e do Orlando.

O primeiro a falar foi o Matheus.
— O Fabiano e o Detinho fugiram!
— O quê? — perguntei não querendo acreditar no que ouvia. — Isso é verdade? Vocês têm certeza?
— Os dois estavam armados, renderam os vigias da escola e os coitados foram obrigados a destrancar o portão.
— A que horas foi isso?
— Pouco antes da nossa saída. Ainda procuramos pelas ruas, demos uma volta com o ônibus, mas nada deles. Sumiram!

Eu, Robert e Silvinha nos olhamos. Eles estavam mesmo tramando, como desconfiávamos.
— Vocês avisaram a polícia?
— Avisamos, ligamos de um orelhão porque eles cortaram os fios dos telefones.
— E agora? — perguntou o Orlando?
— Vamos para o teatro — falei.

O clima no ônibus estava péssimo. Resolvi não falar com ninguém. Sentei lá na frente, em silêncio. Chegamos e vimos que havia vários ônibus encostados nas imediações da entrada do teatro. Eram garotos e garotas da periferia, que vinham assistir à peça. E tinha também a condução da Unidade de Ribeirão Preto, que devia ter trazido os garotos de lá. A entrada do teatro e a frente estava lotada de crianças, jovens e adultos também.
— O que nós vamos fazer, Anna? — perguntou a Silvinha, muito nervosa.

Olhei no relógio: 6h40.
— Nada a fazer. Temos de cancelar o espetáculo.
— Que judiação! Olha essa gente toda que veio assistir!
— Vamos entrar.

O ônibus parou bem na porta da entrada dos fundos do teatro. Descemos todos. Pedi que o elenco sentasse nas primeiras cadeiras da plateia. Nossa equipe ficou no palco. Tomei a palavra:
— É lamentável o que aconteceu. Essa fuga do Fabiano e do Detinho eu considero realmente lastimável para todos nós e para o público que veio nos assistir. É terrível, triste para um artista ter de cancelar um espetáculo, mas vamos fazer isso. Não dá tempo de ensaiar e cobrir a ausência de dois personagens importantes. E nem há clima

para podermos apresentar um trabalho bom, como fizemos até aqui. Eu sinto muito pelo que aconteceu, vocês nem podem imaginar quanto! Isso é muito ruim para todos nós e péssimo para o nosso grupo de teatro, que já na segunda saída, perde a credibilidade com uma fuga inesperada, que não podia ter acontecido. Foi um tremendo vacilo, num momento em que estávamos indo tão bem. Mas... é isso aí, temos de cancelar. Eu vou lá na frente avisar o público. Por favor, esperem aqui, sentados.

— Eu vou com você, disse a Silvinha.

— Nós também vamos, disse o Zani. E foram todos comigo.

Entrei na bilheteria, pedi para parar com os ingressos e avisar que o espetáculo estava cancelado. Peguei uma cadeira na bilheteria, coloquei no meio do público, que estava já se espremendo no saguão, incluindo as crianças e tudo, e falei bem alto:

— Nós lastimamos muito, mas por motivo de força maior somos obrigados a cancelar o espetáculo de hoje!

Muito burburinho e eu repeti mais alto ainda:

— Infelizmente, não vamos poder apresentar o nosso espetáculo hoje! Houve um problema sério com dois garotos de nosso elenco. Peço, em nome de toda a equipe, que nos desculpem! Sabemos que muitos vieram de longe, mas não vai haver espetáculo!

Houve uma reação de insatisfação geral. Desci da cadeira e vi a Silvinha e nossa equipe explicando, corpo a corpo, para o público, que o espetáculo estava suspenso. Voltei à plateia. O Matheus estava me esperando logo na entrada.

— Anna, nenhum de nós teve culpa pelo que aconteceu!

— Não tivemos mesmo! — respondi.

— Eu estou falando dos monitores! Nós estávamos bem ligados em tudo! Mas eles foram muito rápidos, agiram pelas nossas costas! Cortaram os fios dos telefones, renderam os vigias. Eles estavam armados!

— E como é que essas armas foram parar nas mãos deles? Ninguém viu nada?

— Não! Foi tudo muito bem planejado! Todos os monitores estavam ligados, a gente não sabe como isso pode acontecer! Ninguém teve culpa!

— Matheus, já foi! Agora é pensar na sequência, no que precisamos fazer daqui para frente, até voltarmos a São Paulo. E olhe, elimine a palavra culpa dessa história, certo? Cada um é responsável pelo seu trabalho! E todos devem saber muito bem o que fizeram e o que deixaram de fazer.

Fui descendo pela lateral das cadeiras. O clima era denso. Assim que fui chegando perto do palco, a Wandeca e as outras meninas me rodearam. Todas me abraçaram chorando. Eu também chorei junto. Que bom ser mulher e poder chorar à vontade, sem censura!

Os garotos e os monitores se seguraram. Silvinha e nossa equipe vieram logo depois.

— Avisamos todo mundo! Que pena, o teatro estava lotado, até com cadeiras extras! — falou Silvinha, já chorando também.

Estávamos todos passados. O Eddy entrou pelo fundo do teatro e apareceu no palco.

— Por que vocês tiveram de cancelar o espetáculo?

Eu olhei bem para a cara dele.

— Você não sabe? — falei num tom que saiu irritado e irônico ao mesmo tempo.

— Claro que não! O que houve?

— O Fabiano e o Detinho fugiram. E estavam armados!

— Que absurdo! Como isso aconteceu?

— Como toda fuga acontece. Alguém armou os dois e facilitou a fuga.

— Mas quem pode ter feito isso?
— É o que todos nós gostaríamos de saber.
Ninguém me tirava da cabeça que o Eddy tinha a ver com aquilo tudo.
— E agora?
— Agora? O espetáculo está cancelado, vamos desmontar tudo!
E falei para a Silvinha:
— Vou telefonar para o assessor da doutora Wayta. E saí.
Em poucos minutos o Osmiro estava no teatro. Coloquei-o a par de tudo. E pedi para que ele, por favor, levasse o grupo todo para jantar em algum restaurante de sua confiança, de acordo com a nossa verba. Eu ficaria com a equipe desmontando tudo e dando apoio, até colocarmos tudo no ônibus para viajarmos de volta a São Paulo, no dia seguinte, cedo. Pedi também que comunicasse o ocorrido à doutora Wayta. Ele se prontificou a tudo. Pedi que assim que o ônibus deixasse todos no restaurante, voltasse para recolher o material da peça, depois nos deixasse no hotel e fosse buscá-los novamente para levá-los de volta à escola.
— E vocês não vão jantar?
— Depois de tudo arrumado, vamos sim, mas não se preocupe, nos viramos.
— Vou deixar uma verba para vocês também.
— Obrigada, mas não precisa, nós temos.
Voltamos para a plateia. Expliquei a todos como seria.
— Vão então, vão jantar e depois dormir, porque amanhã vamos embora cedo. Sete e meia em ponto, esperamos vocês no hotel.
Na verdade, eu não queria parar na estrada para almoçar, queria que todos chegassem a tempo de almoçar na Febem mesmo.
O Carlinhos veio perto de mim:
— Anna, eu desconfiava de alguma coisa, mas não sabia que eles se mandariam, juro! E a molecada não tava de conchavo com eles, podes crer Anna! Aqueles dois tão queimados com a gente!
— Eu acredito no que está me contando, Carlinhos.
— Olha, Anna, só pode ter sido aquela vadia que armou os dois.
— Quem?
— A que diz que é namorada do Detinho, mas que eu duvido, porque ele é mais pra almofadinha, sabe como é? Quando a gente chegou, eu vi ela corujando pelos muros da escola.
— Ela entrou na escola?
— Ninguém viu, mas pra mim ela deve ter entrado e alguém deu pano. Pra mim isso foi coisa de cachorro grande.
— Tudo vai ser investigado e esclarecido, você vai ver.
— Maior traição!
— Vai jantar, vai Carlinhos. E fala para o pessoal que eu sei que eles não têm nada a ver com isso, mas não fala na frente de ninguém. Isso é assunto nosso.
— Você acredita na gente? Na moral?
— Na moral! Meu coração me diz e ele não se engana.
Fiz um ligeiro afago na cabeça dele. Carlinhos deu um sorrisinho e saiu do teatro. Fui orientar a desmontagem e juntei-me a todos que já estavam no agito total, desarmando tudo.
Quando o ônibus chegou, já estava tudo arrumado lá fora. Foi só colocar embaixo, no bagageiro, e ficou tudo na mais perfeita ordem. Pedi ao motorista que nos deixasse no hotel.

O pessoal estava faminto, precisava comer alguma coisa. Eu não estava a fim de comer nada, mas sentia um buraco no estômago. O hotel não servia mais refeição alguma àquela hora da noite. Fomos então comer alguma coisa no Pinguim mesmo, porque era do lado. Sanduíche e refrigerante, tudo muito rápido e num clima bem pesado. Depois subimos aos nossos quartos. No elevador, estávamos cabisbaixos, calados, bem diferentes de como estávamos na primeira noite em que chegamos, quando tudo era contentamento, alegria. Foi cada um para o seu quarto. A melhor coisa a fazer, naquele momento, era mesmo dormir. Tomamos um banho quente e nos jogamos em nossas camas. Antes de apagar a luz, Silvinha, que estava arrasada, falou num tom grave, circunspecto:

— Bem que nós estávamos pressentindo tudo! Se tivesse dado tempo de avisar os monitores...

— É... "se"! Mas o Fabiano e o Detinho planejaram tudo direito.

— Será que eles não pensaram que sem eles o espetáculo seria cancelado? O Fabiano sempre respeitou tanto o nosso trabalho, até protegeu nossa sala daquela rebelião, lembra?

— Ele gosta do teatro, mas ama sua liberdade!

— É, eles fazem qualquer coisa para fugir e ficar fora da Febem.

— É isso mesmo. Vamos dormir?

— Vamos! Boa noite. Amanhã será um dia melhor!

— Bem melhor, se Deus quiser!

Apagamos a luz. Eu ainda fiquei pensando no que tinha ocorrido, mas o cansaço me venceu, caí no sono.

Na manhã seguinte, acordei sozinha, sem despertador. Já estava com tudo arrumado. Foi só tomar um banho quase frio para despertar, descer para fechar a conta e tomar café. Desci e deixei Silvinha tomando o seu banho. Ainda era cedo. Esperei por ela, no salão, para tomarmos o café da manhã juntas. Os outros também estavam lá, fazendo seu desjejum. Todos com cara abatida. Eu, então, nem queria me olhar no espelho para não ver o tamanho das minhas olheiras.

Eram 7h15 e já estávamos prontos, aguardando o ônibus chegar. Sete e meia, nada. Começamos a ficar seriamente preocupados! E nem dava para ligar para a escola, os telefones estavam cortados. Dez para as oito: o funcionário da recepção veio até nós.

— Quem é Annamaria?

Já levantei sobressaltada.

— Sou eu!

— Telefone para a senhora, na recepção.

Fui atender quase num salto! E todos me seguiram para saber o que estava acontecendo. Era o Matheus, que falava de um lugar barulhento.

— Fala mais devagar Matheus... Como é que é? Ontem à noite... Sei... É mesmo? E vocês também? Verdade? E como é que ficou? Eu entendi! Que incrível! Que maravilha!

O pessoal escutava eu falar, fazia sinais, queria saber o que estava acontecendo. Continuei ouvindo o Matheus, porque a história era meio longa.

— Ah é? Sei. E eles permitiram? E como é que eles fizeram? Não acredito! Que legal! Tudo bem Matheus, volte para lá e fiquem tranquilos. Não, nós vamos ficar esperando numa boa! Não se preocupe. Deixe rolar, assim que terminar, vocês passam aqui! Certo. Até mais, então.

Desliguei. Estavam todos ansiosos, olhando para mim, sem entender nada!

— Vocês não vão acreditar! Ontem à noite, depois do jantar, nosso elenco chegou inconformado com o cancelamento do espetáculo e, em vez de dormir, começou a conversar e a imaginar como poderia ser o espetáculo sem o Detinho e o Fabiano. O Matheus contou que ficaram até tarde falando, falando, até encontrarem uma solução. Os monitores também participaram. Eles passaram as falas do jogador da sorte para a jogadora e as do comparsa para o traficante! Acharam que ficou muito bom e só aí conseguiram ir dormir!

"Hoje de manhã, os alunos da escola que costumam chegar mais cedo para tomar café, antes de irem para as classes, sentaram à mesa com nosso pessoal que já estava lá. E... contaram que estavam muito chateados, porque tinham ido ao teatro ontem à noite, e acabaram voltando sem terem visto a peça. Sabem o que o nosso elenco fez? Pediu permissão aos professores, todos se juntaram, improvisaram um espaço no pátio, montaram um cenário bem rapidinho e estão lá, representando " Menino de Rua" para os alunos e professores!"

A nossa reação deu-se em cadeia! Começou com sorrisos, depois risadas e terminou com lágrimas de emoção e de alegria! O fato é que eles estavam demonstrando seu amor ao teatro! E provando que, se aquela fuga tivesse ocorrido um pouco antes, e se tivessem tido um pouco mais de tempo, o espetáculo não teria sido cancelado! Aquela garotada era mesmo surpreendente!

45.

Avaliação geral do trabalho e novos acontecimentos pela frente

A viagem

de volta foi um pouco menos traumática. Nós agradecemos o empenho de todos os que tinham participado das mudanças no texto e ajudado a montar "Menino de Rua" no pátio da escola. No final, apesar da fuga, todos ficaram mais reconfortados. Aquela apresentação da peça, pela manhã, tinha sido uma espécie de remissão para eles. O único que se mostrou bem sem jeito e constrangido foi o Delano. Ele sabia muito bem que não tinha agido direito, tendo ido a uma festa na noite anterior e, no dia seguinte, se ausentado no almoço, por motivos óbvios. Fora isso, o clima estava ameno.

Os garotos e garotas não cansaram de contar como tinham feito para substituir os dois fugitivos. E também como tinha sido a reação dos alunos e alunas da escola e dos professores. Todos disseram que haviam gostado mais de assistir à peça lá, porque tinha sido um espetáculo especial, feito só para eles, e que tinha sido muito legal ver tudo bem de perto.

Todos estavam tão contentes com a façanha, que conversaram quase a viagem inteira. Só na última hora da viagem, apagaram. Chegaram à Febem dormindo tão profundamente, que tivemos de dar uma sacudida em cada um, para despertar. Estavam cansados, mas sentindo-se heróis. E a nossa equipe estava exausta, acabada.

Folgamos no dia seguinte, para podermos nos recuperar um pouco daquela extenuante viagem a Ribeirão Preto. Mas não foi o suficiente. Passamos o resto da semana, sem conseguir voltar ao nosso estado normal de força e energia.

Renato, Augusto e todo o pessoal do Núcleo quiseram saber de tudo e com todos os detalhes. Não poupamos alguns lances hiperbólicos para contar somente as passagens de mais suspense.

No mais, estava tudo calmo. A doutora Wayta ainda não tinha retornado, continuava viajando a trabalho. Eu havia feito uma ótima e produtiva reunião de avaliação com a nossa equipe e também tinha conversado com o Renato, lá no Núcleo, e com a Isadora, por telefone, sobre como estava indo "*Overdose*" em OFF. Estava tudo bem e sob controle. Todos mais calmos e relaxados, para compensar o stress da viagem. Fiquei também sabendo pela Antônia, que a irmã do Welton levou-o para a casa dela, no Rio de Janeiro, para que se recuperasse melhor e ficasse junto da família.

Na sexta feira, no final da tarde, quando já ia indo embora, a doutora Wayta me chamou para uma reunião. Ela queria saber tudo o que tinha acontecido na viagem a Ribeirão Preto. Eu sugeri que fizesse uma reunião com toda a equipe, mas ela insistiu para que eu mesma contasse. Então decidi falar tudo. Foi de maneira profissional, sem atacar ou entregar ninguém, com muita diplomacia, mas não omiti nada. Ela então entendeu, entre outras coisas, porque o espetáculo não tinha sido tão emocionante como o de São José do Rio Preto. Achei bem interessante ela ter notado isso, demonstrava sensibilidade.

Garantiu que apuraria tudo, com muito rigor. Em relação à fuga dos garotos, disse que a polícia local estava investigando e procurando localizar não só os dois, mas também a garota que tinha, supostamente, levado as armas para eles. Perguntou sobre o Osmiro — a quem teci elogios, e sobre o monitor Edvaldo, o Eddy — procurei descrevê-lo tal como era. Apesar de não ter nenhuma prova, disse que o comportamento dele tinha sido suspeito e merecia uma investigação.

Também disse que daria um tempo para as viagens do teatro e que nós continuássemos com as aulas, normalmente. Eu já esperava isso. E me solicitou que fosse à Unidade da Imigrantes, para fazer um trabalho de sensibilização com a meninas, lá na Unidade mesmo, porque não dava para trazer todas ao Tatuapé. Eu poderia escolher um dia da semana para ficar lá. Ela disponibilizaria um carro, para levar quem eu achasse importante, a fim de realizar essa intervenção artística tão necessária. Acolhi o pedido e disse que estudaria o que poderia ser feito. Tudo acertado. Saí e fui até o estacionamento pegar meu carro e voltar para casa, quando encontrei o Matheus.

— Oi Anna, fui te procurar no Núcleo, me disseram que você estava em reunião com a doutora Wayta.

— Estava sim.

— E tudo bem?

— Tudo bem! Você me procurou para...?

— O Tião pediu para entregar uma carta pra você! — e me deu um envelope fechado.

— Carta escrita por ele mesmo?

— Foi, e não deixou ninguém ver, até colou o envelope.

— E como é que ele está?

— Anda meio triste, recolhido no seu canto.

— Vou ler em casa.

— Anna, vai sobrar pra nós?

— Não entendi.

— Os monitores vão receber alguma punição pela fuga dos garotos?

— Como é que eu posso saber? Essa não é a minha área.

— Todos nós precisamos do emprego, você sabe.

— Matheus, quem não deve não teme! Fique tranquilo. Obrigada por ter me trazido a carta. Bom, deixa eu ir porque já é hora. Tchau.

Depois de tomar um super banho, degustar um vinho delicioso com uns queijos que eu havia comprado, me estiquei no sofá da sala e resolvi abrir a carta do Tião. Ele tinha uma letra até que bem bonitinha. Comecei a ler:

"Ana acho que sufri mais saindo do teatro do que quando meu pai deixo a gente. Os mano da pessa que trabalhão comigo num tem nem imaginasão do que eu paçei chorano por num ter ido junto com todo mundo. Ana você podia ter dexado eu ir e não dexo porque é o que eu mais merecia mesmo. Agora ando por aqui sozinho e sem ninguém pra me fala se eu vou poder volta pra pessa um dia. Eu queria que você viesse aqui pra fala comigo e pra me entende no que eu pasei e priciso de um voto de confiansa de novo porque eu só agora já sei que num vo mais arumar caso com nenhum dos meus amigo e nem com você e nem com ninguem lá assim que você me aceita de novo no conjunto.

Eu to esperando aqui uma nova oportunidade que você me de e eu vou fica feliz igual ao que eu fui fazendo o Catatau. Deixa eu faze tudo de novo e eu prometo que vo fica bem pianinho.

Gosto muito de todo mundo e quero fica perto e viaja junto pra mostra o meu gosto de ser ator. Me ajuda a volta de novo pra pessa Ana, to pedindo pra você que me entenda. Obrigado Sebastião".

Tião

A carta apresentava muitos erros de português, mas tinha sido escrita com sentimento. Resumindo, ele tinha se dado conta de que não havia agido de maneira correta e que tinha sofrido muito por ter saído da peça. Queria que eu desse uma nova oportunidade a ele e prometia que, se voltasse ao espetáculo, não mais criaria caso com ninguém.

Eu acreditava no que ele escrevia. Devia mesmo estar sofrendo muito por não ter viajado com todo o grupo e por não ter participado. Enfim, parecia que tinha aprendido a lição.

Esse fato me fez lembrar quando eu trabalhava na TV Tupi e tinha feito três telenovelas seguidas, em horários diferentes, sem descanso. Então pedi férias porque estava me sentindo muito estressada, mas por ironia do destino, recebi um convite do diretor Osmar Rodrigues Cruz para fazer a peça "Caiu o Ministério", no Teatro Popular do SESI. Convite irrecusável. Depois de pouco mais de uma semana que eu estava ensaiando, recebi no camarim, pelas mãos do ator Felipe Levy, que também estava no elenco, um comunicado do Carlos Zara, então diretor artístico da Tupi. Ele solicitava que eu interrompesse as minhas férias para fazer a novela "Mulheres de Areia". Eu estava tão esgotada de TV que, negligentemente, não dei importância ao comunicado. Cheguei a casa à noite e minha mãe me telefonou, avisando que o Zara tinha ligado para ela e estava a minha procura. Eu falei que, se ele ligasse de novo, era para falar que não sabia de mim. Deixei minha secretária eletrônica ligada, não atendi mais o telefone e dei uma sumida geral da Tupi. Alguns dias depois, soube que o papel tinha sido dado a outra atriz e ninguém mais me procurou. Estreei a peça e comecei uma temporada de muito sucesso no teatro. Minhas férias na TV terminaram, mas ainda continuei um bom tempo de folga.

Depois de uns dois meses, me escalaram para uma outra novela: "Ídolo de Pano", do Teixeira filho, com direção de Henrique Martins e supervisão do Carlos Zara. No dia da reunião de elenco, eu estava lá no horário marcado e encontrei o Walter Negrão no corredor. Ele me viu indo para o local da reunião e, admirado, falou:

— Anna, o que você está fazendo aqui?
— Ué, vim para a reunião de elenco!
— Mas você não está mais na novela, a Suzana Gonçalves vai fazer seu personagem!
— O quê? E ninguém me avisou?
— Sei lá!

Aí o Zara veio pelo corredor onde eu e o Negrão estávamos parados. Chamei:
— Zara!

Fui até ele e perguntei:
— Eu não estou mais na novela?
— Não, Anna!
— Mas por que ninguém me avisou?
— Eu tentei te avisar, mas não te encontrei em lugar algum!

Falou isso e foi indo embora, sem me dar tempo de dizer nada. Aliás, eu nem tinha o que dizer. Fiquei muito triste, muito chateada e voltei para casa. Ele agiu comigo, da mesma maneira como eu tinha agido com ele. O troco tinha sido dado. E eu bem que merecia.

Depois trabalhei em outras novelas dirigidas pelo Zara e acabamos rindo desse episódio. Continuamos bons amigos. Mas aprendi a lição para o resto da minha vida.

Por isso eu entendia muito bem o que o Tião estava sentindo!

Na semana seguinte, me propus a ir lá na UE-15, para falar com ele. E fui, logo na segunda feira pela manhã. Ele estava no pátio, e assim que me viu veio correndo e me deu um abraço. Estranhei aquela afetividade toda, porque até então, nunca tinha sido esse o seu estilo! Sentamos num banco, debaixo de uma árvore frondosa, que nos deixava numa sombra gostosa e confortável, abrigados do sol forte daquela manhã.

— Eu li sua carta Tião. E fico muito contente que você tenha pensado em tudo com mais calma e tenha decidido mudar de comportamento. E espero que mude mesmo, vai ser melhor para você, para a sua vida.
— Eu posso voltar para a peça, então?
— Não vamos continuar com o espetáculo, pelo menos por enquanto.
— Porque os dois fugiram e não teve peça?
— Por isso e porque vamos ter outras atividades.
— Não vai mais ter viagem?
— Por ora, não. Mais tarde... pode ser.
— E se tiver, posso ir?
— Preste atenção Tião: eu não vou tirar o Genivaldo do papel para colocar você no lugar.
— Mas o papel era meu!
— Você disse bem: era! Não é mais! E não vai ser justo fazer isso com ele!
— Por quê?
— Porque ele se esforçou, substituiu você em pouco tempo, foi bem na viagem e vai continuar fazendo o Catatau.
— E eu nunca mais vou fazer a peça de novo?
— Bom, se você quiser pode voltar, mas não fazendo o Catatau. Pode fazer o jogador da sorte, que era do Detinho ou o capanga, que era do Fabiano. Quer?
— Ah não! Quero fazer o Catatau!
— Então, paciência, você continua fora.
— Mas eu vou lá e peço desculpas para todo mundo!
— Não se trata disso, Tião! Não vou tirar o Genivaldo do papel e isso é definitivo!

Ele baixou a cabeça.

— Eu acho que o importante é você voltar! Pense com calma, não tem pressa. Na verdade, nem sei se ainda vamos fazer a peça!

— Vão sim.

— Você acha mesmo? Então tudo bem! Se formos montar novamente, eu venho te consultar, certo?

— Tá limpo.

— Mas você vai precisar já ter a resposta! Vá pensando desde já, se aceita fazer outro personagem!

— Tá certo.

— Foi bom te ver. Juízo hein?! — falei brincando.

Ele deu um sorrisinho meio amarelo.

Voltei ao Núcleo e reuni o pessoal. Tínhamos de pensar em alguma coisa para fazermos com as meninas na Unidade da Imigrantes. O Renato deu uma ideia bacana: a de levarmos algumas roupas para lá, para que vestissem e pudessem compor uns personagens. E, como uma inspiração puxa outra, pensei em falar com a Marisi e a Márcia para bolarem dois camarins portáteis, de fácil transporte e montagem rápida. Poderíamos também levar araras (porta-cabides grandes, usados em camarins de teatro, para pendurar os figurinos), que eram práticas para armar e pendurar as roupas. Acabei me lembrando da peça "O que mantém o homem vivo", com cenas de vários textos de Bertold Brecht, que assisti com Renato Borghi e Esther Góis. Havia, como cenário, dois camarins — um de cada lado do palco, onde os atores se trocavam na frente do público, usando figurinos muito criativos e diversos adereços, para montar seus personagens.

— Bem lembrado, Aninha!

O espetáculo era lindo e Silvinha era fã do Brecht!

— E se começássemos a trabalhar a construção dos personagens, fazendo as meninas interpretarem tipos característicos inventados por elas?

— Legal Anna! — disse o Renato! Gostei! Posso arrumar mil roupas!

— Depois a gente pode escolher umas cenas de peças para elas representarem! — falou a Silvinha, já pensando nas peças que procuraria em casa, para trazer!

— A gente podia trabalhar o lado psicológico de cada personagem também! —falou o Agenor.

— Isso! E em vez de pegar cenas de peças escritas, Silvinha, é melhor escrever os textos com base nesses exercícios que vamos fazer! Assim elas vão ser donas das histórias! — falei, já com o entusiasmo de quem vai montar um novo espetáculo!

— Melhor ainda! E depois poderemos trazer o espetáculo para o nosso teatro! — concluiu a Silvinha.

— E se tiver quem toque algum instrumento, poderemos fazer uma trilha bem legal! E também dá para pontuar com percussão! A gente faz com que elas tirem uns sons de garrafas, latas, do que estiver dando sopa por lá! — sugeriu o Robert.

Nossa sintonia estava a mil! Na sequência, falei brincando:

— A peça poderia chamar "O que mantém uma interna da Febem viva!".

— Adorei! — falou a Silvinha, já aprovando o título.

E assim, fomos viajando no trabalho. Como é boa a fase de criação de um trabalho em equipe. É tudo tão gostoso, tão instigante! Em dois tempos já estávamos de malas prontas. E lá íamos nós à Unidade da Imigrantes, pegar no batente!

46.

O trabalho teatral
na Imigrantes e
o desfecho da história
de Ribeirão Preto

Já fazia

um mês que estávamos na Imigrantes, sempre duas vezes por semana e o dia todo. Era muito diferente trabalhar só com meninas. Elas eram mais melindrosas, mudavam de humor com a TPM (Tensão Pré Menstrual), nutriam sempre intriguinhas entre si, e eram extremamente sensíveis. Precisávamos ir com calma, não deflagrar grandes explosões de criatividade, para não fundir aquelas cabecinhas já tão confusas. Elas eram visivelmente mais frágeis do que os meninos, mas também muito mais resistentes a provocações. E muito fortes para enfrentar situações-limite. E nós arriscamos alguns laboratórios com elas até montarmos a peça propriamente dita.

Sugerimos uma trincheira com soldados feridos para elas socorrerem, também crianças perdidas e desesperadas, um terremoto, um furacão e um incêndio. Depois, organizamos uma mesa de discussão sobre: casamento, adultério e filhos drogados. A gente ousava nos temas e elas entravam de cabeça nas propostas que fazíamos.

Fizemos jogos de mímica e improvisações teatrais de situações como: a volta do namorado distante na guerra, o reencontro com o primeiro e grande amor, o confronto com a rival que roubou o namorado, a moça que ganhou na loteria e ficou milionária, a filha que sofria com o pai bêbado e violento, o dia mais feliz da vida — vale registrar que, para a maioria, era o dia do casamento — e outros temas que elas mesmas escolhiam. Adoravam enfocar temas românticos, familiares e contos fantasiosos.

Finalmente, então, definimos algumas histórias para montar a peça. Conseguimos fazer um *pocket* Teatro, de uns quarenta e poucos minutos, com três episódios:

O primeiro era o de uma moça que trabalhava na rua como gari. Era órfã, esteio de família, tinha três irmãos menores para sustentar, e o que ganhava mal dava para sustentar a família. Um dia, varrendo as ruas, encontrou uma garrafa com um bilhete dentro. Era um pedido de ajuda, de alguém muito necessitado. Depois de muito procurar, conseguiu chegar ao endereço indicado e lá encontrou um lindo rapaz, que se mostrou imensamente grato pela presença daquela moça, que tinha atendido ao seu pedido de auxílio. Revelou que estava doente de tanta tristeza e solidão. Era muito rico e só havia encontrado em seu caminho, moças interesseiras, que só desejavam sua fortuna. Havia tido a inspiração de escrever aquele bilhete, colocar dentro de uma garrafa e depositá-la num jardim, com a esperança de que a mulher de seus sonhos a encontrasse e viesse até ele. E, então, reconheceu nela, a mulher generosa, prestativa, que tinha ido até lá simplesmente para auxiliar alguém, que nem sequer conhecia. Viu nela, uma mulher de bons princípios, ideal para ser sua companheira de jornada e a pediu em casamento. A história é finalizada com um casamento festivo e muita comemoração. A gari transforma-se numa mulher rica e feliz. Enfim, era um conto de fadas, bem do jeito que as meninas sonhavam.

O segundo episódio contava a história de uma velhinha que, abandonada pela família, vivia sem ninguém, numa favela. Só contava com o favor dos vizinhos que cuidavam dela. Traziam-lhe comida, davam-lhe banho, remédios, limpavam seu barraco, faziam-lhe companhia e tratavam-na com carinho e amor. Em troca, ela, que tinha sido professora, ensinava as crianças e os adultos a ler e a escrever.

Um dia, ganhou uma televisão usada de presente e viu um programa que dava prêmios a pessoas mais velhas, que acertavam as respostas às perguntas feitas. Resolveu então participar e o povo promoveu sua ida. Quem faria as perguntas seria o apresentador Chacrinha.

As cinco perguntas:
1. Quem é o maior jogador de futebol do mundo?
Qual a cidade que possui o Cristo Redentor?
3. Qual o nome do santo casamenteiro?
4. Quem canta a música Caminhoneiro do Amor?
5. Qual o mês do ano com 28 dias? (Esta pergunta tinha sido tirada de um teste de conhecimento, que havia saído numa revista feminina.)

As cinco respostas:
1. Pelé
2. Rio de Janeiro
3. Santo Antônio
4. Sula Miranda
5. Todos os meses têm 28 dias! (A tendência era responder fevereiro.)

A velhinha, debaixo da maior torcida, acabou respondendo certo às cinco perguntas e ganhou uma grande soma em dinheiro.

No mesmo dia, a família que tinha visto o programa apareceu no barraco da velhinha, com muitos presentes, agradando-a, dando-lhe beijinhos. Mas ela, muito sabida, falou poucas e boas para todo mundo e expulsou do seu barraco, todos aqueles parentes falsos e mentirosos. Depois, chamou os vizinhos da rua que eram pobres, e sempre tinham se preocupado com ela, desdobrando-se em cuidados, agradeceu de coração pela ajuda recebida e distribuiu dinheiro a todos.

O terceiro episódio enfocava a trajetória de uma moça que veio do interior procurar emprego e foi enganada por todo mundo na capital. Roubaram a mala dela, o dinheiro, até os sapatos, deixando-a descalça. Ela foi obrigada a morar debaixo de um viaduto. Então apareceu um bonitão que a convidou a trabalhar para ele e ganhar dinheiro. Levou-a para um hotel, comprou roupas novas, mandou-a tomar banho, passar maquiagem, perfume e ir se prostituir. No final da noite, a pobre teve que dar tudo o que ganhou para ele, ficando só com uma merreca. Até que uma noite ela se rebelou e se uniu a outras moças que também eram exploradas por ele. Revoltadas e decididas, deram a maior surra no cafajeste. Pegaram todo o dinheiro dele, deixaram aquela vida de prostituição e foram morar juntas numa casinha bem longe dali.

Decididas a mudar de vida, procuraram um emprego mais decente e formaram uma família entre elas, vivendo bem mais alegres e felizes.

Silvinha, que adorava Nelson Rodrigues, achou que essa cena tinha a cara dele.

Eu escrevi o texto, que chamava "Três Histórias da Vida" — nome escolhido por elas mesmas. Até esqueci o título que, a princípio, queria dar ao espetáculo: "O que mantém uma interna da Febem viva?", mas percebi que não tinha mais nada a ver. Comecei a ensaiar, enquanto a produção era feita simultaneamente, pela Silvinha. Mas estava sendo muito difícil manter o mesmo elenco de dez meninas.

Elas não ficavam muito tempo na Unidade, eram colocadas em liberdade, e eu tinha de ficar mudando de elenco toda hora. Já estava ficando desanimada e não conseguia montar a peça. Até que, finalmente, depois de quatro ou cinco tentativas, consegui ter um elenco fixo. Aí os ensaios passaram a fluir bem e o espetáculo começou a tomar forma e conteúdo.

Elas eram muito inteligentes, criativas, faziam muito bem todos os personagens e encarnavam com a maior facilidade e seriedade os papéis masculinos. Só havia uma, a Siomara, que tinha um problema de dicção com os "erres", que saíam "eles". Comecei a fazer muitos exercícios de dicção com ela, em horários separados, e consegui fazer com que melhorasse um pouco. Ela contou que tinha adquirido essa dificuldade de pronúncia com dez anos de idade, e que antes disso falava normalmente, sem nenhum deslize. Dizia não saber a causa. A gente ria e achava até charmoso o jeitinho dela falar.

A estreia estava marcada e os ensaios tinham de ser intensificados. Aí comuniquei à doutora Wayta que precisávamos ir todos os dias para lá, até a peça ficar pronta. Falei, então, com os monitores, assistentes sociais, psicólogos, psicólogas e músicos das Unidades, para intensificarem suas atividades no teatro da Febem, a fim de cobrirem nossa ausência.

Foram três semanas seguidas, o dia todo, lá na Unidade Imigrantes. E aquela correria normal até a estreia. O cenário ficou uma gracinha. Dois camarins — um de cada lado, com espelhos e luzinhas em volta — e, ao lado de cada um, uma arara para pendurar os figurinos. A Marisi e a Márcia tinham, como sempre, acertado em tudo.

Eu tinha feito uma marcação, em que, no início, todas entravam quase arrumadas e utilizavam o camarim, somente para ajustes de alguns detalhes de figurino e acertos de maquiagem. Depois, permanecia lá só quem entrasse no início de cada história. Exigi o máximo de discrição e silêncio para não atrapalhar quem já estivesse em cena.

Os figurinos estavam bastante criativos! O Renato tinha trazido todas as roupas para os personagens. Durante os ensaios, montou um por um, ajudado pela Silvinha e pelo Agenor. A trilha também estava ótima. Além das músicas que eu cuidadosamente selecionei, o Robert inventou uns objetos de percussão com: copos, garrafas, metais, latas, pedaços de madeira, e também descobriu duas meninas que tocavam violão. Criou intervenções musicais, ao vivo, para cada história. A Silvinha, como sempre, me ajudava na direção de interpretação das meninas.

Para variar, foi aquela correria costumeira de estreia. Até um cartaz elas tinham criado: "A Unidade Imigrantes apresenta: 'Três histórias da Vida' com: Marisa, Soninha, Naíra, Betânia, Marivalda, Nélia Maria, Siomara, Kátia, Rosilda e Kelly". O dia e a hora da apresentação (14 horas) também apareciam no cartaz.

Com o pessoal que estava colaborando, improvisamos um praticável para servir de palco e colocamos dentro de um salão, previamente preparado para a apresentação. As cadeiras, bancos e banquetas foram trazidos de todas as partes da Unidade. Ficou tudo muito bem organizado.

O salão lotou de garotas. Até estranhamos, porque não víamos muitas internas por lá e, de repente, elas surgiram de todos os lados!

Houve um ligeiro atraso para começar, porque a roupa do "Chacrinha" acabou ficando um pouco apertada na Soninha que, ansiosa com a estreia, tinha comido exageradamente nos últimos dias. Foram só alguns minutos de espera, mas o suficiente para fazer com que a plateia batesse palmas, reclamando. Isso criou um nervosismo geral, na coxia improvisada com pedaços grandes de compensado e de Eucatex, armados e presos em volta do praticável e fechados nas laterais.

A sala foi iluminada por luz natural, e usei só duas torres com três refletores de mil *watts* em cada uma, diga-se de passagem, que o Giancarlo emprestou e eu trouxe em meu carro, só para criar uma atmosfera teatral. A luz era sempre geral e só apagava e acendia para indicar a separação entre os episódios.

O esquema era o mesmo: Silvinha e Agenor no apoio, nas coxias, camarins e palco; Robert na direção musical e eu na luz e som.

Em vez de sinal, usamos as "batidas de Moliére", que eu ensinei a elas e passei para Marcélia — uma menina que dava apoio à produção. Ela bateu várias vezes no chão, rapidamente, e depois deu uma batida forte e seca — era o primeiro sinal. Depois de cinco minutos, o mesmo procedimento e duas batidas fortes e secas, para o segundo sinal. Igualmente, após mais cinco minutos: ela bateu várias vezes no chão, rapidamente, e finalizou com três batidas fortes e secas. Terceiro sinal e o espetáculo começou.

Assim que todas as meninas entraram em cena, para dar alguns retoques no figurino, adereços e maquiagem, nos camarins do palco, foi uma verdadeira festa! Aplausos, comentários e gritos:

— Lindas, maravilhosas, gostosas!

Quando saíram as que deviam ir para as coxias e ficaram as que faziam a primeira história, vestidas de garis de rua, vieram os pedidos de silêncio e a plateia começou a sossegar. Dava para perceber que as meninas, no palco, estavam trêmulas, muito nervosas mesmo. Quando a plateia finalmente fez silêncio, começaram a representar. Tudo foi se acomodando e o espetáculo começou a fluir. Mas assim que a Siomara, que fazia a gari principal, abriu a boca para falar sua primeira frase: "Para ajudar minha mãe e meus irmãozinhos, eu preciso trabalhar bastante!", ouviu-se um burburinho na plateia. Nós tínhamos ensaiado enormemente e ela já não se atrapalhava tanto para articular a frase, mas naquele momento de tensão, seu problema de dicção voltou a toda, e as palavras "preciso trabalhar" saiu 'pleciso tlabalá'.

Logo a Marisa, que fazia a outra gari, segurou um pouco a plateia falando com sua voz clara e firme. Só que, à medida que a história se desenrolava, eu sentia que a Siomara ficava mais nervosa e sua dicção piorava. A plateia começou a ficar inquieta e, de simples risinhos, passaram a dar boas risadas, cada vez que a Siomara falava. Ela começou a ficar vermelha e cada vez mais irritada. Eu achava que ela não conseguiria continuar. E quando a Kelly, que fazia o rapaz que havia escrito o bilhete da garrafa, entrou no palco falando com sua voz grave e sonora, as meninas da plateia ficaram mais afoitas. No diálogo entre Kelli e Siomara, a diferença entre a dicção clara de uma e a dificuldade de articulação das palavras de outra, ficou gritante e a plateia começou a gargalhar. Isso nunca tinha acontecido nos ensaios!

As meninas que estavam sentadas mais na frente começaram a azucrinar tanto a Siomara, e ela foi ficando tão apoquentada que, de repente, para surpresa de todos nós, ela destravou a língua e começou a falar normalmente, sem nenhum problema de dicção! Foi um verdadeiro milagre! A psicóloga dela, que estava ao nosso lado, começou a ficar tão emocionada vendo aquilo, que lágrimas começaram a escorrer de seu rosto!

A cena de amor entre a gari e o rapaz, então, ficou tão vibrante, tão envolvente, que fez todo mundo aplaudir! E o final do episódio, com a cena do casamento e a benção do padre, dizendo: "Que sejam felizes para sempre!" — fez a plateia ir à loucura.

Nós todos estávamos nos divertindo muito vendo aquela reação maluca das garotas que assistiam ao espetáculo!

Eu tinha marcado para a noiva, do centro do palco, jogar o buquê em direção à plateia, para encerrar a segunda história. Siomara, animada, foi bem na pontinha do praticável, virou de costas e atirou forte o buquê, que caiu bem no meio das meninas. Ela se alvoroçaram para pegar. E a que pegou ergueu o buquê, dizendo:

— Eu vou ser a próxima a casar! Oba! Oba!

Uma música bonita invadiu o ambiente e os noivos saíram do palco abraçadinhos, debaixo de aplausos entusiasmados.

No segundo episódio, a Marivalda nos surpreendeu fazendo a velhinha. Esses lances acontecem até com os atores profissionais. A presença do público, a entrada no palco, as luzes dos refletores e a trilha sonora, proporcionam uma emoção interna tão grande, que o coração dispara, e num momento mágico e iluminado, o personagem emerge, encarna de tal maneira no ator, que o faz ficar perfeito, magnetizado, incorporado!

A Marivalda "era" aquela velha. Andava, falava, agia e, quem sabe, pensava também como ela! E fazia tudo com paixão! Era emocionante de se ver!

O povo da favela estava muito bem caracterizado e atuava de maneira muito convincente.

Na hora do programa, a Soninha também assumiu o Chacrinha! Estava ótima! alegre, descontraída, comunicativa! Uma a uma, as perguntas iam sendo feitas e o suspense se estabelecendo. A plateia torcia para a velhinha responder certo. Na última pergunta, a mais capciosa, que perguntava que mês do ano tinha 28 dias, a velhinha titubeou, conforme tínhamos ensaiado, e demorou a responder. A plateia também tinha dúvida quanto à resposta. Começou um falatório generalizado. O Chacrinha pediu silêncio para não tirar a concentração da velhinha e começou a contagem regressiva para ela dar a resposta: "Dez... nove... oito... sete... seis... cinco... quatro... três... dois..."

— Todos os meses têm 28 dias! — a velhinha falou bem alto, respondendo.

O Chacrinha deu uma pausa e depois falou:

— Ela acertou!!! Ganhou todos os prêmios!

Aí, foi uma euforia geral! Parecia programa de auditório mesmo e até o pessoal acalmar levou um tempo. A história continuou e todas passaram a acompanhar prestando bastante atenção. Mas, quando a família da velhinha entrou no barraco dela bajulando, incensando, trazendo presentes, não deu para segurar de novo. Começaram a vaiar, a xingar. E quando a velhinha "virou a mesa" e começou a expulsar os parentes de sua casa, chamando-os de enganadores, falsos e mentirosos, aí a cumplicidade das meninas da plateia foi total! Elas apoiaram a revanche da velhinha e brandiram com aquela desforra!

De repente, uma coisa incrível aconteceu! A velhinha começou a distribuir o dinheiro (xerox de notas de cem cruzados) entre os vizinhos e, em seguida, muito animada, passou também a atirar dinheiro para a plateia, sem que isso tivesse sido ensaiado! E ficou muito bom! A plateia veio abaixo e ela foi aclamada! A Marivalda tinha sido mais criativa do que eu para finalizar o episódio.

Depois do buchicho geral ter sido apaziguado, o terceiro episódio começou e a plateia foi prestando atenção, voltando a ficar concentrada. A história daquela moça que vinha do interior para tentar a vida na capital era, sem dúvida, a história de muitas delas. À medida que a moça ia sendo roubada e destituída de todos os seus pertences, até ficar debaixo de uma ponte, causou uma silenciosa, mas visível consternação geral. O surgimento da Betânia, como o cafetão cafajeste, cínico, fingindo dar suporte à pobre moça, mas atirando-a às ruas para se prostituir, deixou a plateia tensa e indignada. Eu não perdi uma reação, olhava para o palco e para a plateia, várias vezes.

O sofrimento daquela moça interiorana, que por necessidade, era obrigada a se deixar explorar por aquele marginal asqueroso, foi criando um clima geral de raiva e repulsa. Era impressionante como elas assistiam a tudo como se fosse verdade. A identificação com aquela vida de sofrimento era muito grande. A partir do momento em que a moça começou a se revoltar e foi seguida por todas as companheiras de rua, que uniram forças contra a exploração daquele cafetão nojento, os ânimos começaram a esquentar. E, no auge da insurreição das prostitutas, quando elas decidem dar uma boa surra no sem-vergonha e partem pra cima dele aos empurrões, bofetões, socos e pontapés, houve um êxtase total. Elas, então, começaram a gritar:

— Mata o pilantra!
— Acaba com ele!
— Infame!
— Explorador!
— Cafajeste!

E acabou saindo, não sei de onde, um:
— Filho da puta! — aí, claro, foi só risada!

Mas a pancadaria pra cima do cafetão continuou, até que ele conseguiu se livrar delas e sumiu! Eu fiquei preocupada com aquela cena de espancamento. Tinha ensaiado mil vezes movimento por movimento, adaptado golpes de Kung Fu, que ensinei cuidadosamente em câmera lenta, até que elas aprendessem. E deixei bem claro e explicado que, no teatro, era preciso usar de muita técnica em cena de briga, para ninguém se machucar! Mas sabe-se lá o que aconteceu com toda aquela comoção total...

Depois que o cafetão desapareceu e elas resolveram sair daquela vida, morar juntas e procurar um emprego decente, o entusiasmo voltou e elas foram aplaudidas.

Só para dar um fechamento mais acalorado, eu coloquei as quatro prostitutas fazendo um círculo, intercalando suas mãos, umas sobre as outras, e finalizando com as frases de alento:

— Nós vamos sair dessa, nós vamos vencer!

Elas repetiriam as frases com mais força e convicção ainda, como havia sido marcado, então elas olharam para a plateia, que falou junto, como se fosse a frase de uma oração:

— Nós vamos sair dessa, nós vamos vencer!

A música subiu, imponente, dando um clímax de perspectiva e esperança.

No agradecimento ensaiado, todas retornaram, se colocaram à frente do palco, deram-se as mãos, curvaram-se, levantaram, soltaram as mãos, sorriram e saíram. Eu foquei bem na Kelly, que fez o cafetão, e, aliviada, vi que ela estava inteirona, sem sequelas da surra que tinha levado das prostitutas. Os aplausos foram intermináveis, elas retornaram ao palco e, espontaneamente, começaram a aplaudir também Suspirei e falei para mim mesma:

— Saiu!

A Silvinha veio das coxias, nossa equipe se juntou e foi só comemoração, com direito a sanduíches e refrigerantes, numa mesa montada no pátio, onde havia uma verdadeira algazarra! As meninas falavam e riam alto, estavam muito agitadas, energizadas. Parecia uma festa de colégio. Aquilo me fez lembrar minhas festinhas de escola, quando eu era adolescente. E tive um sentimento nostálgico, longínquo e muito gostoso.

Siomara era o centro das atenções de uma rodinha de garotas. Elas brincavam com ela, gesticulavam. Fui indo até lá. Quando ela me viu chegando, veio ao meu encontro:

— E aí Anna, estava tudo legal, não estava?

— Muito legal! E você foi uma vencedora, viu?

— Obrigada! — falou perfeitamente, sem nenhum tropeço.

E resolvi brincar com ela:

— Quer dizer que você destravou mesmo!

— É... destravei! — continuou falando, sem trocar letra.

— Muito bom, muito bom!

Ela estava feliz. Foi chamada pelas garotas da roda.

— Tchau Anna. Valeu!

E retornou ligeira para a jovem e "tagarelante" rodinha. Vi, um pouco mais distante, sentada numa cadeira, a psicóloga da Siomara. Ela estava olhando para mim, fui até lá, e ela logo se levantou:

— Oi, Anna! Parabéns! Esse trabalho que vocês fazem é muito bom!

— Muito obrigada!

Eu já tinha conversado com ela durante os ensaios, mas não tinha guardado o seu nome. Fico aflita quando não sei o nome da pessoa com quem estou falando. Fui sincera:

— Desculpe, não registrei o seu nome, mas sei que você é psicóloga da Siomara.

— Sou. Meu nome é Lúcia. O teatro fez um bem extraordinário àquela menina!

— Que bom! Lúcia, como se explica ela ter votado a falar normalmente durante a peça?

— Pois é. Ela conseguiu sair do trauma.

— Como assim?

— O problema de dicção surgiu, depois de um momento muito traumático na vida dela. Mais um triste acontecimento de estupro por uma pessoa da própria família.

— É mesmo? Que terrível!

— Esse é um ótimo tema para vocês teatralizarem.

— Já abordamos isso em exercícios e improvisações, mas foi muito doloroso. Não fiquei muito inclinada a retratar esse tipo de violência no palco, ainda.

— Quem sabe mais tarde?

— É, pode ser. Quer dizer então, que a Siomara se livrou definitivamente do problema de dicção?

— Tudo indica que sim.

— Ela estava tão apavorada, trocando todas as letras, que eu achei que ela fosse parar a peça, mas não! De repente, ficou falando sem dificuldade alguma!

Impressionante! Como se deu isso?

— Tenho algumas explicações para o fato, mas prefiro não concluir nada ainda. A partir de amanhã, vou acompanhar de perto essa conquista dela. A Siomara é uma menina muito bondosa, muito sensível.

— Eu sei, percebi isso logo que começamos a ensaiar. Tomara que tudo dê certo, que ela possa se recuperar e ficar bem.

— Tomara mesmo! Por favor, dê meus parabéns a todos! Não quero atrapalhar o seu trabalho. E se afastou.

"Mais uma história para contar" — pensei. E fui verificar em que pé estava a desmontagem.

Tudo pronto e organizado numa caminhonete e outra perua já a postos, aguardando para nos levar de volta. Chamei o pessoal e retornamos à Febem.

Chegamos lá no final da tarde. Estávamos bem felizes e bem cansados. Fomos direto ao teatro dar uma organizada no material para, no dia seguinte, acondicionar e guardar.

Eu, Silvinha e Renato estávamos lá, dando uma arrumada em tudo, quando o Augusto chegou fazendo suspense:

— Gente, tenho notícias fresquinhas para vocês! Adivinhem que está aqui de novo?

— Quem? Fala logo, Augusto! — disse o Renato, esgotado e sem muita paciência.

— O Fabiano! Está aqui de novo!

— Foi recapturado? — perguntei.

— Foi, estava escondido num sítio e foi dedado pelos vizinhos.

— E o Detinho?

— Também foi pego. Ele e a garota. Estavam escondidos na casa de uma tia dela em Botucatu.

— Então eles eram namorados mesmo? — saiu sem querer.

— Por que, não eram? — Silvinha me perguntou curiosa.

— Não, é que o Carlinhos deixou entender que podia ser armação essa história de namoro entre os dois.

O Renato logo emendou:

— Ah, aquele Detinho nunca me enganou, não! Precisava segurar muito bem o pulso para falar! E fez um gesto de quem desmunheca.

— E ele veio pra cá também? — continuei perguntando.

— Não! Ficou retido na Unidade de Ribeirão Preto mesmo. Ele é de Taquaritinga!

— Gente, como é que você sabe de tudo isso? — perguntou a Silvinha admirada.

— De tudo isso e muito mais! Sou "assim ó" com o pessoal da presidência! — e riu.

— Ah, larga de ser metido, vai! — falou o Renato para ele. E virando-se para nós, continuou:

— O Augusto é muito amigo da Dayse, assessora jurídica e pessoa de confiança da doutora Wayta.

— A gente é amigo de infância! A Dayse é gente finíssima!

— É mesmo? E o que mais que ela falou? Conta, conta! — a Silvinha retratava a nossa ansiedade por saber de tudo.

— Bom, eu vou contar porque ela não me pediu segredo. Parece que a tal garota, que se dizia namorada do Detinho...

— Marilda é o nome dela — completei.

— Então, ela abriu o bico e entregou o monitor de lá.

— O Eddy? — perguntei.
— A Dayse não me falou o nome dele.
— É Edvaldo, Eddy é apelido.
— Deve ser esse mesmo. O cara está muito implicado. Foi até detido pela polícia!
— Não falei? Eu tinha certeza de que esse cara tinha tudo a ver com a história! — e a cara repugnante dele me veio à mente.
— E a garota?
— Era maior de idade, Anna! Foi levada para a Casa de Detenção! E desconfiam que esteja ligada a uma facção criminosa, que alicia menores para serem emissários das transações criminosas deles.
— Mas que babado forte! Nossa Augusto, você veio bem informado, hein? — mandou o Renato, com ar de ironia.
— Pra quem pode, meu amigo!
— O Fabiano está na UR? — perguntei.
— Isso eu não sei não! Mas pelo o que me foi dito, ele chegou aqui no maior aparato policial!
— Coitado! Nadou, nadou e morreu na praia.
— E o Detinho, trancafiado lá naquela Unidade horrível, de Ribeirão! — rematou a Silvinha, pensativa.

Ficamos lá, os quatro, sem dizer mais nada, só matutando no desfecho daquela história. E acredito que todos nós devíamos estar pensando a mesma coisa: "Que vida desumana e cruel a daqueles garotos. Não tinha a menor possibilidade de mudança!".

# 47.

A ocorrência com o Marcelino e a urgência de realizar mais um espetáculo

Demos uma

trégua à Unidade Imigrantes para nos reorganizarmos e decidirmos que rumo dar à continuidade do trabalho. Eu queria logo fazer um musical com elas, mas precisava amadurecer a ideia, em razão da rotatividade das garotas que eram conduzidas para lá.

Eu estava saindo do Núcleo para ir ao encontro da Silvinha no teatro, para iniciar uma aula com os garotos da UE-15, quando me deparei com uma cena intempestiva: o Marcelino sendo conduzido por dois seguranças, para fora da Febem.

Eu vi aquilo sem entender nada. Tinha mais gente olhando, e ele gritava:

— Sou um trabalhador!! Não posso ser expulso assim! Isso é ilegal! Ninguém vai me defender? Ninguém vai fazer nada?!

Eu ainda caminhei um pouco em direção a ele, mas os seguranças fizeram sinal para me manter afastada. Lembrei na hora, da invasão do Teatro Ruth Escobar pelo CCC (Comando de Caça aos Comunistas), em 1968, na época da ditadura militar. Eu estava na sala do pavimento inferior do teatro, assistindo à peça "Primeira Feira Paulista de Opinião", uma produção do Teatro de Arena, dirigida por Augusto Boal, quando comecei a ouvir uma gritaria e ruídos fortes que vazavam pelo teto. No galpão do Teatro Ruth Escobar, estava sendo exibida a peça "Roda Viva", de Chico Buarque de Hollanda, produção do Grupo Oficina, com direção de José Celso Martinez. Achei que podia ser da própria peça, mas o barulho aumentou. De repente, alguém entrou na plateia e gritou:

— Estão invadindo o teatro, espancando os atores lá em cima! Fujam antes que eles venham pra cá!

Imediatamente o elenco parou a peça, saiu do palco e subiu as escadas do teatro correndo, o público foi atrás e eu também. E quando ganhei a rua, a primeira coisa que vi foi o ator Rodrigo Santiago sendo arrastado para fora do teatro, por dois homens truculentos, do mesmo jeito como estavam fazendo com o Marcelino, naquele instante. As imagens se sobrepunham. Minhas pernas começaram a tremer! Fiquei ali, parada, estática, sem saber o que fazer! O Marcelino foi sendo levado até sumir da minha vista. As pessoas começaram a comentar alto, nem ouvi o que diziam, fui correndo ao teatro contar para a Silvinha e pedi que ela fosse iniciando a aula. Eu precisava saber o que tinha acontecido.

Fui direto à Unidade Terapêutica, onde o Marcelino trabalhava, para colher informações. No caminho, lembrei do nosso ligeiro bate-boca em São José do Rio Preto, quando ele insinuou que devíamos impedir que fizessem uso político do nosso espetáculo, por causa das faixas de apoio e boas-vindas à doutora Wayta, penduradas na porta do Teatro Municipal, e eu disse a ele que nós estávamos lá para fazer teatro e não política. Depois, quando na roda de vibração ele falou, em tom provocativo, a sua palavra de ordem: "Consciência!".

Depois daquela viagem, não tinha tido mais notícias suas. Procurei a diretora da Unidade, ela era uma senhora, com cara de mãe de família.

— O que houve com o Marcelino?
— Houve que ele colheu o que plantou! Não foi por falta de aviso!
— Mas por que ele foi expulso daquela maneira? A senhora sabe?
— Acabaram de me contar: ele estava usando os meninos da peça de teatro para fazer contestação! Você acha que a presidente permitiria isso?
— Mas que meninos? Que peça?
— Ele escreveu um texto e estava ensaiando para levar ao Centro Cultural de São Paulo. Quando fui assistir, chamei sua atenção, mas ele não me ouviu! Era teimoso, só queria ficar provocando!
— Eu sou coordenadora de teatro daqui da Febem e não sabia nada disso! Quer dizer que ele estava ensaiando uma peça? Onde?
— Aqui ao lado, num galpão desativado! Vieram buscar ele aqui! E os meninos estão lá com os monitores, sem saber o que fazer!

Nesse exato momento entra o Renato, esbaforido.

— Com licença, desculpe, é urgente! Anna a doutora Wayta pede para você ir imediatamente à sede para falar com ela.

Levantei, agradeci pelas informações e saí.

— A doutora Wayta está possessa! Vai lá depressa!

Fui direto à sala dela. Ela estava lá com a assessora jurídica.

— Entre Anna, sente. Esse monitor já estava na minha mira há muito tempo. Pode ser do partido que for, mas têm que ser responsáveis com os garotos! Não podem instigar ninguém, aqui dentro, para fazer baderna! Isso eu não permito!

Fiquei em silêncio.

— Anna, por favor, peço que você assuma a peça de teatro que ele estava fazendo. Pelo que me informaram, já tem uma data de apresentação marcada no Centro Cultural de São Paulo. Não quero que os meninos deixem de fazer o espetáculo.

— Achei bem estranho ele estar ensaiando uma peça fora do nosso teatro, sem me comunicar nada!

— Para você ver a arrogância do moço!
— E para quando está marcado o espetáculo no Centro Cultural?
— Para a semana que vem!
— Quarta-feira próxima, — disse a assessora —, às 15 horas.

Nós estávamos na segunda, tínhamos pouco mais de uma semana.

— Mas do que se trata essa peça?

— Ninguém soube me dizer! Veja você mesma e mude o que achar que deve mudar!

Respirei, dei um tempo.

— Doutora Wayta, eu preciso ver como está esse trabalho, mas antes quero que os garotos, o elenco, me aceite como a nova diretora. Não vai ser bom dirigir esse espetáculo por imposição, afinal eles estavam trabalhando com o Marcelino! Se eles concordarem e se houver possibilidade de dar continuidade, tudo bem, posso assumir.

— Entendo. E quando é que você pode me dizer alguma coisa a respeito?

— Hoje mesmo! Vou sair daqui e falar com eles.

— Ótimo. Obrigada, Anna, veja o que pode fazer!

— Vou fazer o melhor possível.

Saí de lá, liguei para a Unidade Terapêutica e pedi que segurassem os garotos no galpão, que eu estava indo lá falar com eles. Imediatamente passei na UE-15, chamei o Agenor:

— Agenor, questão de emergência: você assume a aula de teatro? Tenho que resolver um pepino e preciso da Silvinha comigo!

— Claro Anna, estou livre agora! Vamos lá!

Ele teve de acompanhar meu ritmo acelerado e sair quase correndo comigo.

Chegamos ao teatro, pedi licença, interrompi a aula. Avisei que o Agenor ficaria no lugar da Silvinha, porque ela precisava me dar apoio para solucionar um problema que tinha surgido de última hora. Silvinha me olhava sem entender nada. Peguei-a pela mão para sairmos rápido.

— Anna, pelo amor de Deus, o que está acontecendo?

— Temos de resolver uma parada e tanto, minha amiga! — e fui contando tudo pelo caminho.

O Galpão era distante do teatro. Chegamos lá ofegantes. Estava um clima tétrico. Os monitores na plateia e os garotos estirados, em cima de um palco improvisado, com cavaletes e tábuas.

— Oi, pessoal!

Eles foram se ajeitando.

— Eu preciso falar com vocês.

Todos ficaram em posição de ouvir.

— Aconteceu uma situação inesperada com o Marcelino e ele vai ter de deixar a direção do espetáculo de vocês.

Houve um ligeiro burburinho. Continuei:

— Sei que têm uma apresentação já marcada para o Centro Cultural de São Paulo, para a próxima quarta feira, às 15 horas. Podemos dar continuidade ao trabalho ou parar por aqui e cancelar a apresentação, depende de vocês. Se quiserem continuar, eu assumo a direção, desde já, com a ajuda da Silvinha e com o apoio do nosso pessoal do Núcleo Cultural. Dessa maneira, poderemos realizar o espetáculo, como estava previsto. E essa decisão tem que ser tomada agora, não dá para esperar, porque estamos com os dias contatos para a estreia.

Eles ficaram meio perdidos, olhando entre si, sem saber o que falar.

— Vamos fazer o seguinte: nós vamos dar uma saída de uns dez minutos, para vocês trocarem uma ideia e dizerem o que decidem, certo?

E já fui saindo junto com a Silvinha. Olhei no relógio para começar a contar o tempo e ficamos as duas lá fora.

— Que barra, hein Aninha?

— Que loucura! Eu quero a minha mãe! — brinquei.

Sentamos numa muretinha e ficamos só esperando o tempo passar.

— Dez minutos! Vamos! — e levantei para entrar no galpão.

— Aninha, e se eles disserem não?

— A decisão deles vai ser soberana! Falo com a doutora Wayta e cancelamos!

Entramos e eles já estavam todos em pé no palco.

— E então garotos, decidiram?

Um deles, cabeça totalmente raspada, veio à frente:

— Nós vamos continuar.

— Ótimo, fico contente!

— Eu também, — disse a Silvinha, num tom carinhoso —, fico muito feliz em poder trabalhar com vocês!

Já fui subindo ao palco e pedindo para eles ficarem em círculo para a gente conversar. Sentamos junto com eles.

— Bom, precisamos saber um pouco sobre o espetáculo! Mas antes quero saber quantos são e o nome de todos!

— Somos uma dezena de dez — falou brincando um garoto meio gordinho e simpático, que se apresentou como Ronaldo.

— Vai demorar um pouquinho para decorarmos o nome de todos, não é Silvinha? Mas mandem lá! E estimulei a pegada dos nomes:

— Eu sou Annamaria

— Eu sou Silvinha.

E eles continuaram se apresentando.

— Ronaldo, Marcelo, Robertson, Luiz Armando, Josué, Liberato, Mathias, Vilson, Rômulo, Marcos Paulo e Suelton. Pareciam todos com idade média de treze anos, se tanto.

Falaram um pouco sobre a peça. Era uma história baseada no livro " O Velho e o Mar", disse o Luiz Armando.

— Vocês leram o livro? — perguntei.

— Não, mas o Marcelino contou a história para a gente.

— Sei, e vocês já estão com a peça toda marcada?

Eles não entenderam a pergunta.

—Vocês já sabem a peça toda? Já têm toda a movimentação, no palco?

— Já sim! — todos concordaram.

— E qual o nome da peça?

— "Os Valentes do Mar sem Fim"!

— Bonito! — falou Silvinha.

— Nosso grupo também já tem nome — disse o Josué: —: " Os Guerrilheiros"!

Olhei para a Silvinha. Era um nome digno do Marcelino.

— Vocês podem mostrar a peça para gente?

Nós ficamos sentadinhas, ali na plateia, assistindo. Precisávamos ver como era o espetáculo! Eles já se animaram, foram conversando entre si. Até que o Marcos Paulo falou:

— A gente só vai acertar umas coisas aqui e já começa, tá?

— Tá bom, a gente espera.

Ficaram lá um tempinho confabulando. Eu e Silvinha sentamos um pouco distante do palco, em duas cadeiras. Em seguida o Rômulo anunciou:

— Vamos começar — e o espetáculo teve início.

Era tudo muito estranho! Eles estavam numa praia, depois punham um barco no mar. Tinha um velho e um menino que sempre conduziam o barco. Depois vinham pela praia, os valentes do mar — homens fortes e destemidos que sabiam enfrentar os ventos e as tempestades. Entravam com o velho e o menino no barco e saíam para pescar. Eu olhava para a Silvinha. Não estávamos entendendo nada! Era tudo muito confuso! Aí eles começaram a brigar por comida. O velho ficava muito bravo e fazia todos passarem fome, mas o menino ficava com pena e, escondido, dava comida para todos eles. O velho discutia com o menino e chamava os homens de folgados, de molengas. O menino defendia todos e dizia que ninguém podia tirar comida da boca dos valentes do mar, porque sem eles o barco afundaria e ninguém pescaria!

A peça ficava cada vez mais incompreensível. Do "Velho e o Mar" não tinha nada! Eu e Silvinha trocávamos olhares, pasmas, só imaginando o que nos esperava pela frente! A peça foi se desenrolando com ações de turbulência. Havia umas citações que os valentes faziam, que eu quase apostava serem do livro "O Capital", de Karl Marx — soavam gratuitas, sem nenhuma base dramatúrgica que as sustentasse. E os meninos, mesmo procurando representar com garra, pareciam não compreender bem o que estavam fazendo. Era uma verdadeira miscelânea, sem pé nem cabeça. Eu ficava cada vez mais perplexa com o que via! A Silvinha, então, de tão nervosa, começou a ter um acesso de riso. E eu me contaminei com o riso também. Acabamos nos beliscando, uma à outra, para conseguirmos nos controlar. A peça não tinha pé nem cabeça, era uma verdadeira calamidade teatral! Até que terminou com todos chegando à praia novamente, e os valentes do mar, rebelados, tomavam o barco e gritavam, empunhando o braço direito: "Valentes, unidos jamais serão vencidos!" E repetiam a frase mais duas vezes. E assim a peça terminou. Não conseguimos aplaudir. Eu já fui logo levantando e falando:

— Bom garotos, precisamos conversar!

Eles sentaram no chão do palco, eu e Silvinha subimos e sentamos junto deles.

"O que eu vou falar para esses meninos?" — pensei.

Procurei ser bem delicada:

— Olhe pessoal, vocês fizeram o espetáculo muito bem, com muita garra mas sinceramente, a mensagem está muito confusa, aliás não dá para entender o que a peça quer dizer! Alguém pode me explicar? Ficou uma situação constrangedora, ninguém arriscava falar.

— Por favor, falem! Eu e a Silvinha estamos chegando agora, podemos não ter entendido direito!

— Os valentes unidos jamais serão vencidos! Essa é a mensagem! — falou o garoto que fazia o velho.

Tentei ser imparcial:

— Ah, agora entendi! Mas então é preciso deixar isso bem mais claro! Vocês topam dar uma reensaiada em tudo?

Todos toparam, entusiasmados.

— Silvinha, algo a falar?

— Sim, temos de trabalhar bastante para tornar a história mais compreensível, para que o público saiba do que vocês estão falando! Porque se nós, que somos de teatro, não entendemos direito, imaginem o público que vai assistir!

— É verdade sim, concordei com ela. Precisamos rever muita coisa. Vocês têm o texto?

— Não tem texto, a gente foi fazendo! — contou o que era muito bonitinho.

Olhei para a Silvinha, respirei, sorri e falei com calma:

— Tá bom. Então, vamos fazer o seguinte: vou ver com a diretora da Unidade Terapêutica se ela libera todos vocês para começarmos a ensaiar amanhã à tarde, tudo bem?

Todos se mostraram dispostos. E aí resolvi dar uma animada geral:

— Então, pessoal, vamos em frente! O espetáculo vai ficar lindo! E vai ser muito legal a gente trabalhar junto! — fui logo levantando, para dar o nosso primeiro encontro por encerrado.

Eles também foram levantando, pareciam bem dispostos. Os monitores foram se aproximando para levá-los de volta à Unidade. Já estavam saindo, quando um deles veio até mim e perguntou:

— Bateram muito no Marcelino?

— Não! — respondi, só levaram ele para fora da Febem, mas sem bater.

— E por que fizeram isso com ele?

— Problemas com a postura, o comportamento dele aqui dentro.

— Ele falava muito e xingava muito também!

— Era o jeito dele. Mas o Marcelino é gente boa!

— Isso ele é mesmo!

— Ele vai ficar bem. Vamos agora pensar em aprontar a peça, certo?

— Certo, senhora!

— Nada de senhora, pode me chamar de Anna!

— Tá bom, Anna. Até amanhã! — e foi correndo juntar-se aos meninos.

Eles saíram. Eu e a Silvinha ficamos dentro do galpão. Começou a me dar uma solene dor de cabeça. Mas era uma dor muito forte mesmo:

— Estou morrendo de dor de cabeça, Silvinha. Tem um comprimido aí?

— Lá no Núcleo eu tenho. E aí, Aninha?

— Aí que temos de segurar essa onda, minha amiga! Vamos enfrentar mais esse desafio, fazer o quê? Eles querem continuar!

— Mas o que é que nós vamos fazer com esse espetáculo maluco?

— Sei lá! Vou pensar. Pense também você, hoje à noite!

— Hoje à noite vou namorar!

— Melhor ainda! Depois de uma boa relaxada, você pensa melhor! Vamos embora? Preciso avisar a doutora Wayta que a gente vai assumir o espetáculo. Vai ser uma loucura!

— E a nossa equipe vai ter de se virar!

— Mas eu vou simplificar tudo dessa vez, Silvinha. Não temos tempo para grandes devaneios. Se conseguirmos deixar esse espetáculo compreensível, o trabalho estará feito!

— Vamos pedir ajuda aos deuses do teatro!

— Coitados desses deuses! Nunca pensaram que teriam de trabalhar tanto como na Febem!

E retornamos ao Núcleo. Tomei logo duas aspirinas. Aquela dor de cabeça aguda já estava indicando que eu teria de enfrentar mais uma intensa maratona teatral!

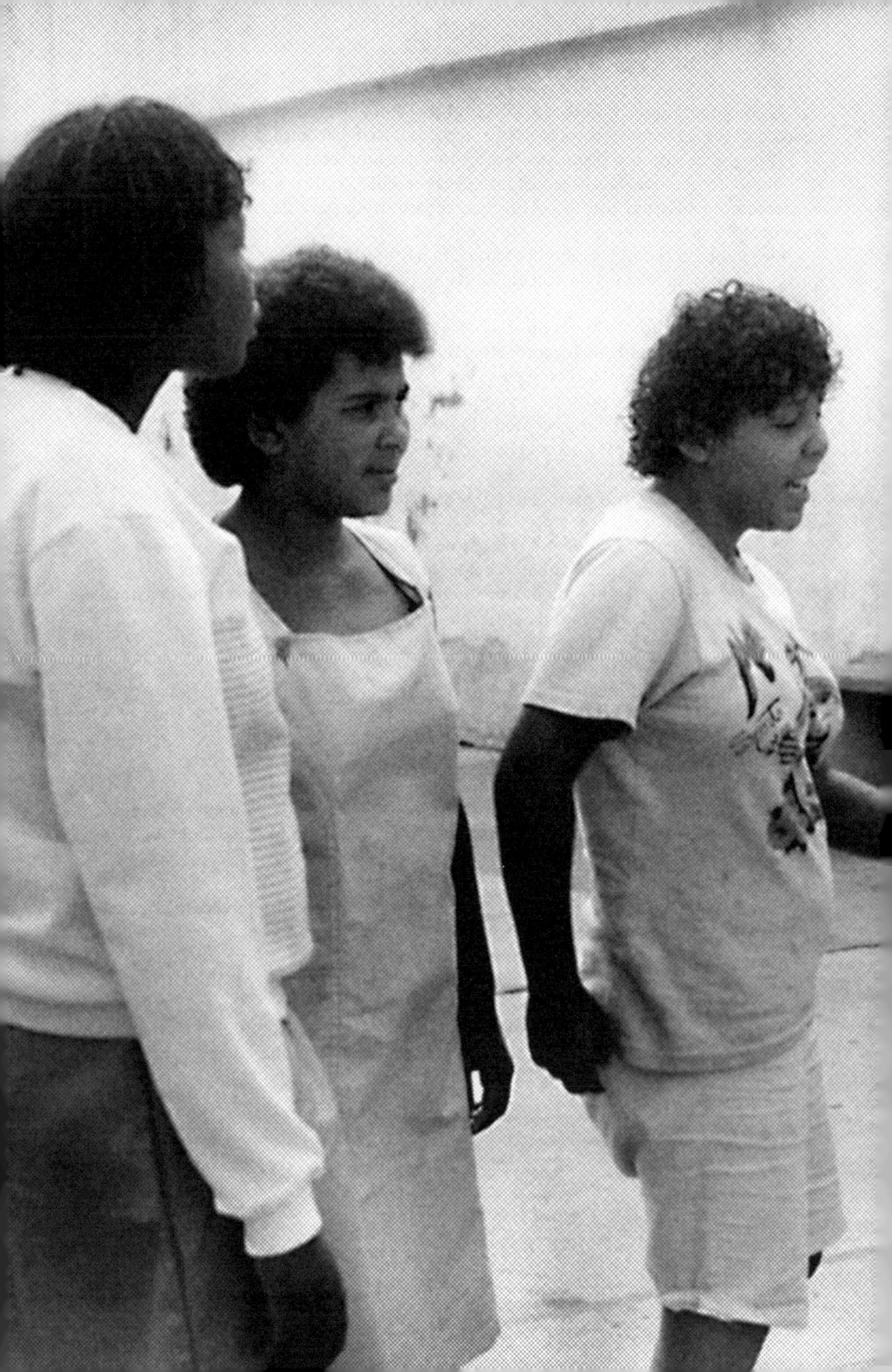

48.

Os ensaios, a produção
do novo espetáculo,
um pedido de perdão
e uma despedida.

Eu tinha

conseguido fazer um resumo da história, para nossa orientação, durante os ensaios. Tinha decidido continuar com o mesmo método do Marcelino, sem texto, e ir elaborando as falas com os garotos. Preferi dar continuidade ao que eles já estavam habituados para não dificultar. Não me preocupei em ser fiel à história do livro. O resumo ficou assim:

Um velho sai para o mar junto com um menino que trabalha com ele. O menino, então, diz que o homem já não tem mais idade para ir pescar em alto mar, e que os dois sozinhos não darão conta de fazer uma boa pescaria. Que precisam da ajuda de homens mais fortes porque, ainda por cima, naquele dia, ameaçava cair uma tempestade e poderia ser perigoso. Então arma-se a maior discussão porque o velho não concorda com o menino e o chama de frouxo, de medroso.

A briga entre os dois é ouvida por uns homens que estão por perto e que se denominam "Os valentes do mar". Eles tomam partido do menino e duvidam da capacidade do velho, de pescar, principalmente naquele dia em que o mar estava revolto. O velho, vencido pelas evidências, acaba aceitando que eles subam no barco, prometendo que, se eles fossem mesmo bons pescadores e se saíssem bem naquela empreitada, daria a todos como pagamento, a metade da quantidade de peixes que pescassem. "Os valentes" aceitam a proposta e, imediatamente, todos conduzem o barco ao alto mar.

A pesca fica cada vez mais difícil por causa dos fortes ventos e das altas ondas. O velho mal consegue se sustentar em pé e permanece agarrado ao mastro, para não ser sugado pelo mar. Começa então a cair uma violenta tempestade. Os homens e o menino juntam forças para não deixar o barco virar. E conseguem, a muito custo, evitar o afundamento da embarcação.

Quando a tempestade abranda, os homens decidem retornar, dizendo que, naquele dia, "o mar não estava pra peixe". Mas o velho teima e atira um anzol com isca na água. E, surpreendentemente, acaba pescando um peixe enorme. Todos precisam ajudar para que o peixe possa ser retirado do mar e amarrado no barco.

No caminho de volta, os homens mostram-se muito satisfeitos porque a pescaria, afinal, tinha valido a pena! Eles receberiam seu pagamento: a metade daquele peixão! O velho, indignado, se altera e começa a gritar, afirmando que não receberiam nada, porque aquele peixe tinha sido pescado só por ele! Isso provoca um motim.

Então começa a cair outra tempestade, mais forte ainda. Os homens amarram o velho no mastro, para que não caia e nem seja levado pelas águas que invadem o convés. Os homens e o menino tornam a unir forças e, num grande esforço conjunto, conseguem fazer com que o barco vença a ventania, os raios e as ondas altíssimas.

Por fim, a tempestade acaba e o barco consegue navegar com mais tranquilidade. Quando vão verificar o peixe, percebem que ele tinha sido devorado inteirinho pelos tubarões, e que só tinha restado a carcaça pendurada. O velho fica irado! Diz que os homens eram culpados pelo acontecido porque não tinham amarrado bem o peixe, provocando sua queda ao mar e permanecendo lá, se arrastando, à mercê de serem abocanhados pelos famintos tubarões.

Começa então uma discussão acirrada entre o velho e os homens. O menino tenta fazer o velho entender que o peixe tinha se soltado, porque o barco havia balançado muito em razão da tempestade. O velho ignora o menino e continua vociferando, até o barco ser ancorado novamente. Todos retornam à praia, exaustos.

O velho chora a perda do maior peixe pescado em toda sua vida de pescador. "Os valentes do mar" também lamentam o dia inútil, sem nenhum ganho. O menino intervém e chama a atenção de todos, afirmando que ninguém devia estar reclamando de nada, porque eles estavam de posse da maior fortuna que podiam ter: a vida! Tinham, milagrosamente, conseguido voltar sãos e salvos daquele mar sem fim! Eles se dão conta de que era verdade, deviam agradecer por estarem vivos! O menino ainda afirma que eles só tinham conseguido aquela façanha, porque todos haviam se unido, não deixando o barco virar, e que um peixe igual ou maior do que aquele seria conseguido numa nova pescaria!

O velho, então, reconhece a verdade das palavras do menino e convida "os valentes" para uma nova pescaria, quando o tempo tiver melhorado, e agradece aos homens, porque eram os verdadeiros responsáveis por ele estar ainda com vida. Todos se cumprimentam e o menino fica feliz. A história termina com todos em paz e harmonia, aquecendo-se e cantando em volta de uma fogueira, na praia.

Eles tinham gostado bastante do roteiro e ensaiávamos, diariamente, nos dois períodos para dar tempo do espetáculo ficar pronto. Eu passava as marcações, e orientava nos diálogos. Como não tinha texto, eles precisavam fixar muito bem o que diriam. Era muito trabalhoso, mas eles estavam pegando tudo! E não ficavam cansados! Adoravam ensaiar!

Para não deixar a Unidade Imigrantes sem atividades, pedi ao Robert que organizasse umas aulas de música e canto com as garotas. Ele conseguiu que dois funcionários, dirigentes de dois grupos de música, fossem lá. Ao Zani, pedi uma força também. Ele se organizou para dar aulas de expressão corporal e dança.

Quando falei que simplificaria tudo, simplifiquei mesmo. Aliás, simplificamos.

Mais uma vez a Marisi e a Márcia foram brilhantes. Inventaram um barco estilizado, com uma elevação de madeira, que era modular e fácil de montar. Providenciaram um mastro, uma vela, elementos cênicos, boias, âncora, lanternas, corda, anzóis e capricharam num peixe enorme, de papel machê, e num esqueleto de madeira, pintado da cor de osso. No fundo, um pano enorme, bege claro, só com nuvens pinceladas. Trabalharam sem parar, com a ajuda de todos os seus alunos, para poderem terminar a tempo.

Eu marcava as cenas de manhã e, à tarde, a Silvinha repassava tudo, trabalhando a interpretação. Assim eu ficava com um período livre para agilizar a produção. O Renato e o Augusto produziram os figurinos com muita criatividade. Arrumaram uma barba, um boné e um cachimbo para o velho. As roupas do menino e dos "Valentes do mar sem fim" estavam ficando muito bonitas.

Fui ao teatro do Centro Cultural ver as condições de luz e resolvi fazer uma luz bem fácil de operar, só com um efeito: dos raios, que fiz com refletores mais fortes e brancos. Luz geral para o barco, numa posição já imaginada no palco; luz para banhar o pano de fundo do cenário, para mostrar a tempestade, depois o sol; e quatro refletores cruzados, com azul e âmbar, para o final, sobre o grupo e a fogueira.

Cuidei da trilha sonora, procurando simplificar bem, pois, a Silvinha, a quem eu nem tinha contado nada ainda, para não entrar em pânico, é que operaria o som. Não dava para aproximar a mesa de operação de luz à mesa de operação de som. Tentei conseguir isso, mas não havia tempo para mudar a instalação, já fixada na cabine de operação do teatro, que, aliás, era a mesma que tínhamos usado na Bienal.

Gravei a trilha em casa mesmo. Coloquei uma música de abertura, outra música incidental que dava para colocar a peça toda, uns sons de trovão e a música final. Tudo numa fita, separada por emendas bem visíveis, para que a Silvinha pudesse operar com facilidade. Estávamos num ritmo maluco, todos ligados na tomada, numa cadência alucinante, mas apaixonante.

Uma tarde, apesar de não ter muita habilidade para trabalhos manuais, resolvi ir ao galpão de artes plásticas ver se o pessoal da Marisi e da Márcia precisava de ajuda. Estavam todos trabalhando muito para que tudo ficasse pronto a tempo. Fiquei ali, parada, observando com que intensidade e concentração se entregavam à construção do cenário. E, só então, me dei conta de que lá havia muitas ferramentas cortantes com as quais eles faziam gravuras. Inclusive os convites de alguns de nossos eventos tinham sido ilustrados com xilogravuras feitas por eles. Impressionante! Estavam todas as ferramentas limpas, arrumadas e organizadas num painel de madeira. Fiquei olhando aquilo. Verdadeiros estiletes, lá, à disposição. E eram utilizados para as aulas e somente para isso, eles não enxergavam aquelas ferramentas cortantes como armas, mas como instrumentos de seu trabalho. Estava refletindo sobre isso, quando o Saulo entrou no galpão e me chamou de lado:

— O Fabiano está querendo falar com você.

Naquela correria, eu até já tinha esquecido do "caso Fabiano", que acabou na UE-JOV novamente, conforme prevíamos.

— Estou sem tempo para ir lá.
— Não dá para você dar uma passadinha depois do almoço, amanhã?
— Vou ver. Mas você sabe o que ele quer falar comigo?
— Ele está muito arrependido do que fez.
— Ah é? Agora Inês é morta!

O Saulo não entendeu.

— Agora é tarde demais para se arrepender!

Percebi que, contrariamente ao que eu dizia, estava bem magoada ainda com aquela fuga do Fabiano.

O Saulo ficou me olhando, estranhando minha reação.

Resolvi ceder:

— Eu vou dar um jeito de passar lá, amanhã. Não sei a que hora, mas vou.

— Aviso ele?

— Pode avisar.

O Saulo ainda curtiu um pouco o que estávamos fazendo, perguntou sobre o espetáculo e falou que o Marcelino estava muito chateado com tudo o que tinha acontecido.

— Ele foi mandado embora?

— Foi, mas parece que já vai começar a trabalhar numa entidade que cuida de menores abandonados. Nada ligado ao governo, pelo que me falou.

— Você tem o telefone dele?

— Tenho.

— Pode me dar?

— Claro! Sei de cor, anote aí — e me deu o número.

Na verdade, eu estava pretendendo ligar para ele e convidá-lo para assistir ao espetáculo. Não sabia como ele receberia isso, mas eu me sentiria melhor fazendo assim.

O Saulo voltou para a Unidade. E quem disse que eu aguentaria até o dia seguinte, para falar com o Fabiano? E a minha ansiedade de resolver tudo rapidinho?

Fiquei mais um pouco no galpão, fui dar uma olhada nos figurinos e, depois, fui até a UE-JOV.

Entrei direto no pátio, no meio dos garotos, sem proteção alguma, para o terror de dois monitores que estavam lá, e que logo vieram ao meu encontro com cara assustada.

— Não se preocupem, só vim falar com o Fabiano.

Dei uma olhada geral. Ele estava num canto, conversando com outros garotos, de costas. Um dos monitores chamou:

— Fabiano!

Ele virou, me viu e veio rápido até mim.

— Oi Anna, pensei que você viesse amanhã!

— Amanhã vou estar muito ocupada, resolvi vir hoje mesmo. Você quer falar comigo?

— Quero. Eu tinha pedido para a psicóloga emprestar a sala amanhã, para gente conversar!

— Será que ela não empresta agora?

Ele olhou para os monitores. Um deles falou:

— Eu vou lá ver.

Fiquei parada ao lado do Fabiano, esperando, sem dizer nada e sem olhar para ele. Eu não pensei que estivesse tão ressentida assim, até me surpreendi com esse meu sentimento!

O monitor voltou com o Saulo, que nos acompanhou até a sala da psicóloga, que estava vazia.

— Vou ficar aqui fora, para vocês conversarem mais tranquilos. Saiu e fechou a porta.

Fiquei em silêncio.

— Anna, eu sei que pisei na bola com você.

— Comigo só não, com todos.

— É verdade. Foi mau. Mas não consegui segurar. Você sabe que eu tenho a maior responsa com o teatro, já te provei isso defendendo a sua sala, mas não dá Anna, vou te contar, não dá pra ficá grampeado aqui nesse castigo!

— Você soube que nós tivemos de cancelar o espetáculo?

— Fiquei sabendo.

— E que tinham vindo vários ônibus com crianças e adolescentes da periferia, internos da Unidade de lá, mais o público que tinha ido ver, que o teatro estava lotado? Você soube disso também?

— Também Anna, fiquei por dentro de tudo.

— E o que você tem a dizer sobre isso?

— Dei a maior mancada, só isso eu posso te dizer. Também me doeu à pampa! E os mano aqui não deram trégua, todo mundo caiu de pau em cima de mim. Já paguei bem pagado pelo que fiz! Mas não tô sossegado! Queria que você me desse o teu perdão pelo sucedido.

— Eu estou muito magoada com você, Fabiano. Isso não podia ter acontecido!

— Tô de acordo, mas não deu mesmo pra segurar! Tenho que te falar que a coisa que eu dou mais valor na vida é a minha liberdade, Anna! Eu quero viver lá fora, no mundão e não aqui!

Fiquei olhando para ele, sem dizer nada.

— Eu tinha que arriscar a cara! E tinha que ser naquela hora! Não dava pra pensar duas vezes!

Continuei sem falar nada.

— Fala pro pessoal lá em cima, pra me desculpar.

— Falo.

— E você?

— Eu o quê?

— Vai me desculpar?

— Eu só vou dizer isso quando estiver sentindo.

— Nunca mais vou voltar pro teatro, né?

— Não vai não. Pelo menos enquanto eu estiver aqui.

— Não confia mais no Jeremias?

— Não confio mais em você.

Ele abaixou a cabeça, ficou olhando para o chão.

Eu já tinha ouvido tanto em minha Doutrina sobre a importância de saber perdoar, e estava sendo tão difícil para mim praticar o perdão, naquele momento.

Ele tornou a me olhar. Continuei:

— Olha Fabiano, essa nossa conversa está sendo muito boa pra me deixar um pouco mais leve por dentro, vamos dizer assim. Saber que você tem esse sentimento de que pisou na bola comigo, com todos, já é um bom caminho para eu ir te perdoando aos poucos.

— Tá pela ordem, então.

E resolvi amenizar um pouco o clima:

— Até você sair daqui eu já vou ter te perdoado inteiramente! — brinquei.

— Então vai ser rapidinho!

— Por que, vai fugir de novo?

— Aqui eu não fico não de jeito nenhum, Anna! Se for pra ficar preso, prefiro apagar!

— Você é dono da sua vida! Bom... preciso voltar, tenho muita coisa para fazer.

Ainda nos olhamos um pouco, sem vontade de dizer mais nada. Saí. O Saulo estava lá fora.

— Tudo bem, Anna?
— Tudo bem. Resolvi vir falar com ele hoje mesmo.
— Viu como ele está arrependido?
— Vi sim.
— Vai dar outra chance pra ele?
— De jeito nenhum!

Saulo ficou surpreso com a minha resposta incisiva.

— Por quê?
— O arrependimento dele não me comoveu. Bom, vou até o teatro, quero acompanhar o ensaio. Obrigada Saulo, mais uma vez.

Saí da UE-JOV com um nó na garganta. Pensei no Saulo. Ele tinha instrução precária, a ponto de chamar "homossexual" de " homemsexual", falar "estrupo" em vez de "estupro", "partileira" em vez de "prateleira", "poblema" em vez de "problema", mas era um espírito muito mais elevado do que eu! Com certeza já tinha compreendido o Fabiano e perdoado, coisa que eu ainda não tinha conseguido fazer.

Fui direto ao teatro. A Silvinha continuava passando tudo o que tinha marcado com os meninos pela manhã. Fiquei sentada, lá no fundo, olhando. O nó na garganta tinha aumentado, estava com vontade de chorar, mas segurei. Fiquei absorta em meus pensamentos. De repente, senti que tinha alguém sentando ao meu lado. Olhei, era o Genivaldo. Uma monitora que eu conhecia, a Conceição, estava junto com ele, que sorria com dentes bem branquinhos:

— Oi, Anna!
— Oi, Genivaldo! Tudo bem?
— Tudo bem!

Falávamos baixinho para não atrapalhar o ensaio. No palco, os garotos pararam para tirar alguma dúvida com a Silvinha. E aí me viram. Silvinha também. Houve uma pausa e ela veio até nós.

— Oi, Aninha, oi Genivaldo, estão assistindo ao ensaio?
— Eu não. Só vim me despedir.
— Ele vai embora amanhã! — falou a Conceição.
— É mesmo? — eu disse. — Liberdade total?

— Isso mesmo! Minha mãe vem me buscar e a gente vai viajar pra Minas, morar na casa de um tio meu.

— Que bom! — falou a Silvinha.

— Eu vou sentir falta do teatro — ele falou com uma cara tristinha.

— Veja se encontra uma escola em Minas que faça teatro!

— É mesmo, legal! E a gente pode fazer o "Menino de Rua" lá! Eu vou levar a peça comigo!

— Que maravilha! — eu e Silvinha acabamos falando ao mesmo tempo!

Dei um abraço bem apertado nele e um beijo no rosto. Depois ele saiu do meu abraço e abraçou a Silvinha. E começou a chorar.

Eu, que já estava segurando o choro, não resisti, chorei também. Nós três nos juntamos e nos demos mais um abraço e choramos juntos.

A Conceição também ficou com lágrimas nos olhos.

— Genivaldo, eu desejo tudo de bom para você, viu? Seja muito feliz! E juízo, moleque! — falei brincando com ele, tentando me recompor.

— Vou ter sim, Anna! Vou botar a cabeça no lugar!

Silvinha continuava chorando.

— Não se esqueça da gente, viu? Você é muito querido! — falou a Silvinha, quase soluçando.

— Não esqueço. Vamos? — disse isso, voltando-se para Conceição. — Preciso arrumar meus pertences.

— Vamos sim, Genivaldo! Tchau meninas!

E os dois foram saindo do teatro. Antes de sair, o Genivaldo ainda olhou para nós e acenou, sorrindo. E aí foram embora de vez.

— Lá se foi o nosso "Menino de Rua"... — falou a Silvinha, emocionada.

Olhei para o palco, os garotos estavam lá esperando.

— Vai um e ficam os outros! Vamos cuidar dos nossos "valentes do mar"!

E fui andando em direção ao palco, seguida pela Silvinha. O ensaio tinha de continuar!

49.

A apresentação de "Os valentes do mar sem-fim" e uma notícia inesperada

Chegou

voando, o dia da apresentação. E, de novo, estávamos quase sem dormir, aprontando tudo, todos os dias, sem cessar. A gente procura simplificar, mas vai se deixando tomar pelo entusiasmo e acaba querendo buscar a perfeição, o que dá muito trabalho!

Desde cedo já estávamos montando tudo no teatro do Centro Cultural. O cenário já estava bem adiantado, a luz montada, só faltando afinar, assim que todo o cenário estivesse pronto. Os camarins já estavam organizados, a roupa sendo passada — Silvinha comandando essa parte, e já nervosíssima com a operação do som que teria de fazer. Ela já havia ensaiado, treinado no gravador nosso, lá no teatro na Febem, estava bem familiarizada, mas continuava insegura. Afinal, nunca tinha feito isso.

Renato teve de ficar na Febem, a pedido da doutora Wayta, para recepcionar convidados especiais que iriam lá, especialmente para conhecer a área cultural e artística da Fundação.

Os garotos chegariam ao meio-dia, para se preparar e dar uma passada geral, até as 14 horas. O espetáculo estava marcado para as 15 horas. Fomos organizando tudo, nos ajudando um ao outro até que, antes do meio-dia, estava tudo no seu devido lugar.

Chamei a Silvinha na cabine, que ficava acima da plateia, no fundo do palco, e mostrei como funcionava o gravador, que era bem parecido com o nosso. Eu tinha marcado só quatro inserções musicais, estava simples e prática a operação. Ela só devia ficar atenta para colocar mais vezes a música incidental, conforme a pulsação da ação dramática, como eu já havia explicado, e ficar bem concentrada, porque lá de cima da cabine, a condição de visibilidade e de audição eram um pouco precárias e ela não podia perder nada.

Eu também testei todos os movimentos de luz. A operação da mesa era manual, com alavancas já determinadas para acionar cada refletor ou conjunto de refletores, em resistência. Testei os refletores que faziam os efeitos dos raios, revi as passagens do dia para a noite e vice-versa, tudo perfeito. Eu operaria sem roteiro, só com o "olhômetro" e o "ouvidômetro". E a Silvinha esperaria meu sinal para entrar com a trilha. Teríamos de ficar na mais perfeita sintonia, lá em cima. O técnico do teatro prometeu ficar lá, de plantão, para qualquer eventualidade.

Tudo certo e agora era esperar o elenco. A Silvinha foi com a Marisi e a Márcia à lanchonete interna do Centro Cultural, tomar um lanche e eu fui até a bilheteria para saber da compra de ingressos e conferir a lista de convidados. A bilheteira me falou que estava tudo esgotado.

Com adoro padaria, resolvi ir até uma que tinha por perto para tomar um café com leite e comer um croissant de queijo bem quentinho. Trocava isso por qualquer refeição. Quando estava chegando lá, vi o Marcelino descendo de um ônibus. Na noite anterior, eu tinha ligado para a casa dele, convidando-o para assistir ao espetáculo. No início ele me atendeu secamente, sendo frio e impessoal comigo, mas depois foi ficando mais relaxado e acabou perguntando como estava o trabalho. Eu contei que havia mudado o roteiro por minha inteira responsabilidade, sem nenhuma imposição ou pressão, só com o intuito de deixar a estrutura dramatúrgica mais compreensível. Enfim, falei de todo o processo, até levantar o espetáculo. Ele se mostrou muito interessado e disse que iria sim, ver o espetáculo no dia seguinte. E lá estava ele! Assim que me viu, aproximou-se:

— Oi Anna, tudo bem?
— Tudo bem, Marcelino. Chegou cedo! Vamos tomar um café?
— Vamos.

Entramos na padaria e fizemos o pedido. Sentamos em duas banquetas, no balcão.

— Pois é, fiquei com medo de não ter mais ingresso e vim pegar antes.
— Já separei um convite em seu nome, não vai haver problema.
— Obrigado. Aproveitei também para ir até o centro antes, resolver uns assuntos que imaginava levar mais tempo. Mas é bom ter chegado agora, assim eu vejo os garotos antes.

Aquilo não me pareceu nada adequado. Não queria que ele influenciasse os garotos antes do espetáculo. Já conhecia o lado emocional daquela peça rara!

— Prefiro que você fale com eles depois do espetáculo, tudo bem?
— Algum problema se eu falar antes?
— Os garotos já estão muito ansiosos com a estreia, o que é natural. Melhor não se emocionarem mais ainda, vendo você.
— Tudo bem, então.
— Eu vou fazer um ensaio geral antes. Você vai ter de esperar um pouquinho, mas como já está lotado, não vou atrasar para começar o espetáculo.
— Não tem grilo. Eu fico zanzando pelo Centro Cultural, fazendo hora.
— Tudo bem.

Estava torcendo para que os meninos chegassem logo e já entrassem nos camarins. Queria evitar o encontro deles com o Marcelino antes da estreia. Demorei mais do que devia tomando café com leite e comendo croissant de queijo, para fazer hora. Sentia que Marcelino se segurava para não tocar no assunto de sua demissão. Chegou um momento que não aguentou:

— Foi um ato de autoritarismo o que fizeram comigo!

Tentei não entrar no clima, mudando de assunto:

— O Matheus me disse que você vai trabalhar numa entidade que cuida de menores abandonados... é verdade?

— É sim. Acho que daqui a uns quinze dias já começo. E ainda bem que é mantida pela iniciativa privada e não por esse governo truculento e corrupto!

Continuei na minha:

— Espero que tudo dê certo para você!

— Eu vou fazer dar!

— Legal!

Anna, foi a doutora Wayta que pediu para você assumir meu grupo?

— Foi sim, mas eu disse a ela que só assumiria se os garotos quisessem continuar o trabalho. E eles quiseram.

— Certo, a vontade deles é soberana.

— Também penso assim. Bom, preciso ir. Vai ficar por aqui?

— Vou ainda comer um sanduíche.

— A gente se vê depois do espetáculo. Bom você ter vindo.

— Mesmo que você não me convidasse, eu viria.

— Legal, então! A gente se vê depois do espetáculo.

Fui para o teatro. Os meninos já estavam quase prontos. Conversei com todos e fiquei esperando no palco, para fazermos uma vibração. Depois de instantes, todos vieram. Eu expliquei que costumava fazer isso desde o início de minha carreira Sempre, antes da estreia, fazia uma vibração para que tudo desse certo. Dessa vez fiz uma abertura para desejar a todos muito sucesso e muita luz na estreia, agradeci a todos e pedi para a Silvinha continuar. Ela também foi breve e desejou muita merda a todos. E pediu a proteção dos deuses do teatro, para que o espetáculo saísse lindo.

Como nós ficaríamos na cabine, pedimos para a Márcia e a Marisi darem uma força nas coxias, para o que precisássemos, já que não estávamos contando com o Agenor, que estava em férias. E como os meninos entrariam no início da peça e ficariam no palco até o final, não haveria problemas com entradas e saídas de cena. Não sei por que, mas comecei a ficar um pouco tensa. Achei que tinha sido alguma energia que tinha captado do Marcelino. E, por incrível que pudesse parecer, me deu uma vontade louca de fumar! Eu já estava sem fumar há dois anos!

O ensaio geral seguia quase sem entraves, alguns ligeiros esquecimentos de texto e marcação, alguns tropeços de palavras, mas nada preocupante. Nossa parte técnica estava em cima, com a Silvinha muito atenta aos meus sinais, para as entradas e saídas das músicas, enfim tudo corria a contento.

Antes do final do ensaio, a luz do refletor central do navio queimou. O técnico, que estava na cabine, logo se prontificou a trocar. Houve também uma parte da rotunda que se soltou, mas seria muito fácil tornar a prendê-la. O ensaio terminou sem grandes problemas.

Ainda demos uma acertada na nossa operação de luz e som e descemos para ajustar algumas coisas lá embaixo. Eu fui acertar marcações e falas que haviam sido omitidas, também pedi a todos que projetassem bem a voz, porque algumas falas tinham ficado inaudíveis. Silvinha foi procurar arrumar alguns figurinos que não estavam caindo bem. Marisi e Márcia ainda deram uns toques no cenário.

O público começaria a entrar. As cortinas do palco foram fechadas. Ouvimos muito burburinho. Pedi que todos ficassem quietos e concentrados no camarim, e que no segundo sinal, já estivessem todos posicionados. Silvinha e eu fomos para a cabine. Faltavam vinte minutos para o espetáculo começar. Ficamos vendo o público se acomodar. Cinco minutos depois, dei o primeiro sinal, dez minutos depois, o segundo. O técnico do teatro entrou na cabine fumando e eu não aguentei, pedi um cigarro para ele.

— Não faça isso, Aninha, você vai voltar a fumar! — aconselhou-me Silvinha.

— Não vou não! Só um, para relaxar!

Acendi e fumei aquele cigarro com um enorme prazer!

Às 15h30, dei o terceiro sinal e desejei merda para a Silvinha! Como não se pode agradecer, ela me retribuiu com um merda também! Apaguei a luz da plateia, apontei a luz no palco, marquei o tempo no relógio. Dei o sinal para o técnico acionar o botão da cortina, que foi se abrindo. Fiz sinal para a Silvinha entrar com a música de abertura. Percebi que as mãos dela tremiam. Entrei com a luz inicial e o espetáculo começou! Quando os meninos foram entrando no palco, fui subindo a luz para dar uma geral, que indicava ser dia. Fiz sinal para a Silvinha abaixar a música para BG (*background*) e eles começaram a dizer o texto. Falavam mais alto e dava para se ouvir tudo. O público acompanhava com atenção. Olhei para a Silvinha, ela sorriu e mostrou as mãos, ainda tremendo. Eu ri e falei:

— Está fácil!

E a peça foi rolando sem dificuldades. Tudo estava funcionando e o cenário estava muito legal, mais uma vez! A sintonia com Silvinha estava ótima, era só eu fazer um sinal com a cabeça que a música entrava. Outro sinal, a trilha baixava e outra saía. Comecei também a brincar com a luz, inventando efeitos, conforme o clima. A Silvinha também se soltou mais e colocou música nos momentos mais dramáticos ou nas pausas, para reflexão dos personagens.

Começamos a ficar mais relaxadas. O técnico me ofereceu outro cigarro e eu aceitei, mesmo sob o olhar de reprovação da Silvinha. O espetáculo fluía muito bem e o público reagia na hora certa. "Os valentes do mar sem fim" caíram no gosto da moçada e da rapaziada que assistia. O menino da história recebeu aplausos em cena aberta, o velho recebeu algumas vaias. O público torceu e se evidenciou nas cenas de discussão. Riu com o esqueleto do peixe e, no final, cantou junto a música de encerramento que eu tinha escolhido, e que era "Melô do Marinheiro", dos Paralamas do Sucesso. O espetáculo demorou exatamente uma hora e terminou em altíssimo astral! Muitos aplausos, a plateia em pé. Eles saíram e voltaram para agradecer três vezes, e deixamos a música dos Paralamas tocando sem parar.

— Saiu Silvinha!!! Já está contratada como operadora de som da companhia!!!

Foi uma festa lá na cabine. Comemoramos, rimos e, de repente, entrou o Marcelino.

— Anna, Silvinha, parabéns! O espetáculo saiu lindo! Vocês fizeram as modificações que eu imaginava fazer! Saiu maravilhoso! — e veio nos abraçar!

A reação dele foi realmente uma surpresa! Muito bom e gratificante perceber que qualquer ressentimento que ele pudesse ter guardado, estava desfeito.

— Posso falar com os meninos agora, Anna?

— Claro! Vamos lá!

E descemos juntos para os camarins. Eles estavam muito eufóricos. O público já tinha invadido o palco e dançava ao som do "Melô do Marinheiro", que tinha gravado na fita, cinco vezes seguidas, para deixar tocando. Foi uma consagração geral. Os meninos pulavam de alegria, Marisi e Márcia estavam felizes também!

Marcelino chorou ao abraçar os meninos! Foi muito bacana! Eles só conseguiram sair do teatro e retornar às suas Unidades, depois de mais de uma hora!

Tudo foi desmontado rapidamente. O pessoal da Febem acondicionou o material em duas camionetes, e voltamos para lá contentes e satisfeitos com o resultado. Eu, sinceramente, não acreditava que o espetáculo fosse funcionar tanto! Teatro é mesmo uma incógnita! Até conhecermos a reação do público, impossível saber se o espetáculo vai agradar ou não. Não dá mesmo para prever.

Chegamos à Febem após as 18h30. Renato e o Augusto ainda estavam lá.

Sentamos em nossa sala e contamos tudo! Eles também fizeram uma narrativa cômica sobre as visitas que receberam. Eram as senhoras do Rotary Club! E os dois arremedaram as "senhoras chiques e alinhadas", de cabelos armados e fixados com laquê, *tailleurs* "elegantérrimos", brincos e colares de pérolas, anéis de brilhantes, reloginhos cravejados de pedras preciosas... E imitaram as bondosas senhoras rotarianas, andando de salto alto, pelas ruas esburacadas da Febem!

— Rolamos de rir! Fiquei até com dor de estômago!

Depois, o Augusto veio com uma bomba:

— A doutora Wayta vai querer que a gente monte de novo "Menino de Rua"!

— Para viajar pra onde?! — fui logo perguntando.

— Para apresentar aqui mesmo, no final do ano!

— O quê? Aqui no nosso teatro? E para quem?

— Ela vai te dizer amanhã. Mas... minha amiga já me confidenciou... que vai ser para convidados especiais da Secretaria da Promoção Social! Não vai falar que eu contei, hein? Finge que não sabe de nada!

— Remontagem de "Menino de Rua" — falei, matutando... — olhei para a Silvinha, que tinha o dom de ler meus pensamentos.

— Já sei o que você vai dizer Aninha...

— O Tião vai ter de voltar! — falei num impulso só!

Abri os braços e continuei, falando bem alto:

— Febem... teu nome é trabalho!

E rimos, para não chorar!

— Quem tem um cigarro para me dar? Preciso! — pedi quase implorando. Ainda bem que ninguém fumava.

Eu estava detonada. Nem bem tinha acabado uma maratona e começaria outra?!

50.

"Menino de Rua" — a retomada! E outros acontecimentos inacreditáveis

Assim que

cheguei à Febem, naquele dia, doutora Wayta me chamou à sua sala. Depois de me agradecer pela realização do espetáculo no Centro Cultural, que tinha sido muito bom, segundo havia sido cientificada, disse que tinha dois assuntos a tratar comigo: o primeiro era para me informar sobre um comunicado que faria circular, determinando que toda e qualquer atividade teatral, dentro da Fundação, deveria ser do meu conhecimento, uma vez que eu era a coordenadora de teatro.

Entendi que era uma medida necessária para evitar algo parecido como o que tinha acontecido com o Marcelino, que estava ensaiando um espetáculo, sem o meu conhecimento.

O segundo assunto era a solicitação de retomada da peça "Menino de Rua", para ser apresentada no teatro da Febem, para convidados da Secretaria da Promoção Social e, também, para alguns colaboradores da Fundação. por ocasião da festa de encerramento do ano de 1987, que planejava realizar antes do Natal. Sobre a data certa, avisaria a mim com antecedência.

Eu recebi a incumbência de remontar a peça, sem demonstrar que já estava sabendo do fato. Disse que, como estávamos quase no final de setembro, teríamos tempo suficiente para reensaiar e deixar o espetáculo pronto com tranquilidade. Ela se mostrou satisfeita. Ainda me pediu desculpas por não ter podido assistir ao espetáculo *"Overdose"*. Contou que o Renato já a havia convidado várias vezes, mas ela estava completamente sem tempo para ir. Eu disse que compreendia e que, quando pudesse, era só avisar.

Nossa reunião terminou e saí em direção ao Núcleo. Lá, comuniquei a todos nossa próxima tarefa. Como não estávamos sob pressão do tempo, decidimos continuar com nosso trabalho normalmente, até o final daquele mês, para, no início do mês seguinte, começarmos a agilizar a nova montagem. Aproveitei aquela fase um pouco mais calma, para também cuidar dos meus dois espetáculos. "Falando de Amor com Humor" encerraria a temporada e estava sem produtor, mas ninguém do elenco pretendia assumir a produção para excursionar com a peça. Eu e Carlos de Simone também não podíamos organizar as viagens, de tão envolvidos que estávamos com outros trabalhos.

"*Overdose*" só se apresentaria dois finais de semana e também encerraria a carreira no "OFF", e eu também não desejava continuar assumindo a produção sozinha, em razão de minha falta de tempo.

Decididamente, de minha parte, os dois espetáculos deveriam encerrar sua temporada em setembro e ponto final. Os dois tinham ido muito bem, mas precisavam de um pulso forte na continuidade, e não tínhamos produtores disponíveis e confiáveis, para planejar e realizar viagens com perspectiva de sucesso.

Na Febem, nossas aulas continuariam no teatro e também na Unidade Imigrantes, com as meninas, uma vez por semana.

Comecei a me dar conta de que o ano estava caminhando para o seu final, e que, no início do próximo ano, eu já completaria dois anos de trabalho na Febem. E meu espírito inquieto já começava a se mobilizar. Comecei a pensar na possibilidade de sair de lá e viver outras experiências na minha carreira. Eu gostava enormemente do que estava fazendo, mas sentia que já estava na hora de parar.

Como eu ainda não tinha convicção do que realmente decidiria fazer, procurei deixar as coisas acontecerem naturalmente, confiante de que tudo acabaria se resolvendo no tempo certo, e da melhor maneira.

O mês de outubro começou e eu precisava pensar no elenco de "Menino de Rua", conversar na Unidades, prever quem do elenco já formado estaria ainda na Febem, até o final do ano. A primeira fase foi de pesquisa de todos os que participaram, incluindo o Tião. Felizmente para nós, e infelizmente para eles, era quase certo que todos ainda deveriam permanecer na Febem, até o próximo ano.

João, o garoto flautista, que já estava em liberdade e que fazia o personagem Nando, já tinha acertado com o Matheus de participar do espetáculo quando precisássemos. Tínhamos, então, que só colocar dois novos garotos. Um para fazer o jogador da sorte, no lugar do Detinho e outro para fazer o comparsa, no lugar do Fabiano. E, sem dúvida, eu precisava ter uma conversa com o Tião antes de promover sua volta ao espetáculo.

Fizemos todos, exceto o Agenor, uma reunião para traçar metas para a nova produção e começamos a trabalhar. No dia seguinte, pela manhã, cheguei à Febem com o firme propósito de conversar com o Tião. Fui direto para a UE-15. O Tião estava no pátio, batendo papo com outros garotos. Fui até lá e o chamei para uma conversa. Ele veio com uma cara séria. Sentamos numa mureta que circundava um canteiro de flor.

— Tudo bem com você, Tião?
— Tudo!
— Como é que anda a tua vidinha por aqui?
— Ah... saio para jogar futebol na quadra lá embaixo, o Matheus me dá aula de flauta de vez em quando, vou no reforço escolar, vejo TV... e fico zanzando pelo pátio.
— E o seu temperamento, como é que vai?
Ele olhou para mim, sem entender bem o que eu perguntava.
— Você está mais calmo? Não anda brigando com ninguém?

— Ando na paz, Anna. Não pego mais sapo não, pode conferir com os mano e os monitor!
— Está com saudade do teatro?
— Tô, sempre tô.
— Olha só, nós vamos apresentar a peça de novo, aqui mesmo, no nosso teatro. Eu estou pensando em fazer você voltar a trabalhar conosco.
— Eu volto, Anna! Fazendo quem? O jogador da sorte ou o comparsa?
Fiz uma pausa de suspense e logo revelei:
— Fazendo o Catatau.
— É mesmo? Mas e o Genivaldo?
— Foi posto em liberdade.
E já falou bem animado:
— Eu faço sim! É pra começar logo?
— É sim. O espetáculo vai ser em dezembro, antes do Natal, mas pretendo começar a ensaiar o quanto antes. Ainda lembra do texto?
— Tá zero bala na minha cabeça, de vez em quando até falo ele.
— Você me promete que vai voltar numa boa, Tião?
— Tá prometido! Vou voltar sem diferença com ninguém, pode botá fé em mim, Anna!
— Tudo bem. Então... vamos nessa! Logo mais começamos e eu te chamo.
— Espera aí, a peça é pra dezembro, né?
— É sim, ainda não temos a data certa, mas deve ser lá pela terceira semana.
— E se até lá eu já tiver saído fora daqui?
Eu sabia que era improvável que isso acontecesse, pelas informações colhidas, mas contemporizei:
— Se você tiver saído... vou ter de colocar outro em seu lugar.
— Eu posso pedir pra sair só depois da peça, não posso?
— Não sei se pode. Não vamos pensar nisso agora, vamos deixar rolar... certo?
— Certo!
— Então, até logo mais garoto!
— Até!
Eu já ia saindo, quando ele me chamou:
— Anna!
Voltei até onde ele estava parado.
Ele falou com um jeito bem sincero:
— Obrigado viu? Vai ser legal à pampa fazer o Catatau de novo!
Sorri e dei um puxãozinho de orelha nele, brincando:
— Você tem pensamento forte, moleque!
Ele riu. Fui embora. Assunto resolvido.
Na saída, encontrei o Matheus e o coloquei a par de tudo. Pedi que já recomeçasse a ensaiar as músicas da peça com os garotos. Informei sobre a volta do Tião ele ficou contente. Achou que o garoto merecia sim, uma nova chance. No núcleo, contei à Silvinha sobre minha conversa com o Tião. Ela também ficou feliz com a nova oportunidade que daríamos ao Tião. Decidimos já começar a fazer uns testes de seleção para os dois personagens que faltavam. Ficamos lembrando e pensando, quais alunos dos nossos grupos se enquadrariam no perfil do jogador da sorte e do comparsa. Selecionamos uns dez e fomos às respectivas Unidades de cada um. Levamos uma cena do jogador da sorte e outra do comparsa, para eles decorarem. Demos algumas explicações sobre os personagens e já marcamos a audição para três dias depois.

Na volta ao Núcleo, Silvinha me contou que o Cássio tinha falado para ela que o Delano tinha sido afastado da monitoria e colocado numa função bem burocrática. Trabalharia em horário integral, de segunda a sexta. Falei ironicamente:

— Que ótimo para ele! Assim ele vai ter o fim de semana livre para ir a muitas festas!

— O Cássio falou que ele ficou arrasado, inclusive porque vai perder a verba de Periculosidade, porque não vai mais trabalhar diretamente com os menores.

— A semeadura é livre, mas a colheita é obrigatória, minha amiga!

Em seguida, entramos em nossa sala. O telefone tocou, era o secretário da Apart (Associação Paulista de Autores Teatrais), me lembrando que aquela noite teria eleição e que eu não poderia faltar. E não poderia mesmo, porque além de ter de votar como membro da Associação, também era integrante de uma chapa que concorria para tentar se eleger.

Fazia quase um mês que eu não ia aos encontros de teledramaturgia. Naquele período, acabei preferindo ir à academia de Kung Fu para me exercitar, e à Federação Espírita para ouvir palestras e tomar passe, ou seja, cuidar do corpo e do espírito.

Resolvi, então, sair mais cedo para passar em casa antes, tomar um banho, fazer um lanche, e depois ir ao Teatro Lua Nova.

O comparecimento para votar foi maciço e a nossa chapa foi eleita. Pude rever meus companheiros de teledramaturgia. Todos quiseram saber sobre o meu trabalho com os menores. Depois, acabei saindo para jantar e encontrei a Consuelo de Castro, dramaturga também. Eu tinha feito um teleteatro de sua autoria, na TV Cultura, dirigido pelo Antunes Filho, "A Implosão". E ficamos no maior papo. Consuelo é uma mulher inteligente, muito espirituosa e ótima para se conversar. Acabei tendo a ideia de pedir a ela que escrevesse uma peça, para eu montar com os garotos da Febem. Consuelo ficou demais entusiasmada com a perspectiva de escrever esse texto. Combinamos dela ir lá antes, para conhecer tudo.

No dia da audição dos futuros integrantes de "Menino de Rua", eu estava indo ao teatro e vi meu passarinho! Aquele que, sempre que aparece, traz boas notícias! Fazia tempo que ele não surgia!

Na audição, dos dez garotos escolhidos, vieram só oito. Dois tinham ido ao departamento médico. Os oito eram muito bons. Acabei optando pelos dois mais comunicativos e mais adequados ao perfil dos personagens, e também com o mesmo tipo físico de seus antecessores, para não ter de refazer os figurinos. Silvinha também gostou deles.

Um era da UE-15, o Wanderley, para fazer o jogador da sorte. Ele tinha uma boa voz, agilidade cênica e boa coordenação motora para lidar com as forminhas e a bolinha do jogo. E era até amigo do Linaldo e do Dalton, do grupo musical. O outro era Jayro, da UE-JOV, um garoto que tinha entrado no grupo de teatro, depois que voltamos de Ribeirão Preto, para fazer o comparsa. Ele era muito bonito! Negro, pele lisa, luminosa, cabelo bem aparadinho, dentes perfeitos e forte, sem ser musculoso. Tinha jeito de malandro e vinha sempre alegre, bem-humorado, e com uma piadinha para contar. Lembro bem da primeira aula que participou, ele foi brilhante nas improvisações, ganhando elogios por sua veia cômica. Um dia, na saída de uma das aulas, puxou conversa comigo e perguntou:

— Você tem carro né, Anna?

— Tenho sim.

— Qual a marca?

— Gol.

— Gol?! Gol não é carro de artista! Deixa eu sair daqui que você vai ter um carro bem mais manero!

— É mesmo? Que bom! Aceito! Mas só se for zero quilômetro e saído da concessionária com todos os documentos em ordem!

— Ah, pô... assim também não! Mas posso te arrumar um cabrito quase zero!

— Cabrito, Jayro?

— É, um daqueles que eu "compro" (e fez com a mão o sinal de afanar), aí pelas ruas...

— Ah, vá procurar sua turma Jayro, vá!

E ele saiu rindo. Tinha uma risada solta, gostosa de ouvir.

O comparsa, feito pelo Jayro, teria uma outra conotação, mais para malandro de morro. Começamos a ensaiar na semana seguinte e a fazer a produção, simultaneamente. Precisávamos dar uma geral em tudo. Com a viagem, o cenário tinha que ser retocado, os figurinos revisados e lavados. E precisávamos ver como ficariam as roupas nos dois novos participantes da peça.

Pela primeira vez estávamos trabalhando num ritmo mais brando. E eu, que não estava acostumada àquele marasmo, já fui achando o que fazer. Comecei a escrever um roteiro de cinema, para entrar num concurso de curta-metragem da Secretaria de Estado da Cultura. Chamava-se "Multi Rosas Nacionais" e tinha uma linguagem toda simbólica. Falava do extinto Regime Militar, do atraso intelectual imposto pela Censura, tendo como pano de fundo uma plantação de rosas. Coisas malucas da minha cabeça. A comissão julgadora gostou e ganhei o concurso, mas a verba era insuficiente para a realização, e acabei devolvendo, sem fazer o filme.

Procurava também preencher todas as horas que eu ficava lá na Febem. Intensifiquei minhas idas à UR, para dar uma supervisionada no trabalho que estava sendo feito lá. Então, acabei tendo a ideia de fazer uma gincana com os garotos. O Cássio gostou muito e ficou de organizar. Criaria umas brincadeiras, umas competições do tipo das que se faz em quermesse, em festa junina, sem elementos perigosos, evidentemente, só para diversão e lazer.

Também na Unidade das meninas, eu e Silvinha começamos a fazer um trabalho de mímica e expressão corporal para desenvolvimento de tipos característicos de personagens. Organizamos aulas de projeção, dicção, canto, enfim, um trabalho que envolvesse técnica e aprimoramento de emoções. E, lógico, os ensaios de "Menino de Rua" continuavam também.

Para mim, retornar à agitação era essencial para meu metabolismo funcionar bem. Mas quando dava umas paradas, nos intervalos das atividades, me voltava aquela sensação de que meu tempo de Febem estava se esgotando, e de que devia ir me preparando para sair no próximo ano. Nessas horas, procurava logo me ocupar para desviar minha atenção e não pensar muito no assunto.

Uma tarde, antes do ensaio da peça, Consuelo de Castro veio visitar a Febem. Andei com ela por todo o espaço. Ela ficou impressionada com o tamanho. Depois fui com ela até nosso teatro e a convidei para ver o ensaio. Ela ficou muito emocionada com a peça e com a atuação dos garotos. Depois fomos ao Núcleo. Ela então conheceu o Robert, o Agenor que tinha acabado de voltar de férias, as meninas das artes plásticas, o pessoal da área de esportes e conversou bastante comigo e com a Silvinha. Acabou ficando até a hora de irmos embora e despediu-se, dizendo que chegaria a sua casa e já começaria a escrever o texto. Pensei: "Será que esse é um sinal de que devo continuar no ano que vem, aqui?".

Minha cabeça começou a doer, e resolvi novamente não pensar nisso. Fui para casa, mas não consegui relaxar, mesmo depois de um banho gostoso e de uma sopa quentinha. Resolvi ver TV. Comecei a assistir a um filme. Era de ação. Eu não curti e desliguei. Fechei os olhos e fiquei lá, procurando descansar. Acabei adormecendo e sonhei:

Estava numa espécie de plantação. De um lado, pessoas preparavam a terra e plantavam umas raízes amareladas, no oposto, que era um campo bem verde, outras colhiam uns maços de verduras. Aí apareceram vários cachorrinhos e começaram a brincar comigo. Em seguida, veio um cachorrão enorme que, ao ver os cachorrinhos, começou a rosnar e a latir. Quem segurava o cachorrão era um rapaz moreno, alto, de óculos escuros. Depois veio uma mulher, cochichou no ouvido do cachorrão e fez bastante carinho nele. Aí ele se soltou e veio brincar com os cachorrinhos. Eu fiquei no meio de todos e quase fui derrubada no chão. Então saí correndo, atravessei a rua e fui parar numa pista, onde estava tendo uma espécie de baile, com muita gente dançando e se sacudindo, sem parar. Vi que tinha muitas crianças no meio do pessoal, dançando. Comecei a dançar também. Depois fui me afastando e me dirigi a um lugar cheio de pedras. Escalei as pedras e fiquei vendo as pessoas dançando, lá de cima. Sentei numa pedra e fiquei lá, apreciando o baile. E, de repente, chegou um garotinho que foi subindo pelas pedras, com muita desenvoltura. Chegou perto de mim e me deu um livro. Fiquei sem saber se pegava ou não, e então ele colocou o livro em cima de uma pedra, ao meu lado, desceu com a mesma destreza e desapareceu de minha vista. Olhei para o livro, tinha uma capa verde, mas sem título. Eu ia abrir para ler, mas comecei a ficar com tanto sono, que dormi fazendo do livro, meu travesseiro.

Acordei mais tarde, com o corpo meio dolorido. Olhei o relógio, três horas da manhã. Resolvi ir à cozinha tomar um copo de leite quente. Fiquei pensando no sonho. Não sabia decifrar, achei que aquele sonho era reflexo da confusão de minha cabeça. Uma hora eu queria, no ano seguinte, continuar na Febem, para fazer novos trabalhos, outra hora queria partir para novos caminhos profissionais. Terminei de tomar o leite, fui escovar os dentes e desmoronei na cama. Bateu um cansaço enorme. Mas antes de cair no sono, ainda tive tempo para me interrogar: "Por que artista tem de ser tão conflitante e contraditório?".

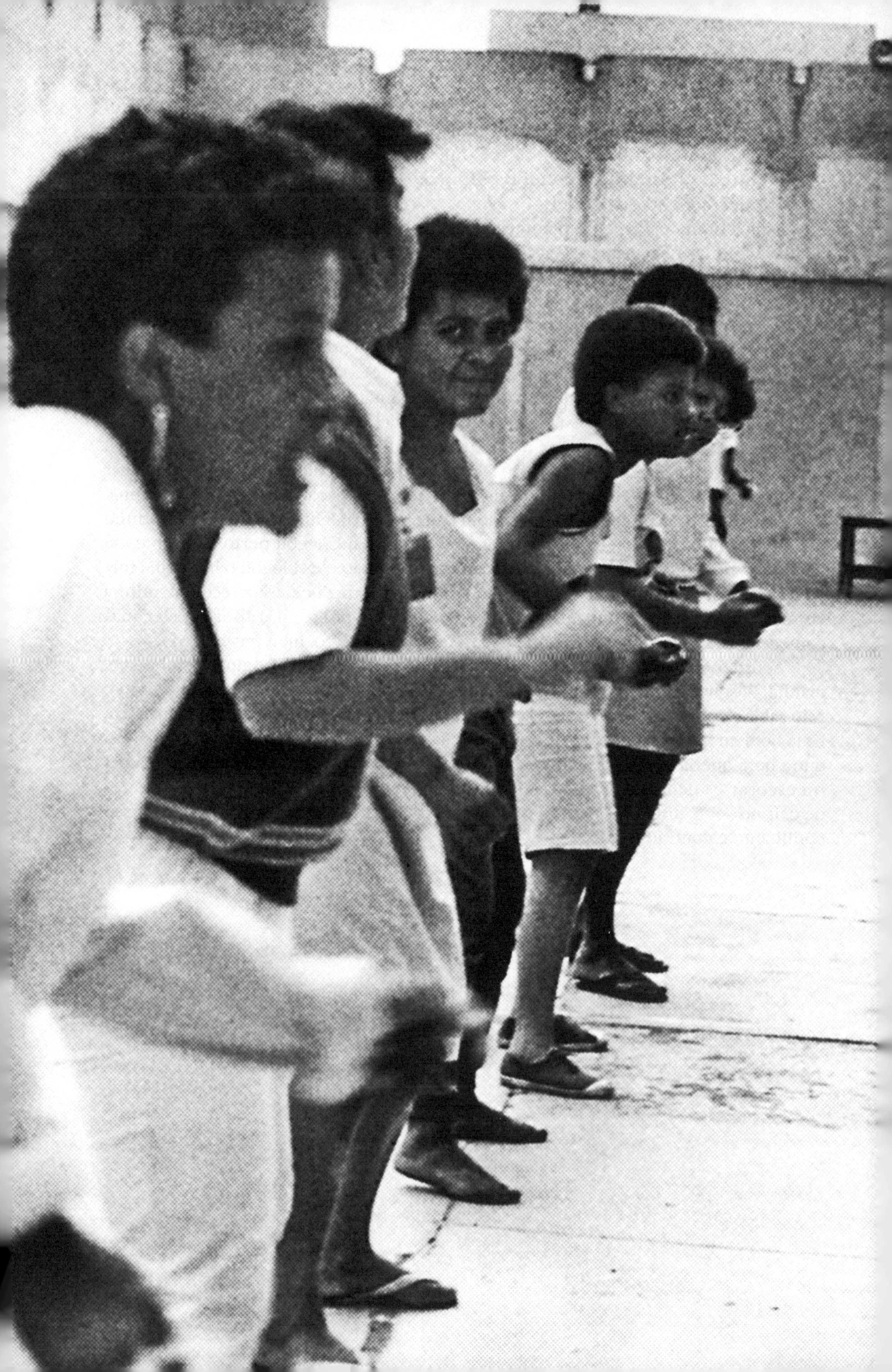

51.

Ensaios e preparação da nova montagem de "Menino de Rua", o garoto que morava na Febem, a entrega do texto da Consuelo de Castro e, antes, a ideia de um espetáculo para o nosso pessoal

Já estávamos

ensaiando há mais de um mês e o espetáculo estava praticamente pronto. Até achei que se continuasse muito com os ensaios, a peça poderia "apodrecer", como costumamos dizer em teatro, quando já se ensaiou demais e é preciso parar e logo estrear.

O Tião estava melhor ainda no personagem principal, o Catatau. E trabalhando bem mais concentrado, sem nenhum lance de estrelismo.

A Consuelo de Castro já havia me telefonado várias vezes, dizendo que estava escrevendo, reescrevendo, modificando o texto — coisas de autor — e, naquela manhã, avisou que tinha terminado e iria até a Febem para entregar logo mais.

Eu havia suspendido o ensaio daquele dia, para que o Renato pudesse experimentar os figurinos em todo o elenco e dar uma geral em tudo.

O Cássio e a Silvinha tinham ido almoçar fora da Febem. Eu resolvi ficar por lá mesmo e, depois do almoço, aproveitei enquanto aguardava a vinda da Consuelo, para dar uma revisada em toda a produção, inclusive na trilha sonora. Estava lá, ocupada, checando tudo, quando a Márcia e a Marisi entraram na sala com um garoto:

— Oi Anna, viemos trazer o Pedro Paulo para você conhecer.

— Oi Pedro Paulo, tudo bem?

Ele só fez que sim com a cabeça.

— Ele trabalha com o seu Osaka, lá na horta — explicou para mim a Marisi. — Já aprendeu a plantar tudo, né Pedro Paulo?

Ele só fez que sim com a cabeça.

— Sente aí, garoto, falei para ele — ele sentou numa cadeira bem em frente à minha, do outro lado da escrivaninha.

— Já foi ao nosso teatro?

— Levamos ele até lá, umas vezes, para ver umas aulas.
— Ah é? E você gostou?
— Gostei — falou ele, sorrindo.
— Quer participar das aulas?
Ele fez que não, envergonhado.
— Ele morre de vergonha — disse a Marisi.
Eu sempre tinha na sala umas balas, chicletes (sou viciada em chiclete) e chocolate.
— Gosta de bala, de chicletes, de chocolate?
Ele fez que sim com a cabeça, era muito tímido. Fui buscar um vidro cheio de guloseimas e abri.
— Tome, escolha o que você quiser.
Ele ficou todo animadinho.
— Pode derramar tudo em cima da minha mesa para você ver melhor!
Com suas mãozinhas ágeis, ele logo despejou na mesa todas as balas, bombons, chicletes e chocolatinhos. Era tão bonitinho... pequenininho, mulatinho, cabelo preto, ondulado, curtinho, dentes branquinhos e bem alinhados. Estava de *shorts* azul, camiseta branca e sandalinha de borracha, preta. Olhei para os pezinhos dele. Sempre fui muito ligada em pezinhos de criança. Quando os meus sobrinhos eram bebês, eu adorava pegar, apertar, morder. E eles morriam de rir. Os pezinhos do Pedro Paulo eram muito bonitinhos.
— Em que Unidade você está? — perguntei para ele, que me olhou esquisito.
— Em nenhuma, Anna! Ele não é infrator, só mora aqui!
— Mora aqui? Onde?
— Numa casinha que tem lá embaixo, onde ficam os caseiros que tomam conta da horta. É órfão e foi deixado aqui, há quase um ano pelo tio, que não tem mais condição de cuidar dele.
— Mas, e ele pode ficar aqui, assim?
— Poder não pode, mas foi ficando... Ele deve ser encaminhado, logo mais, para adoção.
— Adote ele, Anna! — falou a Márcia, com a maior naturalidade, até me causando um susto
— Eu?!!
— É! Por que não? Você não tem filho!
Fiquei olhando para aquele garotinho moreninho, de feições suaves, que se empanturrava de balinhas e chocolates.
— Quantos anos você tem? — perguntei.
— Vou fazer sete.
— Ele é tão bonzinho! — falou a Marisi.
— Você está estudando?
— A tia Olga me ensina as letras.
— É a professora de reforço escolar dos meninos que, de vez em quando, vai lá dar aula para ele.
— Precisa ir para a escola, aprender bem a ler e a escrever!
Ele fez que sim com a cabeça.
— Mas que lindinho que ele é! — falei.
— Leve ele para sua casa, Anna!
— Márcia, você enlouqueceu? Como é que eu vou cuidar de um garotinho com a vida que eu levo, sem tempo para nada?

— Ah, você se organiza!

Eu comecei a rir, acho que de nervoso! E falei para ele:

— Olhe, se você fosse para minha casa, acabaria tendo que ficar lá, sozinho, o dia inteiro, e não iria ser legal! Depois, eu costumo viajar bastante a trabalho, e não daria para levar você comigo.

— A sua casa é grande? — ele perguntou.

— É, é bem grandinha.

— Eu não tenho medo de ficar sozinho!

— Não tem, é?

— Às vezes eu fico sozinho lá embaixo, quando a dona Amélia e o seu Álvaro vão pro interior.

— São os caseiros — logo explicou Marisi.

— Ele é corajoso, Anna! — afirmou Márcia.

— Sou sim. Fico de noite vendo TV, brinco, depois esqueto minha comida e ainda saio com o cachorro lá fora.

— Você, então, já é um "hominho"! — brinquei.

— Sou! Eu posso tomar conta da sua casa!

Levei outro susto com aquela afirmação tão categórica, daquele garotinho que já não parecia ser tão tímido!

— Eu não ficaria sossegada deixando você sozinho na minha casa! Ela fica numa rua muito deserta à noite. Não tenho vizinhos dos lados.

— Eu fico, não tenho medo não! Não tenho medo de nada!

Fiquei olhando para ele ali, sentado à minha frente, com aqueles olhinhos ternos, que pareciam duas jabuticabas, e senti uma profunda compaixão daquele pequenino ser solitário, que estava em busca de uma família. Mas como eu poderia assumir aquela responsabilidade? Eu já tinha direcionado minha vida para um rumo tão diferente de casar, ter marido, filhos, estar ligada a uma família! Eu só sabia me dedicar à minha profissão, não tinha parada, vivia me envolvendo em trabalho e mais trabalho! Não, eu não me sentia com a menor condição de adotar uma criança!

— Olhe só Pedro Paulo, não vai dar mesmo para eu te levar para a minha casa, viu? Mas eu posso combinar de te levar para passear, se você quiser! A gente pode ir ver teatro infantil! Você quer?

— Pode ser.

— Então, quem sabe num sábado à tarde, eu passe aqui para te buscar!

— Tá bom.

Eu nem sabia se poderia fazer isso, há mais de dois meses que não via os meus sobrinhos...

O telefone tocou. Atendi, era meu irmão.

— Oi Toninho, tudo bem? ...Não estou ocupada não, pode falar.

O garoto foi levantando.

— Dê um minuto, Toninho!

Fui até o garoto e dei um abraço nele. Ele era fortinho, com o corpo durinho, acho que de tanto trabalhar na horta.

— Vem mais vezes aqui, para a gente conversar.

Ele fez que sim.

— Olhe, chegando lá na sua casa, escove bem os dentes, viu? Você comeu muita bala! Não pode ficar com cárie! — e dei um beijinho na testa dele.

As meninas foram levando-o embora. Voltei ao telefone.

Contei a história do garoto para o meu irmão.

— Adote ele, mana! Eu te ajudo a criar!

— Nem pensar, Toninho, nem pensar! E dei o caso por encerrado.

Sempre achei que criar uma criança não é tão complicado, o mais difícil é educar. E eu não me sentia em condições nem de uma coisa e nem de outra.

Desliguei o telefone, deixando combinado de ir, no domingo próximo, à casa do meu irmão, que tinha telefonado me convidando para um churrasco em comemoração ao seu aniversário.

Fiquei um tempo ainda pensando naquele garotinho, imaginando o que seria da vidinha dele. Depois me lembrei do sonho que eu tinha tido, quando me encontrava sentada numas pedras, na praia, e apareceu um garotinho moreno me dando um livro. Na verdade, nunca levei meus sonhos assim, tão a sério, e na maioria das vezes, não conseguia decifrar seus significados. Mas depois que tive aquele sonho em Ribeirão Preto, com um revólver dentro do arroz, e os meninos fugiram armados com revólveres, comecei a pensar muito depois que sonhava. E agora, com essa aparição do menino do livro e do Pedro Paulo, surgindo na minha frente, na sala, depois de eu ter sonhado com um menino... comecei a achar que meus sonhos traziam algo de premonitório. Não gostei nada da sensação que senti pensando nisso e logo levantei para ir até o teatro. Queria logo mudar a sintonia do meu pensamento! Antes de ir, pedi que avisassem a Consuelo para que fosse me encontrar lá.

Quando cheguei, a Silvinha já estava lá com o Renato e o Augusto. As roupas estavam bem mais transadas. O Renato, o Augusto e a Silvinha tinham dado um bom trato em tudo. Gostei principalmente da roupa do Jayro, o comparsa. Estava um verdadeiro malandro, de camisa listrada, calça branca, sapatos preto e branco, bicudos. Ele também adorou e ficou andando pra lá e pra cá com a roupa, gingando e se achando!

— Sou o maior malandro do pedaço! Na moral!

Ele era muito engraçado.

Estavam todos prontos e começamos a ensaiar. O cenário tinha ficado bem bonito no palco do nosso teatro. Só faltava colocar as folhagens imitando árvores, as plantas e as flores. A peça se desenvolvia bem, mas ainda não estava no ritmo desejado. Comecei a anotar tudo.

A Consuelo chegou logo no início, sentou ao meu lado e ficou assistindo. Quando terminou, ela aplaudiu em pé.

— Como eles são bons, não Anna?

— São sim.

Pedi a todos que tirassem os figurinos e depois viessem ao palco para conversarmos.

— Muito bom, gostei mesmo! — reafirmou Consuelo. — E quando vocês vão apresentar?

— Antes do Natal.

— Quantos espetáculos vocês vão fazer?

— Um só! Para convidados especiais.

— Puxa, só um?

E, de repente, aquela pergunta me deu uma luz! Claro que nós deveríamos mostrar o espetáculo para os alunos e alunas das aulas de teatro e outros garotos e garotas também, como tínhamos feito com a peça "A vida ensina", da Zezé Terremoto! E esse poderia ser o nosso espetáculo de Natal!

— Consuelo, você acabou me dando uma ideia! Vou fazer desse espetáculo, o nosso espetáculo de Natal deste ano! Obrigada mesmo!
— Mas eu só fiz uma pergunta!
— "Uma" não, você fez "a pergunta" que me deu essa inspiração!
Ela riu.
— E aí, trouxe a peça?
— Está aqui!
Tirou da bolsa uma pasta transparente, com um texto encadernado, e me deu.
— Espero que você goste.
Abri. Chamava-se "Um Belo Dia".
— Quantos personagens?
— Dezoito.
— Ótimo! Vou ler com calma em casa, depois te ligo.
— Não vai demorar muito para ler, né?
Eu conheço bem a ansiedade dos autores quando entregam um texto para ser lido e avaliado. Eu sou exatamente assim!
— Leio esta noite mesmo e amanhã já te ligo.
— Ótimo!
— Preciso que deixe seus dados para eu levar ao departamento jurídico, para liberar seu pagamento. Nem acertamos a quantia.
— Você vê o que é possível pagar, Anna, sabe melhor como as coisas funcionam aqui.
— Pode deixar comigo.
Ela começou a anotar seus dados num pedaço de papel.
— Pretende montar no início do próximo ano, Anna?
Aquela pergunta me deu um frio na barriga. Eu não sabia o que responder. Será que eu estaria na Febem, no ano seguinte?
— Preciso ver como o nosso trabalho será encaminhado no ano que vem. Mas te aviso, assim que souber o que vai acontecer.
— Tudo bem — e me deu seus dados anotados.
Os garotos começaram vir ao palco. Consuelo levantou.
— Preciso ir, tenho dentista no final da tarde.
Levantei também.
— Muito obrigada, Consuelo. É muito bom a Febem ter um texto especialmente escrito por você!
Abraçamo-nos. Ela foi embora e eu fui para o palco. Tinha ainda muito que acertar para o espetáculo. Precisava aprontar logo e apresentar antes, para o público de dentro da Febem! No dia seguinte, comunicaria isso à doutora Wayta. E o primeiro a ser convidado seria o Pedro Paulo!

52.

Algumas sensações inevitáveis e a apresentação de "Menino de Rua" para o pessoal da Febem — 1987

Decidi que

a apresentação para o pessoal da Febem aconteceria, dois dias antes da que faríamos para os convidados especiais, no sábado, para não ficar uma muito distante da outra. Também não quis fazer um dia antes, porque nós atores, por experiência, sabemos que no segundo dia, ou seja, no dia após a estreia, o espetáculo nunca sai muito bom. Parece que todo o vigor, toda a energia é canalizada para a estreia e, no segundo dia, a gente se dá o direito de relaxar. Não por negligência, mas é um estado de espírito mesmo. Não sei por que, mas isso sempre acontece. Então, por precaução, o espetáculo ainda teria um dia para acertos e ajustes necessários, antes da apresentação exclusiva para convidados.

 Logo depois de ter acertado tudo com a doutora Wayta, que gostou muito da ideia de fazermos também o espetáculo para o pessoal da Febem, comemorando o Natal, eu fui convidar o Pedro Paulo. Fui descendo a alameda de terra batida, do lado oposto ao teatro. Estava bem bonita, com flores, arbustos e plantas nas laterais do caminho. Fui andando e apreciando tudo tão bem cuidado, era um cenário bucólico. Fui até a horta. Vi um homem agachado, mexendo na terra, devia ser o seu Osaka. Eu não o conhecia. Fui até ele e, ao me aproximar, ele se levantou. Era um japonês baixinho, queimado de sol, aparentando uns cinquenta e tantos anos. Sorridente, me cumprimentou:

— Bom dia! Veio pegar verdura?
— Não, vim falar com o Pedro Paulo, ele está?
— Está lá dentro — e apontou para uma casinha, mais abaixo.
— O senhor é o seu Osaka, não é?
— Sou sim.
— Parabéns pela horta! Está muito bonita!
— Obrigado!

— Dê licença, vou falar com o Pedro Paulo.
— Sim, sim, pode ir.

O seu Osaka continuou a mexer na terra e eu fui em direção à casinha. Era toda pintadinha de rosa, com janelas verdes e tinha uma varandinha minúscula, com cacos de cerâmica vermelha, bem encerados, brilhando. A porta estava aberta. Bati palmas. Veio uma senhora magra, de cabelos bem grisalhos presos num coque, pele enrugada, com um vestido florido e um avental por cima.

— O que deseja moça?
— O Pedro.... nem cheguei a completar e ele já estava lá do lado dela, olhando para mim.
— Oi Pedro Paulo, tudo bem?
— Ele fez que sim.
— Vim aqui para te convidar para ir ao nosso teatro na próxima quinta-feira, às 15 horas. Vamos fazer um espetáculo para o pessoal da Febem! Aliás, a senhora... como é mesmo o seu nome?
— Amélia.
— Então, dona Amélia, se a senhora e o seu marido quiserem ir também... vamos apresentar a peça " Menino de Rua", com um grupo de garotos e garotas internos aqui na Febem.
— Não sei ler...
— Mas não precisa saber ler. É só assistir, ouvir, prestar atenção na história...
— Eu vou! — disse o Pedro Paulo. — E se ela não quiser ir, vou sozinho!
— É melhor ele ir sozinho mesmo, tenho muito serviço para fazer aqui em casa.
— Bom, o convite está feito. Tenho certeza de que a senhora e o seu marido vão gostar. É uma peça muito bonita.
— Vai ser onde mesmo?
— Aqui, no nosso teatro!

Ela ficou sem entender.

— Aqui perto de sua casa tem um teatro, dona Amélia!
— Eu sei onde é, já fui lá. Eu levo a senhora e o seu Álvaro! — nisso, lembrei do nome. Pedro Paulo tinha falado na minha sala, no Núcleo, o nome dos dois caseiros que tomavam conta dele.
— Então Pedro Paulo, leve sim, a dona Amélia e o seu Álvaro para assistirem ao espetáculo.

A dona Amélia estava muito acanhada.

— Não sei não moça, se der a gente vai sim.
— Bom, o convite está feito. E se forem, cheguem mais cedo, para pegar um bom lugar.
— Você pode guardar lugar pra gente? — perguntou o Pedro Paulo, já animado.
— Posso, claro! Eu vou guardar três lugares bem na frente.
— Ôba!
— Mas cheguem cedo!
— Tá bom.
— Muito agradecida, viu moça! Toma um cafezinho de coador, passadinho na hora?

Como recusar um convite desses? Era tudo o que eu queria! Entramos. A casa era muito simples, mas limpinha. Tinha uma sala com uma cama de casal e um criado-mudo encostado na parede. Mais afastado, um sofá, duas poltronas e uma televisão em cima de uma mesinha. Do lado direito, um puxadinho a mais, onde havia uma pia, uma mesa de fórmica azul com quatro cadeiras, geladeira e fogão. Parecia uma casinha de roça. Presumi que o garoto devia dormir no sofá. Não perguntei.

Dona Amélia logo colocou água para ferver e foi pondo café no coador de pano, em cima do bule.

O Pedro Paulo veio com um livro na mão:

— Olha, é isso que eu estudo! E me entregou. Era a cartilha "Caminho Suave" — imediatamente me veio a imagem daquele menino do meu sonho, me entregando um livro.

Ele abriu a cartilha:

— Está vendo essas letras? Estou aprendendo a escrever todas elas! — foi pegar um caderno e mostrou várias folhas escritas com a letra dele. Uma letra arredondada, bem bonita.

Enquanto mostrava para mim, explicava:

— Essas aqui são as vogais, essas aqui as consoantes.

— Muito bem! — falei fazendo um afago na cabeça dele.

— Esse menino é muito inteligente! Precisava é de uma boa família pra por ele num colégio bom — falou dona Amélia, com ar preocupado.

O garoto ficou olhando para mim. O subtexto dele era evidente: "Me leva pra sua casa e me põe num colégio bacana!".

— Olha aqui o cafezinho, bem quentinho! — dona Amélia me deu uma dessas canequinhas de ágata, branquinha. O café estava um pouco doce para o meu gosto, mas mesmo assim quentinho e muito gostoso.

— Uma delícia o seu café! Fazia tempo que eu não tomava café de coador! Adoro!

— Aceita mais um?

— Aceito sim! — e tomei mais uma canequinha.

— Bom dona Amélia, já vou indo. Muito obrigada pelo café. Então aguardo vocês na próxima quinta-feira, sem falta! Não vão esquecer, hein?

Levantei para sair. Pedro Paulo veio perto de mim.

— O teatro é pra rir?

— Pra rir, pra chorar... pra pensar! Depende de como você entender a peça.

— Quero rir bastante.

— Ah, você gosta de rir é? — comecei a brincar de fazer cócegas nele, que começou a rir sem parar. Uma risada alegre, solta. Depois, fui saindo.

— Até lá, então!

Na volta, foi me dando um certo aperto no peito. Se eu pudesse levar o Pedro Paulo para casa, dar melhores condições de vida para ele! Mas era completamente inviável, nem adiantava pensar nisso. O que eu tinha de pensar agora, era fazer de tudo para que o espetáculo saísse perfeito e lindo!

Finalmente chegou o dia da apresentação de nosso espetáculo de Natal daquele ano: "Menino de Rua"!

Depois de um ensaio geral no dia anterior, com tudo, e das correções técnicas e artísticas feitas por mim, com assistência da Silvinha e do Agenor, da coreografia ajustada pelo Zani, do grupo musical mais do que ensaiado pelo Robert e pelo Matheus, chamei o Carlinhos.

— Carlinhos, quero que antes do espetáculo você fale lá na frente do palco. Que ofereça o nosso espetáculo como presente de Natal a todos.

— Você vai escrever o que eu tenho de falar?

— Não! Pode falar com suas próprias palavras!

Ele ficou um momento pensando.

— Não precisa ser nada especial, nada muito elaborado. Palavras simples em nome do elenco e da equipe, você oferece a peça "Menino de Rua" como nosso presente de Natal a toda a plateia!

— Pode deixar Anna, eu falo sim. Você vai querer ouvir antes o que eu vou falar?

— Não preciso. Confio na sua capacidade. Também quero ter a surpresa de ouvir o que você vai dizer!

— Nossa, que responsa!

— Afinal, você é ou não é o meu braço direito, pô! — brinquei com ele.

Ele riu e depois ficou sério:

— Mas como é que é que vou falar?

— Isso é com você. Vai pensando, vai pensando...

Ele fez que sim, com a cabeça, e foi se afastando, com cara de quem já estava imaginando o que dizer. E, com isso, espetáculo estava mais do que pronto para ser apresentado naquela tarde, às 15 horas.

Tínhamos enviado convite para todos os setores e acertado o número de internos que viria de cada Unidade, incluindo as meninas da Imigrantes. Com certeza, teríamos uma superlotação. O teatro tinha 280 lugares, mas conseguimos ampliar para 318, arrumando mais trinta cadeiras e reorganizando a disposição de todas, na plateia.

No dia anterior, a equipe toda trabalhou até tarde para deixar a produção inteiramente pronta. Aquela apresentação estava sendo muito aguardada.

À noite, me deu vontade de telefonar para o Zeno e convidá-lo para assistir. Liguei, mas ele estava no Rio de Janeiro.

Na manhã seguinte acordei muito esquisita. Não dava para explicar o que eu estava sentindo. Não era nada físico, mas uma sensação de acabrunhamento, de melancolia. Tanto, que acordei mais cedo, coisa rara! Bem antes do despertador, já estava pronta para sair.

Fui para a Febem em jejum e só fui tomar café às 10 horas da manhã, quando já havia agitado muita coisa no teatro. A Silvinha, que me acompanhou até a padaria, lógico, percebeu.

— O que você tem hoje, Aninha? Está tão jururu!

— Estou mesmo.

— Por quê? Aconteceu alguma coisa, amiga?

— Nada diferente, nada significativo, mas eu estou me sentindo como se, de repente, fosse sair do chão.

— Bom, no chão no chão, você nunca esteve totalmente, não é, Aninha querida? — falou Silvinha brincando, mas dizendo uma grande verdade.

— Acho que é TPM.

— Se for, tudo bem, passa logo.

— Acho que vou tomar um bom copo de água com açúcar para aumentar minha glicose e dar uma levantada geral!

— Pode ser estresse mesmo! Você já se deu conta do quanto nós já trabalhamos este ano?

— É mesmo. Mas estou acostumada com esse ritmo de trabalho.

— Mas não num lugar como este, em que a gente é obrigada a doar muita energia, diariamente.

— Você tem razão, devo estar precisando de férias...

— Férias? E você aguenta ficar sem fazer nada, por acaso?

— Ah, se eu for para Paris, por exemplo, aguento sim!

— Ah vai, conta outra. Você vai pra lá e logo arranja alguma coisa para fazer, um curso de mímica com o Marcel Marceau, quem sabe?!

— Você me conhece bem mesmo, hein?

— Melhor do que você imagina, Aninha!

Ela fez com que eu acabasse rindo e me sentindo melhor. Meu metabolismo logo foi entrando num ritmo mais acelerado, e quis logo retornar ao Núcleo, para dar uma checada geral em tudo o que envolvia o espetáculo daquela tarde.

Às duas horas, o público começou a chegar. Bem mais cedo do que imaginávamos. A Silvinha ainda estava no palco com a Márcia e o Agenor, dando os últimos retoques no cenário, que tinha ficado muito bom naquele espaço cênico. As cortinas estavam fechadas. Nosso elenco estava se aprontando no camarim. O Renato e o Augusto orientando tudo, e eu supervisionando e ajudando também.

De repente, chegou a Silvinha:

— Aninha, seu convidado especial chegou!

— O Pedro Paulo?

— É, e veio com o casal de caseiros. Vai lá ver que bonitinhos!

Fui rápido, precisava tirar a fita adesiva das cadeiras para eles sentarem.

Os três estavam muito bem vestidinhos! O Pedro Paulo de calça jeans, sapato preto de amarrar, uma camisa de manga curta laranja, bem passadinha e gel no cabelo. Uma graça!

A dona Amélia estava de saia cinza, com uma blusa branca de bolinhas pretas, de manga três quartos, sapatos baixos de verniz preto, brilhantes e uma bolsinha combinando. O seu Álvaro, que o Pedro Paulo logo apresentou, estava de calça bege, camisa rosa, com listras fininhas brancas e sapatos marrons, tipo mocassim. Era um senhor mais para gordo, careca, de bigode branco e estava bem barbeado. Todos cheiravam a alfazema.

— Que bom que vocês vieram! Venham aqui, guardei um lugar bem na frente para vocês enxergarem bem.

E coloquei os três sentadinhos nas cadeiras. Eles até pareciam uma família. Os avós e seu netinho.

Dei uma olhada para o pessoal chegando. Tinha pedido para o Robert ficar lá na entrada, para qualquer eventualidade. Fui para junto dele. Estava chegando muita gente.

— Robert, será que vai dar para por todo mundo sentado? Não esperava tanta gente assim!

— Se não der, a gente faz outro espetáculo!

— Será que vai ser preciso? Tomara que não!

Na verdade, eu queria encerrar o nosso trabalho daquele ano com o espetáculo de sábado. Depois disso, entraríamos na semana do Natal. Só teríamos tempo de fazer uma reunião de avaliação geral das nossas atividades e, quem sabe, uma festinha de confraternização no Núcleo. Não estava nem um pouco inclinada a fazer mais um espetáculo.

O pessoal ia chegando. Eu e o Robert começamos a ficar apreensivos e entramos para ver como estava a plateia. Havia poucas cadeiras vagas e ainda faltava meia hora para começar. Retornamos para a entrada do teatro. O Saulo vinha trazendo um grupo com os nossos alunos da UE-JOV. E não é que, para minha surpresa, o Fabiano estava junto?

Eles chegaram e vieram nos cumprimentar. O Fabiano se aproximou, por último, cumprimentou o Robert e depois veio me cumprimentar.

— Oi Anna... achei que era legal ver a peça.

Saulo escutou e se achegou.

— Ele me pediu para vir e o diretor liberou.

— Tudo bem! Entrem logo, senão vão sentar muito no fundo.

Eles entraram.

— Essa vida é muito louca, não Anna? O Fabiano na plateia!

— É bom, quem sabe, vendo o espetáculo, ele reflita um pouco sobre o que fez.

Ainda chegava um pouco de gente quando entramos. A plateia estava quase lotada, mas ainda havia uns lugares vazios. Dei uma olhada geral:

— Acho que vai dar para todos. Não vamos ter superlotação.

— Não mesmo? — o Robert fez sinal para eu olhar para a porta de entrada.

Vinha entrando um grupo enorme, da Unidade Terapêutica. Rapidinho a plateia se encheu.

— Já lotou, — eu disse —, vamos começar, para não tumultuar.

Dei o primeiro sinal. Fomos para o palco. Chamei todo o elenco. Eles estavam excitados com o grande burburinho que ouviam. Avisei que o Carlinhos, antes de começar o espetáculo, falaria umas palavras para o público. Que nós ofereceríamos "Menino de Rua", como presente de Natal, para todos. Eles ficaram mais agitados ainda e aplaudiram a ideia. Fiz uma roda de vibração com todos, desejando muita luz e muito sucesso. Silvinha, Agenor, Robert, Renato, Augusto, Marisi, Márcia, Zani e Matheus desejaram boa sorte, um bom espetáculo e, no final, a célebre palavra de sorte: merda!

— Posso começar Silvinha, tudo em cima aqui?

— Tudo em cima, Aninha.

— Vamos que vamos, de novo!

— Sabe quem está na plateia? — falei para ela.

— Quem?

— O Fabiano!

— Jura?

— Veio junto com o grupo da UE-JOV. O Saulo veio junto.

— Que legal!

— Legal mesmo.

O Carlinhos se aproximou.

— Anna, é verdade que o Fabiano veio ver a gente?

— É sim acabei de contar isso para a Silvinha, ele está aí, na plateia.

— Nós vamos fazer o cara chorar de arrependimento!

— Deixe isso pra lá, Carlinhos, faz o teu melhor, só isso. Bom, assim que eu der o segundo sinal você entra, fala o que tem que falar, não esqueça de projetar bem a voz. Depois sai, se coloca e, em seguida, dou o terceiro sinal.

Na sequência, falei para todos:

— Atenção, fiquem atentos! E que Deus nos proteja, mais uma vez!

Fui para a frente do palco para operar luz e som e gravar o áudio da peça, que eu queria guardar de lembrança. Tinha levado um gravador para isso. Estava tudo preparado.

O Robert fechou a porta lá em cima, voltou e veio sentar ao meu lado. Vi que tinha gente em pé lá atrás. Dei o sinal de atenção, fazendo vibrar a luz dos refletores no palco. Dei o segundo sinal, apontei o foco de luz na frente da cortina. Começaram os psius para fazerem silêncio e, em seguida, o Carlinhos entrou. Eu já tinha mostrado a ele o foco de luz, onde ele deveria se colocar para falar. Fiz Carlinhos entrar e sair algumas vezes, até saber se posicionar corretamente sob o foco de luz. Ele entrou e se colocou direitinho. A plateia aplaudiu. O Carlinhos agradeceu e ficou olhando fixamente para todos, até que houvesse silêncio. Ele se mostrava firme, sem deixar transparecer nenhum nervosismo. Começou a falar:

— Boa tarde, pessoal!

Todos responderam.

— Eu sou o Carlinhos, que faço o... bom, vocês vão conferir daí o personagem que eu faço. Essa nossa peça, "Menino de Rua", nós já fizemos fora daqui: em São José do Rio Preto e Ribeirão Preto e foi muito legal! Quer dizer, só em Ribeirão Preto que a gente não pôde fazer um espetáculo que teria muita, mas muita gente mesmo pra assistir. Tinha até ônibus com a criançada e gente pra caramba, da cidade, que veio ver a peça. Mas uns mano deram mancada e a gente não pôde fazer. Foi o maior rabo de foguete e tivemos que cancelar nosso espetáculo. Foi mal mesmo. Ficou todo mundo muito chateado. Mas no dia seguinte, a gente se arrumou e fez a peça pra uma escola, de surpresa, pros alunos que tinham ido ver a gente e não consegui ver, porque não teve o tal do espetáculo, pelo motivo da mancada que eu já falei aqui. Todas as vezes que a gente mostrou o que sabe, que é fazer esse teatro que todo mundo gosta, foi bem manero. Foi à pampa mesmo! Então todo mundo aqui, que trabalha nessa peça, pensou que podia dar um presente de Natal pra quem veio aqui pra ver o nosso trabalho. Então quero dizer que eu, o Carlinhos, represento aqui todo mundo do elenco e todo o pessoal que trabalha no teatro. E que a gente quer dar pra vocês o nosso presente de Natal, com bastante sentimento, desejando que os mano daqui da Febem sejam bem feliz nesse Natal, e que tudo fique direito na vida da gente e da nossa família. Quero desejá que todo mundo saia logo daqui e ganhe a nossa liberdade de novo! Obrigado.

Carlinhos foi muito aplaudido. Comentários, palavras de apoio, assovios e tudo o mais, puderam ser ouvidos após sua fala.

Foi um verdadeiro discurso, à maneira dele. E eu tive a certeza de que ele falou tudo aquilo, no início, porque sabia que o Fabiano estava lá, na plateia. Por sorte eu tinha levado o gravador. Gravei tudo o que ele disse.

Tirei o foco da frente da cortina e dei outro sinal de alerta como os refletores internos do palco. O Renato e o Augusto começaram a abrir a cortinas e o espetáculo começou.

Para resumir, nunca vi um público que reagisse tanto e, tão perfeitamente, nas horas mais precisas. Riam nos momentos cômicos, ficavam abalados quando a situação era tensa, acompanhavam tudo sem tirar os olhos do palco. Percebi que havia gente de outros setores também, gente que eu nem conhecia. Eu não pude deixar de observar o Pedro Paulo assistindo à peça com a maior atenção. Sempre que o Zé Pinguinha falava, ele dava gargalhadas e quando o Catatau se expressava, ele até ficava com a boca entreaberta de admiração. Os caseiros também estavam seguindo a história, muito atentos.

Todos os garotos e garotas estavam inspirados! As meninas, quando entraram de garotas de programa, receberam assovios de todos os lados! E o Jayro, então, com seu figurino de malandro da gema, falava, gesticulava e estava magnífico! A plateia estava adorando! Só não consegui notar as reações do Fabiano, porque ele estava sentado muito lá atrás, mas devia estar sensibilizado com o que via.

Quando o Catatau voltou e disse para o seu novo amigo que tinha desistido de seguir a quadrilha e se entregar à vida do crime, todos começaram a aplaudir. E o Tião, que estava simplesmente maravilhoso no papel, soube esperar para depois dar continuidade à ação. Vi que os olhinhos do Pedro Paulo brilharam.

No final, ouviram a poesia em silêncio e depois vibraram, assoviaram, elogiaram com as costumeiras gírias comuns entre eles, gritaram o nome dos garotos e garotas e aplaudiram, aplaudiram muito.

Jamais poderíamos ter deixado de apresentar o espetáculo para aquela plateia da Febem. Era um presente para todos os que tinham vindo assistir e para o nosso elenco que, com certeza, estava sentindo-se orgulhoso e valorizado por estar naquele palco, trabalhando. Só senti não ter podido contar com a presença do Calixto, autor da história, que originou a primeira encenação que fizemos na UE-3 e depois a peça. Ninguém sabia do paradeiro dele, nem a própria mãe. Seguramente ele ficaria feliz em compartilhar daquele momento de grande emoção!

Muita gente da plateia entrou para cumprimentar o elenco. O Robert também foi para as coxias participar da festa! O Pedro Paulo e o casal vieram me cumprimentar e agradecer. Tinham gostado demais do teatro e tinham visto um pela primeira vez.

— Gostou, Pedro Paulo? — perguntei.

— Gostei bastante. Mais do bebum e do Catatau.

Perguntei se queriam falar com o elenco, mas não quiseram.

Despediram-se. Eu dei um beijinho no Pedro Paulo e eles foram embora.

Fiquei sentada lá, à mesa de operação de luz e som, sozinha, saboreando mais um momento de comoção e, dessa vez, com meu perene questionamento: continuo aqui no próximo ano? Não continuo? A única certeza que tinha, naquele instante, era que "Menino de Rua" permaneceria, por muito tempo, na memória de todos aqueles que tinham acabado de usufruir do espetáculo.

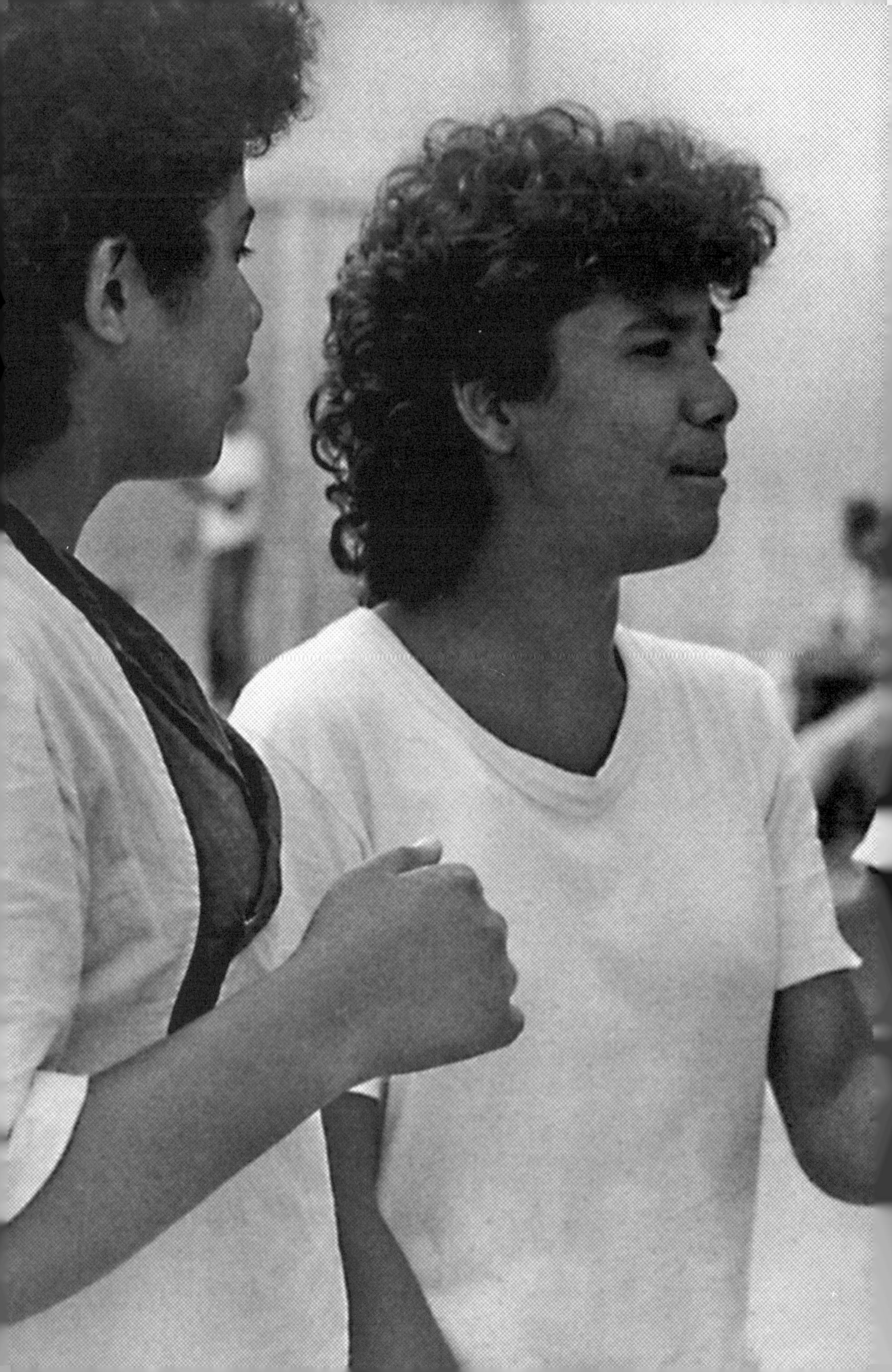

53.

O dia da apresentação para os convidados especiais, uma visita inesperada, entrevistas e a festa de encerramento do ano

Resolvi

dar um dia de descanso para o elenco, porque como não havia muitas correções a fazer, preferi deixar para falar com eles no sábado mesmo, antes da apresentação, para não cansar ninguém. Já havíamos ensaiado muito e feito um excelente espetáculo, todos precisavam de um tempo para repor energias. E nós também.

O João, flautista, que morava em Ferraz de Vasconcelos, acabou nem voltando para sua casa. Ficou "hospedado" na UE-15, sua ex-Unidade de internação. Ele já havia se sacrificado muito, indo e vindo para os ensaios, e o Matheus tinha achado melhor ele ficar lá mesmo, para ensaiar e fazer o próximo espetáculo. Como não haveria ensaio, ele combinou de juntar o grupo musical, fazer um churrasquinho e tocar com eles. O João adorou a ideia! Quem diria que um garoto, depois de liberto, voltasse para a Febem e ainda ficasse numa Unidade de Internação, só para participar de uma peça de teatro?

O nosso elenco também adorou a ideia de ter um dia de folga. As pessoas não imaginam o quanto os atores se exaurem fazendo um espetáculo. Já ouvi, várias vezes, que ator de teatro tem vida mansa, trabalha poucos dias na semana e só umas três horas por dia. Mas ninguém avalia o tempo que se leva ensaiando, antes de estrear e, depois, a preparação diária antes de entrar em cena, o desgaste físico e mental no palco, pela emoção com que se atua, a doação de energia, e tudo o que o ator despende, para que ele tenha sempre um bom desempenho.

Falar que um ator de teatro vive na maciota, é o mesmo que dizer que jogador de futebol tem vida boa, só porque joga noventa minutos, de vez em quando. Só que, evidentemente, existe uma grande diferença dando ampla vantagem ao jogador de futebol: os salários. Quando um jogador de futebol faz sucesso, ganha uma fortuna. Enquanto que, um ator de teatro, no Brasil, mesmo estando numa peça de sucesso, não ganha tanto quanto mereceria, porque o preço do ingresso não pode ser muito alto, senão o público não tem condições de pagar. Na verdade, os leigos adoram ver somente o lado glamoroso das profissões dos famosos.

Aproveitei aquela manhã, sozinha na sala, para dar uma arrumada geral em tudo. Limpei e organizei estantes, gavetas, joguei fora o que não tinha mais utilidade. Fiz um verdadeiro *house keeping*! Aliás, dizem que não é bom ficar juntando e guardando muita coisa, é preciso deixar a energia circular.

Eu estava nesse processo de grandes arrumações, quando Saulo chegou:

— Oi, Anna!

Ele estava com uma expressão ótima!

— Oi Saulo, tudo bem?

— Tudo ótimo. Amanhã entro em férias!

— Ah, então é por isso que está com uma cara tão feliz!

— Por isso também, mas é que acabei de fazer uma reunião com todo o pessoal que foi ontem ver a peça, e fiquei muito contente com tudo o que eles falaram.

— É? E o que eles falaram, me conta!

Parei com tudo o que estava fazendo e sentei para ouvir. Ele puxou uma cadeira e sentou ao meu lado.

— Olha Anna, eles estão dando mais valor ainda para o trabalho que a gente está fazendo. Estão no maior respeito com o teatro. E vendo no palco as coisas que eles vivem, ficam mais tocados ainda!

— Fico feliz com o que você está me contando!

— Eles também passaram a dar mais valor para o trabalho que eu fazia com eles, antes de você chegar por aqui, umas pecinhas que a gente montava e ensaiava, nas salas, lá da UE-JOV.

— Nossa, tem garoto daquela época ainda?

— Eles vão e voltam, você sabe...

— É verdade. Mas que bom que eles estão pensando assim.

— Sabe, Anna, eu me senti muito valorizado com isso que eles disseram do meu trabalho.

— Eles falaram a verdade! Quando comecei a dar aula, já peguei seu grupo bem preparado! Isso facilitou muito o meu trabalho! E você Saulo, sempre foi uma pessoa muito importante nesse processo todo. Eu tenho muito a te agradecer.

— Que nada Anna, eu é que te agradeço pelo que me ensinou. Eu sabia muito pouco e tudo o que eu fazia era porque gostava mesmo, mas saber, saber, não sabia nada! Antes, eu também nunca tinha nem entrado num teatro! E quando teve uma peça lá, na escola da minha filha, com uns atores, eu gostei tanto, que aquilo me deixou assim, tão "inculcado", que cismei de fazer teatro com os garotos que eu monitorava. E foi a melhor coisa que eu fiz aqui dentro.

— Que peça levaram à escola de sua filha, você se lembra?

— Esqueci o nome, mas mostrava como as pessoas não estão a fim de ajudar quem precisa, e só pensam no seu lado. Não querem nem saber de dar uma força para os meninos que vivem nas ruas. Tinha um homem bem rico que vivia dizendo que esses drogados tinham mais é que ir para o beleléu mesmo. Até que um dia ele fica sabendo que o seu único filho era um drogado. E aí ele se dá conta do "poblema". E sofre muito, sem conseguir que o filho deixe o vício. Até que ele faz uma promessa pra Deus, que se o seu filho sarasse, ele ia abrir uma casa pra recuperar todos os viciados que viviam pelas ruas. E aí o filho sai daquela vida e nunca mais pega num baseado, nem nunca mais cheira cola, fica curado. E então o homem compra uma casa e faz um lar para ajudar os mais "precisado". Nossa, foi tão bonito que eu até chorei vendo aquela peça!

— Que bacana! Esse é um tema legal pra a gente desenvolver e encenar!

— Foi a primeira peça que eu fiz lá na UE-JOV! Faz mais de dois anos!

— Então você já fez? Nunca falou nada para ninguém sobre isso! Cadê o texto?

— Foi por isso que eu não falei. Sabia que você ia me pedir o texto. Eu não "ecrivi"não. Não me dou muito bem com a escrita. Mas a gente foi fazendo a história e ficou uma peça bem bonita.

— Que bacana! O que importa é o resultado! Se foi bom, é porque você trabalhou direito!

— Então! E hoje eles se lembraram disso, acredita? Quase todos participaram desse primeiro teatro que eu fiz!

"Que tristeza', — pensei —, 'a maioria ainda não tinha conseguido mudar de vida e se libertar das internações na Febem!"

— Olha... foi muito bom mesmo, ouvir que eles se lembraram daquele teatro e deram a maior estima pra mim! Legal à pampa!

Engraçado, a convivência com os garotos, fazia o Saulo falar um pouco no linguajar deles.

— É muito bom quando a gente tem o nosso esforço reconhecido. Você é um batalhador, Saulo! Eu te admiro muito, viu?

— Puxa, obrigado, Anna! Ouvir isso de você, me dá muita força!

Aí ele tirou um envelope fechado do bolso e me deu.

— O Fabiano pediu pra eu entregar isso aqui pra você.

O envelope estava fechado com cola.

— Obrigada.

Ele ficou um tempo me olhando, talvez esperando que eu abrisse, mas eu não abri.

— Sabe que ele quase chegou a chorar no final da peça, escutando aquela poesia?

— É mesmo? Bom sinal...

— Ele foi um dos que mais falou, dando valor ao teatro, na reunião.

— Que ótimo! Fico feliz com isso.

— Bom, passei também pra te desejar bom Natal, porque só volto ano que vem, no final de janeiro.

Levantei e nos abraçamos.

— Olhe, à meia-noite do dia 31, eu costumo fazer uma vibração para todos os meus amigos. Vou te incluir!

— Puxa, muito obrigado, Anna! — e me abraçou de novo.

— Bom, até o ano que vem!

E foi embora. Fiquei olhando para o envelope que ele me trouxe. Estava escrito com letra de forma: Para a Anna. Abri. Tinha uma folha de caderno dentro, dobrada. Desdobrei e comecei a ler o texto escrito também com letras de forma, naquele português com muitos erros, costumeiro de todos:

"Anna, eu gostei demais da pessa e nunca pensei que era assim. E me enxergei La em cima, no papel do comparsa.

Sabe, essa pessa é muito melhó do que a minha e o Catatau se deu melhó nessa, por que ele saiu do crime na moral e mais firme que o Jeremias.

Gostei de tudo e fiquei com sentimento de tristesa de ter dexado o teatro. Sei que o Carlinhos falou aquilo tudo pra mim mesmo. Vesti a carapusa e sei que dei mancada com voceis. Fala pra todo mundo que eu mando pra eles Feliz natal".

Fabiano.

Ele escrevia mal, mas se expressava bem. E imediatamente me veio à mente uma frase de Shakespeare, que eu tinha decorado no início de minha carreira, e nunca mais tinha esquecido: "O mundo é um palco. E homens e mulheres, não mais do que meros atores, entram e saem de cena. E durante toda a sua vida não fazem mais do que desempenhar determinados papéis".

Eu não precisava ouvir mais nada do Fabiano, ele já tinha me dito tudo.

Aquele foi um dia ameno. O pessoal chegou depois do almoço, fomos ao teatro conferir tudo, reorganizar todo o material para o espetáculo do dia seguinte. Impressionante como os meninos e as meninas tinham aprendido a deixar tudo em ordem nos camarins: aulas da professora Silvinha, que ensinou a todos manejar com muito cuidado, tudo o que usassem no espetáculo.

Marisi e Márcia deram um trato no cenário, eu testei os refletores, nenhum com lâmpada queimada, o som estava ok e demos só uma ligeira arrumada nas coxias, porque estava tudo praticamente no lugar. O que deu mais trabalho foi acertar novamente as cadeiras da plateia, que estavam bem desordenadas, e o chão com detritos. O povo que veio assistir ainda não estava educado o suficiente, mas era só uma questão de tempo. Aquilo até me deu ideia de não permitir que entrassem comendo ou bebendo, e de colocar uma gravação antes do início do espetáculo, solicitando que não jogassem nada no chão, e deixassem todas as cadeiras em ordem e em seus devidos lugares.

Ficamos por lá durante a tarde, deixamos tudo organizado e depois voltamos para o Núcleo. Vi que tinha um envelope sobre a minha mesa. Dentro, um convite da presidência, para que todos comparecessem à festa de confraternização, que seria realizada após o espetáculo, num dos galpões da Febem. Comuniquei a todos.

— Vamos fazer como fizemos na inauguração do teatro! Vamos trazer mala e cuia! Antes do espetáculo um bom banho, roupa, maquiagem e já ficamos bem produzidas!

— Acho que não vou à festa não, Aninha...

— Por quê?

— Ah, prefiro sair com o Cássio!

— Nada disso, a festa é compromisso profissional também, tem de ir, sim senhora.

— Você sabe que eu não gosto dessas coisas.

— Não interessa! Você pensa que eu também não preferiria ir para casa? Claro que sim, ainda mais depois de ralar o dia inteiro! Mas é importante que a gente vá, não podemos deixar de prestigiar uma festa oferecida pela doutora Wayta!

— Tá bom, tá bom, mas eu vou ficar só um pouquinho!

— Fique, mas vê se dá um jeito de marcar bem sua presença, antes de se mandar, certo? Eu também não pretendo ficar muito.

Ainda fizemos uma checagem final e fomos para casa. Não comentei com ninguém sobre o bilhete do Fabiano. Como estava num envelope lacrado, entendi que era um assunto só entre mim e ele.

Fui rapidamente para a cama. Estava precisando descansar mesmo, para, no dia seguinte, estar em pleno vigor! Naquele proveitoso momento de vigília, tive a ideia de modificar a luz do final da peça. Enxerguei nitidamente como deveria ser. Em vez de manter todo o elenco em silhueta e depois da poesia gravada diluir a imagem de todos, baixando a luz até o *blackout*, vislumbrei um efeito melhor para impactar aquela plateia elitizada: manter todos em silhueta até a poesia gravada terminar e, depois, subir a luz para que todos os espectadores da plateia pudessem enxergar, bem no claro, os rostos daqueles meninos e meninas artistas. Deixaria num momento de silêncio, todos revelados e expostos lá no palco, e, só depois, iria para o *blackout*. Mas não em resistência, e sim, tirando a luz bruscamente, como quem apaga várias lâmpadas ao mesmo tempo, e de uma só vez. Somente depois daquela prolongada pausa que invadiriaa a escuridão, elevaria a luz, clareando tudo novamente para os agradecimentos. Aí sim eu colocaria a música final — bonita e imponente!

Adorei o que vislumbrei de olhos cerrados. Não via a hora que amanhecesse para ir à Febem e armar o ensaio com esse novo final, que só podia ter sido inspirado... Com esse sentimento, adormeci serenamente.

No dia seguinte, nem bem cheguei à Fundação, já avisei todo o elenco que faria um ensaio com um novo final, e queria todo mundo no palco, três horas antes de começar o espetáculo.

Eu fui a única a chegar mais cedo. O pessoal chegou mais tarde, uma vez que estava tudo já organizado e pronto para o espetáculo da noite. Contei sobre o ensaio do novo final e todos gostaram. A Silvinha conseguiu sintetizar minha proposta:

— Vai ficar menos romântico e mais contundente!

Todos saíram para almoçar. Eu tinha me alimentado muito bem, no café da manhã, e preferi ir até a padaria só para tomar uma vitamina e um café. Quando voltei, quem estava sentado numa cadeira, em frente a minha mesa? O Pedro Paulo.

— Oi Anna, a dona Amélia pediu para trazer isto para você.

Olhei, era um prato com um pano por cima. Tirei o pano. Um bolo!

— Nossa, que legal! Adoro bolo!

— É de cenoura, que eu plantei.

— Então deve estar uma delícia! E cobri de novo.

— Não vai comer?

— Vou sim, deixe eu pegar uma faca para cortar.

— Eu trouxe! — e me deu uma faca com serrinha.

Aquele garoto era mesmo muito descolado. Até uma faquinha ele tinha trazido! Cortei o bolo, dei um pedaço para ele, num papel de seda, e acabei comendo outro. Mas estava tão delicioso que acabei repetindo.

— Gostei muito do teatro, Anna.

— Que bom!

— Aquele menino de rua existe mesmo?

— Existe na peça.

Ele ficou me olhando sem entender.

— É o que a gente chama de personagem. Não é de verdade, só existe no palco.

— Mas ele não é daqui?

— É! Quer dizer, o ator, o Tião é daqui, da UE-15, que fica lá em cima!

— E o Catatau?

— O Catatau é o personagem que ele faz. O Tião é o ator que faz o Catatau, entendeu?

— Entendi.

— Mesmo?

— Não é assim, como se eu subisse lá no palco vestido de pirata?

— Isso mesmo! Vamos dizer que o pirata chamasse... vai lá, Pedro Paulo, dê um nome para o pirata!

Ele ficou um tempo pensando, até franziu a testa e depois falou:

— Capitão do mar!

— Ótimo. Então você, Pedro Paulo, iria fazer o papel do capitão do mar! Você seria o ator e o capitão do mar o seu personagem!

— Eu sou de verdade e o personagem é de mentira!

— Isso mesmo, entendeu! Só que você ia estudar bastante, se preparar bem, para fazer o seu personagem parecer de verdade!

Ele arregalou os olhos!

— Hi... fundi sua cuca!

Ele começou a rir. Era muito bonitinho, mesmo!

— Não precisa compreender tudo agora, tá? Aos poucos, você vai aprendendo.

— Quando você vai me levar para ver o teatro infantil?

Ele tinha registrado bem a promessa. Criança não esquece!

— No começo do próximo ano, está bem? Porque está chegando o Natal, o Ano Novo e nós vamos tirar uns dias de folga.

— Você não vem aqui, no Natal?

— Não, eu vou... — resolvi não dizer que passaria com a minha família, imaginei que devia ser bem duro ele não ter família para passar o Natal — ...eu vou viajar! — completei a frase.

— Para o interior?

— Não, para a praia.

— Onde tem mar?

— É.

— Nunca fui no mar.

— Quando você for, vai gostar. Vai entrar na água, pegar onda, é gostoso.

— Eu vi na televisão.

— Então, um dia você vai conhecer a praia e o mar.

— Eu quero!

O telefone tocou, atendi. Era o Renato, pedindo para eu dar um pulo ao teatro, porque a assessora de imprensa da Febem estava com alguns jornalistas que queriam fazer uma entrevista comigo.

— Pedro Paulo, eu vou ter de ir até o nosso teatro. Você vai voltar para a sua casa?

— Posso ir também para o teatro?

— Poder pode, só que não vai ter nada lá! Eu só vou encontrar um pessoal do jornal que está querendo falar comigo.

— Posso ir junto?

— Pode.

— Depois eu vou para casa.

— Tudo bem! Fale para a dona Amélia que adorei o bolo! Depois devolvo o prato.

— Falo.

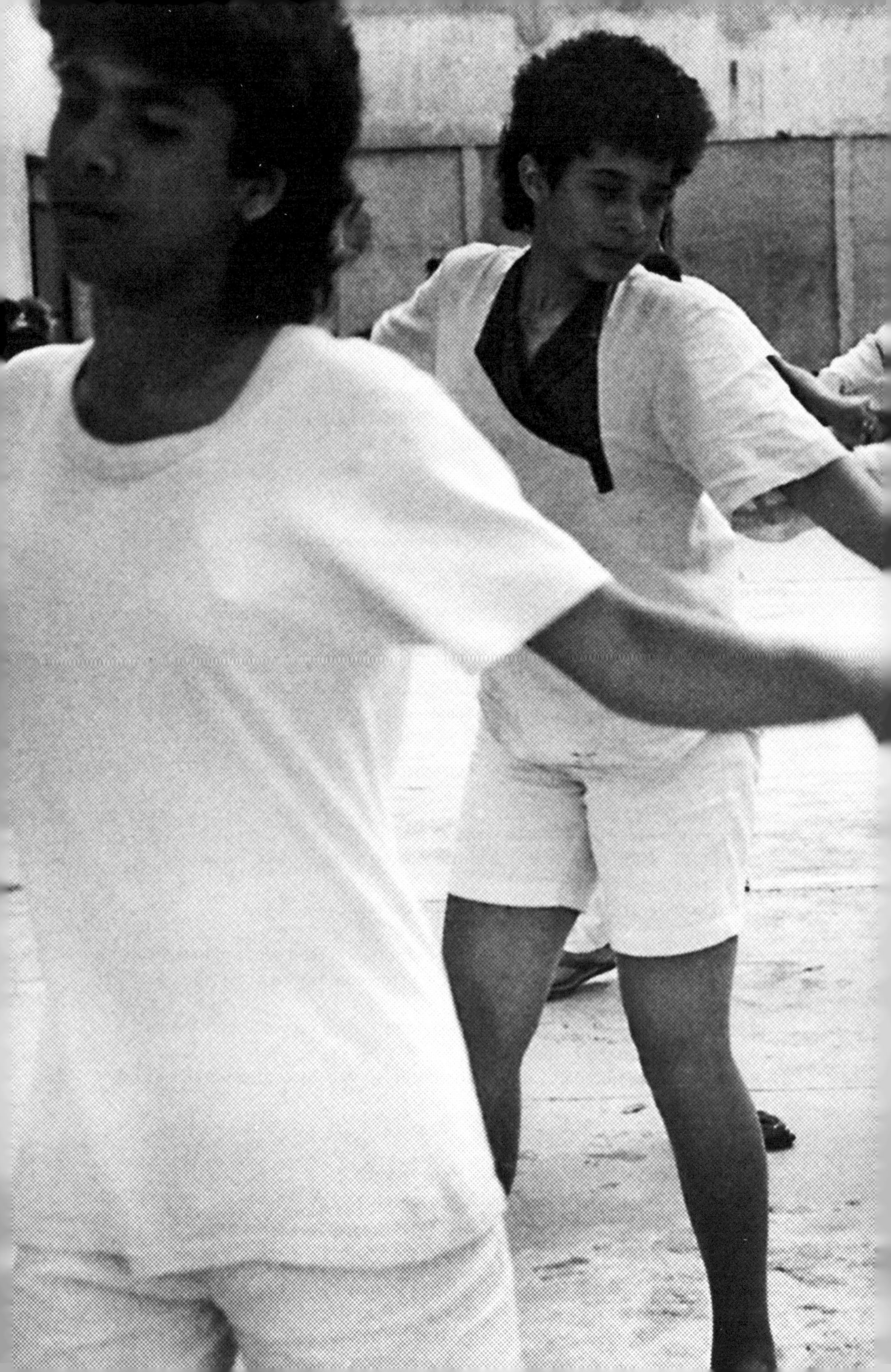

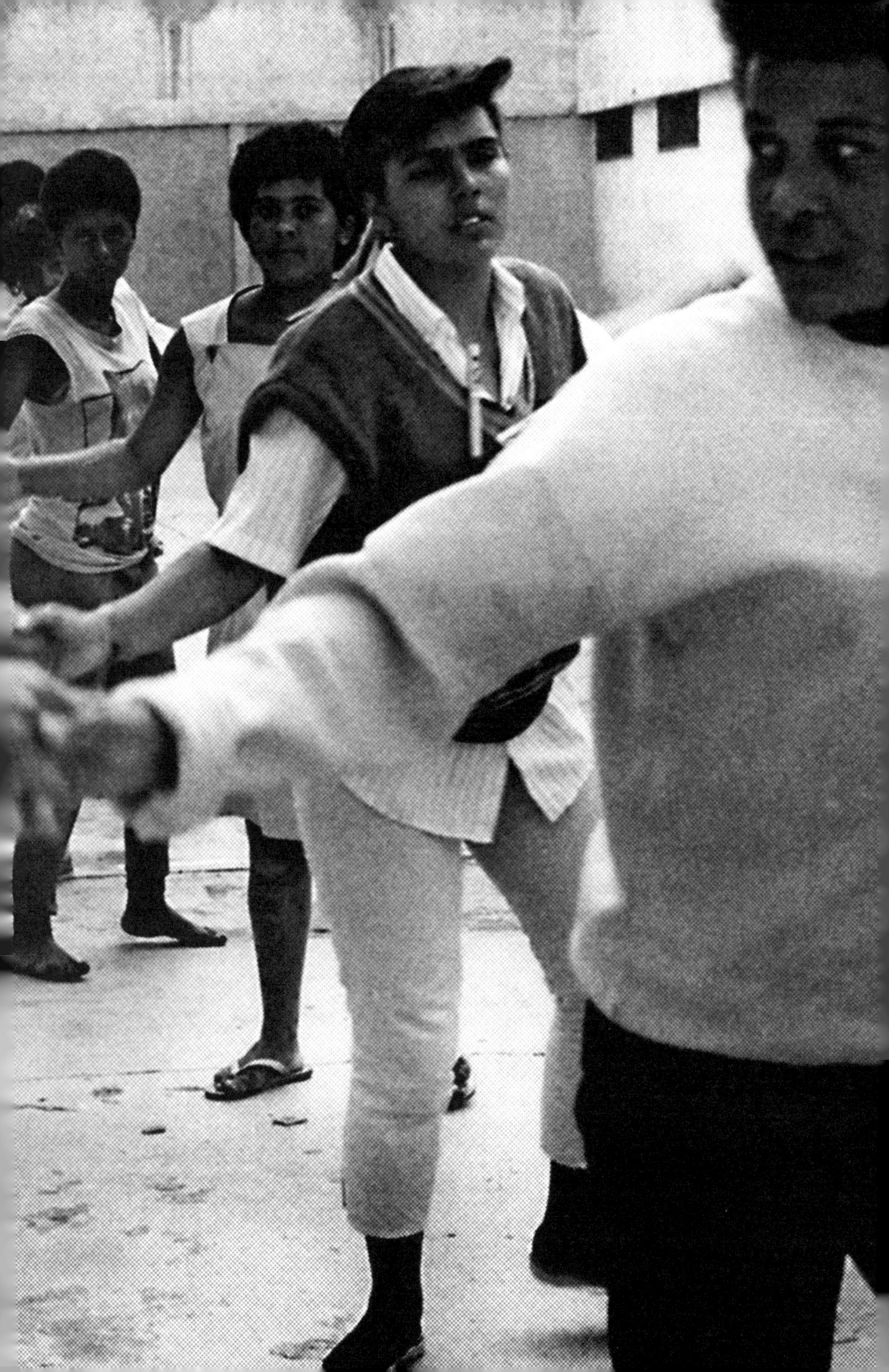

Deixei um bilhete, para quando o pessoal chegasse do almoço, avisei que fosse logo para o teatro, para falar com a imprensa também. Seria bom que todos se expressassem. E saímos.

O Pedro Paulo foi descendo comigo de mãos dadas. Era um menino carente. Se deixasse, ele ficava grudado!

Eles me esperavam na plateia, sentados nas cadeiras. A entrevista seria para rádio, jornal e revista. Entre algumas perguntas capciosas, veio uma, de uma jovem jornalista, que trazia uma caneta esferográfica e um bloco de anotações na mão:

— Quantos atores você acha que vai poder formar, entre esses menores para quem você dá aula aqui na Febem?

— Eu não estou dando, aqui dentro, um curso profissionalizante de teatro, muito pelo contrário! Nunca incuti, na cabeça de nenhum menor que frequenta nossas aulas, a ilusão de poder vir a ser ator um dia, fazer sucesso, dar autógrafos, ficar famoso! Aliás, isso eu não faço, nem quando dou curso para alunos de uma escola de teatro, que vai realmente formar atores profissionais. Mesmo porque, um ator para ter êxito precisa ter, além de vocação, talento e outros requisitos como uma boa formação escolar!

— E aqui, eles não têm?

— Nem aqui, nem fora daqui! Os internos da Febem, em sua maioria, vêm de famílias de pais analfabetos e eles próprios são também analfabetos ou muito mal alfabetizados.

— Mas nem uma mínima porcentagem poderia vir a ser ator?

— Nas condições sociais em que esses internos se encontram, eu posso dizer que a porcentagem de virem a ser atores profissionais, ao saírem daqui, é zero por cento. Ela continuou insistindo:

Então nenhum, mas nenhum mesmo desses menores, tem condição de seguir a profissão?

— Se não receberem uma ajuda real e efetiva que os faça melhorar, evoluir, ser integrados à sociedade, ficar preparados — de fato —, não vão poder nem seguir a profissão de ator e nem seguir outra profissão! Eles precisam de melhores condições de vida, moradia decente, escola, educação, cultura, bom atendimento de saúde, formação moral sólida. Tudo o que os indivíduos necessitam para, se quiserem, se transformarem em cidadãos respeitados! E aí sim poderão fazer suas escolhas, corretamente.

— Então pobre não pode ser ator?

— Eu não disse isso! Mas é evidente que as camadas mais pobres da população precisam de muita ajuda para conseguir ser alguém na vida. Não de programas assistencialistas, que acabam criando dependência e inércia, mas de um investimento real no próprio potencial, capaz de despertar ou fortalecer a capacidade de vencer em prol do direito à cidadania.

Ela mais me escutou do que anotou o que eu falei.

Outra pergunta veio de um jornalista que tinha cara de nerd e que estava com um gravador:

— Annamaria, você já conseguiu regenerar alguém aqui, com o teatro?

— O teatro que nós fazemos aqui não é para regenerar ninguém! Cada um é o que é, e isso se deve a muitos fatores, como eu já disse para a sua colega aqui! O teatro que fazemos com esses menores permite que se desenvolvam, pratiquem a disciplina, tenham mais conhecimento de si mesmos, entendam melhor suas próprias identidades e reflitam sobre isso. E é também um meio para que possam se divertir, ter um pouco de prazer, emoção, descontração! Agora, regenerar... penso que isso só será possível, quando tivermos políticos mais sérios, realmente comprometidos em auxiliar a população carente e necessitada. Mas não devemos esperar isso só dos políticos, não. A sociedade como um todo, pode e deve ajudar a mudar essa situação de enorme desigualdade social que temos em nosso país, da qual esses menores infratores são consequência direta. Vou repetir aqui, a frase que ouvi de um ex-diretor de uma Unidade da Febem: "Um país que tem uma Fundação como essa, precisa rever todos os seus valores!".

E mais uma pergunta partiu de um rapaz cabeludo e dentuço:

— A Secretaria da Educação do Estado não devia dar mais verbas, para o teatro poder fazer espetáculos populares, com ingressos mais baratos, para a população pobre ir assistir?

— Quem pode e deve dar verba para o teatro não é a Secretaria da Educação, é a Secretaria da Cultura!

— Mas bem que a Secretaria de Educação podia ajudar também!

Sem comentários! Resolvi nem responder, mesmo porque o pessoal tinha acabado de chegar.

— Bom, já falei tudo. Agora, por favor, falem com os profissionais que estão aqui e que compõem a equipe de trabalho. Todos têm muito a dizer.

Com certeza eles saberiam se virar para responder às perguntas daquelas "sumidades", principalmente a Silvinha. Pedi licença e afastei-me. Fui procurar o Pedro Paulo, mas ele não estava mais lá. Resolvi então voltar para o Núcleo. No caminho, fiquei lembrando do tempo em que eu fazia jornalismo na TV e no Rádio.

Na Tupi, que eu passei a chamar de "Universidade Tupi" nós não éramos apenas atores, fazíamos de tudo e participávamos de programas de outras áreas, não só da teledramaturgia. Na "Universidade Tupi", quem quis aprender, aprendeu e muito! E eu sempre gostei de ampliar meus conhecimentos em várias áreas. Com isso, além de meu DRT como atriz, tenho também registro de jornalista, na carteira de trabalho. Quando fui para a TVS, o primeiro nome da Televisão do Sílvio Santos, que depois se transformou no SBT — Sistema Brasileiro de Televisão —, comecei a trabalhar no Noticentro, com o jornalista Humberto Mesquita, fazendo reportagens, até que a primeira telenovela — "Destino" — fosse produzida.

Fiquei na minha sala e logo o pessoal retornou. Ficamos acertando ainda algumas coisas pendentes de produção. O tempo passou depressa e logo anoiteceu.

Eu e Silvinha fomos tomar banho, num dos banheiros da sede da presidência, para depois nos produzir. Levamos um tempinho para ficarmos com a aparência mais apresentável, afinal, lá dentro só andávamos de calça *jeans*, camiseta e tênis.

Quando saímos, já era hora de ir para o front, aguardar o elenco. Eles chegaram logo e iniciei a reunião, comentando as anotações que tinha feito no espetáculo anterior. Nada de muito extraordinário, o principal era que o espetáculo precisava de mais adequação ao nosso palco, que era menor. Eles já tinham percebido isso e disseram que ficariam mais atentos. Depois, contei como seria o novo final e expliquei que era para causar mais impacto na plateia. Eles entenderam. Então o Jayro saiu com essa:

— Era bom a gente fazer, na claridade, uma cara de: "Aí gente fina, a gente precisa da ajuda de vocês, tão ligado?".

— Não, nada disso! Vai parecer que a gente tá pedindo esmola mesmo! — rebateu o Tião, fazendo, de repente, ressurgir seu orgulho de ser o ator protagonista e não o pivete de rua que ele representava.

— Que é isso, mano? Não se trata disso, não! Aqui ninguém é "mendingo", não! — replicou o Jayro, errando na pronúncia de mendigo.

Vi que já ia começar uma discussão e fui logo apaziguando, para evitar desavenças antes do espetáculo:

— Eu entendi o que o Jayro e o que o Tião quiseram dizer! Mas penso que o melhor mesmo será olhar bem para a plateia, com o pensamento de quem está muito feliz em poder ter mostrado o seu lado criativo, de artista, que a maioria das pessoas lá sentadas nem podia imaginar! Nada de cara de súplica ou de arrogância. Só um olhar sincero e uma expressão verdadeira, que demonstre que no palco estiveram "pessoas", que merecem respeito e atenção!

— Falou Anna, é isso aí! — me apoiou o Carlinhos, meu braço direito.

Todos reagiram positivamente também, incluindo os dois opositores iniciais.

— Então vamos lá! Posicionem-se para o final e, antes de tudo, vamos treinar o olhar!

Ficamos curtindo e testando olhares e expressões. Foram muito interessantes as várias tentativas, até chegar ao olhar certo e à expressão mais verdadeira. Foi um sensacional exercício de descoberta da mais perfeita "máscara teatral", para aquele momento final. Eu e Silvinha vibramos com aquele processo extraordinário, que nos remetia às nossas mais belas lembranças de início de carreira no teatro.

No fim, todos acabaram olhando para a plateia da mesma maneira. Ficou excelente! Aí pedi que mudassem totalmente o olhar e a expressão para o agradecimento. Que simplesmente esboçassem um sorriso. Chamei o Maílson, que fazia o Zé Pinguinha, e que era ótimo em suas expressões, para demonstrar a transformação. Coloquei-o na frente de todos. O Maílson era um comediante nato, mas para ensaiar era muito sério.

— Faz o olhar e a expressão do final, Mailson!

Ele fez instantaneamente. Era exatamente o que eu queria.

— Agora muda essa expressão para um sorriso. Como se você estivesse usando uma máscara de tristeza e trocasse por uma máscara de alegria.

Ele não conseguiu de imediato e se perdeu. Provocou algumas risadas.

— Espere aí gente, não vamos brincar, estamos em cima da hora!

— Espera aí, Anna, deixa eu me concentrar! — ele fechou os olhos e retomou a máscara do final. Depois foi transformando lentamente o olhar, a expressão e esboçou um sorriso.

— No que você está pensando Maílson? — perguntei

— Vocês têm que saber que eu tô muito feliz aqui em cima no palco, fazendo esse teatro! — ele disse com um sorriso muito iluminado!

— Isso! Isso mesmo! — aplaudi.

E falei olhando para todos:

— Então elenco, vamos repetir o que o Maílson fez. Com bastante sentimento! Vamos lá! Expressão final!

Eles fizeram direitinho.

— Expressão para o agradecimento!

— Eles se transformaram e conseguiram o efeito desejado; alguns tiveram que ser corrigidos. Silvinha me ajudou sorrindo, feliz, para que todos a imitassem.

Deu certo! — falei muito entusiasmada. — Agora fiquem nas posições para eu fazer a luz e colocar a música! Saiam todos de cena. João, Tião e o conjunto de música congelem a posição final!

Silvinha veio para a mesa comigo e ficou olhando atentamente para o palco.

Eles congelaram e ensaiamos todas as etapas até o *blackout* final e o agradecimento. Repetimos umas cinco vezes até acertar.

— Ficou de arrepiar, Aninha! Muito melhor!

— Também achei! — e falei para todos:

— É isso aí gente, ficou lindo esse final novo! Mantenham, tá legal?

E quando dei o ensaio por terminado, o Jayro não perdeu a oportunidade:

— A gente tem que fazer tudo direito e bem na manha, porque afinal as meninas estão muito bonitas e temos que obedecer!

Ele estava se referindo à produção da equipe feminina. Eu, a Silvinha, a Marisi e a Márcia estávamos de vestido, bem penteadas e maquiadas! Acabamos rindo e recebemos aplausos!

Eles foram para os camarins se arrumar e eu fui até a entrada do teatro. Já tinha seguranças e manobristas na porta. Depois de um tempo começaram a chegar carros oficiais e carrões com as autoridades convidadas. Mas também chegaram carros mais modestos, que deviam ser do segundo e terceiro escalões. Mulheres elegantes e homens de terno e gravata. Era um público, aparentemente, mais refinado.

O teatro estava bonito, com arranjos de flores na entrada, perfumado — eu tinha borrifado uma fragrância silvestre em todo o ambiente — tudo limpo e bem preparado. Dei ainda um tempo lá, voltei para os camarins e chamei a Silvinha e o Renato.

—Vejam se dá para adiantar a vinda deles, já prontos para o palco, preciso dar uma orientação a todos.

Em pouco tempo estavam todos lá.

— É o seguinte, meu querido elenco: o público que vai ver o nosso espetáculo hoje, vai ser bem diferente de todos que nós já tivemos. É um público mais controlado, mais comportado, vamos dizer assim. Não esperem grandes reações, grandes risadas, aquela torcida, aquela identificação da plateia com a peça e com os personagens que vocês estão representando. Mas não estranhem, nem se deixem intimidar ou se impressionar. Isso não vai significar que não estejam gostando do trabalho de vocês. É só uma maneira mais distinta de reagir, porque eles são pessoas de fora, longe dessa realidade que a gente está mostrando no palco, certo? Façam o espetáculo brilhantemente como sempre fizeram. Com bastante garra, bastante verdade, dominando tudo, fazendo pra valer! É para esse público que vem aqui, hoje, que vocês têm que mostrar que são bons, que são capazes! Eles têm de ver e reconhecer o talento de todos vocês. Conhecer um outro lado, o lado artista que tem cada um, aqui. E o novo final tem que ficar melhor ainda do que ensaiamos. Façam com muita inspiração, com muito sentimento! Sintam a energia da luz que vai iluminar e projetar vocês para a plateia. Sintam a sensação de felicidade, por estarem representando essa peça no palco. Sejam vocês mesmos! E tenham prazer no que estiverem fazendo! O espetáculo de hoje tem que ser o melhor de todos! E vai ser!

Eles aplaudiram e se abraçaram.

— E vamos fazer a nossa vibração antes do público entrar. E tem que ser mais rápida! Eu já falei muito. Quem vai falar?

— Eu! — disse o Carlinhos.

— Quero que todos daqui tenham muita proteção. Deus vai ajudar a gente fazer um espetáculo mais lindo de todos o que a gente já fez. Com muito amor e união e sentimento! Seja!

— E... merda para todos! — falou Silvinha.
— Vamos nessa, minha amiga? O último do ano?!
— O melhor de todos, Aninha!

Abraçamo-nos. E fui, mesmo produzida, operar a luz e o som. Fique lá sozinha, de técnica. Senti saudade do Nardinho, ao meu lado. Olhei o relógio, fui seguindo nosso costumeiro ritual de início e o espetáculo começou.

Silêncio total. A garotada mandando bem. Estavam seguros, firmes. A plateia, aos poucos, começou a reagir. Como o previsto, com muita discrição. Mas, no decorrer do espetáculo, foram se deixando embalar, se envolvendo com a história e se soltando cada vez mais. Já ouvia até alguns comentários. E as risadas aumentaram de volume. Eu não aguentei e resolvi virar, prudentemente, para observar as reações. Estavam todos muito entretidos e com cara de satisfação. Como sempre, o Zé Pinguinha arrasava. Falava e era só risada. Todos os personagens foram caindo no gosto do público, que se sensibilizava cada vez mais. O Tião estava, como sempre, maravilhoso fazendo o Catatau. Mais uma vez, o menino de rua tinha incorporado nele, e estava perfeito. E quem conquistou também o público, com sua graça e empatia, foi o Jayro. Ele era o máximo fazendo o comparsa com sua ginga de malandro simpático, boa pinta! As meninas também estavam ótimas e muito bonitinhas! Só não receberam os costumeiros assovios de elogio à sensualidade das duas garotas de programa. O Carlinhos me surpreendeu com um jeito diferente de interpretar o traficante. Deu uma conotação mais de empresário das drogas, negociante, profissional do tráfico. Estava com a voz mais grave, imponente e autoritária. Tinha crescido muito no papel. E o João, fazendo o Nando, pela primeira vez chegou a chorar, quando deu a flauta de presente ao Catatau e começou a tocar com ele. Eu vi as lágrimas correrem, olhei para o público e vi gente chorando também.

O teatro é realmente mágico, o espetáculo estava deslumbrante! Pareciam todos tomados por seus personagens, de uma forma intensa e arrebatadora! Era emocionante de se ver!

No final, quando o Catatau ergueu a flauta, os aplausos explodiram! Era um público que entendia perfeitamente o gesto! E foram tantas as palmas, que só diminuíram quando eu coloquei a música de introdução à poesia, num volume mais alto para provocar silêncio. Depois diminuí, mas deixando bem audível. O elenco se posicionou e ficou estático, com o olhar e a expressão bem definidas, como tínhamos ensaiado. A voz do Paulo Autran interpretando a poesia começou a reverberar pelo teatro inteiro. Fui baixando a luz e deixando todo o elenco em silhueta. Quando a poesia terminou, eu subi a luz e todos foram revelados, mostrando ainda a mesma expressão. Deixei todos iluminados, no silêncio. Aos poucos, numa sintonia inacreditável, todos, ao mesmo tempo, foram transformando aquela fisionomia austera, congruente, em um sorriso que foi se esboçando lentamente e adquirindo uma aura de sinceridade, franqueza, verdade. Deixei o palco bem claro, ainda mostrando todos sorrindo. Depois dei um toque em todas as alavancas da mesa e apaguei todas as luzes. A plateia ficou em silêncio. Conservei tudo escuro, ainda. Depois coloquei a música final, que entrou bonita imponente, comovente. Subi a luz em resistência e eles se posicionaram para os agradecimentos.

O público, então, levantou e começou a aplaudir e a gritar:
— Bravo! Bravo! Bravo!

Subi a luz geral a cem por cento, iluminando todos intensamente. O elenco veio bem à frente Os aplausos e os gritos — "Bravo! Bravo!" — continuavam intensamente.

Todos o elenco se curvou, agradecendo. Depois, todos se ergueram e começaram a aplaudir também. E eu, mais uma vez chorando, também gritei, olhando para eles:
— Bravo! Bravo!
Havia sido o melhor espetáculo de todos!

Na festa, todos comentavam sobre a beleza do espetáculo, da emoção que sentiram vendo aqueles garotos e garotas no palco, atuando. Ora ficavam admirados, ora compungidos. Tínhamos uma mesa reservada e as pessoas vinham até nós para dar os parabéns, falar, fazer perguntas, dar enfim sua opinião. A doutora Wayta tinha nos apresentado e nos elogiado, quando fez, no início da festa, um discurso de agradecimento a todos, pela dedicação e empenho ao trabalho, durante aquele ano. Ela nos incluiu no agradecimento, apontando para a nossa mesa, e então recebemos uma salva de palmas. Foi muito carinhoso da parte dela. Eu gostava muito da doutora Wayta, era uma mulher de fibra.

A festa estava bonita. O galpão estava todo enfeitado com motivos natalinos. Tudo de muito bom gosto. Houve coquetel, jantar e depois música para dançar. Eu, a Silvinha, a Márcia e a Marisi dançamos muito com os nossos cavalheiros: Robert, Agenor, Renato e Augusto. O pessoal da área esportiva também estava se divertindo muito. Acabamos ficando mais tempo do que pensávamos. Foi uma verdadeira confraternização. Pudemos descontrair, rir e usufruir daquele momento agradável e afortunado.

Cheguei a minha casa silenciosamente, já era um pouco tarde e, antes de subir ao quarto, resolvi fazer um bom chá de erva-doce e hortelã, para facilitar a digestão e purificar o fígado do vinho que havia tomado. Deixei a sala à meia-luz, acendi um incenso de canela e me acomodei no sofá. Meu poodle e meus gatinhos logo se ajeitaram ao meu lado.

Fui saboreando o chá, lentamente, e fiquei deixando meus sentidos se desprenderem de toda e qualquer agitação. Consegui entrar num estado contemplativo e enlevado. Um estado de alma que a gente adquire, somente depois de realizar algo que desejávamos muito, e que nos leva ao êxtase, como se estivéssemos purificados. Fiquei completamente entregue àquele momento divino.

Poucas vezes, em minha vida, tinha me sentido assim, envolta num momento de tão intensa felicidade!

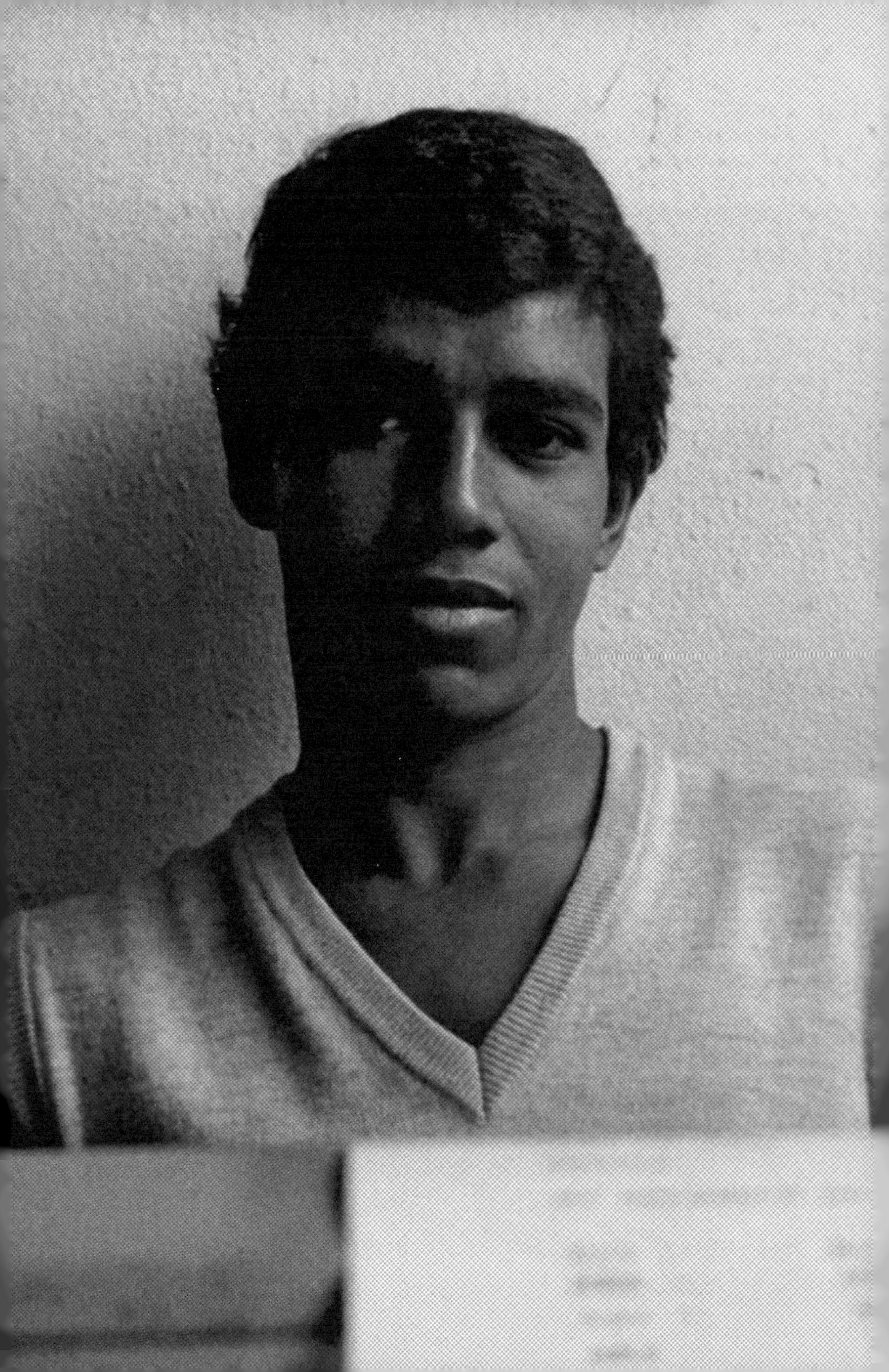

54.

Adeus 1987, feliz 1988!

Depois

das duas vitoriosas apresentações de "Menino de Rua" na Febem, e da brilhante festa de confraternização oferecida pela doutora Wayta, não tivemos gás para comemorar mais nada. Realizamos a nossa reunião de avaliação, todos expuseram sua opinião sobre o nosso trabalho daquele ano, apontando os erros a serem corrigidos e também valorizando os êxitos conquistados. No final, muitos mais prós do que contras, e todos saíram sentindo-se muito gratificados pelos bons resultados alcançados. E... férias!

Depois de ter passado o Natal com a minha família, na casa de meu irmão, fui relaxar nas praias de Florianópolis. Um lugar ideal para de desligar do mundo é Floripa. Praias lindas, gente linda, restaurantes ótimos, cenários fascinantes. Eu gosto de passar o Ano Novo na praia e, naquela transição para 1988, tinha muito a agradecer a Deus e pouco a pedir: somente que me desse muita luz e orientação para saber como encaminhar minha vida, a partir do próximo ano. Eu tinha muitas dúvidas sobre o que realmente queria fazer.

Fiquei em Floripa tomando sol, descansando, lendo, curtindo os amigos, namorando e pensando muito em minha vida profissional. Eu andava com saudade de voltar a atuar. O trabalho na Febem era muito gratificante, mas eu estava sentindo falta da convivência com o meu ambiente de trabalho em teatro e TV.

Todos os dias pensava nisso e considerava a perspectiva de novos rumos profissionais. É da minha natureza, de repente, querer partir para novos desafios, viver novas experiências, adquirir mais conhecimento. Não consigo me fixar muito tempo numa atividade só. Sou uma verdadeira andarilha artística. Fiquei quinze anos na Tupi, mas o trabalho lá era bem dinâmico e nada repetitivo, e ainda assim eu tive outras atividades artísticas paralelas, senão eu não teria suportado. Fico muito estimulada com o ato de experimentar, criar, inovar. Desde criança sou assim: polivalente.

Aquelas férias tinham sido essenciais para eu me reciclar. Retornei à Febem completamente renovada e bronzeada! O pessoal tinha retornado antes. Eu era PJ — pessoa jurídica, tinha empresa, emitia nota fiscal para receber meu salário e tinha acertado minhas férias para aquele período.

Cheguei naquela segunda feira, com saudade de todo o pessoal. Estava nos beijos e abraços de reencontro com todos, quando o telefone sobre a minha mesa tocou. Era do departamento jurídico, solicitando que eu fosse até lá. Fui imediatamente e encontrei a doutora Wayta saindo de sua sala. Ela me cumprimentou carinhosamente e disse que sua assessora tinha algo a me propor. E saiu, desculpando-se pela pressa, em razão de um compromisso.

Entrei na sala da assessora jurídica, a doutora Cíntia, a quem eu chamava pelo nome, eliminando o doutora, porque ela era muito jovem, simpática, amiga do Augusto e já tinha ido ao Núcleo nos visitar algumas vezes.

— Oi Cíntia! Feliz Ano Novo!
— Oi, Anna!

Abraçamo-nos!

— Feliz Ano Novo para você também! Sente aí, preciso conversar com você.

Sentei.

— Você está há dois anos aqui, como pessoa jurídica, certo?
— Certo.
— Então Anna, a doutora Wayta deseja te contratar. Estamos verificando nos nossos quadros uma maneira legal, para que você possa ser funcionária da Fundação, com carteira assinada e todos os direitos trabalhistas. Até o final desta semana, deveremos te dar uma posição a respeito. Eu estou saindo de viagem, mas vai ficar aqui outro assessor, inclusive da área trabalhista, o doutor Amâncio. Ele irá te chamar e te orientar em relação a documentos e tudo o mais.

Fiquei absolutamente surpresa com a notícia. Não consegui emitir uma palavra.

— E aí, está contente?
— Cintia, sinceramente, eu não esperava por isso! Preciso pensar!
— Eu entendo perfeitamente! Artista não gosta de carteira assinada!
— Não se trata disso! Eu tive carteira assinada durante quinze anos na TV Tupi, durante dois anos no SBT e também no Teatro Popular do Sesi.
— Então o que está te deixando assim, indecisa?
— É que... não sei se quero ser funcionária da Febem. Estou sendo franca com você. Eu adoro o meu trabalho aqui mas, de verdade Cíntia, não sei se quero continuar fazendo isso como funcionária, efetivada, com a perspectiva de ficar aqui durante muito tempo. Não sei mesmo. Sinceramente.
— Então pense, até o doutor Amâncio te chamar.
— Vou pensar sim, com o maior carinho. E eu só tenho a agradecer à doutora Wayta pela proposta.
— Ela gosta muito de você!
— E eu dela! É uma pessoa do bem!

Levantei.

— Muito obrigada, Cíntia. Desde já estou pensando! Dá para ver uma fumacinha saindo do meu cérebro? — falei brincando.

Ela riu.

— Pense com calma. E te peço, por favor, não comente nada com ninguém aqui dentro, por enquanto.

— Não vou comentar.
— É melhor.
— Boa viagem!
— Obrigada! Daqui a quinze dias já estou de volta.

Nos demos um beijinho de despedida e eu saí.

Lá fora, minha cabeça já começou a latejar. Eu, que vinha avaliando a possibilidade de não continuar na Fundação a partir daquele ano, de retomar minha carreira artística, recebo uma proposta daquelas, que me direciona para um caminho totalmente oposto? Ficar lá, ser funcionária da Febem, uma funcionária pública! Fiquei desnorteada com aquela probabilidade! Será que era isso o que eu queria para mim? E eu nem podia comentar com ninguém! Nem com a Silvinha!

Fui para o Núcleo, contando as horas para voltar para casa e poder conversar com alguém, dividir minhas dúvidas e incertezas.

Fiquei um pouco no Núcleo, depois fui ao teatro para dar uma olhada em tudo. Silvinha estava lá, vendo o trabalho de uma psicóloga da Unidade Terapêutica, com garotos e garotas entre dez e onze anos. Sentei ao lado dela e fiquei assistindo. No palco, o grupo imitava bichos — uma graça. Cada participante do exercício imitava um bicho de sua escolha. Eram macaquinhos, gatos, cachorros, cavalos, leões, elefantes e tinha até um bicho preguiça. A psicóloga sugeria ações para os bichos realizarem. Muito interessante. Eu e Silvinha ríamos com as travessuras daqueles bichinhos argutos e serelepes.

Enquanto olhava para aquele palco, lembrei do texto da Consuelo. Eu tinha lido e gostado muito. Tinha conversado com ela antes de viajar, no fim do ano, sobre a peça. Ela me perguntou, entusiasmada, se a montagem seria para breve. Fiquei de dar retorno no início do ano. Não sabia o que dizer a ela, ainda.

Depois do exercício do macaquinho, que ainda demorou um pouco, o trabalho terminou.

— Vamos almoçar, Silvinha?
— Vamos!
— Resolvemos ir a um restaurante fora da Febem.

Fomos andando e eu caminhei em silêncio. Silvinha, claro, percebeu que algo me incomodava. Chegamos e escolhemos uma mesa que ficava fora, num jardim muito bem cuidado e todo arborizado. Estava um dia lindo! Pedimos nossa comida.

— Aninha, quer falar para mim o que você tem?
— Estou pensando seriamente em sair da Febem, Silvinha.
— Não me surpreende.
— Não?
— Eu te conheço minha amiga. Dois anos é muito tempo para essa sua inquietação toda! — ri.
— É verdade. Nessas férias pensei muito nisso. Pelo lado profissional, tenho certeza de que quero sair, mas pelo lado espiritual não sei! Ainda não estou completamente convencida de que a minha missão na Febem acabou.

Ela ficou me olhando, com aquela carinha doce e meiga de compreensão total do que eu estava dizendo. Eu gostaria tanto de comentar com a Silvinha, pessoa de minha total confiança, sobre a proposta que eu tinha recebido de ser contratada, mas não faria isso. Sou uma pessoa que sabe guardar segredo quando me pedem.

Silvinha, diante do meu silêncio, falou em tom jocoso:

— Marque uma reunião com os seus amigos espirituais, lá de cima, e pede ajuda!

— Já estou fazendo isso há tempo! Pedindo que me orientem, que me mostrem sinais!

E por isso mesmo estava tão incerta sobre o que fazer. "Seria aquela proposta um sinal para eu continuar?" — esse pensamento me torturava!

Silvinha sintonizou-se com meu pensamento.

— Você recebeu alguma proposta de trabalho?

Levei até um susto com a pergunta certeira.

— Como assim?

— Foi chamada para fazer alguma peça, alguma novela?

Que bom que dava para eu responder com a verdade.

— Não, nada à vista. Só uma imensa vontade de mudar mesmo. Voltar a atuar, ou dirigir, ou escrever, mas fazer alguma coisa nova, fora da Febem.

— E se você continuasse lá, qual seria o próximo passo?

— Montar a peça da Consuelo de Castro! Aliás está na minha gaveta, quero que você leia. É muito interessante!

— Você está sabendo que o governo vai restringir bastante as verbas destinadas à Fundação?

— É mesmo? Como você teve notícia disso?

— O Cássio escutou isso numa reunião, no começo da semana passada, você ainda estava viajando. O governo, por meio da Secretaria de Promoção Social, vai destinar somente a verba necessária. Contenção total.

— Então o teatro vai sofrer com isso. Sem verba, como produzir um espetáculo novo? A peça da Consuelo precisa de uma boa produção, tem dezoito personagens e uma estrutura bem dinâmica!

— Pois é...

— Por que isso, hein? Mudança de governo se aproximando?

— Só pode ser!

— É um absurdo mesmo! Tudo tem destino político neste país!

— Infelizmente!

— Então vamos ter de continuar só com as aulas?

— Provavelmente.

Aquela informação era outro sinal, e que agora me deixava em estado de alerta, para a decisão que deveria tomar! Não me atraía nem um pouco, só ficar dando aulas de teatro, sem poder realizar montagem alguma!

— Sabe de uma coisa, Silvinha? Vou entregar pra Deus!

— É, Ele sabe o que faz!

— E eu também vou ter de saber!

— Você me empresta a peça da Consuelo para eu levar para casa e ler?

— Claro!

— Como chama a peça?

— "Um belo dia"!

— Que bonito o título!

— A peça também é muito bonita. Hoje mesmo vou até a assessoria de comunicação, peço pra tirarem uma cópia e dou pra você ler. A original é melhor ficar no nosso arquivo.

— Tudo bem.

Terminamos nosso almoço e voltamos ao Núcleo. Chegando lá, o Renato e o Augusto estavam na sala.

— Olhe só o que o pessoal da assessoria de comunicação mandou pra gente!

E mostrou uma pasta repleta de notícias de jornais, falando sobre o nosso trabalho. E a mais importante delas tinha saído do *Brazil Herald*, um jornal de grande circulação e de muito prestígio internacional. Comecei a folhear, eram muitas as reportagens. Ficamos olhando um tempão, uma por uma. Lendo, vendo fotos. Comentando. Eu nem imaginava que nosso trabalho tivesse tido tanta cobertura por parte da imprensa externa e da própria imprensa da Febem, pelo jornal "O Diálogo", que era distribuído para várias Secretarias do Estado. Que maravilha!

— Precisamos mostrar para o nosso pessoal! Eles vão adorar saber que estiveram em tantas páginas de jornais! — falei.

— É mesmo! Vamos fazer isso logo, antes que muitos saiam daqui! — Silvinha complementou.

— Vamos marcar reuniões separadas, porque senão dá confusão todo mundo junto. Todos vão querer ver de perto, tudo!

— Precisamos tomar cuidado, hein Anna? Eles não podem danificar esse material! — disse o Renato, já preocupado.

— Claro que não! Vamos sempre avisar que eles têm de olhar com cuidado! Este é um documento que deve ficar aqui no Núcleo, para memória do que foi feito!

— Lógico Anna, concordou a Silvinha! Assim, quando estivermos bem velhinhos, vamos olhar para tudo isso e ficar lembrando de todas as loucuras teatrais que aprontamos por aqui, quando éramos jovens!

— E dizer: Nossa vida, só por isso, já valeu a pena!

— Hi, como vocês foram longe! Mulher gosta de um melodrama, não?

— Gosta mesmo! Somos sensíveis, meu querido, pensamos com o coração! — tripudiou a Silvinha!

— Ah, tá bom, vai. Só não quero que estraguem este material.

— Ninguém vai estragar, Renato, fique tranquilo. Aliás, todos nós temos de tomar cuidado! — e fiquei folheando e olhando tudo, detalhadamente, com intensa emoção.

Seria outro sinal? De que eu deveria permanecer lá e dar continuidade ao trabalho? Ou aquilo tudo me mostrava que eu já tinha cumprido a tarefa que o Nazih tinha me incumbido de fazer, logo no início do trabalho: a de tirar a Febem das páginas policiais e colocar nas páginas culturais? Minha cabeça já estava fumegante! Decidi parar de ficar vendo sinais na minha frente e trabalhar! Comecei a articular encontros em nosso teatro, para mostrarmos todas aquelas reportagens aos nossos alunos e a todos os envolvidos com o nosso trabalho. Passei o resto do dia fazendo isso.

Começamos na tarde seguinte, com a Unidade Terapêutica e, sucessivamente, fomos chamando o pessoal da UE-JOV, UE-3 e UE-15. Todos os encontros foram uma festa! Muita excitação e deslumbramento. Afinal, era motivo de satisfação e orgulho ver nosso trabalho bem retratado na imprensa!

Por último fomos à Unidade da Imigrantes. As meninas, então, foram as mais efusivas — como era de se esperar, próprio do temperamento feminino. Muitos gritinhos de entusiasmo e satisfação!

Em pouco mais de uma semana, tínhamos mostrado todas as matérias que haviam registrado e divulgado o nosso trabalho. E eu fiquei novamente em compasso de espera, sem saber ainda que atitude tomar em relação à continuidade ou não do meu trabalho na Febem.

Num final de tarde, eu estava voltando de nossa primeira aula de teatro, com um grupo novo da UE-3, quando vi um recado anotado sobre a minha mesa, com a letra do

Robert, avisando que tinham ligado do departamento de recursos humanos, pedindo que eu fosse até lá. Senti um frio na espinha. Sabia do que se tratava. Tinha procurado não pensar mais no assunto até me deparar com aquele momento.

Silvinha, percebendo minha preocupação perguntou:

— Algum problema, Aninha?

— Recado do departamento de recursos humanos, para eu ir até lá.

— Departamento de recursos humanos? O que será?

— Vou lá ver. E depois já vou embora, tá?

Na verdade, fosse qual fosse minha resposta, eu não queria falar com ninguém depois, só no dia seguinte. Peguei minha bolsa, me despedi e saí. Mas não fui direto para lá não. Resolvi procurar um lugar sossegado, sem ninguém por perto, para fazer uma mentalização e uma vibração. E fui andando, num ritmo oposto ao meu, ou seja, bem devagar.

Sentei numa mureta, debaixo de umas árvores. Fechei os olhos, fui respirando fundo, me conectando com os meus amigos espirituais, de luz e de paz. Procurei sentir a resposta que precisava. Sim ou não? Devo continuar ou não na Febem?

Não conseguia captar nada que me desse uma luz! Nenhuma sensação que eu pudesse identificar. Depois de um tempo, achei que estava forçando. Já começava a escurecer e eu tinha de dar uma boa andada até a sede, onde ficava o RH. Levantei e me dirigi para lá.

Entrei numa sala que eu nem conhecia. Era meio escura, iluminada por aquelas lâmpadas frias, que deixam a gente verde. Lá no fundo, tinha um homem sentado numa cadeira, atrás de uma escrivaninha de madeira bem escura, entalhada. No caminho, havia um sofá e duas poltronas de couro marrom escuro. Parecia uma sala antiga. Fui andando até o homem, que escrevia.

— Com licença?

Ele levantou a cabeça e me olhou:

— Pois não!

— Sou a Annamaria Dias, coordenadora de teatro daqui da Fundação. Vocês mandaram me chamar?

— Ah, sim. Sente-se, por favor.

— O senhor é o doutor Amâncio, do departamento jurídico?

— Não, sou o Januário, aqui do RH mesmo — e deu uma risadinha indecifrável.

— Do que se trata seu Januário?

— Bom, Annamaria, temos aqui uma possibilidade de contratação para você. Você disse que é coordenadora de teatro, não?

— Sim, sou.

— Pois então, não temos o seu cargo aqui e você já está, há dois anos, trabalhando como pessoa jurídica, e não é bom que essa forma de vínculo continue. Por isso, encontramos uma brecha para te contratar. E você vai continuar fazendo o que está habituada a fazer.

— Teatro.

— Sim, a sua função.

O telefone tocou, ele pediu licença e atendeu.

— Alô, é o Januário.

Continuei sentada, esperando.

— Quem? Não! Eu não falei absolutamente nada disso para ela! Foi uma decisão da área administrativa, só cumpri ordens! — falou irritado.

Comecei a prestar atenção naquela figura. Era meio calvo, cabelos brancos, fora do peso, com uns bons quilos a mais, mãos pequenas, dedos curtos. Estava sentado, mas devia ser de pequena estatura. Aparentava uns cinquenta anos. E não usava aliança.

De repente começou a esbravejar e a ficar vermelho:

— Olhe aqui, eu exijo respeito! Conheço bem o processo de desligamento de um funcionário, jamais iria cometer essa asneira! Tenho mais de vinte anos no serviço público! Dez anos aqui na Febem!

Ouvir "dez anos aqui na Febem" deu um "tóóóóím" na minha cabeça, como se fosse um toque de sino dentro do meu cérebro!

Ele continuou:

— Não! Eu não tenho nada a ver com essa história! Nada, absolutamente nada mesmo! E dê licença, tenho de desligar, estou resolvendo um assunto urgente aqui... Está bem, amanhã à tarde pode passar na minha sala, vou procurar o processo e, quando você vier, te mostro. Tchau — e desligou.

De vermelho passou para verde esbranquiçado. Abriu uma gaveta, em sua mesa, pegou um maço de cigarros, tirou um de dentro, acendeu, deu uma tragada profunda e soltou a fumaça para cima. Só depois se lembrou de me perguntar:

— Você se importa que eu fume?

Ele já estava fumando mesmo, respondi que não.

— Onde estávamos?

— Na minha contratação.

— Como agente especial de apoio técnico.

— Agente... do quê?!

— Especial de apoio técnico! Uma função que se enquadra melhor no que você faz! Orientação do doutor Amâncio, do jurídico.

— Sei...

Ele levantou, foi até um arquivo, procurou nas gavetas e veio com uma pasta, de onde tirou um papel, leu e depois falou:

— Estou com uma lista de cargos e salários meio defasada, não posso falar sobre o seu salário agora, mas amanhã, no máximo, tenho o valor correto e te comunico. Você chega a que horas?

— Amanhã vou chegar por volta de dez e meia.

— É mesmo?!

E resolveu tirar uma da minha cara o fumante esverdeado:

— Vai aproveitando chegar a essa hora por enquanto, porque depois de contratada, vai ter de chegar bem mais cedo e assinar o livro de ponto!

Livro de ponto? Outro "tóóóóím" no meu cérebro, bem mais forte! Fiquei olhando para ele, que continuou bem burocrata:

— Você vai ter de me trazer duas fotos três por quatro, carteira de trabalho, comprovante de residência, atestado de bons antecedentes, enfim... deixe eu te dar a relação de tudo o que você vai ter de providenciar, o mais rápido possível.

Tirou um papel de dentro de outra gaveta de sua mesa e me deu:

— A lista dos documentos que você deve me trazer. Bom, o seu salário deve ser um pouco menor do que o que você está ganhando atualmente, mas você terá todos os direitos assegurados, garantias e benefícios, por trabalhar diretamente com os menores. Uma coisa muito boa é que cada ano trabalhando aqui, é contado em dobro para a sua aposentadoria!

Com a palavra "aposentaria", veio um "tóóóóóóim" ensurdecedor! Fiquei com aquele papel, com a relação dos documentos, na mão. Deu-me um calor repentino e comecei a me abanar com ele.

— Alguma dúvida, alguma pergunta?

Demorei um tempinho para responder:

— Só uma resposta, seu Januário. Eu não vou continuar trabalhando aqui na Febem.

— Não?!

— Não.

— Então por que veio até aqui?

— Na verdade, eu estava meio indecisa se ficava ou não, mas pensando melhor, não vou ficar.

— Resolveu agora?!

— Sim, acabei de decidir. Gosto muito de trabalhar aqui, mas quero retomar minha carreira artística.

Ele, que já havia apagado o cigarro, acendeu outro, deu outra enorme tragada e falou soltando a fumaça na minha cara:

— Então o que é que eu faço?

Diluí a fumaça com o papel que ainda continuava na minha mão. E fiquei olhando para ele, estranhando a pergunta.

— Me diz, o que é que eu faço?

— Não estou entendendo!

— O que é que eu digo para o doutor Amâncio?

— Não tenho a menor ideia! Mas amanhã eu vou comunicar à doutora Wayta a minha decisão.

— Logo cedo!

— Como?

— Quanto antes ela souber, mais rápido o doutor Amâncio vai ficar sabendo! Melhor que ele saiba por ela e não por mim!

Ele queria mesmo era tirar o dele da reta.

— Vou falar com a doutora Wayta, assim que eu chegar.

— Certo, certo!

Ficou um certo clima. Levantei.

— Estou indo, então.

Estendi a mão para ele.

— Muito obrigada, seu Januário.

Ele apertou a minha mão. A mão dele estava suada.

E fui saindo, quando lembrei do papel que ele tinha me dado, então voltei para devolver:

— Ia saindo com o papel dos documentos.

— Não quer levar? Vai que você muda de ideia...

— Não vou mudar. E coloquei o papel sobre a mesa dele.

Saí daquela sala estranha, fria e tenebrosa, quase correndo.

Lá fora, me deu um arrepio, uma espécie de tremor. Depois fui melhorando, melhorando e comecei a me sentir muito bem, mais tranquila e aliviada. Fui andando para o estacionamento para pegar meu carro. Entrei, sentei ao volante, fechei a porta e abri os vidros. Entrou um vento morno, bom. Senti uma sensação muito gostosa e dei um suspiro profundo. Finalmente eu estava convencida da decisão que tinha tomado: minha missão na Febem estava cumprida.

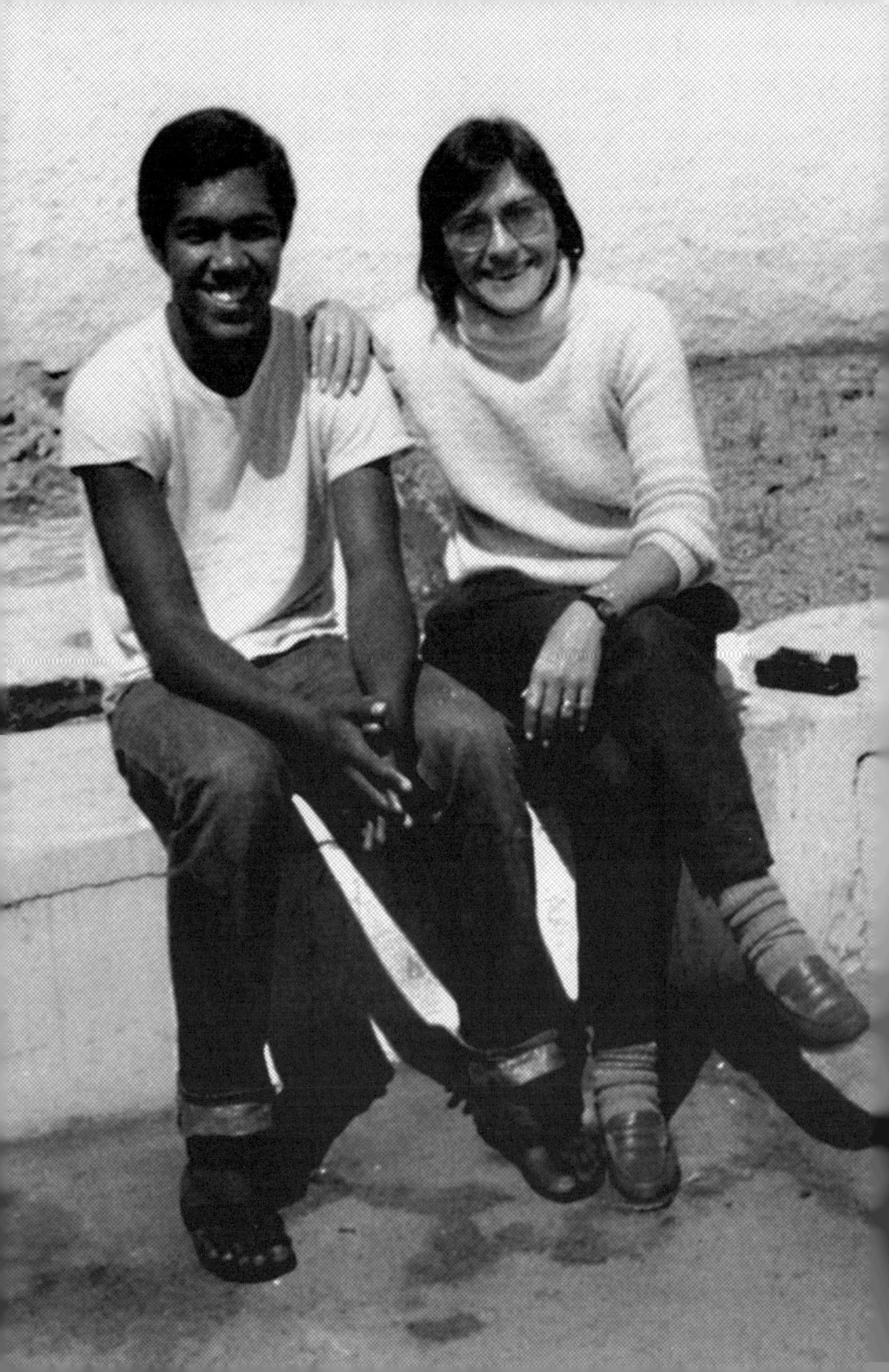

55.

A despedida

Depois de

dormir profundamente, mais de dez horas seguidas e sem sonhar absolutamente nada, acordei antes do despertador tocar. A primeira coisa que fiz foi ligar para a Silvinha. Pedi que me esperasse no apartamento dela, porque eu passaria lá, para conversarmos, antes de ir para a Febem.

O apartamento da Silvinha era a cara dela. Bem descontraído, com uma decoração alegre, colorida, meio hippie. Ela já me esperava com um suco de laranja, queijo, bolo, café fresquinho e pãozinho com manteiga. Sentamos como duas comadres:

— Fale Aninha, o que te fez vir aqui a esta hora?
— Você, que me conhece bem, já deve imaginar a razão.
— Resolveu sair da Febem.
— Bingo!
— E como foi isso?

Aí, como já não seria mais segredo mesmo, contei tudo: da proposta que eu tinha recebido da doutora Wayta, da minha ida ao RH na noite anterior, da minha decisão, enfim tudo.

Depois de rir bastante, com a cena surreal do seu Januário, na sala de RH, ficou me olhando, como se estivesse refletindo e raciocinando sobre a minha decisão, e veio com essa:

— Mas Aninha, se você se assustou em virar funcionária da Febem, não pode continuar como está, sem vínculo empregatício? E você pode sair a hora que quiser, sem grandes traumas!

— Não seria bom eu continuar como pessoa jurídica, segundo o que o seu Januário me falou. Mas não é essa a questão! Claro que essa perspectiva de virar funcionária agiu

como um catalisador, para que eu reagisse e decidisse mais rápido. Mas o fato é que eu já vinha pensando em sair mesmo. Cheguei a comentar isso com você!
— É verdade.
— E se eu continuar lá, me conheço, já vou encontrar um jeito de conseguir verba, montar a peça da Consuelo, e outras coisas mais. E vou passar mais um, dois, sei lá quantos anos na Febem! Eu não quero mais, não me sinto mais com vontade de fazer isso! Dá para entender, minha amiga?
— Em se tratando da Aninha, perfeitamente.
— Quando sinto que um ciclo terminou, é porque terminou mesmo! Você que me conhece, sabe que eu sou assim.
— Eu também sou igual a você. Acho que, no fundo, todo artista é. A gente percebe, melhor do que ninguém, quando um ciclo termina.
— Com certeza, Silvinha. A gente tem uma intuição à flor da pele... Bom, desejo muito que você continue o nosso trabalho, lute para montar a peça da Consuelo, lute para garantir e ampliar a atuação artística da equipe maravilhosa que nós temos, e ganhe cada vez mais espaço para o teatro. Você é a pessoa certa para fazer isso e muito mais!
— Sem você, vai ser muito chato... não vai ter graça nenhuma! Você vai fazer muita falta...
— Só no início, mas logo vai passar. Ninguém é insubstituível!
— Mas só existe "uma" Aninha!
— Esta Aninha tem que procurar novos caminhos!
Já estávamos quase chorando.
— Quero sair de lá hoje.
— Hoje? Por que assim tão rápido?
— Porque uma vez que decidi, não tem razão para eu continuar! Não tem necessidade de ficar prolongando a minha permanência. Para mim também não é assim tão fácil me desligar de um trabalho tão lindo.
— Então fique!
— Não.
— Você vai se afastar totalmente da gente?
— Vou dar notícias, sempre que puder! Mas, aos poucos, nossas vidas vão tomar rumos diferentes. Você sabe como é a nossa profissão, a gente constrói e desconstrói famílias durante o decorrer de nossos trabalhos.
— É verdade. Mas os amigos permanecem.
— Sem dúvida. E você vai permanecer.
Nos demos um abraço carinhoso, aí choramos mesmo. Depois que conseguimos controlar a emoção, falei:
— Bom... vamos? Te dou uma carona.
No caminho, procuramos falar sobre outros assuntos, para desanuviar os nossos pensamentos.
Nem bem entrei na Febem, fui direto falar com a doutora Wayta. A conversa foi bem calma, objetiva e bastante esclarecedora. Expliquei tudo com a maior sinceridade e clareza. Ela lamentou muito a minha saída, mas compreendeu perfeitamente os meus motivos e aceitou serenamente minha decisão.
Antes de me despedir, agradeci pelo apoio, pela confiança depositada em mim, por tudo o que fez em prol de nosso trabalho. Pedi que continuasse fortalecendo o teatro

na Febem. Ela também me agradeceu e disse que continuaria se empenhando para manter a arte e a cultura, em plano de destaque lá dentro. Nos demos um longo abraço.

Quando cheguei ao Núcleo Desportivo e Cultural, uma ligeira confraternização estava armada. O pessoal estava na minha sala. E todos me abraçaram, falaram palavras de incentivo, de carinho, de amor mesmo, porque nós trabalhávamos com muito amor. Foi lindo e muito emocionante. De repente, quem entra na sala?

O Pedro Paulo, que veio chegando com a mão na cintura.

— Você vai embora e não vai me levar pra assistir o teatro infantil?

Não tive alternativa. Combinei de passar na Febem, no sábado daquela mesma semana, às 14h45, pois o teatro infantil começa às 16 horas, para buscá-lo e levá-lo assistir a uma peça. Não tem escolha: prometeu para uma criança, tem de cumprir!

E o resto do dia foi de despedida. Fiz questão de ir a todas as Unidades para me despedir. Não consegui ver todos os garotos, porque alguns estavam na quadra externa, jogando futebol e fazendo exercícios físicos. Só não era possível ir à Unidade Imigrantes, mas deixei um bilhete na UE-15, com o Matheus. Ele dava aula de música para as garotas e poderia levar. Escrevi:

"Minhas queridas garotas, obrigada pela enorme dedicação que tiveram em nosso trabalho. Vocês sempre foram divinas e maravilhosas no teatro!
Sucesso na vida! Sejam felizes e... juízo!
Muitos beijos e o meu carinho".

Annamaria Dias

Na saída, apareceu o Tião, todo suado, do futebol. Não sei como, mas ele já sabia da minha saída. Na Febem as notícias correm na velocidade da luz!

— Vim correndo me despedir de você! Estou todo suado!

— Não tem importância! Dê um abraço aqui, grande ator!

Ele me abraçou forte e demorado. Depois olhou para mim e falou:

— Obrigado viu? Você ainda vai me ver na televisão, fazendo sucesso!

Acabei rindo. Ele não perdia a pose mesmo!

— Tomara! Quero te ver brilhar!

Dei um beijo naquele rosto suado e fui embora.

Tinha deixado a UE-JOV por último, até porque foi lá que tudo começou. Entrei e fui logo procurar o Saulo. Ele estava no pátio, conversando com uns garotos. Assim que me viu entrando, veio falar comigo.

— Oi, Anna!

Pegou no meu braço e foi me tirando de lá. A minha entrada no pátio, sem proteção, era sempre um terror para os monitores!

— Verdade então que você está saindo daqui?

— Verdade Saulo.

— Venha cá, acabou de sair um cafezinho, venha tomar e a gente conversa.

Fomos até a cozinha da Unidade. Cheirava a café. Tinha um cozinheira por lá.

— Dê um cafezinho pra gente, dona Zezé?

— É pra já! — falou ela.

Era uma senhora de pele branquinha e olhos claros. Parecia gente da minha família. Meu avô materno, Ernesto, tinha olhos verdes azulados e minhas tias tinham aquela carinha.

Sentamos a uma mesa de madeira com toalha de plástico quadriculada. Parecia que estávamos em casa de família. Aliás, a Febem era um pouco nossa casa mesmo, já que passávamos muito tempo lá. O café foi servido em dois copos de vidro. Estava uma delícia.

— Hoje já estou indo embora, Saulo, vim me despedir de você.

— Mas o que foi que pegou?

— Nada! Preciso voltar à minha vida de artista! — brinquei.

— É, você tem razão mesmo. Já está há muito tempo só aqui dentro. Não é bom!

— Eu adorei estar aqui com vocês. Foi maravilhoso para mim! Aprendi muito fazendo teatro com a garotada!

— A gente vai ficar com saudade.

— Eu também. Nunca vou esquecer de você vestido de Papai Noel, entrando pela plateia, distribuindo flores, naquele nosso primeiro espetáculo de Natal, no teatro.

— É aquilo foi muito legal mesmo! E você não sabia de nada!

— É mesmo. Você me pegaram de surpresa! Foi muito bom!

E ficamos um pouco em silêncio. Depois ele falou:

— Os garotos estão jogando futebol lá na quadra externa. O Fabiano foi pro médico, está com uma baita alergia. Faz mais de uma semana e não passa de jeito nenhum.

— É alergia à Febem, só vai passar quando ele sair daqui! — brinquei.

— Ele me perguntou se você tinha lido o bilhete e o que tinha achado. Você não me falou nada!

E me veio a imagem de um livro que eu adoro e costumo dar de presente em todo aniversário de amigo. E uma ideia: a de dar o livro para o Fabiano, para selar a nossa paz.

— Saulo, será que você pode avisar o Fabiano que sábado agora, eu venho aqui para falar com ele, lá pelas duas horas?

— Falo sim. Acho legal, antes de você sair, ficar numa boa com ele.

— É, a gente não deve mesmo deixar nenhum rastro de ressentimento pelo caminho. Isso atrasa a vida!

— Acredito nisso! Guardar mágoa atravanca tudo, Deus me livre! E bateu três vezes na madeira do batente da porta.

Acabei rindo. O Saulo era uma figura!

— O Carlinhos também está jogando futebol? — perguntei.

— Está.

— Puxa, dê um abração nele por mim. Diga que eu agradeço por toda ajuda que ele me deu.

— Pode deixar que eu falo.

Levantei.

— Bom, companheiro de teatro, a gente se vê um dia, quem sabe.

— Olha, quando estiver fazendo uma peça, avise a gente, tá? Eu quero te ver no palco!

— Aviso sim.

Dei um abraço e um beijo no rosto dele.

Fui saindo. Passei pela nossa antiga sala, a porta estava aberta. Ninguém lá dentro. Tinha umas cadeiras, um banco e prateleiras cheias de livros. Entrei, dei uma olhada nos livros. Devia ser doação, porque eram livros de todos os tipos e de assuntos bem diversificados. Saí e o Saulo estava por perto.

— Você viu? A sua sala virou biblioteca!

— Que legal! Gostei!

— Os garotos do teatro é que pediram! E quem estiver a fim, pode vir aqui e pegar um pra ler.

— Bacana, Saulo! Vou mandar uns livros de presente para eles, pela Silvinha.

— Mande sim. Tudo o que tem aí dentro ou é dado ou é trazido pela gente mesmo.

— Muito bom! Tchau então!

— Tchau!

Saí de lá feliz e resolvi ir embora. Dentro de dois dias eu estaria de volta para falar com o Fabiano e buscar o Pedro Paulo para ver uma peça de teatro infantil.

Fui direto para a Federação Espírita. Ouvi uma palestra, tomei um passe e agradeci pela proteção que me foi dada durante os dois anos em que fiquei trabalhando na Febem.

Depois fui à livraria e comprei o livro que daria de presente para o Fabiano: "Sinal Verde", de André Luiz, psicografado por Chico Xavier. Esse livro tem mensagens extraordinárias. Costumo abrir ao acaso, pela manhã, e ler uma mensagem, antes de começar o meu dia. É um verdadeiro bálsamo espiritual.

Escrevi uma dedicatória, antes de pedir que fosse embrulhado para presente:

"Fabiano, Você tem valor! Tomara que logo deixe de ser o Jeremias e se transforme no Catatau!"

Com carinho,

Annamaria Dias.
janeiro de 1988.

56.
Atos finais

Às 14h10

do sábado, eu estava entrando na UE-JOV. O Fabiano estava no pátio, perto da porta de entrada. Assim que me viu, veio falar comigo, sob o olhar de um monitor que eu não conhecia e que se aproximou também.
— Tudo certo?
—Tudo certo! É a Anna, minha diretora de teatro! — falou para ele, o Fabiano.
— Tudo tranquilo — reforcei.
Mesmo assim o monitor ficou por perto, mas sem interferir.
— Vim trazer um presente para você. E dei o livro a ele, que desembrulhou no ato e leu o título:
— Sinal Verde.
— É um livro de mensagens muito bonitas, para você ler uma ou quantas quiser, todos os dias. Escrevi uma dedicatória para você na primeira página. Ele abriu, leu, depois falou, olhando para mim:
— É vamo vê se eu consigo não entrá numa errada de novo!
— Tomara Fabiano, tomara mesmo! Li o seu bilhete, gostei do que você me escreveu!
— Foi meu sentimento, de verdade.
— Acredito. Tente dar um novo rumo para a sua vida, Fabiano, você pode!
— Sei não... ando num mato sem cachorro.
— Tente pelo menos!
— Deixe rolar... pra ver como é que fica.
— O Carlinhos, está por aí? Queria tanto falar com ele!
— Sei não — ele respondeu meio seco.

Lembrei do discurso do Carlinhos no teatro, que o Fabiano tinha citado na sua carta. Nem fiquei sabendo o que tinha dado entre os dois, depois disso.

— Boa sorte então, Fabiano. Fique bem!

Estendi a mão pra ele. Ele me cumprimentou e me deu um beijo na mão. Fiquei surpresa. O monitor ficou olhando intrigado.

Fabiano sorriu, tomando cuidado para não deixar aparecer muito sua falha nos dentes da frente:

— Vai na paz, Anna!

E fui embora.

Quase na porta de saída, ouvi:

— Ô Anna, vai embora sem se despedir do seu segurança, aqui? — era o Carlinhos.

— Eu tinha acabado de perguntar por você, Carlinhos! Eu te procurei antes de ontem, mas você estava jogando futebol!

— O Saulo deu o recado e falou que você vinha aqui hoje. Você vai embora mesmo daqui?

— Vou.

— Puxa. E o teatro?

— Vai continuar, com o pessoal todo.

— Será?

— Vai sim e vocês têm de dar força!

— Eu sempre dou.

— É verdade. Aliás Carlinhos, eu quero te agradecer por tudo o que você fez por mim, por toda a nossa equipe... pelo teatro! Você é grande!

— Você é que é!

Abracei ele. Fiquei com os olhos cheios de lágrimas e ele também.

O monitor olhou mais intrigado e veio quase do nosso lado.

— Tome jeito. hein? Veja se vai pelo caminho certo, garoto! — brinquei.

— É, vamo ver se eu me livro dos rabo de foguete! — e riu, com aquele seu jeito maroto.

Saí da Unidade e fui em direção à casa do Pedro Paulo. Ele já estava no início do caminho florido, me esperando. Estava tão bonitinho! Com a mesma roupa que tinha ido ao nosso teatro — limpinha, bem passadinha. Os sapatos pretos de amarrar, muito bem engraxados, brilhavam, e estava com umas meias soquete azul-claras. O cabelo todo certinho, penteadinho com gel e dividido, com uma risca do lado. Cheirava a lavanda, devia ser o perfume de todos da casa.

— Mas como você está bonito, Pedro Paulo, e cheiroso! Dei um beijo nele.

— Cortei o cabelo ontem!

— Está lindo! Vamos para o teatro?

— Vamos! Deu a mão para mim e fomos pegar meu carro no estacionamento.

Eu já tinha combinado com o meu amigo Jacques Lagoa, que dirigia a peça "Peter Pan", um sucesso que já estava há mais de um ano em cartaz no TBC — Teatro Brasileiro de Comédia, para deixar dois convites na bilheteria em meu nome. A peça retomava sua carreira naquele sábado.

O Pedro Paulo ficou encantado com o meu carro. Eu tinha trocado meu Gol por um Monza verde metálico. Ele foi na frente comigo, olhando tudo no painel do carro, e perguntando para que serviam todos os botões. E eu fui explicando, tomando o maior cuidado para não me distrair ao volante.

Depois ele começou a olhar para fora e a admirar tudo, fazendo comentários sem parar. Fiquei sabendo que ele conhecia pouco São Paulo, porque vivia num sítio no interior do estado, desde que os pais dele tinham morrido num acidente de caminhão, quando iam colher café. Era uma cidade que eu nunca tinha ouvido falar: Aguaí. E contou que andava a cavalo, tirava leite de vaca, subia em árvore, mostrou o joelho marcado por uma cicatriz, consequência da queda de um abacateiro, e falou, falou até chegar ao teatro. Ele realmente era um menino muito maduro para a sua idade, seis aninhos. E, na saída do estacionamento, ainda teve tempo de contar que ficou muito triste e chorou bastante quando a tia que cuidava dele morreu e ele teve de ir morar na Febem, porque o tio era doente e não podia ficar com ele.

Antes de entrar no teatro, ele quis olhar o prédio do outro lado da rua, ver os cartazes grandes das peças em cartaz, que ele foi soletrando e lendo bem lentamente. Já estava quase alfabetizado. Eu ajudei um pouco, é claro.

Fui à bilheteria e peguei os convites. Na porta, comprei pipoca para ele. E lá dentro, refrigerante e bala. Quando a porta foi aberta para o público entrar, ele foi subindo as escadas na minha frente e já procurando lugar para sentar perto do palco.

— Espere Pedro Paulo, os lugares são numerados, deixe ver onde são os nossos! Por sorte eram na frente e no meio, com excelente visibilidade. O Jacques tinha caprichado na reserva.

Quando as luzes apagaram, a criançada começou a aplaudir. Quando a cortina abriu e revelou um cenário muito bonito e bem iluminado, a criançada começou a comentar tudo em voz alta. A peça, então, começou. Eu não sabia se olhava para o palco ou para o Pedro Paulo, para ver suas reações, assistindo ao espetáculo. Ele estava deslumbrado! Quando o Peter Pan entrou voando, num efeito teatral magnífico, a criançada começou a aplaudir e a gritar. Ele entrou no embalo da farra e levantou da cadeira. Tive que fazê-lo sentar e dizer que isso atrapalhava a visão de quem estava atrás. Ele olhou para trás, e, vendo uma garotinha sentada na poltrona, entendeu. O espetáculo corria solto, divertindo a criançada que se envolvia e torcia pelo herói, falando alto, participando de tudo. Pedro Paulo tagarelou muito também, mas soube ficar em silêncio nos momentos de suspense. Ele acompanhava tudo, não perdia nada. O espetáculo durou uma hora. E durante uma hora aquele garoto viveu momentos de magia, alegria e encantamento. E, nos momentos finais, não aguentou e levantou para torcer pelo herói, mas aí a criançada toda ficou em pé também, brandindo palavras de incentivo e de força para que o Peter Pan vencesse seus inimigos e ficasse com a mocinha loira, de cabelos compridos encaracolados e olhos azuis.

Quando tudo deu certo, todos sentaram novamente e ficaram quietos, prestando atenção nas juras de amor e nas promessas de uma união eterna entre o Peter Pan e a mocinha loira.

Em seguida, ouviram o casal cantar a música final, sob um foco de luz branca, intensa, enquanto caíam pedacinhos de papel laminado, num efeito teatral brilhante. A peça acabou e era emocionante ver aquela criançada batendo palmas, vibrando. E mais comovente ainda, era olhar para o Pedro Paulo, que aplaudia sem parar, sorrindo, contente, feliz.

Depois, os atores foram para a entrada do teatro para falar com as crianças. E eu lamentei e até me xinguei em pensamento, por não ter levado uma máquina fotográfica.

Naquela época não fazia falta somente o computador e o celular, mas também uma câmera digital, para fotografar e curtir a foto na hora. Definitivamente, fiquei devendo aquelas fotos para o Pedro Paulo e para mim também. Nem comentei nada sobre o imperdoável esquecimento meu e ele nem se deu conta disso, afinal estava completamente fascinado por tudo o que estava vivenciando.

Depois de toda aquela animação, estranhei, durante o trajeto de volta, ele estar meio cabisbaixo, compenetrado. Arrisquei a pergunta:

— E aí, Pedro Paulo, gostou?

Ele levantou a cabeça, olhou para mim, falou abismado:

— Nunca pensei que tivesse um teatro assim... tão lindo, no mundo!

Eu ri com aquela resposta espontânea e singela.

— E o que foi que você mais gostou?

Ele pensou um pouco

— De tudo! Gostei de tudo!

— Mas não teve assim... alguma coisa que você tivesse gostado mais?

— Gostei mesmo é de ter ido lá com você.

Aquela resposta me pegou completamente desprevenida.

— Eu também gostei muito de sua companhia.

Fiz um afago na cabeça dele. Ele riu e depois ficou sério novamente. Percebi que não estava mais a fim de falar. Respeitei e até entendi o seu silêncio. Depois de tudo o que ele havia presenciado no teatro, com aquele entusiasmo, aquele arrebatamento, voltar para a Febem não devia ser nada fácil. Como também, devia ser assustador não saber o que seria de sua vida no futuro. Sabia o que ele devia estar sentindo. Quando chegamos, ainda era dia. Então fui com ele pelo caminho de terra, até a casa dos caseiros.

— Pronto garotão, está entregue!

Ele olhou bem para mim:

— Será que nunca mais vou ver um teatro assim, de novo?

— Por que não? Você tem uma vida pela frente, vai poder ver muitos espetáculos!

— Para onde vão me levar, daqui?

Aí, meu coração estava se partindo...

— Para um lugar bem melhor, para uma família que vai te dar abrigo, cuidar de você, te educar e dar condições de você se tornar um homem de valor, você vai ver.

Ele só fez que sim com a cabeça.

— Adorei ter estado com você, Pedro Paulo! Você é muito legal!

— Você também é, Anna.

— Não vai entrar?

—Vou esperar você subir.

— Está bem. Então... vou indo!

Agachei e abri os braços para ele, que me abraçou bem forte. Meus olhos marejaram e eu tive de me segurar para não chorar. Dei um beijo demorado em sua bochecha. Depois fui subindo pelo caminho florido. Chegando lá em cima, olhei para trás. Ele ainda estava na porta. Abanei a mão para ele. Ele retribui e ficou acenando para mim. Eu fui também acenando para ele, andando de costas.

E ficou registrada para sempre, na minha mente, a imagem daquele garotinho, na varanda daquela pequena casa cor-de-rosa, de janelas verdes, acenando para mim...

Resolvi, antes de me despedir definitivamente da Febem, ir até o teatro.

O caminho estava deserto e o teatro fechado. Fiquei olhando a fachada e lembrei-me do dia da inauguração e da intensa maratona, que foi produzir e apresentar três espetáculos seguidos. E, como num *flashback*, lembrei de tudo, de todas as loucuras artísticas que tínhamos realizado lá, naquele espaço. Um bando de visionários que trabalhou sem cessar e acreditou na arte como processo de educação, de sensibilização, de transformação. Sem regras, sem leis, sem obediência a códigos ou proibições. Só com a nossa vontade de fazer!

Senti uma sensação interna muito gostosa, de enorme contentamento! "Que bom que conseguimos reerguer esse teatro! Que ele fique aí, abrindo sempre suas portas para acontecimentos bons e positivos!" — desejei em pensamento, já não conseguindo mais conter as lágrimas. Fiquei ainda um tempo lá, olhando.

Depois fui embora sem olhar para trás, caminhando rumo ao estacionamento. E incrível, comecei a ouvir o canto do meu passarinho! Aquele que surge nos momentos de transição de minha vida. Só que daquela vez eu só ouvia o seu piado... e não conseguia ver onde ele estava. Fui procurando, tentando imitar aquele piado bonito, para ver se ele aparecia, mas ele estava em algum lugar não visível. Só piou, piou, e depois deve ter voado pra outro lugar, porque não ouvi mais nada. Enfim, considerei que, naquele momento tão significante para mim, ele se fez presente. Antes de entrar no carro, ainda dei uma olhada geral em tudo. E me veio, à mente, o trecho final da música:

"Me leva nos braços, me leva nos olhos
Me leva do jeito que você for
Seja nas asas de um beija-flor
Ou nas promessas de um sonhador..."

Meu sábado terminou, com uma forte sensação de ter me separado de algo que eu tinha amado muito.

Três semanas depois, recebi um telefonema da Pepita Rodrigues, atriz e produtora, me convidando para substituir a atriz Beth Goulart, na peça "Extremos", de William Mastrosimone. O espetáculo faria uma temporada popular de um mês no Teatro João Caetano, no Rio de Janeiro, e depois excursionaria pelo sul do país. No elenco, além da Pepita, estavam: Carlos Eduardo Dolabela e Yolanda Cardoso. A direção era de Amir Haddad. Aceitei. E, na semana seguinte, já estava no Rio de Janeiro para ensaiar e logo estrear.

A vida segue em ciclos: do Rio eu tinha vindo a São Paulo para trabalhar na Febem e para o Rio estava voltando, depois de dois anos, para dar continuidade à minha carreira artística.

Algumas conclusões...

Depois que

eu saí da Febem, no início de 1988, toda a equipe do Núcleo Desportivo e Cultural continuou lá. Mas com o corte de verba, o trabalho ficou difícil se ser realizado. Aos poucos, quase todos os profissionais foram se desligando da Fundação.

Agenor, psicólogo, idealizador do psicoteatro e nosso agregado na equipe de teatro na Febem, saiu logo depois de mim. Abriu uma clínica de psicologia e se tornou sócio da ABRAPE (Associação Brasileira de Psicólogos Espíritas).

Silvinha, minha amiga e meu apoio incondicional, na área de teatro na Febem, ainda continuou um bom tempo trabalhando na Fundação e depois se desligou. Fez pós-graduação e mestrado em assistência aocial e defendeu tese, enfocando seu trabalho com os menores internos da Febem.

Robert, responsável pela área de música, também logo deixou a Febem e voltou para os Estados Unidos. Foi convidado a tocar numa banda de rock e country e depois retornou ao Brasil, onde começou a lecionar inglês para profissionais da área empresarial.

Marisi e Márcia, que comandavam o segmento de artes plásticas na Febem, realizaram ainda alguns trabalhos na área artística e depois também saíram. Fizeram, juntas, pós-graduação em arte e educação e depois cada uma seguiu seu caminho profissional.

Marisi dedicou-se ao seu trabalho de artista plástica, fazendo gravuras e expondo no Brasil e no Exterior. Márcia tornou-se professora de artes.

Doutor Nazih Curi Meserani, ex-presidente da Febem, recuperado da saúde, retornou a advogar, sempre em prol de causas que defendessem os menos favorecidos. Tornou-se membro efetivo da comissão de Direitos Humanos e passou a participar de várias ONGs voltadas às comunidades carentes. Também passou a integrar o conselho deliberativo do Instituto Pallas Athena, de filosofia.

Siomara, nossa aluna da Unidade Imigrantes, praticamente livre de seu problema de dicção, ficou noiva do Jayro da UE-JOV, que fazia o comparsa em "Menino de Rua". Doutora Wayta, presidente da Febem, ofereceu ao casal uma festa singela na UE-3.

Doutora Wayta Menezes Dalla Pria ainda continuou um tempo como presidente da Febem e depois passou a se dedicar a outras atividades políticas e sociais. Eleita presidente do Rio Preto Esporte Clube, transformou-se na primeira mulher a chegar ao cargo de presidente de um clube de futebol profissional no Brasil.

Fabiano, da UE-JOV, criador da história que originou a peça de teatro "Além da Fraternidade", em que atuou como Jeremias e também foi um dos fugitivos em Ribeirão Preto, quando lá estivemos com o espetáculo "Menino de Rua", conseguiu escapar novamente. Dessa vez, saiu durante a noite, pelos muros dos fundos da Febem. Depois de um tempo foragido, foi preso com mais quatro cúmplices de um sequestro a um empresário, e apareceu em todas as páginas policiais. Foi levado para o presídio, já era maior de idade.

Nardinho, meu operador de som, fez cursos no Senac e no Senai e transformou-se num profissional da área de áudio. Abriu sua própria firma e chegou a alugar equipamentos para algumas produções minhas.

Carlinhos, da UE-JOV, meu fiel representante junto ao elenco de "Menino de Rua", depois de pouco mais de um mês de liberdade, foi assassinado a tiros, por membros de uma quadrilha rival à sua, na favela em que morava.

Bernardo, o "Príncipe Indiano", mandou um cartão-postal de Nebraska, que fizeram chegar às minhas mãos. Estava bem, estudando bastante e já sabia falar inglês. Contou que sempre lembrava do pessoal do "Bando da Rua" e que sentia muita saudade de mim.

Calixto, que com sua história inspirou a peça teatral "Menino de Rua", já fora da Febem, desapareceu e nunca mais foi encontrado. Sua mãe achava que a polícia tinha sumido com ele, para sempre.

João, o flautista com cara de intelectual, pelas mãos do Matheus, monitor da UE-15, estudou música, profissionalizou-se e saiu acompanhando vários cantores e cantoras em *shows* por todo o país.

Toddy, da UE-JOV, parceiro de Carlinhos na poesia e no teatro, morreu em consequência da aids.

Tião, da UE-15, nosso primeiro e último "Menino de Rua", foi posto em liberdade. Morreu de *overdose*.

William, o "estivador", nosso palhaço chorão e fugitivo, foi recapturado em Santos, depois de se envolver numa tremenda briga, num prostíbulo, e foi levado à Penitenciária de São Paulo, já era maior de idade.

Pedro Paulo foi encaminhado para adoção.

Welton, diretor do Núcleo Cultural, sofreu um infarto fulminante no Rio de Janeiro e faleceu.

A peça "Um Belo Dia", de Consuelo de Castro, nunca foi montada e foi perdida nos labirintos da Febem.

Em 1992, numa das mais violentas rebeliões na Febem — Unidade Tatuapé, o Auditório Teatro Teotônio Vilela foi destruído, destroçado e incendiado.

Em 2006, a Febem — Fundação do Bem-Estar do Menor — mudou de nome e passou a se chamar Fundação Casa.

E UM ARREPENDIMENTO... eu deveria ter adotado o Pedro Paulo.

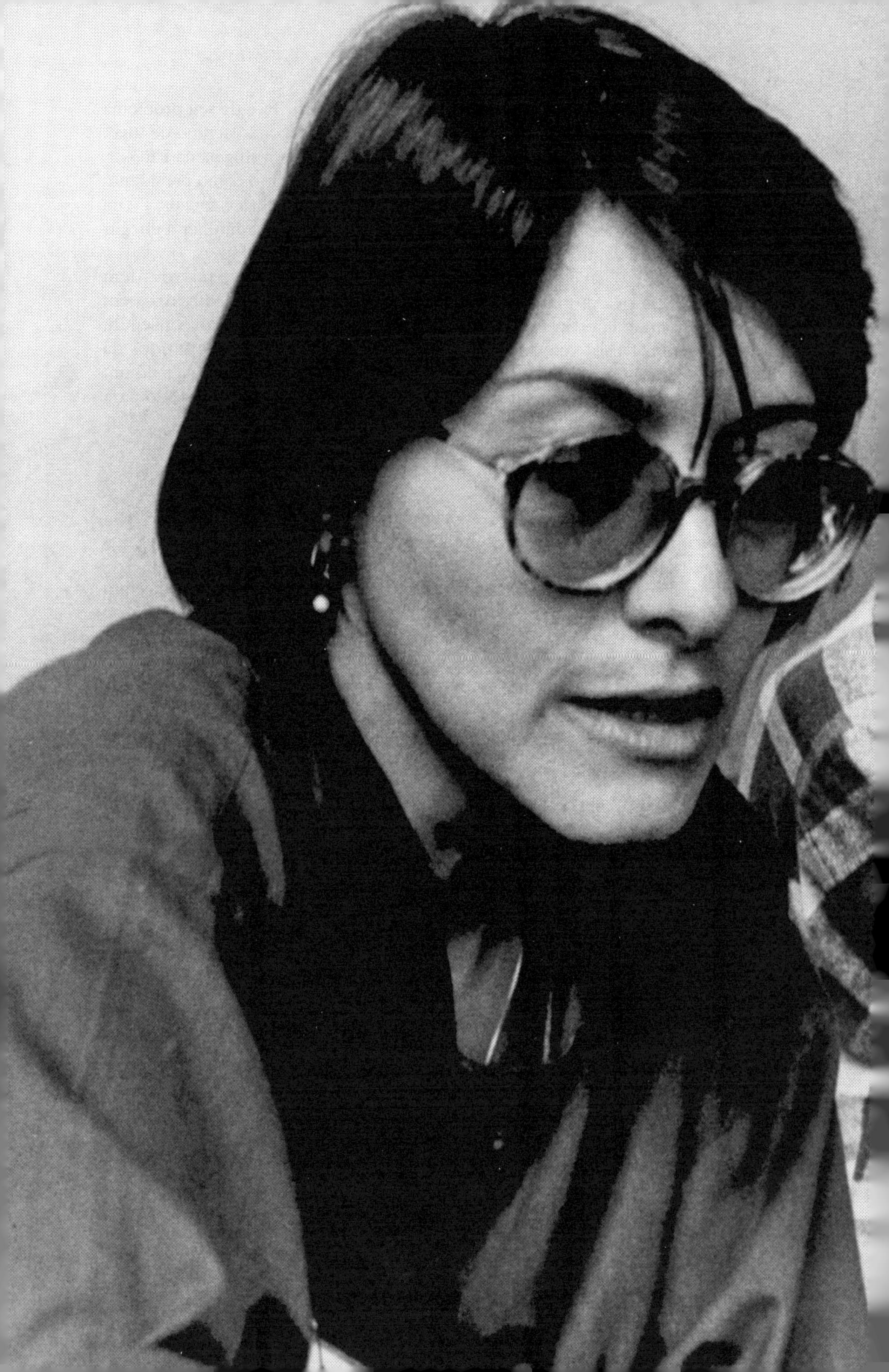

Agradecimentos

Ofereço

este livro à minha mãe Clorinda Scarcelli, a minha segunda mãe Luzia Moreira de Carvalho e aos meus colaboradores:

    Silvia Borges
    Agenor Maciel de Lemos Júnior
    Marisi Mancini
    Márcia Silvestre
    Renato Murad
    Robert Abreu
    João Batista Zani
    Nelson Paiva

    Agradeço à Silvana Gasparetto, que me incentivou a transformar minha experiência na Febem, num livro.

Annamaria Dias

ATENÇÃO: Os nomes dos menores, dos monitores, dos diretores das Unidades, dos funcionários e assessores da Febem citados no livro, são fictícios. Para encenar as peças teatrais contidas neste livro, é necessário uma autorização da autora, por meio da SBAT — Sociedade Brasileira de Autores Teatrais.

INFORMAÇÕES E VENDAS:

Rua Agostinho Gomes, 2312
Ipiranga • CEP 04206-001
São Paulo • SP • Brasil
Fone / Fax: (11) 3577-3200 / 3577-3201
E-mail: editora@vidaeconsciencia.com.br
Site: www.vidaeconsciencia.com.br